Tunder
Clixbull
Leeck
Lindt Holm
Nybull
Stedesandt
Bargum
Ockesholm
Bredtstede
Tin geleff
Buerkall
Medellbuy
Ladelundt
Carlum
Enge
Northackstede
Linnewith
Goldhundt
Dno. Wolff Blohm.
Iohannes Mejerus Husum.
Die Maße Einer Teutschen Meilen

Brar C. Roeloffs

Von der Seefahrt zur Landwirtschaft

Brar C. Roeloffs

Von der Seefahrt zur Landwirtschaft

Ein Beitrag
zur Geschichte der Insel Föhr

Karl Wachholtz Verlag

Allgemeine Hinweise

Die Geburts- und Sterbedaten aufgeführter Personen wie auch die Schreibweise ihrer Namen sind aus den „Geschlechterreihen St. Laurentii" von L. Braren übernommen, soweit Primär-Quellen keine abweichenden Angaben enthalten.

Die angegebenen Hausnummern sind identisch mit den bei der Landaufteilung um 1800 eingeführten und bis 1980 in Süderende, Oldsum, Klintum und Toftum gebräuchlichen. Die neueren zu verwenden, erschien nicht zweckmäßig, weil viele Häuser aus dem Zeitraum 1780 – 1880 heute nicht mehr vorhanden sind. Die Lage der Häuser geben die Abb. 13, 14, 15 wieder.

Schutzumschlag und Vorsatz zeigen einen Ausschnitt aus der Karte „Das Ambt Tondern ohne Lundtoftharde Anno 1648" von Joh. Meyer, Husum.

Die Prägung auf dem vorderen Buchdeckel zeigt das Siegel der Westerharde Föhr aus der Zeit vor 1360.

ISBN 3529 06184 0

2. Auflage 1985

Vorwort

Seefahrt und Landwirtschaft prägten in früheren Zeiten die Erwerbsstruktur auf meiner Heimatinsel Föhr. Sie bestimmten das Denken und Handeln der Föhringer. Stand die Seefahrt über viele Jahrhunderte im Vordergrund, so verlor sie um 1800 an Bedeutung. Während der napoleonischen Kriege kam sie fast vollständig zum Erliegen. Sie erholte sich zwar nach 1815, erreichte aber nie wieder den Rang, den sie zuvor eingenommen hatte. Im gleichen Zeitraum nahm das Gewicht der Landwirtschaft mehr und mehr zu. Durch die Landaufteilungen (Verkoppelungen) in den Dorfschaften der Insel von 1770 bis 1804 fanden Feldgemeinschaft und Flurzwang ihr Ende – und damit auch die noch vom Mittelalter geprägte Agrarverfassung. Keine andere Maßnahme hat derart große und nachhaltige Auswirkungen auf die wirtschaftliche und soziologische Entwicklung meiner Heimatinsel gehabt wie die Landaufteilung. Sie bildet daher zusammen mit der Agrarverfassung einen besonderen Schwerpunkt dieser Arbeit.

Die Entwicklung *„Von der Seefahrt zur Landwirtschaft“* vollzog sich im wesentlichen von 1770 bis 1870. In diesem Zeitraum veränderten sich auch die politischen Verhältnisse. So endete 1864 für Westerlandföhr und Amrum die rd. 500 Jahre währende unmittelbare Zugehörigkeit zum Königreich Dänemark. 1867 begann die preußische Zeit.

Diese Epoche und wesentliche vorhergehende zeitgeschichtliche Ereignisse vor allem für die Dörfer von St. Laurentii und darüber hinausgehend für Westerlandföhr zu beschreiben, begann ich vor zehn Jahren Dabei zog ich natürlich auch Osterlandföhr und Amrum in die Betrachtungen ebenso ein wie das vielfältige wirtschaftliche und politische Umfeld der damaligen Zeit. Insbesondere die zwischen Westerlandföhr und dem Königreich Dänemark sowie dem Herzogtum Schleswig bestehenden Beziehungen habe ich gebührend behandelt. Dies erschien notwendig, um eine isolierte Behandlung der Heimatgeschichte zu vermeiden.

Die Basis für diese Aufzeichnung gewann ich durch ein eingehendes Studium bislang nicht ausgewerteter Archivalien in Wyk (heute Husum), Schleswig, Apenrade und Kopenhagen, die Föhr und Amrum betreffen, vor allem aber Westerlandföhr. Die Arbeit umfaßt – soweit es zum Verständnis erforderlich ist – auch die in der Heimat- und Fachliteratur vorhandenen Angaben. Daneben sind viele Einzelheiten aus Erzählungen älterer Föhringer wiedergegeben, die ich seit meiner Kindheit sammelte.

Die Beschreibung der rd. 100 Jahre umfassenden Epoche ist verbunden mit der Biographie zweier Persönlichkeiten, die während dieser Zeit in dem kleinen Dorf Süderende auf Föhr lebten. Beide, der Kapitän, Kaufmann und Landmann Diedrich Roeloffs (1753–1834) und sein Sohn Christian Diederich Roeloffs (1801–1885), Kaufmann und Landmann, haben die Entwicklung „Von der Seefahrt zur Landwirtschaft“ mitgestaltet. Ihr persönliches Leben und ihr Wirken im öffentlichen Bereich, die ein Spiegelbild der damaligen Verhältnisse sind, in einen größeren Zusammenhang zu stellen, war für mich eine gleichermaßen interessante und angenehme Aufgabe. Deren Nachlaß, den ihre Nachkommen sorgsam bewahrten, bildet die Grundlage für die biographische Darstellung.

Bei meiner Arbeit fand ich durch die Mitarbeiter der Archive in Schleswig-Holstein und Dänemark stets gute Hilfe, dafür danke ich. Dank gilt auch dem „Nordfriesischen Verein für Heimatkunde und Heimatliebe“ in Langenhorn, dem „Fering Ferian“ in Oldsum und dem Raiffeisenverband e. V. in Kiel, die den Druck dieser Arbeit unterstützten.

Den größten Dank aber schulde ich Frau Friede Springer geb. Riewerts. Aus einer alten Föhringer Familie stammend, hat sie sich mit großem Interesse meiner Arbeit zugewandt. Sie schuf die Voraussetzungen für die Herausgabe dieses Buches.

Süderende/Föhr 1984 Brar C. Roeloffs

Inhalt

Föhr, Insel der Seefahrer

Die Insel Föhr, die heute eine Größe von rd. 8200 Hektar hat, besteht etwa zu zwei Fünftel aus diluvialer Geest und drei Fünftel aus aluvialer Marsch.

Die *Geest* ist, wie die der Inseln Sylt und Amrum, eine Ablagerung der Gletscher aus der Saale-Eiszeit, die vor etwa 200 000 Jahren weite Teile Europas bedeckten[1]. Der beim Abschmelzen der Eismassen zurückbleibende kalkhaltige Geschiebemergel enthielt eine Menge Geröll mit vielen großen Findlingen, die später für Hügelgräber, Hausfundamente und vor allem für den Bau des Steindeiches Verwendung fanden. Diese Ablagerung war am Ende dieser vorletzten Eiszeit nichts anderes als eine große Schutthalde mit wesentlich stärkerer hügeliger Oberflächengestaltung als heute; sie ist die Grundsubstanz der Geestböden unserer Insel. Erst weitere klimatische Einwirkungen schufen das Relief der Geest, wie es sich heute präsentiert. Vor allem der Wechsel zwischen Frieren und Tauen des Bodens – verbunden mit hohen Niederschlägen – während der letzten Eiszeit vor ca. 20 000 Jahren löste starke Erosionen aus, die die Hügel abtrugen, viel Material in die Bodensenken schwemmten und die Geest zu einer weitgehend ebenen Fläche formten. Zugleich bewirkten die in Jahrtausenden fallenden Regenmengen eine Entkalkung der höher gelegenen Flächen, die – über eine Entwaldung durch menschlichen Einfluß – schließlich zur Verheidung führten. Von dieser klimatischen Entwicklung weniger berührt blieben die stark lehmigen sowie die niedriger gelegenen, zum Teil im Grundwasserbereich befindlichen eiszeitlichen Ablagerungen, die sich heute als die bodenmäßig bessere Geest im Westen der Insel darstellen.

Die Föhrer *Marsch*, eine Ablagerung von Schlick und Sand, ist ungleich jünger. Der größte Teil entstand erst zwischen 800 und 1400 n. Chr. Der Marschboden, der im allgemeinen eine Stärke von 1 m bis 1,50 m hat, liegt durchweg auf Torfmoor von geringer Mächtigkeit, zum Teil jedoch auf niedriggelegener sandiger Geest. Insbesondere südlich der Oldsumer Vogelkoje, in „Kleimeere", sowie in der Osterlandföhrer Marsch, in der „Fjuarding", reicht der Kleiboden in größere Tiefen hinein. Er hat dort einen so hohen Tonanteil, wie er anderswo an der schleswig-holsteinischen Westküste selten anzutreffen ist. Für den Ackerbau wenig geeignet, gibt er ein hervorragendes Material für den Deichbau ab. Diese beiden, getrennt voneinander liegenden Teile der Marsch sind vermutlich die ältesten Meeresablagerungen auf Föhr. Es ist anzunehmen, daß sie zumindest zeitweilig inselartig vom Geestkern der Insel getrennt waren.

Die *Slaawen*, auf Westerlandföhr eine Fläche von mehreren Hundert Hektar, sind zum überwiegenden Teil niedrig gelegene Geest. Soweit eine dünne Kleidecke von zumeist stark toniger Beschaffenheit sie überlagert, sind sie eher der Marsch zuzurechnen.

Vermutlich hatte Föhr um 1000 n. Chr. schon keine landfeste Verbindung mehr mit dem Festland. Andernfalls hätten die um diese Zeit nach Europa eingewanderten Tierarten wie Ratte und Maulwurf wohl auch unsere Heimat erreicht; sie gehören heute noch nicht zur Tierwelt der Insel.

Altes Siedlungsland

Wenngleich nicht auszuschließen ist, daß das Meer die ältesten Kulturspuren zerstörte, so ist Föhr dennoch – ebenso wie Sylt und Amrum – mit großer Bestimmtheit altes Siedlungsland. Die ältesten Funde gehen in die mittlere Steinzeit zurück. Eine stärkere Besiedlung erfolgte erst in der jüngeren Steinzeit (3000–2000 v. Chr.). Zahlreiche Gräber aus den darauf

1 Auch die hohe Geest im westlichen Teil Nordschleswigs, um Husum-Bredstedt und in Dithmarschen, verdankt ihre Entstehung dieser Eiszeit. Dagegen ist das östliche Hügelland Schleswig-Holsteins eine Ablagerung der letzten Eiszeit vor etwa 20 000 Jahren.

folgenden siedlungsgeschichtlichen Perioden zeugen dann von einer relativ hohen Bevölkerungsdichte.
Die Lage der Siedlungsplätze ist zum Teil identisch mit der Örtlichkeit der heutigen Dörfer. Daneben befindet sich aber eine Vielzahl ehemaliger Wohnstätten in der heutigen Feldmark. So stellen z. B. Kulturspuren auf „Huuchtaftem" östlich von Süderende (Abb. 34) sowie zwischen Groß- und Kleindunsum eine Verbindung zu früheren Siedlungsplätzen her. Alte Hausanlagen wurden bei Grabungen in den „Kökkenmödding"-Schichten nordwestlich von Großdunsum, aber auch an den Kliffabbrüchen bei Goting und Utersum nachgewiesen. Auch zwischen Borgsum und der St. Laurentii-Kirche, auf „Baakhuugem", deuten neuere Funde (zwei Mahlsteine) auf eine menschliche Ansiedlung hin (Abb. 1). Mein Großvater, Brar C. Roeloffs, fand um die Jahrhundertwende zwischen Süderende und Dunsum, auf „Foolkert", mehrere Herdstellen und Asche.

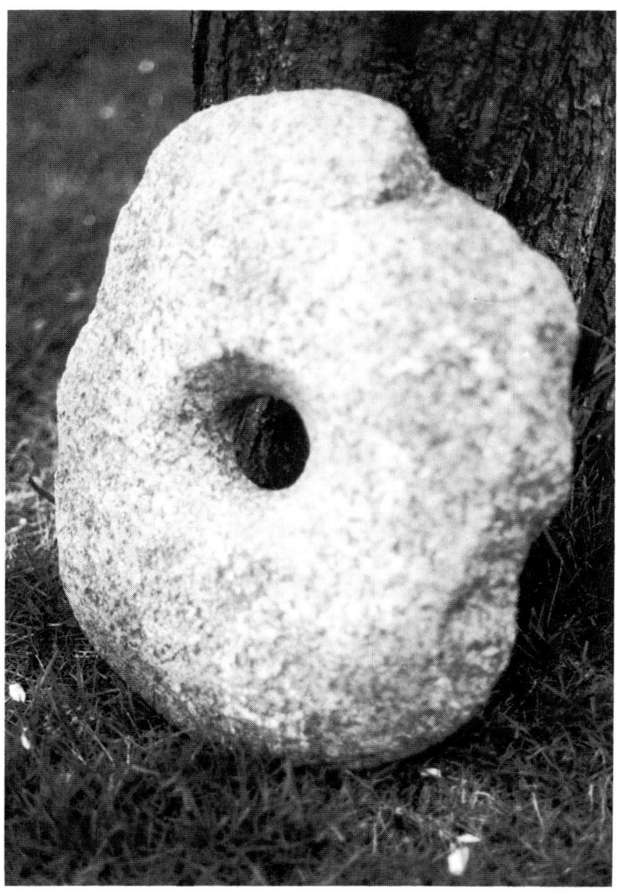

Abb. 1: Von Hand drehbare Mahlsteine lösten die steinzeitlichen Reibsteine ab. Durchmesser des Steines 36–42 cm

Ich erinnere mich, daß mein Vater um 1940 bei der Anlage eines Erdsilos neben „Sütjers-Stich", nordöstlich von Süderende, in etwa 70 cm Tiefe auf ein Kopfsteinpflaster stieß. Die mehrere Quadratmeter große, durch Brandspuren dunkel gefärbte Pflasterung wies auf eine ehemalige Hausanlage hin. Auch zwei alte Bezeichnungen für diese Feldlage „Gaardelkem" (fö. Guard Deelkem) und „Gorem" (fö. Guardem), die heute nicht mehr gebräuchlich sind, stellen eine Verbindung zu einem Hof her; denn im Dänischen heißt der Bauernhof „gård". Die Bezeichnung „Guard", „Gaard" o. ä. finden wir übrigens auch für andere Gewanne (fö. Tjüüg, pl. Tjüügen) der Föhrer Gemarkungen wieder: „Waadem Gordem" (fö. Waadem Guardem), östlich Süderende, „Königsgordem" (fö. Könings Guardem) neben dem bereits genannten „Baakhuugem", „Oster Gordem" (fö. Uaster Guardem) östlich Borgsum und schließlich „Gorum" (fö. Guardem) zwischen Utersum und Dunsum.
Ein weiteres: Die Bezeichnung mehrerer Tjüügen innerhalb der Feldmark des Langdorfes gibt Anlaß zu der Vermutung, daß die Dörfer Oldsum und Klintum – wie auch Toftum und Süderende – im wesentlichen erst nach der Kultivierung der Ackerländereien entstanden sind, und die Siedlungsplätze sich zuvor hauptsächlich südöstlich von Oldsum befanden. Zunächst einmal geben die dort liegenden Tjüügen „Uaster-" und „Waaster Taarepseekrem" oder „Dörp-Akkerum" (heute „Eemelke" genannt) einen Hinweis darauf, daß sich hier früher ein Dorf oder eine dorfähnliche Siedlung befand. Dieser Hinweis alleine würde aber für eine entsprechende Vermutung nicht ausreichen. Hierfür geben die Namen der Tjüügen „Nuurding Eekrem" oder „Nording Ackerum" schon eher eine Begründung. Sie liegen nämlich tatsächlich nördlich von „Taareps Eekrem", d. h. nördlich der von mir vermuteten alten Siedlungsplätze, so daß die Bezeichnung „Nuurding Eekrem" nur konsequent ist (Abb. 13, 14, 34). Nicht verständlich wäre die Wahl dieser Bezeichnung aus der Sicht von etwaigen in Oldsum und Klintum ansässigen Ackerbauern gewesen, denn „Nuurding Eekrem" liegt südlich dieser beiden Dörfer. Sie hätten keinen Anlaß gehabt, diese Tjüügen „Nuurding-Eekrem" zu nennen. Demnach dürften die Siedlungen auf „Taarepseekrem" älter sein, als die heutigen Dörfer. In welchem Zeitraum

Abb. 2: Hügelgräber bei Goting

die Feldlage „Taarepseekrem" als Hauptsiedlungsplatz angesehen werden kann, bleibt wahrscheinlich im Dunkel der Geschichte verborgen. Allerdings läßt der in der römischen Zeit (0–200 n. Chr.) angelegte Urnenfriedhof auf „Haleekrem", der unmittelbar südlich an „Taarepseekrem" anschließt, die Annahme zu, daß dieser Siedlungsplatz schon vor knapp zwei Jahrtausenden bestand. Denn zur damaligen Zeit war es üblich, die Toten in unmittelbarer Nähe der Wohnstätten beizusetzen.

Eine weitere Frage ist, wann die damaligen Bauern (und Seefahrer) diese älteren Siedlungen aufgegeben und in den heutigen Ortslagen errichtet haben. Veranlassung hierzu kann die Überschlickung der Niederungen, d. h. die Marschbildung (etwa um 1000 n. Chr.) gegeben haben. Möglicherweise „zog" das fruchtbare Schwemmland die viehhaltenden Bauern an den Geestrand, wo heute noch Oldsum, Klintum und Toftum liegen.

Eins ist zweifelsfrei: Erst im Zuge einer jahrhundertelangen Siedlungsentwicklung konzentrierten sich die Wohnstätten auf die jetzigen Dörfer. Jedoch führte die Aussiedlung landwirtschaftlicher Betriebe im Zuge der Flurbereinigung um 1960 wieder zu einer aufgelockerten Siedlungsstruktur.

Aus der schon in vorgeschichtlichen Perioden relativ dichten Besiedlung von Westerlandföhr sind noch heute Grabhügel vorhanden (Abb. 2). Gleichwohl stellen sie nur einen bescheidenen Rest der noch vor ca. 200 Jahren vorhandenen Gräber dar. In den Schleswig-Holsteinischen Provinzialberichten von 1791 berichtete hierüber Pastor Boysen[2]:

„Berge gibt es auf dieser Insel gar nicht, es wäre denn, daß man einige wenige Sandhügel an der Südwestekke des Landes mit diesem Namen belegen wollte. Grabhügel aber sind

---

2 Jacob Boysen aus Arrild, von 1780–1790 Diakon in St. Johannis in Nieblum, danach Pastor in Alt-Hadersleben

daselbst in großer Menge und liegen natürlicherweise alle auf der Geest und zwar von der Mitte des Landes an nach Westen, so daß in einem Bezirke von einer kleinen halben Meile (ca. 4 km) lang und einer halben Viertelmeile (ca. 1 km) breit, noch über 400 derselben gezählt werden können. Sie liegen theils zerstreut und einzeln, theils in einer beträchtlichen Anzahl beisammen. Die letztern finden sich an mehrern Stellen, von denen die eine, welche etwa zwanzig bis dreissig Hügel enthält, durch einen zur Zeit noch bemerkbaren Erdwall eingehegt gewesen ist. Ob dieser aber so alt ist, als die Hügel selbst, oder ob er in spätern Zeiten zu einem anderen Zweck aufgeführet worden, weis man nicht anzugeben.
An einem andern Orte liegen ohngefähr 50 unmittelbar an einander, der grösste in der Mitte, wie es auch sonst oft der Fall ist. Die grösste Samlung von Hügeln enthält ein Ort, wo über 270 beisammen liegen. Hier ist ebenfalls Hügel an Hügel, um einen grössern gewöhnlich mehrere kleinere, auch zwei oder drei aneinander hängend. So wol von diesen, als von den zunächst vorher angeführten ist fast die Hälfte schon beinahe der Erde gleich gemacht; doch kan man den Fus eines jeden noch deutlich erkennen. Sie haben alle keine beträchtliche Höhe; dahingegen einige der zerstreut liegenden sehr ansehnlich sind. Man sieht unter diesen verschiedene, die über zwanzig bis dreissig Fus Höhe haben, ja einen, der sein Haupt acht und vierzig Fus hoch erhebt[3].
Ich weis nicht, ob es als etwas besonderes bemerkt zu werden verdient, daß unter den zerstreut liegenden Hügeln sich einer von länglicher Figur findet, der, bei einer Höhe von zehn Fus, fünf und fünfzig Schritte lang ist."

Es ist zu bedauern, daß unsere Altvorderen sehr wenig Verständnis für die Erhaltung dieser vorgeschichtlichen Grabdenkmale aufgebracht haben. Noch bis vor wenigen Jahrzehnten scheuten sie sich nicht, Erde von Hügelgräbern zum Auffüllen von Senken zu verwenden. Die meisten Gräber zerstörten sie wohl dadurch, daß sie die darin enthaltenen Findlinge entnahmen, und zwar vor allem zur Verbesserung des Deiches im Westen der Insel. Auch hierzu schreibt Boysen schon 1791, daß die für den Seedeich erforderlichen Steine, weil sie knapp geworden seien, „tief in der Erde oder in Grabhügeln aufgesucht werden müssen".
Die Lage der Hügelgräber ist zumindest teilweise in den Karten verzeichnet, die im Zuge der Landaufteilung um 1800 gefertigt wurden; relativ gut erhaltene Exemplare befinden sich im Landesarchiv in Schleswig. An welcher Stelle allerdings der 1791 von Boysen genannte 48 Fuß (ca. 14 m) hohe Grabhügel lag. konnte ich nicht in Erfahrung bringen. Die 270 „beisammen" liegenden Hügel sind sicherlich identisch mit den Wikingergräbern bei „Waaster-Bergem" zwischen Goting und Witsum. In der Nähe von Goting befand sich vermutlich auch der 55 Schritt lange und 10 Fuß hohe Grabhügel, den der Organist Peters in den „Provinzialberichten" als Riesenbett bezeichnet. Bei den genannten 50 Hügeln dürfte es sich um das Gräberfeld nördlich Hedehusum beim jetzigen Wasserwerk handeln.
Um 1791 waren in der Nähe der Dörfer Oldsum, Toftum und Süderende „ansehnliche Hügel" wohl nicht mehr sichtbar. Das besagt aber nicht, daß dort keine vorhanden waren. So weist Johann Braren in „Die vorgeschichtlichen Altertümer der Insel Föhr" auf ein Megalithgrab nördlich Süderende hin. Er schreibt, der Flurname „Huuchstian" deute darauf hin, daß hier vor Zeiten ein Steingrab gewesen sei. Man habe den Hügel in den Jahren 1875 bis 1880 zur Verbesserung niedrig gelegener Grundstücke abgefahren. Übrigens ist aufgrund ähnlicher Bezeichnungen anzunehmen, daß sich in früheren Zeiten im Akkerland dieser Dörfer noch weitere Hügelgräber befanden. Nach den Landaufteilungsakten waren die Tjüügen „Otter Tüftum" (fö. Oter Taftem) unterteilt in „buten de Steen" und „binnen de Steen" und „Hittland" (fö. Hedlun) – westlich Oldsum – ebenfalls in „buten" und „binnen de Steen". Demnach dürften auch dort vermutlich größere Findlinge als Bestandteil eines Grabhügels den Namen der Tjüügen geprägt haben.
Die Landaufteilungsakten geben noch einen weiteren Hinweis. Innerhalb des Toftumer Ackerlandes, östlich „Mirems-Wai", südlich der früheren Toftumer Mühle, ist ein Tjüüg, gut 2 Demat groß, mit „Tamensteener" (fö. Taamenstianer) bezeichnet (Abb. 34). Der Name, der heute selbst älteren Bauern nicht mehr geläufig ist, weist auf das Vorhandensein größerer Steine hin. „Taamenstianer" dürfte identisch sein mit der Flurlage, wovon Johann Braren ebenfalls berichtet:
„Nachträglich erfahre ich von dem Bauern Jan Richard Nikkelsen in Oldsum, daß sich südlich der Toftumer Mühle ein Megalithgrab befunden hat. In seiner Jugendzeit sei hier ein Bauer immer auf derselben Stelle seines Ackers beim Pflügen auf Steine gestoßen, was ihn zum Nachgraben veranlaßte. Er fand eine Kammer von Stubengröße (dortige Stuben etwa 12 qm) von 18 großen Steinen gebildet. Die einzelnen Steine waren von solcher Größe, daß vier Pferde erforderlich waren, die Steine aus der Erde herauszuziehen. Er selbst habe dabei geholfen. Die Steine seien an den Deich gekom-

3 1 Fuß = rd. 0,30 m.

men; in der Kammer sei nichts besonderes gefunden. Genauerer Einzelheiten könne er sich nicht mehr erinnern, da er derzeit solchen Sachen kein besonderes Interesse entgegengebracht habe.“

Dennoch: Die weitaus meisten Grabhügel befanden sich im südlichen Bereich der hohen Westerlandföhrer Geest. Es ist daher anzunehmen, daß sich die Hauptsiedlungsplätze in frühgeschichtlicher Zeit ebenfalls dort konzentrierten – vermutlich deswegen, weil von hier aus über Priele, die in die Meeresbuchten bei Goting, Witsum und Hedehusum sowie zwischen Utersum und Dunsum in die Geest hineinreichten, die offene See am schnellsten zu erreichen war. Demnach dürfte die Siedlungs- und damit auch die Erwerbsstruktur unserer Insel schon vor mehreren tausend Jahren – die meisten größeren Grabhügel wurden in der Bronzezeit (1750–800 v. Chr.) angelegt – von der Seefahrt bestimmt worden sein. Hieran änderte sich bis 1800, also über einen Zeitraum von fast 4000 Jahren, nichts Entscheidendes.

Große Kirchen, alte Dörfer

Allgemein wird angenommen, daß über einen längeren Zeitraum im ersten Jahrtausend nach Beginn der Zeitrechnung wie auf der gesamten Cimbrischen Halbinsel auch auf Föhr eine gewisse Siedlungsleere herrschte. Als jedoch die Friesen aus den südlichen Küstenregionen der Nordsee um 800 nach Norden zogen, soll Nordfriesland wieder eine höhere Siedlungsdichte erreicht haben. Dabei wird überwiegend die Auffassung vertreten, daß auch die Geestinseln erst durch Einwanderung wieder eine angemessene Bevölkerungszahl erlangten; an einem eindeutigen Nachweis hierüber fehlt es jedoch. Gewisse Zweifel dürften angebracht sein, insbesondere hinsichtlich einer stärkeren Zuwanderung von Friesen zu den Geestinseln Föhr, Amrum und Sylt.
Zunächst einmal ist zu fragen, weshalb die Föhringer in ihrer Heimatsprache lediglich die Festlandsfriesen als Friesen (fö. Fresken) bezeichnen, nicht dagegen sich selber und auch nicht die Amringer, Syltringer und Helgoländer. Man spricht von „Feringen“, „Öömringen“ und „Salringen“. Auch in Chroniken des vorigen Jahrhunderts ist mehrfach erwähnt, daß als Folge von Sturmfluten *Friesen* von den Halligen und nach der Landaufteilung auch vom Festlande nach Föhr eingewandert seien und sich mit der Inselbevölkerung vermischt hätten. Demnach scheinen die Chronisten wohl davon ausgegangen zu sein, die Föhringer seien keine Friesen. Und schließlich ist anzumerken, daß die Föhringer nur die Heimatsprache der Festlands- und Halligfriesen mit *fresk* bezeichnen, die eigene aber mit *fering*, die der Amrumer mit *öömring* und die der Sylter mit *salring*. Diese sich offenbar über viele Jahrhunderte im heimatlichen Sprachgebrauch erhaltene Eigentümlichkeit gibt Anlaß zu der Vermutung, daß die vor gut 1000 Jahren von Süden kommenden Friesen zumindest nicht in nennenswerter Zahl auch die nordfriesischen Geestinseln besiedelt haben. Hierauf eine Antwort zu finden, hat N. Århammer versucht. Dabei kommt er, wie er schreibt, nicht zu einem schlüssigen Ergebnis. Es erscheint daher notwendig, diese Frage wissenschaftlich noch weitergehend zu untersuchen.
Eindeutige Nachweise, wie schriftliche Berichte oder gar Urkunden über die Dichte der Besiedlung unserer Insel in den ersten Jahrhunderten nach 1000 sind ebenfalls nicht bekannt, so daß andere Indizien herangezogen werden müssen. Und die gibt es. Da sind zunächst noch heute als augenscheinliche Beweise die drei stattlichen Inselkirchen zu nennen, die in dieser Größe und auf so engem Raum in ländlichen Distrikten des alten Dänemark nicht ein zweites Mal vorkommen dürften. Diese Kirchen wurden zwar durch spätere An- und Umbauten verändert. Sie hatten aber schon vor 700 Jahren fast ihre heutige Größe. Jede für sich konnte mehrere hundert Besucher aufnehmen; die St. Johannis-Kirche in Nieblum sogar über 1000. Diese monumentalen Bauten können nicht anders als steinerne Zeugen einer großen Vergangenheit angesehen werden (Abb. 3, 4, 19). Sie rechtfertigen die Annahme, daß Föhr schon im 13. Jahrhundert relativ dicht besiedelt war. Für eine geringe Volkszahl wären Kirchen dieser Größe nicht gebaut worden!
Die stattlichen Kirchen sind natürlich auch Ausdruck eines relativ hohen Wohlstandes. Er wird verschiedentlich mit Einnahmen aus der Salzsiederei in Verbindung gebracht. Lorenz Braren spricht insoweit sogar von einem „Goldenen Zeitalter“. Zweifel sind jedoch angebracht! Salzgewinnung aus Salztorf war ein mühseliges Geschäft, das einen hohen Arbeitsaufwand erforderte. Die Salzsiederei betrieben jedenfalls um 1750 nur noch ärmere Leute. Auch ist kaum vorstellbar, daß die Einnahmen hieraus die Errichtung

solcher Kirchen erlaubt hätten. Es liegt daher nahe, daß sich die Föhringer neben der Salzsiederei und dem Salzhandel vor allem auch dem Handel mit sonstigen Waren widmeten. War doch das Dienstleistungsgewerbe schon immer einträglicher als die Urproduktion. Ein Hinweis auf die Hanse sei erlaubt. Realistisch erscheint dabei auch, daß die Föhringer ihre Dienste als Seefahrer schon weit vor der Walfängerzeit anderen Schiffseignern, z. B. solchen aus Hamburg, Bremen pp. während der Hansezeit zur Verfügung stellten. Immerhin galten die Friesen schon im 14. Jahrhundert weit über die Grenzen ihres Landes als geschickte Seefahrer. Zur damaligen Zeit urteilte der Venezianer Marinus Sanuta über diesen Volksstamm:

„In Deutschland wohnen verschiedene Völker, die in Hinsicht unseres Seehandels nach Ägypten sehr nützlich sein könnten, besonders die Dithmarsen, welche den äußersten Teil des Erzbistums Bremen am Meer bewohnen, wie auch die Friesen, die noch weiter hinunter am Meer wohnen. Diese Völker verstehen die Schiffahrt auf dem Meere und den Flüssen vorzüglich gut. Am besten kämen sie zu Lande nach Venedig, und könnten dann mit den Venetianern übers Meer schiffen."

Die Vermutung, daß die Föhringer lange vor der Walfangperiode mit eigenen Schiffen Handel betrieben, findet eine gewisse Bestätigung durch die Annahme, daß es an der Godelniederung bei Goting ehemals einen Hafen gab. Die große Zahl alter Münzen aus der Zeit um 700, die in den letzten Jahren am Gotinger Kliff gefunden wurden, dürften ebenfalls belegen, daß sich die Föhringer bereits im frühen Mittelalter dem Handel und der Seefahrt widmeten.

Gewisse Schlußfolgerungen hinsichtlich der Siedlungsdichte und der Vermögensverhältnisse auf unserer Insel können auch aus dem Umfang der kirchlichen Abgaben gezogen werden. Besondere Beachtung verdienen insoweit die ältesten Aufzeichnungen über Einkünfte des Schleswiger Bischofs, die in Heberegistern von 1462 und 1509 aufgeführt sind. Unter anderem sind hier die jährlichen Cathedraticum-Zahlungen der Geistlichen von über 200 Kirchen des Bistums Schleswig angegeben[4]. 1462 sind für den „Strandt", der damals als eine zusammenhängende Insel das heutige Nordstrand, Pellworm und die Halligen sowie die jetzt dazwischen liegenden Wattflächen umfaßte, 18 und für Eiderstedt 21 Kirchen verzeichnet[5]. Von den Geistlichen dieser 39 Kirchen zahlten nur die von Garding, Tating und Oldenswort sowie Pellworm denselben Betrag wie die von Nieblum und Keitum, nämlich 24 solidi[6]. Daraus kann abgeleitet werden , daß die Kirche in Nieblum schon 1462 zu den größten und zahlungsfähigsten Kirchen Nordfrieslands gehörte. Aber auch die Föhrer Kirchen St. Laurentii in Süderende und St. Nicolai in Boldixum konnten sich in der großen Reihe der nordfriesischen Kirchen sehenlassen; deren Prediger zahlten 1462 und auch 1509 ein Cathedraticum von jeweils 12 solidi. Dagegen entrichteten, abgesehen von Pellworm, ihre Amtsbrüder von den 17 Kirchen auf dem „Strandt" mit 6 solidi nur halb soviel (1509). Aber auch von den 21 Kirchen im „reichen" Eiderstedt zahlten 12 weniger als 12 solidi. Demnach müssen wir uns vorstellen, daß um 1500 die Zahl der Kirchen in den Marschgebieten Nordfrieslands zwar groß war, daß die meisten aber wesentlich kleiner und ärmer als die auf Föhr waren; sie hatten wohl eher den Zuschnitt von Dorf- oder heutigen Halligkirchen. Anzunehmen ist jedenfalls, daß die unterschiedliche „Veranlagung" der Geistlichen in einer engen Beziehung zu den Einkommens- und Vermögensverhältnissen der Gemeindemitglieder stand.

Ein weiteres erscheint mir bemerkenswert: In dem Register von 1509 sind von den 217 Kirchen des Bistums Schleswig neben den drei Föhrer Kirchen St. Johannis, St. Laurentii und St. Nicolai nur die vier Gotteshäuser in Flensburg unter dem Namen eines Heiligen angeführt[7]. Alle anderen sind mit Ortsnamen bezeichnet. Auch diese Besonderheit spricht dafür, daß sich die Kirchen auf unserer Insel vor 500 Jahren aus der großen Zahl der sakralen Bauten in den ländlichen Distrikten des Bistums Schleswig heraushoben. Übrigens zahlten von den vier Flensburger

4 Cathedraticum: Abgabe der Geistlichen an den Bischof

5 In der Oktoberflut 1634 wurden fast alle Deiche der Marscheninsel „Strandt" zerstört. Es gelang den Bewohnern nicht, sie wiederherzustellen, so daß die über 20 000 ha große Insel im Laufe weniger Jahrzehnte auseinandergerissen wurde. Neben den 18 Kirchen sind noch 7 weitere angegeben, deren Zahlungen aber mit denen der anderen nicht vergleichbar sind; vermutlich zahlten sie weniger.

6 1 marca (Mark) = 16 solidi
1 solidus (Schilling) = 12 denari (Pfennig)

7 Flenßburch: Ecclesia beata Maria virginis; Ecclesia sancti Nicolai; Ecclesia sancti Johannis; Gertrudis

Abb. 3: St. Johannis-Kirche in Nieblum (Südansicht)

Abb. 4: St. Nicolai-Kirche in Boldixum (Südansicht)

Kirchen nur die Marienkirche und die St. Nicolai-Kirche soviel an den Bischof in Schleswig wie die St. Johannis-Kirche in Nieblum, nämlich 24 solidi, die anderen beiden weniger.

Und noch ein letztes: Von den 217 Kirchen im Register von 1509 tragen nur fünf die lateinische Bezeichnung „ecclesia", davon drei in Flensburg, eine in Hadersleben und die St. Johannis-Kirche in Nieblum. Ecclesia heißt nichts anderes als „die Kirche". Da aber bei allen anderen Kirchen dieser Hinweis fehlt, dürften besondere Gründe vorgelegen haben, die fünf Kirchen in dem damals noch katholischen Bistum besonders herauszustellen. Jedenfalls kann angenommen werden, daß im Mittelalter die Kirchen auf Föhr, davon die Nieblumer an der Spitze, innerhalb des Bistums Schleswig eine herausragende Bedeutung hatten.

Es erscheint somit zulässig, aus der Stellung der Föhrer Kirchen, insbesonders aus ihrer Zahlungsfähigkeit, eine gewisse Relation zu den Vermögensumständen ihrer Gemeindemitglieder herzustellen. Zweifelsfrei dürfte sein, daß die Kirchen auf unserer Insel weder ihre Zahlungsfähigkeit noch ihre Größe je erreicht hätten, wenn die Gemeindemitglieder ausschließlich Landbau und Salzsiederei sowie vielleicht noch etwas Küstenfischerei betrieben hätten. Auch das um 1200/1300 sicherlich größere Areal der Insel dürfte keine ausreichende Grundlage für den Bau derart großer Kirchen abgegeben haben.

Diese Annahme wird bestätigt durch einen Vergleich der Zahlungen an Landgeld[8], die die Bewohner der nordfriesischen Harden im Jahre 1509 an den Bischof in Schleswig entrichteten. So zahlten Föhr und Amrum mit rd. 57 marca fast soviel wie das etwa dreimal so große Eiderstedt (60 marca) und doppelt soviel wie die zweimal so große Insel Strandt (28,5 marca). Alleine für das kleine Dunsum steht mit 40 Schilling ein um 10 Schilling höheres Landgeld im Zinsbuch als für die vier Dörfer Nigebuel (Niebüll), Desbuel (Deezbüll), Rysem (Risum) und Lyntholm (Lindholm) zusammen. Auch Sylt war mit rd. 31 marca Landgeld relativ hoch belastet. Demnach mußten die Bewohner der nordfriesischen Geestinseln vergleichsweise wesentlich mehr Landgeld zahlen als die „reichen" Marschbauern in Eiderstedt und auf dem Strandt, wenn man hierfür den Umfang der landwirtschaftlich nutzbaren Ländereien zugrundelegen würde. Die höheren Abgaben für Föhr, Amrum und Sylt sind nur so zu erklären, daß dort Einkünfte besteuert wurden, die aus nichtlandwirtschaftlicher Tätigkeit stammten.

Etwaige Einnahmen aus der Salzsiederei dürften hierfür keine ausreichende Begründung geben, denn Salz aus Meerestorf wurde gleichermaßen auf der Insel Strandt gewonnen. Die Annahme erscheint daher gerechtfertigt, daß die Bewohner der Geestinseln schon um 1500, also vor der Grönlandfahrt, vor allem durch Handel und Seefahrt zu einem gewissen Wohlstand gelangt waren, der es erlaubte, relativ hohe Zahlungen zu leisten.

Von besonderem heimatkundlichen Interesse ist, daß die Dörfer der Insel Föhr, obwohl als solche längst vorhanden, fast vollzählig erstmals vor 520 Jahren in der „geschriebenen" Geschichte auftauchen. Sie sind in den bischöflichen Registern von 1462 und 1509 wie folgt verzeichnet:

1462	1509	heutige Bezeichnung
Osterherde		
Ouenem	Ouenum	Oevenum
Middelum	Myddelem	Midlum
Alkersum	Alkersum	Alkersum
Werxum	Wyrksum	Wrixum
Boldichsum	Baldicksum	Boldixum
Westerherde		
Nebulum	Nebulum	Nieblum
Utersum	Utersem	Utersum
Heddinghußen	Heydinchusen	Hedehusum
Dompsum	Dusem	Dunsum
–	Wybesum	Witsum
Uluersum	Aluersem	Oldsum
–	Tufftum	Toftum
Gotingh	Gotingk	Goting
Borchsum	Borchsum	Borgsum
Nortorp	Nortende } Ambrum }	Norddorf
Suder in } Amerum }	Suderende	Süddorf
Nortmersch	Nortmersk	Nordmarsch
–	Groden	Gröde
–	Olanth	Oland

8 In Nordfriesland wurde anstelle des naturalen Kirchenzehnten Landgeld gezahlt. Je ein Drittel erhielten der Pastor und der Bischof sowie die Kirchengemeinde zur Unterhaltung der Kirche. Bemessungsgrundlage für die Höhe dieser jährlichen Abgabe war in der Regel das Eigentum an Ackerland. Letzteres dürfte für die nordfriesischen Geestinseln nicht zutreffend sein.

Abb. 5: Die Insel Föhr 1648

Die Schreibweise der Föhringer Dörfer im Register von 1509 unterscheidet sich nur geringfügig von der des Jahres 1462. Abweichungen zu den heutigen Namen sind unbeachtlich. Es fällt auf, daß Tufftum (Toftum) und Wybesum (Witsum) im Jahre 1509 erstmalig genannt werden. Süderende und Klintum fehlen in beiden Registern, aber auch Wyk. Sie dürften damit die jüngsten Ansiedlungen der Insel sein, wobei Klintum vermutlich noch älter ist als Süderende. Allgemein beachtenswert ist, daß die Hallig Nordmarsch sowohl 1462 als auch 1509 bei der Westerharde aufgeführt ist, Oland und Gröde jedoch nur 1509. Beide sind 1462 noch dem „Strandt“ zugeordnet.
Besonders hervorzuheben ist, daß die bischöflichen Heberegister weitere Ortsnamen für unsere Insel nicht enthalten. Demnach bestanden die Dörfer wie Balckum und Blegsum, die in alten Karten im Watt westlich der jetzigen Insel verzeichnet sind, vor 500 Jahren nicht mehr. Auch von einem Dorf Waldum, auf dessen Spuren bei „Haagbergem“ in der Oldsumer Marsch noch die Landaufteilungskarte von 1802/03 hinweist, ist nicht die Rede. Möglicherweise war Waldum nur eine kleinere Warftsiedlung, die zum Langdorf gehörte, so daß sie keine besondere Erwähnung fand. Auch die früher vorhandene Kirche Hanum, nördlich der Oevenumer Marsch, wird in den Heberegistern nicht genannt. Schlußfolgern kann ich hieraus nur, daß die Annahmen über die untergegangenen Dörfer und Kirchen mit einem großen Fragezeichen zu versehen sind. Gab es sie tatsächlich, hat die Flut sie in einem Zeitraum zerstört, der mehr als 500 Jahre zurückliegt. Ich wage aber auch die Be-

hauptung, daß meine Heimatinsel seit 1462 nicht den Verlust an Fläche hatte, wie er vielfach angenommen wird.

Andererseits sollte nicht unerwähnt bleiben, daß in der Karte von Joh. Meyer aus dem Jahre 1648 eine Kirchspielgrenze die Oevenumer Marsch umschließt. Sie gehörte danach nicht zu St. Johannis. Möglicherweise ist diese Grenze doch ein Hinweis auf frühere Zugehörigkeit dieser fast 1000 Hektar großen Feldmark zum ehemaligen Kirchspiel Hanum (Abb. 5).

Osterland und Westerland

So einfach beispielsweise der Name des Dorfes Süderende zu deuten ist, so schwierig ist es, für Föhr (fö. Feer) eine Erklärung zu finden. In der Heimatliteratur wird teilweise die Auffassung vertreten, Föhr habe diesen Namen erhalten, weil ein wesentlicher Teil, die hohe Geest, trocken und unfruchtbar sei. Verschiedene meinen, das föhringische Wort „Feer" sei die Bezeichnung für „trocken". Dabei wird dann darauf hingewiesen, daß eine trockenstehende Kuh als „feer Kü" bezeichnet wird. Dies ist nicht zutreffend. Wer die Feinheiten der föhringischen Sprache kennt, weiß, daß eine solche Kuh „gast" und nicht „feer" ist. Eine „feer Kü" ist vielmehr eine nicht trächtige Kuh, die fettgegräst werden soll. Sie kann aber durchaus noch Milch geben, ist also keine „trokkene" Kuh. Es ist daher abwegig, „Feer" von „trokken" abzuleiten.

Es wäre im übrigen auch nicht verständlich, gerade Föhr, die fruchtbarste der nordfriesischen Geestinseln, die „Grüne Insel", als trocken und unfruchtbar zu bezeichnen. Es hätte dann doch wohl eher nahegelegen, Sylt oder Amrum mit einem derartigen Namen zu versehen. Wir müssen daher nach einer anderen Erklärung suchen.

Meine Annahme geht in Übereinstimmung mit anderen Heimatschriftstellern dahin, daß die Insel deswegen mit Föhr oder Föhrde benannt worden ist, weil sie vor etlichen Jahrhunderten größere Meeresbuchten aufwies, die an der Ostküste Schleswig-Holsteins noch heute – jedenfalls teilweise – als Förden bezeichnet werden. So war die Godel-Niederung im Süden der Insel Föhr zwischen Hedehusum und Goting früher sicher eine Meeresbucht oder Förde, möglicherweise waren es auch die Niederungen zwischen Utersum und Dunsum. In der Nähe dieser „Föhrden" lagen früher, wie bereits erwähnt, auch die Hauptsiedlungsplätze der Insel. Dort finden wir die zahlreichen Grabanlagen der vor- und frühgeschichtlichen Zeit, die wir auf der hohen Geest im Ostteil der Insel nicht antreffen.

Aber auch die Marsch im Nordteil der Insel dürfte um 1000 n. Chr. noch durch einen breiteren Meereseinschnitt getrennt gewesen sein. Denn nach den vor einigen Jahren durchgeführten Bodenuntersuchungen sind die Marschflächen beidseitig des früheren Hardesgrabens (fö. Saaltnem oder Waasterflet) wesentlich sand- und kalkhaltiger als die benachbarten Ländereien und daher mit Sicherheit jüngere Meeresablagerungen. Zudem deutet „Saaltnem" darauf hin, daß dieser Priel noch im Einzugsbereich des salzigen Nordseewassers lag, als andere Gewässer schon weitgehend Süß- oder Brackwasser führten. Daß „Saaltnem" früher tiefer und breiter und um 1450 noch bis zur Lembecksburg „schiffbar" war, ist im übrigen in der „Klaus-Lembeck-Sage" überliefert. Es ist daher anzunehmen, daß unsere Insel auch im Norden eine Förde hatte, die sich bis zum Geestrand erstreckte.

Wenn sich unsere Heimatinsel früher durch mehrere Förden, die zudem als geschützte Häfen für die seefahrende Bevölkerung eine überragende Bedeutung hatten, von den anderen Geestinseln unterschied, kann durchaus angenommen werden, daß diese Besonderheit Anlaß gab für die ursprüngliche Namensgebung. So ist auch erklärlich, daß in alten amtlichen Dokumenten aus der Zeit vor 200 Jahren unsere Insel „Föhrde" genannt wird.

Eigentümlich ist übrigens, daß die beiden Teile der Insel nicht West- und Ostföhr heißen, sondern Osterland- und Westerlandföhr. Wie ist das zu erklären? Wenn von einem „Osterland" und einem „Westerland" die Rede ist, dürfte im allgemeinen anzunehmen sein, daß beide „Länder" eine topographische Trennung aufweisen. Das ist jedoch und war auch nie der Fall bezüglich der Föhringer Geest. Wohl aber trennte das Wasser – wie eben erwähnt – durch eine Förde die östlichen und westlichen Marschflächen. Sie konnten daher zu Recht als das „Osterland" und das „Westerland" bezeichnet werden. Den östlichen und westlichen Teil der hohen Geest entsprechend zu bezeichnen, bestand kein Anlaß. Die hohe Geest war zumindest topographisch eine Einheit.

Daß früher die Bezeichnungen „Osterland“ und „Westerland“ lediglich für die beiden Marschteile der Insel galten, kann aus einer weiteren Eigentümlichkeit hergeleitet werden. Die Osterlandföhrer werden allgemein als die „Aasdringen“ und die Westerlandföhrer als die „Weesdringen“ bezeichnet. Bei näherer Betrachtung müssen wir aber zugeben, daß beispielsweise die Gotinger, Borgsumer und Witsumer eigentlich nicht zu den „Weesdringen“ gezählt werden, obwohl sie seit jeher zu Westerlandföhr gehören. Auch erscheint zweifelhaft, ob hierin die Utersumer eingeschlossen sind. Zweifelsfrei ist aber, daß mit „Weesdringen“ die Bewohner von Oldsum, Toftum, Klintum, Süderende und Dunsum gemeint sind. Das sind die am „Westerland“ seßhaften Föhringer. In gleicher Weise gehören zu den „Aasdringen“ nur die am „Osterland“ angesiedelten Bewohner der Dörfer Alkersum, Midlum, Oevenum, Wrixum und Boldixum. Nach dem heimatlichen Sprachgebrauch gehören zu den „Aasdringen“ jedoch nicht die Wyker, obwohl Wyk bis 1706 zu Osterlandföhr gehörte, und die Nieblumer werden weder als „Weesdringen“ noch „Aasdringen“ bezeichnet. Auch beim Gebrauch der niederdeutschen Sprache pflegt man auf Osterlandföhr nicht von „Westerlandföhrern“ zu sprechen, sondern von „Westerländern“. Nach alledem ist anzunehmen, daß sich die Namen Osterlandföhr und Westerlandföhr aus den für die Marschländereien geltenden Bezeichnungen Osterland und Westerland entwickelten

Meine Annahme hinsichtlich der beiden Teile der Insel findet übrigens noch eine Stütze durch ältere Karten. In der Regel sind die Marschflächen mit Osterland und Westerland bedruckt und die Geest mit Föhr, Fora oder Föhrde. In der Karte von Johannes Meyer sind sie sogar mit Osterlands und Westerlands Marsch bezeichnet. Von Westerlandföhr und Osterlandföhr ist darin keine Rede.

Die Grönlandfahrer von St. Laurentii

Bis zum Ende des 18. Jahrhunderts bestimmte die Seefahrt eindeutig das Erwerbsleben der Mannsleute auf Föhr. Alle anderen Tätigkeiten hatten einen geringeren Rang. Und innerhalb der Seefahrt stand immer noch der Walfang im Vordergrund, obwohl seine Bedeutung um diese Zeit schon rückläufig war.

Die Föhringer sollen sich nach 1630 der Grönlandfahrt zugewandt haben, als der französische König seinen baskischen Untertanen, die für den Walfang als besonders qualifiziert galten, verbot, auf niederländischen Schiffen Dienst zu tun. Die Absicht des Königs, mit seiner Entscheidung die Konkurrenz auszuschalten, gelang aber nicht, weil die Niederländer sehr bald Ersatz fanden, und zwar insbesondere in den Männern von den nordfriesischen Geestinseln Föhr, Sylt und Amrum sowie den Halligen. Aufgrund ihres Herkommens für die Seefahrt geeignet, dank ihrer Zuverlässigkeit und ihrer Zähigkeit waren sie bald bei den Walfangreedern gern gesehen. Um 1670 sollen bereits 3000 bis 4000 Inselfriesen Dienst auf Walfängern geleistet haben. Nach der Einrichtung von Navigationsschulen auf den Inseln waren sie schon bald in der Lage, Stellen als Offizier und Schiffsführer zu übernehmen[9]. Hieran gebührt, soweit es Westerlandföhr angeht, Richardus Petri, von 1620 bis 1678 Pastor zu St. Laurentii, ein besonderes Verdienst. Er unterrichtete die Seefahrer während der Wintermonate unentgeltlich unter der Bedingung, daß sie anderen wiederum Unterricht erteilten.

Aus der Mannschaft der seefahrenden Nordfriesen traten die Föhringer in besonderem Maße hervor. 1701 war jeder dritte Commandeur auf den hamburgischen Grönlandfahrern ein Föhringer. Die Südseekompagnie in London besetzte um 1725 ihre gesamte Walfangflotte, bestehend aus 25 Schiffen, mit Commandeuren und Harpunieren unserer Heimatinsel. Während dieser Zeit hatten über 50 Grönlandcommandeure auf Föhr ihr Zuhause. Als 1776 in Kopenhagen acht Schiffe, davon sieben Neubauten, ausgerüstet wurden, um nach Grönland zu fahren, kamen nach Jens Jacob Eschels „fast alle der Commandeure von Föhr“.

Als der erfolgreichste Grönlandfahrer aller Zeiten gilt der Commandeur Matz Peters von Oldsum, der sich später Matthias Petersen nannte und als „Glücklicher Matthias“ bekannt ist[10]. Er lebte von 1632 bis 1706. Sein Grabstein südlich der St. Laurentii-Kirche legt – in lateinischer Sprache – davon Zeugnis ab, daß er im

9 Auch die Insel Röm stellte eine große Zahl qualifizierter Seefahrer, die sich ebenfalls hauptsächlich dem Walfang widmeten.

10 Matz Peters wohnte in Oldsum Nr. 59 (um 1940 Familie Jacob R. Bohn).

MATTHIAS PETERSEN
nat. Oltsumi d. 24 Dec. 1632
denat. d. 16 Sept. 1706 rei
nauticae in Grönlandiam
peritissimus. ubi
incredibili successu
373 BALENAS
cepit, ut inde omnium
suffragio nomen
FELICIS
adeptus sit; et coniux
INGE MATTHIESSEN
nat. d. 7 Oct. 1641
denat. d. 5 April 1727

Matthias Petersen, geb. in Oldsum d. 24. Dez. 1632, gest. d. 16. Sept. 1706. Er war der Schiffahrt nach Grönland ehemals sehr kundig, wo er durch unglaubliches Glück 373 Wale gefangen hat, so daß er nach dem Urteil aller den Namen „Der Glückliche" erlangte, und dessen Frau Inge Matthiessen, geb. d. 7. Okt. 1641, gest. d. 5. April 1727

(Das Ornament mit dem schwimmenden Wal und der Göttin Fortuna ist identisch mit dem Siegel, das M. Petersen führte.)

Securus morte est, qui
scit se morte renasci
mors ea non dici, sed
nova vita potest.

Ruhig im Tode ist der, welcher weiß, daß er aus dem Tode wieder erstehen wird. Tod kann dies nicht genannt werden, sondern ein neues Leben.

Abb. 6: Das Denkmal des „Glücklichen Matthias" auf dem Kirchhof St. Laurentii erinnert an die große Zeit des Walfanges

Abb. 7: Walfang im Nördlichen Eismeer 1778 mit Schiffen aus Holland, England und Dänemark (VIS VINCITUR ARTE = GESCHICK BEZWINGT KRAFT)

Laufe seines Lebens 373 Wale gefangen hat (Abb. 6). In diesem Zusammenhang stellt sich die Frage, weshalb sich die Schiffsführer auf Walfängern Commandeur und nicht Kapitän nannten. Ob diese Bezeichnung daraus folgte, daß es den dänischen Walfängern erlaubt war, die gespaltene Flagge oder Orlogflagge zu führen? Waren die Walfänger insoweit den Kriegsschiffen gleichgestellt? Und erhielten die Schiffsführer damit gewissermaßen den militärischen Rang eines Commandeurs zuerkannt? Eine schlüssige Erklärung fand ich bislang nicht. Andererseits ist zweifelsfrei, daß sich die Führer von Handelsschiffen als Kapitän bezeichneten. Soweit sie nur die Nord- und Ostsee befuhren, galten sie als Schiffer (fö. Skaper).

In der Anfangszeit des Walfanges im Nordmeer lagen die Fangplätze bei Spitzbergen und Jan Mayen. Von Ruderbooten aus wurden nur die in Küstennähe sich aufhaltenden Wale harpuniert, zum Strand geschleppt und dort in Trankochereien verarbeitet. Nachdem die küstennahen Fanggründe leergejagt waren, wurde der Walfang auf das ganze arktische Meer ausgedehnt und anders gehandhabt. Die Jagd auf die größten Lebewesen dieser Erde, die ein Gewicht von 150 000 kg (300 Ochsen) erreichen können, konzentrierte sich im Laufe der Zeit zunehmend östlich von Grönland, zeitweilig auch in der Straat Davis. Dort aber war eine Verarbeitung an Land nicht möglich. Vielmehr wurde der Speck der von kleinen Schaluppen aus harpunierten Tiere seitlich des Walfängers „abgeflenst", in Tonnen gefüllt in die Heimathäfen Europas gebracht und erst dort auf hierfür eigens angelegten Plätzen – wegen des Gestanks außerhalb der Stadt – ausgekocht. Die Arbeit an Land verrichteten aber nicht die Seefahrer. Sie musterten ab und kehrten im Spätsommer oder Herbst in ihre Heimat zurück.

Während der Herbst- und Wintermonate hielten sich die Grönlandfahrer bei ihren Familien auf. Diese Zeit nutzten viele, sich von alten, erfahrenen Commandeuren in der Navigation unterweisen zu lassen.

Abb. 8: Die guten Einkünfte aus dem Walfang erlaubten es einem Nieblumer Schiffsführer schon 1637, den Pesel in seinem Hause standesgemäß einzurichten; er befindet sich im Städt. Museum Flensburg

Während des Winters herrschte aber auch oft Mangel und Entbehrung auf der Insel, wenn die Fangergebnisse und damit auch der Verdienst im Sommer schlecht ausgefallen waren. Dann mußten viele – hoffend auf besseren Verdienst – Mehl und Brot auf Kredit kaufen. Die Kartoffel war damals noch kein Grundnahrungsmittel.

Zum Ausgang des Winters begaben sich die Seefahrer zu den großen Häfen, um sich auf den Walfangschiffen wiederum anheuern zu lassen. Die Reise dorthin erfolgte auf sogenannten Schmackschiffen, die ansonsten den Frachtverkehr zu den Nordfriesischen Inseln besorgten. Wie Heringe eingepackt lagen die Seefahrer im Frachtraum, 50 bis 200 Mann auf einem Schiff. Die weit verbreitete Ansicht, die Seefahrer hätten stets am 21. Februar, am Tage des Biikebrennens, ihre Heimatinsel verlassen, ist, zumindest was Föhr angeht, in den Bereich der Phantasie zu verweisen. Sowohl Jens Jacob Eschels als auch Kapitän Ernst Ketels (1859–1949) haben in ihren Lebenserinnerungen Abreisetage innerhalb der Monate Januar bis März vermerkt. Es kam durchaus vor, daß die Walfangschiffe sogar im Januar, wenn die Witterung das zuließ, ihren Heimathafen verließen. Nicht selten kehrten sie bereits im Juli zurück. So musterte beispielsweise Ketel Harken (1761–1843), Toftum, am 6. Februar 1798 auf dem Altonaer Walfänger „De Elbe" an – Rückkehr des Schiffes 21. Juli.

Wegen des unterschiedlichen Witterungsverlaufs war es zudem überhaupt nicht möglich, den 21. Februar jeweils als Termin festzulegen. Schließlich sei darauf hingewiesen, daß das Biikebrennen auf Föhr – anders als auf der Nachbarinsel Sylt – früher nicht festlich begangen wurde. Wer um die Lebensart der alten

Föhringer weiß, wird mir außerdem zustimmen, daß der letzte Tag vor der Abreise dem Beisammensein in der Familie gehört haben dürfte, nicht – wie einige Autoren schreiben – der Gesellschaft mit Tanz, Essen und Trunk.

Nach dem bereits erwähnten Ernst Ketels unterschied man im vorigen Jahrhundert auf Westlandföhr im allgemeinen Sprachgebrauch zwischen Grönland- und Straat-Davis-Fahrern. Als Grönlandfahrer galten diejenigen, die den Walfgang im arktischen Eismeer zwischen Spitzbergen und Grönland betrieben. Dagegen hießen die Seefahrer auf den Schiffen der Königl. Grönländischen Handelsgesellschaft, die zwischen Kopenhagen und den dänischen Niederlassungen an der Westküste Grönlands verkehrten, Straat-Davis-Fahrer. Später wurden insoweit keine Unterschiede gemacht. Heute ist es üblich, alle Seefahrer, die ins Eismeer fuhren, als Grönlandfahrer zu bezeichnen.

Die große Bedeutung der Seefahrt und insbesondere des Walfanges vor 200 Jahren – und davor – galt in besonderem Maße für Westerlandföhr, das im Verhältnis zu den seinerzeit landwirtschaftlich nutzbaren Flächen eine wesentlich höhere Bevölkerungszahl aufwies als Osterlandföhr. Die Kirchenbücher von St. Laurentii geben insoweit wertvolle Hinweise. Hierin sind beispielsweise für das Jahr 1757 alle Seefahrer des Kirchspiels namentlich genannt, u. a. aus Süderende Jung Oluf Olufs, der Vater von Diedrich Roeloffs, sowie Früd Ercken, als Bruder von Marret Ercken, ein Onkel von Diedrich Roeloffs. Insgesamt sind 437 Seefahrer aufgeführt[11]. Eine hohe Zahl, wenn man bedenkt, daß die Kirchengemeinde damals ca. 1480 Seelen zählte[12]. Somit war fast ein Drittel der Einwohner von St. Laurentii im Sommer auf See. Dieser heute kaum vorstellbare Anteil, der später nie wieder erreicht wurde, unterstreicht, daß von den tauglichen Mannsleuten wohl keiner zu Hause blieb. So sind in der Seefahrerliste von 1757 u. a. vertreten:

Nickels Sönken (57 Jahre alt) aus Dunsum mit fünf Söhnen (33, 24, 21, 17, 14 Jahre) und einem Schwiegersohn (41 Jahre)

Früd Bohn (61) aus Oldsum mit vier Söhnen (30, 25, 22, 20) und einem Schwiegersohn (31)

Johann Harken (57) aus Oldsum mit vier Söhnen (22, 19, 17, 14)

Ock Jürgens (56) ebenfalls aus Oldsum mit vier Söhnen (26, 23, 19, 17)

Rörd Hayen (45) aus Dunsum mit drei Söhnen (24, 20, 17).

Die Seefahrt dürfte innerhalb der St. Laurentii-Gemeinde um 1757 ihren Höhepunkt erreicht haben. Man möge sich einmal vor Augen führen, daß aus dem kleinen Dorf Dunsum 51 Seefahrer kamen. Davon wohnten allein 42 in Groß-Dunsum. Ähnlich war die Situation in Hedehusum, das 29 Seeleute stellte. Die 30 Jahre später (1787) vorgenommene Volkszählung für St. Laurentii registrierte „nur“ noch 367 Seefahrer, immer noch eine sehr beachtliche Zahl im Verhältnis zu den insgesamt gezählten 1544 Bewohnern des Kirchspiels. Beispielhaft möcht ich hier die Verhältnisse für das kleine Dorf Klintum schildern. Die Volkszählung erfaßte 30 männliche Personen zwischen 15 und 60 Jahren. Mit Ausnahme des fünfzigjährigen Schneiders Harck Jürgens und des als „schwächlich“ bezeichneten Witwers Hinrich Ketels, 37 Jahre alt, sowie des vierundvierzigjährigen Chirurgen Johann Gottlieb Tschech waren sie alle Seefahrer. Weitere vier Einwohner, jünger als 15 Jahre, fuhren als Schiffsjungen zur See, der jüngste erst 10 Jahre alt. Es war Jürgen Lorentzen[13], der 1801 im Hafen von Charleston in Nordamerika am Gelben Fieber starb, gerade 24 Jahre alt.

Die Entwicklung der Seefahrt in den St. Laurentii-Dörfern von 1757 bis 1860 zeigt die Übersicht 1. Demnach verminderte sich von 1757 bis 1860 fortlaufend die Zahl der Seefahrer, aber auch ihr Anteil an der Gesamtbevölkerung in der St. Laurentii-Gemeinde. Lag der Anteil der Seefahrer mit 24 v. H. im Jahre 1787 noch in allen Dörfern des Kirchspiels etwa gleich hoch, entwickelte er sich danach sehr unterschiedlich. Er blieb in Dunsum, Süderende, Oldsum und Toftum am höchsten. Am folgenschwersten dürfte sich der Rückgang der Seefahrer für Utersum und Hedehusum ausgewirkt haben – Dörfer, deren Feldmarken wie in Süderende einen hohen Anteil an

11 Die in früheren Veröffentlichungen von mir genannte Zahl von 562 beruht auf einem Versehen.

12 Im Jahre 1753 lebten in St. Laurentii 1483 Einwohner. Diese Zahl habe ich errechnet aus einer Sonderumlage von 3½ Schilling je Einwohner, die die Kirchengemeinde hob, um das Neugießen der Kirchenglocke zu finanzieren.

13 Jürgen Lorentzen war ein Bruder von Kerrin Lorentzen, der späteren Ehefrau von Diedrich Roeloffs.

Übersicht 1: Die Entwicklung der Seefahrt in St. Laurentii 1757 – 1860

Dorf	Zahl der Seefahrer 1757	1787	1801	1834	1860	davon Auswanderer 1860	Auswanderer (Nichtseefahrer) 1860	Anteil der Seefahrer an der Gesamtzahl der Einwohner** in v. H. 1757	1787	1860
Süderende	26	26	27	18	17	6	0	—	21	12
Oldsum	145	122	53	42	51	17	2	—	22	11
Klintum	35	31	23	15	6	2	1	—	23	7
Toftum	85	84	42	28	30	4	16	—	32	11
Dunsum	51	40	24	18	17	5	1	—	27	13
Utersum	66	41	26	17	14	4	0	—	19	9
Hedehusum	29	23	10	8	3	3	3	—	29	6
zusammen	437	367	205	146	138*	41	23	30	24	11

* Von den 138 Seefahrern 1860 hatten sich in Übersee 41 als „Auswanderer“ abgesetzt
** Vergleiche auch Übersicht 3

ertragsschwachen Böden hatten. Die starke Abkehr von der Seefahrt und die relativ einseitige Ausübung der Landwirtschaft führten in diesen beiden Dörfern daher auch zwangsläufig zu einer beachtlichen Verminderung der Einwohnerzahl. Andererseits meine ich, daß die Einwohnerzahl in Süderende nur steigen konnte, wie ich später aufzeige, weil viele Mannsleute der Seefahrt treu blieben.

In diesem Zusammenhang ist wissenswert, daß vor gut 200 Jahren die Seefahrt für die Bewohner von St. Laurentii eine weitaus größere Rolle spielte als für die auf Osterlandföhr und in Wyk. Das zeigt die Volkszählung von 1769 (Übersicht 2). 89 v. H. aller Familien fanden ihren Haupterwerb in der Seefahrt und Fischerei.

Übersicht 2: Auszug aus den Volkszählungslisten der Insel Föhr 1769

	Gesamtzahl der Bewohner	Seefahrer und Fischer mit ihren Frauen und Kindern Zahl	in v. H. der Bewohner
St. Laurentii	1695	1506	89
Wyk	692	357	52
Boldixum, Wrixum	1082	561	52
Oevenum, Midlum, Alkersum und Nieblum Osterteil	1702	896	53
	5171	3320	64

Der vergleichsweise niedrige Anteil der Seefahrer und Fischer auf Osterlandföhr findet seine Begründung in der größeren Bedeutung der Landwirtschaft in den „Bauerndörfern“ Oevenum, Midlum und Alkersum. Dort lebten weitaus mehr Familien vom Akkerbau als in St. Laurentii.

Bedauerlicherweise können die erwerbsstrukturellen Verhältnisse in den Dörfern Borgsum, Witsum, Goting und Nieblum-Westerteil für das Jahr 1769 nicht aufgezeigt werden, weil dort die entsprechende Volkszählung nicht stattgefunden hat. Die Gründe, ebenso simpel wie bemerkenswert, sind Ausdruck der eigentümlichen staatsrechtlichen Verhältnisse, die seinerzeit auf Föhr herrschten. Im Königreich Dänemark oblag nämlich den Pastoren die Ermittlung der Volksdaten. Für die o. a. Dörfer aber gab es keinen „königlichen“ Pastor, der zuständig gewesen wäre, denn die Nieblumer Prediger amtierten im Herzogtum Schleswig. Sie waren nicht befugt, ihre Gemeindemitglieder, die im königlichen Teil der Insel lebten, zu erfassen. Auch dem Landvogt war es nicht gestattet, die Bewohner dieser Dörfer zu zählen. Er mußte sich auf Osterlandföhr beschränken, denn in den herzoglichen Teilen war den staatlichen Dienststellen auferlegt, die Volkszählung durchzuführen. Also blieb diese kleine Region von der Volkszählung 1769 ausgenommen. Aus den gleichen Gründen unterblieben in diesen Dörfern auch die Volkszählungen 1787 und 1801, die im übrigen im gesamten Königreich Dänemark durchgeführt wurden.

Abb. 9: Von Kopenhagen (um 1600) fuhren über mehrere Jahrhunderte viele Föhringer Commandeure und Kapitäne ins Eismeer und in andere Teile der Erde

Übergang zur Handelsfahrt

Nachdem der Bestand an Walen durch übermäßiges Bejagen stark zurückgegangen war, widmeten sich die Föhringer (etwa ab 1750) mehr und mehr der Handelsschiffahrt, die sie in alle Erdteile führte. Dies bestätigt für St. Laurentii die Übersicht 3, eine Auswertung der Volkszählungslisten 1787, 1801 und 1860[14].

Nach der Übersicht 3 traten 1787 von den 24 Schiffsführern in St. Laurentii neben den 12 Walfang-Commandeuren bereits sieben als Kapitän auf „großer Handelsfahrt" auf. Und fünf kommandierten als Schiffer ein Küstenfahrzeug auf „kleiner Fahrt" in der Nord- und Ostsee. Bis 1801 halbierte sich die Zahl der Commandeure, die der Kapitäne veränderte sich aber nicht. Daß sich die Zahl der Schiffer von fünf auf 23 mehr als vervierfachte, war eine Folge der kriegerischen Wirren in Europa, die vor allem die Handelsfahrt nach Übersee stark beeinträchtigten. So finden wir denn auch Seefahrer wie Früd Peters und Ock Beelendörp aus Süderende, vor 1800 als Kapitäne bekannt, bei der Zählung 1801 als Schiffer aufgeführt. Ein Schiffer brachte natürlich selten den Verdienst eines Commandeurs oder Kapitäns nach Hause. Insofern ist ihre rückläufige Zahl von 19 (1787) auf 13 (1801) für die Einkommensverhältnisse der Familien in St. Laurentii als negativ anzusehen. Und dennoch war die Zahl der Seefahrer mit leitenden Funktionen, insbesondere unter Einbeziehung der Steuermänner und Speckschneider, im Jahre 1801 relativ hoch. Die 86 Commandeure, Kapitäne, Schiffer, Steuermänner und Speckschneider nahmen – bezogen auf die Gesamtzahl der Seefahrer – mit 42 v. H. einen wesent-

14 Die Zahl der 1787 in St. Laurentii erfaßten Seefahrer ist mit 367 weitaus höher als die für 1789 von Nerong in „Das Dorf Wrixum" angegebenen 257 Seeleute. Der Unterschied erklärt sich wohl daraus, daß die 1789er Liste nur die steuerpflichtigen Personen erfaßte. Vermutlich enthält sie nicht die jugendlichen Seefahrer.

Übersicht 3: Funktion der Seefahrer aus St. Laurentii 1787, 1801, 1860

Jahr Dorf	Commandeur	Kapitän	Schiffer	Steuermann	Speckschneider	Harpunier	Sonstige	Seefahrer insges.
1787								
Süderende	1	2	—	5	2	1	15	26
Oldsum	8	3	3	14	12	24	58	122
Klintum	—	—	—	1	4	5	21	31
Toftum	2	1	—	6	8	14	53	84
Dunsum	1	—	1	—	—	6	32	40
Utersum	—	—	1	3	—	11	26	41
Hedehusum	—	1	—	—	1	1	20	23
zusammen	12	7	5	29	27	62	223	367
1801								
Süderende	1	3	2	4	2	2	13	27
Oldsum	4	—	14	10	3	2	20	53
Klintum	—	—	2	6	1	4	10	23
Toftum	1	—	5	7	7	5	17	42
Dunsum	—	1	—	2	1	2	18	24
Utersum	—	1	—	5	1	2	17	26
Hedehusum	—	2	—	1	—	—	7	10
zusammen	6	7	23	35	15	17	119	205
1860								
Süderende	—	5	—	3	—	—	9	17
Oldsum	—	2	—	2	—	—	47	51
Klintum	—	—	—	—	—	—	6	6
Toftum	—	3	—	1	—	—	26	30
Dunsum	—	2	—	—	—	—	15	17
Utersum	—	—	—	2	—	—	12	14
Hedehusum	—	—	—	—	—	—	3	3
zusammen	—	12	—	8	—	—	118*	138*

* Einschließlich der 41 „Auswanderer“, die sich von der Seefahrt abgewandt hatten

lich höheren Anteil ein als die 80 im Jahre 1787, die nur 22 v. H. aller Seefahrer ausmachten.

Die vergleichsweise hohe Anzahl der Seefahrer mit geringerer Qualifikation im Jahre 1787 kennzeichnet die besondere Struktur der Besatzungen auf den Grönlandfahrern. Der Walfang beschäftigte viele, auch ältere Matrosen, die nur für die Verarbeitung gefangener Wale, nicht aber für die Besegelung des Schiffes gebraucht wurden. Bei der Handelsfahrt dagegen nahm man nur so viele Seeleute an Bord, wie zum Führen des Schiffes erforderlich waren. Ein Handelsfahrer hatte bei gleicher Größe wesentlich weniger als die Hälfte, zumeist nur ein Viertel der Besatzung eines Grönlandfahrers. In den höheren Anforderungen an die Qualifikation der Mannschaften lag somit ein gewichtiger Grund für den Rückgang der Seefahrt auf unserer Insel.

Daß der Rückgang des Walfangs auch in der verringerten Zahl der Speckschneider und Harpuniere zum Ausdruck kommt, liegt auf der Hand. Dabei ist für 1787 bemerkenswert, daß Süderende von 26 Seefahrern nur einen Harpunier stellte[15]. Aus Oldsum, Klintum und Toftum dagegen übten von 237 Seefahrern 43 diesen qualifizierten und zugleich gefahrvollen Be-

15 In der Volkszählungsliste von 1787 ist für die Insel Amrum weder ein Commandeur noch ein Speckschneider und auch kein Harpunier verzeichnet.

ruf aus. Demnach wandten sich die Seefahrer aus Süderende bereits früher von der damals schon rückläufigen Grönlandfahrt ab als die aus den anderen Dorfschaften des Langdorfes. Das wird auch dadurch bestätigt, daß von den zwölf Commandeuren des Kirchspiels allein zehn aus Oldsum und Toftum stammten. Nur einer, Harck Nickelsen, kam aus Süderende[16].
Von diesen zwölf Commandeuren befehligten vier hamburgische Walfangschiffe (Übersicht 4).
Neben diesen vier Commandeuren führten 1787 nur zwei – vermutlich nicht in St. Laurentii ansässige – Föhringer, Jürgen Cornelis (Ketels) und Volkert Boysen (Bohn) einen hamburgischen Walfänger. Damit wird die Überlieferung bestätigt, daß sich die Grönlandfahrer von St. Laurentii, vor allem aus dem Langdorf, vergleichsweise stärker nach Hamburg orientierten als die aus den anderen Inseldörfern. Das galt auch schon im 17. Jahrhundert. So führten der bereits genannte Matz Peters, der „Glückliche Matthias“, wie auch sein Schwager Johan Flor (1641–1685), beide aus Oldsum, hamburgische Walfangschiffe. Die Seefahrer aus den Dörfern Osterlandföhrs und aus Nieblum dagegen hatten stärkere Bindungen nach Holland, was auch für die Bewohner der Halligen galt.
Für die Zeit der Gröndlandfahrt ist bemerkenswert, daß stets eine große Zahl von Besatzungsmitgliedern aus dem Dorfe kamen, in dem der Commandeur sein Zuhause hatte. Seinen Steuermann wählte dieser gerne aus dem Kreise seiner Verwandten oder Bekannten. So fuhr beispielsweise Matz Jung Rörden (1759–1814), Oldsum, 1785 als Harpunier, 1786 als Speckschneider und von 1787 bis 1798 als Steuermann bei seinem Schwiegervater Lorenz Hayen (1738–1811), um von ihm dann 1800 den Walfänger „De Jonge David“ zu übernehmen. Eine größere Zahl ähnlicher Fälle zeigt, daß seinerzeit eine gewisse Familienbetriebs-Verfassung die Grönlandfahrt prägte.

Noch einige Anmerkungen zu Süderende: Sehr beachtlich für dieses kleine Dorf ist der relativ hohe Anteil der Seefahrer, die eine leitende Funktion als Schiffsführer, Steuermann oder Speckschneider innehatten. Er entwickelte sich von 38 v. H. im Jahre 1787 über 52 v. H. in 1801 auf 47 v. H. in 1860. Läßt man die sechs Seefahrer, die sich in Australien oder Kalifornien als Auswanderer abgesetzt hatten, unberücksichtigt, so waren es 1860 sogar 73 v. H.; von elf Seefahrern waren acht Kapitän oder Steuermann. Die Seefahrer aus Süderende heben sich insofern weit ab von denen der anderen Gemeinden, insbesondere im Jahre 1860. In diesem Jahr stellte Süderende von den zwölf aktiven Schiffsführern aus St. Laurentii allein fünf. Man kann es daher zu Recht als *Dorf der Kapitäne* bezeichnen. Auch von den Steuermännern kam mehr als jeder dritte aus Süderende. Kein anderes Dorf innerhalb von St. Laurentii konnte hinsichtlich der Seefahrt eine derart positive Bilanz vorzeigen. Und dennoch gilt auch für Süderende: In dem Betrachtungszeitraum von 1787 bis 1860 verlor die Seefahrt und die Landwirtschaft gewann vergleichsweise an Bedeutung.

Schiffsunglücke

Auf die allgemein negative Entwicklung der Seefahrt nach 1800 wird später näher eingegangen. Aber schon vor 1800 hatten einige grauenvolle Schiffsunglücke einen gravierenden Einfluß auf die Seefahrt. Am 4. Oktober 1767 ertranken auf der Heimreise von Amsterdam 56 Föhrer Seefahrer, davon 14 aus der

16 Harck Nickelsen (1746–1825) wohnte in Süderende Nr. 254 (heute Heymann), das er 1780 für 800 Mark C erwarb.

Übersicht 4: Commandeure aus St. Laurentii auf hamb. Walfängern 1787

Name lt. Kirchenbuch	Name in Hamburg	Lebenszeit	Schiff	Führung von … bis …
Peter Bohn, Oldsum	Peter Boysen	(1754–1823)	De Frau Margaretha De Jungfrau Johanna Magdalena	1786 1787–1803
Lorenz Hayen, Oldsum	Lorenz Hendricks	(1738–1811)	De Jonge David	1783–1799
Boh Jürgens, Oldsum	Boy Jurians	(1739–1800)	De Twe Gesüster	1782–1792
Ketel Jacobs, Dunsum	Cornelius Jacobsen	(1747–1801)	De Justina Eleonora	1787–1791

St. Laurentii-Gemeinde. Sie verloren ihr Leben beim Untergang eines Schmackschiffes, das sie in die Heimat bringen sollte, nachdem sie von dem gefahrvollen Walfang während des Sommers bei Grönland glücklich nach Holland zurückgekehrt waren. Eigner des Schiffes war ein Boy Paven. Zehn Jahre später verloren erneute viele Föhringer Grönlandfahrer ihr Leben fern der Heimat. Hierüber schrieb Pastor Posselt zu St. Johannis im Jahre 1796 in den Provinzialberichten:

„Im Jahre 1777 gingen mehrere Schiffe, welche vom Eise besetzt waren, verloren. Ich habe davon eine sehr traurige Beschreibung von dem mitverunglückten Kommandeur Martin Jansen vor mir liegen. Sie wurden am 28. Juni auf 76 Grad nördlicher Breite vom Eise besetzt. Mitten im Juli, als sie schon drei Grade südlich getrieben waren, brach zwar das Eisfeld, aber sie befanden sich gleichsam auf einer Meeresinsel, die vom Eise rund umschlossen war. Nun erhoben sich gegen das Ende des August schreckliche Stürme aus Nordosten, die die Schiffe beständig nach Südwesten und bald längs der südöstlichen Küste Grönlands hintrieben. Da ging nun ein Schiff nach dem anderen verloren; denn unmöglich war es, bei solchen Stürmen die Eisberge und ihr gewaltiges Anstoßen zu vermeiden. Das letzte Schiff, das die Mannschaft mehrerer anderer an Bord hatte, ward in der Gegend des Kaps Farewell auf 63 Grad nördlicher Breite am 11. Oktober zertrümmert. Glücklicherweise erreichten sie das Land. Allein da trennte sich die Gesellschaft; ein Teil wollte gerade durch das Land nach den dänischen Kolonien durchdringen, diese sind wahrscheinlich alle vor Hunger und Kälte, vielleicht auch durch die östlichen Grönländer, die der Sage nach von der Jagd leben und sehr bösartig sein sollen, umgekommen. Die übrigen kamen erst im März des folgenden Jahres nach unsäglichen Mühseligkeiten auf der Kolonie Friedrichshaab an."

Die Zahl der im Jahre 1777 tödlich verunglückten Seefahrer gibt F. Falk für Föhr mit 19 an, davon 13 aus St. Laurentii. Alleine im Jahre 1778 hielt Pastor Kirkerup in der Süderender Kirche neun Gedächtnisreden für auf See gebliebene Gemeindemitglieder. Zu den in diesem Jahr, zwar fern der Insel, aber nicht bei Grönland Verstorbenen gehörte auch der Vater von Diedrich Roeloffs, Jung Oluf Olufs, der 1778 in Brockdorf an der Elbe bestattet wurde. Über ihn hielt der Prediger von St. Laurentii an einem Sonntag zwischen Palmarum und Himmelfahrt eine Gedächtnisrede; das Datum ist im Kirchenbuch nicht vermerkt. Den Unglücksjahren 1767 und 1777 war übrigens ein für die Föhringer gleichermaßen unheilvolles Jahr schon vorangegangen. Im Herbst des Jahres 1744 hatten sich 100 Grönlandfahrer von den Nordfriesischen Inseln in Holland auf das Schmackschiff eines Pay Mellefs begeben, um mit ihm in die Heimat zu fahren. Unweit vom Kniepsand, westlich von Amrum, jedoch zerbrach das Schiff am 10. September in einem starken Nordweststurm. Alle ertranken! Unter den Umgekommenen waren 64 Föhringer, davon 19 aus St. Laurentii.

In ähnlicher Weise wie Posselt es schildert, erging es einem meiner Vorfahren – allerdings in späterer Zeit. Der bereits erwähnte Ketel Harken (1761–1843) fuhr 1821 als Steuermann auf dem Glückstädter Walfänger „Frau Margaretha", den G. H. Simons (1773–1853) von Amrum befehligte. Am 8. April wurde das Schiff von Eismassen zerdrückt. Die Besatzung erreichte nach zehntägiger mühseliger Fahrt mit ihren Slupen die unwirtliche Küste Islands. Völlig entkräftet fand sie eine menschliche Siedlung. Auf Ponys reitend gelangte sie nach Reykjavik. Und von dort nahm ein Kopenhagener Schiff sie mit nach Tönning. Am 20. Juni war Ketel Harken wieder zu Hause. Bei den Angehörigen herrschte eitel Freude, hatten sie doch ihren Vater schon als Gebliebenen betrauert. Daß eine solche Rettung gelang, kam nicht selten vor. Dennoch fand eine große Zahl von Walfängerbesatzungen nach der Aufgabe ihres Schiffes den Tod im eisigen Nordmeer.

Auch Jens Jacobs Eschels, der in Nieblum auf Föhr aufwuchs und später in Altona wohnte, hat in seinen Lebenserinnerungen eindrucksvoll aufgezeichnet, wie im Jahre 1769 mehrere aus Holz gebaute Walfangschiffe im Eis des Nordmeeres steckenblieben und zerdrückt wurden. Die Besatzungen konnten sich glücklicherweise auf andere Schiffe retten, die am Rande des Eises lagen.

Die hohen Verluste in der Seefahrt brachten viele Familien in Not und Armut, denn der Sozialstaat war noch nicht eingeführt. Gleichwohl gelangten gerade in den letzten Jahrzehnten des 18. Jahrhunderts viele Föhringer zu einem beachtlichen Wohlstand. Insbesondere die Schiffsführer konnten ausreichendes Kapitalvermögen bilden, das ihnen und ihren Angehörigen eine gewisse Unabhängigkeit vom Auf und Ab des wirtschaftlichen Geschehens gab. Zahlreiche schöne Grabmale, häufig mit Schiffen geziert, erinnern auf den Kirchhöfen der Insel an diese Zeit (Abb. 10, 10a). Viele enthalten nicht nur die Daten über Geburt, Vermählung und Tod, sondern vermitteln – oftmals sehr ausführlich – weitere bedeutsame Ereignisse sei-

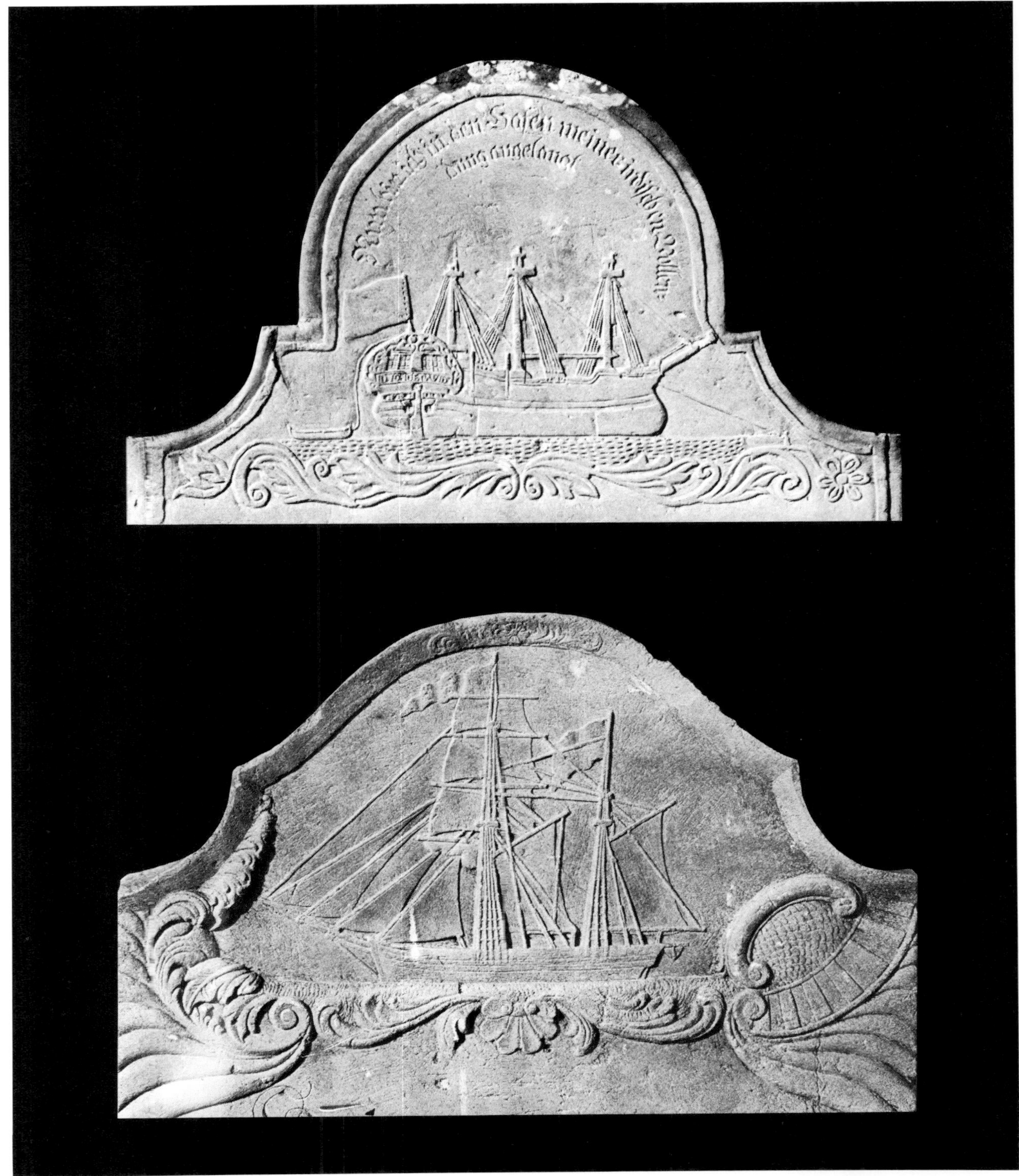

Abb. 10 und 10a: Auf dem Kirchhof St. Laurentii zieren der abgetakelte Walfänger „De Jonge David“ den Giebel des Grabsteines für den Commandeur Matz Jung Rörden (1759–1814) aus Oldsum und eine Galeass unter vollen Segeln das Grabdenkmal des Kapitäns Ketel Olufs (1773–1855) aus Klintum

nes Lebenslaufes. Sie sind mehr als prägende Elemente der drei Kirchhöfe. Sie sind steinerne Monumente aus einer großen Zeit der Inselgeschichte. Nach den Grabsteinen der „kleinen Leute", der einfachen Seefahrer des 17. und 18. Jahrhunderts dagegen sucht der Besucher auf den Kirchhöfen vergebens. Man findet sie allenfalls als Bestandteil von Hof- oder Gartenwällen. Aus einfachen, kleinen Feldsteinen gehauen, tragen sie zumeist neben dem Todesjahr nur die Anfangsbuchstaben des Namens des Verstorbenen (Abb. 11).

Aufsässige Seefahrer

In dem Zeitraum, in dem sich der Übergang vom Walfang zur Handelsfahrt vollzog, trugen sich auf Föhr ungewöhnliche Ereignisse zu. Über deren Ablauf vermitteln handschriftliche Aufzeichnungen und amtliche Abschriften aus dem Nachlaß von Diedrich Roeloffs einen guten Überblick. Sie umfassen 150 Seiten. Was trug sich zu?

Um die dänische Flotte im Frühjahr 1781 mit der erforderlichen Mannschaft besetzen zu können – offensichtlich fand im Winter kein Seekrieg statt – ordnete am 12. Dezember 1780 das Obergericht (zugleich obere Verwaltungsbehörde) auf Schloß Gottorf an, die seefahrende Bevölkerung der Westsee-Inseln zu „enrollieren"; heute würde man dies mit Musterung bezeichnen. Diese Anordnung gelangte über das Amtshaus in Tondern an Etatsrath Kirchhoff, der sie bereits am 17. Dezember auf Föhr und Amrum in der seinerzeit üblichen Weise in den Inselkirchen von der Kanzel publizieren ließ[17]. Sie wies die bei ihren Angehörigen befindlichen Seefahrer an, sich am 5. Januar 1781 im Rathaus zu Tondern zu melden. Eine mehr als bürokratische Entscheidung, wenn man bedenkt, daß die Reise einer großen Zahl von Insulanern angeordnet wurde, obwohl ein „Ortstermin", von einigen Beamten auf Föhr abgehalten, den gleichen Zweck erfüllt hätte. Daher erhoben die betroffenen Seefahrer Gegenvorstellungen mit dem Ergebnis, daß das Amtshaus in Tondern sich bequemte, einen Offizier nach Föhr zu schicken, um die Enrollierung dort vorzunehmen. Er enrollierte: von Amrum 51, Wyk 37, Osterlandföhr 270 und Westerlandföhr 321 Seefahrer, somit insgesamt 689. Hiervon wurden 150 Matrosen „zu Ihrer Königlichen Majestät Dienst vorzüglich pflichtig gefunden" – in einem Alter von 14 bis 48 Jahren, davon zwei nur 14 Jahre und 16 erst 15 Jahre alt! Von den 150 „Gezogenen" entfielen 86 auf Westerlandföhr, 56 auf Osterlandföhr, 7 auf Wyk und nur 1 auf Amrum. Von der Enrollierung befreit waren alle, „welche mit Schiffer- oder Steuermannscertificaten versehen sind". Diese waren nur im Notfall dienstpflichtig.

Die Westerlandföhrer sahen die Enrollierung als unrechtmäßig an. Sie vertraten die Auffassung, vom Militärdienst befreit zu sein, obwohl sie kein schriftliches Privileg in Händen hatten. Wenngleich nach einer Aufzeichnung der Gangfersmänner von Westerlandföhr vom 30. April 1781 „uns eine solche durch Nachlässigkeit unserer Vorfahren aus den Händen gekommen war", konnten sie aber in dieser Hinsicht aus zwei Gründen in diesem Glauben sein. Einmal hatte der Ritter Hans Schack von Mögeltondern als Amtmann zu Ripen im Jahre 1662 im Zusammenhang mit der Festsetzung der jährlichen Contribution zum Ausdruck gebracht, Westerlandföhr und Amrum seien „von allen übrigen befreiet". In ihrer ungewöhnlich hohen Steuer, die mit 1700 Rtr im Verhältnis erheblich über den Lasten der Harden auf dem Festland lag, sahen die Westerländer einen Ausgleich für die Befreiung vom Militärdienst. Zum anderen waren die vor der westlichen Küste des Herzogtums Schleswig gelegenen Inseln „Rommoe, Sylt, Föhr, Amrum, Oland, Langeneß, Gröde, Habel, Butweel, Hoog, Nordmarsch, Sydfall und Pellworm" aufgrund einer königlichen Anordnung seit 1735 von Enrollierungen verschont geblieben, so daß die Seefahrer auf Föhr annahmen, auch künftig keinen Militärdienst leisten zu müssen.

Unter den Einheimischen entstand zusätzliche Verwirrung, weil Kirchhoff wenige Tage vor der Publizierung der Herzoglich-Gottorfer Anordnung vom 12. Dezember 1780 ein königliches Schreiben vom 22. November 1780, das der Amtmann von Ripen

17 Johann H. Kirchhoff, von 1771–1788 Birkvogt von Westerlandföhr und Amrum, zugleich Landvogt auf Osterlandföhr. Von 1749–1795 hatten Wester- und Osterlandföhr gemeinsam einen Vogt. Die Verkündung obrigkeitlicher Anordnungen, Gesetze pp. von der Kanzel war üblich und durch Reskript vom 15. 6. 1731 den Predigern zur Pflicht gemacht worden. Nach 1824 erfolgte die Verkündigung im Kirchengang durch den Küster.

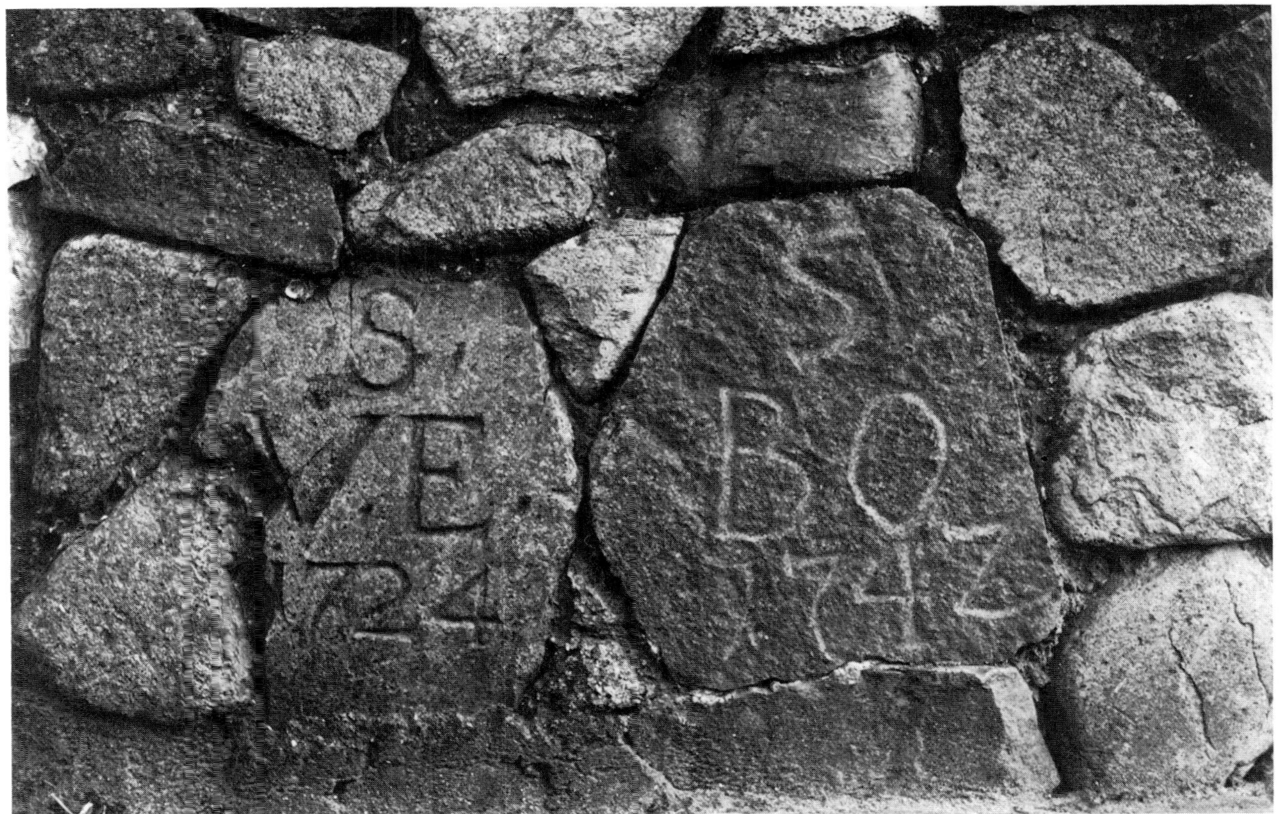

Abb. 11: Kleine, aus Feldsteinen gehauene Grabdenkmale, die an die einfachen Seefahrer von St. Laurentii erinnern, sind ein Kontrast zu den großartigen Grabstelen der Schiffsführer

ihm übermittelt hatte, auf dem Thing bekanntgemacht hatte. Es befahl den Seefahrern des Birks, auf der Insel zu bleiben und nicht in fremde Dienste zu treten, um „erforderlichenfalls auf Königl. dänischen Kauffahrtey-Schiffen gebraucht werden zu können". Der König verlangte damit also nicht den Dienst auf seiner Flotte, sondern auf dänischen Handelsschiffen. Dagegen war in der Gottorfer Anordnung nur von der Besetzung der Flotte mit der notwendigen Mannschaft die Rede.

Um diesen Widerspruch aufzuhellen, aber auch die Frage zu klären, ob Westerlandföhr in Enrollierungsangelegenheiten dem „königlichen" Ripen oder dem „herzoglichen" Tondern unterstehe, beauftragten die Repräsentanten des Birks die Gangfersmänner Rörd Knuten (1730–1812) und Peter Martensen, beide aus Nieblum, zum Amtshaus nach Ripen zu fahren. Die beiden Vertrauensmänner erledigten den Auftrag jedoch einfach dadurch, daß sie im herzoglichen Tondern und nicht im königlichen Ripen Instruktionen einholten. Das Ergebnis befriedigte die Repräsentanten aber nicht. Sie sandten daher erneut Rörd Knuten, nunmehr zusammen mit Fulck Arfsten von Oldsum[18], mit den entsprechenden Vollmachten versehen, aufs Festland. Auch sie fuhren wiederum nur nach Tondern, nicht nach Ripen. Nach Rückkehr erklärten beide, Westerlandföhr sei in Enrollierungsangelegenheiten Tondern und nicht Ripen unterstellt,

18 Fulck Arfsten (1734–1799) eine im Langdorf angesehene Persönlichkeit, war 22 Jahre Kirchenvorsteher (Jurat) und etwa eben so lange Gangfersmann. Als einer der größten Landeigentümer im Langdorf förderte er trotz des Widerstandes der meisten Feldinteressenten die Landaufteilung. Hierdurch verschaffte er sich viele Feinde. Nach seinem Tode weigerten sich die Nachbarn, den Sarg mit seiner Leiche zum Kirchhof zu tragen. Ein für damalige Verhältnisse ungewöhnliches Verhalten.

das königliche Schreiben sei überholt durch die spätere Gottorfer Anordnung. Die vorgenommene Enrollierung sei daher rechtens.
Offensichtlich schenkten die Repräsentanten dieser Aussage Glauben. Anders die betroffenen Seeleute. Sie beauftragten daher einen aus ihrer Mitte, Oluf Marcussen (1746–1782) von Süderende, nach Ripen zu fahren, um ihnen dort Klarheit in dieser verworrenen Sache zu verschaffen. Der Birkvogt weigerte sich aber, Marcussen einen Passierschein auszustellen, so daß er die Insel nicht verlassen durfte. Die Westerlandföhrer ließen sich jedoch nicht beirren. Vielmehr gelang es den beiden Gangfersmännern Früd Braren (1722–1799) aus Süderende[19] und Jens Nickelsen (1729–1802) aus Oldsum über Amrum mit einem Schiff Ripen zu erreichen. Und siehe da, sie erhielten dort die schriftliche Erklärung, für Westerlandföhr sei in Enrollierungssachen Ripen und nicht Tondern zuständig. Damit fanden die Westerländer ihre Auffassung bestätigt, daß die Musterung nicht rechtmäßig gehandhabt worden sei. Allein diese Geschehnisse führten zu erregten Diskussionen auf Föhr und Amrum. Sie fanden weitere Nahrung in der Nachricht, daß die Insel Röm von der Enrollierung völlig verschont geblieben sei. Auch die Verteilung der „gezogenen" Mannschaften sahen vor allem die Westerlandföhrer als eine große Ungerechtigkeit an. Obwohl im Westteil der Insel nicht einmal die Hälfte der 689 enrollierten Seefahrer wohnte, sollten von den 150 Gezogenen allein 86 Westerländer Kriegsdienst auf der Flotte leisten.
Die Rechtsunsicherheit in der Frage, ob in Enrollierungsangelegenheiten nun Ripen oder Tondern zuständig sei, war eine Folge von Entscheidungen, die 1771 und 1773 die königliche Regierung in Kopenhagen bezüglich der Zugehörigkeit von Westerlandföhr und Amrum getroffen hatte. Hierauf gehe ich später noch ein.
Vollends verbittert waren die Westerländer, als sie erfuhren, daß die nach Tondern entsandten Vertrauensmänner die Ziehung von 80 Seefahrern freiwillig zugestanden hatten, obwohl die keine Vollmacht besaßen, insoweit Erklärungen abzugeben. Die Seefahrer und die Mehrzahl der Repräsentanten sahen sich hinters Licht geführt, zumal sie feststellten, daß ihre Abgesandten die Reise nach Tondern vor allem auch zur Erledigung privater Angelegenheiten genutzt hatten. Hinzu kam noch, daß Rörd Knuten und Fulck Arfsten nach Meinung der Eingesessenen die 80 Seefahrer sehr einseitig und parteilich gewählt hatten. Unter diesen war nämlich weder ein Seefahrer aus dem Gangfersbezirk noch aus der Verwandschaft der beiden. Sie hatten – so die öffentliche Meinung – zudem einseitig ärmere und schwächliche Personen vorgeschlagen, weil sie von diesen weniger Widerstand erwarteten.
Angesichts dieser Vorfälle legten die Inselbewohner ihr ansonsten sehr friedfertiges Verhalten ab. Auf Osterlandföhr warf man dem Rathmann Volquard Boon, der bei der Auswahl der 150 Seefahrer auch mitgewirkt hatte, Fensterscheiben ein. Das gleiche geschah auch bei Fulck Arfsten in Oldsum. Ja, man drang sogar in sein Haus ein und demolierte Möbel und Spiegel. Diese Tätlichkeiten veranlaßten den Land- und Birkvogt, nachts Wachen aufstellen zu lassen, um die angeblich gefährdeten Personen zu schützen.
In der Behandlung der Enrollierungsangelegenheit hatte der königliche Beamte Kirchhoff eine wenig glückliche Hand. Sein Bemühen, die Anordnungen seiner vorgesetzten Dienststellen in Tondern und Gottorf durchzusetzen, stieß sowohl bei den Seefahrern als auch bei der Mehrzahl der Gangfersmänner auf stärksten Widerstand. Es gelang ihm offenbar nicht, das Gebot der „Verhältnismäßigkeit der Mittel" anzuwenden.
Andererseits ist der übertriebene Eifer des Land- und Birkvogts jedoch erklärlich, wenn man weiß, in welch schwieriger Lage er sich persönlich befand. Er hatte nämlich am 3. August 1779 seiner vorgesetzten Behörde anzeigen müssen, daß sich in der Kasse der Land- und Birkvogtei nur 2500 Rtr befanden – bei einem Sollbetrag von 11 417 Rtr und 25 Sch. Den Fehlbetrag lastete er einem „gewesenen Bedienten" an, vermutlich zu Unrecht. Denn wie sollte es wohl einem Mitarbeiter gelingen, fast 9000 Rtr zu veruntreuen, ohne auf sich aufmerksam zu machen. Immerhin entsprach dieser Betrag dem Wert von 600 Kühen (heute rd. 1,2 Mio DM). Vermutlich hatte Kirchhoff selber ab und zu Geld aus der Kasse genommen. Kirchhoff glaubte zwar, wie er schrieb, er könne den

19 Früd Braren, der Namensgeber der großen Familie Früdden, war ein Urgroßvater des bekannten Segelschiffkapitäns Johannes Früdden (1851–1919) aus Oldsum.

„Defect" aus der Erbmasse nach seinem Schwiegervater begleichen. Hierauf ließ sich aber die Königliche Rentekammer nicht ein. Sie entschied

- sein Vermögen zu beschlagnahmen und zu versiegeln
- ihn von der Hebung der Steuern zu entlassen und sie einem zuverlässigen Mann zu übertragen[20]
- eine genaue Untersuchung einzuleiten
- innerhalb von 6 Monaten alles zu verkaufen (K. besaß 70 Demat Marschland).

Als Kurator über das Vermögen von Kirchhoff fungierte Frödde Nickelsen, Oevenum. Den riesigen Fehlbetrag aber hatte Kirchhoff Anfang 1781, als die Enrollierung stattfand, noch nicht zurückgezahlt, so daß das „Damoklesschwert" einer etwaigen Entlassung noch über ihm schwebte. Es ist daher begreiflich, daß K. versuchte, durch Diensteifer und Härte im Amt seine vorgesetzten Behörden zu beeindrukken und alles unternahm, um im Amte zu bleiben.

So belegte er denn auch den Amrumer Schiffer, der die beiden Westerländer nach Ripen gefahren hatte, mit 20 Mark L Geldstrafe, ersatzweise Haft, obwohl er das Verbot, Personen ohne Passierschein zu befördern, nur in Wyk bekanntgegeben hatte. Sodann zitierte Kirchhoff unter Androhung von 10 Reichsthalern Strafe den Gangfersmann Jep Christians (1744 bis 1809) aus Oldsum vor ein außerordentliches Gericht, das er zum 22. Februar 1781 nach Nieblum einberief. Er warf ihm u. a. vor, die Seefahrer zum Ungehorsam und zu Widerspenstigkeiten verleitet zu haben. Zudem habe er sich „zu einer Versammlung der Gangfersmänner zu Ungebühr eingefunden und dort sehr vermessene und strafbare Reden geführet". Die Bewohner von Westerlandföhr verstanden die Anklage als einen Vergeltungsakt des Birkvogts. Christians hatte ihm nämlich auf einer Versammlung, die im Zusammenhang mit der Enrollierung stattfand, energisch widersprochen, wonach dieser ihn kurzerhand als Gangfersmann absetzte und einen anderen einsetzte. Hierfür hatte Kirchhoff aber keine rechtliche Handhabe; denn Gangfersmänner wurden gewählt von den Ummärkungsmännern. Er konnte sie weder ab- noch einsetzen. Das wußten die Westerlandföhrer sehr wohl, so daß sie dieser Anordnung von Kirchhoff keine Beachtung schenkten. Somit hatte sich Christians nach Auffassung der Gangfersmänner auch nicht „zu Ungebühr" sondern „zu Recht" in ihrer Versammlung eingefunden.

20 Als Hebungsbeamter wurde Johann Petersen (gest. 1814) aus Nieblum eingesetzt, der später die Landaufteilung auf Westerlandföhr und Amrum mit Nachdruck förderte. P. entstammte einer alteingesessenen Nieblumer Familie. Er wohnte in dem 1714 erbauten Haus in Nieblum, das jetzt Hark Petersen gehört (Abb. 12).

Abb. 12: Hier wohnte um 1800 der Hebungsbeamte Johann Petersen, Nieblum

Nachdem das Gericht unter Vorsitz von Kirchhoff zwei Tage lang getagt und keine schlüssigen Ergebnisse gebracht hatte, wandten sich die Westlandföhrer in ihrer Verzweiflung an Pastor Kirkerup von St. Laurentii. Zu diesem Schritt sahen sie sich vor allem deswegen veranlaßt, weil der Birkvogt nach ihrer Auffassung das Verfahren vor Gericht nicht unparteiisch durchführte. Die Gangfersmänner empfanden es als besonders ungehörig, daß er (die bereits erwähnten) Rörd Knuten, Peter Martensen und Fulck Arfsten zu schwören erlaubte, obwohl sie als „unversöhnliche Feinde" des Beklagten Jep Christians galten. Darüber hinaus beanstandeten sie, daß der Birkvogt die Aussagen von insgesamt 15 Personen beeidigte, daß er einen Gangfersmann gegen den anderen wie auch Nachbarn gegeneinander schwören ließ. Zudem warfen sie Kirchhoff vor, den Zeugen fortlaufend „Brüche" anzudrohen und den Beklagten Christians angebrüllt zu haben: „Du kommst ins Zuchthaus nach Viborg". Damit habe er Unfrieden in den Reihen der Gangfersmänner gestiftet. Sie baten daher Pastor Kirkerup, ein Schreiben an Kirchhoff zu richten, „daß nun diesem Elende Einhalt geschehen möchte".

Mit seiner Petition, die er dem Birkvogt in der Gerichtsverhandlung übergeben ließ, erreichte Kirkerup, daß der das Gerichtsverfahren nicht fortsetzte. Andererseits führte sein Eintreten zugunsten der Eingesessenen zu einer langwierigen Auseinandersetzung mit der „weltlichen" Obrigkeit. Er mußte sich sogar gegenüber dem Bischof von Ripen rechtfertigen.

Am 18. März 1781 ließ Kirchhoff öffentlich von den Kanzeln verkünden, daß sich die gezogenen Seefahrer am 24., früh um 7 Uhr, in Wyk zur Abfahrt nach Flensburg einfinden sollten. Dieser Befehl veranlaßte sie jedoch, am 23. März zum Birkvogt zu gehen und nach der Grundlage dieser Anordnung zu fragen. Weil der aber aus Ripen nichts vorzuweisen hatte, ließen sie sich nicht überreden, nach Flensburg zu fahren. Dabei kam es zu offenen Widersätzlichkeiten. Nach einem Bericht von Kirchhoff hätten 50 bis 60 Wersterländer am 23. März 1781 vor seinem Hause „ein höhnisches Gelächter" ausgestoßen. Sechs von ihnen seien in sein Arbeitszimmer eingedrungen und hätten verlangt, des Königs eigene Unterschrift und dessen Siegel zu sehen. Später bestritten die Westerländer das. Auf welcher Seite die Wahrheit liegt, ist heute nicht mehr festzustellen. Man darf jedoch vermuten, daß sich die Westerländer in dieser für die damaligen Verhältnisse ungewöhnlichen Weise verhalten haben, da sie sich in ungerechtester Weise behandelt sahen.

Nach diesem Vorfall überstürzten sich die Ereignisse. Der Birkvogt leitete Maßnahmen von bis dahin nicht gekannter Härte ein. Er schrieb am 24. März 1781 an das Amtshaus in Tondern:

> „Die Empörungen und Unruhen sind wegen der Enrollierung noch immer dieselben. Ein jeder muß wegen seines Eigentums und sogar seines Lebens in Sorge stehen. Ich selber habe mich gestern in Lebensgefahr befunden. Es haben sich bei der heutigen Abfahrt der Enrollierten aus Westerlandföhr von ca. 80 gezogenen Personen nur 2 eingefunden. Der Ungehorsam, trotz Unverwegenheit der übrigen, hat den höchsten Grad erreicht. Man hat fürchterliche Drohungen ausgestoßen und Handlungen begangen, welche es notwendig gemacht haben, daß sich viele Einwohner zur Beschützung in ihren Häusern mit geladenen Gewehren versehen müssen. Die Westerländer haben jetzt auch die Osterländer mit aufrührerisch gemacht, und daher ist auch von ihnen eine gute Anzahl zur Abschiffung nicht erschienen. Ich muß daher pflichtgemäß und sehr dringend beantragen, daß ein militärisches Exekutionskommando von wenigstens 100 Mann so eilig als möglich nach hier beordert wird."

Dieses Schreiben ließ er dem Amtmann Bielke von Tondern aushändigen, der sich nach Dagebüll begeben hatte, um die Enrollierten zu empfangen. Dort traf er jedoch von von erwarteten 150 Seefahrern nur 16 von Osterlandföhr und 7 von Wyk an. Bielke reiste sofort nach Wyk, um den Birkvogt zu unterstützen. Er verhandelte sowohl mit den Repräsentanten der Insel als auch mit den Seefahrern. Er erreichte, daß sich am 25. März die Osterlandföhrer – bis auf zwei Seefahrer – in Dagebüll einfanden. Von Westerlandföhr dagegen erschienen von 86 wiederum nur zwei. Er ließ kurzerhand ein Schreiben, in dem er ein Militärkommando anforderte, durch einen Kurier nach Rendsburg senden. Zugleich erbat er vom Königl. Obergericht in Gottorf eine Order, wie er sich zu verhalten habe.

Die königlichen Beamten in Gottorf und Rendsburg entschieden kurzfristig, aus Rendsburg ein Kommando von 117 Soldaten, angeführt von Major Nutzhorn, über Bredstedt nach Wyk zu entsenden, das bereits am 28. März 1781 abends auf der Insel eintraf.

Die Westerländer ließen sich von dem Militärkommando zunächst nicht beeindrucken. Die Gangfersmänner Boh Rickmers (1723–1810)[21] und Boh Ketels

(1715–1798) aus Olcsum begaben sich vielmehr ohne Furcht nach Wyk, um den kommandierenden Offizier nach der Ursache seines Kommens zu fragen und „ob der Zweck dieser Anstalten Westerlandföhr beträfe", worauf er ihnen mit „Allerdings!" antwortete. Zugleich erklärte er ihnen unmißverständlich, wenn die enrollierten Seefahrer nicht im Gutem folgten, werde er sie mit Gewalt von der Insel fortbringen. Am selben Tage befahl der Birkvogt den Enrollierten und Gangfersmännern von Westerlandföhr, bei Vermeidung von 100 Reichsthalern Strafe, am 29. März in Nieblum zu erscheinen. Wenn man bedenkt, daß diese Ordnungsstrafe dem Wert von fünf Kühen entsprach, die heute ca. 10 000 DM kosten würden, so wird deutlich, welch „grobes Geschütz" der Birkvogt auffuhr, um seinen Anordnungen Nachdruck zu verleihen.

In Nieblum wurden die Enrollierten aufgefordert, eine Erklärung zu unterschreiben, daß sie sich freiwillig nach Flensburg begeben würden. Sie weigerten sich aber, und zwar selbst dann noch, als die Soldaten mit geladenem Gewehr gegen sie vorrückten. Sie wiesen den Major von Nutzhorn darauf hin, daß sie auf ihr am 9. März 1781 an den König in Kopenhagen gerichtetes Schreiben noch keine Antwort erhalten hätten. Nach einigem Hin und Her lenkten die Seeleute von Westerlandföhr jedoch ein. Sie stimmten schließlich der Abfahrt zu die der Witterung wegen aber erst am 3. April erfolgte. Die unfreiwillige Reise führte sie über Flensburg nach Kopenhagen, wo sie sich zum Dienst auf der Königlichen Flotte zur Verfügung zu halten hatten.

Den überlieferten Berichten zufolge hat Major Nutzhorn rasch erkannt, daß von Aufruhr nicht die Rede sein konnte und der Birkvogt offensichtlich die wirkliche Lage nicht objektiv dargestellt hatte. Darüber hinaus gelang es den Einheimischen, dem Offizier die Widersprüchlichkeit der ergangenen Anordnungen und die ungeklärten Zuständigkeiten deutlich zu machen.

Der mit zunehmender Verbitterung verfolgte Ablauf veranlaßte die Repräsentanten des Birks zu weiteren Aktivitäten. Zunächst faßten sie die wesentlichen Vorkommnisse in einem detaillierten Bericht zusammen, dem sie Abschriften der Anordnungen des Birkvogtes und der schriftlichen Proteste der Einheimischen beifügten. Über 20 angesehene Einwohner und Gangfersmänner unterschrieben eine Erklärung, die Seefahrer hätten sich ruhig und ordentlich betragen. An ihrem Verhalten sei nichts auszusetzen.

Die Westerlandföhrer Gangfersmänner begnügten sich nicht mit schriftlichen Eingaben. Sie ernannten aus ihren Reihen Früd Braren (1722–1799) aus Süderende und Lorentz Hayen (1738–1806) aus Dunsum als Bevollmächtigte. Beide reisten umgehend nach Kopenhagen. Dort verfaßten sie zusammen mit den beiden Seefahrern Brar Braren (1726 bis um 1790) aus Klintum sowie Broder Peters (1737 bis nach 1781) aus Utersum, der zu den Enrollierten gehörte, eine Petition, die sie schon am 21. April 1781 an den König richteten. Ein Auszug hieraus mag verdeutlichen, daß die ausgewählten Männer des Birks durchaus in der Lage waren, den Standpunkt der Westerlandföhrer zu begründen. Sie schrieben:

„... Wir sind alle seefahrende Leute, die theils in Ihro Majestät Reiche und Lande, theils in Holland und Hamburg unser Brodt suchen. Ihro Königl. Majestät haben uns allergnädigst bisher erlaubet dieses zu thun, und uns vor Einschreibung zum Dienst auf der Königl. Flotte in allen Gnaden verschonet. Diese Königl. Wohltat erkennen wir mit aller unterthänigstem Dank. Für diese Gnade und Wohltat bezahlen wir Ihro Majestät jährlich 1700 Reichsthaler. Wir wünschen und bitten, daß wir diese Freyheit weiter von Ihro Majestät noch länger genießen mögen, dieweil ohne die Seefahrt das Land unmöglich bestehen kann, um die erforderlichen Kosten aufzubringen. Und wenn diejenigen, die verreiset sind, solches vernehmen würden, daß unsere Freiheit völlig aufgehoben ist, so ist zu befürchten, daß sie ihr Vaterland verlassen, daß also dadurch das ganze Land in die elendsten Umstände gerathen würde. Ohne die Seefahrt sind wir unmöglich imstande, den Deich, welcher mit schweren Steinen belegt ist, zu unterhalten. Wir sind auch nicht imstande, die Königl. Contribution aufzubringen, weil auf Westerlandföhr und Amrum mehr als 200 Witwen sind, die ihre Männer bey der See verloren haben ...
Wir bitten also unterthänigst und nehmen unsere Zuflucht zu Ihro Königl. Majestät, als unsern allergnädigsten Landesvater, daß er mit die jetzt schon zu der Königl. Flotte commandierte Manzal (Mannschaft), weil meist unter denen Kinder (sind), die sich selbst nicht rathen können, ein gerechtes Einsehen zu haben, weil sie die dänische Sprache gar nicht verstehen können. Wir erwarten daher ..., daß Ihro Majestät ein gerechtes Einsehen mit uns armen gedrückten Unterthanen haben werde, und uns von dem Druck, unter welchem wir seufzen, so bald als möglich erlösen, da wir widerum für Ihro Majestät Gut und Blut aufzuopfern so willig als schuldig sind."

21 Ein Boy Rickmers de Jonge von Föhr führte mindestens seit 1757 bis 1780 den hamburgischen Walfänger „De Jonge Geertruy".

Neben dieser Bitte schilderten sie dem König ausführlich das nach ihrer Auffassung unrechtmäßige Verhalten des Birkvogtes und derjenigen Repräsentanten, die ihn dabei unterstützt hatten. Offensichtlich hatte diese Petition keinen Erfolg, denn am 11. Mai 1781, also drei Wochen später, richteten Hayen und Braren, sie hielten sich mittlerweile einen Monat in Kopenhagen auf, ein weiteres Schreiben an den König. Sie baten, daß er

1. die auf Westerlandföhr entstandenen Unruhen aufs gnädigste beurteilen möge
2. ihnen, wie vordem, einen eigenen Birkvogt geben sollte und
3. sie von den Kosten befreien möchte, die Rörd Knuten und Consorten verursacht hatten, daß die Kosten vielmehr diesen zur Last fallen sollten. Ebenso sollte er sie wegen ihres ungebührlichen Verhaltens zur Verantwortung ziehen.

Wie die beiden Gangfersmänner, richteten auch vier enrollierte Seefahrer[22], die sich in Kopenhagen aufhielten, eine Petition an den König. Hieraus wird deutlich, daß sie sich wegen ihres „aufrührerischen“ Verhaltens in Schwierigkeiten befanden. Sie schrieben:

...„daß eine allergnädigste Commission möchte eingesetzt werden zu untersuchen, ob sie auf irgend eine Weise den geringsten Schein der Widersetzlichkeit gegen den Herrn Etatsrat Kirchhoff haben blicken lassen, oder ihn mit Worten oder Handlungen beleidigt, wodurch er veranlaßt werden könnte, ein Commando Soldaten nach Föhr kommen zu lassen. Hätten wir gleich anfangs und zu rechter Zeit sprechen dürfen, so wäre es wohl soweit mit uns nicht gekommen als es ist. Da wir als ruhige und gehorsame Unterthanen uns verhalten haben, bitten wir, daß die Kosten, welche das nach Föhr gesandte Commando verursacht hat, denen zu Last fallen möge, die unnöthigerweise die Absendung derselben nach Föhr veranlaßt haben“.

Die königlichen Diensstellen in Kopenhagen zeigten sich aufgrund der gut begründeten Eingaben bald einsichtig. Sie ließen sechs Seefahrer frei. Dieses Entgegenkommen genügte Früd Braren und Lorentz Hayen aber nicht. Am 25. Mai 1781 wandten sie sich erneut an den König mit der Bitte, *alle* Seefahrer freizugeben, „da die zur Flotte commandierten Matrosen größtentheils Kinder armer Witwen sind“. Durch die Enrollierung seien sie nicht nur als eigene Person, sondern auch ihre zurückgelassenen Angehörigen seien in den hülflosesten und bedauernswürdigsten Zustand gebracht worden. Da die Seefahrt das einzige Mittel für die Unvermögenden sei, die Angehörigen zu unterhalten, sollte man diesen armen Leuten Gelegenheit geben, eine Heuer zu bekommen, um etwas für sich und ihre Angehörigen zu verdienen.

Diese Eingabe brachte ein weiteres Ergebnis: 19 weitere Seefahrer durften die königliche Flotte verlassen mit der Maßgabe, daß sie auf dänischen Handelsschiffen „ihre Fahrt und Gewerbe treiben mögen“. Allerdings mußten Früd Braren und Lorentz Hayen hierfür eine Kaution leisten. Ihr Umfang geht aus den Unterlagen leider nicht hervor. Um den beiden Bevollmächtigten aber die Kaution zu erleichtern, erklärten die 19 Seefahrer mit ihrer ganzen Person und ihrem gesamten Hab und Gut – einer für alle in solidum! – hierfür einstehen zu wollen, wenn sie sich außerhalb des Landes begeben würden.

Mit der Freigabe von 25 Seefahrern hatten die beiden Bevollmächtigten einen beachtlichen Erfolg errungen. Sie reisten jedoch noch nicht in ihre Heimat zurück, nachdem sie erfahren hatten, daß eine Untersuchungskommission tatsächlich eingesetzt werden sollte, um sich der Vorgänge auf Westerlandföhr anzunehmen. Am 1. Juli 1781 wiederholten sie ihre bereits am 11. Mai an den König gerichteten Vorschläge mit weiteren Begründungen:

1. Das königl. Rescript vom 10. August 1773, wonach Westerlandföhr nicht zum Amte Tondern, sondern zum Riper-Stift gehöre, müsse künftig unwandelbare Richtschnur sein.
2. Es werde dem Birk Westerlandföhr zum Vorteil gereichen, wenn es wieder einen eigenen Birkvogt – wie auf Röm – erhielte. Dieser Vorschlag gründe sich in einer langen Erfahrung, daß der bisherige Birkvogt Kirchhoff, der zugleich Landvogt von Osterlandföhr sei, die Westerländer gleichsam als Stiefkinder der Osterlandföhrer betrachte. Bei der Bestallung solle vornehmlich darauf gesehen werden, einen Landes-Einwohner zu wählen.
3. Die bisher entstandenen Kosten sollten Rörd Knuten und Fulck Arfsten und keineswegs der Allgemeinheit auferlegt werden, weil alle ihre Handlungen untreu und zweckwidrig gewesen seien.

Die angekündigte Kommission ließ jedoch zunächst auf sich warten. Sie erschien erst Ende September 1781 auf Föhr unter Vorsitz des Stiftamtmannes Urne von Ripen. Hierdurch dokumentierte die Regierung, daß Westerlandföhr in Enrollierungsangelegenheiten Ripen und nicht Tondern unterstellt sei. Sie bestätig-

22 Brar Braren (1753–1816), Toftum
Hinrich Wögens (1749–1800), Utersum
Rickmer Nickelsen (1758–1824), Dunsum
Rörd Früdden (1760–1810), Toftum

te damit die Auffassung der Westerländer und widerlegte die des Birkvogtes wie auch die des Amtmannes von Tondern.

Aus den Unterlagen von Diedrich Roeloffs ist die Dauer der Untersuchung nicht ersichtlich, auch das Ergebnis im einzelnen nicht. Später verfaßte Schriftstücke zeigen aber, daß die Kommission gravierende Unregelmäßigkeiten aufdeckte. So stellte sie fest, daß die dem Birkvogt zur Seite stehenden Einheimischen, „Rörd Knuten und Consorten", im April 1781 ein Paket mit Briefschaften „erbrochen" hatten, das vom Amtshaus in Ripen an sämtliche Gangfersmänner gerichtet war. Dies hätten sie mit dem Einverständnis des Birkvogtes und des Postmeisters Lobsen, Wyk, getan. Aus dieser Briefsendung hätten sie wichtige Schriftstücke entnommen und den anderen Gangfersmännern vorenthalten. Demnach war die Obrigkeit auf der Insel in der Wahl der Mittel nicht gerade zimperlich. Dieses Verhalten und vor allem die vom Obergericht in Gottorf ohne ausreichende Rechtsgrundlage angeordnete Enrollierung dürften ausschlaggebend dafür gewesen sein, daß den Westerlandföhrern die aus der Entsendung des Militärs und der Einsetzung der Untersuchungskommission erwachsenen Kosten von 817 Reichsthalern später erlassen wurden. Dies geschah erst 1787, also sechs Jahre nach den bekannten Vorgängen. Bis es zu dieser Entscheidung kam, mußten die führenden Köpfe des Westerlandföhrer Birks aber noch einige Schreiben an die verschiedensten Stellen in Ripen und Kopenhagen richten, u. a. auch an den König. Lorentz Hayen und Früd Braren führten wiederum die Feder. Sie ließen nicht nach in ihrem Bemühen, Gerechtigkeit für ihre Heimat zu erreichen.

Nach den Unterlagen zu urteilen, fanden die Westerlandföhrer besonders in dem Amtmann Urne in Ripen einen verständigen Beamten, der ihnen sachliche Unterstützung zukommen ließ. Aus dem gesamten Ablauf dieser Vorgänge wird deutlich, daß der Obrigkeitsstaat vor 200 Jahren zwar ausgeprägt war, aber dennoch den Bürgern einen gewissen Freiraum ließ. Wer es seinerzeit verstand, in diesem Raum geschickt und mit Nachdruck zu operieren, der konnte auf Erfolg hoffen. Die Westerlandförer haben das gezeigt. Sie waren nicht bereit, Unrecht in devoter Haltung gottergeben hinzunehmen. Sie scheuten vielmehr weder materiellen noch persönlichen Einsatz, um sich ihre Rechte zu erkämpfen.

Trotz des Erfolges erreichten die Föhringer nicht die völlige Freistellung vom Dienst auf der königlichen Kriegsflotte. Es wurden aber Erleichterungen gewährt. In der letzten mir bekannten Verfügung, sie datiert vom 28. Januar 1800, verordnete die Dänische Kanzlei in Kopenhagen – über den Amtmann von Ripen – daß sich 1/15 der dienstfähigen Mannschaft, hierzu gehörten alle Seeleute zwischen dem 16. und 50. Lebensjahr, zum Dienst auf der Flotte bereithalten sollten. Ob diese Regelung bis 1864 galt, entzieht sich meiner Kenntnis. Bekannt ist, daß Preußen den Föhringern ein Sonderrecht nicht einräumte.

Bleibt noch nachzutragen, daß der Land- und Birkvogt Kirchhoff bis zu seinem Tode im Amte blieb. Er starb nach einem Schlaganfall am 10. Januar 1788. Sein Nachfolger, Peter Matthiesen, entsprach zwar als Nachkomme des „Glücklichen Matthias" der Forderung der Westerlandföhrer, ein Landes-Einwohner zu sein. Aber eine glückliche Wahl hatte man mit seiner Bestallung nicht eben getroffen. M. führte sein Amt mit großer Nachlässigkeit. Allen Ermahnungen zum Trotz, sandte er keine Berichte an seine vorgesetzten Behörden. So arbeitete er beispielsweise gegen die Landaufteilung. Sein säumiges Verhalten führte schließlich dazu, daß der Amtmann in Tondern, Bertouch, unter Umgehung des Dienstweges mit dem Hebungsbeamten Petersen in Nieblum über die Einleitung der Landaufteilung auf Westerlandföhr korrespondierte. Das geht aus verschiedenen Archivunterlagen hervor.

Süderende, ein junges Dorf

Süderende, mein Heimatdorf, liegt im Westteil der Insel Föhr, etwa zwei Kilometer vom Meer entfernt. Mit Ausnahme der St. Laurentii-Kirche standen vor 100 Jahren noch alle Häuser des Dorfes in geschlossener Siedlungsweise auf dem Südrand einer größeren Geestfläche, die sich leicht aus der Umgebung heraushebt. Erst in den letzten neun Jahrzehnten, beginnend 1890 mit der Errichtung des Heidehofes für meinen Großvater Brar C. Roeloffs, wurde das Dorf durch zahlreiche Ausbauten erweitert. Das „alte" Süderende ist im Südosten, Süden und Südwesten eingefaßt von niedriger gelegenen Wiesen und Weiden, den sogenanten Slaawen. Im Norden schließt sich Ackerland an.

Wenngleich Süderende im Hebungsregister des Bischofs von Schleswig nicht genannt ist, dürften im Jahre 1462 Pastorat und Diakonat von St. Laurentii als Einzelsiedlungen schon vorhanden gewesen sein. Sie sind als die Kernzelle des späteren Dorfes Süderende anzusehen. Später gruppierten sich, zunächst einige wenige, kleine Häuser um diese Pfarrgebäude. Im Jahre 1631 sollen es sieben gewesen sein. 1722 standen schon 22 Häuser in Süderende, und 1787 waren es bereits 31 mit 122 Bewohnern. Mit 34 Häusern erreichte Süderende um 1834 eine Größe, die bis 1939 fast unverändert blieb. Von 1950 bis 1982 vergrößerte sich die Zahl der bewohnten Häuser auf 65 bei einer seit 1961 mit 160 etwa gleichbleibenden Einwohnerzahl. Damit steht Süderende geradezu beispielhaft für den tiefgreifenden Strukturwandel der Inseldörfer während der letzten Jahrzehnte. Dieser wurde hervorgerufen durch die Technisierung der Landwirtschaft, d. h. weniger Betriebe, und gekennzeichnet durch eine geringere Kinderzahl, verbunden mit einer Überalterung der Bevölkerung sowie einer Zunahme von Wohnhäusern als Zweitwohnungen mit der Gefahr der Überfremdung.
In diesem Zusammenhang muß eine Besonderheit erwähnt werden, daß – in der katholischen Zeit – die Pfarrgebäude von St. Laurentii nicht in der Nähe der Kirche errichtet worden sind. Ausschlaggebend für die Wahl ihres Standortes in gut 1 km Entfernung dürfte die Nutzbarkeit der Ländereien gewesen sein. In der Nähe der Kirche wuchs früher nur Heide, die allenfalls als magere Schafgräsung geeignet gewesen wäre. Dort hätten sich die Priester nicht mit Nahrung versorgen können. Korn konnten sie mit Erfolg jedoch anbauen auf dem der Kirche am nächsten gelegenen Ackerfeld des Langdorfes. Es lag also nahe, dort auch Pastorat und Diakonat zu plazieren.
Die Gründe, die für den Standort der St. Laurentii-Pfarrgebäude in Süderende maßgebend gewesen sein könnten, dürften gleichermaßen gelten für das frühere Hauptpastorat von St. Johannis, das zwischen Alkersum und Midlum liegt, 2,5 km von der Kirche entfernt. Auch in dessen Nähe sind die Bodenverhältnisse ungleich besser als in der Umgebung der St. Johannis-Kirche. Und auch auf Amrum befand sich das Pastorat früher in Norddorf[23], in einer Lage, die sich durch nahe liegendes, qualitativ gutes Meedeland auszeichnete, das es bei Nebel nicht gab. Immerhin betrug die Entfernung zwischen Pastorat und St. Clemens-Kirche rd. 3 km.
Die Entwicklung der Einwohnerzahlen in den Dörfern der St. Laurentii-Gemeinde ist in der Übersicht 5 dargestellt. Danach hatte Süderende ursprünglich eine Kopfzahl wie Hedehusum, aber wesentlich weniger Bewohner als Klintum und Dunsum. 1834 über-

23 Das Pastorat in Norddorf wurde 1759 für 630 Mark Lübsch an den Commandeur Peter Ricklefs verkauft und nach Nebel verlegt.

Übersicht 5: Entwicklung der Einwohnerzahl in St. Laurentii 1620–1982

Dorf	1620	1667	1678	1689	1700	1711	1722	1753	1769	1787	1801	1834	1860	1880	1900	1939	1961	1982
Süderende	dorfweise Verteilung nicht bekannt	52	65	76	86	100	108	dorfweise Verteilung nicht bekannt	dorfweise Verteilung nicht bekannt	122	136	168	146	133	167	162	160	154
Oldsum		265	325	361	362	377	460			547	457	433	445	326	441	434 (Oldsum und Klintum)	369 (Oldsum und Klintum)	514 (Oldsum, Klintum und Toftum)
Klintum		118	115	120	128	141	113			133	155	107	89	54	68			
Toftum		189	193	191	218	246	266			301	306	224	275	161	205	143	159	
Dunsum		114	140	164	149	161	154			147	141	107	121	89	96	69	89	92
Utersum		184	201	190	210	236	251			215	214	156	151	130	127	197*	283*	500* (Utersum und Hedehusum)
Hedehusum		55	50	75	85	84	84			79	78	49	53	47	44	58	47	
zusammen	800	977	1089	1177	1238	1345	1436	1483	1695	1544	1487	1244	1280	940	1148	1063	1107	1260

* einschl. Kurklinik

traf Süderende diese beiden Dörfer. Seine Einwohnerzahl verdreifachte sich in gut 200 Jahren. Von 1834 bis 1900 wohnten in Süderende durchweg mehr Personen als in Utersum. Süderende vergrößerte sich somit über einen Zeitraum von mehreren hundert Jahren langsam aber stetig. Im Gegensatz dazu verkleinerten sich in den letzten 200 Jahren andere Dörfer mit einer ähnlichen Struktur wie Süderende. So wies die Volkszählung 1787 in Oldsum 547, in Klintum 133 und in Toftum 301, zusammen also 981 Einwohner auf. Im Jahre 1982 dagegen zählten die mittlerweile zu einer politischen Gemeinde zusammengeschlossenen drei Dörfer nur 514 Personen. Das ist ein Rückgang um 48 v. H.

Auch die Dörfer außerhalb von St. Laurentii dürften vor 200 Jahren eine Volkszahl gehabt haben, die sie zumindest bis 1939 nicht wieder erreichten. Die meisten hatten 1982 wohl weniger Einwohner als 1787. Zwar hat die Insel Föhr heute (1982) mit rd. 9655 Einwohnern insgesamt eine größere Bevölkerung als damals. Man muß aber bedenken, daß davon über 5600 in der Stadt Wyk leben – vor 200 Jahren nur ein Flekken mit 800 Einwohnern. Heute zählen die Inseldörfer zusammen rd. 4000 Einwohner, das sind rd. 25 v. H. weniger als vor 200 Jahren.

Bezeichnend für die geringe Größe und Bedeutung von Süderende ist, daß es vor 300 Jahren keine eigene Feldmark hatte. So wurden bei der Steuereinschätzung in den Jahren 1611 und 1664 die dorfnahen Süderender Ackerflächen wie „Haleekrem“, „Brüninggeekrem“ und „Baakentaft“ noch unter „Oldsum und Tüftum Feldmark“ geführt. Beide Dorfschaften, wie auch Utersum und Dunsum, ja sogar Hedehusum, hatten eine eigene gemeinschaftliche Gräsung, Süderende nicht! Daraus wird zugleich das früher geringe Gewicht der Landwirtschaft in meinem Heimatdorf ersichtlich.

Ein weiteres Kennzeichen, daß Süderende sich erst vergleichsweise spät zu einem Dorf entwickelte, ist sein relativ geringer Anteil an Festeländereien[24]. Nach dem Kirchenbuch von St. Laurentii zahlten Einwohner aus Süderende mit 2 Mark C und 2 Sch nicht einmal 3 v. H. des gesamten Festegeldes (80 Mark C 8 Sch), das der Pastor im Jahre 1676 erhielt. Daraus schließe ich, daß bei der Verteilung der Festeländereien im 16. Jahrhundert nur wenige „Anspruchsberechtigte“ in Süderende wohnten. Möglicherweise gelangte sogar der Besitz an Festeländereien erst durch Erbschaft oder Zuzug von Personen aus anderen Dörfern nach Süderende. Denn auch im Jahre 1785 verzeichnete das Kirchenbuch für die Einwohner von Süderende nur 21 Ammerland Acker- und 2 Lästal Wiesenland als Festeländereien, während das gesamte Festeland von Pastorat und Kirche über 1000 Ammerland und 200 Lästal umfaßte. Demnach entfielen nur etwa 2 v. H. der gesamten Festeländereien auf Einwohner von Süderende. Dieser Anteil ist relativ gering, wenn man bedenkt, daß im Jahre 1787 immerhin 8 v. H. der gesamten Bevölkerung von St. Laurentii in Süderende lebten und bei der Landaufteilung 1802/03 auf die Landeigentümer dieses Dorfes (ohne Pastorat und Diakonat) rd. 15 v. H. der gesamten Fläche entfiel, die natürlichen Personen zugeteilt wurde.

Süderende war ursprünglich – wie der Name sagt – das südliche Ende des sogen. Langdorfes. Bis zum Jahre 1800 bildeten die Süderender Feldinteressenten zusammen mit denen aus Oldsum, Klintum und Toftum eine Bauerschaft, d. h. eine Gemeinschaft von Feldinteressenten. Erst im Zuge der Landaufteilung fand die Trennung statt. Sie wurde durchgesetzt von den nicht nur in Süderende, sondern auf ganz Westerlandföhr angesehenen Männern wie Diedrich Roeloffs, Früd Peters, Oluf Arfsten, Harck Nickelsen und Ock Behlendörp, alle ehemals Kapitäne.

Vor 1800 bestimmten zum Teil ortsfremde Persönlichkeiten die Angelegenheiten der kleinen Dorfschaft. So finden wir in dem alten Koogsrechnungsbuch, das 1766 beginnt, vor 1808 keinen einzigen Deichrichter aufgeführt, der in Süderende wohnte. Auch war das kleine Dorf bis zum Jahre 1794 in dem 40köpfigen Repräsentantenkollegium, das dem Birkvogt in Nieblum beigeordnet war, im Verhältnis zum steuerpflichtigen Vermögen eindeutig unterrepräsentiert. Es hatte bis 1794 nur einen Gangfersmann; Oldsum, Klintum und Toftum dagegen stellten 14 Gangfersmänner, Dunsum hatte zwei, Utersum vier und Hedehusum einen. Süderende konnte aber nur einen Vertreter beanspruchen, weil von altersher nur so viele Gangfersmänner „von jedem Dorf, als in demselben gewesen sind“, gewählt wurden. Weil aber Süderende bis dahin nur einen Gangfersmann hatte, und die anderen Dörfer auf keinen verzichten woll-

---

24 Festeland oder Erbpachtland stand bis zur Reformation im Eigentum der Kirche.

ten, erhielten die Süderender keinen zweiten, obwohl sie bereits 1760 mehr als ein Dreißigstel des steuerpflichtigen Vermögens von Westerlandföhr und Amrum besaßen. Das änderte sich erst, als der Landmann Nickels Johnen (1752–1816), Gangfersmann seit 1795, um 1798 von Oldsum nach Süderende in das Haus Nr. 245 (heute: A. Gudemann) zog, das seiner dritten Ehefrau Krassen Knudten gehörte. Im Jahre 1805 wurde er erneut zum Gangfersmann gewählt, womit er sozusagen den Anspruch der Süderender auf einen zweiten Sitz im Birkskollegium begründete. Danach, bis zur Auflösung des Repräsentanten-Kollegiums im Jahre 1891, finden wir regelmäßig zwei, zuletzt sogar drei Persönlichkeiten aus Süderende im Kreise der Gangfersmänner verzeichnet: Früd Braren von 1820 bis 1854, Christian D. Roeloffs von 1826 bis 1874, Cornelius H. Braren von 1855 bis 1864, Jan J. Hinrichsen ab 1865 und Erk D. Roeloffs ab 1875. Im Jahre 1889 waren es Jürgen Rickmers, Jan J. Hinrichsen und Erk D. Roeloffs.

Kennzeichnend für die Verhältnisse innerhalb des Langdorfes und die ehemals geringe Bedeutung von Süderende ist übrigens auch die Bemerkung in einer Eingabe an den Birkvogt Hildebrandt in Nieblum vom 17. 12. 1803, in der die Süderender gegen einen Beschluß der Oldsumer über die Deichpflichtigkeit des Gräsungslandes in den Slaawen – mit Erfolg – protestierten. Hierin heißt es:

„Wenn aber die Langedorfer sich etwa auf die vor uralten Zeiten eingeführte Usance berufen sollten, daß die Süderender sich den Beschlüssen der Langedorfer blindlings zu unterwerfen schuldig seien, so bitten wir desfalls in Consideration (Betrachtung) zu nehmen, daß unser Dorf vor Zeiten aus sehr wenigen, etwa vier oder fünf Häusern bestanden und also von keiner Bedeutung gewesen ist, welches aber jetzt der Fall nicht mehr ist. Wir meinen deshalb die Befugnis zur Mitbestimmung zu haben und zwar in stärkerer Betracht als früher, da die bisherigen und veralteten Bauerbeliebungen[25] ihre totale Endschaft erreicht haben."

Die Annahme über die Entstehung und Entwicklung des Dorfes Süderende, daß es sich um ein „junges" Dorf handelt, wird durch diese Eingabe bestätigt. Sie findet eine zusätzliche Begründung durch eine Besonderheit, die sich aus den Kirchenbüchern ergibt. Für zehn Grundstücke, die zum Kern des alten Dorfes gehören, zahlten ihre Besitzer bis zum Jahre 1878 alljährlich eine Stavenlandabgabe an das St. Laurentii-Pastorat oder -Diakonat (nach 1805 Schulfonds St. Laurentii), eine Abgabe, die einer Erbpacht entsprach. Zweifelsfrei ist, daß dieses Stavenland früher im Eigentum der Kirche gestanden hat[26]. In den Kirchenbüchern ist es als Teil des kirchlichen Eigentums an Ackerland aufgeführt. Die Stavenlandabgabe ist stets bei den Einkünften des Pastors aufgeführt. Im Schulprotokoll ist mehrfach die Rede von „Stavenmiete für Häuser, die auf Diakonatsgrund stehen". Die belasteten Grundstücke zeigt die Übersicht 6.

Vor 1800 gehörte auch das Hausgrundstück Nr. 232 (heute Adolf Jacobs) der Kirche. Erst bei der Landauf-

25 In „Bauerbeliebungen" oder „Dorfschaftsbriefen" hielt die Bauerschaft ihre Beschlüsse in Selbstverwaltungsangelegenheiten fest.

26 Stavenland: Aus der Feldgemeinschaft abgesonderte Ländereien

Übersicht 6: Kirchliches Stavenland in Süderende

Haus Nr.	Eigentümer 1815 bzw. 1830	Abgabe an Pastorat		Abgabe an Diakonat		Eigentümer 1981
		Mark C	Sch	Mark C	Sch	
239	Diedrich Roeloffs	2	–	–	–	Jacob Roeloffs
251	Nahmen Frödden	2	8	–	–	Johann Lorenzen
252	Brar H. Braren	3	3	–	–	Oluf Arfsten
253	Boh Bohn	3	3	–	–	1911 abgebrochen
254	Harck Nickelsen	3	–	–	–	Erbengem. Heymann, ehem. E. Roeloffs
261	Simon H. Olufs	–	10	–	–	Erk Riewerts
246	Ocke Nickelsen	–	–	1	4	Bütow-Steinmaus, ehem. Jul. Baren
247	Sönk Hansen	–	–	1	½	Jürgen Jensen
248	Ketel Rörden	–	–	1	12	E. Hinrichsen, ehem. Kamille Frödden
231	Brar Olufs	–	–	3	–	K. Strauss, ehem. August Nielsen

teilung 1802/03 erhielt der damals dort wohnhafte Brar Peters es als Eigentum. Als Gegenleistung gab er dem Pastorat ein wertgleiches Stück Ackerland.
Bemerkenswert ist, daß auch für die Grundstücke mit den Haus-Nrn. 47, 49, 52, 55, 56 und 57 in Oldsum sowie 127 und 153 in Klintum eine Stavenlandabgabe an das Pastorat entrichtet wurde. An das Diakonat zahlten die Eigentümer der Grundstücke Nr. 49, 53, 54 und 120 in Oldsum, Nr. 129 in Klintum sowie 157 und 177 in Toftum ebenfalls eine Stavenlandabgabe. Die Lage der belasteten Grundstücke ist aus den Abbildungen 13, 14, 15 ersichtlich. Dabei ist für Süderende auffallend, daß die Grundstücke 246, 247 und 248 auf Diakonatsgrund lagen, obwohl sie unmittelbar an das Pastorat angrenzten. Dies verwundert um so mehr, als die vier Erbpachtgrundstücke 251 bis 254 auf der anderen Seite des Pastorats eindeutig mit einer Abgabe zugunsten des Pastorats belastet waren. Die Feststellungen über die Diakonatsabgabe dürften die Überlieferung bestätigen, wonach das ehemals auf Nr. 248 stehende Haus in alten Zeiten ein Diakonat gewesen sein soll. Ob der Sitz des Diakons später auf das Grundstück 258 (heute: Die Scheune) verlegt worden ist oder möglicherweise während der katholischen Zeit ein weiterer Prediger in St. Laurentii amtierte, bleibt vermutlich ungeklärt. Im übrigen fällt auf, daß neun Stavengrundstücke im südlichen Teil von Oldsum ebenfalls eine zusammenhängende Fläche bildeten. Ob dort in der katholischen Zeit ein Pfarrhaus oder eine Kapelle gestanden hat?
Abgesehen von Dunsum, Utersum, Hedehusum, Witsum und Borgsum, gab es übrigens Mitte des 19. Jahrhunderts noch in allen Föhrer Dörfern Stavenland, wofür jährlich eine Abgabe an Pastorat, Diakonat, Küsterat oder Kirchengemeinde zu zahlen war. Dabei stand Nieblum mit 49 Stavengrundstükken mit Abstand an der Spitze. Es ist anzunehmen, daß dieses Stavenland insbesondere Halligbewohner erhielten, die nach den schweren Sturmfluten im 17. und 18. Jahrhundert ihre Heimat verlassen mußten und sich in Nieblum ansiedelten.
In St. Laurentii lösten nach 1878 die Besitzer der belasteten Grundstücke ihre Stavenlandabgabe durch eine einmalige Zahlung ab, nachdem auf Antrag des Kirchenvorstandes das Königliche Kirchenvisitatorium in Tondern die Genehmigung hierzu erteilt hatte. Sie mußten den 25fachen Betrag der jährlichen Abgabe entrichten. So zahlte Christian D. Roeloffs 60 Mark (2,4 Mark×25)[27]. Er erlangte damit freies Eigentum an seinem Hausgrundstück Nr. 239.
Anzunehmen ist, daß die Siedlungen auf dem kirchlichen Stavenland von zumeist armen Familien errichtet worden sind, denen es an einem Grundstück für den Bau einer Kate fehlte. Andernfalls hätte für die Kirche kaum Veranlassung bestanden, ihnen dieses Land zur Bebauung erbpachtweise zu überlassen.
Die Eingesessenen in Süderende widmeten sich vor 1800 weniger als in anderen Dörfern der Landbewirtschaftung. Hierauf gehe ich später noch ein. Fehlendes Grundvermögen mag ein wichtiger Grund dafür gewesen sein. Die Süderender werden allerdings von der Möglichkeit Gebrauch gemacht haben, Kirchenland zu pachten, um zumindest eine bescheidene Ernährungsbasis für die Familie zu schaffen. Denn immerhin waren Kirchen in früheren Jahrhunderten die größten Landeigentümer auf Westerlandföhr. Aus den Kirchenbüchern geht hervor, daß die Prediger immer nur Teilflächen des Kirchenlandes in eigener Regie bewirtschafteten. In größerem Umfang verpachteten sie die Flächen.
Die früher geringe Bedeutung der Landwirtschaft in Süderende hat noch weitere Gründe. Das Gräsungsland in der Nähe des Dorfes hatte eine geringe Qualität. Die niedrig gelegenen Flächen waren sumpfig, die höher gelegenen zum größten Teil mit Heide bestockt, und das nicht nur südlich der Kirche. Auch die Feldlage „Raidslaaw“ zwischen dem Dorf und der Kirche bestand vor 1800 überwiegend aus Heideland. Insofern waren die Dorfschaften Oldsum, Klintum und Toftum wie auch Dunsum mit den in der Nähe liegenden Marsch- und Meedeflächen besser gestellt. Hinzu kam noch, daß der Hauptpastor von St. Laurentii bis zur Landaufteilung nach althergebrachtem Recht soviel Vieh, wie er zu Eigentum hatte, auf der gemeinschaftlichen Gräsung weiden durfte. Für die Eingesessenen in Süderende blieb da wenig Raum. Zudem gehörte das Ackerland guter Qualität in der Nähe des Dorfes zum großen Teil der Kirche, zu einem nicht unerheblichen Teil auch den Feldinteressenten von Oldsum, Klintum und Toftum. Daß die bis 1802/1803 bestehende Feldgemeinschaft, die ich später noch eingehend behandle, außerdem eine er-

27 2 Mark Courant um 1815/30 entsprachen nach 1871 2,40 Mark Reichswährung.

folgreiche Landbewirtschaftung stark behinderte, sei hier nur am Rande erwähnt.
Neben der Tatsache, daß Süderende in den bischöflichen Hebungsregistern nicht verzeichnet ist, weist eine weitere Gegebenheit darauf hin, daß Süderende sich später als Oldsum und Toftum zu einem Dorf mit Ackerbau treibenden Bewohnern entwickelt hat. Bis zur Landaufteilung um 1800 führte kein Weg von Süderende in die östlich des Dorfes gelegenen Akkertjüügen. So konnte ein Süderender sein Ackerland auf „Waadem Guardem" oder „Tesken Mirem" nur querfeldein oder über einen großen Umweg erreichen. Gleiches galt auch für „Foolkert". Der Feldweg, der von Süderende nach Westen führte, endete in „Schepkoolk". Ein Blick in die Abb. 34 zeigt, daß die Erschließung des Langdorfer Ackerlandes eindeutig auf Oldsum, Klintum und Toftum ausgerichtet war. Demnach existierte Süderende in dem Zeitraum noch gar nicht oder spielte einen völlig untergeordnete Rolle, als das Wegenetz „angelegt" wurde.

Abb. 13/14: Ortslage von Oldsum, Klintum und Toftum 1799

Kleine Häuser prägten die Dörfer

Aus der Zahl und Größe der Gebäude können gewisse Schlußfolgerungen über den Wohnungsstandard sowie den Umfang der Landwirtschaft in früheren Zeiten gezogen werden. Hinsichtlich der baulichen Verhältnisse in den 16 Dörfern der Insel (ohne Wyk) gibt die nachfolgende Aufzeichnung der Land- und Birkvogtei in Nieblum aus dem Jahre 1804 einen Überblick (Übersicht 7). Die Zahl der hierin angegebenen Häuser stimmt allerdings nicht voll überein mit den Angaben in den Erdbüchern und Karten von der Landaufteilung. Vermutlich sind um 1800 einige Häuser abgerissen worden.

Nach der Übersicht 7 boten von den 1092 Häusern immerhin 542 Platz für ein oder zwei Pferde, im Mittel war also jedes zweite Haus mit einem entsprechenden Wirtschaftsteil versehen. Gleichwohl ist davon auszugehen, daß die Zahl der Häuser, aus denen Landwirtschaft betrieben wurde, weitaus größer war. Der Anteil der Häuser, in denen Pferde gehalten werden konnten, war überdurchschnittlich groß in Goting, Witsum, Utersum, Großdunsum, Oldsum, Oevenum und Alkersum. Er war besonders gering in

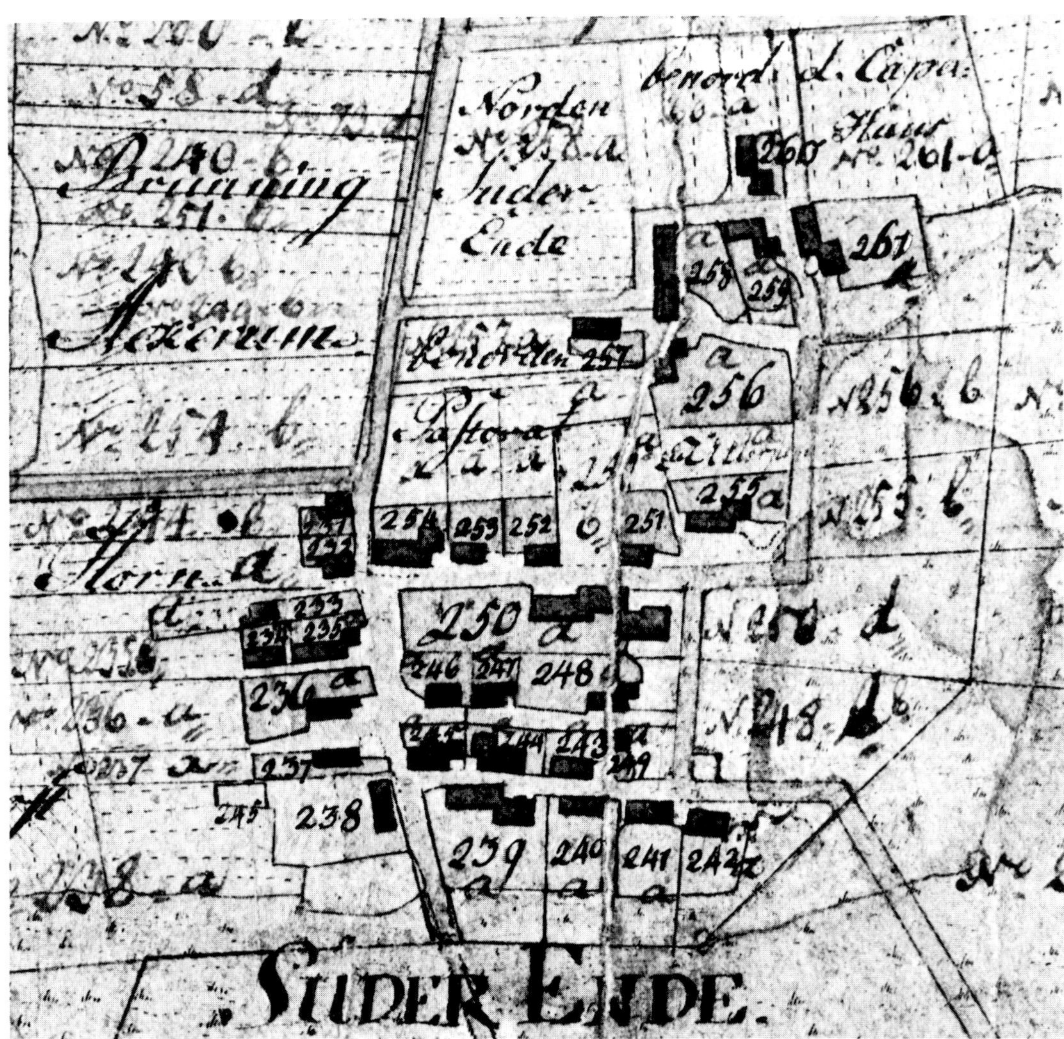

Abb. 15: Ortslage von Süderende 1799

Nieblum, Boldixum und Klintum. In Süderende konnten zwar in 17 Häusern jeweils ein oder zwei Pferde untergebracht werden. Es übte jedoch nach der Volkszählung von 1801 nur eine männliche Person die Landwirtschaft hauptberuflich aus. Selbst wenn man unterstellt, daß nicht in jedem Stall Pferde standen, ist davon auszugehen, daß die meisten Gespanne von Frauen geführt wurden. Eine Annahme, die übrigens auch überliefert ist und sicherlich für alle Dörfer gilt.

Auffallend in der Aufzeichnung von 1804 ist, daß 92 Häuser eine Länge von weniger als fünf Fach (rd. 9 m) hatten. Daß allein in Nieblum 29 dieser kleinen Katen standen, ist, wie erwähnt, insbesondere durch die Ansiedlung von Halligbewohnern zu erklären. Sie erhielten von der Kirche zwar ein kleines Stavengrundstück für den Bau eines Hauses, aber von der Bauerschaft keine Anteile an der Feldmark. Daraus folgte, daß bei der Landaufteilung in Nieblum 1777 von 131 Hauseigentümern 39 oder 30 v. H. keine Interessentenanteile in der Feldmark besaßen. In Süderende dagegen waren es nur 10 v. H.

Bemerkenswert ist übrigens, daß in Nieblum der Ortsteil, der zu Westerlandföhr gehörte, wesentlich mehr Häuser zählte, als der zu Osterlandföhr gehörige Teil. Die Grenze zwischen Osterland- und Westerlandföhr und damit zwischen dem Herzogtum Schleswig und dem Königreich Dänemark verlief mitten durchs Dorf. Die heutige Hauptstraße trennte „Königs-“ und „Herzogsfriesen“. Alle Häuser nörd-

lich der Straße gehörten zu Osterland-, die südlichen zu Westerlandföhr. Der Hof Mittelberg, ebenso wie der größte Teil der Feldmark einschl. „Greveling", zwischen Nieblum und Boldixum gelegen, gehörte zu Westerlandföhr. Nieblum Wolde (fö. Njiblem Wol) dagegen lag auf Osterlandföhr.
Im allgemeinen waren die Häuser in den Inseldörfern also klein. Wegen der geringen Größe boten sie für die Lagerung von Ernteerzeugnissen und die Unterbringung von Vieh nur wenig Raum. Das schreibt auch der bereits erwähnte Pastor Boysen in den Provinzialberichten von 1793:

„Viele haben gar keine Scheune, sondern nur eine Stallung für eine Kuh und ein paar Schafe in einer Ekke des Hauses eingerichtet. Die nöthige Feuerung und Fütterung haben sie auf dem Boden."

Die Föhringer lebten selbst dann in bescheidenen Wohnverhältnissen, wenn ihnen ihr Vermögen einen höheren Standard erlaubt hätte. Das entsprach ihrer Lebensart. Diese Überlieferung findet ihre Bestätigung in einem naiven, von unbekannter Hand gemalten Ölbild auf Eisenblech, das die Südansicht von Süderende zeigt (Abb.16). Es liefert ein zuverlässiges Bild des Dorfes, wie es sich um 1815 darbot: Links das

Übersicht 7: „Verzeichniß der auf Oster- und Westerlandföhr gegenwärtig (1804) befindlichen Häuser"

Kirchspiele	Dörfer und einzelne Örter	Zahl der Häuser überhaupt	die 5 Fach u. darüber enthalten	unter 5 Fach	wobey Platz für 1 oder 2 Pferde
St. Nicolai	Boldixum	115	93	22	26
	Wrixum	90	90	–	39
	abgebauet	1	1	–	–
St. Johannis	Oevenum	141	136	5	96
	Midlum	72	58	14	33
	abgebauet 1 Kornwindmühle	1	–	–	–
	Groß-Alckersum	77	72	5	54
	abgebauet	1	–	1	–
	Klein Alckersum	3	3	–	2
	Nieblum Ostertheil	41	37	4	10
	Osterlandföhr	542	490	51	260
	Nieblum Westertheil	79	57	22	15
	Klein Nieblum	7	4	3	1
	Nieblum-Ufer	2	2	–	2
	Mühlenhaus mit Kornwindmühle	1	1	–	1
	Middelberg (liegt isoliert)	1	1	–	1
	Goting	48	48	–	28
	Witzum	13	13	–	8
	Groß-Borgsum	51	51	–	24
	Klein-Borgsum	8	8	–	5
St. Laurentii	Heddehusum	18	18	–	5
	Uettersum	45	40	5	32
	Groß-Dunzum	24	23	1	19
	Klein-Dunzum	9	9	–	5
	Süderende	31	31	–	17
	Oltsum	110	109	1	77
	Klintum	29	25	4	9
	Tüftum	74	69	5	33
	Westerlandföhr	550	509	41	282
	Föhr insgesamt	1092	999	92	542

Abb. 16: Das alte Süderende um 1820 (Südansicht)

stattliche Haus, das der Kapitän Ock Beelendörp 1799 bauen ließ (heute Heinrich Jensen). Hinter dem Haus ist der dazugehörige Ziehbrunnen gut erkennbar. Rechts vom Kirchweg das Haus von Diedrich Roeloffs. Davor, eingefaßt von einem stabilen Steinwall (fö. Stiandik), sein für damalige Verhältnisse großer Garten, in dem ein Gartenhäuschen mit achteckigem Grundriß und Zeltdach steht. Nach Schlee in „Das alte Föhr" ein „Lustpavillon städtischer Art, der zur Zeit seiner Entstehung ein aufsehenerweckendes Zeichen bürgerlicher Lebensart gewesen sein muß". Vom Wohnteil führt eine Gartentür (fö. Guard-Dör) ins Freie – unmittelbar daneben ist die Stalltür (fö. Busem-Dör) angebracht. Dem Wohnhaus fehlt noch der Anbau von 1838, „at Nei Hüs", wie auch auf dem Grundstück das um 1817 gebaute Packhaus. Der um 1800 errichtete Stall- und Scheunenteil weist zwei Tore auf, das linke für die Tenne, das rechte schließt die Wagenremise ab. Auf dem First steht in seinem Nest ein Storch, der damals in den feuchten Wiesen und Weiden einen reichgedeckten Tisch fand.

Die sich rechts anschließenden Häuser zeigen die seinerzeit übliche Bauweise ohne Scheunentor. Heu und Korn ließen sich ohne weiteres durch eine Giebelluke (fö. Guuwel-Lük) auf den Hausboden bringen. Alle Häuser, stroh- oder reetgedeckt, lassen auf einen bescheidenen Lebenszuschnitt schließen.

Auffallend ist schließlich der palisadenähnliche Bretterzaun auf dem Steinwall vor dem Roeloffs'schen Hause: Keine Zierde, aber unentbehrlich, um den „Kohlhof" vor dem weidenden Vieh zu schützen. Und geradzu typisch ist, daß weder Baum noch Strauch Teile des Dorfes verdecken. Nur im Hintergrund, in der Mitte des Bildes, ragt ein einziger Baum aus der Häuserreihe heraus. Er steht vermutlich im Garten des Pastorats.

Das auf ungewöhnlicher Grundlage gemalte Bild ist insofern von besonderem heimatkundlichem Wert, als es die älteste Ansicht eines Inseldorfes überhaupt zeigt. Aus den ersten Jahrzehnten des 19. Jahrhunderts sind Ansichten bislang nur von Wyk bekannt. Dieses Bild befand sich übrigens bis 1950 im Hause der Roeloffs, zuletzt unbeachtet auf dem Boden, bis Hinrich Hansen, Borgsum, dafür sorgte, das es ins Landesmuseum Schloß Gottorf kam. Dort ist es – fachkundig renoviert – heute noch zu sehen. Das Besondere an diesem Bild ist, daß sich dahinter in einem Kasten ein Uhrwerk verbirgt, das die Zifferblätter antrieb, als die Uhr noch funktionierte. Es bewegte zudem über eine Schnur die aus Blech ausgeschnittenen Flügel der rechts im Bild stehenden Windmühle, die zweifellos nicht zu Süderende gehörte, sondern – unter Zurückstellung perspektivischer Gesichtspunkte – allenfalls als Interessentenmühle dem Dorf Oldsum zuzuordnen ist, die dort bis zum Jahre 1900 stand.

Zu dem „Verzeichniß der auf Westerlandföhr befindlichen Häuser“ machte die Birkvogtei in Nieblum 1804 ergänzende Anmerkungen, die die damaligen Verhältnisse treffend charakterisieren:

„1. Da die Einwohner sich fast insgesammt der Seefahrt widmen, und allhier keine Höfe oder Hufen mit einem gewissen Antheil Land vorhanden sind, vielmehr jeder davon willkührlich käuft oder verkäuft, und daher die Besitzungen der Einwohner beständigen Veränderungen unterworfen sind; so läßt sich kein zuverläßiges Verhältnis unter denselben ziehen.
2. Es werden nicht nur Theile eines Hauses fast jährlich abgebrochen, und andere Wohnungen wieder hinzugefügt, oder gehen gäntzlich ein, wie das Bedürfniß der Eigner es erfordert; sondern es werden auch bei jährlicher Schwindung der Volckszahl ganze Gebäude niedergerißen, und nicht wieder aufgebaut. Die Beschaffenheit und Anzahl der Häuser sind daher einer beständigen Veränderung unterworfen.
3. Die Häuser in sämmtlichen Dörfern liegen dicht aufeinander.

Übersicht 8: Größe der Häuser in Süderende um 1820 und deren Eigentümer um 1820, 1930, 1983

Haus Nr.	Länge in Fach* um 1820	Eigentümer der Grundstücke um 1820	um 1930	um 1983
232	5	B. Peters	J. Riewerts	A. Jacobs
233	6	O. Ercken	J. Blochowiak	Gemeinde Süderende (Feuerwehrgerätehaus)
234	3**	Hay Frödden Erben	Fr. Braren (Scheune)	1963 abgebrochen
235	9	O. Hansen	Chr. Roeloffs	A. Martensen
236	9	N. Braren Ww.	M. Lassen	v. Gösseln
237	8	J. Bohn (1900 abgebrannt, stand zwischen 236 und 238)		
238	14	O. Beelendörp Ww.	H. Jensen	H. Jensen
239	21	D. Roeloffs	Chr. Roeloffs	J. Roeloffs
	9	D. Roeloffs (Packhaus)	Chr. Roeloffs (Scheune)	(1961 abgebrannt)
240	8	R. Braren Ww.	(1886 durch Blitz zerstört, stand zwischen 239 und 241)	
241	9	H. Hayen	R. Braren	(ehem. Engelbrechtsen, 1983 abgebrannt)
242	3**	D. Roeloffs	(1910 abgebrochen, stand östlich von 241)	
244	12	F. Peters	D. Jensen	Tillmann
245	20	N. Johnen	V. Hansen Ww.	D. Gudemann
246	8	O. Nickelsen	F. Braren	R. Bütow-Steinmaus
248	11	K. Rörden	K. Frödden	E. Hinrichsen
249	6	J. Jacobs	J. B. Petersen	A. Harder
253	5	B. Bohn	(1911 abgebrochen, stand zwischen 252 und 254)	
256	11	V. Arfsten	L. Braren	Brüske (Gaststätte „Die Scheune“)
259	10	J. R. Lorenzen	V. Faltings	Faltings-Erbengem.
260	11	J. A. Nickelsen Ww.	O. Jappen Ww.	H. Rickmers

* Fach = etwa 1,80 m
** Die Hälfte eines Zweifamilienhauses (fö. Maaskap)

4. Die drey Dörfer Oldsum, Klintum und Tüfftum, liegen unmittelbar aneinander, machen eine Commüne aus, und werden unter der Benennung des Langendorfs bezeichnet."

Dieser Bericht führte übrigens das Dorf Süderende nicht mehr als Teil des Langdorfes an. Die im Zuge der Landaufteilung vorgenommene Trennung kam damit zum ersten Male in einem amtlichen Schriftstück zum Ausdruck.

Nach der Aufzeichnung von 1804 waren in Süderende alle 31 Häuser fünf Fach und länger. Diese Angaben stimmen allerdings nicht überein mit denen im „Haus- und Stavenprotokoll St. Laurentii", das sich im Landesarchiv in Schleswig befindet. Das Protokoll ist leider ohne Jahresangabe. Nach den darin enthaltenen Eintragungen ist aber davon auszugehen, daß es zwischen 1810 und 1820 angelegt und dann fortlaufend ergänzt worden ist. Hiernach gab es um 1820 in Süderende zwei Häuser mit je drei und zwei mit je fünf Fach Länge. Einen insoweit guten Überblick vermittelt ein Auszug aus dem Haus- und Stavenprotokoll (Übersicht 8). Hierin sind allerdings nur Häuser berücksichtigt, deren Größe in dem Protokoll angegeben ist. Bei einem Vergleich mit dem heutigen Zustand ist festzustellen, daß drei Häuser, Nr. 232, 244 und 245 (Jacobs, Tillmann, Gudemann), in den vergangenen 160 Jahren in ihrer Länge weitgehend unverändert geblieben sind. Andere dagegen sind erheblich erweitert. Wenige sind abgebrochen. Einem vollständigen Neubau Platz gemacht haben seit 1900 nur die Häuser Nr. 235 (Martensen), 236 (v. Gösseln), 249 (Harder) und 260 (Rickmers). Alle anderen weisen noch Bauelemente aus der Zeit vor 1800 auf.

Nach dem Haus- und Stavenprotokoll hatten um 1820 Nickels Johnen[28] und Diedrich Roeloffs die größten Häuser in Süderende. Letzterer besaß daneben noch ein Packhaus, das damals zur Lagerung von Waren, nach 1875 als Scheune diente. Das tatsächlich größte Gebäude im Dorfe war aber um 1820 zweifellos das Pastorat, seinerzeit größer als heute. Nach Südosten, etwas versetzt zum heutigen Gebäude, schloß sich eine für damalige Verhältnisse große Scheune an, die später abgebrochen wurde. Im Haus- und Stavenprotokoll ist die Länge des Pastorats leider nicht angegeben. Ein eindrucksvolles Bild über die Größe der Hausgrundstücke, der Häuser und deren beengte Lage in Oldsum, Klintum, Toftum und Süderende vermitteln die Abb. 13, 14, 15 ebenfalls.

28 Der in Nr. 245 um 1815 wohnhafte Nickels Johnen war seinerzeit der zweitgrößte Landeigentümer in Süderende. Er erhielt bei der Landaufteilung 1802/03 insgesamt rd. 38 Demat, davon 2,5 Demat Spätland.

Übersicht 9: Einwohnerstruktur in Süderende 1787, 1801, 1834, 1860

Jahr	Familien (Häuser)	Einw.	männliche Einw.		Haupttätigkeit d. männl. Einw. von 15–60 Jahre					weibl. Einw.		Stand d. weibl. Einw. üb. 20 J.			Haupttätigkeit d. weibl. Einw. üb. 20 Jahre			
	Zahl	insges.	insges.	davon 15–60 Jahre	Seefahrer	Landwirt	Handwerker	Tagelöhner	Sonstige	insges.	davon über 20 Jahre	ledig	verheir.	Witwe	weben, spinnen, stricken, nähen	Dienstmagd Tagelöhnerin	Landwirtschaft	Hausfrau u. sonstiges
1787	31 (31)	122	51	32	24	–	1	–	7	71	55	21	17*	17	7	16	4	28
1801	32 (32)	136	63	41	26	1	3	–	11	73	46	10	24	12	–	6	–	40
1834	34 (34)	168	82	48	18	5	1	6	18	86	55	15	28	12	1	14	4	36
1860	32 (30)	146	63	44	17**	10	2	1	14	83	62	27	23	12	3	11	4	44

* davon 3 in zweiter Ehe

** davon hielten sich 2 in Kalifornien u. Alabama, 4 in den Goldminen Australiens auf

Süderende, das Dorf der Kapitäne und Witwen

Die vor allem vor 1800 für die Bewohner von Süderende schon erwähnten unzulänglichen Betätigungsmöglichkeiten im Landbau finden ihren Ausdruck in den Volkszählungslisten, die zur Ermittlung der Einwohnerstruktur des Dorfes ausgewertet wurden (Übersicht 9). Dort ist für das Jahr 1787 bei den männlichen Personen, soweit sie ein Alter von 15 bis 60 Jahren hatten, in keinem Fall die Landwirtschaft als Haupttätigkeit angegeben. Lediglich bei vier weiblichen Personen ist dies vermerkt, und zwar bei Elke und Moi Jung Olufs, Schwester und Schwägerin von Diedrich Roeloffs, sowie bei der Witwe Marret Knudten und Kerrin Nickelsen, Ehefrau von Nickels Braren.

Natürlich ist davon auszugehen, daß die in der Volkszählungsliste aufgeführten Dienstmägde und Tagelöhnerinnen sich ebenfalls in der Landwirtschaft betätigten, wenn auch nicht im eigenen Haus und Hof. Ihre Zahl überstieg in Süderende bis 1860 stets die der männlichen Einwohner mit landwirtschaftlicher Haupttätigkeit. Sie bestätigt zugleich die Überlieferung, daß die Last der Landbewirtschaftung auf Föhr früher fast ausschließlich auf den Schultern der Frauen und Mädchen ruhte.

Die Zahl der männlichen Einwohner in der Altersgruppe 15–60 Jahre, die in Süderende ihre Haupttätigkeit in der Landwirtschaft ausübten, nahm seit 1801 beachtlich zu. Und doch erreichten im Jahre 1860 die 10 Landwirte nicht die Zahl der Seefahrer, die für dieses Jahr noch mit 17 angegeben ist.

In diesem Zusammenhang ein kurzer Blick in die ganze St. Laurentii-Gemeinde: Im Jahre 1787 widmeten sich von den männlichen Personen der Altersgruppe 15–60 Jahre nur 17 der Landwirtschaft. Die Zahl der Seefahrer war mit 367 mehr als zwanzigmal so groß. Diese Relation änderte sich aber im Laufe der Zeit grundlegend. 1860 übten in der gleichen Altersgruppe insgesamt 70 Männer die Landwirtschaft im Hauptberuf aus, dagegen wurden nur noch 138 Seefahrer gezählt. Ihre Zahl war damit zwar noch doppelt so groß wie die der Landwirte. Sie gibt aber ein treffendes Bild von der Zunahme der Landwirtschaft und dem Rückgang der Seefahrt, zumal sich von den 138 Seefahrern bereits 41 in Übersee als „Auswanderer" abgesetzt hatten.

In Süderende verringerte sich die Zahl der Seefahrer von 26 im Jahre 1787 auf 17 bis 1860 nicht gravierend. Jedoch sank ihr Anteil an den männlichen Einwohnern von 15–60 Jahren erheblich. Waren es 1787 noch 81 v. H., so ging ihr Anteil bis zum Jahre 1860 auf rd. 39 v. H. zurück. Läßt man jedoch die sechs noch als

Übersicht 10: Schiffsführer und Steuermänner aus Süderende

Jahr	Zahl der Seefahrer	Schiffsführer	Steuermann	ehemalige Schiffsführer
1787	26	Diedrich Roeloffs Oluf Arfsten Harck Nickelsen	Ketel Rörden Ock Beelendörp Rörd Olufs Jacob Marcussen Früd Peters	
1801	27	Ock Behlendörp Harck Nickelsen Olde Hinrichsen Hay Hayen Jacob Marcussen Früd Peters	Arfst Harken Jacob Ocken Magnus Rickmers Rörd Peters	D. Roeloffs O. Arfsten
1860	17	Jacob Hayen Hinrich Hinrichsen Jan Hinrichsen Jürgen Rickmers Friedr. R. Früdden	Hinrich Jacobs Johann Erich Ketels Arfst Behlendorf	Fr. Knudsen

Seefahrer bezeichneten *Auswanderer* außer acht, so waren es 1860 „nur“ noch 25 v. H. Dennoch nahm die Gruppe der Seefahrer gerade in Süderende immer noch eine vergleichsweise starke Stellung ein, vor allem deshalb, weil viele Seefahrer eine leitende Funktion ausübten. Es erscheint daher angebracht, diese namentlich aufzuführen (Übersicht 10).

Auch nach 1860 behielt die Seefahrt für die Süderender große Bedeutung. Nach Ernst Ketels (1859–1949) wählten von zehn schulentlassenen Knaben der Jahrgänge 1871–1875 acht den Beruf des Seemannes. Davon starben drei schon in den jeweils ersten drei Jahren ihrer Seefahrerzeit den Seemannstod. Zwei erreichten später die Stellung eines Schiffsführers. „Das wird wohl mehr oder weniger immer so das Verhältnis gewesen sein“, schreibt Ketels.

Bereits in einem vorhergehenden Abschnitt wurde Süderende als das Dorf der Kapitäne bezeichnet. Vor 1800 war es aber auch ein Dorf der Witwen. Denn 1787 lebte nahezu jede dritte mehr als 20 Jahre alte weibliche Person im Witwenstand. Dazu kamen von 17 Ehefrauen noch drei, die, in zweiter Ehe verheiratet, ihren ersten Ehemann auf See verloren hatten.

Auffallend ist im übrigen, daß in den Jahren 1787, 1801 und 1860 die weiblichen Einwohner in Süderende einen weitaus höheren Anteil als 50 v. H. an der Gesamtzahl der Einwohner einnahmen. Die Erklärung hierfür dürften zumindest für die Jahre 1787 und 1801 die hohen Verluste in der Seefahrt sein. Das andererseits ausgewogene Verhältnis im Jahre 1834 war möglicherweise eine Folge der darniederliegenden Seefahrt während der napoleonischen Zeit oder ist zufälliger Natur. Der in 1860 wiederum höhere Anteil der weiblichen Einwohner mag schon eine Folge der Auswanderung junger männlicher Personen sein. Gegen diese Vermutung spricht allerdings, daß sechs Männer als in Süderende seßhafte Seefahrer noch mit erfaßt worden sind, obwohl sie als „Auswanderer“ in fremden Erdteilen tätig waren, davon vier als Goldgräber in Australien[29].

Schließlich ist noch eine Besonderheit für Süderende erwähnenswert: In den drei Volkszählungslisten nach 1800 sind die Handwerker nur mit einer geringen Zahl vertreten. Auch nach 1860 übten immer nur wenige Einwohner ein Handwerk aus. Eine weitere Eigentümlichkeit: Das „alte“ Süderende hatte bis 1965 als Kirchdorf keine Gastwirtschaft.

29 Von den vier Goldgräbern ist Oluf Nickelsen seit 1878 in Australien verschollen. Hinrich Harken kehrte um 1875 nach 20 Jahren zurück und war längere Zeit Gemeindevorsteher in Süderende. Seine beiden Brüder, Ocke und Arfst Harken, wurden in Australien seßhaft. Eine größere Zahl von Nachkommen soll dort heute noch leben.

Ein Seefahrer von Westerlandföhr

Bis weit in das 18. Jahrhundert hinein widmeten sich die arbeitsfähigen Männer der Insel Föhr vor allem dem Walfang. Die Grönlandfahrt mit den damit verbundenen Vorbereitungen im Winter für die Abfahrt der Seefahrer zu den großen Häfen West- und Nordeuropas sowie deren Heimkehr zur Insel im Spätsommer und Frühherbst prägte das Denken und Handeln von jung und alt. Aber auch die alljährlich monatelang herrschende Ungewißheit über den Ablauf der gefahrvollen Eismeerfischerei, vor allem das Hoffen und Bangen der Daheimgebliebenen um die gesunde Rückkehr ihrer Angehörigen bestimmten das tägliche Gespräch in vielen Familien. Erst als immer mehr Seefahrer auf Handels- und Kauffahrteischiffen anheuerten, stand Grönland nicht mehr im Mittelpunkt des Tagesgeschehens.

Der Übergang zur Handelsfahrt hatte für die Föhringer Seefahrer schon begonnen, als in dem kleinen Dorf Süderende auf Westerlandföhr Erck Jung Olufs (später Diedrich Roeloffs) das Licht der Welt erblickte. Er wurde am 30. Oktober 1753 als fünftes von insgesamt acht Kindern der Eheleute Jung Oluf Olufs und Marret Ercken geboren. Die Taufe fand zwei Tage später statt, lt. Eintragung im Kirchenbuch: „den 1. Nov. aufs Fest der Heiligen" (Allerheiligen). Taufzeugen waren

- Wögen Olufs (1719–1790), Oldsum, später Toftum, Bruder des Vaters
- Ketel Arfsten (1697–1775), Klintum, Ehemann von Ing Harcken (Stieftante der Mutter)
- Kerrin Früdden (1728–1757), auch Kerrin Rördten genannt, Süderende, Ehefrau von Früd Ercken (Bruder der Mutter).

Als zweitgeborener Sohn erhielt er dem damaligen Brauch entsprechend den Vornamen seines Großvaters mütterlicherseits[1]. Dieser hieß Erck (Erich) Ketels (1692–1735). Der Täufling bekam daher den Namen Erck, dem der Vorname seines Vaters, Jung Olufs, hinzugefügt wurde. Das entsprach der in den alteingesessenen Föhringer Familien herrschenden Tradition. Diese sogenannte patronymische Namensgebung war auf Föhr noch nach 1800 gebräuchlich, obwohl durch eine Anordnung im Königreich Dänemark bereits 1771 die Bildung von Stammnamen nach den Vornamen des Vaters untersagt worden war. Es dauerte eben geraume Zeit, ehe die im weit entfernten Kopenhagen verkündeten Reformen sich in den peripheren Teilen des Gesamtstaates durchsetzten.

Andererseits muß man wissen, daß es Stammnamen oder Familiennamen im heutigen Sinne – abgesehen von einigen zugewanderten Familien – vor 1800 in St. Laurentii nicht gab. Als eigentlicher Name galt der Vorname, und das auch in öffentlichen Büchern. So sind denn auch in den Suchregistern der alten Schuld- und Pfandprotokolle alle Personen nach ihren Vornamen geordnet.

Der Wahl der drei genannten Taufzeugen lag übrigens ein seinerzeit in allen Familien in St. Laurentii eingehaltener Brauch zugrunde: Zwei Paten, ein männlicher und ein weiblicher, wurden aus der Verwandtschaft des Elternteils gewählt, nach dem die Namensgebung erfolgte. Daher kamen für Erck die zwei Taufzeugen Kerrin Früdden und Ketel Arfsten aus der Familie der Mutter. Der dritte Taufzeuge war stets vom gleichen Geschlecht wie der Täufling. Er stammte immer aus der Familie des anderen Elternteils. In unserem Fall war es Wögen Olufs aus der Familie des Vaters. Daraus folgte, daß jedes Kind drei Taufzeugen hatte: ein Knabe zwei Männer und eine Frau, ein Mädchen zwei Frauen und einen Mann. An diesem alten Brauch halten viele Föhringer noch heute fest.

1 Der erstgeborene Sohn erhielt in der Regel den Vornamen des Großvaters väterlicherseits.

Vorfahren

Die Geburts-, Tauf-, Eheschließungs- und Sterbedaten von fünf Generationen vor Diedrich Roeloffs sind fast lückenlos, zurückgehend bis etwa 1600, in den „Geschlechterreihen St. Laurentii" verzeichnet. Ein Auszug hieraus befindet sich im Anhang. Die hierin aufgeführten Vorfahren hatten alle auf der Insel Föhr ihr Zuhause; die Mannsleute dürften ausnahmslos in der Seefahrt ihr Brot verdient haben. Allerdings bilden die Vorfahren des Johan Flor (1641–1685) eine Ausnahme; sie stammten ursprünglich aus Bredstedt. Sein Vater war über 50 Jahre Pastor auf Amrum.

Neben den in den „Geschlechterreihen" verzeichneten Lebensdaten war über die Vorfahren von Diedrich Roeloffs bislang so gut wie nichts bekannt. Beim intensiven Studium der Kirchenbücher von St. Laurentii (mehrere Bände seit 1678) sowie der Schuld- und Pfandprotokolle von Westerlandföhr und Amrum (11 Bände von 1687 bis 1826), die im Landesarchiv von Apenrade liegen, erfuhr ich jedoch viele zusätzliche Details. Sie bringen etwas mehr Licht in das Dunkel, das bisher die Geschichte der Familie Roeloffs vor 1800 umhüllte. Darüber hinaus gaben diese alten Bücher wertvolle Hinweise auf die allgemeine materielle und soziale Situation der damaligen Zeit. Um vor allem diese Verhältnisse darzustellen, behandle ich im folgenden nur die Vorfahren, von denen – über Lebensdaten hinaus – interessante Einzelheiten zu berichten sind. Die ältesten betreffen die Familie Flor.

MATTHIAS FLOR (1555–1624), mütterlicherseits ein Vorfahr von Diedrich Roeloffs, war ein unternehmender und weitgereister Mann. Seine für die damalige Zeit ungewöhnliche Bildung hatte er auf der Schule in Bredstedt, seinem Geburtsort, sowie in Lüneburg und Magdeburg erworben. Nach 1570 diente er zunächst einem Barbier (heute: Arzt) in Apenrade, danach als Seefahrer auf Schiffen, die zwischen Lübeck und Schweden verkehrten. 1572 trat er in die Dienste eines Kaufmanns in Narva/Schweden, mit dem er 1574 nach Rußland und „Cohan in der Tararey" reiste. 1577 kehrte er mit seinem Herrn nach Mohren zurück. Dort wurde er Aufseher eines Landgutes bei einem Deutschen in Abuchon, das dieser von einem russischen Großfürsten geschenkt bekommen hatte. 1578 kehrte er über Narva nach Lübeck zurück. Mit einem Schiff wieder nach Narva fahrend, widmete er sich anschließend der Seefahrt, und zwar als „Handelsgesell" bei dem Kaufmann Oldenhoff. Von Narva aus fuhr er bis 1582 nach Königsberg, Reval, Danzig und Lübeck.

1583 ließ Matthias Flor sich in seiner Vaterstadt nieder. Er kaufte ein Schiff – das erste, das von Bredstedt aus in See stach – und führte es nach Norwegen. Auf der Rückfahrt strandete er vor Sylt. Dennoch blieb er bis 1596 Seefahrer. 1590 ließ er sich in Ockholm ein Haus bauen, siedelte sich aber 1592 wieder in Bredstedt an. Dort diente er mit Erlaubnis des Hardesschreibers „guten Leuten mit Schreiben".

Matthias Flor war von 1583 bis 1602 mit einer Gesa, Tochter des Paul Farvers, verheiratet, danach von 1602 bis 1624 mit Anna, Tochter des Paul Parschen. Der ersten Ehe entstammten acht Kinder. Davon starben zwei, sieben- und zwölfjährig, wie die Mutter an der Pest. Ein weiteres Kind wurde in der zweiten Ehe geboren.

MARTIN FLOR, siebentes Kind des Matthias Flor, wurde am 24. Mai 1597 in Bredstedt geboren. Von 1626 bis 1629 Pastor auf der Hallig Nordmarsch (heute Langeneß), wurde er Adjunkt bei Tycho Frodden (1574–1630 Pastor auf Amrum). Dessen Nachfolge trat er 1630 an. Zu Anfang seiner Amtszeit suchte die Pest die Insel Amrum heim. Sie dezimierte in einem Jahr die Bewohner von 227 auf 80. Martin Flor ehelichte am 25. April 1630 Poppe Volkerts aus Nordmarsch.

Nach ihrem Tode im Jahre 1654 verheiratete er sich zum zweiten Male mit einer Anna aus Husum. Zum Gedenken an seine erste Frau Poppe schenkte er im Jahre 1655 der Kirche einen Altarleuchter. Zu Ende seiner Amtszeit hielt er sich einen Adjunkten, und zwar zuerst seinen Sohn Volkert, der aber 1679 dem späteren Nachfolger, Monrad, weichen mußte. Martin Flor und seine Frau Anna starben kurz nacheinander im Dezember des Jahres 1686 und wurden gleichzeitig beerdigt. Sein Nachfolger, Pastor Monrad, schreibt: „anno 1686 den 15. Sept. (dürfte 15. Dez. heißen sollen) ist weiland wohlehrwürdiger Herr Martinus Florus im 90. Jahr seines Alters zugleich mit seiner Frau Anna von mir zur christlichen Erde bestattet worden. Zwei Jahre war er stets bettlägerig, nun aber hat der liebe Gott endlich alles wohl gemacht".

Von den neun Kindern des Martin Flor, alle aus der ersten Ehe, zogen zwei Söhne, Paul und Johan, nach

Abb. 17: Kronleuchter in der St. Clemens-Kirche auf Amrum, gestiftet von Jacob Flor (1633–1672) mit der Inschrift „Zur See gefahren 22, Commandeur gewesen 9 Jahr . . .“

Westerlandföhr. Ein dritter Sohn, Jacob Flor[2], war aber auch mit Westerlandföhr eng verbunden, da seine zweite Ehefrau, Jung Elen Ocken (1643–1685), aus Oldsum stammte. Sie war eine Tochter des Ock Knuten (1600– nach 1650) aus Oldsum, dessen Vater (Knudt Oldis) und Großvater (Oldi Rörden) sowie Urgroßvater (Rörd Frödden) jeweils das Amt des Landvogts von Westerlandföhr und Amrum bekleideten. Jung Elen Ocken hatte drei Schwestern. Eine heiratete den vorerwähnten Johan Flor (s. unten), eine weitere namens Ing (1641–1727) den Commandeur Matz Peters (1632–1706), der als „Glücklicher Matthias“ bekannt ist. Die dritte, die ebenfalls Jung Elen hieß (1635–1715), ehelichte Ketel Olufs (1622–1685), Oldsum.

JACOB FLOR (1633–1672) war 22 Jahre Seefahrer, davon neun Jahre Commandeur eines Walfängers. Ein von ihm gestifteter Kronleuchter in der St. Clemens-Kirche auf Amrum erinnert an den erfolgreichen Schiffsführer (Abb. 17). Nach seinem frühen Tode zog seine Frau mit ihren beiden Söhnen Ocke und Jacob nach Oldsum zurück und heiratete zum zweiten Male.

PAUL FLOR (1635–1709) amtierte von 1660–1709 als Diakon in St. Laurentii, wo sein Name über dem Eingang zur Sakristei verewigt ist (Abb. 20). Sein Sohn Martin folgte ihm in diesem Amte bis 1728 – von ihm ist später noch die Rede.

JOHAN FLOR (1641–1685) war Seefahrer. Als Commandeur befehligte er von etwa 1669 bis 1678 die Walfänger „St. Jacob“ und „Abraham“ des Reeders H.G. Baker, Hamburg. In Oldsum wohnend, war er von 1669–1685 mit der oben erwähnten Elin Ocken

2 Fast alle alteingesessenen Familien aus St. Laurentii können ihre Stammtafel zumindest auf einen der drei Brüder Flor zurückführen. Für viele sind alle drei als Vorfahr nachweisbar, so wie auch für mich selbst.

Der Rundgiebel trägt die Umschrift

Was kan Gesetz
Todt Teufel schaden
Jesus nimt mich an in Gnaden.

Er zeigt die Verstorbene knieend vor dem richtenden Christus, rechts den Sensenmann, links Moses mit den Gesetzestafeln, davor den Teufel mit Bocksfuß.

Hier ruhen die Gebeine der seel.
ELEN FLOHR
geb. in Oltsum d. 10 Jan Ao. 1650
gest. d 14 Sept Ao. 1736
Sie hat gelebet mit ihrem Ehemann
JOHAN FLOHR
Welcher geb. auf Amrum d 6 May
Ao. 1641 gest. in Oltsum d 6 Aug
Ao. 1685 in S. Laur. Kirche begra
ben 15½ Jahr und in Witwenstande
51¹/₁₀ Jahr Aus dieser Ehe
sind gebohren
8 Söhne und ein Tochter,
zu deren Anden
cken setzen dieses Grabmahl
2 nachlebende danckbahre Kinder
MARTIN FLOHR und
MARRET HARCKEN

Im unteren Ornament sehen wir rechts Elen Flohr E. F. mit zwei Kindern, links Johan Flohr J. F. mit einem Anker, darüber mehrere Angehörige mit Kindern. Umschrift:

Die Hoffnung und Libe
zum Himel uns tribe
G.S.J.S.G.

Abb. 18: Grabstein Elen Flo(h)r geb. Ocken auf dem Kirchhof St. Laurentii

(1650–1736) verheiratet. Ihre älteste Tochter, Marret, eine Urgroßmutter von Diedrich Roeloffs, verband sich in erster Ehe mit Nickels Jensen, Utersum, der als Seefahrer bei Grönland blieb. Johan Flor ist in der St. Laurentii-Kirche beigesetzt. Demnach stand er innerhalb des Kirchspiels in hohem Ansehen. Ein prächtiger Grabstein ziert das Grab von Elin (Elen) Flor geb. Ocken. Er steht an der Norderpforte des St. Laurentii-Kirchhofes (Abb. 18).

Von den zwei Töchtern der Eheleute Marret Flor (1672–1765) und Nickels Jensen (1664–1693) heiratete die zweite namens An oder Anna (1693– nach 1755) nach Süderende in das Stammhaus der Roeloffs. Ihr Mann hieß Erck (Erich) Ketels (1692–1735), Sohn des untengenannten Ketel Früdden. Erck und Anna waren Großeltern von Diedrich Roeloffs.

Ketel Früdden (1658–nach 1740), ein Urgroßvater mütterlicherseits von Diedrich Roeloffs, hat einige für Westerlandföhr bedeutsame Ereignisse schriftlich festgehalten. Er zählt zu den – leider – wenigen Föhringern, die bemerkenswerte Gegebenheiten in bleibender Form den folgenden Generationen übermittelt haben. Sie lauten:

„Anno 1773, d. 11. Februar des abends sint dar angekommen 120 schwedische Soldaten unde hebben unß 3000 Rigsdaler Brantschätz afgenahmen unde sint d. 12. dito des Namiddags wedder weggefahren unde hebben Martin Flor[3] mitgenamen na Pellworm unde he is d. 16. dito des abends wedder gekamen.

Anno 1717 den 25. Detzember up den Christmorgen hebben wy en schreckliche Waterflot gehatt, dat de gantze Hafdick Meerendeals durchging unde dat gantze Land owerschwemmt word, binah en Vot hoger als vor 83 Jahren.[4]

Anno 1718 twischen den 24. und 25. Februar hebben wy en schreckliken harden Sturm gehatt, unde dat gantze Land wedder mit solt water overschwemmt unde Hüßer unde Schepen umgeworpen.

Anno 1720 d. 3. Januaris des Morgens waß id en harden Wind vant Nordwesten unde de Diek vor ochsen Hamm brak döhr unde dat gantze Land ward overschwemmt mit salt Water bi Norden in de Marsch unde Meeden.

Anno 1720 den letzten Detzember des Namiddags de Klock 3 hebben wy hoge Water Flot gehatt, alle Dieken weggespölt und 9 Hüßer in Süderende bleff up stenders bestahn, dat se desüllwe nich bewahnen können. Id waß in uns Huß ein elle und 7 dum[5]."

Ketel Früdden hatte diese Ereignisse aufgezeichnet in einem alten Rechnungsbuch, das Eintragungen über bezahlte Kontributionen (Steuern und Abgaben) enthielt. Das Buch befand sich vor 100 Jahren noch im Stammhause Roeloffs, ist dann aber leider verlorengegangen. Daß die Kenntnis über diese Begebenheiten der Nachwelt dennoch erhalten geblieben sind, ist Pastor Caspers[6] zu danken. Er übertrug hiervon eine Abschrift in das Kirchenbuch von St. Laurentii.

Nach der Aufzeichnung landete im Februar des Jahres 1713 eine Truppe von 120 schwedischen Soldaten auf Föhr. Mit der Drohung, die Inseldörfer niederzubrennen, erpreßten sie von den Bewohnern die Zahlung von 3000 Reichstalern (Rtr) – übrigens ein Verfahren, das in den Kriegszügen der damaligen Zeit durchaus üblich war. Auch eine Geiselnahme war keineswegs ungewöhnlich, um Forderungen durchzusetzen. Nicht auszuschließen ist, daß auch Martin Flor sich durch Zahlung eines Lösegeldes freikaufen mußte.

Die Soldaten gehörten zweifellos zu dem Heer des Generals Steenbock, das am 8. und 9. Januar 1713 fast ganz Altona sinnlos niederbrannte und danach plündernd bis über die Eider vorrückte. Es ist daher anzunehmen, daß auch die 120 Schweden nicht gerade zimperlich mit den Föhringern verhandelt haben. Einen Hinweis auf die Brandschatzung Westerlandföhrs gibt übrigens die „Sammlung einiger Husumischen Nachrichten". Danach war der schwedische Obrist von Bassewitz nach den „umliegenden Eyländern mit Volck (Soldaten) übergesetzt, um mehrere Contribution (Kriegssteuer) einzuholen". Dieser Bassewitz hatte mit 600 Dragonern schon in Januar des gleichen Jahres von den Bürgern der Stadt Flensburg 62 000 Rtr erpreßt. Auch dort hatte er, um seinen Forderungen Nachdruck zu verleihen, mehrere Flensburger als Geiseln genommen. Er ließ sie aber nach wenigen Tagen wieder frei.

Bekanntlich führten die Schweden, verbündet mit den Gottorfer Herzögen, Anfang des 18. Jahrhunderts einen lange währenden Krieg mit Dänemark, der mit einem Sieg der Dänen endete: Im Mai 1713 kapitulierte das schwedische Heer in Eiderstedt. Vermutlich von dort aus haben die Schweden auch die

3 Martin Flor (1667–1728), Diakon in St. Laurentii von 1709–1728

4 1634 wurde der größte Teil der Insel Strandt zerstört, Nordstrand, Pellworm und Nordstrandischmoor wurden auseinandergerissen.

5 1 Elle und 7 Zoll = 0,76 m

6 Friedrich Caspers (1849–1886) aus Wyk war von 1878 bis 1886 Pastor in der St. Laurentii-Gemeinde.

Insel Föhr heimgesucht. Ich nehme an, daß die 3000 Rtr alleine vom Birk Westerlandföhr und Amrum aufgebracht werden mußten, da es zum Königreich Dänemark gehörte. Osterlandföhr dagegen unterstand dem mit den Schweden verbündeten Gottorfer Herzog. 3000 Rtr waren eine für damalige Verhältnisse beachtliche Summe. Sie hätte seinerzeit ausgereicht, Gräsungsland in der Größe der heutigen Feldmark des Dorfes Süderende (260 ha) zu erwerben. Nur dank der guten Erwerbsmöglichkeiten auf der Grönlandfahrt dürften die Bewohner von Westerlandföhr und Amrum überhaupt in der Lage gewesen sein, einen Geldbetrag in dieser Höhe zu zahlen. Immerhin lag er mit 3000 Rtr weit über der damals von der Westerharde aufzubringenden Kontribution von jährlich 1700 Rtr.

Die von Ketel Früdden aufgezeichneten Sturmflutereignisse werden im Abschnitt „Deichwesen" nochmals behandelt. Bemerkenswert ist aber noch ein Vertrag von ihm, den ich in Apenrade im Schuld- und Pfandprotokoll von Westerlandföhr und Amrum 1687–1703 entdeckte. Danach schloß er am 11. 3. 1698 mit der Bauerschaft folgende Vereinbarung:

„Demnach ich Ketel Früdden in Süder-Ende, mein Hauß hierselbst, so ich itzo bewohne, auf Pastoratsgrund belegen ist, habe um ein Fach nach Westen vergrößern wollen, ich auch insoweit zu setzen schon angefangen, dabey unwissend, daß sothaner Grund der gesambten Bauerschaft in Oldsum, Clintum, Toftum und Süder-Ende gehörig, Sie die Bauerschaft, mir aber solches verbotten: So habe ich, um Frieden zu schaffen, und meinen Bau vollenden zu können, mich heute mit Nachfolgenden, im Namen der obgedachten Bauerschaft, als Matthias Petersen und Laurentz Hayen in Oldsum, Roerd J. Früdden in Toftum und Ketel Wögens in Süder-Ende, also und derogestalt desfalls vertragen"[7].

Wegen des schwer verständlichen Vertragstextes wird auf dessen weitere wörtliche Wiedergabe verzichtet. Ketel Früdden verpflichtete sich demnach, für die Genehmigung, den Anbau auf dem Land der Gemeinschaft errichten zu dürfen, der Bauerschaft jährlich 6 Schilling Lübsch als „Grundheuer" oder Erbpacht zu zahlen, „solange das Haus bestehen bleibt". Sollte das Haus „herunterkommen", also abgebrochen werden, sollte die Zahlung entfallen und der Grund und Boden an die Bauerschaft zurückgehen. Die Bauerschaft genehmigte ihm daneben seinen „Kohlhofs-Teich" (Steinwall) so zu verlegen, daß „er an die Südwestecke des Anbaues anstößt". Unterschrieben ist dieser Vertrag auch vom Birkvogt Hermann Papke.

Diese Grundheuer von 6 Sch zahlten die Bewohner des Hauses Nr. 239 fast 100 Jahre lang. Erst Diedrich Roeloffs löste sie durch eine einmalige Zahlung von 10 Reichsthalern ab. Den Vertrag hierüber schloß er am 25. 1. 1797 mit der Bauerschaft des Langdorfes, die vertreten wurde durch die „Achtmänner" Ock Johannen, Jung Früd Oldis, Laurenz Arfsten, Rörd Jensen, Jepk Rickmers, Jap Jappen und Arfst Ketels. Auch die Abschrift dieses Vertrages fand ich 1982 im Landesarchiv Apenrade.

Der Vertrag aus dem Jahre 1698 bestätigt, daß das Stammhaus der Roeloffs auf Stavenland des Pastorats gebaut war. Hierfür wurde, wie erwähnt, bis 1878 eine jährliche Stavenlandabgabe von 2 Mark Courant bezahlt – demnach wohl mehr als 200 Jahre lang! Dieser Vertrag belegt aber zugleich, daß auf dem Grundstück Nr. 239 in Süderende schon vor 1698 ein Wohnhaus stand, da von einem Anbau die Rede ist. Welche Größe und Form mag ein solches Haus vor dem Anbau gehabt haben? Wir wissen es nicht. Anzunehmen ist aber, daß es eine Kate mir sehr bescheidenen Ausmaßen gewesen ist. Vermutlich war sie wie viele zur damaligen Zeit nur vier Fach lang mit ca. 50 m² Grundfläche. Diese Annahme findet durch eine Schuldverschreibung aus dem Jahre 1765 insoweit eine Stütze, als hierin von einem Wohnhaus von fünf Fach (davon ein Fach Anbau) die Rede ist.

Seit 1698 ist das alte Wohnhaus Nr. 239 – „at Ual Hüüs" – erweitert und mehrfach grundüberholt worden. Dennoch blieb es in seiner Grundstruktur weitgehend unverändert. Mit einem Alter von ca. 300 Jahren gehört es zu den ältesten Baukörpern des Dorfes. Das Wohnhaus Nr. 239 ist übrigens das einzige im „alten" Süderende, das seinen Eigentümer nie durch Kauf wechselte.

Ketel Früdden war von 1728 bis 1730 Jurat (Kirchenvorsteher). Er starb zwischen 1740 und 1748. Am 20. Januar 1740 schloß er noch einen Tauschvertrag, der ebenfalls abschriftlich im Schuld- und Pfandprotokoll enthalten ist, mit Knudt Jacobs (1692–1752), Hedehusum. Ketel Früdden gab 1 ½ Ammerland Akkerland auf Hedehusumfeld her und erhielt dafür ½

7 M. Petersen = der „Glückliche Mathias" (1632–1706), Laurentz (auch Laverentz) Hayen (1640–1714), Roerd J. Früdden (1624–1705), Ketel Wögens (auch Wagens) (1640–1713)

Abb. 19: St. Laurentii-Kirche inmitten alter Grabsteine von Comandeuren und Kapitänen (Nordansicht)

Abb. 20: Der Türsturz über dem Eingang zur Sakristei in der St. Laurentii-Kirche erinnert an den Diakon Paul Flor (1635–1709)

Lästal Meedeland in „Neiham". Besonders bemerkenswert an diesem Vertrag ist der Hinweis, daß die Meedefläche „umgehet mit Jung Erk Namens aus Dunsum", d. h., daß die Nutzung dieser Fläche alljährlich mit einem gleichgroßen Meedestück des J. E. Namens wechselte.

Ketel Früdden erreichte demnach ein Alter von mehr als 80 Jahren. Er starb sicherlich vor 1748. Denn in dem Jahre verpfändete sein Enkel Früd Ercken gegen Empfang von 121 Mark Lübsch und 8 Schilling zu 5 % Zinsen ein 3½ Ammerland großes Ackerstück auf „Baregliin" an Broder Hansen in Nieblum. Daher ist anzunehmen, daß Früd Ercken das Erbe hinsichtlich des Grundvermögens nach seinem mittlerweile verstorbenen Großvater bereits 1748 angetreten hatte. Aus demselben Grunde ist auch davon auszugehen, daß Früd Erckens Vater, Erck Ketels (1692 bis nach 1730), im Jahre 1748 nicht mehr lebte. Anderenfalls hätte er und nicht sein Sohn die Verpfändungs-Urkunde unterschrieben.

Der genannte FRÜD ERCKEN (1719 bis nach 1757), ein Bruder der Mutter von Diedrich Roeloffs, war Seefahrer. Seine Ehe mit Kerrin Rördten (1728 bis nach 1757) blieb kinderlos. Als Seefahrer war er wohl nicht sehr erfolgreich. Im Gegenteil: Sein Leben scheint durch Geldknappheit geprägt gewesen zu sein. Jedenfalls borgte er bei den verschiedensten Gläubigern Geld und leitete damit eine Verschuldung seines Grundvermögens ein, an der seine Erben noch zu tragen hatten. Bereits 1750 verpfändete er nach den erwähnten 3½ Ammerland auf „Baregliin" weitere Grundstücke, und zwar 3¾ Ammerland auf „Auer Sarkstiig" und ¾ Lästal in „Schul" an Jens Früdden (1687–1771), Utersum, der ihm dafür 160 Mark Lübsch gab. Zwei Jahre später, am 29. 7. 1752, unterschrieb er erneut einen Schuldschein, wonach er von Martin Flor, Oldsum[8], 400 Mark Lübsch zu 5 % Zinsen erhalten hatte. Hierfür verpfändete er ihm

„7/10 meines Wohnhauses in Süder-Ende nebst mein Kirchenstand auf unserer kleinen Bühne neben der Canzel, und einen 2. Kirchenstand an die Westerseite in der Nordwesten Ecke, die 4. Stelle vom Gang".

Dieser Schuldschein gibt zugleich den besonderen Hinweis, daß sich um 1750 in der St. Laurentii-Kirche noch eine kleine Bühne (Empore) neben der Kanzel befand (Abb. 21). Diese später abgebrochene Empore dürfte vor der heute noch vorhandenen gebaut worden sein, denn letztere wird in einem späteren Schuldschein wie auch teilweise in den Kirchenbüchern als „Neue Bühne" bezeichnet.

Aus dem Schuldschein von 1752 kann aber auch geschlossen werden, daß Früd Ercken nunmehr das Eigentum an dem Hausgrundstück Nr. 239 besaß, obwohl seine Mutter noch lebte. Die Verpfändung von 7/10 seines Wohnhauses muß als Ausdruck größter Geldverlegenheit angesehen werden. Denn anders als heute konnte der Gläubiger ein ihm verpfändetes Grundstück unbeschränkt in Nutzung nehmen, wenn der Schuldner mit der Zinszahlung säumig blieb oder die Rückzahlung des Kredites, die unter Einhaltung einer relativ kurzen Frist jederzeit verlangt werden konnte, nicht leistete. Bei der Verpfändung landwirtschaftlicher Nutzflächen räumte der Schuldner dem Gläubiger sogar regelmäßig die Nutzung oder Verpachtung der verpfändeten Grundstükke ein, so daß er Zinsen nicht zu zahlen brauchte. Es hieß daher in Schuldscheinen:

„Die verpfändeten Grundstücke mag er (der Gläubiger) annehmen, brauchen oder brauchen lassen, bis er die gegebene Summe Geldes wieder hat".

Daß bei der Verpfändung eines Wohnhaues dem Gläubiger höchst selten die Nutzung von vornherein eingeräumt wurde, liegt auf der Hand. Gleichwohl hätte in diesem Falle Martin Flor ohne weiteres 7/10 des ihm verpfändeten Haus in Süderende vermieten können, wenn Früd Ercken ihm die vereinbarten Zahlungen schuldig geblieben wäre. Verständlich ist daher, daß im allgemeinen ein Wohnhaus nur dann ganz oder teilweise verpfändet wurde, wenn andere Sicherheiten nicht gegeben werden konnten. Früd Ercken aber brauchte weitere Kredite. In seinem Bemühen hatte er mit Hilfe seiner Mutter und seines Schwagers Jung Oluf Olufs, dem Vater von Diedrich Roeloffs, auch Erfolg. Nach dem Schuld- und Pfandprotokoll von 1743–1756 verpfändeten

Anna Ercken, deren Sohn Früd Ercken und dessen Schwager Jung Oluf Olufs gegen Empfang von 651 Mark Lübsch und 8 Schilling zu 5 % Zinsen am 20. Juni 1755 an Hans Christians bey der Wyk und dessen Erben

---

8 Martin Flor (1680–1755), ein Großonkel von Früd Ercken, gehörte zu den erfolgreichsten Grönlandfahrern von St. Laurentii. Als Commandeur von Walfängern erlegte er in 31 Jahren insgesamt 147½ Wale. Er war ein Sohn des genannten Johan Flor (1641–1685) und ein Neffe des „Glücklichen Matthias".

*Abb. 21:
Kanzel in der
St. Laurentii-Kirche,
um 1750 befand
sich daneben noch
eine Empore*

„1/2 Haus und Staven und 1 Ammerland auf Utersum Hochtüft
3 Ammerland nördlich ... Dik ...
1 1/4 Ammerland auf Reidmeeres Tefelem und ... (unleserlich)
3 Ammerland auf Daptefelem
1 Lästal in Borgsum Süderwerem
1/2 Lästal in der Oldsumer Westermeede
3/4 Lästal auf Tüftum Kohlschörd
1 1/2 Lästal uth Ende Langwerem westlich
1 1/2 Lästal uth Ende Langwerem östlich
1/2 Lästal besyden Kleymeeri
4 1/2 Bältring in Oldsum Gräsing".

Aus den 651 Mark C löste Früd Ercken lediglich die Jens Früdden seit 1750 schuldigen 160 Mark ab, denn nach dem Schuld- und Pfandprotokoll wurde „diese Obligation am 15. Oktober 1755 im Birkding vorgelegt mit dem Bemerken, alles richtig bezahlt: Jens Früdden". Den Rest benötigte er für andere Zwecke. Wofür ist nicht bekannt. Es ist jedoch davon auszugehen, daß er nach 1755 als pfandfreies Vermögen nur noch 3/10 seines Wohnhauses besaß.

Früd Ercken starb vermutlich im Jahre 1757. Er blieb möglicherweise auf See, da er in der Begräbnisliste des Kirchenbuches von St. Laurentii nicht verzeichnet ist. Andererseits ist er aber in der Seefahrerliste von 1757 aufgeführt. Er dürfte demnach im Frühjahr dieses Jahres als Seefahrer die Insel verlassen haben und im Herbst nicht heimgekehrt sein. Anzunehmen ist, daß auch die Ehefrau von Früd Ercken, Kerrin Rördten, etwa in diesem Zeitraum gestorben ist. Jedenfalls sind Früd und Kerrin im Ummärkungsprotokoll 1760 (Steuerliste der Westerharde) nicht mehr aufgeführt.

Nach dem Tode von Früd Ercken übernahmen seine Schwester Marret Ercken und deren Ehemann Jung Oluf Olufs das weitgehend verpfändete Grundvermögen von Früd Ercken, so daß wir uns nunmehr diesen beiden, den Eltern von Diedrich Roeloffs, zuwenden.

Jung Oluf Olufs (1711–1778), der Vater von Diedrich Roeloffs, wurde am 10. November 1711 in Oldsum in dem Haus Nr. 23 geboren[9]. In diesem Dorf wohnten auch dessen Eltern und Großeltern. Die Roeloffs-Vorfahren der väterlichen Linie stammen somit ursprünglich aus dem Dorf Oldsum und nicht aus Süderende. Über den Großvater von Diedrich Roeloffs, Oluf Rordten (1760–nach 1729) entdeckte ich im Schuld- und Pfandprotokoll in Apenrade folgendes:

1. Am 20. 2. 1723 verpfändete er gegen Empfang von 153 Mark Lübsch an Peter Peters in Toftum
   „3 Ammerland Baven Westerdörp, Westen Martin Flor syn Huß Dyck, und
   2 1/2 Ammerland Up Osterlangstringem up Tüftum Ackerum".
2. An Jacob Flor, Oldsum, verpfändete er am 6. 12. 1729 gegen Erhalt von 146 Mark Lübsch zu 5 % Zinsen
   „3/4 Ammerland Up Wester Dörp Ackerum
   1 Ammerland Zwisch Jad
   1 1/2 Lästal Uthende Langwerem, gehen um mit Jung Früd Jürgens Oldsum
   1 1/2 Lästal daselbst, gehen um mit Brar Rordten[10]".

Eine Rückzahlung der geliehenen Geldbeträge ist nicht vermerkt. Demnach ist davon auszugehen, daß die beiden Gläubiger die ihnen verpfändeten Grundstücke weder an Oluf Rordten noch an dessen Erben zurückgegeben haben. Diese zwei Eintragungen berechtigen zugleich zu der Annahme, daß die Rordtens seinerzeit nicht zu den wohlhabenden Familien in St. Laurentii zählten. Aus dem Hinweis, daß 1 1/2 Lästal mit Brar Rordten „umgehen", ist zu schließen, daß dieser 1729 noch lebte und zusammen mit seinem Bruder Oluf Rordten ein insgesamt 3 Lästal großes Meedestück besaß, das beide im Wechsel nutzten.

Der am 10. November 1711 geborene Jung Oluf Olufs wurde am 24. Sonntag nach Trinitatis (Pfingsten) getauft. Seinen Namen erhielt er nach dem gleichnamigen Bruder seines Vaters, der 1710 verstorben war. Daher wurden zwei Taufzeugen aus der Familie des Vaters gewählt, und zwar Brar Rordten (Bruder des Vaters) und Harlich Braren (Ehefrau dieses Bruders).

Als dritter Taufpate trat Erck Hinrichsen auf, ein Schwager der Mutter des Täuflings.

Jung Oluf Olufs war Seefahrer. Er soll in erster Ehe mit einer Hanna Jung Olufs verheiratet gewesen sein. Näheres konnte ich im Kirchenbuch nicht feststellen. Seine zweite Ehe schloß er mit der bereits genannten Marret Ercken (1721–1805). Hierzu ist im Kirchenbuch von St. Laurentii vermerkt:

„Anno 1744, d. 20. Dez. aufm 4. Advents-Sonntage in der Kirche öffentlich verlobt als
Rörd Hayen und Ehlen Peters aus Oldsum,

9 Das auf dem Grundstück Nr. 23 stehende Haus brannte 1945 ab. Es gehörte seinerzeit der Witwe Edna Rathje. Das Grundstück blieb bis heute unbebaut.

10 Brar Rordten (1675–1729), ein Bruder von Oluf Rordten, wohnte in Süderende Nr. 237.

Jung Oluf Olufs aus Oldsum und Marret Ercken aus Süderende,
Tay Lorentzen und Marret Jung-Rörden aus Oldsum.
Anno 1745, d. 13. Jan. sind obgedachte Personen in der Kirche Copuliert."

Aus dieser und weiteren Eintragungen geht hervor, daß der Prediger in der damaligen Zeit die Brautpaare durch eine kirchliche Handlung öffentlich verlobte. Die Copulation (kirchliche Trauung) erfolgte in der Regel vier Wochen später. Verlobungen und Copulationen fanden vor 1800 in St. Laurentii regelmäßig nur im Herbst nach Rückkehr der Seefahrer statt. Bis zu 10 Paare wurden gleichzeitig in der Kirche verlobt bzw. copuliert. Gab die Braut jedoch an, daß sie schwanger sei nahm der Prediger die Verlobung nicht in der Kirche sondern im Pastorat vor. So wurden beispielsweise am 11. Oktober 1685 sieben Paare in der Kirche St. Laurentii öffentlich verlobt und am 22. November 1685 copuliert, u. a. die Urgroßeltern von Diedrich Roeloffs, Ketel Früdden und Marret Erichen. Dagegen mußten Oluf Wögens, Oldsum, und Thur Rörden, Klintum, diesen kirchlichen Handlungen fernbleiben. Sie wurden nach dem Kirchenbuch am 4. November 1685 im Pastorat verlobt, „weil eine Schwängerung fürgegangen." Etwa einen Monat nach der Verlobung, am 6. Dezember 1685, wurde dem jungen Paar eine Tochter geboren.
Verlobungen im Rahmen einer kirchlichen Handlung fanden in St. Laurentii zumindest seit 1678 bis in das Jahr 1799 statt. Erstmalig, nach einer am 23. Juni 1799 „neu ergangener Verfügung", wurden Boh Arfsten aus Dunsum und Ohs Lorentzen anstelle der öffentlichen Verlobung in der Kirche proklamiert (aufgeboten). Die Copulation fand am 12. Juli 1799 statt. Danach verfuhr der Prediger stets in der Weise, daß er die heiratswilligen Paare erst nach dreimaligem Aufgebot copulierte. Der Sinn und Zweck des dreimaligen Aufgebots lag darin, Dritten die Gelegenheit zu geben, Einwendungen gegen die beabsichtigte Eheschließung zu erheben. Beispielsweise konnte ein Mädchen gegen die beabsichtigte Eheschließung Anderer einwenden, der angehende Ehemann habe ihr die Ehe versprochen.
Obwohl nicht eindeutig aus dem Kirchenbuch erkennbar, ist anzunehmen, daß auch nach 1800 der Prediger die beabsichtigte Eheschließung einer erkennbar schwangeren Braut in der Kirche nicht aufbot. Jedenfalls ist im Zusammenhang mit solchen Eheschließungen im Kirchenbuch über ein dreimaliges Aufgebot nichts verzeichnet. Konsequenterweise fand dann auch die Vermählung einer schwangeren Braut nicht in der Kirche statt. So vermerkte dann auch der Pastor Richard S. Petersen hinsichtlich Diedrich Roeloffs und seiner schwangeren Braut Kerrin Lorentzen, daß er am 19. Sept. 1800 eine „Haus Copulation" verrichtet habe. Es war in St. Laurentii das einzige von insgesamt 15 copulierten Paaren des gleichen Jahres, die er nicht in der Kirche vermählte[11].
Bald nach ihrer Verehelichung zogen Jung Oluf Olufs und seine Frau Marret nach Süderende. Im Jahre 1750 wohnten sie im Haus Nr. 257[12]. Sie haben es entweder bauen lassen oder gekauft. Die Finanzierung bereitete ihnen jedoch offensichtlich Schwierigkeiten. Bereits am 5. 1. 1751 mußten sie ihr „8 Fach großes Wohnhaus und Staven gegen Empfang von 200 Mark Lübsch" an Brar Arfsten in Nieblum verpfänden, und am 26. 11. 1755 an Ketel Arfsten, Klintum, „für 150 Mark Lübsch 4 Ammerland auf Baven Schulk und 1 Lästal in Krugem, Tüftum Meede".
Schon nach gut einem Jahr war Jung Oluf Olufs erneut in Geldverlegenheit. Das geht aus dem Schuld- und Pfandprotokoll hervor. Hierin ist vermerkt:

„Ich zu Ende benannter Jung Olef Olefs aus Süderende bekenne mittelst diesem für mich und meine Erben und sonst für jeder männiglichen, dies, daß ich bin schuldig geworden an Früd Braren aus Süderende eine Summe von 290 Mark Lübsch. Daher setze ich gedachten Früd Braren zum gebräuchlichen Unterpfand 3½ Ammerland über Schulk vor 140 Mark, 2 Ammerland bey Bungmehri vor 80 Mark, 1⅔ Ammerland auf Oster Langstringem vor 70 Mark. Dieses mag er annehmen, brauchen oder brauchen lassen, bis er die obengenannte Summe wieder hat. Aber ein jedes kann stück vor stück ausgelöset werden, aber denn hat Früd Braren seine Willkür, welches er am liebsten quitt sein will.
Zu dessen wahrer Versicherung habe ich dieses Schreiben mit meines Nahmens Unterschrift bekräftigt.
Westerland Föhr den 3. Märtz 1757

Jung Olef Olefs

Zu Ding gelesen 20. April 1779
Delirt 22. Juni 1799

An dieser Urkunde ist, wie bei allen anderen Eintragungen im Schuld- und Pfandprotokoll auffallend,

11 Bis 1874 wurde die Verehelichung ausschließlich im Rahmen einer kirchlichen Handlung vollzogen. In St. Laurentii fand die erste standesamtliche Trauung am 6. 11. 1874 statt.

12 Heute Friedrich Lorenzen, um 1900 Jürgen Beelendorf

daß Diedrich Roeloffs Vater sich Jung Olef Olefs schrieb. Das verwundert jedoch nicht. Kommt doch Olef am ehesten dem Ulef nahe, so wie man auf „fering" den Oluf nennt. Weiter fällt auf, daß die Pfandverschreibung schon 1757 erfolgte, aber erst 1779 „Zu Ding gelesen", d. h. erst 22 Jahre später im Schuld- und Pfandprotokoll eingetragen wurde, als Jung Oluf Olufs schon gestorben war. Dies mag daran gelegen haben, daß Früd Braren (1722–1799) als Gläubiger sich hinsichtlich der ihm verpfändeten Grundstücke auch „öffentlich" sichern wollte. Daß er die Pfandgrundstücke selber nutzen wollte, geht schon daraus hervor, daß in der Schuldverschreibung kein Zinssatz vereinbart war. Tatsächlich hat F. Braren das verpfändete Ackerland 40 Jahre lang bewirtschaftet. Das geht aus dem Journal von Diedrich Roeloffs hervor, wonach er diese Grundstücke am 20. 3. 1797 einlöste. Delirt, d. h. gelöscht, wurde die Eintragung am 22. Juni 1799.

Addiert man die Schuldbeträge der drei Pfandverschreibungen, so ist zweifelsfrei, daß Jung Oluf Olufs im Jahre 1757 mit 640 Mark Lübsch hoch verschuldet war. Das galt – wie erwähnt – gleichermaßen für seinen Schwager Früd Ercken, der wahrscheinlich Ende des selben Jahres verstarb. Der Tod des Schwagers und die drückenden Schulden dürften denn auch Jung Oluf Olufs veranlaßt haben, sein Wohnhaus Nr. 257 zu verkaufen und das Haus seines Schwagers zu übernehmen. Jedoch mußte er im Zusammenhang mit dem Verkauf seines Hauses die damals geltenden Regelungen einhalten. Den Verwandten stand nämlich eine Art Vorkaufsrecht zu. Um das zu gewährleisten, mußte der Verkäufer seine Verkaufsabsicht auf drei Thingtagen, die seinerzeit allwöchentlich stattfanden, öffentlich verkünden lassen. So lesen wir denn im Justizprotokoll 1749–1759 am 6. Decbr. 1757:

„Jung Olef Olefs in Süder Ende ist Willens, sein daselbst habendes und bishero bewohntes Haus und Staven zu verkaufen. Wenn nun jemand seiner Verwandten solches zu kaufen gewillet, haben sie sich in Zeiten zu melden, in dessen Entstehung aber, wird er besagtes Haus und Staven einem Fremden überlassen."

Diese Bekanntmachung, sie wurde mit „Lagbott" bezeichnet, geschah am 13. Dezember zum zweiten Male und am 20. Dezember ein drittes Mal. Danach, am gleichen Thingtage

„erschien Arvest Rörden und verlangte hiervon Dingswinde und die Dingzeugen bekräftigten Eidlich, daß obiges also passiert, So wahr Ihnen Gott helfen sollte und Sein Heiliges Wort. Hierauf überreichte Arvest Rörden einen Kaufbrief, von Jung Olef Olefs an diesen Arvest Rörden ausgegeben auf sein Haus und Staven in Süderende, datiert 20. Decbr. 1757"[13].

Nach diesem Vertrag zahlte Arfst Rörden (1722–1799), Oldsum, für das Wohnhaus Nr. 257 mit $1^1/_3$ Ammerland Stavenland sowie einer Trift nach Westen und Osten 790 Mark Lübsch, die „er mir zu guter genüge bezahlet (hat), die letzte Pfennig mit dem Ersten".

Aus dem Kaufpreis stellte Jung Oluf Olufs mit 200 Mark sein verkauftes Wohnhaus wie auch mit 400 Mark das von Früd Ercken übernommene pfandfrei. Weitere Pfandgrundstücke löste er nicht ein. Im Gegenteil. Zwei Tage nach Abschluß des Kaufvertrages verpfändete er an Brar Hinrichsen, Oldsum, 6 Ammerland für 120 Mark Lübsch. Dieser Eintragung im Schuld- und Pfandprotokoll folgen noch weitere in den Jahren 1759, 1765, 1767, 1772 und 1773. Damit unterlagen alle Nutzflächen der kleinen Landstelle der Pfandhaft. Die Eintragung von 1765 betraf sogar sein Wohnhaus. Am 4. Januar verpfändete er „das halbe Wohnhaus von 5 Fach" für ganze 50 Mark Lüsch an Hans Jacobs in Goting. Der Gesamtbetrag des geliehenen Geldes belief sich schließlich auf rd. 1500 Mark Lübsch, den Diedrich Roeloffs übrigens 1824 in einem Schreiben auch präzisierte.

1500 Mark L waren seinerzeit eine beachtliche Summe. Sie entsprachen einem Wert von etwa 25 Kühen (heute rd. 60 000 DM). Um 1780 kostete beispielsweise ein Pferd nur 60 Mark, eine Kuh 57 Mark L. Während dieser Zeit verdiente ein einfacher Seefahrer auf einer Grönlandfahrt, je nach der Zahl der erlegten Wale, etwa 60 bis 150 Mark L netto.

Die kinderreiche Familie Olufs hatte somit eine drükkende Schuldenlast zu tragen, die sicherlich auch bestimmend dafür war, daß Jung Oluf Olufs noch im 66. Lebensjahr nach Grönland fahren mußte. Sein Nettoverdienst als einfacher Seefahrer dürfte bei unbefriedigenden Fangergebnissen nur eben ausgereicht haben, die Zinsen für die 1500 Mark zu bezahlen; damals galt ein Zinssatz von 4 % bis 5 %.

13 „Lagbott", auch „Lachbietung", heißt dreimal öffentliche Aufbietung. „Dingswinde" lag ursprünglich nur dann vor, wenn mindestens sieben wahrhafte Männer die ordnungsgemäße Thinghandlung bezeugt hatten. Später genügten zwei Zeugen.

Als Sicherheit für die 1500 Mark Schulden waren 1773 verpfändet:

		errechnete Größe	geschätzter Wert
37 5/12	Ammerl.	3 Demat	1100 Mark L
8 1/4	Lästal	2 Demat	600 Mark L
9 1/2	Bältring	9 Demat	300 Mark L
1/2	Wohnhaus	–	50 Mark L
	zus.	14 Demat	1350 Mark L

Ermittelt habe ich die Größe der verpfändeten Flächen aufgrund der bei der Landaufteilung vorgenommenen Vermessung und deren Wert unter Zugrundelegung von Kaufpreisen, die Diedrich Roeloffs nach 1790 für entsprechende Flächen zahlte. Unter Berücksichtigung des nicht verpfändeten halben Wohnhauses belief sich der Wert des Grundvermögens insgesamt nur auf rd. 1400 Mark Lübsch. Er lag damit niedriger als die Gesamtschuld von 1500 Mark.
Die kleine Landstelle von rd. 14 Demat war somit eindeutig überschuldet. Bei der geringen Qualität des Gräsungslandes um Süderende hätten um 1780 auf dieser Stelle etwa 1 Pferd, zwei Kühe, ein Stück Jungvieh und einige Schafe gehalten werden können – tatsächlich aber weniger, weil die Gläubiger einen Teil der verpfändeten Flächen als „nutzbares Pfand" selber bewirtschafteten. Zum Ausgleich hatte die Familie Jung Oluf Olufs allerdings etwas Pastoratsland gepachtet. Nach dem Kirchenbuch waren es 1777 und 1778 auf „Foolkert" 5 Ammerland (rd. 0,5 Demat) Ackerland. Jedoch reichte eine solche Landstelle allenfalls aus, um eine gewisse Grundversorgung der Familie mit Nahrungsmitteln zu sichern. Darüber hinaus noch Bargeld zu erwirtschaften, um Schuldzinsen begleichen zu können, war schlechterdings unmöglich.
Am Rande sollte noch erwähnt werden, daß die Verpfändung des halben Wohnhauses für nur 50 Mark ein Beweis dafür ist, daß das Stammhaus der Roeloffs damals eine baufällige Kate von sehr geringem Wert gewesen sein muß. Wenn man bedenkt, daß einige Jahre zuvor Jung Oluf Olufs' erstes Wohnhaus einen Wert von 790 Mark hatte, und sein jetziges mit nur 100 Mark veranschlagt wurde, so wird deutlich, daß die Familie unter dem Druck der Verhältnisse einen schlechten Tausch hatte eingehen müssen. Und dabei ist noch zu bedenken, daß den Eheleuten von 1747 bis 1757 acht Kinder geboren wurden, die neben den Eltern und einer unverheirateten Tante, die ebenfalls Marret Ercken (1730–1779) hieß, in der winzigen Kate ihr Unterkommen finden mußten.
Alles in allem unterliegt es keinem Zweifel, daß dem Seefahrer Jung Oluf Olufs während seiner Fahrenszeit wenig Erfolg beschieden war. Ursächlich hierfür waren möglicherweise mangelnde Qualifikation oder fehlende Tatkraft, wenn man die gesamten Umstände bewertet, die den Lebenslauf von Jung Oluf Olufs kennzeichneten. Bis zu seinem 66. Lebensjahr mußte er den harten Beruf eines Seefahrers ausüben. So finden wir ihn denn auch unter dem Namen Rolof Rolofsen im Jahre 1766 in den hamburgischen Musterrollen als Speckschneider auf dem Walfänger „De Gekrönte Hoop" aufgeführt, und zwar zusammen mit seinen beiden Söhnen Oluf Jung Olufs und Erck Jung Olufs (später Diedrich Roeloffs), die dort als Rolof Rolofs und Dirck Rolofs eingetragen sind.
Die Position eines Steuermannes oder gar Commandeurs hat Jung Oluf Olufs zeitlebens nicht erreicht. Insbesondere wegen der drückenden Schulden konnte er seinen Lebensabend nicht auf seiner Insel verbringen, wie es früher die Föhringer Seefahrer und später auch viele Auswanderer anstrebten. Er starb Ende April 1778 auf der Elbe während der Ausfahrt nach Grönland an Bord des Walfängers „De Stadts Welvaert". Eine Schaluppe brachte seine Leiche zu der nächstgelegenen Kirche in der holsteinischen Elbmarsch. Die finanziellen Verhältnisse der Familie erlaubten es nicht, den Verstorbenen nach Föhr zu überführen. Die Beisetzung erfolgte am 3. Mai auf dem Kirchhof von Brockdorf. Kein Angehöriger gab ihm das letzte Geleit. Die Familie in Süderende erfuhr erst nach dem Begräbnis von dem Tode ihres Ernährers.
„De Stadts Welvaert", 1703 gebaut, gehörte mit 150 Commerzlasten zu den größten Walfangschiffen der damaligen Zeit. Von Hamburg aus fuhr es 53 Jahre ins Eismeer, davon 27 Jahre unter dem Kommando des berühmten Commandeurs Lorenz Petersen de Hahn von Sylt. Nach 1757 kam das Schiff in die Hand Altonaer Reeder. Von 1766 bis 1778 ist es als Partenschiff in der Grönlandfahrerliste der Stadt Altona verzeichnet. Jung Sönk Peters (1733–1803) aus Oldsum, auch Simon Petersen genannt, befehligte den Dreimaster mit 46 Mann Besatzung von 1773–1778.

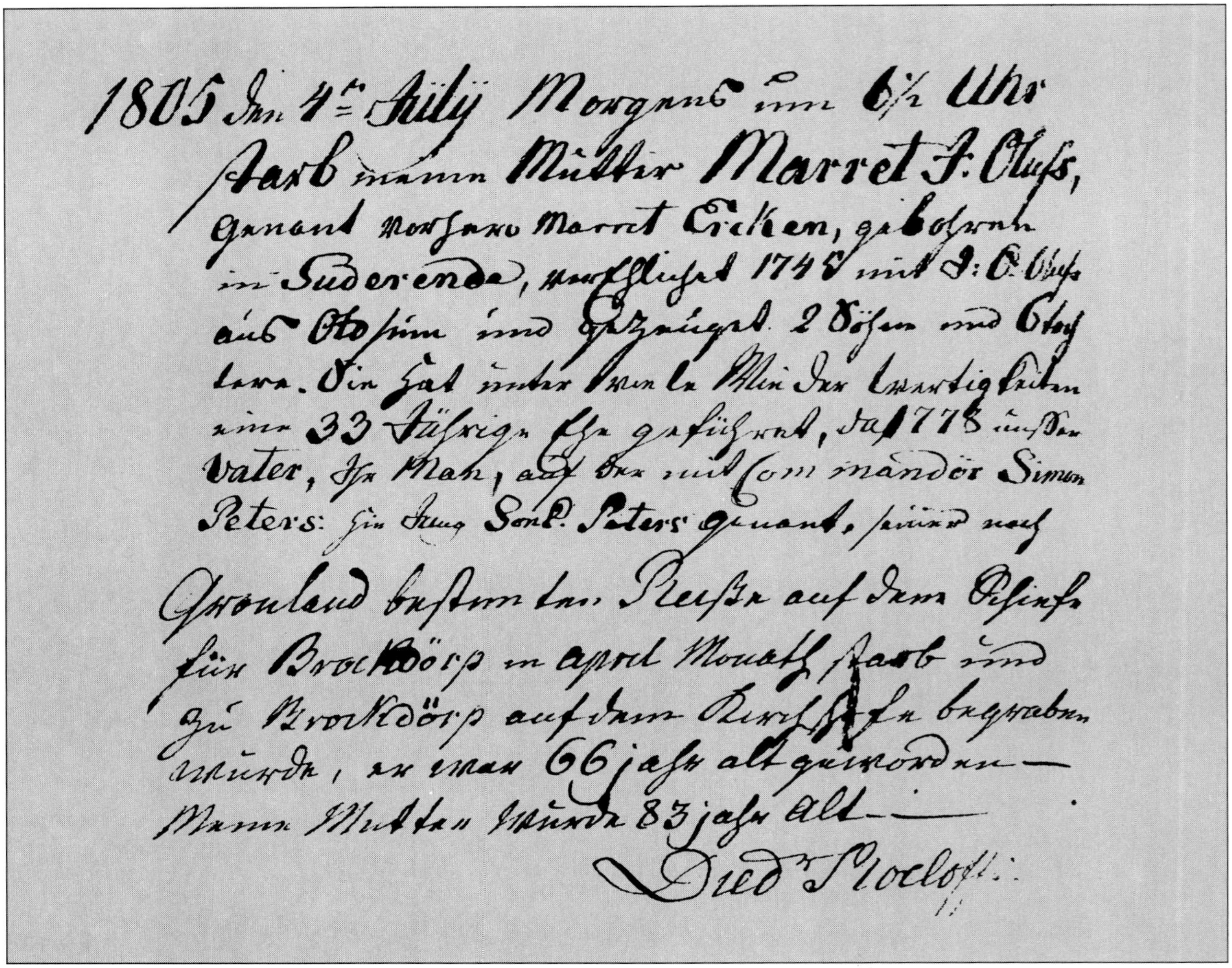
1805 den 4ten July Morgens um 6½ Uhr
starb meine Mutter Marret J. Olufs,
genant vorhero Marret Ercken, gebohren
in Süderende, verehelichet 1745 mit J: O: Olufs
aus Oldsum und gezeuget 2 Söhne und 6 Toch-
tere. Sie hat unter viele Wiederwertigkeiten
eine 33 Jährige Ehe geführet, da 1778 unser
Vater, Ihr Man, auf der mit Comandör Simon
Peters: hie Jung Sönk: Peters genant, seiner nach
Grönland bestimten Reiße auf dem Schiefe
für Brockdörp in April Monath starb und
zu Brockdörp auf dem Kirchhofe begraben
wurde, er war 66 jahr alt geworden —
Meine Mutter wurde 83 jahr alt —
Died: Roeloffs

Abb. 22a: Marret Jung Olufs geb. Ercken ist gestorben

Zum Tode seines Vaters schreibt Diedrich Roeloffs später in seinem Journal (Abb. 22 a):

„1805 den 4ten July Morgens um 6½ Uhr starb meine Mutter Marret J. Olufs, genant vorhero Marret Ercken, gebohren in Süderende, verehelichet 1745 mit J. O. Olufs aus Oldsum und gezeuget 2 Söhne und 6 Töchter. Sie hat unter viele Wiederwertigkeiten eine 33 jährige Ehe geführet, da 1778 unser Vater, Ihr Man, auf der mit Comandör Simon Peters, hie Jung Sönk Peters[14] genant, seiner nach Grönland bestimten Reiße auf dem Schiefe für Brockdörp in April Monath starb und zu Brockdörp auf dem Kirchhofe begraben wurde, er war 66 jahr alt geworden – Meine Mutter wurde 83 jahr alt."

Mit dem Hinweis auf die vielen „Wiederwertigkeiten" in der 33jährigen Ehe seiner Mutter wollte Diedrich Roeloffs wohl in erster Linie zum Ausdruck bringen, daß sie während dieser Zeit unter schwierigen materiellen Verhältnissen gelebt habe. Vielleicht aber wollte er auch damit sagen, daß sie mit ihrem wenig erfolgreichen Mann keine sehr glückliche Ehe geführt habe. Dies alles ist erklärlich, wenn man bedenkt, daß Jung Oluf Olufs fortlaufend Schulden machte und dabei das gesamte Grundvermögen der

14 Jung Sönk Peters (geb. 1733), Vater des Pastors Richard Simon Petersen, wohnte in Klintum Nr. 154 und Oldsum Nr. 96.

Familie aufs Spiel setzte, während seine Frau zumindest während seiner Abwesenheit allein für das tägliche Brot sorgen mußte. Wie schwer Marret Ercken es dabei hatte, geht aus dem Vertrag – wovon später noch die Rede ist – hervor, den die Familie am 11. 6. 1787 schloß. Hierin heißt es u. a.:

„Ich als Mutter halte es allerdings für eine große Wohlthat, daß mein lieber Sohn Erck Jung Olufs ... sich (1780) entschloß, meine stark bebürdeten und bereits sehr gebeugten Schultern ihrer Bürde zu entlasten und selbige auf seine damals noch schwachen Schultern zu nehmen."

In diesem Vertrag bezeugt aber auch Diedrich Roeloffs die Verpflichtung, seine Mutter künftig zu ernähren:

„Welches ich umso lieber thue, da ich dadurch einen Theil derjenigen Sorge und sauren Arbeiten, womit unsere Erziehung verknüpft war, zu vergelten Gelegenheit habe."

Daß Marret Ercken sich sehr bemühte, die Lebensgrundlage ihrer Familie aufzubessern, bestätigen weitere Feststellungen. So übte sie neben ihren hausfraulichen Pflichten die Tätigkeit einer Hebamme aus – in der Volkszählungsliste von 1787 ist ihr Name mit dem Hinweis „Wehemutter" versehen. Dabei ist mit Sicherheit davon auszugehen, daß sie insoweit nicht ausgebildet worden ist. Vielmehr dürfte sie sich die erforderlichen Kenntnisse und Fähigkeiten – wie damals üblich – als Helferin einer älteren Hebamme angeeignet haben. Aber auch in anderer Weise scheint Marret Ercken versucht zu haben, einen Schilling (fö. Skaling) extra zu verdienen. Nach dem Kirchenbuch beköstigte sie mehrfach Zimmerleute, die in der Kirche handwerkliche Arbeiten auszuführen hatten. Aus alledem besteht kein Zweifel, daß die Familie Jung Olufs in sehr sehr ärmlichen Verhältnissen lebte, so wie es auch überliefert ist. Nach dem Tode von Jung Oluf Olufs im Jahre 1778 hätte die Witwe Haus und Hof nicht halten können und den Bettelstab nehmen müssen, wenn eine glückliche Fügung sie nicht aus ihrer materiellen und auch menschlichen Not befreit hätte. Nähere Einzelheiten später.

Geschwister

Den Eheleuten Jung Oluf Olufs und Marret Ercken wurden – wie bereits erwähnt – innerhalb von zehn Jahren acht Kinder geboren, alle im Hause Nr. 257 in Süderende.

Die älteste Tochter MOIL (Diedrich Roeloffs nannte sie Mohl), geboren am 7. Mai 1747 und gestorben (kinderlos) am 18. Dezember 1817, heiratete am 8. März 1793 den Kapitän Peter Johannsen (1743–1821) aus Alkersum. Moil war seine zweite Ehefrau. Mit ihr zusammen betrieb er lt. Volkszählungsliste von 1803 „Ackerbau und Hökerei". Ein Sohn aus erster Ehe namens Hay Peter Johannsen (1771–1821) wurde übrigens als erster Föhringer zum Dannebrogsmann ernannt. Peter Johannsen scheint wohlhabend gewesen zu sein. Von ihm lieh sich Diedrich Roeloffs um 1800 einen Betrag von 855 Mark C. Drei Brüder des Peter Johannsen waren gleichfalls Schiffsführer. Alle vier fuhren von Kopenhagen aus.

Zu seiner Schwester Moil hatte Diedrich Roeloffs ein besonders gutes Verhältnis. Sie verrichtete bis zu ihrer Eheschließung alle landwirtschaftlichen Arbeiten auf seiner kleinen Landstelle in Süderende, die er 1780 übernommen hatte. 1787 erklärte sie sich sogar vertraglich, daß sie geneigt sei, ihrem Bruder „immer zu dienen".

Mit 40 Jahren erwartete sie vermutlich nicht mehr, noch zu heiraten. Gleichwohl versprach Diedrich Roeloffs ihr eine Aussteuer „für den Fall, daß die Umstände sich glücklich ändern sollten und sie sich verehelichen würde". Vor allem aber verpflichtete er sich ihr gegenüber „solange sie bey mir bleibt, sie mit dem nothdürftigen Unterhalt und Kleidungsstücken zu versorgen". Falls er ohne eigene Nachkommen sterben sollte, sicherte er seiner Schwester für ihre Dienste als jährlichen Lohn 10 Reichsthaler zu, die sie vorab aus seinem Nachlaß „zu genießen habe". Dieser Vertrag wird später eingehend behandelt.

Die am 8. September 1748 geborene zweite Tochter ANNA (von Diedrich Roeloffs Antje genannt) ehelichte am 12. November 1776 den Witwer Oluf Hansen (1746–1821) aus Süderende[15]. Sie starb (ohne Nachkommen) am 1. Oktober 1801. Oluf und Anna bewohnten das Haus Nr. 235, das Andreas Martensen 1931 abreißen ließ, um dort einen Neubau zu errichten. Oluf Hansen war etwa bis zu seinem 55. Lebensjahr Seefahrer (nachweislich 1786–1788 Speckschneider, 1801 Harpunier). Später betrieb er Landwirt-

15 Oluf Hansen war zuvor mit Moil Olufs (1750–1773) verheiratet. Sie war die Tochter von Oluf Ketels (1713 bis 1808), der bis zu seinem Tode mit Oluf Hansen in Hausgemeinschaft lebte.

schaft. Bei der Landaufteilung erhielt er rd. 21 Demat zugeteilt. Nach dem Tode seiner zweiten Frau Anna heiratete er seine Schwägerin Elke Olufs, und zwar am 8. Juli 1803. Elke war bereits 21 Jahre Witwe. Ihre erste Ehe hatte sie mit dem untengenannten Oluf Jung Olufs geführt, einem Bruder von Diedrich Roeloffs.

Die dritte Tochter KERRIN, am 22. August 1751 geboren, starb am 11. Juni 1775, kaum 24 Jahre alt.

Als viertes Kind wurde am 6. August 1752 OLUF JUNG OLUFS geboren. Er war – wie sein Vater – Seefahrer, und wie sein jüngerer Bruder mußte er schon mit 10 Jahren als Schiffsjunge nach Grönland. Unter dem Namen Rolof Rolofs finden wir ihn in den Mannschaftslisten der folgenden hamburgischen Walfänger:

1763 und 1764 als Schiffsjunge auf „De St. Peter"; 1766 als Matrose auf „De Gekrönte Hoop"; 1771 und 1772 als Bootsmann auf „De Griepenstein".

Später erscheint er nicht mehr in den Listen. Vermutlich trat er – wie sein Vater – in den Dienst Altonaer Reeder. Er starb, ebenfalls wie sein Vater, auf einem Schiff auf der Elbe, am 1. Juli 1782. Er wurde in Twielenfleth beigesetzt, knapp 30 Jahre alt. Aus der Ehe, die er am 12. November 1779 mit Elke Olufs geschlossen hatte, entstammte der am 15. August 1781 geborene Jung Oluf Olufs (1781–1834), der sich später den Stammnamen seines Onkels Diedrich Roeloffs zulegte, schrieb sich aber Rolufs. Er wohnte in bescheidenen Verhältnissen im Hause Nr. 53 in Oldsum, das heute der Familie Wohld gehört. Dort betrieb er eine Bäckerei und eine kleine Schankwirtschaft. Nachkommen von Jung Oluf Olufs sind u. a. die Familien des Ocke Erich Rolufs (1840–1927) und des Ernst Phillip Rolufs (1874–1955), beide aus Toftum, sowie des Julius Roluffs (1855–1942) aus Oldsum. Bemerkenswert ist, daß sich in diesen Familien der Stammname in unterschiedlicher Schreibweise entwickelte. Abweichend hiervon schrieb Diedrich Roeloffs den Stammnamen seines Neffen wie seinen eigenen. Die Namensschreibung nahm man früher nicht so genau.

Der als fünftes Kind am 30. Oktober 1753 geborene ERCK JUNG OLUFS nannte sich später Diedrich Roeloffs. Nach ihm wurden im Abstand von je einem Jahr noch drei Töchter geboren. Sie starben alle im Kindesalter: KERRIN mit neun, KRASSEN und MATJE mit zwei Jahren.

Vom Schiffsjungen zum Steuermann

Vier Jahre alt war Erck Jung Olufs (später Diedrich Roeloffs), als seine Eltern mit ihren acht Kindern in das Haus Nr. 239 zogen. Dort wuchs er auf. Schon die bereits erwähnte Verpfändung des halben Wohnhauses im Jahre 1765 für nur 50 Mark Lübsch ist ein Ausdruck des geringen Wertes dieser damals ca. 14 m langen und gut 7 m breiten Kate, wovon jeweils die Hälfte auf den Wohn- und Wirtschaftsteil entfiel. Aber auch durch Erzählungen ist überliefert, daß der bauliche Zustand überaus unzureichend gewesen sein soll. Danach soll ein Nachbar dem kleinen Erck empfohlen haben, als dieser sich als Schiffsjunge verdingt hatte, er solle lieber zu Hause bleiben und mit seiner Mutter zusammen dafür sorgen, daß das Strohdach vom Sturm nicht fortgetragen werde. Hierauf soll Erck geantwortet haben, daß er gerade deswegen zur See fahren wolle, damit seine Mutter endlich ein trokkenes Dach über den Kopf bekomme. Angeblich soll er dementsprechend seine ersten Ersparnisse für die Neubedachung verwendet haben.

„Nach dem 10. Jahre seines Alters betrat er 32 Jahre den Seeberuf, die letzten 14 Jahre als Schiffs-Capitain" steht auf dem Grabmal von Diedrich Roeloffs verzeichnet. Aus der Tatsache, daß er sich bereits als Knabe Nahrung und Unterhalt selber verdienen mußte, wird nochmals belegt, daß im Elternhaus Schmalhans Küchenmeister war. Zwar galt es seinerzeit auf Föhr als nicht ungewöhnlich, sich schon im Kindesalter auf Walfängern oder Handelsschiffen anheuern zu lassen. Mit 10 Jahren war es aber höchst selten!

Schon diese Umstände erlaubten es dem ansonsten aufgeweckten Knaben aus Süderende nicht, eine angemessene Schulbildung zu erhalten. Seine späteren Aufzeichnungen und Briefe bestätigen das. Mit der Rechtschreibung und Zeichensetzung stand er zeitlebens auf Kriegsfuß. Chancen, einen anderen Beruf als den des Seefahrers zu wählen, hatte der junge Erck, wie die allermeisten Föhringer, ohnehin nicht. Die kümmerliche Landstelle in Süderende konnte die Familie nicht ernähren.

Erck Jung Olufs fuhr vermutlich zusammen mit seinem Vater 1764 und 1765 auf einem Altonaer Walfänger. Wie bereits erwähnt, ist er 1766 unter dem Namen Dirck Rolofs als Schiffsjunge in der Mannschaftsliste des hamburgischen Walfängers „De Ge-

Abb. 22b: Haus eines Föhringer Seefahrers vor 1800. In einer ähnlichen Kate wuchs Diedrich Roeloffs auf

krönte Hoop" aufgeführt, daneben sein Bruder Oluf Jung Olufs als Matrose Rolof Rolofs, sein Vater Jung Oluf Olufs als Speckschneider Rolof Rolofsen und sein Vetter Oluf Wögens als Matrose Rolof Willms. Innerhalb der 43köpfigen Besatzung dominierten die Föhringer mit 16 Mann. Ein Willm Rolofs führte das Schiff. Er dürfte identisch sein mit dem Commandeur Wögen Olufs (1719–1790) aus Toftum, dem Patenonkel von Erck Jung Olufs (Dirck Rolofs). Demnach befanden sich fünf Angehörige der Familie Olufs bzw. Rolofs an Bord des Walfängers. Daß ein Commandeur sich bemühte, möglichst viele Verwandte und Landsleute in seine Mannschaft aufzunehmen, wurde bereits dargelegt.

Der Tag der Ausreise von Hamburg nach Grönland ist nicht vermerkt, die Ankunft des Schiffes jedoch unter dem 13. August 1766 registriert mit 1 Wal = 12 Quardeel Tran[16]. Ein völlig unbefriedigendes Fangergebnis, so daß die Mannschaft mit einem bescheidenen Lohn abmustern und heimkehren mußte.

Eine Auswertung der Walfänger-Mannschaftslisten von Hamburg und Altona zeigt für die zweite Hälfte des 18. Jahrhunderts: Die Föhringer Seefahrer sind fast ausnahmslos unter einem deutschen oder niederländischen Namen aufgeführt. Ganz selten sind sie mit ihrem Taufnamen verzeichnet. Und dies gilt für alle, vom Schiffsjungen angefangen. Die zumeist verbreitete Ansicht, daß nur die Seefahrer mit leitender Funktion ihren föhringischen Namen ablegten und durch einen „wohlklingenden" deutschen oder niederdeutschen ersetzten, ist demnach nicht zutreffend. In der Fremde legten fast alle Föhringer ihren amtlichen Taufnahmen ab. So sind aufgeführt an Stelle von:

Ketel – Ketels = Cornelis – Cornelissen
Rörd – Rörden = Riewert – Riewerts
Rickmer – Rickmers = Rieck – Riecks

16 Vor 1800 entsprach 1 Quardeel (1 Tonne) gut 400 Pfund. Die Angaben schwanken zwischen 400 und 452 Pfund.

Arfst – Arfsten = Arian – Arians oder Adrian – Adrians
Jürgen – Jürgens = Jurian – Jurians
Jepck – Jepcken = Jacob – Jacobs
Boh – Bohn = Boy – Boysen
Harck – Harcken = Hendrick – Hendricks
Hay – Hayen = Hinrich – Hinrichsen
Erck – Ercken = Dirck – Dircks
Oluf – Olufs = Rolof – Rolofs/Rolofsen oder Roelof – Roeloffs
Knudt – Knudten = Claas – Claasen
Brar – Braren = Broer – Broers oder Broersen
Matz – Matzen = Matthias – Matthiesen
Nahmen – Nahmens = Nanning – Nannings
Fröd – Frödden = Friedrich – Friedrichs oder Frederik – Frederiks oder Frerck – Frercks

Daß dennoch viele der alten Föhringer Vor- und Familiennamen am Ende nicht „verfremdet“ auf die Kinder übertragen wurden, liegt im wesentlichen daran, daß nur wenige Seefahrer ihren „neuen“ Namen auch in der Heimat beibehielten. Zu diesen wenigen gehört Erck Jung Olufs, der sich zunächst Dirck Rolofs nannte und nach 1782 sich den Namen Diedrich Roeloffs zulegte, den er dann zeitlebens beibehielt. Dabei ist davon auszugehen, daß er den Familiennamen aus dem niederländischen Sprachkreis übernahm. Dies einmal, weil die Roeloffs auf Föhr „Rulefs“ genannt werden – auch in den Niederlanden wird das „oe“ wie „u“ gesprochen. Andererseits ist der Name Roeloffs in gleicher Schreibweise noch heute nicht selten in den Niederlanden und in Belgien anzutreffen. So lernte mein Vater im ersten Weltkrieg in Antwerpen einen Kaufmann namens Roeloffs kennen. Auch ich fand während einer Urlaubsreise in Amsterdam einen kleinen Laden mit diesem Namen und im Großen Ratssaal des Stadthauses (Rathaus) von Brüssel ist ein Roelofs neben anderen Persönlichkeiten aufgeführt. Bekannt ist ferner, daß im vorigen Jahrhundert mehrere Kapitänsfamilien auf Borkum den Namen Roeloffs trugen. Und schließlich berichtet Lorenz Fr. Jepsen in seinen Lebenserinnerungen, daß im Jahre 1817 der aus Oldsum stammende Jungrörd Olufs (1786–1826) als Commandeur eines Grönlandfahrers sich Riewert Roeloffs nannte. Dessen Nachkommen erhielten jedoch nach dem Vornamen des Vaters den Familiennamen Riewerts, entsprechend der damals auf Föhr teilweise noch üblichen patronymischen Namensgebung.

Mit seiner Entscheidung, sich anstelle von Erck Jung Olufs künftig Dirck Rolofs und später Diedrich Roeloffs zu nennen, folgte er dem bereits erwähnten Brauch, den föhringischen Namen durch einen niederdeutschen oder niederländischen zu ersetzen. Sein Vorgehen war somit keine Ausnahme. Dennoch ist bemerkenswert, daß sich – nach meiner Kenntnis – kein Föhringer einen dänischen Namen zugelegt hat, obwohl unsere Insel seinerzeit zum Gesamtstaat Dänemark gehörte. Diese Tatsache rechtfertigt zugleich meine Auffassung, daß die Föhringer sich nie als dem dänischen Kulturkreis zugehörig empfanden.

Die persönlichen Umstände, die Erck Jung Olufs zu diesem Namenswechsel bewogen haben, sind nicht bekannt. Mit dem Tragen des Namens Dirck Rolofs folgte er dem Beispiel seines Vaters und seines älteren Bruders. Den noch „feineren“ Namen Diedrich Roeloffs legte er sich möglicherweise zu, weil er glaubte, damit seinem beruflichen Fortkommen zu dienen. Sicherlich war es damals modern und ein Zeichen von Bildung, sich einen wohlklingenden Namen aus einem größeren und weiter entwickelten Kulturkreis zuzulegen. Anzunehmen ist, daß auch die Reeder zumindest auf ihre Schiffsführer entsprechend einwirkten, um damit das Ansehen ihrer Unternehmen zu verbessern. Nach Jens Jacob Eschels legten die Föhringer Seefahrer sich holländische Namen zu, „weil man derzeit auf Föhr Holland noch für das wichtigste Land auf der Welt hielt, wo fast nur allein Brot zu verdienen wäre“.

Diedrich Roeloffs verwendete neben seinem „neuen“ Namen weiterhin auch seinen Geburtsnamen. So unterzeichnete er im Jahre 1798 den Kaufvertrag über den Erwerb eines Mühlenparts mit DIEDRICH ROELOFFS, jedoch eine von ihm formulierte Erklärung zu der anstehenden Landaufteilung, die von einigen Westerlandföhrer Gangfersmännern und allen Regulierungsmännern unterschrieben ist, mit ERCK JUNG OLUFS. Nach 1800 tragen allerdings alle Schriftstücke mit amtlichem Charakter die Unterschrift DIEDRICH ROELOFFS. Innerhalb der Familie dürfte aber sein alter schöner Föhringer Geburtsname bis an sein Lebensende gebraucht worden sein. Andernfalls gäbe es keine Erklärung für die Eintragung, die sein Sohn Christian Diederich in das alte Journal vornahm:

„1834 ... starb mein geliebter Vater Erk Jung Olufs ...“

Bei meinen jahrelangen Nachforschungen gelang es mir nicht, die Seefahrer-Laufbahn von Dirck Rolofs lückenlos zu ermitteln. Nach seiner Fahrenszeit als Schiffsjunge fand ich ihn nur viermal als Matrose in den hamburgischen Mannschaftslisten:

1769 in der 43köpfigen Besatzung (davon 17 Föhringer und 5 Syltringer) der „De Frau Margaretha", die der Commandeur Jurian Riecks von Föhr (identisch mit Jürgen Rickmers [1707–1782], Oldsum) befehligte. Steuermann war dessen ältester Sohn Rieck Jurians (Rickmer Jürgens [1729–1805], Oldsum). Ausfahrt 13. März, Rückkehr 3. September.
Ertrag: 2½ Wale = 94 Quard. Tran und 2170 Pfd. Barten

1771 Zusammen mit seinem Bruder Rolof Rolofs auf der „De Griepenstein" mit 45 Mann Besatzung (davon 16 Föhringer). Commandeur: Lorenz Riecks (vermutlich Larrentz Rickmers [1715–1803], Klintum), Steuermann: Riewert Boysen (vermutlich Rörd Bohn [1744–1824], Oldsum). Ausfahrt 22. März, Rückkehr 4. Oktober.
Ertrag: 1 Wal = 28½ Quard. Tran

1772 Wiederum mit seinem Bruder (unter 16 Föhringern) auf demselben Schiff mit unveränderter Schiffsführung. Ausfahrt 19. März, Rückkehr 22. August.
Ertrag: 1½ Wale = 74 Quard. Tran, 2314 Pfund Barten

1773 Unter 44 Besatzungsmitgliedern (davon 18 Föhringer, 5 Syltringer, 1 Amrumer und 1 von Röm) auf „De Jonge Johannes". Commandeur: Broer Broersen (Brar Braren [1726–1787], Klintum), der das Schiff von 1767–1777 führte. Steuermann: Jacob Rolofs (vermutlich Jepck Olufs [1729–1773], Oldsum). Ausfahrt 18. März, Rückkehr 19. Juni.
Ertrag: 1½ Wale = 80,5 Quard. Tran

Danach ist der mittlerweile 20 Jahre alte Dirck Rolofs in den hamburgischen Listen nicht mehr auffindbar. Wenn man berücksichtigt, daß die schlechten Fangerträge in den o. a. vier Jahren eine sehr niedrige Heuer zur Folge gehabt haben dürften, so ist verständlich, daß er die Fahrt auf hamburgischen Grönlandfahrern aufgab. Vermutlich wandte er sich der Altonaer oder sogleich der niederländischen Schiffahrt zu, um dort sein Glück zu versuchen. Wie ich später darlege, fuhr Dirck Rolofs zumindest seit 1779 auf Handelsschiffen von Amsterdam aus.

Wie alle Grönlandfahrer verbrachte Dirck Rolofs die Herbst- und Wintermonate regelmäßig zu Hause, so auch 1768/69. Denn nach dem Kirchenbuch von St. Laurentii wurde er am 8. Februar 1769 von Pastor Kirkerup konfirmiert, nachdem er sich der Seefahrt schon fünf Jahre gewidmet hatte. Dazu ist erwähnenswert, daß bis zum Jahre 1805 der Hauptpastor von St. Laurentii die Konfirmanden aus dem Langdorf (Süderende, Oldsum, Klintum und Toftum), der Diakon dagegen die von Utersum, Dunsum und Hedehusum einsegnete. Dabei nahmen sie diese kirchliche Handlung niemals gemeinsam an einem Sonntag vor. Vielmehr fand die Konfirmation durch den Diakon jeweils eine Woche später statt. Während der Grönlandfahrerzeit und später wurden die Knaben und Mädchen regelmäßig im Februar konfirmiert, und zwar mit Rücksicht auf die Knaben, die als Seefahrer Ausgang des Winters die Insel verließen. Nach Ernst Ketels wurde in St. Laurentii erstmalig im Jahre 1872 die Konfirmationsfeier von Februar auf Palmarum verlegt.

Nach einer weiteren Eintragung im Kirchenbuch von St. Laurentii weilte Dirck Rolofs auch im Herbst des Jahres 1778 auf seiner Heimatinsel. Am 6. Oktober trat er unter dem Namen Erck Jung Olufs als Zeuge bei der öffentlichen Verlobung seines Bruders Oluf Jung Olufs und Elke Olufs auf. Im Jahr darauf bekleidete er schon die Stellung eines Steuermannes, nachdem er sich während seiner Aufenthalte auf Föhr von älteren Schiffsführern, die während der Wintermonate Navigationsunterricht erteilten, nautische Kenntnisse angeeignet hatte.

Eine Eintragung im Protokoll der Kopenhagener Schiffergilde besagt, daß Diedrich Roeloffs vor dem 15. April 1782 drei Jahre als Steuermann von Amsterdam nach Norwegen, auf der Ostsee und nach den französischen Buchten gefahren ist. „Er ist ein erfahrener Seemann und versteht die praktische Navigation". Weiter ist dort vermerkt, daß er „28 Jahre alt, 16 Jahre zur See gefahren" ist. Demnach hat er nach 1764, dem Beginn seiner Seefahrerlaufbahn, zwei Jahre diese Tätigkeit nicht ausgeübt – möglicherweise in den Jahren 1767 und 1768.

Damals kam es durchaus vor, daß Knaben mangels geeigneter Heuer oder wegen Krankheit die Seefahrt unterbrachen. Es ist aber auch nicht ausgeschlossen, daß das Protokoll der Schiffergilde insoweit fehlerhaft ist. Eine Durchsicht von mehr als tausend „Monsterrollen" (Verzeichnisse der Schiffsbesatzungen) aus der Zeit von 1778 bis 1782 im Gemeindearchiv von Amsterdam brachte leider keine Hinweise auf den Steuermann Erck Jung Olufs, Dirck Rolofs bzw. Diedrich Roeloffs. Daher bleibt das Protokoll der Kopenhagener Schiffergilde von 1782 die einzige Quelle, die ergibt, daß er als Steuermann nicht auf einem Walfänger, sondern auf einem Handelsschiff von Amsterdam aus fuhr. In dem Jahr erscheint er zum erstenmal unter dem Namen Diedrich Roeloffs. Im selben und den folgenden Jahren ist er jedoch in Schifferlisten, Protokollen und anderen Schriftstükken auch in anderer Schreibweise wie Dirck Rolofs, Dirck Roelofs oder Dirck Roeloff verzeichnet. Offensichtlich trat er in der Fremde niemals als Erck Jung Olufs auf. Anders dagegen auf Föhr, wie bereits erwähnt. Dort unterzeichnete er 1787 und 1789 beispielsweise noch Urkunden mit seinem Taufnamen, im gleichen Zeitraum aber auch mit Diedrich Roeloffs. Er vollzog seinen Namenswechsel also nicht abrupt oder durch eine rechtsverbindliche Erklärung vor einer Amtsperson oder Behörde, sondern allmählich, wobei er offensichtlich auf eine genaue Schreibweise wenig Wert legte. Der Einfachheit halber nenne ich ihn jedoch in den folgenden Abschnitten Diedrich Roeloffs.

Als junger Seefahrer erlebte Diedrich Roeloffs die Übergangszeit vom Walfang zur Handelsfahrt. In diesem Zeitraum erlangte die Seefahrt ihren Höhepunkt für seine Heimatinsel. Dieses für die Föhringer Seefahrer „Goldene Zeitalter" muß jedoch in einem größeren Zusammenhang gesehen werden: Die Insel Föhr gehörte bis 1864 zum „Dänischen Gesamtstaat", der vor 200 Jahren neben Dänemark und Jütland die Herzogtümer Schleswig und Holstein sowie Norwegen umfaßte. Dieser erlebte vor allem dank der weitschauenden Politik der führenden Staatsminister in Kopenhagen, Schimmelmann und Bernstorff, in der zweiten Hälfte des 18. Jahrhunderts eine enorme wirtschaftliche Blüte. Vor allem der Überseehandel des neutralen Dänemark nahm während des siebenjährigen Krieges (1756–1763) und des großen englisch-französischen Krieges einen beachtlichen Aufschwung. Er fand weitere Unterstützung, als Dänemark sich mit Rußland und Schweden zu einem bewaffneten Neutralitätsbund zusammenschloß. Die Schiffahrt Dänemarks erhielt noch eine zusätzliche Begünstigung durch den Krieg, den die Briten im Jahre 1780 den Niederländern erklärten, denn in den kriegerischen Auseinandersetzungen fügten sie dieser traditionellen Schiffahrtsnation großen wirtschaftlichen Schaden zu. Die Wettbewerbsposition der dänischen Handelsschiffahrt verbesserte sich erheblich, weil es dem dänischen Staatsminister Bernstorff durch geschickte Verhandlungen gelang, die Neutralität zu wahren. Dänische Schiffe blieben auf See weitgehend unbehelligt. Sie konnten sogar Häfen der kriegführenden Staaten anlaufen, ohne in Gefahr zu geraten, ihre Ladung durch Beschlagnahme zu verlieren.

Diese besondere politische Situation führte zu einer glänzenden Handelsperiode in Dänemark; Schiffahrt und Handel erlebten goldene Zeiten! Und es mag ein glücklicher Zufall oder eine realistische Einschätzung der Zukunft gewesen sein, die Diedrich Roeloffs um 1781 bewogen, sich von der durch den Seekrieg mit den Briten beeinträchtigten niederländischen Schiffahrt zu trennen und der dänischen zuzuwenden. Dies soll sich wie folgt zugetragen haben:

Auf der Suche nach einer Heuer stand Diedrich Roeloffs in Amsterdam vor der Frage, ob er wie andere Föhringer in den Dienst der niederländischen Flotte treten sollte. Erst als er seine Ersparnisse verzehrt hatte, begab er sich zur anwerbenden Stelle und fragte, ob er gleich nach Beendigung des Krieges wieder entlassen werde. Da er eine ausweichende Antwort erhielt, verschob er die Entscheidung. Er wanderte mutlos wie an manchen Tagen vorher zum Hafen und traf dort einen dänischen Kapitän, der mehrere Mann seiner Besatzung durch Krankheit verloren hatte. Dieser bot ihm eine Stellung an, einerlei ob als Steuermann oder Bootsmann. Der Kapitän wunderte sich sehr, daß Diedrich den Posten des Bootsmannes wählte. Befragt, erklärte er, als Steuermann habe er nur holländische Schiffe geführt. Er müsse sich erst mit dänischen vertraut machen. Alsbald stach das Schiff in See. Auf der Nordsee erkrankten Kapitän und Steuermann. Als Bootsmann führte der junge Föhringer das Schiff sicher nach Kopenhagen. Dort angekommen, begann er sogleich die Ladung zu löschen. Unter dem Stückgut befand sich ein Faß Mandeln, das Ratten angefressen hatten. Eine Anzahl von Mandeln fiel beim Entladen aufs Deck. Der inzwischen erschienene Eigentümer des Schiffes, Fiedler, den Diedrich aber als solchen nicht kannte, rügte dies scharf und verlangte von ihm, die Mandeln sofort aufzulesen. Diedrich wies diese Zumutung energisch zurück: Weder er noch seine Matrosen hätten jetzt Zeit, sich mit derartigen Kleinigkeiten abzugeben. Er ließ Fiedler stehen und ging in die Stadt. Als er später zurückkehrte, fand er diesen beim Kapitän und meinte, als der das Schiff verlassen hatte, ob der Kerl sich wegen seiner Mandeln noch nicht beruhigt habe. „Sage nur nichts auf den Kaufmann Fiedler", erhielt er zur Antwort, „der meint es gut mit Dir und will Dich zum Kapitän machen. Dein Auftreten hat ihm sehr gefallen." – Und damit war für Diedrich Roeloffs der weitere Lebens- und Berufsweg vorgezeichnet!

Noch ein weiteres Ereignis hatte entscheidenden Einfluß auf das Leben von Diedrich Roeloffs. Es war der Tod seines Vaters Jung Oluf Olufs im Jahre 1778 und dessen danach erst offenkundig gewordene Verschuldung. Einen Eindruck hiervon gibt ein Vertrag, den Diedrich Roeloffs – unter dem Namen Erck Jung Olufs! – im Jahre 1787 mit seiner Mutter und seinen Geschwistern schloß. Die Abschrift dieses Vertrages fand ich im Landesarchiv in Apenrade im Schuld- und Pfandprotokoll Westerlandföhr und Amrum. Sie lautet:

„Nach dem Absterben meines sel. Vaters wurde dessen Nachlaß dergestalt mit Passiv-Schulden belastet befunden, daß derselbe zum Abtrage der Schulden nicht hinreichend war. Daher entschlugen sich meine sämtlichen Miterben der Erbschaft. Auch wurde zum Ende von meinen mündigen Miterben unter dem 30. Januar 1780 eine Renunciations-Akte (Verzichtleistungsakte) ausgefertigt, und mir zugestellt, vermöge sich alle Erbnehmer nach meinem verstorbenen Vater und noch lebenden Mutter förmlich entsagten.

Es ist auch deshalb zwischen mir und meinen gewesenen Miterben nach Anleitung obiger Renunciations-Akte unterm 28. 2. 1784 ein förmlicher Contract aufgerichtet und durch beyderseitige Unterschrift bestätigt worden.

Da es mir nun unter Gottes Segen gelungen ist, die mir von meinen gewesenen Miterben abgetretenen, mit großen Schulden behaftete Masse (Vermögen) von deren Schulden zu reinigen, und die ganzen Passiv-Schulden zu tilgen, wodurch ich mir das wesentliche Eigentumsrecht und den ruhigen Nießbrauch der gesamten Erbschaft an beweg- und unbeweglichen Gütern erworben und zuwege gebracht habe, so habe ich zu meiner eigenen Sicherheit und möglichen Vorbeugung aller Mißdeutungen und entstehenden Uneinigkeiten letzterwehnten Contract zur künftigen alleinigen Norm und Richtschnur für mich, meine liebe Mutter und meinen Geschwistern bey meinem Leben als auch nach meinem Gottgegebenen sel. Tode zu errichten für nötig befunden.

Zuvörderst aber bezeuge ich, Marret Jung Olufs, cum curatore als Mutter und Haupterbe nach meinem Mann Jung Oluf Olufs, und ich Moil Jung Olufs cum Tutore als Miterbe, daß damals unsere beyden Miterben Oluf Jung Olufs und Antje Olufs wegen der auf dem Nachlaß des sel. Verstorbenen haftenden Schulden, wie oben erwehnt, auf die gesamte Erbschaft renuncierten. Und wir verzichteten gleichfalls aus gleicher Ursache auf den gantzen Nachlaß und überließen denselben unsern Miterben Erck Jung Olufs, wenngleich aus einem damals von uns begangenen Irrtum die erwehnte Entsagungsakte von uns nicht unterschrieben worden ist.

Und ich als Mutter halte es allerdings für eine große Wohltath, daß mein lieber Sohn Erck Jung Olufs aus Hochachtung und kindlicher Liebe gegenüber seinen Eltern sich entschloß, meine stark bebürdeten und bereits sehr gebeugten Schultern ihrer Bürde zu entlasten, und selbige auf seine damals noch schwachen Schultern zu nehmen. Deshalb fällt er nun auch ohnehin als Erbnehmer nach meinem Gott gebe seligen Tode vonselbsten weg, weil ich mich jetzt mit meiner Tochter Moil der Pflege und Versorgung unseres lieben Sohnes anvertrauet habe. Von ihm hoffe und erwarte ich, daß er nach den edlen und gutthätigen Gesinnungen, die er bis jetzt geäußert, fortfahren werde gutes zu thun und mich in meinem Alter mit dem Nothdürftigsten zu versorgen.

Und nun für das 1. verpflichte ich, Erck Jung Olufs mich gegen meine Mutter Marret Jung Olufs, so wie seit 1780 geschehen, fernerhin, solange Gott mir das Leben und die Kräfte dazu fristen wird, sie mit guter Verpflegung zu versorgen, mit solcher Treue wie für mich selbst. Welches ich umso lieber thue, da ich durch solche Bemühung einen Teil derjenigen Sorge und sauren Arbeit, womit unsere Erziehung verknüpft war, zu vergelten Gelegenheit habe. Wobey meine liebe Mutter mir auch die Liebe fernerhin gerne erzeigen wird, meine Haushaltung in meiner Abwesenheit und solange ich ledig bin, unter ihrer Aufsicht zu halten, und dieselbe auf das Vorteilhafteste einzurichten.

Da ich 2. zum Betrieb meines Ackerbaues meiner Schwester Moil bedürftig bin, und dieselbe auch geneigt ist, mir hier immer zu dienen, so verpflichte ich mich, solange sie bey mir bleibt, sie mit dem nothdürftigen Unterhalt und Kleidungsstücken zu versorgen, auch für den Fall, daß die Umstände sich für sie glücklich ändern sollten und sie sich verehelichen würde. Ich verpflichte mich weiter, ihr eine billige Aussteuer alsdann mitzugeben. Und sonsten für ihre geleisteten Dienste ihr die gehörige Erkenntlichkeit zu erzeigen. Übrigens erkläre ich mich, daß in dem Fall, daß ich in einem ledigen und unbeerbten Stande durch den Tod von dieser Welt abgehen würde, ich ihr für die geleisteten Dienste einen jährlichen Lohn von 10 Reichsthaler zu sichern. Sie soll nämlich diese 10 Reichsthaler vom Anfang des 1781er Jahres zu genießen haben. Diese (10 Reichsthaler jährlich) soll sie nach meinem Tode entweder in natura oder an Wert aus meinen Gütern sich selbst beliebig wählen, ehe mein Nachlaß der Theilung unterworfen wird. Dies aber auch erst nach meiner Mutter Tode; denn solange sie lebet, hat sie den alleinigen Besitz. Wohlverstanden: Wenn ich unverheiratet bleibe und keine Leibeserben erhalte.

Und hiermit endigen alle weiteren Verpflichtungen von mir gegen irgendjemanden. Und meine Mutter und sämtliche Geschwister erklären durch ihre eigenhändige Unterschrift, daß sie mein von mir bewohntes und unter Ausbesserung sich befindliches Haus und alle übrige besitzende Mitteln als mein wahres Eigenthum erkennen. Auch unter keinerley Vorwand an mich bey dem Absterben meiner lieben Mutter einige Forderungen wegen Erbschaft oder sonsten noch können, noch wollen, sondern mich von ihrer Seite hindurch einen ruhigen Besitz gewähren.

Zu mehrer Bekräftigung haben wir miteinander diesen Contract durch unsere eigenhändige Unterschrift bestätigen wollen. So geschehen in Süderende, den 11. Juni 1787.

gez. Erck Jung Olufs

Marret Jung Olufs und Simon Hinrich Olufs als erbetener Beystand

Abb. 23: Auf dem Altonaer Walfänger „De Stadts Welvaert" starb 1778 der Vater von Diedrich Roeloffs

Abb. 24: Die Brigantine „Catharine Sophia" führte Diedrich Roeloffs von 1787–1793

Moil Jung Olufs und Wögen Olufs als Vormünder für Moil Jung Oluf Olufs und Oluf Lorentzen als Vormund für Jung Oluf Olufs
Oluf Hansen.
Vorstehenden Contract habe ich hierdurch ratificieren und solchen mit meiner Unterschrift und Pettschaft (Siegel) bestätigen wollen
St. Laurentii Pastorat, den 26. April 1797

C. Christiansen
p.t. Theilungsverwalter"

Dieser Vertrag zeigt noch einmal die wirtschaftlichen Verhältnisse in der Familie Olufs, so wie sie sich nach dem Tode des Ernährers darstellten, in voller Deutlichkeit. Diedrich Roeloffs hätte als Übernehmer des väterlichen Grundvermögens wegen der darauf lastenden Schulden eigentlich keinerlei Ausgleich gegenüber seinen Miterben leisten müssen. Umso mehr spricht die bindende Erklärung für ihn, seine Mutter bis ans Lebensende versorgen zu wollen. Sie ist Ausdruck der Wesensart, die die alten Föhringer auszeichnete: Sie sorgten auch dann für ihre Angehörigen, wenn es an einer rechtlichen Verpflichtung fehlte. Was den genannten Vertrag anbelangt, so ist besonders hervorzuheben, daß Diedrich Roeloffs alles daransetzte, innerhalb der Familie klare Verhältnisse zu schaffen. Und dies nicht durch mündliche Absprachen, die gar zu leicht in Vergessenheit geraten, zu Mißverständnissen und damit zum Familienstreit führen, sondern durch vertragliche Bindungen. Der Vertrag vermittelt zugleich einen Eindruck von seinen Fähigkeiten, die er später als Kaufmann in Süderende unter Beweis stellte.
Nach dem ersten Absatz des Vertrages von 1787 verzichteten die Miterben bereits 1780 wegen Überschuldung des Vermögens auf alle Ansprüche nach ihrem Vater. Daß Diedrich es dennoch wagte, dieses Vermögen einschließlich der darauf lastenden Schulden zu übernehmen, geht aus einem Brief hervor, den er wesentlich später, im Oktober 1824, an den Schullehrer B. J. Ariansen schrieb:

„... Ich bin jung gewesen und habe erfahren, was bange Sorgen für die Zukunft und was Vertrauen zu Gott bedeuten. Da mein Vater starb, hatten wir über 1500 Mark Schulden. Mein Bruder, der älter war denn ich, zagte in die Zukunft. Es sei für uns unmöglich, die Schulden zu tilgen. Ich dahingegen sah in der Zukunft nicht das Unmögliche. Ich übernahm die Schulden und bin dadurch glücklich geworden. Gott, der alle unsere Schicksale lenkt und regieret, er kann auch Ihr Schicksal lenken, wenn Sie Vertrauen zu ihm haben..."

Aus diesem Brief spricht Gottvertrauen und Selbstbewußtsein gleichermaßen, eine Haltung, die auch einige seiner Nachkommen, wie z. B. Brar C. Roeloffs (1865–1933) auszeichnete. Er bestätigt zugleich den in einem vorhergehenden Abschnitt dargestellten Umfang der Verschuldung.
Die Übernahme der Schulden seines Vaters im Jahre 1780 glaubte Diedrich Roeloffs auch deswegen wagen zu können, weil er mittlerweile – seit etwa 1779 – die Stellung eines Steuermannes bekleidete und über ein entsprechendes Einkommen verfügte. Dennoch war es ihm in den ersten Jahren nur möglich, die Zinsen zu zahlen. Als er jedoch 1782 die Führung eines Schiffes übertragen bekam, fing er zielstrebig an, die verpfändeten Grundstücke einzulösen. Innerhalb von drei Jahren tilgte er die besonders drückenden Schulden. 1786 war auch das Wohnhaus pfandfrei. Die letzten Ländereien löste er erst 1797 ein; am 20. März zahlte er 480 Mark C an Früd Braren in Süderende. Im darauf folgenden Jahr wurde die letzte Eintragung im Schuld- und Pfandprotokoll „delirt", d. h. gelöscht.

Mit 28 Jahren Kapitän

Das selbstbewußte Auftreten des jungen Steuermannes von der Insel Föhr veranlaßte den Großkaufmann und Reeder Christian Friedrich Fiedler aus Kopenhagen, ihm ein Schiff seiner Flotte anzuvertrauen. Das war im Jahre 1781/82; denn nach dem Grabmal von Diedrich Roeloffs wurde er mit 28 Lebensjahren zum Kapitän ernannt. Zudem ist überliefert, daß er als Schiffsführer nur im Dienste Fiedlers gestanden hat. Den Namen seines ersten Schiffes konnte ich jedoch nicht in Erfahrung bringen. Wohl aber teilte mir das Handels- und Seefahrtsmuseum in Helsingör mit, daß Diedrich Roeloffs die Brigantine „Anna Margareta", ein Schiff mit 29 Commerzlasten, im Jahre 1784 von Kopenhagen nach Randers und Bergen geführt habe. Ein Schiff dieser Größe kam für die Mittelmeerfahrt kaum in Frage. Vielmehr ist anzunehmen, daß sich die „Anna Margarete" nur für die Schiffahrt auf der Nord- und Ostsee eignete.
Die Überlieferung innerhalb der Familie Roeloffs, daß sich ihr Urahn erst nach 1780 der dänischen Schiffahrt zuwandte, stützt auch eine Mitteilung des Stadtarchivs von Kopenhagen. Danach erhielt „Died-

rich Roeloffs, geboren auf Eyland Föhr", am 15. April 1782 das Bürgerrecht von Kopenhagen. Nach der Kopenhagener Stadtrentmeisterrechnung von 1782 zahlte er hierfür neben einer einmaligen Einschreibegebühr von 2 Rtr eine Bürgerabgabe von 16 Rtr jährlich. Wenn man bedenkt, daß zu der Zeit ein Matrose auf einem Walfänger bei einem schlechten Fangergebnis nicht selten nur 20 bis 50 Rtr (netto) im Laufe eines ganzen Sommers verdiente, so kann man ermessen, wieviel Wert ein Schiffsführer auf das Bürgerrecht legte. Gerade als Bürger von Kopenhagen, der Hauptstadt eines der seinerzeit mächtigsten Seehandelsstaaten, genoß ein Kapitän besonders guten Schutz auch in anderen Ländern. Das Bürgerrecht erleichterte ihm die Ausübung seiner Geschäfte insbesondere in fremden Häfen. Es schützte ihn vor rechtlosen Übergriffen gegen sich oder sein Schiff. – Übrigens besaß der Kapitän Früd Peters, Süderende, ein Nachbar von Diedrich Roeloffs, ebenfalls vor 1800 das Bürgerrecht in Kopenhagen[17].

Dem „Schiffs-Capitain" Diedrich Roeloffs genügte übrigens der Bürgerbrief von Kopenhagen alleine nicht. Am 8. März 1790 erhielt er auch das Bürgerrecht in der renommierten Schiffergilde von Kopenhagen, der er seit dem 15. April 1782 als einfaches Mitglied angehörte. Nach einer Mitteilung des Landesarchivs für Seeland zahlte er als Schifferbürger folgende Beiträge:

Im April 1790 Gildegeld (Beitrag) 3 Mark C und 3 Schilling, Leichengeld 4 Mark C, für Schiffbrüchige 2 Mark C, für Arme 2 Mark C

Im Mai 1791 die gleichen Beträge

1792 4 Mark an die Armenkasse

1793 dasselbe

1794 Gildegeld 4 Mark C und 6 Schilling, Leichengeld 4 Mark C, für Schiffbrüchige 6 Mark C, für Arme 4 Mark C. Darüber hinaus gab er seine Geldbörse, worin sich 4 Mark C und 4 Schilling befanden, für die Witwen und Armen der Gilde.

Im Mai 1795 4 Mark C an die Armenkasse.

In einer Mitteilung des Stadtarchivs von Kopenhagen heißt es, daß Diedrich Roeloffs das Bürgerrecht in der Schiffergilde erst erhielt, nachdem er sein Examinations-Attest (Kapitäns-Patent) vom 25. April 1789 vorgezeigt hatte. Nach diesem Attest konnte er

„die Zeitrechnung, die Höhenmessung der Sonne und der Sterne, die Mißweisung des Kompasses durch ein und zwei Peilungen am Horizont, wie auch Azimuthpeilung berechnen und korrigieren, ferner die platte und wachsende Karte berechnen und warten, ein korrektes Journal führen sowie einen Kurs steuern, den er sich vorgenommen hatte".

Demnach verstand er nur die einfache Navigation mit Berechnung der Breite, aber nicht die der Länge. Den Längengrad genau berechnen konnten die Seefahrer übrigens nur mit Hilfe eines Chronometers, das es damals zwar gab, dessen Verwendung auf Handelsschiffen aber der hohe Preis entgegenstand[18].

Diedrich Roeloffs legte demnach sein Navigationsexamen erst ab, nachdem er bereits acht Jahre als Kapitän ein Schiff geführt hatte. Das wäre heute nicht denkbar und auch nicht zulässig, galt aber seinerzeit durchaus als nicht ungewöhnlich. Auch der bereits erwähnte Jens Jacob Eschels, ein Föhringer Kapitän aus Nieblum, legte erst 1784 in Kopenhagen sein Steuerermannsexamen ab, nachdem er schon über zwei Jahre ein Schiff befehligt hatte. Mit Eschels, der um 1800 die Seefahrt aufgab und danach in Altona eine Tabakfabrik und ein Handelsgeschäft betrieb, pflegte Diedrich Roeloffs später enge geschäftliche Beziehungen.

Von seinem Reeder Fiedler wurde Diedrich Roeloffs alsbald sehr geschätzt. Als Ausdruck seines Vertrauens ist zu werten, daß er ihm als erstem Schiffsführer sowohl die Brigantine „Catharine Sophia" als auch die Bark „Fortroelighed" nach ihrer Fertigstellung übertrug. Die beiden Schiffe waren bei der Indienststellung jeweils die größten innerhalb der Fiedler'schen Flotte, die zeitweilig über 20 Schiffe umfaßte.

Kapitän auf Mittelmeerfahrt

Die Brigantine „Catharine Sophia", 49½ Commerzlasten groß, hatte Fiedler 1787 in Sonderburg bauen lassen. Diedrich Roeloffs führte sie mit acht bis neun Mann besetzt von der Indienststellung bis 1793. Sein Nachbar Früd Peters aus Süderende kommandierte sie bis 1795 und danach ein Jens Clausen Aagesen, der im Jahre 1800 mit diesem Schiff vor Holland standete.

---

17 Früd Peters (1761–1831) errichtete das Haus Nr. 244 (später Diedrich Jensen).

18 Die erste brauchbare „Seeuhr", 36 kg schwer, stellte 1735 der Uhrmacher Harrison aus London her. Hierfür erhielt er einen hohen Preis der englischen Regierung. Diese Uhr genügte jedoch nicht den Ansprüchen an eine genaue Zeitmessung. Das gelang erst 30 Jahre später dem Franzosen Pierre Le Roy (1717–1785), der als der Vater des modernen Chronometers gilt. Von ihm stammt auch diese Wortbildung.

Ein Schiffsbild der „Catharine Sophia" befindet sich im Museum in Apenrade, übrigens auch in dem Buch „Von der Schönheit alter Schiffe". Ein Aquarell hiervon hat Gunnar Peetz, Oeversee, gemalt (Abb. 24).

Über die Reisen, die Diedrich Roeloffs in den ersten beiden Jahren mit der „Catharine Sophia" machte, ist nichts bekannt. 1789 jedoch führte er sie von Kopenhagen nach Cadiz und zurück, 1790 ebenso. Nach seinem Journal brachte er sie 1792 mit einer sehr gemischten Ladung, insbesondere Rum, Kaffee, Zucker, Tee, Tabak und Branntwein sowie Hanf, von Kopenhagen nach Bergen, dem bedeutendsten Hafen an der Westküste von Norwegen, damals noch zum Gesamtstaat Dänemark gehörend. Über den für Bergen bestimmten Teil der Ladung rechnete er mit seinem „Patron", so bezeichnete er stets Christian F. Fiedler, am 26. September 1792 ab. Offensichtlich führte ihn die Reise dann weiter zum Mittelmeerhafen Livorno, wo er im Dezember 1792 anlangte. Die Monate Januar und Februar verbrachte er überwiegend damit, dort die Schiffsfracht zu verkaufen. Sie bestand im wesentlichen aus 1369 Gallonen (ca. 6400 Liter) amerikanischem Rum, den er schon in Kopenhagen geladen hatte (Abb. 25), sowie 158 000 Pfund Stockfisch aus Bergen. – Livorno gehörte übrigens seit 1530 zu den wichtigsten Häfen des westlichen Mittelmeerraumes.

Nach einer spezifizierten Abrechnung im Journal kostete 1793 ein Liter Rum so viel wie 55 Pfund Stockfisch, für heutige Begriffe keine angemessene Relation. Daraus wird aber einerseits der überaus hohe Wert der Waren aus Übersee (Kolonialwaren) deutlich, andererseits auch, daß Fisch damals eine relativ preiswerte Nahrung für die ärmeren Bevölkerungskreise darstellte.

Mit Erzeugnissen des Mittelmeerraumes wie Mandeln und Korinthen beladen, aber auch mit Kaffee und Tee, die auf dem seinerzeit bedeutenden Handelsplatz Livorno umgeschlagen wurden, segelte die „Catharine Sophia" im Frühjahr des Jahres 1793 zurück nach Kopenhagen und dann wiederum weiter nach Bergen. Erst dort verkaufte Diedrich Roeloffs den größten Teil der Fracht aus Livorno sowie Roggen und Rum, die er in Kopenhagen an Bord genommen hatte. Die Abrechnung hierüber ist datiert am 31. August 1793 in Bergen.

Noch im Frühherbst führte der mittlerweile fast 40 Jahre alte Föhringer Kapitän die „Catharine Sophia" erneut in Richtung Mittelmeer. Mit rd. 160 000 Pfund Stockfisch aus Norwegen sowie Branntwein und Rum aus Kopenhagen befrachtet, traf er Mitte Dezember des Jahres 1793 in Livorno ein.

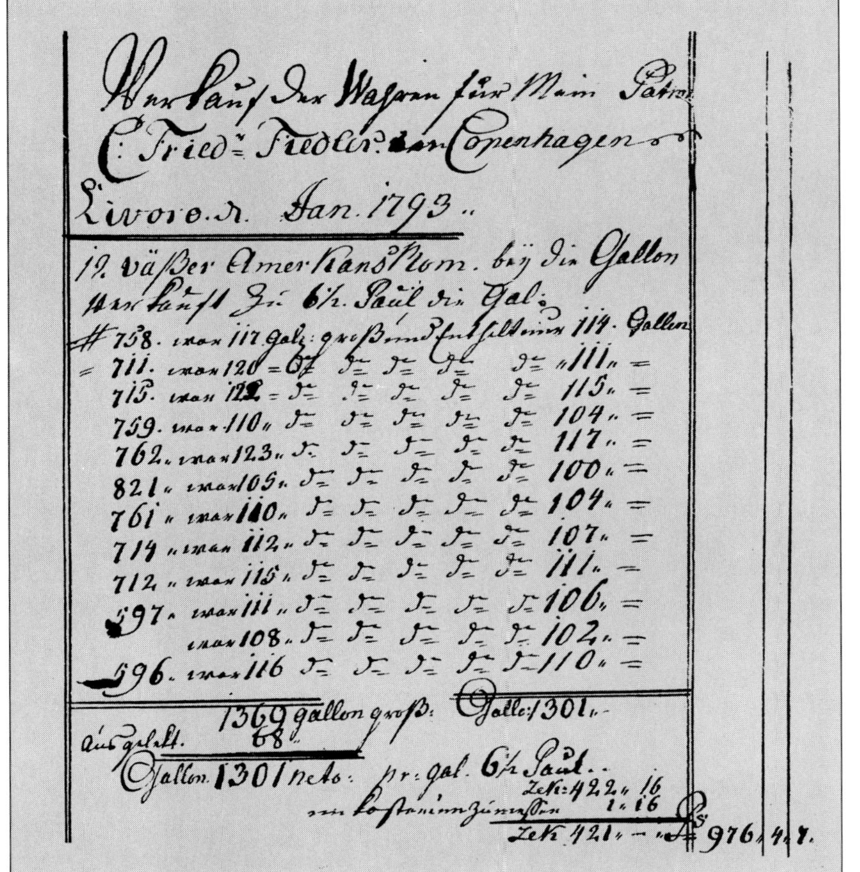

Verkauf der Waaren für Mein Patron
C. Fried. Fiedler in Copenhagen
Livorno d. Jan. 1793.

12 Väßer Amerikans Rom. bey die Gallon
verkauft zu 6½ Paul die Gal.

# 758	117	119
711	120	111
713	122	115
759	110	104
762	123	117
821	105	100
761	110	104
714	112	107
712	115	111
597	111	106
	108	102
596	116	110

1369 gallon groß: Galle: 1301
68
Gallon 1301 neto pr. gal. 6½ Paul
976.4.7.

Abb. 25:
Abrechnung über 12 Fässer amerikanischen Rum, die Diedrich Roeloffs im Auftrage seines Reeders im Januar 1793 in Livorno verkaufte

Abb. 26: Bark „Fortroelighed“, 1794 in Sonderburg gebaut

Aus dem Verzeichnis der verkauften Waren ist wiederum ein Preisvergleich interessant. Ein Liter Branntwein brachte den gleichen Erlös wie 40 Pfund Stockfisch. Geistige Getränke standen seinerzeit hoch im Kurs, wobei der Rum im Preise wesentlich höher lag. Und Stockfisch wurde auf dem Markt preiswert angeboten.

Mit einer relativ bescheidenen Ladung, u. a. Baumwolle, Feigen, Olivenöl und Korinthen, steuerte Diedrich Roeloffs die „Catharine Sophia“ im Frühjahr 1794 von Livorno zurück nach Kopenhagen. Es war seine letzte Fahrt mit dieser Brigantine. Fast sieben Jahre hatte sie, von der ihm zuletzt ein Achtelpart gehörte, unter seinem Kommando gestanden. Nach seinem Eintreffen in Kopenhagen eröffnete ihm sein „Patron“ Fiedler, er solle die Bark „Fortroelighed“, 10 Commerzlasten größer als die „Catharine Sophia“, übernehmen, die in Sonderburg/Alsen gebaut werde. Ohne zu zögern begab Diedrich Roeloffs sich dorthin. Zuvor hatte er die ihm inzwischen vertraut gewordene „Catharine Sophia“, die ja ebenfalls in Sonderburg gebaut worden war, an Früd Peters, seinen Nachbarn und Freund in Süderende auf Föhr, ordnungsgemäß übergeben.

Im August 1794 wurde die „Fortroelighed“ in Dienst gestellt. Der „Beilbrief“, das amtliche Schiffszertifikat mit den Angaben über Größe, Baujahr, Schiffswerft u. a. vom 22. August 1794 wies 59 Commerzlasten aus. Schon Ende des Monats konnte Diedrich Roeloffs seine Bark mit Erzeugnissen der Insel Alsen beladen. 26 Tonnen Erbsen und 6 Tonnen Fleisch nahm er an Bord. Die Ladung bestand aber im wesentlichen aus 66 000 Mauersteinen und 28 Faden Holz, wofür er in Sonderburg 352 Rtr gezahlt hatte. Beim Verkauf der Waren in Kopenhagen erzielte er allein für Mauersteine und Holz einen Erlös von 534 Rtr, so

Abb. 27: Einer der schönsten Grabsteine auf dem St. Laurentii-Kirchhof ist dem Kapitän Früd Peters gewidmet, er zeigt die unter vollen Segeln fahrende Bark „Fortroelighed“ mit dänischer Flagge

daß er in seinem Journal einen „Gewinst auf der Ladung“ von 182 Rtr oder rd. 50 % vermerken konnte. Das waren für Kaufleute wahrlich goldene Zeiten! Von diesem Gewinn kam ein Drittel Diedrich Roeloffs selber zugute; ihm gehörte nämlich ein Drittelpart an der „Fortroelighed“. Ob sein Patron ihn zur Übernahme ermuntert oder er sich das ausbedungen hatte, ist nicht überliefert. Die Übernahme einer Schiffspart durch den Kapitän war seinerzeit nicht ungewöhnlich, insbesondere nicht bei Christian F. Fiedler, der nämlich als sogenannter Parten-Reeder auftrat.

Nach den Aufzeichnungen von Diedrich Roeloffs kostete der Neubau der „Fortroelighed“ 7441 Rtr. Für die Ausrüstung mußten noch weitere 981 Rtr aufgewendet werden. Sein Drittelpart hatte somit einen Wert von 2844 Rtr oder 8532 Mark C. Für diese Summe hätte Diedrich Roeloffs auf Föhr 150 Kühe oder etwa 100 Demat (50 Hektar) Marschland kaufen können. Nur über einen solchen Vergleich ist der wahre Wert seines Anteils zu ermessen.

Ein Bild der „Fortroelighed“, vermutlich von einem Maler in Livorno gefertigt, befindet sich noch im Stammhaus Roeloffs. Es zeigt die Dreimastbark unter voller Besegelung mit fünf Kanonen an Backbord auf dem Achterdeck. Eine Bewaffnung der Handelsschiffe war damals wegen der Gefahren, die insbesondere den Mittelmeerfahrern durch Kaperei und Seeräuberei drohten, durchaus nicht selten. Die Besatzung von zehn Mann ist auf dem Schiffsbild gut erkennbar. Erstaunlich ist die große Segelfläche im Verhältnis zum Schiffskörper, der damals noch nicht den eleganten „Klipper-Steven“ späterer Zeit hatte, sondern die übliche runde Bugform mit weit vorragendem Vorgeschirr, bestehend aus Bugsprit und Klüverbaum. Das von dem Maler nicht signierte Aquarell ist relativ gut erhalten, wenn man bedenkt, daß es heute fast 190 Jahre alt ist (Abb. 26).

Das Schiffsbild, das den Grabstein von Früd Peters ziert, der gleich am Nordeingang zum St. Laurentii-Kirchhof steht, stellt ebenfalls die „Fortroelighed“ dar (Abb. 27). Johannes Jensen (1892–1976), ein Nachkomme von Früd Peters, berichtete, daß in seinem Elternhause in früheren Jahren ein Schiffsportrait – wahrscheinlich von der „Fortroelighed“ – vorhanden gewesen sei. Das Bild habe sich eines Tages von der Wand gelöst und sei dabei zu Bruch gegangen.

Nach dem Löschen der Ladung im Hafen von Kopenhagen belud Diedrich Roeloffs im Herbst 1794 die „Fortroelighed“, wie in den vorhergehenden Jahren die „Catharine Sophia“, zum überwiegenden Teil mit Kolonialwaren. Hierzu sollte man wissen, daß sich die Hauptstadt des Königreichs Dänemark in der zweiten Hälfte des 18. Jahrhunderts zu einem der bedeutendsten Umschlagplätze für Waren dieser Art in Europa entwickelt hatte, nicht zuletzt dank der unternehmerischen Aktivitäten des dänischen Finanzministers Schimmelmann. Dieser aus Preußen eingewanderte Staatsmann, der Politik und Handel zur Mehrung seines persönlichen Vermögens und zum Vorteil seines Königs in geschickter Weise zu verbinden wußte, betrieb zum großen Teil in Eigenregie den sogenannten Dreieckshandel. Von Kopenhagen fuhren seine Schiffe, beladen mit Kattun und sonstigen zivilisatorischen Waren sowie Gewehren, die in der eigenen Fabrik hergestellt wurden, zur Westküste Afrikas. Dort tauschten die Kapitäne ihre Fracht ein gegen Sklaven, die sie dann unter meist unmenschlichen Verhältnissen zu den Karibischen Inseln (Westindien) transportierten, um sie an Plantagenbesitzer zu verkaufen oder auf den Latifundien Schimmelmanns einzusetzen. Auf den Plantagen der Karibischen Inseln wurde – wie auch heute noch – Zuckerrohr in Monokultur angebaut. Mit dem Verfrachten der hieraus hergestellten Erzeugnisse, Zucker und Rum, nach Kopenhagen schloß sich dann der Kreis oder besser: der Dreieckshandel, mit dem Schimmelmann seinen Reichtum begründete. Damals besaß Dänemark in Westindien Kolonien, die es sich um 1700 in der seinerzeit üblichen Art und Weise angeeignet hatte. Unser Nachbarland verkaufte übrigens – vielen unbekannt – diese Kolonien erst 1917 an die USA. Für die drei Inseln St. Croix, St. Thomas und St. John zahlten die USA 25 Millionen Dollar, mehr als das Dreifache der Summe, die sie 50 Jahre vorher für das riesige Alaska den Russen gegeben hatten.

Nach dem Journal von Diedrich Roeloffs hatte die im Herbst 1794 in Kopenhagen eingenommene Ladung der „Fortroelighed“ einen Wert von 5913 Rtr. Er brachte die Ladung nach Bergen in Norwegen und stellte sie dort zum Verkauf, was ihm aber nicht vollends gelang, so daß er einen Teil mit nach Livorno nehmen mußte. Neben dem üblichen Branntwein und Stockfisch hatte die Bark auch 33 700 Pfund Eisen und 867 Sack Weizen geladen. Nach dem Verkauf

Friedens TRACTAT
Zwischen
Sr. Königl. Majestæt
König FRIDERICH
dem Fünfften,
König zu Dännemarck, Norwegen, ꝛc.
Und
Dem Durchlauchtigen
ALI BASCHA
BEGLER BY,
Des Königreichs Tunis.
D. d. den 8. Decembr. Ao. 1751.

COPENHAGEN,
Gedruckt bey dem Directeur über Jhro Königl. Majests. und Universitets
Buchdruckerey Johann Georg Höpffner.

Abb. 28: Diesen Vertrag schlossen der König von Dänemark und der Bey von Tunis zum Schutze dänischer Schiffe vor algerischen Seeräubern

der Waren konnte Diedrich Roeloffs am 9. April 1795 in Livorno nach Abzug aller Unkosten einschließlich Versicherungen „Fracht als Nettoverdienst“ von 4023 Rtr vermerken; das waren 68 v. H. des Wertes der in Kopenhagen und Bergen eingenommenen Ladung oder rd. 50 v. H. des Wertes der „Fortroelighed“. Auch hieraus werden die Gewinnchancen deutlich, die damals realisiert werden konnten, wenn ein tüchtiger Kapitän sein Schiff vor Havarie und Seeräuberei bewahren konnte.

Daß es mit dem Gewinn und Verdienst auch anders sein konnte, daß Schiffahrt und Handel mit einem hohen Risiko verbunden waren, weisen zeitgenössische Veröffentlichungen aus. So betrieben Türken und Algerier Seeräuberei bis in die Nordsee hinein. Man lese nur den Bericht über das abenteuerliche Leben des legendären Harck Olufs (1708–1754) von Amrum, der nach seiner Gefangennahme von den Seeräubern als Sklave verkauft wurde. Als solcher

aber erlangte er das Vertrauen seines Herrn und avancierte zum Befehlshaber eines Kriegsheeres, um dann als reicher Mann in die Heimat zurückzukehren. Oder man befasse sich mit den Lebenserinnerungen des Jens Jacob Eschels aus Nieblum auf Föhr, der die Gefahren trefflich beschreibt, denen die Seefahrer durch die Kaperschiffe der Engländer und Franzosen ausgesetzt waren.
Was allerdings Diedrich Roeloffs angeht, so war er als Kapitän eines dänischen Schiffes zumindes relativ sicher vor algerischen Seeräubern. Denn zwischen dem König von Dänemark und dem Bey von Tunis bestanden Vereinbarungen, die die dänischen Kapitäne vor Seeräuberei schützten (Abb. 28). Und dennoch verband sich mit Seefahrt und Überseehandel für den Kaufmann und Reeder ein hohes Risiko und für den Seefahrer selbst eine ständige Gefahr für Leib und Leben. Das wußten die Föhringer allzugut. Nicht Abenteuerlust oder Romantik trieb sie zur Seefahrt. Nein, diese gab die fast einzige Möglichkeit, Nahrung und Brot zu erlangen, die der kärgliche Inselboden der relativ großen Bevölkerung nicht geben konnte. Die Kirchenbücher und die Grabsteine auf den Kirchhöfen der Insel wie auch die „Geschlechterreihen St. Laurentii" von Lorenz Braren legen beredt Zeugnis ab, wie hart und gnadenlos dieser Beruf die Föhringer Seefahrer seinerzeit forderte. Während der „Blütezeit" der Seefahrt im 18. Jahrhundert starb jeder Vierte auf See. Auch das Briefbuch von Diedrich Roeloffs, auf das ich später noch eingehe, gewährt insoweit einen, wenn auch nur kleinen Einblick in die damaligen Gegebenheiten. So ist es verständlich, daß die Föhringer allgemein stets danach strebten, die Seefahrt aufzugeben, sobald die Ersparnisse der Fahrenszeit ausreichten, hiermit auf der Insel eine angemessene Existenz zu schaffen. Das gelang allerdings nur einer Minderzahl. Die meisten Seefahrer mußten bis ins hohe Alter ihrem harten Beruf nachgehen. Viele verloren in jungen Jahren bei Schiffsunglücken in Eis und Sturm ihr Leben, andere fielen Krankheiten wie Skorbut oder dem Gelben Fieber zum Opfer. Diesen tragischen Ereignissen folgten Hunger, Not und Entbehrungen für die betroffenen Familien in einer Zeit, als es eine soziale Sicherung nicht gab.
Angesichts dieser „Rahmenbedingungen" mutet es fast wie ein Zufall an, daß Diedrich Roeloffs von alledem verschont blieb. Im Gegenteil. Er durfte als Seefahrer Glück und Segen in zweierlei Hinsicht erfahren: Einmal erlitt er – so ist es in der Familie überliefert – als Mittelmeerfahrer niemals eine Havarie. Zum anderen fiel seine Fahrenszeit in die glänzende Handelsperiode Dänemarks. Hinzu kommt noch, daß er als Seefahrer und Kapitän – abgesehen von seiner Mutter und Schwester Moil – keine Familie zu versorgen hatte. Er heiratete erst mit 46 Jahren, als er schon fünf Jahre „an Land" war. Er konnte daher, nicht zuletzt dank seiner Tüchtigkeit und Sparsamkeit, schon in relativ jungen Jahren die Seefahrt aufgeben. Ein für damalige Zeit beachtliches Vermögen im Werte von rd. 37 000 Mark C, das er angesammelt hatte, ließ ihm diesen Entschluß wahrscheinlich leicht werden.

Mit 41 Jahren die Seefahrt bedankt

Im Mai des Jahres 1795 erreichte Diedrich Roeloffs mit seiner „Fortroelighed" wohlbehalten Kopenhagen. Schon aus Livorno hatte er seinem Reeder – und mittlerweile Freund – Christian F. Fiedler mitgeteilt, daß er die Seefahrt „bedanken" wolle. Diese Formulierung wurde damals für die Aufgabe der Seefahrt gebraucht.
Die „Fortroelighed" übernahm Früd Peters, der wie erwähnt zwei Jahre zuvor – auch nach Diedrich Roeloffs – mit der Führung der „Catharine Sophia" betraut worden war. Bis 1801 machte er im Dienste Fiedlers mit der „Fortroelighed" schnelle und glückliche Reisen ins Mittelmeer, aber auch nach St. Petersburg in Rußland und im Jahre 1800 sogar nach Island. Wie Diedrich Roeloffs, gab er mit 41 Jahren die Seefahrt auf. Mit einem ebenfalls beachtlichen Geldvermögen kehrte er 1802 nach Süderende zurück, um sich der Landwirtschaft zu widmen.
Diedrich Roeloffs blieb nach der Übergabe seines Schiffes noch fast ein Jahr in Kopenhagen, um seine Vermögensangelegenheiten zu regeln. Als erstes entschied er sich, sein Drittelpart an der „Fortroelighed" und sein Achtelpart an der „Catharine Sophia" aufzugeben. Den Verkaufserlös legte er zum größten Teil in Obligationen bei einem Herrn Löbel in Kopenhagen an. Es waren über 10 000 Mark C.
Im Hinblick auf die Entwicklung der dänischen Schiffahrt während der napoleonischen Zeit in Europa, die Diedrich Roeloffs natürlich nicht voraussehen konnte, war seine Entscheidung, die Seefahrt aufzu-

geben, eine gute und richtige. Denn die für Dänemark blühende Handelsperiode ging nach 1795 ihrem Ende entgegen. Sowohl Frankreich als auch England, die einen Seekrieg gegeneinander führten, respektierten immer weniger die Neutralität anderer europäischer Mächte. Sie scheuten sich nicht, die ins Mittelmeer und nach Westindien fahrenden dänischen Handelsschiffe aufzubringen und als Prisen zu beschlagnahmen. Auch die Nordafrikaner verstärkten wieder ihre Seeräuberei. Die Regierung in Kopenhagen reagierte durch Bereitstellung von Kriegsschiffen, die die Handelsschiffe – jeweils in einem Konvoi zusammengefaßt – begleiteten. Aber die dänische Flotte war der englischen nicht gewachsen. Die dänischen Schiffseigner erlitten fortlaufend Verluste. Ihre Handelsfahrt kam 1807 mit dem Raub der dänischen Flotte durch die Engländer vollends zum Erliegen.

Während seines einjährigen Aufenthaltes in Kopenhagen erlebte Diedrich Roeloffs, daß eine große Feuerbrunst die Stadt heimsuchte. Ein Viertel sank am 5. Juni 1795 in Schutt und Asche. 5000 Menschen wurden obdachlos. Über dieses Ereignis hat er später oft im Kreise der Familie berichtet. Im gleichen Jahre gab Diedrich Roeloffs auch seine Mitgliedschaft in der Kopenhagener Schiffergesellschaft auf. Im Mai zahlte er letztmalig 4 Mark C in die Armenkasse. Bis 1796[19] wohnte er nach einer Mitteilung des Stadtarchivs von Kopenhagen in Grabroedre Torv 17 (Frimands Kvarter 103), nach der Adresse zu urteilen ein bescheidenes Quartier, vermutlich nur eine Schlafstelle. Von dort aus schrieb er seiner Familie auf Föhr, daß er bald heimkehren werde.

Marret Ercken, Diedrich Roeloffs' Mutter, mittlerweile mehr als 17 Jahre Witwe, wird sich über diese Nachricht gefreut haben. Schon Jahre zuvor hatte sie ihrem Sohn, den sie nach wie vor Erck nannte, geraten, sich auf der Insel Föhr eine Existenz aufzubauen. Sie wußte, welchen Gefahren Seefahrer ausgesetzt waren. Hatte sie doch erleben müssen, daß nach ihrem Ehemann Jung Oluf Olufs, der 1778 mit 66 Jahren auf See blieb, im Jahre 1782 auch ihr Sohn Oluf Jung Olufs im Alter von knapp 30 Jahren als Seefahrer sein Leben lassen mußte. Auch dieser hatte seine letzte Ruhe nicht auf dem heimatlichen St. Laurentii-Friedhof finden können. Wie sein Vater starb er auf einem Schiff auf der Elbe. Er wurde – wie bereits dargestellt – 1782 in Twielenfleth begraben, einem kleinen Ort in der Nähe von Stade.

Twielenfleth, dieses heute wenig bekannte Dorf hatte übrigens damals für die hamburgische Schiffahrt eine besondere Bedeutung. Die von Hamburg ausfahrenden größeren Schiffe konnten erst in Twielenfleth den letzten Teil ihrer Fracht aufnehmen, weil sie mit voller Ladung zuviel Tiefgang hatten, um die seinerzeit vor Blankenese in der Elbe vorhandene Sandbarre gefahrlos zu überwinden. Deshalb wurde ein Teil der Ladung mit kleinen Schiffen, sogenannten Leichtern, dorthin gebracht und dann umgeladen. Auch bei der Einfahrt nach Hamburg mußten vollbeladene Schiffe vor Twielenfleth „leichtern".

Der in Twielenfleth bestattete Oluf Jung Olufs hatte sich – wie bereits erwähnt – im Jahre 1779 mit Elke Olufs verheiratet. Schon nach knapp drei Ehejahren Witwe, im 27. Lebensjahr, sah Elke es als eine zufriedenstellende Lösung an, zunächst zusammen mit ihrem zehn Monate alten Sohn Jung Oluf bei ihrer Schwiegermutter Marret Ercken im Hause Nr. 239 in Süderende bleiben zu können, wo sie seit ihrer Vermählung wohnte. Ihre Erwartungen mögen jedoch zwiespältig gewesen sein, als sie von der Heimkehr ihres Schwagers Diedrich Roeloffs erfuhr, der – noch unverheiratet – mittlerweile Eigentümer des Hauses geworden war. Hatte sie doch hier ein wirkliches Zuhause gefunden. Ob aber ihr wohlhabender Schwager, den sie als einen sehr selbstbewußt auftretenden Kapitän kennengelernt hatte, ihr weiterhin eine Bleibe gewähren würde? Ob er mit ihr möglicherweise sogar eine Ehe eingehen würde? Dann wäre sie aller Sorgen ledig gewesen. Was aber würde geschehen, wenn er sich anderweitig verheiraten würde? Elke wußte als Witwe die Unterstützung zu schätzen, die sie zusammen mit ihrer Schwiegermutter Marret Ercken und Schwägerin Moil über viele Jahre von ihrem Schwager Diedrich erfahren hatte. Ob er auch weiterhin für ihren Lebensunterhalt und den ihres Sohnes sorgen würde? Diese Fragen dürfte sich die inzwischen 41jährige Witwe Elke Olufs gestellt haben, als Diedrich Roeloffs 1796 nach Süderende zurückkehrte. Sie dürfte erleichtert und froh zugleich gewesen sein, als er ihr eröffnete, sie möge ihm fürs erste den Hausstand führen. Diese Entscheidung traf

19 Das 1795/96 in Kopenhagen verbrachte Jahr rechnete Diedrich Roeloffs noch als Seefahrerzeit. Daher sind auf seinem Grabstein 32 Jahre Seeberuf (1764–1796) und 14 Jahre Kapitänszeit (1782–1796) genannt.

Diedrich, weil seine Schwester Moil inzwischen (1793) Peter Johannsen geheiratet hatte, aber auch wegen des fortgeschrittenen Alters seiner Mutter.

Im 43. Lebensjahr, nach 32 Jahren Fahrenszeit, dachte Diedrich Roeloffs nicht daran, sich dem Ruhestand hinzugeben, obwohl seine Ersparnisse ihm das erlaubt hätten. Vielmehr ging sein Streben dahin, sich eine neue und sichere Existenz aufzubauen. Damit handelte er wie andere erfolgreiche Föhringer Seefahrer, die für sich und ihre Nachkommen eine Lebensgrundlage auf der Insel schufen, sobald es ihre Verhältnisse zuließen.

Schon im März 1797 begann Diedrich Roeloffs, Ländereien zu kaufen, um seine 14 Demat-Landstelle zu erweitern. Bald gehörte er zu den größten Landbesitzern auf Westerlandföhr. Darüber hinaus schaffte er es in wenigen Jahren, eine einträgliche Warenhandlung einzurichten, womit er sein Vermögen und auch sein Ansehen weiter erhöhte. Hierauf wird im einzelnen später eingegangen. Was allerdings dem ehemaligen Kapitän und jetzigen Kaufmann und Landwirt noch fehlte, war eine Ehefrau. Eine ihm gemäße zu finden, war gar nicht einfach. Dazu muß man wissen, daß sich seinerzeit die Mädchen auf Föhr in der Regel sehr frühzeitig verheirateten, oftmals noch nicht einmal 20 Jahre alt. Für seine Schwägerin Elke Olufs mochte er sich nicht entscheiden, obwohl sie ihm treu und fleißig in Haus und Hof zur Seite stand. Seine Wahl fiel auf KERRIN LORENTZEN aus Klintum, 34 Jahre alt.

Abb. 19: Marmornes Taufbecken aus Livorno, 1754 von Kapitän J. Rördt J. Früdden der St. Laurentii-Kirche gestiftet. Im Hintergrund die Grabsteine von Margrete Olefs († 1624) und des Commandeurs Jung Früd Rörden (1668–1741), dem Vater von J. Rörd J. Früdden. Die Steine stehen in der Kirche.

Kerrin, lt. Kirchenbuch am 3. November 1765 in Oldsum als Tocher des Seefahrers Larrentz Jürgens (1732–1797) und seiner Ehefrau Kerrin Jung Rörden (1735–1813) geboren, erhielt drei Tage später in der Taufe den Vornamen nach Kerrin Jürgens (1736 bis 1757), der verstorbenen Schwester ihres Vater. Im Kirchenbuch sind als Paten eingetragen Rörd Rördten (1729–1795) und seine Frau Ing Rörden (1737 bis 1770) aus Oldsum (Rörd war in erster Ehe mit der 1757 verstorbenen Kerrin Jürgens verheiratet; Ing war seine zweite Frau). Als dritter Pate ist Ing Arfsten (1733–1811), Klintum, verzeichnet. Sie war die Ehefrau von Arfst Jürgens (1715–1776), einem Bruder des Vaters.

Kerrin Lorentzen stammte aus einer alten Seefahrerfamilie. So war der Vater ihrer Mutter der angesehene Commandeur und spätere Kapitän Jung Rördt Jung Früdden (1709–1770), der 1754 der St. Laurentii-Kirche den schönen marmornen Taufstein schenkte, der dort heute noch zu sehen ist (Abb. 29). Den Taufstein hat er aus Livorno/Italien mitgebracht. Früdden war drei Jahre als Commandeur und 20 Jahre als Kapitän gefahren. Als Jurat und Gangfersman gehörte er 1760 zu den zwölf am höchsten besteuerten Personen von St. Laurentii.

Vom Wohlstand des Großvaters war im Haus der Lorentzen nichts mehr zu spüren. Kerrin wuchs – wie Diedrich Roeloffs – in ärmlichen Verhältnissen auf. Die Volkszählungsliste 1787 weist ihren Vater als Speckschneider aus[20]. Mit gleicher Funktion ist er 1792 und 1793 zusammen mit Ketel Harken (1761–

20 Speckschneider, zumeist ältere, erfahrene Seefahrer, standen in der Rangliste und der Entlohnung etwa dem Steuermann gleich.

1843) aus Toftum in der Mannschaftsliste des Altonaer Walfängers „De Elbe“ aufgeführt. Daß der Vater mit über 60 Lebensjahren noch mit nach Grönland mußte, ist Ausdruck karger Lebensverhältnisse in der Familie.

Die wahren Vermögensverhältnisse wurden erst nach dem Tode des Vaters – er wurde am 30. März 1797 auf dem St. Laurentii-Kirchhof beigesetzt – offenkundig. Bei der am 7. Oktober 1797 angesetzten Erbauseinandersetzung bewerteten die Familienangehörigen das Vermögen mit 1020 Mark C. Es setzte sich im wesentlichen aus dem Hausgrundstück, 17¼ Ammerland Ackerland, 6 Lästal Meedeland und 4¾ Bältring Gräsungsland zusammen. Der Viehbestand auf dieser kleinen, umgerechnet knapp 6 Demat umfassenden Landstelle belief sich auf 1 Kuh, 1 Schaf und 1 Lamm sowie ½ Pferd (das man, wie es seinerzeit nicht selten vorkam, zusammen mit einem Nachbarn hielt).

Dem bescheidenen Vermögen standen aber rd. 900 Mark C Schulden gegenüber. Die Vermögenssituation glich somit derjenigen in der Familie des Jung Oluf Olufs im Jahre 1778. Es erstaunt daher nicht, daß die Erben nach L. Jürgens eine ähnliche Vereinbarung trafen:

Ein Sohn, der Seefahrer Jung RöRd Lorentzen, 26 Jahre alt, übernahm das gesamte Vermögen und die Schulden. Die weiteren Erben verzichteten auf alle Ansprüche. Jung Rörd verpflichtete sich jedoch, seine Mutter zu versorgen und ihr ein christliches Begräbnis zu geben sowie den beiden unverheirateten Schwestern freie Wohnung zu gewähren.

Auch dieses Beispiel zeigt einmal mehr, wie es in der Familie eines Seefahrers zuging. Und es verwundert daher nicht, daß Kerrin Lorentzen und auch ihre Schwester Ingke im Elternhaus keine ausreichende Beschäftigung finden konnten. Sie mußten, wie die Volkszählung 1787 ausweist, ihren Lebensunterhalt mit „dienen“ (d. h. als Magd) bestreiten.

Als Kerrin sich mit Diedrich Roeloffs am 19. September 1800 (lt. Kirchenbuch) verehelichte[21], lebte ihr Vater schon drei Jahre nicht mehr. Von ihren sechs Geschwistern erreichte ein Bruder nicht einmal ein volles Lebensjahr. Ein weiterer, Jürgen, starb im Alter von 15 Jahren und die genannte Schwester Ingke mit 30 Jahren. Der jüngste Bruder, seit seinem zehnten Lebensjahr Seefahrer, war vier Monate nach dem Tode des o. a. Jürgen geboren und erhielt deshalb auch denselben Namen. Er starb ebenfalls in jungen Jahren. Als Seefahrer erlag er mit 24 Jahren 1801 in

Abb. 30: Silberne Teekanne, Geschenk des Reeders C. F. Fiedler zur Vermählung Diedrich Roeloffs mit Kerrin Lorentzen

Charleston / Nordamerika dem Gelben Fieber. Seefahrerschicksal! Kerrins jüngere Schwester Jung Ing (1769–1845) heiratete 1798 den Seefahrer Ketel Olufs (1773–1855) aus Klintum[22]. Aus Briefen von Diedrich Roeloffs geht hervor, daß Ketel Olufs um 1830 als Kapitän Schiffe des Rendsburger Reeders Paap führte – 1828 die „Najade“. In dieser Zeit besaß er das Bürgerrecht in Tondern.

Der Lebenslauf von Kerrins jüngerem Bruder Jung Rörd Lorentzen (1771–1850) wird in einem späteren Abschnitt behandelt.

Als Diedrich Roeloffs, inzwischen fast 47 Jahre alt, sich mit Kerrin Lorentzen vermählte, erschien weite-

21 Im Journal hat Christian D. Roeloffs den 18. 8. 1800 als Tag der Eheschließung angegeben. Dieses Datum ist auch auf der silbernen Teekanne sowie auf dem Grabstein von Diedrich Roeloffs vermerkt.

22 Ein kleiner, aber sehr schöner Grabstein, geziert mit einem Segelschiff, der den Eheleuten Ketel Olufs gewidmet ist, steht etwa 50 m nördlich des Kirchturms auf dem St. Laurentii-Friedhof (Abb. 10a). Von den Nachkommen dieser Familie trug Cornelius (Nelje) Olufs, Klintum, als letzter den Namen Olufs.

rer Aufschub kaum möglich, denn immerhin war Kerrin bereits im fünften Monat schwanger. Deshalb auch fand die Eheschließung (Copulation) nicht in der Kirche, sondern im Hause des Bräutigams in Süderende statt. Daß er sich zu verehelichen gedachte, hatte Diedrich Roeloffs seinem früheren „Patron" rechtzeitig nach Kopenhagen gemeldet. Als Ausdruck der Freundschaft und Verbundenheit mit seinem ehemaligen Kapitän sandte Fiedler zur Hochzeit eine silberne Teekanne (Abb. 30). Sie ist noch heute in der Wohnstube von Jacob Roeloffs zu sehen. Hieran ist bemerkenswert, daß der Griff der Kanne nicht wie heute üblich dem Guß gegenüber, sondern seitlich versetzt befestigt ist. Auf der Teekanne ist eingraviert: „Der Erinnerung gewidmet von C. Friedrich Fiedler zum 18. Septbr. 1800". Die silberne Kanne war übrigens das einzige Hochzeitsgeschenk, denn es galt seinerzeit auf Föhr als unüblich, zur Vermählung etwas zu schenken. Nach Ernst Ketels (1859–1949) begann man in St. Laurentii erst um 1885, Hochzeitsgeschenke zu geben.

Für den Einzug seiner Ehefrau hatte Diedrich Roeloffs die notwendigen Voraussetzungen geschaffen. Den Wohnteil des damals schon über 100 Jahre alten Haues Nr. 239 in Süderende hatte er bereits 1787 ausbessern und 1799 grundlegend renovieren lassen. Auf der Auktion über das Mobiliar des Birkvogtes Schmidt in Nieblum, der von 1795–1799 Westerlandföhr und Amrum „regierte" und dann nach St. Thomas, eine Insel der dänischen Kolonie in Westindien, versetzt wurde, kaufte er sechs Stühle und zwei „braungemalet Vierkanttische" für 54 Mark C[23]. Von dem Prediger Erichsen[24] erwarb Diedrich ebenfalls 1799 weitere sechs Stühle für 48 Mark C, und für einen „Ottemaan" (niedriges, breites Sofa) bezahlte er ihm 72 Mark C.

Schon 1797 hatte Diedrich Roeloffs auf einer Auktion, die Johann Samuel Wolgang[25] vor seinem Wegzug aus Süderende abhalten ließ, vier Stühle und einen Tisch erstanden, daneben noch eine „eisern beschlagene Kiste". In dieser geldschrankähnlichen Kiste, die weitgehend feuersicher ist, werden bis heute im Stammhause Roeloffs wichtige Dokumente aufgehoben. Hierin hatten auch Journal, Briefbuch, Urkunden pp., die ich als Grundlage für diese Aufzeichnung zur Verfügung hatte, zum Teil über 100 Jahre ihren Platz. Von dem Diakon Wolgang kaufte Diedrich Roeloffs auch einen „Kahrtwagen" mit Stühlen, Kissen und Lederzeug zum Preis von 203 Mark C. Im Hinblick darauf, daß dieses Stück einen Wert von mehr als drei Kühen hatte, dürfte es sich wohl um einen vornehmen Kutschwagen gehandelt haben.

Insgesamt kann man aus Art und Umfang des erworbenen Hausrates sowie der in seinem Journal aufgezeichneten Ausgaben für Baumaterialien und Handwerker schließen, daß Diedrich Roeloffs im September 1800 seine Frau Kerrin in ein für die damalige Zeit gut ausgestattetes Heim führen konnte. Um nicht als „kleiner Mann" (fö. Praker) zu gelten, meinte er überdies, für sich und seine Frau sowie seine Mutter drei Kirchenstände (Sitzplätze) kaufen zu müssen; hierfür zahlte er 70 Mark C. Dies hielt er für notwendig, nachdem sein Vater im Jahre 1766 „1 Kirchenstand auf der neuen Bühne in die forderste Bank der Westseite" für 14 Mark C. verpfändet hatte. Aus der Tatsache, daß Diedrich Roeloffs bereit war, für den Erwerb von drei Sitzplätzen in der Kirche mehr als eine Kuh herzugeben, ist die Bedeutung von Kirchenständen zu ersehen, die man diesen damals zuerkannte.

Freude und Trauer

Am 31. Januar 1801 wurde dem Ehepaar Roeloffs ein Sohn geschenkt. Angesichts der 47 Lebensjahre des Vaters und der 35 Jahre der Mutter war die Geburt des Stammhalters ein bedeutsames Ereignis, das große Freude in der gesamten Familie auslöste. Auch die ersten Lebensjahre seines Sohnes verfolgte der stolze Vater mit bemerkenswerter Anteilnahme. Dies wird deutlich aus den Eintragungen, die Diedrich Roeloffs mit ungelenkiger Schrift in sein Journal vorgenommen hat. Sie sind nachfolgend wiedergegeben (Abb. 31):

1801 Jan. den 29ten Nachmittag: 4 Uhr. Wurden die Merkzeichen die für der gebuhrt sich bey eine Schwangere Frau sich melden immer Deutlicher, daß ich die Badde Mutter[26] Marrin Hanssen aus Tüftum, und meine Frauen Mutter und Schwester aus Klintum hohlen ließen und darauf in der Nacht auf den 30ten

23 Eine Kuh kostete damals etwa den gleichen Betrag
24 Falle Erichsen von 1796–1800 Diakon zu St. Laurentii
25 Johann S. Wolgang von 1793–1796 Diakon zu St. Laurentii
26 Badde Mutter = Hebamme

*Abb 31:
Diedrich Roeloffs trug nach 1801 die für ihn bedeutsamen familiären Ereignisse – die Geburt und Entwicklung seines ersten und einzigen Sohnes – in sein Journal ein*

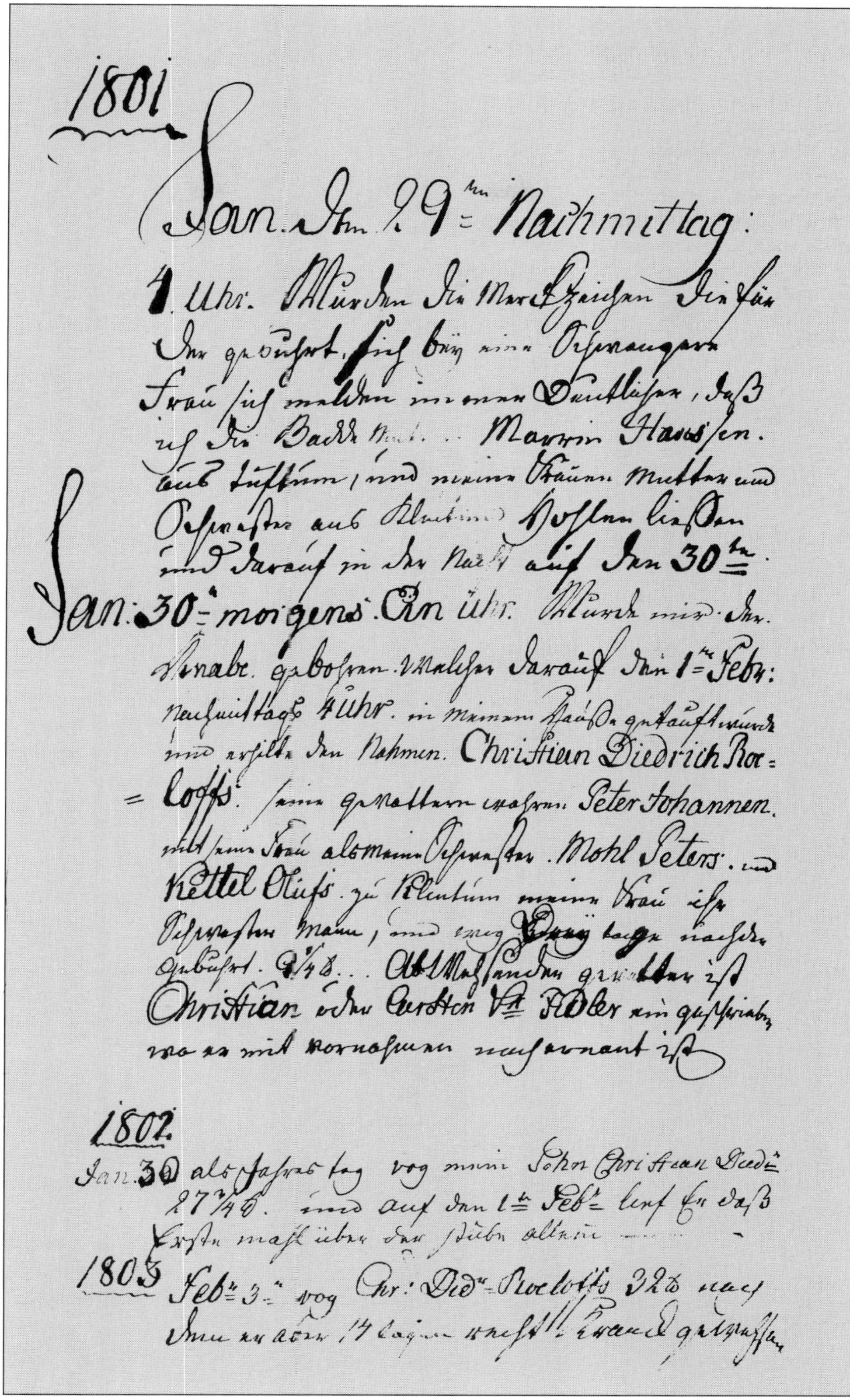

Jan. 30ten morgens. Ein Uhr. Wurde mir der Knabe gebohren, welcher darauf den 1ten Febr. nachmittags 4 Uhr in meinem Hauße getauft wurde und erhilte den Nahmen Christian Diedrich Roeloffs. seine gevattern wahren Peter Johannen und seine Frau als meine Schwester Mohl Peters und Kettel Olufs zu Klintum meine Frau ihr Schwester Mann, und wog drey Tage nach der gebuhrt 9¼ Pfund. Abwehsender Gevatter ist Christian oder Carsten Fr. Fiedler eingeschrieben, wo er mit vornahmen nach ernant ist.
1802 Jan. 30 als Jahrestag vog mein Sohn Christian Diedr. 27¾ Pfund und auf den 1ten Febr. lief Er das Erste mahl über der stube allein.
1803 Febr. 3ten vog Chr. Diedr. Roeloffs 32 Pfund nach dem er aber 14 Tage recht krank gewehsen.

Wie seinerzeit üblich, wurde das Kind alsbald nach der Geburt, am 1. Februar 1801, getauft. Dabei bekam der Knabe jedoch nicht, wie es dem damaligen Brauch entsprach, den Namen des Großvaters väterlicherseits. Vielmehr erhielt er „zu Ehren" des Reeders Christian F. Fiedler den Vornamen Christian. Damit wollte der Vater der überaus engen Verbundenheit mit seinem ehemaligen Patron Ausdruck geben – ein für Westerlandföhr ungewöhnlicher Vorgang. Er wählte erstmals einen Vornamen, den es bislang in der Familie Olufs / Roeloffs nicht gegeben hatte.
Mit einem Geburtsgewicht von 9¼ Pfund war Christian Diederich ein kräftiges Kind. Daß er schon nach einem Jahr 27¼ Pfund wog, dürfte u. a. auf die seinerzeit gebräuchliche Ernährung, so früh wie möglich den Kindern Mehlspeisen zu verabfolgen, zurückzuführen sein. Dabei sollte in diesem Zusammenhang nicht unerwähnt bleiben, daß die damals hohe Kindersterblichkeit u. a. auch eine Folge der falschen Ernährung war! Die Eintragungen im Journal zeigen gleichermaßen Stolz und Zufriedenheit des Vaters. Für die Mutter jedoch dürften die ersten Ehejahre nicht immer einfach gewesen sein, lebte doch neben ihrer Schwiegermutter Marret Ercken, mittlerweile 80 Jahre alt, auch noch die Schwägerin und frühere Haushälterin ihres Mannes, mit ihrem Sohn im Hause. Hinzu kam noch die unverheiratete Dienstmagd Elke Arfsten, 22 Jahre alt.
Zwar kam es seinerzeit auf Föhr durchaus nicht selten vor, daß eine Art „Großfamilie" gemeinsam ein Haus mit nur einer heizbaren Stube von nicht mehr als 10 m² bewohnte. Die Föhringer stellten insoweit keine hohen Ansprüche. Und dennoch – das wissen wir – haben auch damals Spannungen das Zusammenleben der Familie beeinträchtigt. Sie wurden aber in der Regel von den Schwächeren durch Schweigen hingenommen; sie waren duldsam (fö. düüljig). Ob derartige Spannungen damals auch die Hausgemeinschaft Roeloffs / Ercken / Olufs belasteten, ist nicht bekannt. Auszuschließen ist es nicht. Anzunehmen ist, daß Elke Olufs, inzwischen 21 Jahre Witwe, nicht ohne Grund im Jahre 1803 noch eine zweite Ehe einging. Immerhin war sie schon 48 Jahre alt, als sie, wie bereits erwähnt, ihren Schwager Oluf Hansen aus Süderende heiratete, dessen Frau Anna am 1. Oktober 1801 gestorben war.
Elke Olufs zog mit ihrem Sohn zu Oluf Hansen in das Haus 235 (heute: Andreas Martensen). Offensichtlich aber hatte die Familie – wie so viele, die kein Barvermögen besaßen – mit wirtschaftlichen Schwierigkeiten zu kämpfen. Oluf Hansen verkaufte daher im Jahre 1820 von der 21 Demat großen Landstelle zwei Fennen in „Raidslaaw" und „Ual Haag", zusammen 7,2 Demat groß, für 599 Rbtr an seinen Schwager Diedrich Roeloffs. Er behielt sich aber lebenslänglichen Nießbrauch vor. Dieses Recht übte er nur ein Jahr aus, er starb schon 1821. Elke erbte das Haus in Süderende und zwei Ackerstücke auf „Baakentaft" und „Koornguard", zusammen 1,5 Demat groß. Dies alles übertrug sie auf ihren Sohn aus erster Ehe, Jung Oluf Rolufs, der sich verpflichtete, seine Mutter mit allem zu versorgen. Sie zog zu ihm nach Oldsum Nr. 53 und starb 1841.
Jung Oluf Rolufs konnte das von seiner Mutter ihm übertragene Grundvermögen nicht halten. Bereits 1823 verkaufte er das Haus in Süderende, diesmal nicht an seinen Onkel Diedrich, sondern an dessen Sohn Christian D. Roeloffs, wenngleich anzunehmen ist, daß der erst 22 Jahre alte und noch ledige Käufer den Betrag von 299 Rbtr, den er für das Haus zahlte, zuvor von seinem Vater erhalten hatte. Das neun Fach (ca. 16 m) lange Haus bot Platz für zwei Familien. Es handelte sich also um ein „Maaskap", wie es auf „fering" heißt. 1826 verkaufte Christian D. die größere östliche Hälfte des Hauses weiter an Göntje Olufs, die sie ihm aber 1853 wieder zurückgab. Göntje lebte dort als Tagelöhnerin bis zu ihrem Tode im Jahre 1860. Sie war eine Schwester von Ketel Olufs (Onkel und Taufpate von Christian D. Roeloffs). Göntje galt als eine originelle Person. Deshalb wurde das Haus Nr. 235 bis zum Abbruch im Jahre 1931 „Göntje's Hüs" genannt. Die westliche Wohnung be-

Abb. 32: Ein schlichter Grabstein erinnert an Marret Jung Olufs geb. Ercken und Jung Oluf Olufs auf dem Kirchhof St. Laurentii

hielt Christian D. Roeloffs. Er stellte sie 1840 Marret (Meetje) Braren geb. Wilms (1783–1859) zur Verfügung, die als Witwe des Lehrers und Malers Oluf Braren dort fast 30 Jahre unter ärmlichsten Verhältnissen lebte[27]. In den Volkszählungslisten ist sie als Tagelöhnerin aufgeführt, auch noch, als sie schon 72 Jahre alt war. 1845 ist daneben noch vermerkt, daß sie von ihren Verwandten versorgt werde. Schicksal einer Lehrerswitwe, als es eine soziale Sicherung noch nicht gab! Wie klein und bescheiden die Wohnung von Meetje war, kann man sich gut vorstellen, wenn man im Erdbuch von Süderende nachschlägt. Haus und Garten hatten nur eine Größe von 3½ Quadratruthen (94 m²).

Zurück zur Familie Roeloffs: Marret Jung Olufs, auch Marret Ercken genannt, die Mutter von Diedrich Roeloffs, starb fünf Jahre nach der Geburt ihres jüngsten Enkelkindes Christian Diederich, am 4. Juli 1805. Am 9. Juli wurde sie beerdigt. Ein schlichter Grabstein auf dem Kirchhof St. Laurentii, etwa 30 m nördlich des Kirchturmes, erinnert an sie und ihren Ehemann (Abb. 32). Dessen Inschrift lautet:

„Dem Andencken
Der Lieben Pflicht, sei diss Denkmahl gewidmet.
Eine redliche Mutter u(nd) getreue Gatte unsers gelibten Vaters des zu Brockdörb 1778 auf der Elbe begrabenen in seinem 66 Jahr gest Jung O Olufs. Dieser Rechtschaffene hatte das Glück mit seiner Ehegattin Marret J. Olufs 2 Söhne u(nd) 6 Töchter zu zeugen, wovon 3 Töchter vor dem Vater und 1 Sohn u(nd) 5 Töchter vor der Mutter in die Ewigkeit übergegangen sind.
Die Hieneben ruhende Mutter hatte das seltene Glück nicht allein 84 Jahre alt u(nd) in einem 25jährigen Witwenstande Nahrungs u(nd) sorgenfrey, sondern auch die Liebe und Ehre ihrer Kinder auf eine ausgezeichnete Art zu erleben.
Ihre letzte Lebenss Jahre wurden vorzüglich von ihrem jüngsten Sohne und Schwiger Tochter erleichtert und bezeichnet.

Dies der gehaltene Parantations Text: 3. Buch Mose, Kap. 19, Vers 32
Vor einem grauen Haupte sollst du aufstehn und die Alten ehren

27 Oluf Braren (1787–1839) war ein Schwager von Antje Roeloffs verwitwete Braren, der dritten Ehefrau von Christian D. Roeloffs.

Nur zwei von den acht Kindern, nämlich Diedrich Roeloffs und seine Schwester Moil überlebten die Mutter. Die Angaben auf dem Grabstein sind in einem Punkt bemerkenswert. Der flüchtige Leser könnte vermuten, die Verstorbene sei 25 Jahre Witwe gewesen. Da sie aber nachweislich seit 1778 verwitwet war, d. h. insgesamt 27 Jahre, kann der Hinweis auf dem Grabmal nur dahin interpretiert werden, daß Marret Jung Olufs 25 Jahre ihres Witwenstandes, nämlich seit 1780, nahrungs- und sorgenfrei leben konnte. Und das traf auch zu, denn Diedrich Roeloffs übernahm in dem Jahr den Nachlaß seines Vaters und erlöste seine Mutter von der Schuldenlast. Zugleich begann er, sie finanziell zu unterstützen – wie es auch der bereits genannte Vertrag von 1787 bestätigt.

An dieser Stelle erscheint es angezeigt, eine Zäsur zu machen und die Biographie von Diedrich Roeloffs zu unterbrechen und zunächst die Agrarverfassung und Landbewirtschaftung sowie die Landaufteilung auf Westerlandföhr zu behandeln. Damit soll vermieden werden, daß diese für die Entwicklung meiner Heimatinsel so bedeutsamen Bereiche einer isolierten Betrachtung unterzogen werden. Hinzu kommt, daß der Abschnitt „Landmann in Süderende“ nur verständlich ist, wenn eine Beschreibung der damaligen Agrarverfassung vorausgeht.

Agrarverfassung vor der Landaufteilung

Die Landwirtschaft auf Föhr wurde früher sehr extensiv betrieben. Ihre Erzeugnisse reichten während der Grönlandfahrt im 17. und 18. Jahrhundert nicht aus, um die relativ große Bevölkerung mit Grundnahrungsmitteln zu versorgen. Vielmehr mußten alljährlich Getreide und Schlachtvieh vom Festland eingeführt werden. Zumindest in der Blütezeit der Seefahrt spielte die Landwirtschaft als Erwerbszweig nur eine untergeordnete Rolle. Sie wurde hauptsächlich von Frauen betrieben. Männliche Personen widmeten sich in der Regel erst dann der Landwirtschaft, wenn sie im fortgeschrittenen Lebensalter standen, die Seefahrt aufgegeben und sich einige Ersparnisse zurückgelegt hatten. Befaßte sich ein Mann in jungen Jahren mit der Landwirtschaft, wurde vermutet, daß er körperlich oder geistig zurückgeblieben sei. Größere Bauernhöfe gab es vor 1800 auf Westerlandföhr nicht. Die Seefahrt dominierte eindeutig. Das höchste gesellschaftliche Ansehen genossen Commandeure und Kapitäne. Sie wurden insoweit allenfalls vom Birkvogt in Nieblum und den Pastoren übertroffen.

Auch vor der Grönlandfahrt dürfte die Seefahrt eine größere Bedeutung als die Landwirtschaft gehabt haben. Gleichwohl sollte das wirtschaftliche Gewicht der Landwirtschaft vor 1630 nicht unterschätzt werden. Immerhin ist die Föhrer Marsch vor 1500 schon bedeicht worden. Dies wäre wohl nicht geschehen, wenn die Nutzung des Marschlandes für die Bevölkerung nur eine geringe Bedeutung gehabt hätte. Hinzu kommt, daß sich die Steuerschätzungen jahrhundertelang in erster Linie am Wert der landwirtschaftlich genutzten Ländereien ausrichteten und sich weniger am Kapitalvermögen orientierten. Schließlich sind die humusreichen Ackerflächen in Dorfnähe ein Beweis dafür, daß hierauf über viele Jahrhunderte – vermutlich sogar mehrere Jahrtausende – Ackerbau betrieben worden ist. Und nicht zuletzt sollte erwähnt werden, daß sich viele alte „Bauerbeliebungen" und obrigkeitliche Anordnungen mit der Landbewirtschaftung befaßten. Solche Regelungen wären nicht getroffen worden, wenn die Landwirtschaft keine Bedeutung gehabt hätte. Nur hatte sie von Dorf zu Dorf ein unterschiedliches Gewicht: in Oldsum mehr als in Süderende, auf Westerlandföhr weniger als auf Osterlandföhr.

Vor der Landaufteilung fehlte den Feldmarken eine ausreichende wegemäßige Erschließung. Nicht einmal alle Dörfer waren durch (nicht befestigte) Wege miteinander verbunden. So führte von Kleindunsum weder ein Weg nach Süderende noch direkt zur St. Laurentii-Kirche (Kleindunsum ist ein „Ausbau" von Dunsum, vergleichbar mit Klein-Borgsum und Klein-Alkersum). Zwischen Großdunsum – früher nur Dunsum genannt – und Utersum bestand ebensowenig eine befahrbare Verbindung wie zwischen Toftum und Alkersum (Abb. 33).

In den Orten selbst konnten jeweils nur ein oder zwei durchgehende Wege als solche überhaupt bezeichnet werden. Diese, wie auch die Verbindungswege zwischen den Dörfern, waren gemeinschaftliches Eigentum der Feldinteressenten, der jeweiligen Bauerschaft (fö. Büürskap)[1]. Die Nebenwege (fö. Jaat, pl. Jaading) in den Dörfern – schmale Fahrspuren oder Triften – gehörten in der Regel ebenso der Bauerschaft. Selten waren sie Bestandteil der anliegenden Hausgrundstücke, wobei dann zugunsten der dahinter liegenden Häuser meistens verbriefte Wegerechte bestanden. Auch die Fußsteige innerhalb der Dörfer gehörten zumeist der Bauerschaft.

Wenn auch für heutige Verhältnisse völlig unzureichend, hatten beispielsweise die Ackerländereien des Langdorfes doch eine gewisse wegemäßige Erschließung. Sie erfaßte aber längst nicht alle Tjüügen, und schon gar nicht die Vielzahl der Ackerstücke innerhalb der Tjüügen. Hinzu kam, daß die Feldwege

1 Diese Wege wurden als Stieg (fö. Stich) oder als Bauerweg (fö. Büürjaat) bezeichnet – letztere gab es nur innerhalb eines Dorfes.

nicht selten die Ackertjüügen durchschnitten, ohne zugleich eine Eigentums- oder Bewirtschaftungsgrenze zu bilden. So durchquerte der alte Toftumer Kirchweg (fö. Taftem Hoofstich) diagonal die Tjüügen „Haal“, „Waaster Loongstringem“ und „Uaster Hardeekrem“. Auch die beiden von Oldsum in Richtung Kirche führenden Wege durchschnitten schräg die Tjüügen „Auer Sarkstiig“ sowie „Haleekrem“ und „Gusteewlem“ (Abb. 34). Ebensowenig verlief der Weg von Oldsum nach Dunsum zwischen den Tjüügen. Die Folge war, daß Teilstrecken dieser Wege alljährlich bei der Bestellung der Ackerstücke umgepflügt wurden, um anschließend wieder als Fahrspur genutzt zu werden. Jeder kann sich vorstellen, in welchem Zustand sich derartige Wege im Herbst und Winter präsentiert haben, zumal es an Wegeseitengräben fehlte.

Die sonstigen Ländereien im Langdorf, die immerhin fünf Sechstel der Gemarkung einnahmen, waren – abgesehen von den Ortsverbindungen – kaum erschlossen. Es führten meist nur Triften zu den Flächen, in der Marsch soweit möglich an den ehemaligen Prielen entlang, weil dort der Boden sandiger und trockener war (Abb. 33).

Von einer ausreichenden Entwässerung der niedrig gelegenen Ländereien konnt vor 1800 auf Westerlandföhr nicht die Rede sein. Das Niederschlagswasser mußte im wesentlichen durch die vor der Bedeichung der Insel entstandenen Priele, die mittlerweile mehr oder weniger verlandet waren, der viel zu klein bemessenen Schleuse am Oldsumer Seedeich zugeführt werden. Die Niederungsgebiete der Borgsumer- und Gotinger Feldmark entwässerten allerdings schon vor 1800 nach Osterlandföhr.

Die völlig unzureichende Erschließung durch Wege und Gräben wird dadurch deutlich, daß vor der Landaufteilung in der gesamten Feldmark des Langdorfes der Flächeninhalt der Wege nur 9 Demat und der Vorfluter nur 6 Demat[2] betrugen, zusammen also 15 Demat. Dagegen mußten im Zuge der Landaufteilung hierfür 239 Demat ausgewiesen werden, um die Feldmark mit Wegen und Vorflutern ausreichend zu erschließen.

Die Rechtsverhältnisse und die tatsächlichen Nutzungsmöglichkeiten an den Ländereien auf Westerlandföhr waren vor der Landaufteilung sehr differenziert. Sie waren in einer weitgehend ungeschriebenen Agrarverfassung geregelt. Eigentumsrechte mußten im Zweifel durch Urkunden nachgewiesen werden, die sich zum Teil abschriftlich in den alten „Skifte- und Sköde- og Panteprotokoller“ von Westerlandföhr und Amrum im Landesarchiv in Apenrade befinden. Die Eintragung von Kaufverträgen in diese öffentlichen Bücher war aber nicht Voraussetzung für den Eigentumsübergang. Hierfür begnügte eine entsprechende Vereinbarung in einer Urkunde. Höchst unzulängliche, oftmals unrichtige Register, führte der jeweilige Bauervogt im Dorfs-, Acker- und Meedeprotokoll. Ein für das ganze Birk geltendes Eigentums- oder Besitzverzeichnis gab es nicht. Allerdings wurde die Verpfändung von Grundstücken oder Interessentenanteilen und nach 1700 zunehmend auch der Verkauf im „Sköde- og Panteprotokoller“ der Birkvogtei in Nieblum vermerkt. Vermessen im heutigen Sinne waren die Flächen nicht. Vielmehr waren ihre Größen unter Zugrundelegung naturaler Ertragsverhältnisse oder in Anlehnung hieran festgelegt.

Nur das Stavenland (fö. Stuuwen) war reales Eigentum des einzelnen. Es bestand im wesentlichen aus den bebauten Grundstücken und dem unmittelbar anschließenden, durchweg sehr kleinen Garten (Abb. 13, 14, 15). Die Größe des Stavenlandes bestimmte sich nach Ammerland. Einige, allerdings wenige, hatten auch von ihrem Hausgrundstück weiter entfernt gelegenes unbebautes Stavenland zu Eigentum – jedoch in der Regel nur innerhalb oder am Rande des Dorfes. Stavenland gehörte nicht mehr zum gemeinschaftlichen Eigentum. Es ist davon in einem heute nicht mehr genau zu bestimmenden Zeitraum abgesondert worden. Nutzung und Verfügung über Stavenland unterlagen keinerlei Beschränkungen. Allerdings mußte der Eigentümer seine Absicht, Haus und Stavenland zu verkaufen, zuvor an drei Thingtagen öffentlich verkünden lassen, um den Verwandten Gelegenheit zum Erwerb zu geben. Erst danach durfte er an einen Fremden verkaufen. Eine sinnvolle Regelung!

2 Von 128 Demat Gewässer entfielen 122 Demat auf stehende Gewässer, zumeist frühere Priele. „Meere“ allein war 32,7 Demat groß, d. h. dreimal so groß wie der sog. Olinenkoog, der bis zur Entwässerung im Jahre 1951 noch eine Wasserfläche war.

Die Hausgrundstücke sind in den Landaufteilungsakten als „Baustelle und Kohlhof" aufgeführt. Der Kohlhof ist identisch mit dem Garten. Schon in einem Vertrag, den Ketel Früdden (1658 bis nach 1740) aus Süderende im Jahre 1698 mit der Bauerschaft des Langdorfes schloß, ist von einem Kohlhof die Rede. Heute ist diese Bezeichnung nicht mehr gebräuchlich. Auch Diedrich Roeloffs erwähnt in seinen Aufzeichnungen niemals den Kohlhof, sondern stets den Garten. Allerdings ist die Bezeichnung Kohlhof zutreffend, da der Anbau von Kohl auf dem Ackerland seinerzeit wegen der dort geübten Nutzungsweise nicht möglich war. Übrigens war Kohl das einzige Gemüse, das vor 1800 in den Haushalten Westerlandföhrs verwendet wurde.

An den Flächen in der Feldmark besaß der Interessent kein reales Eigentum, sondern nur ideelles in Form von Anteilen oder Quoten. Die Feldmark stand somit im gemeinschaftlichen Eigentum der Interessenten. Darüber konnte der Nutzungsberechtigte, der Feldinteressent, nicht frei verfügen. Er mußte sich in die Feldgemeinschaft einordnen. In der Nutzung seiner Flächen war er den in „Bauerbeliebungen" getroffenen Festsetzungen, dem Flurzwang, unterworfen. Die Gemeinschaft der Feldinteressenten nannte sich Interessentschaft.

Nicht jede Familie im Dorf aber hatte Interessentenanteile. Sie gehörte daher nicht zur Interessentschaft, wenn sie keine Anteile in der Feldmark, sondern nur ein Hausgrundstück, eine „Baustelle mit Kohlhof", zu Eigentum hatte Von den 28 Familien (ohne Pastor und Diakon), die um 1800 in Süderende ein Haus besaßen, gehörten drei nicht dazu, weil sie keine Interessentenanteile in der Feldmark besaßen.

Ein Interessent war aber mit seinen jeweiligen ideellen Anteilen nicht am gesamten Acker- und Meedeland des Dorfes beteiligt, sondern nur an den Gemarkungsteilen oder Gewannen (fö. Tjüüg, Mehrzahl Tjüügen). Er hatte also beispielsweise Anteile am Akkerland auf „Köödem", „Haleekrem" oder „Bareglìin" oder am Meedeland in „Wol", „Neiham" oder „Loongweerem". Anders sah es aus beim Gräsungsland, worauf ich später noch eingehe. Acker- und Meedeland waren in ungewöhnlich starker Weise zerstückelt. Nicht selten besaß ein Interessent seine Landstücke an 30 bis 40 verschiedenen Stellen.

Eine Besonderheit hinsichtlich der Eigentumsrechte an einem Teil des Acker-, Meede- und Gräsungslandes gab es vor der Landaufteilung auf Westerlandföhr und Amrum. 125 Familien nutzten seit Generationen königliche Festeländereien, die über die gesamte Feldmark verstreut lagen, in einer Art Erbpacht. Das Festeland auf Westerlandföhr und Amrum unterlag nicht wie sonstiges Grundeigentum der Realerbteilung. Vielmehr übertrug es der Festeinhaber in der Regel nur einem Kind, meistens dem jüngsten. Dabei stellte er einen Festebrief aus, den der Birkvogt gegen Bezahlung einer angemessenen Gebühr beurkundete. Der Festeinhaber leistete als Erbpacht alljährlich ein sogen. Festegeld an die St. Laurentii- bzw. St. Johannis-Kirchengemeinde oder an den Prediger. Deren Einnahmen aus Westerlandföhrer und Amrumer Festeland betrugen vor 1800 jährlich 80 Rtr. Hiervon entfielen 58 Rtr und 30 Sch auf St. Laurentii.

In St. Laurentii bestand hinsichtlich der Entrichtung des Festegeldes insofern ein Unterschied, als die Kirchengemeinde ausschließlich Barzahlungen erhielt, während der Hauptprediger für das verfestete Ackerland eine naturale Leistung und nur für Meedeland Geld bekam. Dabei mußten die Festeinhaber für 1 Ammerland Ackerland (rd. 400 m^2) durchweg 1 Scheffel Gerste (rd. 22,5 Pfund) geben. Insgesamt empfing der Prediger im Jahre 1785 für 47 Ammerland jährlich 38½ Scheffel Gerste und ½ Scheffel Roggen sowie für $16^5/_{24}$ Lästal Meedeland (rd. 19 400 m^2) 4 Mark C und 4 Sch. Damit lag die Festegebühr niedriger als der seinerzeit übliche Pachtzins. Die fast ausnahmslos in Gerste bestehende naturale Leistung kann als ein Hinweis dafür gelten, daß diese Getreideart dominierte, als Höhe und Umfang der Erbpacht – vermutlich Anfang des 16. Jahrhunderts – festgelegt wurden. Jedenfalls ist davon auszugehen, daß sich die Art der naturalen Leistungen nicht verändert hat. Im übrigen ist ein Hinweis im Kirchenbuch beachtenswert. Die „Prediger Festen" sind auch als „sogenannte Kreutz Bullen" aufgeführt, eine Bezeichnung, die als „Kreuz-Bohlen" (Kreuz-Ländereien) zu interpretieren ist, denn es findet sich dort auch der föhringische Name „Krüsboel" (dt. Kreuz-Hof).

Für das Festeland auf Westerlandföhr und Amrum brauchten herrschaftliche Steuern nicht gezahlt zu werden. Während auf Westerlandföhr die Festeländereien sich fast ausschließlich auf Acker- und Meedeland erstreckten, waren in der Dorfschaft Norddorf auf Amrum in größerem Umfange auch Bältringe verfestet. Sie trugen die Bezeichnung „St. Annen-

Bältringe". Dabei ist bemerkenswert, daß das Festegeld hierfür nicht an die St. Clemens-Kirche in Nebel, sondern an das Diakonat der St. Johannis-Kirche in Nieblum entrichtet wurde.
Die Tatsache, daß der König als „Obereigentümer" der Festeländereien galt, das Festegeld aber den Kirchengemeinden oder dem Prediger zukam, läßt den Schluß zu, daß diese Ländereien während der katholischen Zeit der Kirche gehörten. Im Zuge der Säkularisation (Enteignung kirchlichen Eigentums nach der Reformation) dürfte der König sich dieses Land angeeignet haben. Aus welchem Grunde das Festegeld dennoch an die Kirche und nicht an den König zu zahlen war, ist nicht überliefert. Möglicherweise hat die Kirche dies durch spätere Verhandlungen erreicht. Das Festeland nahm rd. 3 v. H. der Feldmark des *Langdorfes* ein. Die Anteile betrugen im

Ackerland	8	v. H.
Meedeland	5,4	v. H.
Gräsungsland	1,2	v. H.

Addiert man das Pastorats- und Diakonatsland hinzu, waren es 17,5 v. H., 13,3 v. H. und 5,8 v. H. Diese Zahlen unterstreichen, daß die Kirche es früher verstanden hat, sich vor allem Eigentum an den wertvollen Flächen, dem Ackerland, zu verschaffen. Das gesamte kirchliche Eigentum einschließlich des Festlandes belief sich in *St. Laurentii* auf rd. 324 Demat, das waren 6,6 v. H. der gesamten Feldmark.
Die Festeländereien sind als grundherrliches Eigentum anzusehen. Die Festeinhaber unterlagen aber nur einer sehr schwach ausgeprägten grundherrlichen Abhängigkeit, ohne persönlichen Bindungen unterworfen zu sein. Die Festeverhältnisse auf Westerlandföhr und Amrum unterschieden sich jedoch grundlegend von denen der festländischen Geest. Dort zahlte der Festebauer in der Regel kein jährliches Entgelt. Vielmehr brauchte er zumeist nur bei Übernahme der Feste für die Ausstellung des Festebriefes ein einmaliges Festeantrittsgeld zu entrichten. Im übrigen bestanden die Festeländereien auf dem Festland zum überwiegenden Teil aus ganzen Höfen, auf Westerlandföhr und Amrum dagegen ausschließlich aus Streuländereien ohne Gebäude, wobei Obereigentümer und Festegeldempfänger nicht identisch waren. – Abweichend hiervon mußte für einige Festeländereien im Langdorf das Festegeld an den König gezahlt werden. Dieses Festegeld nahm jedoch einen sehr geringen Umfang ein, so daß in den einschlägigen Quellen hiervon selten die Rede ist.
Die Rechtsverhältnisse und Bewirtschaftungsregelungen waren innerhalb der Feldmark in Abhängigkeit von der Nutzung sehr unterschiedlich ausgeprägt. Auf Westerlandföhr (und Amrum) gliederte sich die noch nicht aufgeteilte Feldmark durchgängig in

Täglich- oder Ackerland
Gräsungs- oder Bältringsland (teilw. Heideland)
Meede- oder Wiesenland
Wunge- oder Wechselland (Heideland).

Daneben gab es in der Feldmark des Langdorfes und von Borgsum noch „Gemeinschaftliche- oder Bauer-Ländereyen" (fö. Büürgrünj).
Einen Überblick über die damaligen Nutzungsverhältnisse und Wege vermittelt die Abb. 33. Sie ist gefertigt unter Verwendung der von Feddersen im Jahre 1802 entworfenen „Situationskarte" und der Übersichtskarte aus „Die Insel Föhr ..." von Warnstedt sowie durch Auswertung der Archivalien über die Landaufteilungen auf Westerlandföhr. Die Grenzen zwischen Acker-, Heide- und Grasland konnte ich mit hinreichender Genauigkeit in die Karte übertragen. Auch war es möglich, das Meedeland eindeutig abzugrenzen. Innerhalb der Heideländereien das Gräsungs- und Wungeland zu trennen, ist mir jedoch nicht gelungen. Wegen ihrer verstreuten Lage habe ich von einer besonderen Kennzeichnung der Bauerländereien abgesehen.
Schlüssige und weitgehend vollständige Unterlagen über die Agrarverfassung und Landbewirtschaftung vor der Landaufteilung, vor allem vom Langdorf, sind im Landesarchiv in Schleswig noch vorhanden. Das Material über die anderen Dörfer Westerlandföhrs ist spärlicher. Daher behandle ich sehr eingehend nur die Feldmark des Langdorfes (Oldsum, Klintum, Toftum und Süderende). Ihre reale Größe war vor der Landaufteilung nicht bekannt. Sie wurde erstmalig bei der Vermessung im Jahre 1800 mit 3118 Demat ermittelt[3]. Wenn dennoch in den folgenden Abschnitten die Flächengrößen der verschiedenen Ländereien in Demat angegeben sind, obwohl vor der

3 1 (Westerlandföhrer) Demat = 4 790 m^2

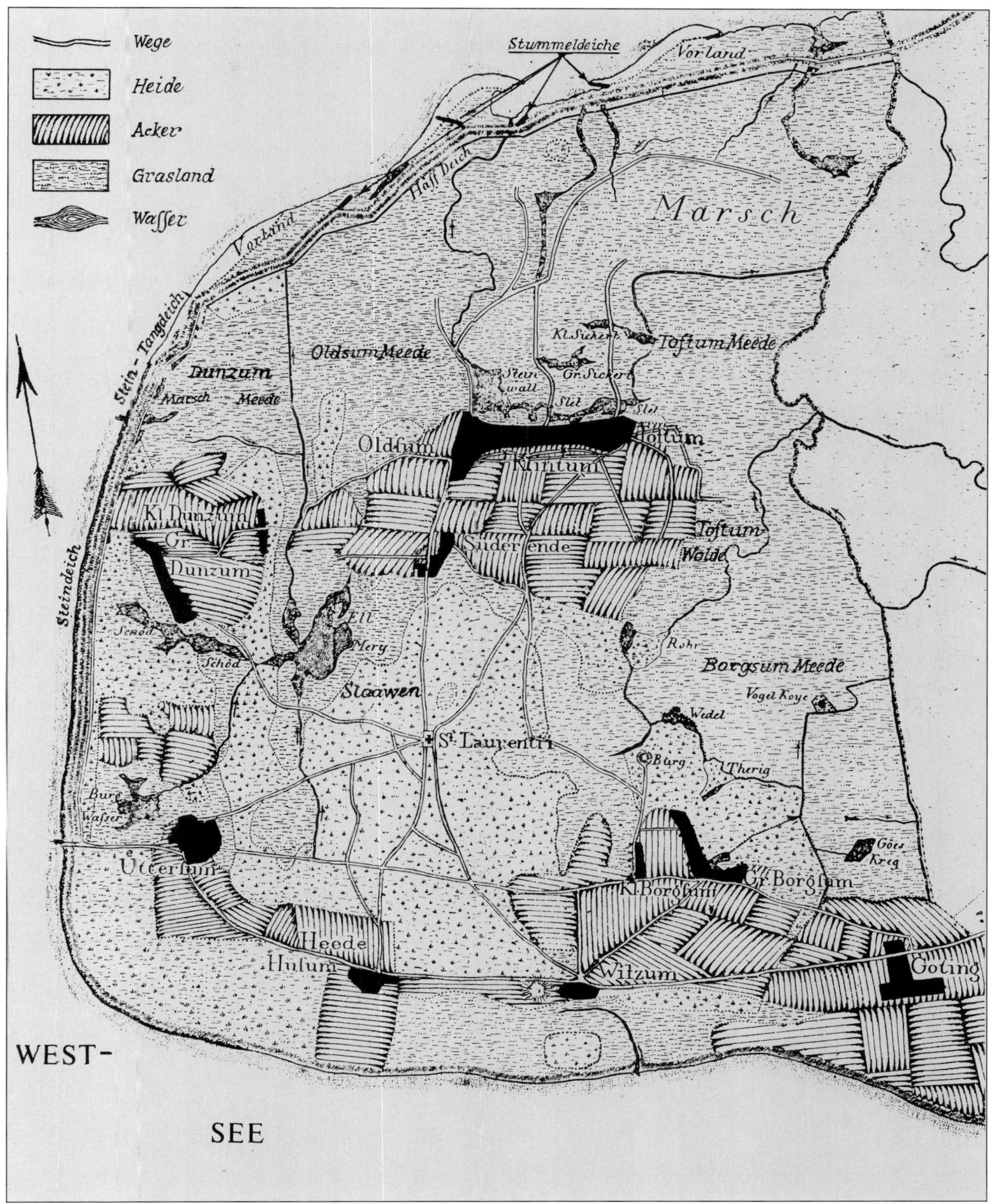

Abb 33: Nutzungs- und Wegeverhältnisse auf Westerlandföhr vor 1800

Landaufteilung unbekannt, so geschieht das der besseren Vergleichbarkeit wegen. Die Größen vor der Landaufteilung (abgerundete Zahlen):

	Demat	Demat
Ackerland		473
Meedeland		
Eigentümliche Wiesen	14	
Birkvogtsland	8	
Toftumer Meede einschl. Wolde	313	
Oldsumer Meede einschl. Vorland-Meede	434	769
Wungeland auf Ürth		19
Gräsungsland		
Marsch einschl. Vorland-Gräsung	940	
Slaawen- und Heideland südlich Süderende	663	
Gewässer	128	
Reetflächen	15	1746
Gemeinschaftliche oder sog. Bauerländereien		65
Wege		9
Baustellen und Kohlhöfe		35
Kirche und Schulhäuser		2
		3118

Allgemein ist noch für das Langdorf hinzuzufügen, daß die Interessenten für Ländereien entsprechend den Nutzungsmöglichkeiten vor der Landaufteilung recht unterschiedliche Kaufpreise zahlten (Übersicht 11). Demnach bewerteten sie in dem Zeitraum von 1780 bis 1800 Ackerland mit umgerechnet 210 bis 470 Mark C je Demat am höchsten. Dagegen kostete das Gräsungsland nur etwa 37 Mark C je Demat. Das Meedeland in der Marsch bezahlten sie mit 72 bis 120 Mark C je Demat wesentlich besser. Am wenigsten galt das Wungeland. Es wurde mit 18 Mark C je Demat gehandelt – ein im Vergleich zu anderen Dörfern hoher Preis: 1 Demat Wungeland bewerteten die Feldinteressenten in Utersum und Hedehusum durchweg mit nur 1 Mark C, in Borgsum mit 5 Mark C.

Abgesehen vom Gräsungsland, wurden diese Kaufpreise übrigens schon um 1700 in mindestens gleicher Höhe gezahlt. Nach den „Sköde- og Panteprotokoller" kosteten im Jahre 1698 2 Lästal in „Kruugem" 62 Mark L (124 Mark L / Demat) und 3½ Ammerland auf „Waaster Hardeekrem" 141 Mark L (536 Mark L / Demat). 3¼ Bältring jedoch wurden nur mit 12 Mark L, umgerechnet 4 Mark L / Demat bezahlt.

Nach 1700 stiegen allerdings die Landpreise. So kosteten 1743 in „Neiham" 3 Lästal 180 Mark L (240 Mark L / Demat). Und 1757 bezahlte man für 3 Ammerland gutes Ackerland in der Nähe von Süderende sogar 175 Mark L (700 Mark L / Demat). Dabei fällt

Übersicht 11: Bewertung der Ländereien im Langdorf 1780–1800

Art und Lage der Ländereien	Kaufpreis		Steuereinschätzung (Schilling-Englisch-Buch)	
	in Mark Courant	umgerechnet Mark Courant für 1 Demat	in Schilling	umgerechnet Schilling für 1 Demat
Gutes Ackerland auf „Waaster Hardeekrem", westlich Oldsum	30–35 je Ammerl.	400–470	5 je Ammerland	67
Minders Ackerland auf „Baakentaft", westlich Süderende	20–24 je Ammerl.	210–250	3 je Ammerland	31
Gutes Meedeland in „Teewlem"	25–30 je Lästal	100–120	8 je Lästal	32
Minderes Meedeland in „Wol"	18–24 je Lästal	72– 96	6 je Lästal	24
Gräsungsland	33 je Bältring	37	3 je Bältring	3,3
Wungeland auf „Ört"	3 je Ammerl.	18	1 je Ammerland	6

auf, daß in der ersten Hälfte des 18. Jahrhunderts vergleichsweise wenig Land den Eigentümer wechselte; die Verpfändung von Grundstücken überwog. Die geringere Landmobilität dürfte ihre Ursache in den relativ guten Einkünften gehabt haben, die die Föhringer beim Walfang erzielten. Nach 1760 fielen die Landpreise dann auf die für den Zeitraum um 1700 genannten Größenordnungen, möglicherweise als Folge der zurückgehenden Erwerbschancen in der Seefahrt. Für das gesamte 18. Jahrhundert gilt, daß das Gräsungsland wegen seiner eingeschränkten Nutzungsmöglichkeiten außerordentlich niedrig bewertet wurde.

Wie die Kaufpreise lagen auch die Pachten für Ackerland am höchsten. 1777 und 1778 zahlte Marret Ercken, die Mutter von Diedrich Roeloffs, für 5 Ammerland Kirchenland auf „Süüd Foolkert" eine Pacht von 5 Mark C und 5 Schilling an den Pastor von St. Laurentii. Das waren rd. 12 Mark C / Demat. Hingegen wurde für Meedeland nur etwa 1 Mark C je Lästal Pacht gezahlt oder rd. 4 Mark / Demat. So notierte Pastor Kirkerup[4] im Jahre 1765 in seinem Kirchenbuch: „54½ Lästal verheuert bringen 60 Mark C und 6 Schilling". 1764 erzielte Kirkerup neben 40 Mark C Festegeld (Erbpacht) an „Landhäuer" 351 Mark C und 14 Sch. Für das Kirchenland, das er selbst bewirtschaftete, rechnete er 150 Mark. Demnach brachten die rd. 100 Demat Kirchenland rd. 502 Mark C (ohne Festegeld). Das waren immerhin fast 40 v. H. der Gesamteinkünfte des Predigers, die sich damals nach seinen Angaben auf 1300 Mark C jährlich beliefen.

Auch bei der Steuereinschätzung nach dem Schilling-Englisch-Buch[5] fanden die Nutzungsmöglichkeiten und der Handelswert der verschiedenen Ländereien ihre enstprechende Bewertung. 1795 galt im Langdorf 1 Ammerland gutes Ackerland 5–7 und minderes 3–4, 1 Ammerland Wungeland 1, 1 Bältring 3 und 1 Lästal 5–8 Schilling Englisch. Demnach wurde umgerechnet 1 Demat Wungeland auf „Ört" mit 6 Schilling und 1 Demat Gräsungsland mit 3,3 Schilling E angesetzt. 1 Demat gutes Ackerland dagegen wurde mit 67–84 und 1 Demat Meedeland mit 20–32 Schilling E eingeschätzt. Gerade hieraus wird deutlich, daß das Gräsungsland im Langdorf aufgrund des hohen Anteils an Heideland und der eingeschränkten Nutzung sehr gering bewertet wurde. Das galt übrigens gleichermaßen für alle Dörfer auf Westerlandföhr.

Täglich- oder Ackerland

Die Feldinteressenten ackerten vor 1800 in der Feldmark des Langdorfes nur die in der Nähe der Dörfer liegenden Ländereien, soweit sie von guter Qualität und ausreichend entwässert waren. Slaawen- und Marschland sowie das Heideland südlich der St. Laurentii-Kirche pflügten sie überhaupt nicht. Das Akkerland (fö. Auer Eekrem) umfaßte mit 473 Demat etwa 15 v. H. der Feldmark des Langdorfes. Dabei handelte es sich nicht um ein in sich vollkommen geschlossenes Gebiet. Es gliederte sich vielmehr in sehr unregelmäßig gegeneinander abgegrenzte Tjüügen mit sehr unterschiedlichen Größen und ungleicher Qualität. Letzteres geht aus der Übersicht 12 hervor, die eine Auswertung der Landaufteilungsakten darstellt (Tjüügen mit föhringischer Bezeichnung). Einige Tjüügen sind allerdings wegen ihrer unterschiedlichen steuerlichen Bewertung mehrfach aufgeführt.

Um die ineinander verzahnten Tjüügen und deren Lage sowie die Wegeführung innerhalb der Ackerländereien vor der Landaufteilung darzustellen, habe ich die Abb. 34 herstellen lassen. Die Grundlage hierfür bildet die „Karte von den sämtlichen Ländereyen zu den Dorfschaften Oldsum, Klintum, Töftum und Süder-Ende auf Westerland Föhr. Aufgemässen und cartiert in den Jahren 1799 und (unleserlich) durch F. Feddersen". Diese alte Karte, die sich im Landesarchiv Schleswig-Holstein befindet, gibt in erster Linie die Ergebnisse der Landaufteilung wieder. Aus diesem Anlaß wurde sie gefertigt. Die nur schwach erkennbaren Umrisse der Tjüügen konnten jedoch mit hinreichender Genauigkeit rekonstruiert werden, zumal die Bezeichnungen gut leserlich sind. Auch die wenigen vor der Landaufteilung vorhandenen Wege in ihrer damaligen Führung zu ermitteln, ist mir gelungen, so daß die neu gefaßte Karte einen guten Eindruck von den unrationellen Verhältnissen der alten Agrarverfassung vermitteln. Dabei ist auffallend, daß die Grenzen der einzelnen Tjüügen nur in wenigen Fällen parallel zueinander verliefen. Daher wiesen

4 Jens Kirkerup aus Kopenhagen, 1756–1763 Diakon, danach bis 1766 Pastor in Süderende

5 Das Schilling-Englisch-Buch wird in „Die Insel Föhr" von Nerong ausführlich behandelt und auch in „Geschlechterreihen St. Laurentii" von L. Braren, so daß in dieser Abhandlung eine Darstellung unterbleibt.

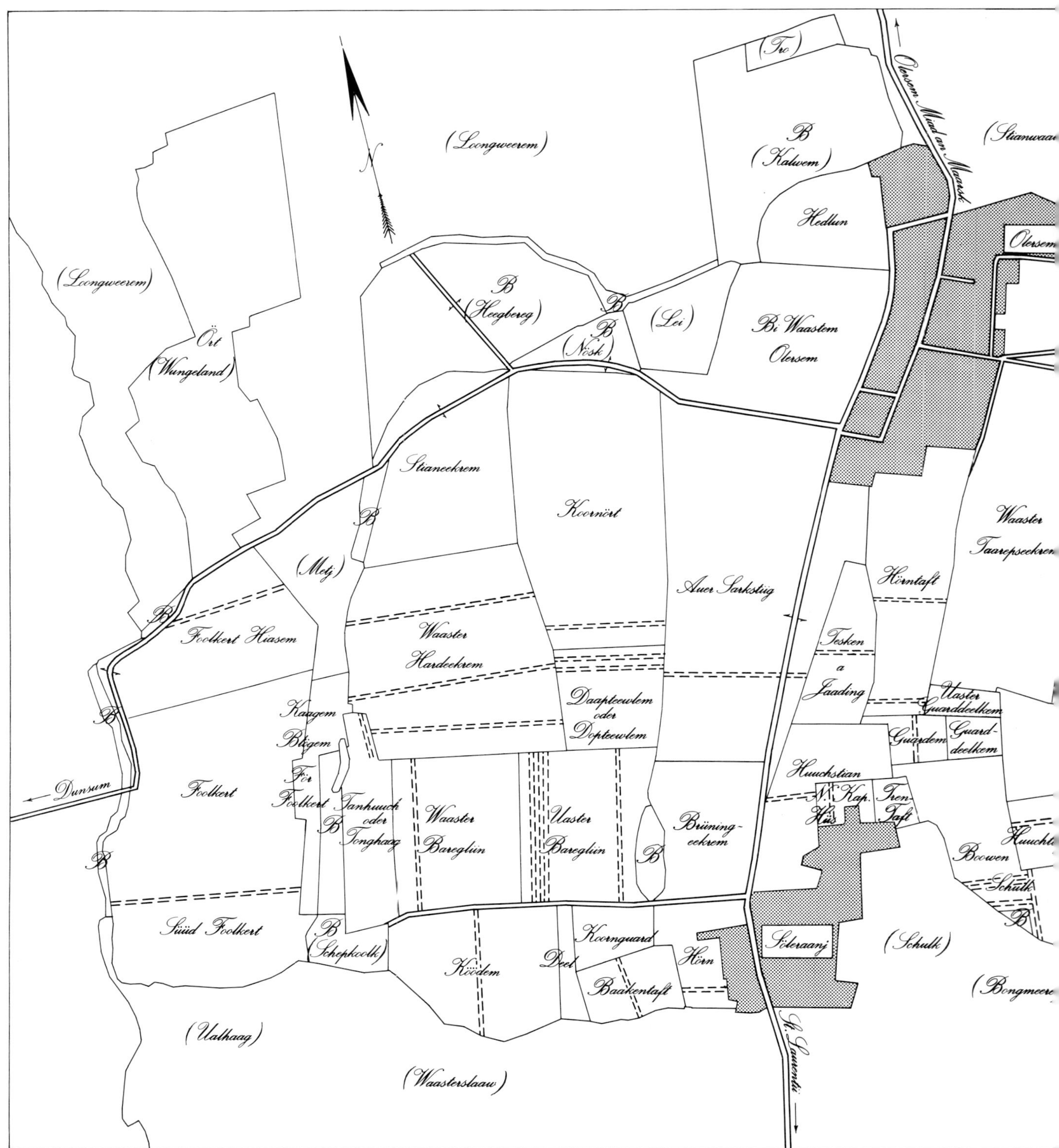

Abb. 34: Die Ackertjüügen und Bauerländereien des Langdorfes und deren Erschließung vor der Landaufteilung sowie die Lage der Ackerstüc

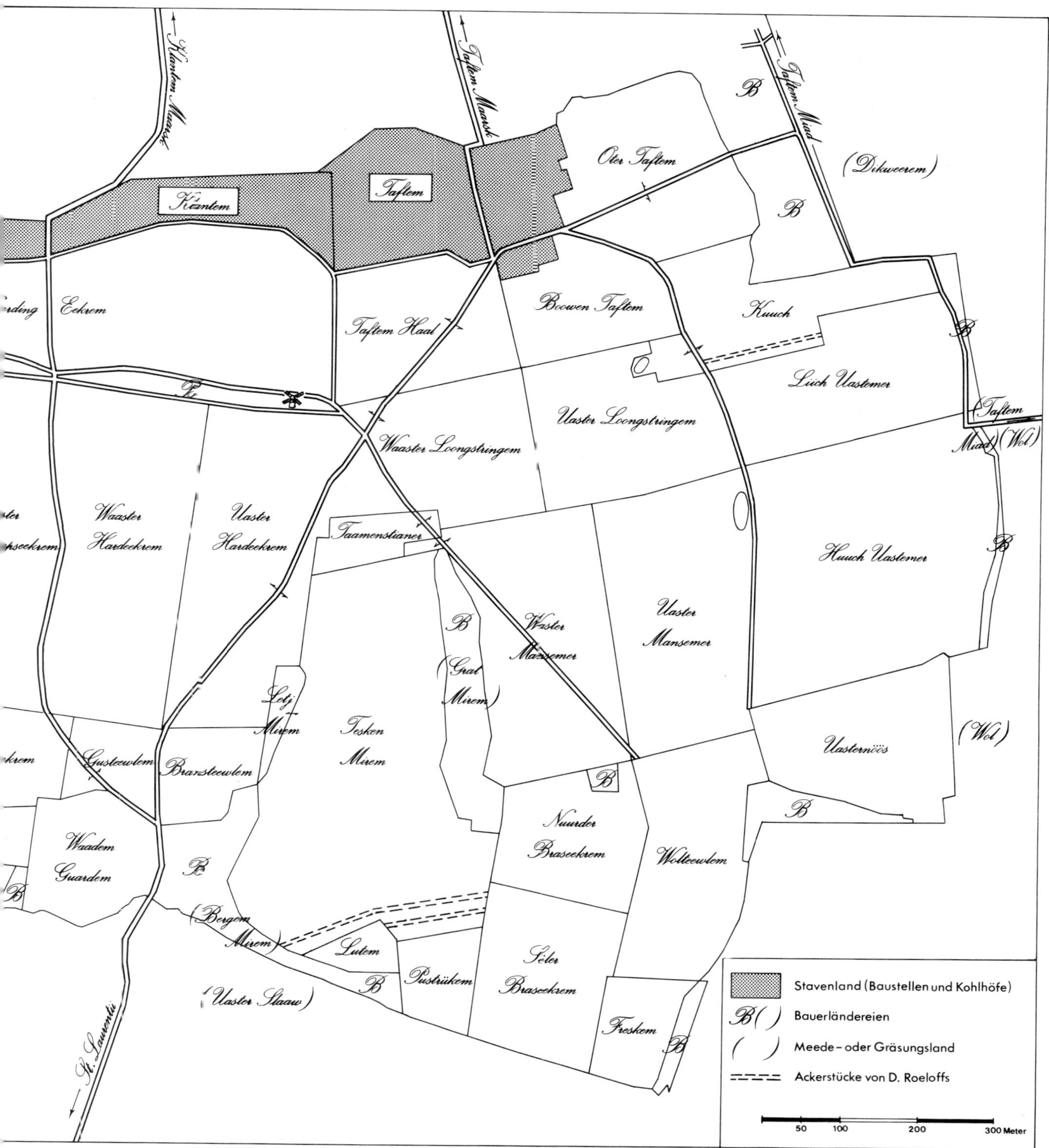

s Feldinteressenten Diedrich Roeloffs. Die Ackerstücke sind nicht maßstabsgerecht eingetragen.

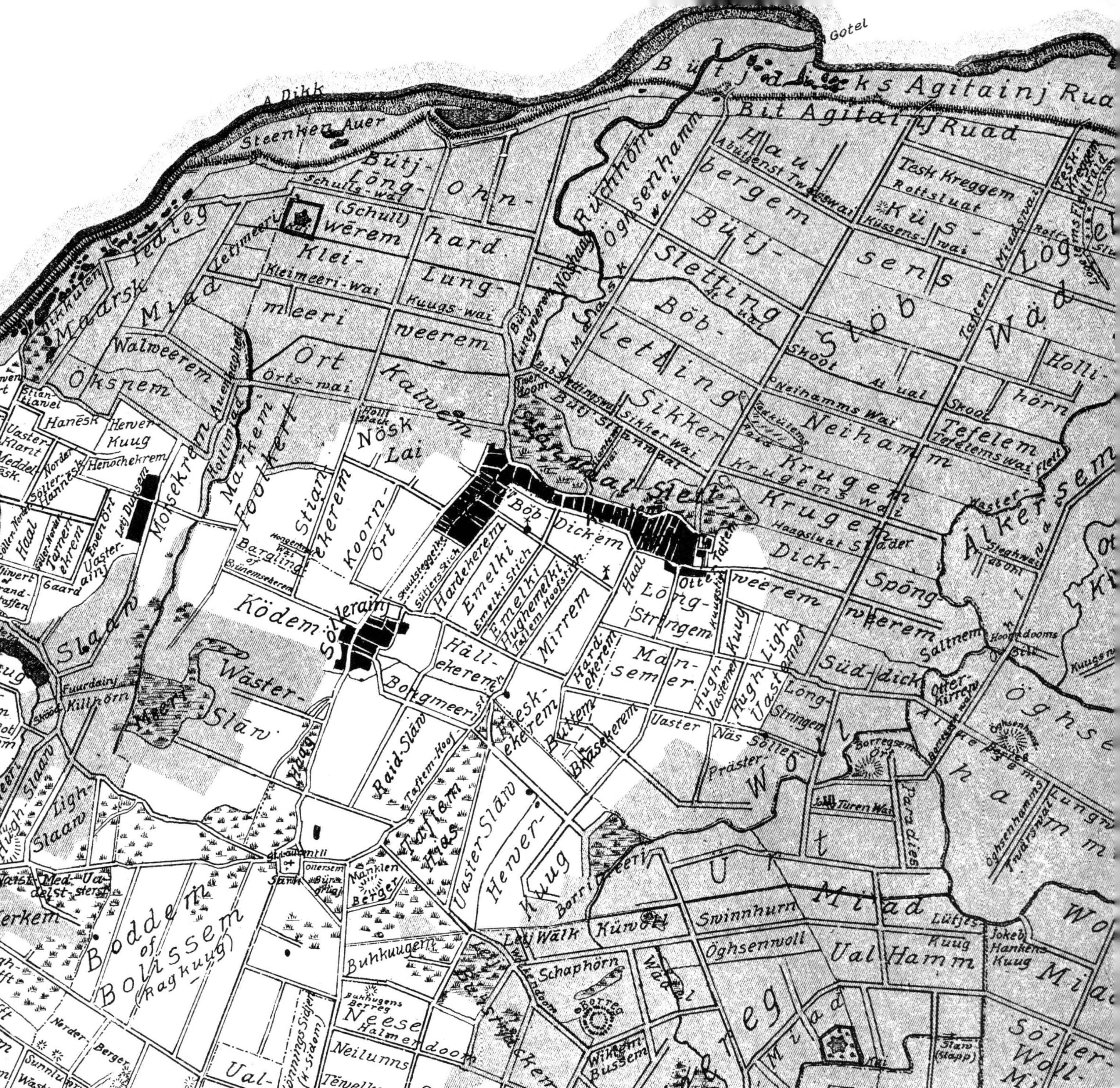

Abb. 34a: Die erschlossene Feldmark des ehemaligen Langdorfes um 1922. Die aus dieser Karte ersichtliche Aufteilung der Feldmark, die im Zuge der Landaufteilung erfolgte, blieb bis zur Flurbereinigung um 1960 weitgehend unverändert. Ein Vergleich zu der Abb. 34 zeigt, daß die angelegten Wege die Erschließung des Ackerlandes entscheidend verbessert, insbesondere aber auch den Zuschnitt der Tjüügen grundlegend verändert haben. Zugleich ist diese Feldlage um viele alte Flurnamen ärmer geworden. Nicht wenige, vor allem kleinere Tjüügen sind in größere aufgegangen. Die Lage einiger Tjüügen ist allerdings falsch wiedergegeben (vgl. Abb. 34). Zu beachten ist die Schreibweise, die gegenüber 1922 geändert worden ist.

viele Ackerstücke eine Keilform auf. Die Bewirtschaftung wurde dadurch erheblich erschwert. Hinzu kommen noch die von Tjüüg zu Tjüüg unterschiedlich verlaufenden Furchenrichtungen, die in der alten Karte von Feddersen gut erkennbar sind. Sie machen das Bild des damaligen Ackerfeldes noch vielfältiger. Um zugleich einen Überblick von der verstreuten Lage der einzelnen Ackerstücke zu geben, sind die Eigentumsflächen des Feldinteressenten Diedrich Roeloff in die Abb. 34 eingetragen. Einzelheiten hierzu werden später erläutert.

In den Unterlagen über die Landaufteilung sind die Namen der Tjüügen durchweg in der damals gebräuchlichen Schreibweise aufgeführt. Es sind zumeist aus dem Föhringischen ins Niederdeutsche übersetzte Bezeichnungen, die überwiegend schon 1611 bei der Abfassung des ältesten, noch im Landesarchiv vorhandenen Schilling-Englisch-Buches verwendet wurden, während im Sprachgebrauch die föhringischen Namen erhalten geblieben sind. Zum Teil befriedigen die Übersetzungen durchaus, wie z. B. von „Huucastian" in „Hochsteen" oder „Hörntaft" in „Horntöft". Andere sind völlig unbefriedigend wie „Büütj Loongweerem" in „Ausendelangwehrum". Einige sind wiederum sinnentstellt wie „Baakhuugem" in „Backkogem". Es sind allerdings auch nicht wenige Flurbezeichnungen zumindest in der Ausdrucksweise kaum verändert worden wie „Volkert", „Bargliin", „Deel", „Köödem".

Auch in den Erdbüchern über die Ergebnisse der Landaufteilung sind die Tjüügen mit niederdeutscher Bezeichnung eingetragen, womit der im Schilling-Englisch-Buch sozusagen schon begründete amtliche Charakter noch verstärkt worden ist. Die niederdeutschen Bezeichnungen sind daher auch Ende des vorigen Jahrhunderts beim Anlegen der Kataster- und Grundbücher beibehalten worden. Im Zuge der Flurbereinigung 1960/66 ist zwar der Versuch unternommen worden, die Tjüügen mit föhringischen Bezeichnungen in die öffentlichen Bücher zu übernehmen. Das ist aber nur unvollkommen geschehen. Es erschien daher angebracht, um einen Beitrag zur Erhaltung der schönen alten föhringischen Flurnamen zu leisten, in diesem Buch, abweichend von der seinerzeit üblichen Schreibweise, alle Tjüügen mit ihren föhringischen Namen zu bezeichnen, so wie sie heute noch in der Heimatsprache, „üüb fering", gebraucht werden. Dabei war es mir ein besonderes Anliegen, alte Flurnamen, die in den Landaufteilungsakten vermerkt sind, aber im Laufe der Zeit verlorengegangen sind, an die sich selbst Landwirte im Alter von 80 Jahren nicht erinnern konnten, wieder zu „erwecken", wie beispielsweise „Taamenstianer", „Guard Deelkem", Kaagem an Blögem" u. a. Um hierfür möglichst die ursprüngliche föhringische Bezeichnung zu finden, habe ich als Grundlage für die „Namensfindung" nicht die Aufzeichnungen des Landmessers Feddersen benutzt, sondern das mehrere 100 Seiten umfassende Professionsprotokoll des Langdorfes von 1798. Hierin haben nämlich Einheimische die Tjüügen mit den ideellen Anteilen der Interessenten nach Ammerland und Lästal eingetragen, so daß anzunehmen ist, daß die von ihnen geschriebenen Namen den seinerzeit gesprochenen noch am ehesten entsprechen. Allerdings war es auch notwendig, einige wenige, zur Zeit noch bekannte Flurnamen zu berichtigen, soweit sie eindeutig durch nachlässigen oder vereinfachenden Sprachgebrauch zu ihrem Nachteil verändert worden sind. So schreibe ich ein Tjüüg, das heute allgemein als „Warem Guardem" bezeichnet wird, als „Waadem Guardem"; denn in allen alten Akten heißt es „Waadem" und nicht „Warem Guardem". Ein weiteres Beispiel: Ein Tjüüg südöstlich der St. Laurentii-Kirche wird heute „Buhkuugem" genannt. Im Erdbuch ist „Backkogem" verzeichnet. Richtig dürfte „Baakhuugem" sein, denn es liegt unmittelbar angrenzend eine Niederung, die heute noch als „Baakmeere" bekannt ist. Zum anderen weist die Nachsilbe „huugem" treffend auf das sich aus der Umgebung heraushebende Tjüüg hin.

In der Übersicht 12 sind die Tjüügen mit ihren föhringischen Bezeichnungen nicht nach ihrer Lage, sondern nach ihrer Bodenqualität zusammengefaßt, und zwar aufgrund der steuerlichen Wertzahlen in dem 1795 geltenden Schilling-Englisch-Buch, die weitgehend identisch sind mit dem des Jahres 1664. Die Bewertung weicht jedoch wesentlich ab von dem ältesten noch vorhandenen Schilling-Englisch-Buch von 1611. Hierin ist die Spanne der Schilling-Englisch-Werte in den Tjüügen wesentlich größer. Sie reicht von 4 bis 12, im Jahre 1795 dagegen für die gleichen Tjüügen nur von 3 bis 7.

Die 1664 zwecks gerechter Besteuerung vorgenommene Schätzung unterscheidet sich hinsichtlich der Einstufung der Tjüügen im Prinzip nur unwesentlich von der Reichsbodenschätzung von 1935 und der

Übersicht 12: Größe der Tjüügen und der Ammerland-Anteile im Ackerland des Langdorfes vor der Landaufteilung – gegliedert nach der steuerlichen Bewertung

Steuerwert/Tjüüg (fö. Bezeichnung)	Größe der Tjüügen in Ammerland	Größe der Tjüügen in Ruthen	Größe 1 Ammerlandes in Ruthen	Größe 1 Ammerlandes in m² (umgerechnet)	Ammerland je Demat
7 Schilling E/Ammerland					
Hörntaft	$86^{5}/_{12}$	1 408	16,3	434	11,0
Tesken a Jaading	$51^{1}/_{2}$	514	10,0	266	18,0
Huuchstian	$35^{2}/_{3}$	692	19,4	516	9,3
Auer Sarkstiig (nuurdelk)	184	2 550	13,9	369	13,0
Nuurden Kapelaans Hüs	19	286	15,1	400	12,0
	$376^{7}/_{12}$	5 450	Ø 14,5	Ø 385	Ø 12,4
6 Schilling E/Ammerland					
Oter Taftem (ban a Stian)	$80^{11}/_{24}$	1 059	13,2	351	13,6
Uaster an Waaster Loongstringem	258	4 063	15,7	419	11,4
Taftem Haal	105	1 482	14,1	375	12,8
Boowen Taftem	$60^{9}/_{16}$	864	14,3	379	12,6
Taamenstianer	31	410	13,2	352	13,6
Uaster Taarepseekrem	77	1 029	13,4	356	13,5
Haleekrem	$97^{1}/_{2}$	1 469	15,1	401	11,9
Waaster Taarepseekrem	$79^{1}/_{4}$	1 038	13,1	349	13,7
Huuchtaftem	$36^{1}/_{2}$	519	14,2	378	12,7
Hedlun (ban a Stian)	$30^{1}/_{2}$	451	15,2	405	11,8
Bi Waastem Olersem	$114^{3}/_{8}$	1 703	14,9	396	12,1
Guardem	15	201	13,4	357	13,4
	$983^{7}/_{48}$	14 288	Ø 14,5	Ø 387	Ø 12,4
$5^{1}/_{2}$ Schilling E/Ammerland					
Heddering Olufs Eeker	10	125	12,5	333	14,4
5 Schilling E/Ammerland					
Oter Taftem (büütj a Stian)	$59^{1}/_{2}$	855	14,4	382	12,5
Huuch Uastemer	$228^{1}/_{8}$	4 125	18,1	481	9,9
Uaster Mansemer	163	2 507	15,4	409	11,7
Waaster Mansemer	$152^{3}/_{4}$	2 425	15,9	422	11,3
Tesken Mirem	$300^{1}/_{2}$	4 655	15,5	412	11,6
Uaster Hardeekrem	$203^{3}/_{16}$	2 996	14,7	392	12,2
Waaster Hardeekrem (ö. O.)	$212^{3}/_{8}$	3 134	14,8	393	12,2
Uaster Taarepseekrem	$121^{3}/_{4}$	1 529	12,6	334	14,3
Waaster Taarepseekrem	$120^{1}/_{4}$	1 552	12,9	344	13,9
Guard Deelkem	26	305	11,7	312	15,4
Boowen Schulk	$93^{1}/_{2}$	1 428	15,3	406	11,8
Koornört	184	2 788	15,2	403	11,9
Waaster Hardeekrem (w. O.)	$197^{3}/_{4}$	2 811	14,2	378	12,7
Süüd Foolkert (Foolkert)	$223^{5}/_{12}$	3 798	17,0	452	10,6
	$2\,286^{7}/_{48}$	34 908	Ø 15,3	Ø 406	Ø 11,8
4 Schilling E/Ammerland					
Liich Uastemer	107	1 967	18,4	489	9,8
Söler Braseekrem	$82^{5}/_{8}$	1 509	18,3	486	9,9
Nuurder Braseekrem	$90^{3}/_{4}$	1 238	13,6	363	13,2
Gusteewlem	$34^{1}/_{2}$	496	14,4	383	12,5
Nuurding Eekrem (uastelk)	$229^{7}/_{8}$	3 048	13,3	353	13,5
Nuurding Eekrem (waastelk)	$99^{1}/_{16}$	1 139	11,4	304	15,8
Auer Sarkstiig (süüdelk)	$114^{1}/_{4}$	1 305	11,4	304	15,8
Waadem Guardem	55	1 045	19,0	506	9,5
Daapteewlwem (Dopteewlem)	44	715	16,3	432	11,1
Uaster Baregliin	$93^{1}/_{8}$	1 313	14,1	375	12,8

Steuerwert/Tjüüg (fö. Bezeichnung)	Größe der Tjüügen in Ammerland	Ruthen	Größe 1 Ammerlandes in Ruthen	m² (umgerechnet)	Ammerland je Demat
Waaster Bareglin	96 1/12	1 291	13,3	355	13,5
Köödem	73 5/6	1 258	17,0	453	10,6
Triientaft (Trentaft)	12 1/2	170	13,6	362	13,2
Waasten J.A. Nickelsens Hüs (gehört zu „N. Kapel. Hüs")	6	84	14,0	373	12,9
	1 138 29/48	16 578	∅ 14,6	∅ 387	∅ 12,4
3 1/2 Schilling E/Ammerland					
Oter Taftem (bi a Koorndik)	15 1/2	259	16,7	445	10,8
3 Schilling E/Ammerland					
Kuuch (Kualschörd)	79 1/6	1 422	18,0	478	10,0
Uasternöös (waastelk)	69	1 192	17,3	460	10,4
Wolteewlem	100	1 671	16,7	445	10,8
Pustrükem	24 7/8	423	17,0	453	10,6
Lutem	17	275	16,2	431	11,1
Bransteewlem	39	608	15,6	415	11,6
Nuurder Braseekrem Koolk	–	50	–	–	–
Brüningeekrem	85 7/8	1 148	13,4	356	13,5
Stianeekrem	99 1/2	1 427	14,3	382	12,6
Foolkert Hiasem	78 1/2	1 360	17,3	461	10,4
För Foolkert, Kaagem, Blögem	31	531	17,1	456	10,5
Tanhuuch (Tonghaag)	36 1/4	691	19,1	507	9,4
Baakentaft	24	439	18,3	487	9,8
Deel	6 3/4	125	18,5	493	9,7
Koornguard	23	300	13,0	347	13,8
Hedlun (büütj a Stian)	19 3/8	329	17,0	452	10,6
Hörn (Brüningeekrem-Süd)	44	394	9,0	238	20,1
	777 7/24	12 385	∅ 15,9	∅ 424	∅ 11,3
1 1/2 Schilling E/Ammerland					
Uasternöös (uastelk)	25 1/4	500	19,8	527	9,1
Freskem	26 1/24	553	21,2	557	8,6
	51 7/24	1 053	∅ 20,5	∅ 546	∅ 8,8
Tjügen insgesamt	5 623 1/16	84 787	∅ 15,1	∅ 402	∅ 11,9

1 Demat = 180 Ruthen = 4790 m²
1 Ruthe = 26,61 m²

Flurbereinigungsschätzung von 1962. Demnach waren unsere Vorfahren durchaus in der Lage, die Qualität der Ackerländereien richtig einzuschätzen. Die qualifizierte Bewertung unterstützt zugleich die Annahme, daß die Landwirtschaft auf Föhr vor der Landaufteilung eine zwar nicht dominierende, aber dennoch gewichtige Rolle spielte. Hätte sie nur eine geringe Bedeutung gehabt, hätte kein Anlaß für eine derart differenzierte Steuerschätzung bestanden.

Die Anteile der Interessenten in den jeweiligen Tjüügen wurden vor der Landaufteilung nach Ammerland (fö. Amerlun) bemessen. Dabei war die Flächengröße eines Ammerlandes von wenigen Ausnahmen abgesehen innerhalb eines Tjüügs zwar gleich, von Tjüüg zu Tjüüg aber unterschiedlich. So umfaßte 1 Ammerland in der „Hörn" (westlich Süderende) nur 238 m², auf „Waadem Guardem" (östlich Süderende) aber 506 m². Im Mittel aller Tjüügen waren es 402 m², denn insgesamt wurden auf den 473 Demat Ackerland des Langdorfes 5623 Ammerland gezählt. Auf ein Demat kamen somit durchschnittlich 11,94 oder rd. 12 Ammerland. Die Angaben in der Literatur, wonach 10 Ammerland 1 Demat entsprachen, sind demnach unrichtig.

Bislang wird in allen Veröffentlichungen ausnahmslos die – zu Zweifel Anlaß gebende – Auffassung vertreten, ein Ammerland entspreche einer Fläche, für deren Ansaat man früher einen „Ammer" (fö. Amertenk) oder einen Scheffel benötigte. Weil aber auf gutem Land eine stärkere Aussat erfolgte als auf geringwertigem, sei die Größe des Ammerlandes nicht einheitlich. Bei besserer Bodenqualität sei daher die reale Fläche eines Ammerlandes kleiner. Letzteres ist als allgemeine Aussage etwa zutreffend, wenn man dabei die durchschnittliche Größe eines Ammerlandes aus allen Tjüügen einer Schätzungsklasse (ausgedrückt in Schilling-Englisch) zugrunde legt. Nach der Übersicht 12 umfaßte 1 Ammerland in der Schätzungsklasse 7 im Mittel 385 m^2 und in der Klasse 3 im Mittel 424 m^2. Allerdings war hiervon abweichend 1 Ammerland in der Klasse 5 mit durchschnittlich 406 m^2 größer als in der Klasse 4 mit 387 m^2. Insoweit ist also schon eine Abweichung von der allgemeinen Auffassung festzustellen.

Die Richtigkeit der Auffassung muß aber auch in Frage gestellt werden, wenn man den Flächeninhalt eines Ammerlandes von Tjüüg zu Tjüüg innerhalb einer Schätzungsklasse betrachtet. 1 Ammerland auf „Huuchstian", ein Tjüüg nördlich Süderende, umfaßte 516 m^2. Es war damit doppelt so groß wie 1 Ammerland „Tesken a Jaading", ein Tjüüg nordöstlich von Süderende, das dort mit 266 m^2 gemessen wurde. Beide lagen in der Schätzungsklasse 7.

Abweichungen gab es auch in der Schätzungsklasse 3. In „Hörn", westlich Süderende, war 1 Ammerland nicht einmal halb so groß wie auf „Baakentaft" und „Deel", die als Tjüügen westlich unmittelbar angrenzten.

Wie sah es nun in den anderen Dörfern Westerlandföhrs aus? In Dunsum zählte man auf knapp 142 Demat Ackerland 1967 Ammerland. Mit einer durchschnittlichen Größe von 13,0 Quadratruthen oder 345 m^2 war somit 1 Ammerland dort erheblich kleiner als im Langdorf, wo es im Mittel 15,1 Quadratruthen oder 402 m^2 umfaßte. Allerdings war die Flächengöße eines Ammerlandes von Tjüüg zu Tjüüg auf der Dunsumer Feldmark mit 10–14 Quadratruthen bei weitem nicht so unterschiedlich wie im Langdorf. Dort lag sie zwischen 9 und 21 Quadratruthen.

In Dunsum gab es übrigens eine von den Nachbardörfern abweichende Eigentümlichkeit. Die Nutzung einiger Tjüügen innerhalb des Ackerlandes bestimmte sich nicht nach Ammerland, sondern nach Bältring; d. h. nach der Quote, die die Feldinteressenten im Gräsungsland besaßen. Sie hatten somit den letzten Entwicklungsschritt, das zu Ackerland hergerichtete Gräsungsland nach Ammerland zu verteilen, um 1800 noch nicht vollzogen.

Ebenfalls für Borgsum und Witsum fand ich sehr differenzierte Verhältnisse vor. Zwar klafften die Unterschiede von Tjüüg zu Tjüüg auch dort nicht so weit auseinander wie im Langdorf, aber die tatsächliche Fläche, die auf 1 Ammerland kam, lag im Durchschnitt bei 20,45 Quadratruthen oder 544 m^2 (für 8,8 Ammerland erhielten die Feldinteressenten bei der Landaufteilung im Mittel 1 Demat Ackerland). Interessant ist, daß die ansonsten allgemein zutreffende Auffassung, auf Böden geringerer Qualität sei die Fläche eines Ammerlandes größer, sich für Witsum überhaupt nicht bestätigt. Im Gegenteil: Auf den Heideflächen, die als Wungeland genutzt wurden, hatte 1 Ammerland im Durchschnitt eine geringere Flächengröße als in den dorfnahen Acker-Tjüügen mit wesentlich besserer Bodenqualität. Somit stellen sich auch hier Fragen, deren eindeutige Beantwortung sehr schwierig ist. Dies um so mehr, weil in Nieblum die Verhältnisse wiederum anders lagen. Dort erhielten die Feldinteressenten bei der Landaufteilung im Jahre 1777 für 1 Ammerland im Mittel 16,5 Quadratruthen Ackerland oder 18,3 Quadratruthen Wungeland (Heide).

Zweifel sind insbesondere anzumelden hinsichtlich der Angaben in der Literatur, für 1 Ammerland brauche man 1 Scheffel bzw. 1 „Amertenk" Saatgut, zumindest wenn man dabei die um 1800 und danach gebräuchlichen Maße anhält. 8 „Amertenk" kamen seinerzeit auf 1 Tonne Getreide. 1 „Amertenk" faßte somit etwa 25 Pfund Roggen oder 22,5 Pfund Gerste. Wenn aber – wie im Langdorf – im Mittel 12 Ammerland in 1 Demat lagen, hätte bei der Festlegung der Größe eines Ammerlandes eine Saatmenge von 300 Pfund Roggen oder 270 Pfund Gerste je Demat zugrundegelegt werden müssen. In einem Tjüüg wie „Hörn" kamen sogar 20 Ammerland auf 1 Demat, so daß die entsprechende Saatmenge 500 Pfund Roggen/Demat (500 kg/Hektar) betragen hätte. Das ist völlig ausgeschlossen! Soviel Getreidesaat ist in früherer Zeit niemals für 1 Demat verwendet worden. Auf durchschnittlich bonitiertem Ackerland reichte eine Saatmenge von 100–150 Pfund Roggen pro Demat aus.

Möglicherweise waren in früheren Jahrhunderten die Maßeinheiten „Scheffel“ bzw. „Amertenk“ wesentlich kleiner. Dann könnte die in der Literatur vertretene Auffassung etwa richtig sein. Für kleinere Maßeinheiten gibt es jedoch keine Anhaltspunkte. Ich nehme daher an, daß sich die Größe eines Ammerlandes nicht an der erforderlichen Aussaat, sondern eher an der erzielten Kornernte orientierte. Denn es ist durchaus realistisch, von Erntemengen zwischen 300 und 400 Pfund Roggen/Demat auszugehen, wenn man dabei den Zeitraum annimmt, in dem die Interessenten ihr Ackerland unter sich aufteilten; das geschah auf Westerlandföhr zweifelsfrei vor der Reformation oder vor dem 16. Jh. Dabei sei auf die Landschaft Angeln verwiesen. Dort wurde um 1500 nachweislich nicht mehr als das Drei- bis Vierfache der Aussaat geerntet. Daß die Föhringer zu dieser Zeit mehr geerntet haben, ist nicht anzunehmen. Sie waren in erster Linie Seefahrer und keine „Meister“ des Ackerbaus.

So erntete man beispielsweise nach der Landaufteilung auch in den Slaawen nach dem erstmaligen Umbruch des Gräsungslandes sehr wenig. Darauf wiesen die Feldinteressenten von Süderende in einer Eingabe an den Birkvogt am 14. November 1804 hin. Danach hatte Diedrich Roeloffs in „Waasterslaaw“ auf 2 Demat bei einer Aussaat von 2,5 Tonnen nur 6 Tonnen Hafer (840 Pfund) geerntet; das waren 19 „Amertenk“ pro Demat. – Und um 1914 brachte der sog hiesige Roggen, eine alte Landsorte, auf den leichtesten Geestböden über alle Jahre hinweg auch nicht mehr als 5 bis 6 Zentner oder 20 bis 24 „Amertenk“ je Demat.

Wenn ich davon ausgehe, daß vor vielen Jahrhunderten die Feldinteressenten die Größe der Tjüügen in Ammerland festlegten, so erscheint es durchaus zulässig, die Größe eines Ammerlandes in Beziehung zur Erntemenge zu setzen. Diese Annahme wird gestützt durch die Tatsache, daß sich auch die Größe der Wiesenstücke im Meedeland nach Lästal (Fuderzahl) bestimmte, d. h. allein nach der zu erntenden Heumenge. Dem steht allerdings entgegen, daß in anderen Teilen der Cimbrischen Halbinsel die Flächengrößen beim Ackerland nach Tonnen, Scheffel und Heitscheffel bemessen waren. Es wurden dort also Flächenmaße gewählt, die eindeutig eine Beziehung zur Aussaatmenge hatten, so daß naheliegen könnte, auf der Insel Föhr sei gleichermaßen verfahren worden.

Nach alledem steht fest, daß die bisherigen Aussagen zu der Flächengröße eines Ammerlandes einer kritischen Untersuchung nicht standhalten. Zwar sind die Größenunterschiede von Dorf zu Dorf insoweit geringer als bei den Bältringen. Hierauf gehe ich später noch ein. Dennoch ist aufgrund der von Tjüüg zu Tjüüg erheblich abweichenden Flächengröße anzunehmen, daß auch die in einem Tjüüg erzielbare Erntemenge – in Scheffel oder „Amertenk“ – nicht allein maßgebend war für die Festlegung der Zahl der Ammerlandanteile. Vielmehr dürfte davon auszugehen sein, daß sich die Feldinteressenten hieran lediglich grob orientierten. Andere Gegebenheiten, wie die Zahl der bei der Aufteilung maßgebenden Familien und deren Quoten am Gräsungsland der Feldmark wurden sicherlich ebenfalls herangezogen, um eine gerechte Verteilung der Ackertjüügen zu erreichen.

Eines jedoch dürfte deutlich geworden sein: Mehr als bislang ist eine differenzierte Betrachtungsweise notwendig! Offensichtlich hat sich der Chronist Peter Jung Peters, der Anfang des 19. Jahrhunderts in den „Provinzialberichten“ eingehend über die Verhältnisse vor der Landaufteilung auf Föhr berichtet hat, damals auf mündliche Anskünfte von Eingesessenen verlassen und ist den Dingen nicht „auf den Grund gegangen“. Später haben dann andere seine Aussagen übernommen mit der Folge, daß über 150 Jahre lang unzutreffende Angaben über einen wesentlichen Teil unserer alten Agrarverfassung auf Westerlandföhr erschienen.

Nicht nur der Flächeninhalt eines Ammerlandes unterschied sich von Tjüüg zu Tjüüg. Auch die Flächengröße der Tjüügen selbst wichen erheblich voneinander ab (Übersicht 13). So war „Guard Deelkem“, ein Tjüüg östlich von Süderende, nur 8116 m² (1,7 Demat)[6], „Süüd Foolkert“, ein Tjüüg westlich Süderende, dagegen 101 065 m² (21,1 Demat) groß. Als größtes Tjüüg übertraf „Tesken Mirem“ mit 123 870 m² (25,9 Demat) beispielsweise „Deel“ (3326 m² = 0,7 Demat) um fast das Vierzigfache. Im Mittel umfaßte ein Tjüüg 39 019 m² (8,2 Demat).

---

6 „Guard Deelkem“ bestand eigentlich aus zwei Tjüügen“, „Guard Deelkem“ und „Uaster Guard Deelkem“. Dann gab es noch „Waaster Guard Deelkem“, das identisch ist mit „Guardem“.

Übersicht 13: Strukturelle Verhältnisse in den Tjüügen des Ackerlandes im Langdorf vor der Landaufteilung

Tjüüg (föhr. Bezeichnung)	Größe in m²	Ackerstücke Anzahl	Ackerstücke Ø Größe in m²	Anzahl der Teilstücke	Größe der Teilstücke von – bis Ammerl.	Größe der Teilstücke von – bis m²	Größe der Teilstücke im Mittel m²
Hörntaft	37 466	52	721	58	1/2– 4	217–1 736	646
Tesken a Jaading	13 678	30	456	35	1/2– 4	133–1 064	391
Huuchstian	18 414	28	677	28	1/2– 4	258–2 064	677
Auer Sarkstiig	105 908	116	913	154	1 –10 1/4	304–3 690	688
Nuurden Kapelaans Hüs	9 845	21	469	22	1 – 4	400–1 600	448
Oter Taftem	57 824	35	1 652	71	1/2–5 3/4	176–2 018	814
Uaster Loongstringem	53 632	34	1 577	53	5/8– 5	262–2 095	1 012
Waaster Loongstringem	54 484	40	1 362	61	1/2– 4	210–1 676	893
Taftem Haal	39 436	28	1 408	50	3/4– 6	281–2 250	789
Boowen Taftem	22 991	19	1 210	20	1/2–12 1/16	190–4 798	1 150
Taamenstianer	10 910	12	909	14	1 1/2–4 1/2	528–1 584	779
Uaster Taarepseekrem	68 069	65	1 047	81	1/2– 6	171–2 052	840
Waaster Taarepseekrem	68 920	63	1 094	88	7/8– 7	319–2 415	783
Haleekrem	39 090	29	1 348	46	1 – 4 1/2	401–1 805	850
Huuchtaftem	13 811	21	658	21	2/3– 4 1/2	249–1 701	658
Hedlun	20 755	24	865	29	3/4– 5	339–2 260	716
Bi Waastem Olersem	45 317	37	1 225	46	1 1/8–5	446–1 980	985
Guardem	5 349	7	764	7	1 – 3	357–1 071	764
Huuch Uastemer	109 766	50	2 195	81	3/4– 7 1/2	361–3 608	1 355
Uaster Mansemer	66 711	53	1 259	57	7/8– 5	358–2 045	1 170
Waaster Mansemer	64 529	55	1 173	70	7/8– 5	369–2 110	922
Tesken Mirem	123 870	83	1 492	132	3/8– 6	155–2 472	938
Uaster Hardeekrem	79 724	66	1 208	75	1/2– 6	196–2 352	1 063
Waaster Hardeekrem (ö. O.)	83 396	66	1 264	88	7/8– 9	344–3 537	948
Guard Deelkem	8 116	13	624	13	1 – 4	312–1 248	624
Boowen Schulk	37 999	42	905	44	3/4– 9	305–3 654	864
Koornört	74 189	57	1 302	76	3/4– 7	302–2 821	976
Waaster Hardeekrem (w. O.)	74 801	50	1 496	85	5/8–12	236–4 536	880
Süüd Foolkert/Foolkert	101 065	63	1 604	100	1/2–10	276–4 520	1 011
Liich Uastemer	52 342	47	1 114	55	1/2– 4	245–1 956	952
Söler Braseekrem	40 154	29	1 385	35	1/2–4 1/2	243–2 187	1 147
Nuurder Braseekrem	32 943	27	1 220	38	7/8– 6	318–2 178	867
Gusteewlem	13 199	15	880	17	1/2–14	192–5 362	776
Nuurding Eekrem (uastelk)	81 107	54	1 502	93	3/4– 7	265–2 471	872
Nuurding Eekrem (waastelk)	30 309	35	947	38	1/2–12 7/16	153–3 802	842
Waadem Guardem	27 807	26	1 070	30	1/4– 4	127–2 024	927
Daapteewlem (Dopteewlwem)	19 026	23	827	29	1/2– 7	216–3 024	656
Uaster Baregliin	34 939	27	1 294	31	1/4–11 1/4	94–4 219	1 127
Waaster Baregliin	34 354	33	1 041	35	1 1/2– 6	533–2 130	982
Köödem	33 475	23	1 455	37	1/3– 6	149–2 718	905
Triientaft (Trentaft)	4 524	5	905	5	2 – 3 1/2	724–1 267	905
Kuuch (Kualschörd)	37 839	41	923	100	1/8– 3	60–1 434	378
Uasternöös	45 024	46	979	67	1/4– 7	118–3 304	672
Wolteewlem	44 465	47	946	59	1 – 4	445–1 780	754
Pustrükem	11 256	13	866	19	1/2– 2 1/4	227–1 019	592
Lutem	7 318	7	1 045	8	1 – 3	431–1 293	915
Bransteewlem	16 179	16	1 011	15	1 – 9	415–3 735	1 079
Brüningeekrem	30 548	25	1 222	27	1/2–10	89–3 560	1 131
Hörn (Brüningeekr.-Süüd)	10 484	20	524	22	3/8– 6	89–1 428	477
Stianeekrem	37 972	31	1 225	30	1/2–15	191–5 730	1 266
Foolkert Hiasem	36 190	39	928	50	3/8– 4	173–1 844	724
För Foolkert, Kaagem, Blögem	14 130	14	1 009	15	3/4– 4	342–1 824	942
Tanhuuch (Tonghaag)	18 388	15	1 226	21	1/20 4	254–2 028	876
Baakentaft	11 682	21	556	28	1/4– 2	122– 874	417
Deel	3 326	4	832	4	3/4– 3	370–1 479	832
Koornguard	7 983	11	726	12	1 – 4	347–1 388	665
Freskem	14 715	14	1 051	23	1/9– 4	61–2 228	640
Braseekrem Koolk	1 331	4	331	4	1/6–1/2	221– 666	331
	2 263 075	1971	Ø 1 148	2 653			Ø 853

Innerhalb der Tjüügen hatten die Feldinteressenten ihr Eigentum in der Regel in Form langer Ackerstreifen (fö. Kirew oder Stak), zumeist nur in einer Breite von drei bis fünf Metern. Viele Streifen waren, zum Teil mehrfach, quergeteilt. Nicht wenige hatten eine Keilform. Die 473 Demat Ackerland wurden in 2653 Teilstücken bewirtschaftet. Ein Teilstück, durchschnittlich 2,12 Ammerland groß, umfaßte im Mittel 853 m^2. Das ist eine Fläche, die etwa der Größe eines heutigen Einfamilienhaus-Grundstücks entspricht – aus heutiger Sicht kaum vorstellbar!

Die geringe Größe ist zurückzuführen auf die auf Föhr seit altersher herrschende Realteilung. Im Erbgang wurde manchmal jedes einzelne Stück Ackerland entsprechend der Zahl der Erben aufgeteilt. Umfaßte die Erbmasse z. B. nur ein Ackerstück für zwei Erben, so erhielt selten ein Erbe das ganze Stück gegen Geldausgleich. Meist wurde das Ackerstück geteilt, so daß zwei Ackerstücke entstanden. Übrigens ist die Realteilung eine erbrechtliche Besonderheit in Schleswig-Holstein, die nur auf den nordfriesischen Geestinseln und im Kornkoog zwischen Risum-Lindholm und Niebüll praktiziert wurde.

Die als Folge dieses Erbrechts überaus starke Zerstückelung der Ländereien versuchten die Interessenten zwar durch regen Tausch und Kauf etwas zu mildern, was aber nicht immer gelang. So gab Ehlen Bohn aus Oldsum bei der Landaufteilung eines der kleinsten Ackerstücke als ihr Eigentum an. Sie besaß auf „Freskem" 1/9 Ammerland oder 61 m^2. Jap Jappen und Boh Ketels aus Oldsum hatten in der „Hörn" zusammen 1/4 Ammerland oder 89 m^2. Zumeist kamen jedoch in einem Tjüüg auf einen Interessenten 2–3 Ammerland, selten mehr. Die Anteile eines Interessenten in einem Tjüüg lagen aber bei weitem nicht immer in einer Strecke. Sie konnten durchaus auf mehrere Stücke verteilt sein.

Durchweg waren die einzelnen Stücke innerhalb der ortsnahen Tjüügen kleiner, in den weiter entfernt gelegenen größer. So wies das südöstlich Toftum liegende Tjüüg „Kuuch", auch „Kualschörd" genannt, die wohl stärkste Zerstückelung auf. Die 79 1/6 Ammerland entsprechen einer Fläche von 37 839 m^2 (7,9 Demat), die sich in 41 Ackerstücke gliederte. Tatsächlich wurde sie jedoch in 100 Teilstücken bewirtschaftet, weil sich bis zu sechs Interessenten ein Ackerstück teilten. Im Mittel betrug die Größe eines bewirtschafteten Teilstücks daher nur 378 m^2. Die kleinsten Teilstücke besaßen Arfst Nickelsen und Jap Jürgens mit je 1/8 Ammerland oder 60 m^2.

In den Tjüügen des Langdorfes existierte um 1800 kaum ein Ackerstück, das 1 Demat groß war. So besaß z. B. das Hauptpastorat von St. Laurentii in 44 Tjüügen 99 einzelne Ackerstücke mit einer Gesamtfläche von umgerechnet rd. 29 Demat. Davon umfaßte nur ein Teilstück auf „Gusteewlem", das aus vier zusammenhängenden Ackerstücken bestand, mit 14 Ammerland mehr als 1 Demat. Drei weitere Flächen erreichten jeweils 10 Ammerland, knapp 1 Demat. Alle anderen Flächen waren kleiner. Und dabei wies das Kirchenland eine noch verhältnismäßig geringe Zerstückelung auf, weil es einem Erbgang und damit weiteren Teilungen nicht unterworfen war. Alle anderen Feldinteressenten mußten Teilstücke von durchschnittlich gut einem Sechstel Demat bewirtschaften. Von drei Ausnahmen abgesehen („Taamenstianer", „Waaster Baregliin", „Triientaft"), lagen die jeweils kleinsten Teilstücke innerhalb eines Tjüügs immer unter 500 m^2 (Übersicht 13). Daß Flächen dieser Größenordnung eine rationelle Bewirtschaftung nicht zuließen, liegt auf der Hand. Wenn dennoch die Landzusammenlegung im Zuge der Landaufteilung später kritisiert wurde, so spricht daraus nur die Unkenntnis der Chronisten über die tatsächlichen Verhältnisse.

Eine besondere Ausprägung fand die Bewirtschaftung der Ackerflur noch dadurch, daß einige Interessenten die Nutzung ihrer Ackerstücke im jährlichen oder mehrjährigen Turnus wechselten. Insbesondere wechselten gemeinschaftliche Erben eines Grundstücks oftmals jedes Jahr ihre Ammerlandanteile. Und auch ein etwaiger Käufer trat in diesen Turnus ein.

Das Bild von der zerstückelten Flur und der Größe der Ackerstücke verdeutlichen die Abb. 34 und und die Übersicht 14. Danach besaß Diedrich Roeloffs 36 Acker- bzw. Teilstücke in 21 Tjüügen. Sie erreichten im Mittel eine Größe von knapp 2 Ammerland oder umgerechnet 781 m^2. Vier Ackerstücke teilte er sich mit anderen Interesssenten. Die zwei kleinsten Teilstücke umfaßten nur jeweils 200 m^2, eher Gärten als landwirtschaftlich rationell nutzbare Flächen. Nur eine größere Fläche, 4219 m^2 auf „Uaster Baregliin", konnte Diedrich Roeloffs bewirtschaften. Sie bestand aus vier nebeneinanderliegenden Ackerstücken mit zusammen 11 1/4 Ammerland.

Übersicht 14:
Ackerland des Feldinteressenten Diedrich Roeloffs in der Feldmark des Langdorfes (1802)

Name des Tjüügs	Zahl der Acker- bzw. Teilstücke	Größe in Ammerland	Größe in Quadratmeter
Uaster Baregliin	4	11 1/4	4219
Uaster Baregliin	1	2	750
Dopteewlem	1	3	1296
Dopteewlem	1	2	864
Koornört	1	1 1/2	648
Waaster Baregliin	1	1 1/2	533
Auer Sarkstiig	1	3 3/4	1140
Waaster Hardeekrem	1	2	608
Waaster Hardeekrem	1[1)]	2 1/2	983
Waaster Hardeekrem	1	5	1965
Süüd Folkert	1[2)]	1	456
Tanhuuch	3	2 1/2	1268
Foolkert Hiasem	1	2	922
Köödem	1	1 1/2	680
Baakentaft	1	1	487
Brüningeekrem (Hörn)	1	9/16	200
Bi Nuurden Söleraanj	1	2/3	269
Huuchstian	1	3/4	393
Tesken a Jaading	1[3)]	3/4	200
Guardem	1	3	1071
Boowen Schulk	1[4)]	2	812
Boowen Schulk	1	3 1/2	1421
Boowen Schulk	1	2	812
Boowen Schulk	1	2	812
Boowen Schulk	1	3	1218
Huuchtaftem an Haleekrem	1	2	756
Tesken Mirem	1	3	1236
Tesken Mirem	1	2 1/2	1030
Hörntaft	1	3/4	326
Hörntaft	1	1	435
Kuuch	1[5)]	2/3	319
zusammen:	36	70 31/48	28 129

[1)] Innerhalb eines 5-Ammerland-Ackerstückes zusammen mit Peter Bohn und Jürgen Lorentzen, die je 1 1/4 AL besaßen

[2)] zusammen mit Oluf Hansen in einem 2 AL großen Ackerstück

[3)] zusammen mit Rickmer Nickelsen in einem 1 1/2 AL großen Ackerstück

[4)] die 5 Ackerstücke in „Boowen Schulk" lagen jeweils separat

[5)] zusammen mit Fulk Arfsten Ww. und Lorentz Arfsten, die in dem 2 AL großen Ackerstück beide ebenfalls 2/3 AL hatten

Die Feldinteressenten pflügten das Ackerland vor der Landaufteilung ständig, wobei viele ihre kleinen Stücke meist nur mit Spaten und Hacke bearbeiteten. Die Interessenten düngten ihr Ackerland alle drei Jahre mit Stallmist (und Plaggen) und bestellten es in dreijähriger Folge mit Sommergerste, Winterroggen und danach mit Sommerroggen oder – seltener – mit Hafer. Auf den besseren Ackerflächen bauten sie auch graue Erbsen ab. Die Düngung erfolgte in der Regel zur Gerste. Diese einseitige Bewirtschaftung führte zu einer starken Verunkrautung. Hiervon berichten Sachverständige der Schleswig-Holsteinischen Landcommission im Jahre 1794. Mit sehr bescheidenen Getreideernten mußten sich die Feldinteressenten daher zufriedengeben.

In geringem Umfang dürfte vor der Landaufteilung auch Flachs angebaut worden sein. Wie heute noch, trug schon vor 1800 ein Tjüüg im Borgsumer Ackerland, 1 km westlich des Dorfes, die Bezeichnung „Flachsacker" (fö. Flaakseekrem).

Viele Tjüügen waren durch einen Weg nicht erschlossen. Sie waren nur über andere Tjüügen zu erreichen (s. Abb. 34). Dies galt in noch stärkerem Maß für die Ackerstücke innerhalb der Tjüügen. Um dorthin zu gelangen, mußte der Eigentümer oftmals viele Nachbargrundstücke überqueren. Die Interessenten waren daher gezwungen, gleichzeitig zu pflügen, zu bestellen und auch zu ernten. Andernfalls hätten sie Schaden auf den Grundstücken der Nachbarn angerichtet. Daher ist es verständlich, daß in einem Tjüüg eine einheitliche Fruchtfolge eingehalten und auch die gleiche Getreideart bestellt werden mußte. Für die Organisation von Art, Zeit und Form der Nutzung, die als „Flurzwang" bezeichnet wird, war die Bauerschaft zuständig. Sie bestimmte den Tag der Bestellung und den der Ernte. So wurde (sechszeilige) Sommergerste in der Regel um den 26. Mai gesät. Dieser Termin blieb auch nach der Landaufteilung noch im Bewußtsein der Bewohner haften[7].

Nach der Getreideernte wurde das Ackerland in die gemeinschaftliche Weide einbezogen. Und dafür gab es uralte Regelungen! Nur die im Dorfe wohnhaften Gräsungsland-Interessenten hatten das Recht, das

7 So wußte mein Großvater, Brar Matzen, zu berichten, daß bis 1900 etwa die Landwirte daran festhielten, daß die um den 26. Mai bestellte Sommergerste den höchsten Ertrag verspreche.

Ackerland (wie auch das Meedeland) nach der Ernte zu beweiden. Infolgedessen war dem Eigentümer von Ackerland die Beweidung seiner eigenen Fläche verwehrt, wenn er nicht gleichzeitig Interessentenanteile am Gräsungsland besaß. Von ihrem Weiderecht machten die Berechtigten nicht selten bis in den Frühling hinein Gebrauch, wodurch besonders die Wintersaat Schaden nahm. Dieses eigentümliche Nutzungsrecht führte einmal dazu, daß in erster Linie Sommergetreide (Gerste und Sommerroggen) angebaut wurde. Es behinderte zudem den Anbau von Kartoffeln. Ja, es hatte sogar zur Folge, daß das Korn übereilt geerntet und unreif bzw. in schlechter Qualität eingebracht wurde, um Schaden durch weidendes Vieh vorzubeugen.
Abgesehen von der gemeinschaftlichen Beweidung und dem Flurzwang konnte der Interessent über sein Ackerland frei durch Verkauf, Tausch, Vererbung und Verpachtung verfügen. Die Verpachtung sehr kleiner Anteile an Anlieger war üblich.
Die Ackerländereien werden in den Landaufteilungsakten auch als „Tägliche Ländereien" geführt. Nach alten Berichten sollen die Föhringer in ihrer Sprache diese Ländereien als „Dogelks- oder Daielks-Lun" bezeichnet haben. Obwohl in der Schreibweise annähernd gleich, sind Sinn und Bedeutung der beiden Worte doch grundverschieden. „Dogelks" heißt täglich, und insoweit wäre die deutsche Übersetzung zwar zutreffend. Es ist aber ein Zusammenhang mit der damals üblichen Nutzung der Ackerländereien nicht zu erkennen. „Daielks-Lun" dagegen hieße übersetzt „Einfaches oder Gewöhnliches Land". Das wäre aber nicht sachgerecht. Im Gegenteil. Es handelte sich um das beste Land der Feldmark, dessen Wert in den höchsten Kaufpreisen und in hoher Pacht, aber auch in einer hohen Steuereinschätzung seinen Ausdruck fand. Ob „daielks" aus dem Syltringischen entlehnt ist? Dort wird dieses Wort für schön, fein oder schmuck gewählt. Dann wäre die Bezeichnung „Daielks Lun" treffend. Möglicherweise hat „daielks" in der föhringischen Sprache eine Wandlung erfahren, indem damit früher ein Gegenstand bezeichnet wurde, der vielseitig verwendbar war. Denn schließlich ist ein „daielks Skrobejak" nicht nur ein einfacher, sondern auch ein vielseitig zu verwendender Stallkittel. Ja, auch dann wäre die Bezeichnung „Daielks-Lun" zutreffend und verständlich. Sie wird aber heute, ebenso wie „Dogelks-Lun" in der föhringischen Sprache nicht mehr gebraucht. Selbst ältere Bauern, die ich befragte, konnten sich nicht erinnern, jemals diese Bezeichnung gehört zu haben. Auch Diedrich Roeloffs hat sie in seinen Aufzeichnungen nie verwendet. Im Journal und anderen Schriftstücken ist stets nur die Rede von Ackerland.

Gräsungs- oder Bältringsland

Mit 1746 Demat nahm das Gräsungsland weit über die Hälfte der Feldmark des Langdorfes ein. Hiervon entfielen auf

Marschland ohne Gewässer	824 Demat
Vorlandgräsung einschl. Deich	116 Demat
Slaawen- und Heideland ohne Gewässer	663 Demat
Gewässer einschl. Reetflächen	143 Demat

Das Gräsungsland des Langdorfes war an sich nicht aufgeteilt auf die Dorfschaften. Dennoch nutzten die Interessenten von Süderende aus Gründen der Zweckmäßigkeit nur das Slaawen- und Heideland südlich ihres Dorfes. Das Gräsungsland in der Marsch einschließlich Deich und dem Vorland zwischen Außenpriel (fö. Godel) vor der Schleuse und Midlum-Heck (fö. Madlem-Rak) dagegen diente als Viehweide ausschließlich den Interessenten von Oldsum, Klintum und Toftum; es umfaßte das gesamte Marschland, soweit es nicht als Meedeland oder Bauerland bewirtschaftet wurde. Das Gräsungsland – insbesondere in der Marsch und in „Waasterslaaw" – zeichnete sich durch einen hohen Anteil an Gewässern aus, die als ehemalige Priele mehr oder weniger verlandet waren. Es fehlte, wie im Meedeland, an einer wegemäßigen Erschließung. Von Oldsum, Klintum und Toftum führten lediglich drei Triften ins Gräsungsland hinein. Sie waren durch „Stianwaal", eine langgestreckte Wasserfläche unmittelbar unterhalb des Langdorfes, dammartig ausgebaut. Im Slaawen- und Heideland gab es, abgesehen von den Kirch- und Ortsverbindungswegen, keine Wege (Abb. 33).
Die Gräsungsfläche in den Slaawen war von minderer Bodengüte. Hinzu kam, daß dort die Entwässerung der durchweg niedrig gelegenen Ländereien noch wesentlich mehr im argen lag als in der Marsch. Überflüssiges Wasser konnte nicht abfließen. Von den Slaawen bis zur Seeschleuse am Oldsumer Deich

felhlte es an einem ausreichenden Gefälle; höher gelegenes Marschland der Westermeede (fö. Olersem-Miad) behinderte den vollständigen Abfluß.
Die ehemals natürliche Entwässerung der Slaawen nach Westen hin, durch die ehemaligen Priele „Skööd“ und „Fuurd“, war mindestens seit der Errichtung des Seedeiches (zwischen 1400 und 1500) vor Utersum und Dunsum unterbunden. Es kann aber durchaus sein, daß schon vor 1400 ein vorgelagerter Sand- und Kieswall den natürlichen Abfluß verhindert hat. Zweifelsfrei ist nämlich seinerzeit der Seedeich in dieser Lage von Menschenhand lediglich profiliert worden. Das Meer hatte schon vor der Bedeichung durch eine über Jahrhunderte fortschreitende Zerstörung des westlichen Geestsockels unserer Insel Sand und Kies dorthin gespült. Dieser natürliche Vorgang hat somit zwar die Bedeichung der Insel zumindest im Westen erleichtert, die Entwässerung der Slaawen aber verschlechtert.
Die Entwässerung der Slaawen besserte sich nach 1800, als im Zuge der Landaufteilung der „Kanal“ zwischen Süderende und Dunsum und dann weiterführend bis zur Schleuse am Oldsumer Seedeich ausgebaut wurde. Sie blieb aber über 150 Jahre unvollkommen. Ich erinnere mich noch gut, daß anhaltende Niederschläge regelmäßig zu Überschwemmungen in den Slaawen führten – im Winter zu unserer Freude, hatten wir doch dann weite Eisflächen zum Schlittschuhlaufen. Erst durch den Bau des Schöpfwerkes bei Dunsum um 1950 und des danach folgenden Ausbaus der Sielzüge wurden die wasserwirtschaftlichen Verhältnisse in diesem Niederungsgebiet grundlegend reguliert.
Wir müssen uns daher vorstellen, daß die Slaawen vor 1800 noch wesentlich stärker unter Nässe gelitten haben als in dem Zeitraum danach. Daher war auch die Vegetation eine völlig andere, als wir sie kennen. Sie war mehr als kümmerlich. Auf weiten Flächen wuchs die Heide bestandsbildend. Nur die anmoorigen oder mit einer leichten Kleiauflage versehenen Ländereien verdienten die Bezeichnung Grasland. Dabei war der aus überwiegend wertlosen Gräsern bestehende Pflanzenbestand durchsetzt von Binsen (fö. Rosken), Kriechweiden (fö. Pualemruter) und Hauhechel (fö. Holepuurter). Zudem litten die Flächen unter starker Moosbildung. In „Raidslaaw“, ein Tjüüg zwischen Süderende und der St. Laurentii-Kirche, trugen etwa 90 v. H. der Flächen Heide[8]. Auch auf den höher gelegenen sandigen Ländereien in „Waasterslaaw“ und „Ual Haag“ bestimmte die Heide die Vegetation. So nahm denn auch um 1800 das Heideland mit rd. 525 Demat oder 16 v. H. in der Feldmark des Langdorfes einen höheren Anteil ein als das Ackerland. Über den Umfang des Heidelandes vermittelt ebenfalls die Abb. 33 einen guten Eindruck. Von den 525 Demat Heide erhielten die Interessenten bei der Landaufteilung 404 Demat. Der Rest blieb Kommuneland.
Aus alledem wird deutlich, wie kümmerlich sich seinerzeit das Gräsungsland in den Slaawen darbot. Zwar lag die Ertragsfähigkeit des Marschlandes damals dank seiner höheren natürlichen Bodenfruchtbarkeit weitaus höher, wenngleich man auch dort die Flächen nach heutigen Maßstäben gemessen eher als Hutungen und nicht als Wiesen und Weiden einzustufen hätte. Dies lag nicht zuletzt auch an der mangelnden Entwässerung. So gelang es beispielsweise im Jahre 1800 der Landaufteilungskommision Ende Mai noch nicht, die Marschländereien zu besichtigen, weil weite Teile unter Wasser standen.
Es gab in der Marsch aber auch sehr trockene Tjüügen. So lag in der Nähe des Seedeiches, in „Haagbergem“, eine rd. 4 Demat große sandige Fläche, die mit Heide bewachsen war. Sie wurde daher als „Heideknoll bei Westerflett“ (fö. Hiasknol bi Waasterflet) bezeichnet. Wegen ihres geringen Wertes unterlag sie bis 1878 nicht der Deichpflichtigkeit. Dort in der Nähe liegende Flächen, die bei der Landaufteilung im Eigentum der Dorfschaften Oldsum und Toftum blieben, trugen zum Teil auch Heidevegetation. In der Karte über die Landaufteilung ist übrigens diese Feldlage mit dem Hinweis versehen: „Spuren des ehemaligen Dorfes Waldum“. Demnach befanden sich dort um 1800 noch Überreste einer Marschensiedlung, vermutlich als warftenähnliche Erdhügel. Heute sind sie nicht mehr feststellbar. Sie dürften, wie die „Haagen“ in der Marsch, abgegraben und zum Verfüllen von Senken verwendet worden sein. – Nach der Überlieferung sollen die Siedlungen in der

---

8 In den Gräsungsflächen des Dorfes Utersum sah es nach dem Aufmessungsregister von 1799 nicht viel besser aus. Von 341 Demat waren 179 Heideland (53 v. H.). Die „grünen“ 162 Demat bezeichnete man, wie auch in Dunsum und Hedehusum, als Sichten. Neben den 179 Demat Heidegräsung gab es in Utersum noch 267 Demat weitgehend mit Heide bewachsenes Wungeland.

Föhringer Marsch, wovon Reste im Ostteil der Insel noch heute als Warften wahrzunehmen sind, im 17. Jahrhundert aufgegeben worden sein. Die Bewohner sollen sich damals auf dem flutsicheren Geestrand niedergelassen haben.

Die Feldmark „Üüb a Hias" südlich der St. Laurentii-Kirche – obwohl vom Boden her für den Ackerbau am ehesten geeignet – gehörte nicht zum Täglichland oder Wungeland, sondern wie die Slaawen zum Gräsungs- oder Bältringsland des Langdorfes. Sie präsentierte sich vor 1800 als eine weitgehend geschlossene baum- und strauchlose Heidelandschaft, wo zumeist nur die genügsamen Föhringer Schafe weideten. In Jahren geringen Futterwuchses „botanisierten" dort auch Rinder, insbesondere im zeitigen Frühjahr, wenn Heu und Stroh zur Neige gingen.

Vor 1800 nutzten die Feldinteressenten das Heidland in starkem Maße durch Plaggen- oder Flaggenhieb, um zusätzlichen Dünger für das Ackerland zu gewinnen. Sie schlugen oder schälten die Heide mit ihren Wurzeln und der anhaftenden Muttererde in ca 5 cm Stärke ab. Danach ließen sie die Plaggen entweder trocknen und gebrauchten sie als Einstreu in den Viehställen, oder sie vermengten die Plaggen ohne Trocknung schichtweise mit dem anfallenden Viehdünger auf dem Misthaufen. Den so gewonnenen, sehr rohhumushaltigen Dünger führten sie dem Akker zu.

Die Feldinteressenten verwendeten in früheren Jahrhunderten die Heide aber noch in anderer Weise zur Düngung ihres Ackerlandes. Nach dem Abhieb fuhren sie die Plaggen auf das brachliegende Ackerland, um sie dort in einer Schicht bis zu 30 cm auszubreiten. Hatten die Heidesoden einen ausreichenden Trocknungsgrad erreicht, zündeten sie sie an. Dies geschah möglichst bei windstillem Wetter, und wenn die Plaggen noch nicht allzu trocken waren. Denn es sollten neben der Asche möglichst viele halbverbrannte Rückstände bleiben, um damit den Acker zu düngen. Zugleich vernichtete die beim Abbrennen entstehende Hitze Quecken und anderes Unkraut. Diese Art der Düngung war für die Interessenten äußerst arbeitsintensiv, wenn man sich vorstellt, mit welch primitiven Geräten (Spaten und Hacken) sie die Plaggen gewannen, und wenn man bedenkt, welche Mengen nötig waren, um ein Stück Ackerland abzudecken. Dennoch nahmen sie diese sehr arbeitsaufwendige Plaggendüngung vor, um leidliche Getreideerträge zu erzielen. Der Stalldung reichte bei weiten nicht aus, den Nährstoffentzug auszugleichen, da man nur relativ wenig Vieh halten konnte. Hinzu kam, daß der Kot von Rind und Schaf teilweise als Brennmaterial im Haushalt verwendet wurde und als Dünger somit nicht zur Verfügung stand.

Der Plaggenhieb erfolgte natürlich in erster Linie auf dem Heideland, das in der Nähe des Ackerlandes lag. Er führte durch Entnahme von Humus und Pflanzenbestandteilen zu einer starken Nährstoffverarmung dieser Flächen, so daß sich der Wert des Gräsungslandes mit jedem Plaggenhieb verringerte. Durch das jahrhundertelange Abplaggen entwickelten sich beispielsweise die am Rande des Ackerlandes liegenden Slaawen in der Nähe von Süderende, Dunsum und Utersum zu sehr minderwertigem Weideland. Dagegen verbesserte sich die Qualität des Ackerlandes fortlaufend; noch heute stößt man unterhalb der Pflugfurche allenthalben auf helle Asche, die zweifellos Rückstand verbrannter Plaggen ist.

Plaggen konnten höchstens einmal in fünf Jahren auf derselben Fläche geschlagen werden. Diese Zeit benötigte die Heide, um sich hinlänglich zu regenerieren. Deshalb erfolgte das Heideschlagen in einer von der Bauerschaft bestimmten Ordnung. Jeder hierzu Berechtigte erhielt alljährlich vom Bauervogt ein entsprechendes Stück zugewiesen.

Der Plaggenhieb wurde auch deswegen in erster Linie auf dem feuchten Heideland in den Slaawen vorgenommen, weil sich dort eher ein entsprechender Heidefilz bildete. Weniger eignete sich hierfür die trockene Sandheide südlich der St. Laurentii-Kirche, auf der sich eine zusammenhängende Bodendecke nur schwer auszubilden vermochte. Hier wurde Heidekraut – ohne Wurzeln – vor allem zu Feuerungszwecken gemäht.

Das gesamte Gräsungsland – in der Marsch, in den Slaawen und „Üüb a Hias" – nutzten die hierzu Berechtigten gemeinschaftlich, wobei bestimmte Teilflächen den verschiedenen Vieharten zugeordnet waren. Hieran erinnern noch heute gebräuchliche Feldbezeichnungen in der Marsch wie Kuhfenne (fö. Küfen) und Ochsenhamm (fö. Öögsenem oder Öögsenham).

Den Maßstab für die Teilnahme an der Gräsung bildeten Bältringe: 1968 besaßen die Berechtigten insgesamt im Langdorf. Hinzu kam noch ein Weiderecht zugunsten des Pastors von St. Laurentii. Er durfte seit altersher in der Gräsung des Langdorfes soviel Vieh weiden wie er zu Eigentum hatte. Dieses Recht wurde um 1800 nach längeren Auseinandersetzungen mit dem Pastor mit 62 Bältringen bewertet, so daß man bei der Landaufteilung 2030 Bältringe zugrunde legte. Es ist jedoch davon auszugehen, daß bei der erstmaligen Verteilung der Anteile nur 1968 Bältringe vergeben wurden. Die Zahl der Bältringe betrug in

Dunsum	$198\frac{23}{48}$
Utersum	$328\frac{3}{4}$
Hedehusum	101
Borgsum/Witsum	$1.489\frac{11}{20}$
Goting	$462\frac{11}{12}$
Nieblum	354

Für die Bestimmung des Wortes Bältring finde ich keine überzeugende Erklärung. Auch die föhringische Sprache gibt keine Hinweise. Die in der Heimatliteratur vertretene Auffassung, 1 Bältring umfasse eine Fläche, die eine Kuh an einem Tag zur Gräsung braucht, ist falsch. 1 Bältring entspricht einer weitaus größeren Fläche. Unzutreffend ist wohl auch, daß die Bezeichnung Bältring von Bült-Ring abzuleiten sei, wobei dann ausgeführt wird, die Kühe seien früher an einem Halsband mit einem Ring an einer Kette „getüdert" worden. Schon das ist fraglich. Kühe weideten früher unter der Aufsicht eines Hirten, ohne angekettet zu sein. Schon wegen des spärlichen Graswuchses auf den mageren Weiden war das „Tüdern" nicht zweckmäßig. Abgesehen davon waren Ketten oder auch Leinen zu kostspielig. Hüten war aber auch deswegen erfoderlich, weil es an Gräben fehlte, die das Gräsungsland vom Acker- und Meedeland trennten. Allerdings war das Ackerland vor dem weidenen Vieh teilweise durch eigens zu diesem Zweck errichtete Erdwälle (fö. Koorndik) geschützt. So wurde ein bis zur Flurbereinigung um 1963 vorhandener Erdwall südlich der Stammstelle Roeloffs noch als „Koorndik" bezeichnet. Auch das Dunsumer Ackerland soll vor 1800 durch einen Wall vom Gräsungs- und Meedeland abgetrennt gewesen sein. Einen „Koorndik" gab es ebenso östlich von Toftum und in „Schepkoolk" zwischen Dunsum und Süderende.

Bei der Frage nach der Flächengröße eines Bältrings ist man zunächst geneigt, ihre Gesamtzahl in Relation zu setzen zur Größe des Gräsungslandes. Das wären bei 1746 Demat Gräsungsland in der Feldmark des Langdorfes 0,89 Demat je Bältring. Weil darüber hinaus noch 55 Demat Bauerland den Bältringsinhabern gehörten, wären es 0,92 Demat. Diese Betrachtung ist aber nicht folgerichtig, weil wahrscheinlich bei der erstmaligen Verteilung von Nutzungsanteilen an der Feldmark von der Gesamtgröße der Gemarkung oder ihren Nutzungswert ausgegangen wurde, zumal Teile des Acker-, Meede- und Wungelandes erst später aus dem Gräsungsland herausgetrennt wurden. Deren Anteil an der Gemarkungsfläche unterschied sich zudem von Dorf zu Dorf. Er betrug im Langdorf 42 v. H., in Dunsum 47 v. H., in Hedehusum 43 v. H., in Nieblum 66 v. H., in Goting 74,1 v. H. sowie in Utersum und Borgsum jeweils 54 v. H. Die Zahl der Bältringe blieb aber vom Umfang des abgesonderten Akker-, Meede- und Wungelandes unberührt. Dies wird bestätigt durch das Vorgehen bei der Landaufteilung in Utersum. Vom Gräsungsland wurden Deich und Achtzehn-Ruthen-Streifen nicht verteilt. Es blieb gemeinschaftliches Eigentum der Bältringinhaber. Die Zahl der Bältringe veränderte sich dadurch nicht, so daß nach der Landaufteilung 1 Bältring einer wesentlich kleineren Fläche entsprach. In Oevenum ging es ähnlich zu. Dort kam nach der Landaufteilung auf 1 Bältring nur 0,29 Demat. Vorher waren es 1,16 Demat.

Es verwundert daher nicht, daß vor der Landaufteilung eine von Dorf zu Dorf ungleiche Gräsungsfläche auf einen Bältring entfiel. Auf 1 Bältring kamen im:

Langdorf	0,92 Demat
Dunsum	1,65 Demat
Utersum	1,29 Demat
Hedehusum	1,50 Demat
Borgsum / Witsum	0,40 Demat
Goting	0,40 Demat
Nieblum	0,66 Demat

Auch auf Osterlandföhr standen die Bältringe in einem ungleichen Verhältnis zur Größe der Gräsungsfläche: 1 Bältring entsprach in der Oevenumer Gräsung den genannten 1,16 Demat, in Alkersum dagegen nur 0,32 Demat.

Die bisher hierzu vertretene Auffassung – auch meine eigene – muß daher insoweit revidiert werden. Für 1 Bältring ist nicht einmal annähernd eine allgemein geltende Flächengröße anzugeben. Die Unterschiede von Dorf zu Dorf sind zu groß.

Setzt man die Zahl der Bältringe nun in Relation zur Gesamtgröße der Gemarkung, wobei die mit Häusern bebaute Fläche – weil unbedeutend – vernächlässigt wird, so zeigt sich folgendes Bild:

	Demat / Bältring
Langdorf	1,58
Dunsum	2,83
Utersum	2,48
Hedehusum	2,79
Borgsum / Witsum	1,02
Goting	1,60
Nieblum	1,91

Auch hier zeigen sich erheblich voneinander abweichende Flächengrößen je Bältring. Die Annahme, die unterschiedliche Flächengröße, die auf 1 Bältring kam, sei eine Folge von Anwachs oder Abbruch aufgrund von Meereseinwirkungen, ist nicht begründet. Denn in Dunsum, Utersum und Hedehusum entsprach 1 Bältring einer größeren Gemarkungsfläche als in den anderen Dörfern, obwohl gerade in diesen exponiert liegenden Feldmarken der Abbruch der Küste am stärksten gewesen sein dürfte.

Nach reiflicher Überlegung komme ich zu dem Ergebnis, daß es überhaupt nicht gerechtfertigt ist anzunehmen, 1 Bältring stehe in einem bestimmten Verhältnis zur Größe der Gemarkungsfläche. Das erstaunt nicht, da die Feldmark zu einer Zeit an die berechtigten Interessenten verteilt wurde, als an eine Vermessung der Flächen überhaupt noch nicht gedacht wurde. Ja, es ist sogar anzunehmen, daß seinerzeit in unserer Heimat Flächenmaße wie Demat oder Tonnen noch unbekannt waren.

Es bestand auch keine Relation zur Qualität der Flächen. So berichtete die Schleswig-Holsteinische Landcommission 1794, auf eine Kuhgräsung (Vorsommerweidefläche) kämen in Borgsum 5, in Hedehusum 2, im Langdorf 3 und in Dunsum 2 Bältringe. Demzufolge unterscheide sich der Kaufpreis für 1 Bältring von Dorf zu Dorf erheblich. Der Preis auf Amrum liege wesentlich höher, weil das Gräsungsland dort frei von Deichlasten sei.

Nach alledem ist ein Bältring nichts anderes als eine ideelle Quote am Gräsungsland der jeweiligen Dorfschaft zu verstehen. Wahrscheinlich ist die Zahl der Bältringe aus der Anzahl der besitzenden Familien erwachsen, die bei der erstmaligen Verteilung der Feldmark in dem jeweiligen Dorf ansässig waren.

Die Rechte der Interessenten am Gräsungsland waren in besonderer Weise ausgestaltet. Die Nutzung der Bältringe, obwohl ideelles Eigentum, war stark eingeschränkt. So durften die Interessenten ihre Bältringe nicht verpachten, auch nicht an nahe Verwandte. Es war ihnen auch nicht gestattet, Bältringe an Ortsfremde zu verkaufen, zu tauschen oder zu verschenken. Ja, sie durften sie ihnen nicht einmal vererben, wie es 1794 in dem Bericht der Landcommission über die Verhältnisse im Langdorf heißt. Die letztere einschränkende Bestimmung galt aber offensichtlich nicht für direkte Abkömmlinge, wie verschiedene Erbteilungsprotokolle aus der Zeit um 1760 zeigen. Ohne Zweifel ist aber, daß ein Ortsfremder oder Außendorfinteressent das Eigentum an Bältringen nur selten erlangte. Und selbst wenn er Bältringe besaß, verband sich für ihn damit nicht das Recht, Vieh auf die gemeine Weide des benachbarten Dorfes zu bringen. Der Außendorfinteressent – wie auch der im Dorf wohnende Bältringsinhaber mit geringem oder ohne Viehbestand – mußte sich vielmehr mit einer geringen Entschädigung begnügen, die die Bauerschaft festlegte; diese Regelung galt übrigens in allen Dörfern der Inseln Föhr und Amrum.

Die Entschädigung betrug im Jahre 1794 in Borgsum und Witsum nur 4 Schilling je Bältring, so berichtet die Landcommission. Dort habe man den Außendorfinteressenten zeitweilig sogar ohne Rücksicht auf die Zahl ihrer Bältringe nicht mehr als 4 Schilling überhaupt vergütet; diese unbillige Regelung sei erst nach wiederholten Beschwerden der auswärtigen Bältringsinhaber verändert worden.

Wenn man berücksichtigt, wie stark die Berechtigungen der Außendorfinteressenten am Gräsungsland auf Westerlandföhr eingeschränkt waren, so ist verständlich, daß im Jahre 1798 an den 1968 Bältringen des Langdorfes nur 10 Interessenten aus Dunsum und Utersum mit ganzen 23 Bältringen oder 1,2 v. H. aller Bältringe beteiligt waren. Zum Vergleich: am Acker- und Meedeland hatten 118 Außendorfinteressenten Anteile, ihnen gehörten 20 v. H. aller Lästale im Langdorf.

In Utersum und Hedehusum partizipierten Außendorfinteressenten überhaupt nicht am Gräsungsland. In Borgsum/Witsum entfielen allerdings von den rd. 1489 Bältringen 82 auf Gotinger. In Goting selbst gab es 72 Bältringsinhaber. Davon kamen 13 von außerhalb; ihnen gehörten 8 v. H. der rd. 463 Bältringe.

Für die Bältringsrechte galten auf Osterlandföhr offensichtlich geringere Beschränkungen als auf Westerlandföhr. Zwar durften auch dort die Außendorfinteressenten ihre Weiderechte selber nicht ausüben. Es ist jedoch anzunehmen, daß sie Bältringe im Erbgang erwerben durften. Denn im Jahre 1769, kurz vor der Landaufteilung, gaben die Interessenten ihr Eigentum am Gräsungsland im Ostteil der Insel wie folgt an:

Dorfschaft	Gesamtzahl der Bältringe	davon Bältringe der Außendorfinteressenten	
		Zahl	v. H. der Gesamtzahl
Alkersum	1745 1/2	397 1/3	22,8
Midlum	1183 2/3	504 1/3	42,6
Oevenum	722 1/3	81 23/24	11,4
Wrixum	1099 1/6	93 1/4	8,5
Boldixum	1463	237	13,4

Für die völlig aus dem Rahmen fallenden Verhältnisse in Midlum gibt es eine Erklärung: In diesem Dorf besaß das Pastorat in Alkersum den größten Teil seiner Bältringe. Dabei ist interessant, daß diese zum Teil – wie auf Amrum – als St. Annen-Bältringe bezeichnet wurden.

Sieht man einmal von der besonderen Situation in Midlum ab, so ist ganz allgemein festzustellen, daß auf Osterlandföhr die Außendorfinteressenten wesentlich höhere Anteile am Gräsungsland der jeweiligen Dorfschaft besaßen als die auf dem Westerland. Vermutlich hatten sich im Ostteil der Insel die Eigentumsbeschränkungen im Laufe der Jahrhunderte etwas gelockert. Das galt nicht für das Dorf Nieblum, dessen Feldmark – abgesehen von den königlichen Wohlden (fö. Njiblem-Wol) – allerdings zu Westerlandföhr gehörte. Dort besaß im Jahre 1777 außer dem Pastorat in Alkersum überhaupt kein Außendorfinteressent Bältringe. Von den 92 in Nieblum wohnhaften Feldinteressenten hatten aber nur 36 Anteile am Gräsungsland. Dazu kamen noch das Pastorat, das Diakonat und das Küsterat. Die anderen 56 Feldinteressenten partizipierten nur am Acker- und Wungeland. Besonders bemerkenswert ist, daß 35 Gräsungslandbesitzer jeweils genau 6 Bältringe besaßen. Lediglich Volkert Adys, seinerzeit der wohl reichste Mann in Nieblum, machte eine Ausnahme mit 24 Bältringen. Andererseits besaßen die 35 mit gleich großem Bältringseigentum versehenen Bauern durchaus unterschiedlich hohe Anteile am Acker- und Wungeland. Demnach ist davon auszugehen, daß auch in Nieblum das Acker- und Wungeland nach den auf Föhr herrschenden Erbgewohnheiten an alle Erben aufgeteilt wurde. Die Anteile am Gräsungsland, die Bältringe, dagegen erhielt dort jeweils nur der Erbe, der das Hausgrundstück bekam. Damit waren die Bältringe aber nicht untrennbar verbunden. Sie konnten durchaus vom Hausgrundstück gelöst und – allerdings ungeteilt! – veräußert werden. So verkaufte 1702 beispielsweise Matz Peters oder „Der Glückliche Matthias" als Vormund für seine Enkel Helena und Jacobi (Kinder seines verstorbenen Sohnes Matthias Matthiesen, der in Nieblum gewohnt hatte) deren „volle Bauerschaft mit 6 Bältring Gräsung nebst den daran haftenden Gerechtigkeiten und Nutzen" in Nieblum an Wögen Nickelsen für 124 Mark L. Somit bestand vor allem auf Westerlandföhr – und ganz besonders in Nieblum – noch im 18. Jahrhundert ein stark ausgeprägtes, weitgehend geschlossenes Genossenschaftssystem, das im Mittelalter vermutlich über die Nordfriesischen Inseln hinaus noch in weiten Teilen Nordelbiens die Nutzung der Feldmark bestimmt hatte.

Daß 56 Nieblumer Feldinteressenten keine Bältringe und damit keine Anteile am Gräsungsland besaßen, ist durch die besondere Entwicklung dieses Dorfes begründet. Nach den verheerenden Sturmfluten im 17. und 18. Jahrhundert hatten sich in Nieblum viele Zuwanderer niedergelassen. Sie kamen insbesondere von den Halligen. Die Kirche stellte ihnen im Wege der Erbpacht zwar Stavenland für den Bau eines Hauses zur Verfügung. Gräsungsland zu erwerben, war ihnen aber kaum möglich, weil das Bältringseigentum unteilbar war. Die Neubürger und deren Nachkommen konnten daher nur selten „Vollmitglied" der Bauerschaft werden. Diese Besonderheit scheint aber Spannungen ausgelöst zu haben. Das geht aus der „Beliebung der Bauern zu Nieblum vom 13. Februar 1679" hervor, die in „Die Insel Föhr" von O. Nerong abgedruckt ist. Hierin ist mehrfach die Rede von „Vollbuhrn und nie Inkömmlinge, die neen Vollbuhrn sindt". Offensichtlich sahen sich die alteingessenen „Vollbauern" aufgrund des Verhaltens der „Neuankömmlinge" seinerzeit veranlaßt, die Rechte und Pflichten in Dorf und Feldmark für alle Bewohner zu konkretisieren. Es galt, den „nie Inkömmlingen, welke sick van Jahren tho Jahren vormehren", die für das Zusammenleben in einer Dorfschaft maßgebenden Grundsätze aufzuzeigen.

Vor allem die für Außendorfinteressenten geltende Beschränkung der Bältringsrechte, die auf altem Herkommen beruhte, fand denn auch ihren Niederschlag in einer vergleichsweise geringen Bewertung. Das belegen viele Kauf- und Tauschverträge. So tauschte 1706 Jens Braren, Oevenum, 12 Bältringe (umgerechnet rd. 5 Demat), die seine Schwiegermutter Ween Rickmers in der Borgsumer Gräsung besaß, gegen 1½ Lästal (0,36 Demat) in der Toftumer Meede mit Brar Olufs.

Die eigentümlichen Regelungen für das Gräsungsland waren aber durchaus sinnvoll und notwendig, wenn man sich vorstellt, wie die Bauern seinerzeit den Weidegang handhabten. Sie weideten ihre Kühe gemeinschaftlich und ließen sie von einem Hirten beaufsichtigen. Er trieb das Milchvieh jeden Abend zum Melken ins Dorf. Die Kuhhalter hielten ihre Tiere nachts im Stall. Morgens, nach dem Melken, brachte der Hirte sie wieder auf die Weide. Daher konnten Kühe von Ortsfremden nicht in die Herde aufgenommen werden. Andernfalls hätte der Hirte Teile seiner Herde abends in mehrere Dörfer treiben müssen. Das sonstige Vieh wurde ebenfalls gehütet und abends in einem „Haag", der durch einen mit einem Holzzaun versehenen Erdwall eingehegt war, zusammengetrieben. So diente der uns bekannte Spielplatz „Haag" an der neuen Schule in Süderende vor 1800 als „Jungvieh-Haag". Nur der westliche Wall ist heute noch erhalten. Ansonsten ist die Wallerde zum Einebnen von Flächen verwendet worden. In der Oldsumer Marsch befanden sich jeweils ein „Haag" in „Bobsleeting" am heutigen Marschweg sowie in der Nähe von „Megling". Hiervon ist nichts mehr erkennbar. Auf „Taftem-Hias" gab es vor 90 Jahren ebenfalls noch ein „Haag". Der Weg, der dort entlang führt, heißt deshalb heute noch „Green-Haag-Stich". Den Erdwall dieses „Vieh-Haags" hat erst mein Großvater Brar C. Roelofts um die Jahrhundertwende bei der Kultivierung von „Taftem-Hias" abgetragen und damit Senken gefüllt[9]. Nach der Überlieferung haben in diesem „Vieh-Haag" Soldaten kampiert, die im 14. Jahrhundert die Lembecksburg belagerten. Angeblich sollen sie auch denn Erdwall zu ihrem Schutz errichtet haben. Ich vermute jedoch eher, daß die Belagerungstruppen den für ihre Zwecke geeigneten, bereits vorhandenen „Vieh-Haag" benutzten.

Für die Armen und Bedürftigen galten bis zur Landaufteilung in allen Dorfschaften von Westerlandföhr besondere Regelungen hinsichtlich der Nutzung des Gräsungslandes. Diese konnten gegen Entrichtung eines geringen Betrages eine Kuh oder eine entsprechende Anzahl von Schafen auf die Weide bringen. Das Entgelt betrug im Langdorf 12 Schilling oder 4 Schilling je Bältring. Gerade diese sehr soziale Regelung, die durch die Landaufteilung aufgehoben werden sollte, trugen die Gegner der Landaufteilung als Begründung für die zu erwartenden Nachteile vor. Ihnen wurde entgegengehalten, daß die „kleinen Leute" nicht nur Vorteile aus der Feldgemeinschaft hätten; vielmehr müßten sie ohne Bezahlung gemeinsam mit den Feldinteressenten Teile des Seedeichs unterhalten.

Insgesamt kann man die bis zur Landaufteilung geltenden und zumeist ungeschriebenen Rechte und Beschränkungen am Gräsungsland als den Ausdruck einer uralten Bodenordnung ansehen, die sich aus dem gemeinschaftlichen Eigentum entwickelt und über viele Jahrhunderte erhalten hatte.

Die Nutzung des Gräsungslandes regelte im übrigen alljährlich die Bauerschaft unter Vorsitz des Bauervogtes (fö. Büürföögels). Sie ordnete den Zeitpunkt des Viehauftriebs und -abtriebs an. Sie bestimmte auch Art und Umfang des Viehbesatzes, und zwar auf der Grundlage langjähriger Erfahrungen. Den insgesamt möglichen Viehbesatz und der des jeweiligen Interessenten, der auf die Weide getrieben werden durfte, legte sie in „Scheer" fest. Auf 1 „Scheer" kamen 1 Kuh oder 1 dreijährige Quie bzw. 2 zweijährige Quien oder 4 Schafe oder 8 Lämmer. Einjährige Rinder weideten offensichtlich gar nicht auf dem gemeinschaftlichen Gräsungsland, weil hierfür in alten Gräsungsprotokollen die Bruchteile eines „Scheers" nicht genannt sind. Die alljährliche Vergabe der Scheer lief unter der Bezeichnung „Schergen". Der finanzielle Ausgleich erfolgte in einem „Scheerbrief", den die Bauerschaft jeweils im Herbst aufstellte.

Die erforderliche Sommerweidefläche für eine volle „Scheer" schwankte natürlich je nach Qualität der Gräsung. Sie war in der Feldmark der Dorfschaft Süderende wegen der Slaawen mit ihrem hohen Anteil an Heidevegetation doppelt so hoch wie auf dem Gräsungsland von Oldsum, Klintum und Toftum. Das geht aus einer Eingabe der Feldinteressenten von Süderende an den Birkvogt in Nieblum vom 18. November 1804 hervor.

---

9 „Taftem-Hias", eine Fläche von knapp 17 Demat, erwarb mein Großvater im Jahre 1895 von der Gemeinde Toftum für 1070 Mark.

Der Viehbestand im Langdorf umfaßte vor der Landaufteilung ca. 680 „Scheer". Auf 1 „Scheer" oder 1 Stück Großvieh entfielen somit 3 Bältring bzw. im Mittel knapp 3 Demat Vorsommerweidefläche. Diese relativ große Futterfläche für ein Stück Großvieh war bedingt durch den hohen Anteil an Heideland, Vorland und Gewässern am Gräsungsland. Nicht einmal die Hälfte des Gräsungslandes bestand aus nutzbarem Marschland. Die 700 „Scheer" habe ich überschläglich errechnet aus Angaben in den Landaufteilungsakten. Danach befand sich im Jahre 1794 auf Westerlandföhr und Amrum folgendes Vieh:

Dorfschaft	Kühe	Pferde	Schafe
Norddorf	50	22	200
Nebel, Süddorf	108	20	30
Hedehusum	26	9	50
Utersum	100	20	200
Dunsum	70	25–30	80–100
Langdorf (Oldsum, Toftum, Klintum, Süderende)	Neben Pferden und Schafen 400 Kühe und ca. 100 Stück Jungvieh		

Diese Zahlen sind leider unvollständig, da für die meisten Dörfer das Jungvieh, im Langdorf auch Schafe und Pferde, nicht angegeben sind. So dürften im Langdorf neben dem genannten Viehbestand noch schätzungweise 80 Pferde und 300–400 Schafe gehalten worden sein. Den Umfang des Jungviehs in den anderen Dörfern sollte man allerdings nicht sehr hoch einschätzen. Bei der vorhandenen kleinbetrieblichen Struktur war hierfür wenig Raum.

Bezogen auf die gesamte Gemarkungsfläche des Langdorfes von gut 3000 Demat benötigte also ein Stück Großvieh an Winter- und Sommerfutter etwa 5 Demat. Dabei ist das Ackerland der Futterfläche zuzurechnen, denn damals verfütterten die Viehhalter das gesamte Stroh, soweit sie es nicht zu Feuerungszwecken oder zum Dachdecken verwendeten. Ebenso ist das Heideland der Futterfläche zugeordnet, da es – wenn auch nur spärlich – zur Gräsung diente. Der Flächenbedarf für ein Stück Großvieh lag somit fünfmal höher als heute. Wenn man berücksichtigt, daß eine Kuh seinerzeit nicht mehr als 150–250 kg wog (heute etwa 500–700 kg) und daher wesentlich weniger Futter brauchte als heute, so wird deutlich, wie kümmerlich es vor 1800 mit der Viehhaltung bestellt war.

Meede- oder Wiesenland

Auf dem Meedeland (fö. Miad) wurde das für die Winterfütterung erforderliche Heu gewonnen. Es umfaßte im Langdorf ohne „eigentümliche Wiesenstücke" und ohne „Birkvogtsland" eine Gesamtfläche von 747 Demat. Es bestand aus drei weitgehend geschlossenen Komplexen in der Marsch, und zwar aus der Westermeede mit 434 Demat, der Toftumer Meede mit 241 Demat und Toftum Wolde mit 72 Demat (Abb. 33).

Zur Westermeede, die heute noch als Oldsum-Meede (fö. Olersem-Miad) bezeichnet wird, gehörten u. a. die Tjüügen „Kuuch", „Oon" (oder Oonhard), „Hörshaag", „Schul" und „Kleimeere"[10]. In den Erdbüchern sind sie zusammengefaßt in den zwei großen Schlägen „Loongweerem" und „Büütj Loongweerem". Die Westermeede wurde etwa begrenzt im Osten von der alten Wasserlösung (Kanal), im Süden von „Kalwem" und dem Oldsumer Acker- und Bauerland und im Westen von der Dunsumer Feldmarkgrenze. Im Norden endete die Westermeede nicht am Seedeich. Vielmehr gehörten Deich und Vorland (rd. 72 Demat) vom Dunsum-Heck (fö. Dunsem-Rak) bis zum Außenpriel (fö. Godel) dazu. Die Zugehörigkeit des Vorlandes zur Westermeede ist darauf zurückzuführen, daß das Meedeland bereits aus dem Gräsungsland herausgetrennt und an die Interessenten verteilt war, als die Föhrer Marsch noch keinen Deichschutz besaß.

Ürth (fö. Ört), ein sandiges Areal von rd. 19 Demat, lag zwar innerhalb der Westermeede, gehörte aber als Wungeland nicht zum Meedeland (Abb. 34).

Die Toftumer Meede (fö. Taftem-Miad) hatte ihre Grenzen im Osten durch das „Westerflett" (fö. Waasterflet oder Saaltnem), im Süden etwa entlang der heutigen Landstraße Toftum-Alkersum und im Südwesten durch die Toftumer Ackerländereien. Im Nordwesten, entlang eines verlandeten Priels, verlief die Grenze etwa 200 m östlich des heutigen Toftumer

10 „Hörshaag" leitet sich ab aus „Hardeshaag". Dort besaß nämlich die Harde, später Birk, eine Wiesenfläche. So wurde auch das an den Hardesvogt von Osterlandföhr alljährlich zu liefernde Getreide als Hardeskorn (fö. Hörskurn) bezeichnet. Anstelle von „Hörshaag" ist heute „Nööshag" gebräuchlich, leider!

Marschweges. Und im Norden fand die Toftumer Meede ihren Abschluß durch einen breiten Graben, der heute noch als „Alter Graben" (fö. Ual Skoot) bezeichnet wird. Die Toftumer Meede bestand aus zwei großen Schlägen: den Tjüügen „Teewlem", „Neiham" und „Kruugem" einerseits sowie „Spoongweerem", „Dikweerem", „Uastemer Oit" (auch „Uastemer Oetjen") und „Ual Teewlem" (heute: „Kruugem Plaader")[11] andererseits. Die Bezeichnungen für die zwei letztgenannten Tjüügen sind heute nicht mehr gebräuchlich. Teile vom heutigen „Spoongweerem" gehörten vor 1800 zur Borgsumer Meede. Sie wurden erst im Zuge der Landaufteilung durch eine Veränderung der kommunalen Grenze in die Toftumer Feldmark einbezogen.

Toftum-Wolde (fö. Wol) mit einer Fläche von 72 Demat (ohne die eigentümliche Wiese des Pastorats von 5,6 Demat) lag als langgestreckte Meedefläche zwischen dem Ackerland des Langdorfes und der Borgsumer Feldmarkgrenze, ohne in Schläge unterteilt zu sein.

In den einzelnen Tjüügen des Meedelandes besaßen die Feldinteressenten ihre Anteile oder Meedestücke, deren Größe sich nach Lästal bestimmte. Lästal ist ein föhringisches Wort und heißt Fuderzahl. 1 Lästal entsprach daher einer Fläche, die bei normaler Ernte ein Fuder Heu brachte, wobei ein Fuder damals natürlich wesentlich kleiner war als heute; es wog 5–6 Zentner. Daraus folgt, daß ein Lästal in einer Meede mit geringerer Bodenqualität oder Graswüchsigkeit eine größere Fläche einnahm, als in einer mit besserer Qualität. Dabei ist allerdings zu bedenken, daß die Anzahl der Lästale in den jeweiligen Tjüügen bereits in einer Zeit festgelegt worden ist, die weit vor der Landaufteilung, nach meiner Annahme schon vor der Bedeichung der Föhringer Marsch, also vor 1500, lag. Weiter ist zu berücksichtigen, daß sich durch unterschiedliche Bewirtschaftung und sonstige Einflüsse über mehrere Jahrhunderte die Flächen in ihrer Qualität unterschiedlich entwickelt haben. Daher bestand um 1800 keine eindeutige Relation mehr zwischen Lästal und der auf der entsprechenden Fläche erzielbaren Heumenge.

Bei der Landaufteilung wurde folgendes ermittelt:

Meede	Größe in		Lästal je Demat
	Lästal	Demat	
Westermeede (ohne 72 Demat Außendeichsland)	1409	362	3,89
Toftum Meede	1011	241	4,20
Toftum Wolde	286	72	4,00

Im eigentlichen Meedeland kamen demnach auf 1 Demat im Mittel etwa 4 Lästal. Auch von Tjüüg zu Tjüüg waren tatsächlich nur geringe Größenunterschiede. Allerdings zeigten sich auf dem Vorland (Außendeichsland) und in „Lei" hiervon wesentlich stärker abweichende Verhältnisse. Während in der gut 3 Demat großen „eigentümlichen Wiese Lei" immerhin rd. 10 Lästal (3 Lästal/Demat) gezählt wurden, entfielen auf 72 Demat Außendeichsland nur 26 Lästal. Wegen der besonderen Gegebenheiten auf den Ländereien vor dem Deich ist es berechtigt, sie insoweit bei den Betrachtungen nicht zu berücksichtigen. Die vergleichsweise enge Relation Lästal zu Demat in „Lei" dürfte in der guten Graswüchsigkeit dieser Wiese begründet sein. „Lei" erhielt daher bei der Landaufteilung eine höhere Bonitierung als bestes Marschland.

Wie das Ackerland waren auch die Meeden wie ein Flickenteppich in ungewöhnlich starker Weise zerstückelt. Viele Meedestücke umfaßten infolge von Teilungen im Erbgang nicht mehr als 300 m^2. Nicht selten kam es vor, daß mehrere Eigentümer – wie auf dem Ackerland – die Nutzung ihrer durch Erbteilung entstandenen kleinen Flächen von Jahr zu Jahr wechselten. Das geht aus alten Verträgen hervor. So fand ich im Schuld- und Pfandprotokoll von Westerlandföhr eine Eintragung, wonach Oluf Rordten[12] im Jahre 1729 ein Meedestück in „Büütj Loongweerem" an Jacob Flor mit dem Bemerken verpfändete, daß die 1½ Lästal „umgehen mit Brar Rordten, Süderende". Oluf und Brar Rordten waren Brüder. Sie dürften das Meedestück von ihrem Vater Rordt Olufs (1625–1701) geerbt haben.

Fast ohne Ausnahme besaß jeder Feldinteressent mehrere Meedestücke innerhalb eines Schlages. So mußte Diedrich Roeloffs beispielsweise seine 8 Lästal

11 „Ual Teewlem" wurde in den Landaufteilungsakten auch mit „Oldis Teeblem" oder „Oehrlichen Teeblem" bezeichnet.

12 Oluf Rordten (1670–nach 1729), Großvater von Diedrich Roeloffs

in der Toftumer Meede in zehn Einzelflächen mit einer Größe von zusammen rd. 9800 m^2 bewirtschaften. In „Lei" gehörten Rörd Früdden und Lorentz Früdden je 9/64 Lästal, die jeweils nur etwa 215 m^2 entsprachen. Noch kleiner war ein Meedestück in „Loongweerem", das Oluf Bohn aus Oldsum kurz vor der Landaufteilung kaufte; es war 1/16 Lästal oder 75 m^2 groß.

Durch schmale und flache Grüppen gegeneinander abgegrenzt, waren die einzelnen Meedestücke der Interessenten örtlich kaum erkennbar, so daß es oft zu Grenzstreitigkeiten kam. Entwässerungsgräben innerhalb der Tjüügen fehlten ebenso wie eine wegemäßige Erschließung (Abb. 33).

Auch das Meedeland bewirtschafteten die Interessenten im Wege des sog. Flurzwanges. Aufgrund der fehlenden Wege mußten sie, um ihre Meedestücke zu erreichen, je nach deren Lage eine mehr oder weniger große Zahl von Flächen anderer Interessenten überqueren. Schon deshalb war es für die Bauerschaft unumgänglich, alljährlich den Beginn der Grasmahd festzusetzen. Aber auch den Termin zum Bergen der Heuernte legte sie fest, weil anschließend das Meedeland als gemeinschaftliche Weide diente. Das Recht zur Beweidung war jedoch keineswegs mit den Lästalen, die ein Feldinteressent besaß, verbunden. Vielmehr bestimmte sich die auf die Nachweide der Meeden zu treibende Viehzahl – wie auch bei der Beweidung des Ackerlandes – nach den Eigentumsanteilen am Gräsungs- oder Bältringsland. Das Recht der Nachweide stand nur den im Dorfe wohnhaften Gräsungsberechtigten zu. Diese, von altersher überkommene Regelung benachteiligte in besonderem Maße Außendorfinteressenten von Dunsum, Utersum, Hedehusum, Witsum, Borgsum, Goting und Nieblum. Mit 627 Lästal gehörte ihnen im Jahre 1799 immerhin rd. 20 v. H. der Meedeflächen des Langdorfes. Sie durften also auf ihren Meedestücken wohl das Heu ernten, nicht aber die Nachweide nutzen.

Ein weiteres Recht war den Außendorfinteressenten versagt, das allerdings aus heutiger Sicht unbedeutend erscheint. Es handelte sich um die Befugnis, auf dem Meedeland – wie auf dem Weideland – Dünger (fö. Sjaasen) zu Feuerungszwecken zu sammeln. Dieses Recht hatte wegen des knappen Brennmaterials auf der Insel eine große Bedeutung. Sie war in Bauerbeliebungen genau geregelt. Dünger sammeln durften ursprünglich nur die Bältringsbesitzer. Später erhielten auch die Dorfbewohner die Genehmigung dazu, die die sog. Bauergerechtigkeit besaßen.

Das Absammeln des Düngers entzog dem Grasland Nährstoffe. Es führte zu einer fortlaufenden Minderung der Qualität der Meeden (und Weiden). Ihre Beschaffenheit verschlechterte sich nicht zuletzt durch eine weitere für Föhr eigentümliche Nutzung: Die Interessenten stachen auf geeigneten Meedestücken Grassoden (fö. Törwer) ab und trockneten sie, um sie für Koch- und Heizzwecke zu gebrauchen. Sie verwendeten sie aber auch wie die Heideplaggen als Dünger. Von dieser Übung machten insbesondere Außendorfinteressenten Gebrauch, die das Sodengraben als einen billigen Ausgleich für die nicht gestattete Nachweidenutzung ansahen. Die Bodenqualität wurde dabei um so mehr nachhaltig beeinträchtigt, als vor allem die Meedeflächen abgegraben wurden, die ohnehin von geringer Bonität waren, beispielsweise „Kleimeere" in der Westermeede. Das Abgraben der „Törwer" ist auch nach der Landaufteilung fortgesetzt worden und in immer geringerem Umfang in Einzelfällen sogar noch vor etwa 30 Jahren praktiziert worden.

Die über viele Jahrhunderte auf Föhr geübte Gewinnung von Heide- und Wiesenplaggen als Dünger und als Brennmaterial hat eine erhebliche Verbesserung des dorfnahen Ackerlandes zur Folge gehabt. Die mit Schaf- und Rinderdung vermengten oder halbverbrannten Plaggen zersetzten sich nämlich auf dem Acker kaum noch. Diese Düngung führte zu einer langsamen, aber nachhaltigen Aufhöhung des Mutterbodens. Er erreicht auf dorfnahen Flächen eine Mächtigkeit bis zu zwei Metern; ein Beweis dafür, daß hier über viele Jahrhunderte eine entsprechende Düngung stattgefunden hat. Zugleich ist dadurch belegt, daß Föhr uraltes Siedlungsland ist. Ackerböden dieser Art werden auch Plaggen- oder Eschböden genannt. Sie gehören zu den ertragssichersten auf der Insel Föhr. Von der jahrhundertelangen „Vorratsdüngung" unserer Vorfahren profitieren die Landwirte somit heute noch.

Das Landesamt für Vor- und Frühgeschichte Schleswig-Holstein kommt übrigens aufgrund jüngster Ausgrabungen zu dem Ergebnis, daß auf der Insel Sylt bereits im 2. Jahrtausend v. Chr. die Geestböden mit Plaggen gedüngt wurden. Es liegt nahe, gleiches für Föhr anzunehmen. Demnach dürften auch die Föhringer nicht nur jahrhundertelang, sondern über mehr als zwei Jahrtausende die Bodenqualität des dorfnahen Ackerlandes durch Verwendung von Plaggen verbessert haben.

Nach der Landaufteilung wurde der durch Plaggendüngung entstandene Mutterboden vielfach zur Verbesserung der Fennen in den Slaawen verwendet. So hat mein Großvater Brar Roeloffs um 1910 auf dem höher gelegenen Teil von „Haleekrem" bis zu 1 m Muttererde abgegraben und nach „Waasterslaaw" gefahren. Und dennoch stieß man um 1960 beim Anlegen der Dränung auf dieser abgegrabenen Fläche in einer Tiefe von 0,80 m noch nicht auf den gewachsenen Boden. Überliefert ist ferner, daß Oluf Danklef Arfsten (1871–1899), Süderende, nach 1890 von seiner 1,7 Demat großen Ackerfläche östlich des Dorfes 1800 Fuder Erde entnommen hat, um damit seine Kuhfenne in „Raidslaaw", 3 Hektar groß, zu verbessern. Erstaunlich ist, daß sich die Ertragsfähigkeit dieser Ackerflächen trotz Abgrabungen nicht erkennbar vermindert hat.

Zu erwähnen ist noch, daß innerhalb der Meeden einige wenige Flächen schon vor der Landaufteilung durch Gräben abgeteilt waren. Sie wurden für sich bewirtschaftet und unterlagen nicht mehr dem Flurzwang. Als „eigentümliche Wiesen" bezeichnet, umfaßten sie knapp 14 Demat. So waren in „Wol" für das Pastorat 24 Lästal oder 5,6 Demat abgeteilt. Zwei weitere „eigentümliche Wiesen" lagen westlich von Oldsum. Es handelte sich um „Lei" mit 9¾ Lästal oder 3,1 Demat sowie um „Tro" bei „Kalwem", mit 3½ Lästal knapp 1 Demat groß. „Tro" teilten sich vier Interessenten, „Lei" sogar 22. Auch in „Metj", eine Niederungsfläche zwischen Oldsum und Dunsum, wurden 11½ Lästal oder rd. 4,2 Demat separat genutzt (Abb. 34).

Die Lage dieser abgeteilten Flächen, nämlich am Rande bzw. innerhalb des Meedelandes und die Bezeichnung „eigentümliche Wiesen" sowie die Tatsache, daß die Anteile hieran nach Lästal angegeben wurden, läßt keinen Zweifel, daß sie ehemals zum gemeinschaftlichen Meedeland gehörten. Herausgetrennt wurden diese Wiesenstücke vermutlich erst im letzten Jahrzehnt vor der Landaufteilung. Die „Verordnung betr. die Beförderung der Einkoppelung und Aufhebung der Gemeinschaft der Dorffelder .... für das Herzogtum Schleswig vom 10. Februar 1766" erlaubte es nämlich „dem Feldinteressenten seine auf einer Stelle zusammen und für sich allein liegende aus der gemeinen Weide genommen und ihm angewiesene Ländereyen, Acker etc., worin niemand anders einige Gerechtigkeit oder einigen Antheil hat, einzuhegen".

Einen eindeutigen Hinweis über die Heraustrennung der „eigentümlichen Wiese" in „Wol" gibt ein Vermerk des Pastors Christiansen im Kirchenbuch St. Laurentii. Er notierte zwei Jahre vor der Landaufteilung: „Es sind 8½ Lästal in Tüftum Wolde vertauscht gegen 8½ daselbst, welche in der von mir abgegrabenen Fenne liegen. Den desfalls abgeschlossenen Tauschbrief würde ich hier anführen, wenn nicht zu vermuten stünde, daß ein allgemeines Abgraben, wie auf Osterlandföhr geschehen ist, stattfinden würde". Demnach hatte Christiansen sich die 5,6 Demat große „eigentümliche Pastoratswiese" zusammengetauscht und dann durch Abgraben aus der Feldgemeinschaft herausgelöst. Dies geschah etwa zwischen 1790 und 1800; denn 1787 hatte der Pastor sein Predigeramt angetreten.

Ihre eigentümliche Wiese in „Metj" trennten vermutlich in demselben Zeitraum Ocke Ketels (1741–1804) und der spätere Lotseninspektor Hinrich Brarens (1751–1826) – beide seinerzeit in Oldsum wohnhaft – zur individuellen Nutzung aus dem Meedeland heraus und „befriedigten" sie. Von Brarens kaufte übrigens Diedrich Roeloffs im Jahre 1799 die Hälfte dieser Fenne für 37 Mark C je Lästal. Er zahlte einen Kaufpreis, der den damals üblichen von 20 Mark C je Lästal wesentlich übertraf, wohl deswegen, weil er die Fläche ohne Flurzwang nutzen konnte. Diedrich Roeloffs verkaufte seinen Anteil aber noch vor der Landaufteilung weiter an Ocke Ketels, dem damit dann die ganze Fenne gehörte. Auf eine weitere Wiesenfläche, die Diedrich Roeloffs in der Westermeede kurz vor der Landaufteilung zur eigentümlichen Nutzung einfriedigte, wird später näher eingegangen.

Neben den eigentümlichen Wiesen gab es in der Feldmark des Langdorfes noch die zur separaten Nutzung abgeteilten Birkvogtländereien. Es waren am Rande der Oldsumer Westermeede die rd. 6 Demat große Vogtsfenne, die noch heute als „Föögels-Kuug" bezeichnet wird, und zwei kleinere Wiesenstücke von zusammen knapp 2 Demat, die in „Süüddik" in der Toftumer Meede und in „Hörshaag" in der Oldsumer Meede lagen. Die Einnahmen aus der Verpachtung der insgesamt rd. 8 Demat gehörten zum Salär des Birkvogtes. Die Birkvogtei besaß übri-

gens auch Ländereien in den Feldmarken von Borgsum, Goting, Nieblum und Utersum[13].
Addiert man die eigentümlichen Wiesenstücke und die Birkvogtsländereien zu den vorher genannten Meeden, so umfaßte das gesamte Meedeland des Langdorfes vor der Landaufteilung rd. 769 Demat. Schließlich ist noch zu erwähnen, daß es zeitweilig noch weitere eigentümliche Ländereien auf Westerlandföhr gab, die dem Flurzwang nicht unterlagen. So befand sich im Nordostteil der Borgsumer Meede (heute Spoongweerem) der 15 Lästal (knapp 4 Demat) umfassende „Michelskoog", der dem Landvogt Peter Matthiesen (Sohn des „Glücklichen Matthias") gehörte. Dessen Erben verkauften diesen Koog, bis dahin von Steuern und Deichlasten befreit, 1754 an die Toftumer Hans Otto Christians (1710–1774) und Peter Knudten (1713–1776). Wann und wie dieses besondere Eigentum entstanden ist, ließ sich nicht feststellen.

Wunge- oder Wechselland

Als Wungeland (auch Vongeland oder Wechselland) wurden auf Westerlandföhr (und Amrum) Heideländereien bezeichnet, die 12 bis 17 Jahre brach lagen und danach drei Jahre mit Sommerroggen oder Hafer bestellt wurden. Es erhielt dabei keinerlei Dünger, so daß die Ernte nicht mehr als ein bis zwei Tonnen Getreide je Demat (2–4 dz Roggen bzw. 1,5–3 dz Hafer je Hektar) betrug. Während der Brach- oder Ruhezeit bestockte sich das Wungeland wieder mit Heide. Es diente dann als Gräsungsland sowie zur Gewinnung von Heidekraut, das zu Dünge- und Feuerungszwekken unentbehrlich war.
Die Eigentumsanteile am Wungeland waren in Ammerland bemessen, wobei 1 Ammerland einer von Dorf zu Dorf unterschiedlichen Flächengröße entsprach. Auch von Tjüüg zu Tjüüg bestanden zumeist erhebliche Abweichungen. Das Wungeland lag abgesehen vom Langdorf ausnahmslos auf der hohen Geest. Es umfaßte in den „Boowentaarpen" Utersum, Hedehusum und Borgsum/Witsum sowie in Nieblum Flächen mit sehr geringer Bodenqualität, die unter den damaligen Verhältnissen eine dauernde Akkernutzung nicht erlaubten.
Die Eigentümer besaßen innerhalb des Wungelandes keine abgeteilten Stücke wie auf dem Ackerland. Vielmehr entsprach die Zahl ihrer Ammerlandanteile einer bestimmten Quote in dem jeweiligen Tjüüg. Die auf die einzelnen Quoten entfallenen Flächen verlosten sie, wenn sie die Heide nach 17 bis 20 Jahren umbrachen. Jeder erhielt dann eine entsprechende Portion.
Das Recht des Heideschlagens zur Gewinnung von Dünger und Feuerung sowie der Ackernutzung hatten auf dem Wungeland von Westerlandföhr (und Amrum) nur die Eigentümer der Ammerlandanteile. Die Weidegerechtigkeit dagegen stand – wie auf dem Acker- und Meedeland – nur den im Dorf wohnhaften Bältringsinhabern zu. Letztere mußten, soweit sie kein Wungeland besaßen, ihr Heidekraut auf dem Gräsungsland schlagen. Dies galt insbesondere für die Feldinteressenten des Langdorfes. Wegen des geringen Umfanges des Wungelandes mußten die meisten ihr Heidekraut in den Slaawen oder südlich der St. Laurentii-Kirche gewinnen. Dort durften allerdings auch die Bewohner ohne Bältringe ihr Feuerungsmaterial ernten, soweit sie die sogenannte Bauergerechtigkeit hatten.
Es ist anzunehmen, daß die Bältringsinhaber das Wungeland später als das Ackerland aus dem Gräsungsland herausgetrennt haben. Hierfür spricht zunächst die allgemeine Feststellung, daß die Kultivierung von Flächen besserer Qualität am ehesten den Aufwand rechtfertigte. Man wird daher nicht mit der Herrichtung der sandigsten Ländereien begonnen haben. Meine Annahme wird gestützt durch das älteste „Schilling-Englisch-Buch" aus dem Jahre 1611. In diesem Steuereinschätzungsprotokoll, das alle Dörfer der Insel Föhr erfaßt, ist Wungeland nur für „Boldixum und Övenum Dörpmarck" verzeichnet. Demnach gab es zu der Zeit in den anderen Dörfern noch kein Wungeland, das für die Festsetzung der Steuern herangezogen wurde. Meine Annahme findet eine zusätzliche Begründung durch das Landaufteilungsprotokoll für Nieblum aus dem Jahre 1777. Danach waren erst einige Jahre zuvor für jeden Bältringsinha-

13 Sämtliche Birkvogtsländereien, insgesamt 8,5 Demat, wurden 1890 bei der Auflösung der Birksverwaltung öffentlich meistbietend verkauft. Die rd. 6 Demat große Fenne in „Föögels-Kuuch" erwarb Rickmer Riewert Früdden (1822–1900) aus Oldsum, der Vater des bekannten Kapitäns Johannes Früdden, für 2820 Mark. Die anderen 2,5 Demat brachten nur 164 Mark ein.

ber 22 Ammerland Wungeland aus dem Gräsungsland herausgetrennt worden.
Im Unterschied zu den anderen Dörfern bewirtschafteten die Interessenten im Langdorf ihr Wungeland um 1794 nur zur Gräsung und zum Heideschlagen. Eine zeitweilige Ackernutzung fand nicht statt. Dennoch sind mit Sicherheit die innerhalb der Oldsumer Westermeede liegenden Heideflächen auf „Ürth" (fö. Ört) früher einmal als Wechselland bewirtschaftet worden (Abb. 33 und 34). In den Landaufteilungsakten ist „Ört" nämlich als einzige Feldlage in der Gemarkung des Langdorfes als Wungeland bezeichnet. Die Eigentumsanteile hieran sind, anders als auf dem Heideland bei der St. Laurentii-Kirche, in Ammerland angegeben.
Das Wungeland auf „Ört" (19 Demat) teilten sich 55 Interessenten, hauptsächlich Oldsumer. Auf 1 Demat kamen rd. 6 Ammerland. Der größte Anteil (Eigentümer: Hay Haven aus Oldsum) umfaßte mit 3½ Ammerland etwas mehr als ein halbes Demat. Die kleinste Fläche besaß Fröd Hayen aus Oldsum. Mit 1/30 Ammerland hatte sein Wungeland nur eine Größe von 27 m², wiederum ein Beweis für die starke Zerstückelung der Feldmark vor der Landaufteilung.
Daß die Interessenten im Langdorf um 1794 von der zeitweiligen Ackernutzung des Wungelandes keinen Gebrauch machten, dürfte darin begründet sein, daß sie, anders als in den „Boowentaarpen", hierauf weniger angewiesen waren. Einmal nahm das fruchtbare Ackerland des Langdorfes einen höheren Anteil an der Feldmark ein. Aber auch die relativ guten Verdienstmöglichkeiten in der Grönlandfahrt dürften dazu beigetragen haben, von dem periodischen Umbruch der verheideten, ertragsschwachen Flächen abzusehen. Dabei war sicher auch von Belang, daß die Last der Landbewirtschaftung weitgehend auf den Schultern der Frauen ruhte. Für sie war es nicht einfach, mit den damaligen Gerätschaften (Holzpflüge) eine Heidefläche umzubrechen.
Das Heideland, das vor 200 Jahren auf Westerlandföhr noch eine beachtliche Fläche umfaßte, nahm einen von Dorf zu Dorf unterschiedlichen Anteil ein (Übersicht 15).
Keine Statistik kann ein besseres Bild von den landeskulturellen Verhältnissen vermitteln: Die Heide nahm auf Westerlandföhr (ohne Goting, hierüber fehlen Angaben) über 2200 Demat ein! Daß aber die für die Landaufteilung seinerzeit Verantwortlichen

Übersicht 15: Heide- und Wungeland auf Westerlandföhr (ohne Goting) vor den Landaufteilungen

Dorf	Gesamtfläche	davon Heideland*		vom Heideland Wungeland	
	Demat	Demat	v. H.	Demat	v. H.
Langdorf	3284	525	16	19	4
Dunsum	568	151	27	–	–
Utersum	815	446	55	267	60
Hedehusum	283	127	45	38	30
Borgsum/ Witsum	1518	467	31	261	58
	6468	1716	27	585	35
(Nieblum ohne Dorflage, ohne Wohlde)	(677)	(513)	(76)	(281)	(55)

* Diese Flächen sind nicht identisch mit dem bei der Landaufteilung verteilten Heideland; sie enthalten auch die in Gemeinschaft verbliebenen Kommuneländereien.

diese umfangreichen Heideländereien für die Wohlstandsentwicklung als höchst abträglich ansahen, liegt auf der Hand. Heute wären Ökologen, aber auch Ökonomen – aus der Sicht des Fremdenverkehrs – erfreut, wenn sie derartige Verhältnisse auf Westerlandföhr anträfen. Den hohen Heideanteil verdeutlicht übrigens auch die Abb. 33.

Gemeinschaftliche oder Bauerländereien

Eine Besonderheit im Langdorf – und in Borgsum – stellten die „Gemeinschaftlichen oder Bauerländereyen" dar. Über diese Art des Eigentums ist aus anderen Dörfern der Insel Föhr nichts bekannt. Die Bauerländereien des Langdorfes lagen in 24 Einzelstücken über die Feldmark verstreut; sie sind in der Abb. 34 mit B gekennzeichnet. Sie umfaßten, wie die Vermessung bei der Landaufteilung ergab, insgesamt 65 Demat. Es handelte sich dabei einmal um Randflächen des Ackerfeldes, aber auch um niedrig gelegene, durchweg sehr kleine Flächen zwischen den Tjüügen des Täglich-Landes, die wegen ihrer mangelhaften Entwässerung nicht geackert werden konnten, wie z. B. zwischen „Foolkert" und „Waaster Baregliin" (Abb. 34). Zu den Bauerländereien gehörten aber auch drei größere Komplexe in Dorfnähe in der Grö-

ße von jeweils 10,5 bis 11 Demat: „Bi Oter Taftem" östlich von Toftum, „Kalwem" und „Heegbereg", beide nordwestlich von Oldsum. Eine weitere Fenne von rd. 7 Demat in „Megling" in der Oldsumer Marsch, unmittelbar an der Schleuse, rechnete ebenso dazu wie knapp 2 Demat in „Holehörn" nördlich von Oldsum in der Nähe von „Hörshaag". Auch in der Toftumer Meede galten zwei kleine Fennen als Bauerländereien; davon gehörten 0,75 Demat zu Klintum und gut 1 Demat zu Toftum. Nach diesen beiden Fennen ist später ein größerer Gemarkungsteil mit „Bollhörn" (fö. Holehörn) bzeichnet worden. Der Name ist heute noch gebräuchlich.
Aus den Bezeichnungen „Kalwem" und „Holehörn" ist zu schließen, daß die Viehhalter auf diesen Flächen ihre Kälber bzw. die Deckbullen grästen. Auf der „Bollwiese" (Grat Mirem), ebenfalls Bauerland, mit einer Größe von knapp 4 Demat, waren die Deckbullenhalter berechtigt, Heu zur Winterfütterung zu gewinnen.
Über das Eigentum am Bauerland sagen die Landaufteilungsakten nichts Besonderes aus. Die Annahme ist berechtigt, daß es den Bältringsinhabern zuzurechnen ist. Im Erdbuch des Langdorfes sind diese Bauerländereien nämlich – abgesehen von den 11 Demat in „Kalwem", die als Meedeland registriert sind – als Marschland aufgeführt, das wiederum mit dem Gräsungs- oder Bältringsland identisch ist. Als „Marschland" eingeordnet ist selbst das „Gemeinschaftliche Mühlenland", gut 2 Demat südlich der Dorfschaften Oldsum und Klintum, das von der Nutzungsmöglichkeit her eindeutig dem Ackerland zuzurechnen wäre. Für meine Annahme spricht auch eine Eintragung im Erdbuch des Langdorfes unter Nr. 127, wonach ein Stück Bauerland auf „Hochstieg" ausnahmsweise als Ackerland und nicht als Gräsungsland zugeteilt wurde, weil selbige, Nahmen Ocken Ww in Klintum, keine Bältringe hatte. Demnach standen die Bauerländereien zusammen mit dem Gräsungsland im Eigentum der Bältringsinhaber, die allein die „wirkliche Bauerschaft" bildeten. Deshalb auch mußte Rörd Früdden aus Klintum, der über Bältringe nicht verfügte, für 13 Quadratruthen Gräsungsland, die er bei der Landaufteilung an seinem Hausgrundstück erhielt, jährlich einen kleinen Geldbetrag an die Bauerschaft bezahlen.
Im Erdbuch sind als Meedeland nur die rd. 11 Demat Bauerländereien in „Kalwem" registriert. Vermutlich ist diese Fläche zunächst als Meedeland aus dem Gräsungsland abgeteilt worden. Erst später, als es notwendig war, eine dorfnahe Kälberweide zu schaffen, mag sie in diese besondere Eigentums- und Nutzungsform überführt worden sein. Eine andere Erklärung finde ich nicht.
Die Bewirtschaftung der Bauerländereien geschah somit individueller als die des Gräsungslandes. Anzunehmen ist, daß die Bauerschaft die Nutzung in dem sogenannten „Scheerbrief" berücksichtigte und hierfür einen geldlichen Ausgleich verlangte. Anzumerken ist noch, daß im Langdorf die bei der Landaufteilung im Eigentum der Kommunen verbliebenen Flächen noch heute als „Büürgrünj" (dt. Bauernland oder Bauerngrund) bezeichnet werden.
Meine Annahme, daß das Bauerland den Bältringsinhabern gehörte, wird vollends bestätigt durch einen Hinweis in den Borgsumer Landaufteilungsakten. Danach hatte ein Feldinteressent für 10 Bältringe einen Zuteilungsanspruch auf 9 Quadratruthen und 11 Fuß „Bonite" Bauerland. Das waren rd. 46 Quadratruthen „Quantite" (rd. 0,25 Demat).
Das Bauerland in Borgsum umfaßte um 1794 übrigens neben kleineren Flächen von 7 Demat auch 43 Demat Heideland, das in einem früheren, von den Eingesessenen nicht mehr bestimmbaren Zeitraum zunächst als Wungeland aus dem Gräsungsland herausgetrennt und auch als solches bewirtschaftet worden war. Dann aber hatten sie ihre speziellen Eigentumsrechte hieran aufgegeben und es der Bauerschaft zurückgegeben – vermutlich deswegen, weil sich die Ackernutzung wegen der mangelnden Bodenqualität nicht rentierte und der Verdienst auf der Grönlandfahrt nach 1630 eine Alternative bot.

Entwicklung der alten Agrarverfassung

Über das Alter und die Entstehung der alten Agrarverfassung auf Westerlandföhr sind schriftliche Quellen nicht vorhanden. Die Annahme ist jedoch erlaubt, daß die eigentümlichen Rechts- und Nutzungsverhältnisse – beginnend in grauer Vorzeit – sich über einen sehr, sehr langen Zeitraum allmählich entwikkelt haben. Und dabei muß man mit den bebauten Grundstücken, *den Siedlungsplätzen,* beginnen. Denn mit dem Bau der ersten Wohnstätten im Zuge der Seßhaftmachung – lange vor Beginn der Zeitrechnung – dürften wohl schon bestimmte gesellschaftliche Normen berücksichtigt worden sein. Dabei wird für die Wahl der Siedlungsplätze die Nutzungsmöglichkeit der sie umgebenden Ländereien sicherlich eine bedeutende Rolle gespielt haben. Erst mit zunehmender Bevölkerung und nach einer gewissen Verdichtung der Wohnstätten dürfte es erforderlich geworden sein, die Feldmarken zwischen den mittlerweile entstandenen Weilern oder kleinen Dörfern abzugrenzen. Damit erhielten die dort ansässigen Familien zum ersten Mal ein bestimmtes, zur gemeinschaftlichen Nutzung abgegrenztes Areal.

Bei der späteren Aufteilung der Dorffeldmark in Nutzungsquoten konnten die wenigen zu der Zeit bereits bebauten Grundstücke unberücksichtigt bleiben. Hieran hatten die dort wohnhaften Familien mittlerweile ein – ungeschriebenes – privates Eigentumsrecht erworben. Die bebauten Grundstücke gehörten daher nicht mehr der Gemeinschaft und unterlagen damit auch kaum noch irgendwelchen Beschränkungen. Sie wurden als Staven (fö. Stuuwen) bezeichnet. Wurde nun aber in der Folgezeit aufgrund einer Zunahme der Dorfbewohner weiteres Land zum Bau von Wohnstätten benötigt, konnte ein Feldinteressent ein ihm gehörendes Stück (Acker-) Land mit Zustimmung der Bauerschaft aus der bestehenden Feldgemeinschaft herauslösen. Hierfür zahlte er einen bestimmten Geldbetrag an die Gemeinschaft. Er erhielt dann Stavenland, reales Eigentum, über das er weitgehend unbeschränkt verfügen konnte. Anzumerken ist noch, daß einige Landstücke in gleicher Weise aus der Feldgemeinschaft herausgelöst, aber nicht bebaut wurden. Sie wurden damit ebenfalls Stavenland, das keinerlei Beschränkungen unterlag. Das galt beispielsweise für das Areal der um 1735 begründeten Borgsumer Vogelkoje, die in den Landaufteilungsakten als Stavenland bezeichnet wird. Hieran besaß die Gemeinschaft der Feldinteressenten bzw. die Bauerschaft keinerlei Rechte mehr. Sie gehörte als reales Eigentum den seinerzeit fünf Interessenten der Vogelkoje.

Bei der Entwicklung der Agrarverfassung dürfen wir annehmen, daß zu Beginn der dichteren Besiedlung – etwa in der Bronzezeit (1800–500 v. Chr.) – ein lichter Laubwald noch größere Teile der Insel, vor allem die bessere Geest, bestockte. Die leichte Geest war möglicherweise schon weitgehend mit Heide bewachsen, während die Niederungen vermutlich aus Wald-, Grünland- und Wasserflächen bestanden. Zumindest die mit „Wohlde" (fö. „Wol") bezeichneten Feldmarksflächen dürften früher eine waldartige Vegetation getragen haben. Ich vermute, daß die gesamte nicht kultivierte Feldmark ursprünglich in der Form extensiver Beweidung vor allem durch Schafe genutzt worden ist. Das Schaf war über Jahrtausende das wichtigste Haustier.

Eine relativ starke Schafhaltung dürfte übrigens auch eine der Ursachen für die völlige Entwaldung der Geest gewesen sein. Bekanntlich fressen Schafe mit Vorliebe junge Baumtriebe. Das führt dazu, daß bei stärkerem Tierbesatz die Bäume nicht hochkommen. Daneben trug natürlich auch der Holzbedarf der Inselbewohner für Brenn- und Heizzwecke, Haus- und Schiffbau, aber auch für die Leichenverbrennung dazu bei, daß die Föhrer Geest schon im frühen Mittelalter nicht mehr bewaldet war. Dagegen ist – wie beispielsweise in anderen Teilen Schleswig-Holsteins – der große Holzbedarf für den Bau sog. „Stakdeiche" nicht für die Zerstörung des Waldes auf Föhr verantwortlich. Als im 15. Jahrhundert der Föhrer Deich errichtet wurde, war die Geest schon baumfrei.

Die Weide dürfte zunächst, ohne bestimmte Nutzungsquoten, gemeinschaftlich betrieben worden sein. Über einen langen Zeitraum wird sich hieran nichts Wesentliches geändert haben. So lange genügend Weideland vorhanden war, bestand keine Veranlassung, hinsichtlich der Nutzungsrechte besondere Regelungen zu treffen. Hinzu kommt, daß die Schafhaltung die Gewinnung von Winterfutter nicht erforderte, so daß Meedeland aus der gemeinschaftlichen Weide nicht abgeteilt zu werden brauchte.

Ausgelöst durch eine weitere Zunahme der Bevölkerung, die allgemein nach 800 n. Chr. angenommen wird, und aufgrund der damit einhergehenden Ausweitung der Rindviehhaltung dürfte sich allerdings die Notwendigkeit ergeben haben, die Nutzung der Feldmark, die immer noch zum Teil von der Waldweide beherrscht wurde, auf die ansässigen Familien zu verteilen. Daß die Zuteilung der Weidequoten der Verteilung des Acker-, Wunge- und Meedelandes vorangegangen ist, läßt sich aus den Regelungen der alten Agrarverfassung wie folgt erklären:

1. Die Weideberechtigungen dominierten bis zur Aufhebung der Feldgemeinschaft über die Rechte am Acker- und Meedeland. Sie hatten einen höheren Rang.

2. In einigen Dörfern hatten nur die Inhaber von Weidegerechtigkeiten Stimmrecht in der Bauerversammlung; sie bildeten die „wirkliche Bauerschaft“.
3. Die Außendorfinteressenten durften ihr Weiderecht selber nicht nutzen.
4. In der Nutzung des Gräsungslandes kam das altgermanische Genossenschaftsprinzip noch in wesentlich stärkerer Form zum Ausdruck als in der des Acker- und Meedelandes.
5. Für die mit „Bältring“ bezeichnete Quote am Gräsungsland gibt es – im Gegensatz zu „Ammerland“ und „Lästal“ – in der föhringischen Sprache vermutlich auch deswegen keine Erklärung, weil diese Bezeichnung älter ist.
6. In Dunsum war das Eigentum an 53 Demat Ackerland noch nicht in Ammerland aufgeteilt. Die Nutzung stand den Gräsungsinteressenten entsprechend ihrer Bältringe zu. Ähnlich in Utersum: Dort wurden bei der Landaufteilung 54,5 Demat Ackerland an die Bältringsinhaber verteilt.
7. In Nieblum hatten die Bältringsinhaber erst kurz vor der Landaufteilung, die 1777 stattfand, rd. 79 Demat als Wungeland aus dem Gräsungsland herausgetrennt, wobei jeder der 36 Interessenten 22 Ammerland erhielt.

Und dennoch lagen die ersten Anfänge des Ackerbaus, des Anbaues von Gerste und Roggen, schon in einer Zeit, als die Weide mit ziemlicher Sicherheit noch nicht in Quoten aufgeteilt genutzt wurde. Wir dürfen annehmen, daß anfangs die innerhalb einer Siedlung ansässigen Familien in der Nähe ihrer Wohnstätten kleine geeignete Flächen gemeinschaftlich mit Korn bestellten und ernteten. Die teilweise geringe Größe einzelner Tjüügen könnte hierdurch begründet sein. Die Herrichtung der für Getreideanbau und Heugewinnung geeigneten Tjüügen dürfte schrittweise erfolgt sein. Die Kultivierung des gesamten Acker- und Meedelandes in einem Zuge hätte die Kräfte der Gemeinschaft weit überstiegen. Dabei werden sie die als Ackerland hergerichteten Flächen wahrscheinlich, wie das Wungeland vor der Landaufteilung, zunächst als Wechselland bewirtschaftet haben. Nach einer gewissen Erschöpfung der Bodenfruchtbarkeit, d. h. nach Mineralisierung der Humusbestandteile des Wald- und Weidebodens durch mehrjährigen Ackerbau, ließen sie die Flächen zur Selbstbegrasung liegen. Damit führten sie die Flächen wieder der gemeinschaftlichen Weide zu, um sie nach einer Ruhezeit von einigen Jahren wieder ackerbaulich zu nutzen.

Daß die Kultivierung des Ackerlandes seinerzeit wenig planmäßig erfolgte, kann aus der Abgrenzung der Tjüügen geschlossen werden (Abb. 34). Jedenfalls dürften die topografischen Verhältnisse nur zum Teil für die Grenzen der Tjüügen maßgebend gewesen sein.

Die Aufteilung des Acker- und Meedelandes in Interessentenanteile ist sicherlich erst erfolgt, als aufgrund einer stärkeren Bevölkerungszahl das Nutzland noch knapper und eine weitergehende Ordnung innerhalb des Gemeinwesens erforderlich wurde. Dabei ist davon auszugehen, daß die Inhaber der Weidegerechtigkeiten ihr Eigentum im Ackerland nach Maßgabe ihrer Quoten (Bältringe) am Gräsungsland erhielten. Zunächst dürfte die individuelle Nutzung aufgrund periodischer Verlosungen erfolgt sein, wie es bis zur Landaufteilung auf dem Wungeland üblich war. Erst mit Beginn der permanenten Ackernutzung werden die Interessenten die Tjüügen in lauter kleine Ackerstücke aufgeteilt haben, und zwar in Form schmaler Streifen oder Striemen (fö. Stringen). Deren Größe bestimmten sie erst dann in Ammerland, und zwar vermutlich eher in Anlehnung an die durchschnittliche Erntemenge als an die erforderliche Aussaat. Damit schufen sie die Voraussetzungen für eine stärkere individuelle Nutzung. Die Weidegerechtigkeiten aller Bältringsinhaber, der Bauerschaft, blieben aber auch auf dem Ackerland erhalten.

In ähnlicher Weise werden die Bältringsinhaber auch das Meedeland aus dem Weideland herausgetrennt haben. Auch dort fand die Nutzung wohl zunächst gemeinschaftlich und dann auf der Grundlage einer alljährlich sich wiederholenden Verlosung statt, wobei dann jeder ein Meedestück erhielt, das seiner Quote (in Bältring oder Lästal) entsprach. – Die Amrumer Bauern verlosten übrigens noch im 18. Jahrhundert Teile ihres Wiesenlandes –. Später erst teilten die Interessenten die Tjüügen auf, aber nicht in lange schmale Streifen wie im Ackerland, sondern in breitere Stücke. Deren Größe legten sie entsprechend der geernteten Fuder Heu in Lästal fest. Dabei ist davon auszugehen, daß sie Meedeland in größerem Umfang erst brauchten, als sie neben Schafen zunehmend auch Rindvieh hielten, denn erst hierfür war die Gewinnung von Winterfutter Voraussetzung.

Bemerkenswert für das Langdorf ist, daß die Bältringsinhaber bei der Heraustrennung der für den Getreideanbau geeigneten Ländereien die niedrig gelegenen Flächen zwischen den Ackertjüügen als „Bauerländereyen" im Eigentum der Bauerschaft ließen. Dieselbe Regelung trafen sie für die Weiden, die sie zu speziellen Zwecken, z. B. für die Kälber- oder Bullenhaltung, aus dem Gräsungs- und Meedeland herauslösten und durch Gräben einfriedigten. Die Umstände hierfür waren beispielsweise innerhalb der Feldmark des Langdorfes in „Holehörn" und „Megling" gut, weil tiefere, wasserführende, ehemalige Priele diese „Bauerländereyen" umschlossen.

Bei der Bewirtschaftung der in Ackerland umgewandelten Ländereien wird man bald die Erfahrung gemacht haben, daß die Tjüügen mit besserer Bodenqualität weniger der Ruhezeit bedurften als die mit schlechterer. Die guten Ländereien werden daher allmählich als Ackerland mit alljährlichem Getreidebau genutzt worden sein. Voraussetzung hierfür war allerdings eine periodische Düngung mit Stallmist und Plaggen. Versuche, auch die sandigen Böden fortlaufend zu ackern, dürften fehlgeschlagen sein, zumal es an Dünger fehlte, so daß sie Wechselland blieben.

Schließlich stellt sich noch die Frage, in welchem Zeitraum denn wohl das gemeinschaftliche Gräsungsland des Langdorfes in Quoten aufgeteilt worden ist. Unterlagen hierüber sind nicht vorhanden. Zu vermuten ist jedoch, daß die Verteilung erst nach der Einführung des Christentums auf Föhr, d. h. zu Anfang dieses Jahrtausends, stattgefunden hat, und zwar während der katholischen Zeit, als St. Laurentii noch eine Nebenkirche von St. Johannis war. Die Erklärung hierfür ist, daß das Diakonat von St. Laurentii mit 32 Bältring am Gräsungsland des Langdorfes beteiligt war. Bei diesen Überlegungen gehe ich davon aus, daß das Diakonat das erste Pfarrhaus der St. Laurentii-Kirche war und das Hauptpastorat später errichtet worden ist. Es fällt nämlich auf, daß das Diakonat im Gegensatz zu allen anderen Feldinteressenten, die eine größere Quote am Gräsungsland besaßen, über eine volle Bältringzahl verfügte. Hätte es die Bältringe erst bei der erstmaligen Errichtung der Pfarrstelle, d. h. bei Einführung des Christentums (ca. zwischen 1000 und 1050 n. Chr.) durch Kauf, Vermächtnis oder Schenkung erhalten, wäre mit einiger Sicherheit deren Zahl nach Bruchteilen bemessen gewesen. Ich nehme daher an, daß ein Diakon oder Kaplan – in den Landaufteilungsakten wird ein Tjüüg in der Nähe des Diakonats als „Capellans-Acker" bezeichnet – bei der erstmaligen Verteilung der Weidegerechtigkeiten in Süderende bereits ansässig war und mit 32 (von 1968) Bältringen bedacht worden ist. Später, als St. Laurentii nach einer gewissen Festigung des Christentums dann neben dem Kaplan noch einen Hauptpastor erhielt, waren die Bältringe vergeben[14]. Die Gemeinde half sich damit, daß sie dem jeweiligen Hauptpastor das Recht einräumte, so viel Vieh, wie er zu Eigentum hatte, auf das gemeinschaftliche Gräsungsland zu treiben, ohne über eine bestimmte Zahl von Bältringen zu verfügen. Dies erscheint mir schlüssig. Hätten nämlich beide Pfarrhäuser bei der Aufteilung der gemeinschaftlichen Weide schon bestanden, ist nicht einzusehen, weshalb das Hauptpastorat nicht ebenfalls wie das Diakonat eine bestimmte Bältringzahl erhalten hätte. Wären aber bei der Einführung des Christentums die Quoten am Gräsungsland schon verteilt gewesen, so dürfte der Hauptpastor wie der Kaplan gleichermaßen einen unbestimmten oder bestimmten Anteil erhalten haben. Die Auffassung erscheint daher vertretbar, daß die Quoten am Gräsungsland des Langdorfes in dem Zeitraum von 1100–1400 verteilt worden sind.

Daß in diesem Zeitraum, vermutlich etwas später als das Gräsungsland, die Berechtigten auch das Ackerland unter sich aufteilten, bestätigen die folgenden Feststellungen:

Beim Studium der alten Ackerprotokolle fällt nicht nur auf, daß die Ackerstücke des Pastorats und Diakonats in vielen Tjüügen die jeweils größte Einheit darstellen. Sie unterscheiden sich von den meisten anderen Ackerstücken auch dadurch, daß sie vielfach mit einer vollen Ammerlandzahl aufgeführt sind, während die Ackerstücke – und vor allem die Teilstücke – der eingesessenen Feldinteressenten zum weitaus überwiegenden Teil in Bruchzahlen angegeben sind. Bei dem Versuch, diese Bruchzahlen zu größeren Zahleneinheiten zusammenzufassen, gelingt es zumeist, die volle Ammerlandzahl der kirchlichen

14 Wenn es zutrifft, daß St. Laurentii ursprünglich als Nebenkirche zur Hauptkirche St. Johannis in Nieblum gehörte, so findet meine Annahme eine zusätzliche Begründung, daß in Süderende zunächst nur ein Kaplan residierte.

Ackerstücke zu erhalten. Als signifikantes Beispiel seien die Verhältnisse in folgenden Tjüügen genannt:

Nr. des Ackerst.	Eigentümer	Ammerland
„Kuuch"		
25	Ock Ercken	1
	Tücke Wögens	1/2
	Oluf J. Rörden	1/2
26	Harck Nickelsen	1
	Lorenz Lorenzen	1
27	Nickels J. Rörden	2
28	Hay Hayen	1/2
	Ing Flor	1/2
	J. Fröd Arfsten	1
29	Oluf Bohn Ww.	2
30	Ketel Olufs	1
	Boh Rickmers	1
31	Pastorat	2
32	Thay Hinrichsen	1/4
	J. Rörd Hinrichsen	1/4
	Olde Hinrichsen	1 1/2
33	Lorentz Arfsten	2/3
	Fulck Arfsten Ww.	2/3
	D. Roeloffs	2/3
„Waaster Mansemer"		
26	Boh Ketels	2 1/2
	Jap Hayen	1
27	Diakonat	3 1/2
28	Ricklef Nahmens	1 3/4
29	Thay Hinrichsen	7/8
	Nahmen Frödden	7/8
30	Hark Ketels	3 1/2
31	J. Erck Oldis	2 1/2
	Lorenz Arfsten	1
32	Boh Ketels	2 1/2
33	Peter Volkerts	1
34	Pastorat	3 1/2
35	Brar Braren	1 3/4
36	Jürgen Wögens	1 5/12
	Brar Braren	1/3
„Waaster Loongstringem"		
18	Jens Ricklefs	5/6
	Thay Hinrichsen	5/6
	Arfst Nickelsen	5/6
19	Erk Lorenzen	2 1/2
20	Peter Jensen	1 1/4
	Lorenz Rickmers	1 1/4
21	Volkert Arfsten	2 1/2
22	Johannes Frödden	5
23	Diakonat	5

Diese Beispiele könnte man beliebig fortsetzen. Es erscheint daher zulässig, hieraus die Annahme abzuleiten, daß die Ammerlandzahl der kirchlichen Grundstücke die *ursprüngliche* Größe der einzelnen Ackerstücke darstellte. Diese Größe dürften viele Anteile der anderen Feldinteressenten früher auch einmal aufgewiesen haben, bevor sie im Wege des Erbganges pp. geteilt wurden. Demnach dürfte anzunehmen sein, daß die Interessenten erst nach Beginn der Christianisierung ihr Ackerfeld unter sich aufgeteilt haben, und zwar durch Festlegung von Ammerlandanteilen. Und schließlich wäre sogar zu vermuten, daß die Prediger (und Mönche) die Form dieser Aufteilung entscheidend beeinflußt haben, zumal allgemein bekannt ist, daß im Mittelalter vor allem die Verbreiter der christlichen Lehre Pionierarbeit für die Verbesserung der landeskulturellen Verhältnisse leisteten. Sie betrieben seinerzeit echte „Landentwicklung"!

Neben den Ackerstücken mit einer vollen Ammerlandzahl besaß die Kirche auch Interessentenanteile, die als Teil eines Ackerstückes zumeist eine Bruchzahl aufwiesen. Zu vermuten ist, daß die Kirche das Eigentum an diesen Grundstücken erst später, d. h. nach der Aufteilung des Ackerfeldes, durch Schenkung, Vermächtnis oder Kauf erhalten hat.

Natürlich sind diese Annahmen nicht durch Quellen belegt. Auch für andere Teile der Cimbrischen Halbinsel gibt es hinsichtlich des Zeitraumes der erstmaligen Verteilung der Nutzungsanteile an den Feldmarken keine eindeutigen Hinweise. Vermutlich wird dieser Bereich im Dunkel der Geschichte bleiben. Eins ist allerdings zweifelsfrei: Das Acker- und Meedeland des Langdorfes war zum Zeitpunkt der Reformation, d. h. um 1520, bereits weitgehend kultiviert und die Anteile hieran aufgeteilt. Denn um diese Zeit besaß die Kirche neben Bältringen bereits Interessentenanteile in Form von Ammerland und Lästal, die im Zuge der Säkularisation dann „verfestet" wurden. Wären Acker- und Meedeland noch nicht kultiviert und verteilt gewesen, wären die Festeländereien nicht nach Ammerland und Lästal bestimmt worden.

Nach alledem ist anzunehmen, daß – abgesehen vom Stavenland – die Feldmark des Langdorfes mindestens bis etwa 1100 n. Chr. in ungeteilter Gemeinschaft genutzt worden ist. Danach wurde sie zunächst nur in Weidequoten aufgeteilt, wobei die ansässigen Familien neben ihrem Stavenland weiteres, allerdings beschränktes Eigentum am Gräsungsland erhielten, dessen Umfang sie in Bältringen festlegten. Eine bestimmte Fläche zur individuellen Nutzung bekamen sie jedoch erst später, als sie das bereits vorhandene Acker- und Meedeland und später auch das Wungeland unter sich aufteilten. Das Nutzungsrecht hieran blieb jedoch zugunsten der Gemeinschaft eingeschränkt. Lediglich das Stavenland war voll aus dem gemeinschaftlichen Eigentum herausgelöst. Diese eigentumsrechtliche Verfassung blieb in ihren Grundzügen bis zur Landaufteilung weitgehend unverändert. In ihrer Eigentümlichkeit dürfte sie noch am ehesten der ursprünglichen altgermanischen Agrarverfassung entsprochen haben.

Organisation der Agrarverfassung

Die alte Agrarverfassung auf Westerlandföhr fand, wie auf dem Osterland und auch Amrum, ihre sichtbare Ausprägung vor allem in der Feldgemeinschaft der einzelnen Dorfschaften. Ihre Durchführung lag in der Hand der *Bauerschaft*, (fö. Büürskap) eine weitgehend autonome Institution, in die die staatliche Verwaltung wenig eingriff.
Die in den vorhergehenden Abschnitten aufgezeigten Regelungen dieser alten Agrarverfassung haben sich die Bauerschaften im Laufe der Zeit selber gegeben; die Obrigkeit hat sie ihnen nicht auferlegt. Die Autonomie der einzelnen Bauerschaften kam auch dadurch zum Ausdruck, daß ihre Verfassung im Birk Westerlandföhr und Amrum nicht einheitlich organisiert war. So unterschied sich beispielsweise das Stimmrecht von Dorf zu Dorf. Daraus kann man schließen, daß die Bauerschaften, wie sie sich vor 1800 präsentierten, organisch gewachsen und nicht aufgrund eines herrschaftlichen Dekrets gebildet worden sind.
Die Bauerschaft entschied in erster Linie über alle Angelegenheiten, die sich aus der Landbewirtschaftung im Rahmen der Feldgemeinschaft ergaben. Sie bestimmte die auf dem Ackerland alljährlich in den Tjüügen anzubauenden Getreidearten, den Beginn des Pflügens, den Tag der Aussaat und Ernte ebenso, wie in der Meede den Zeitpunkt der Grasmahd und der Heubergung. Darüber hinaus wachte sie über die Zahl und Zusammensetzung des Viehs, das auf der gemeinschaftlichen Gräsung weiden durfte. Auch den Tag des Austriebs – in der Regel 8. Mai – legte sie fest. Über die Nutzung der Gräsung stellte sie alljährlich einen „Scheerbrief" aus, in dem jedem Interessenten ein Zuviel oder Zuwenig an Vieh im Verhältnis zu seiner Bältringszahl durch einen Geldbetrag ausgeglichen wurde. Die Bauerschaft stellte den Viehhüter ein und regulierte seine Bezahlung. Sie bestimmte, wo und wann auf dem Gräsungsland Heidekraut und -plaggen geschlagen werden durften. Sie unterhielt die Feldwege und Entwässerungsgräben, soweit überhaupt welche vorhanden waren, und organisierte das Sammeln und Aufteilen des Düngers (fö. Sjaasen), der zu Brennzwecken verwendet wurde. Außerdem hatte sie jeweils für das Schulhaus im Dorfe zu sorgen. Kurzum: Alle maßgeblichen Regelungen in Dorfangelegenheiten beruhten auf Beschlüssen der Bauerschaften. Auf Westerlandföhr waren sie darüber hinaus verantwortlich für die „Anschaffung und Beibringung der zur Verstärkung des Steindeiches erforderlichen Feldsteine sowie für die Unterhaltung der sogenannten Bauerdeiche".
Die Beschlüsse der Bauerschaften wurden als „Bauerbeliebungen" oder „Dorfswillküre" bezeichnet. Die föhringische Bezeichnung ist leider nicht überliefert. Das Recht der Bauerschaften, Beliebungen genereller Art zu erlassen, wurde in Dänemark übrigens durch eine Verfügung der Rentekammer vom 4. November 1721 eingeschränkt. Sie mußten danach vom Amtmann bestätigt werden. Die alljährlich wiederkehrenden Beschlüsse, die im Rahmen der Feldgemeinschaft zu treffen waren, fielen nicht hierunter.
Aufgrund der Tatsache, daß die Bauerschaft für alle Dorfangelegenheiten verantwortlich waren, liegt die Vermutung nahe, alle Dorfbewohner seien auch Mitglied dieser Körperschaft gewesen. Das war aber nicht der Fall. Für die Dorfbewohner galt als gemeinschaftliche Institution die Dorfschaft, die aber keine Kompetenzen hatte. Dagegen bestand die Bauerschaft nur aus dem Kreis der berechtigten Bauern.
Zur Bauerschaft gehörten ursprünglich nur die Eingesessenen, die Weidegerechtigkeiten, d. h. Bältringe zu Eigentum hatten. Sie waren damit „geborene" Mitglieder. Alle hatten Stimmrecht, wobei aber die Zahl ihrer Bältringe für das Stimmvolumen maßgebend war. Die Bauern, die die meisten Bältringe besaßen, übten daher in Dorf- und Bauerschaftsangelegenheiten den größten Einfluß aus. Im Laufe der Zeit veränderten die Bauerschaften jedoch die Regelungen hin-

sichtlich des Stimmrechts. So waren im Jahre 1794 in Borgsum und Utersum zwar alle Bältringsinhaber Mitglied der Bauerschaft. Stimmrecht hatten sie aber nur, wenn sie über ein volles Los, auch „Lod“ (fö. Luad) genannt, verfügten. Auf ein Los kamen in Borgsum 10 und in Utersum 9 Bältringe. Das Eigentum an Ammerland und Lästal war insoweit unbeachtlich. Diese Regelung führte dazu, daß in Borgsum von 59 ortsansässigen Bältringsinhabern nur 42 überhaupt ein Stimmrecht hatten. In Utersum waren es 21 von 42 Bältringsbesitzern. Für die Bauerschaft Borgsum wird in den Landaufteilungsakten zudem vermerkt, daß die Lods-Eigner bei der Verteilung der „Sjaasen“ eine doppelte Portion erhielten.
Anders war es in Witsum. Dort hatte jeder Hausbesitzer eine Stimme, und zwar unabhängig von der Zahl seiner Bältringe. Aus heutiger Sicht eine demokratische Regelung, wenn man bedenkt, daß um 1803 in Witsum einer der größten Landeigentümer von Westerlandföhr wohnte. Es war Jung Hans Nahmens, dem rd. 113 Demat, etwa 35 v. H. der Witsumer Feldmark, gehörten. Er und seine Nachbarin Mantje Wögens, später verheiratet mit Sönck Martens, hatten 182 Bältringe von den insgesamt 252, die die Witsumer besaßen. Andererseits ist diese Ordnung verständlich, denn in diesem Dorfe hatte jeder Hausbesitzer Bältringe zu Eigentum. Insofern unterschied sich Witsum von den anderen Dörfern auf Westerlandföhr, insbesondere aber vom Langdorf; dort konnten im Jahre 1800 von 261 Hausbesitzern 83 keine Bältringe nachweisen.
Die von Borgsum völlig abweichende Ordnung des Stimmrechts in Witsum ist im übrigen sehr bemerkenswert. Denn bis zur Landaufteilung bildeten beide Dörfer eine Bauerschaft. Den „Scheerbrief“ verfaßten sie gemeinsam. Allerdings hatten beide Dörfer voneinander getrennte gemeinschaftliche Weideflächen. Dies mag unterschiedliche Regelungen bezüglich des Stimmrechts in der Bauerschaft gerechtfertigt haben.
In Hedehusum lagen die Verhältnisse etwa wie in Witsum. Alle ortsansässigen Gräsungslandinteressenten hatten – unabhängig von der Zahl ihrer Bältringe – gleiche Rechte in der Bauerschaft. 18 von 20 Hausbesitzern verfügten über Bältringe.
Von Dunsum ist bekannt, daß dort nur die Bauern stimmberechtigt waren, die mindestens 6 Bältringe besaßen.

Über die Stimmberechtigung in der Bauerschaft des Langdorfes ist leider nichts überliefert. Bekannt ist aber, daß wie in Borgsum und Witsum auch die Bältringsinhaber von Süderende, Oldsum, Klintum und Toftum in einer Bauerschaft vereinigt waren. Im Gegensatz dazu bildeten die Bauern in den Dörfern mit zum Teil wesentlich kleinerer Feldmark wie Nieblum, Goting, Hedehusum, Utersum und Dunsum jeweils eine eigene Bauerschaft. Die Gründe für die unterschiedlichen Verhältnisse sind nicht bekannt. Sie mögen eine Folge der Siedlungsentwicklung sein, über die wir aus der Vorzeit nur unvollkommene Kenntnisse besitzen. Für Süderende erscheint die Verbindung mit Oldsum, Klintum und Toftum insofern schlüssig, als Süderende – wie bereits ausgeführt – früher nur wenige Häuser aufwies. Der „Ausbau“ von Süderende aus Oldsum ist vielleicht vergleichbar mit den Ausbauten „Klein-Borgsum“ und „Klein-Alkersum“, deren Bältringsinhaber ebenfalls keine selbständige Bauerschaft bildeten. „Ausbauten“ von Oldsum dürften auch Klintum und Toftum sein, da – wie bereits dargelegt – in dem Hebungsregister des Schleswiger Bischofs von 1462 nur Oldsum aufgeführt ist. Es ist daher anzunehmen, daß Oldsum die „Kernzelle“ des Langdorfes ist und nicht nur Süderende, sondern auch Toftum und Klintum historisch betrachtet „jüngere“ Siedlungen sind. Erst nach diesen Ausbauten dürfte sich der Name „Langdorf“ eingebürgert haben.

Zusammenfassend ist also festzuhalten, daß Bältrings-Eigentum mehr umfaßte als Anteilsrechte am Gräsungsland. Nur Bältringsinhaber waren „geborene“ Mitglieder der Bauerschaft. Sie bildeten die „wirkliche Bauerschaft“. Aus dem Eigentum an Ammerland oder Lästal oder an einem Hausgrundstück erwuchs keine natürliche Mitgliedschaft oder Bauergerechtigkeit. Diese Grundregeln galten einheitlich in allen Dörfern Westerlandföhrs. Hinsichtlich des Stimmrechts stellten sich die Verhältnisse jedoch differenziert dar. Zumindest in Borgsum, Utersum und Dunsum war eine bestimmte Zahl von Bältringen, d. h. ein „Lod“, Voraussetzung, um überhaupt eine Stimme abgeben zu können. Über etwaige Regelungen in Goting fand ich leider keine Unterlagen. Auf die besonderen Verhältnisse bezüglich der Bauergerechtigkeit in Nieblum habe ich schon an anderer Stelle hingewiesen.

Mit der Bauergerechtigkeit war u. a. auch das Recht verbunden, auf gemeinschaftlichem Gräsungsland Heidekraut und -soden sowie auf dem Grasland „Sjaasen" zu Brennzwecken zu gewinnen. Sie erlaubte zudem, unabhängig vom Besitz an Bältringen, jedoch gegen Geldausgleich, soviel Vieh, wie es dem Viehhalter beliebte, auf die Gräsung zu treiben. Es ist daher verständlich, daß im Laufe der Zeit auch Eingesessene, ohne Bältringe zu besitzen, bestrebt waren, die Bauergerechtigkeit zu erlangen. Diesem Begehren konnte sich die Bauerschaft wohl nicht mehr verschließen, nachdem die Zahl der „bältringslosen" Dorfbewohner zunahm. Zumindest war es um 1800 allen Hauseigentümern möglich, die Bauergerechtigkeit gegen Zahlung einiger Mark Courant zu erhalten. Die Bauerschaft erteilte dieses Recht aber nicht der Person, sondern „belieh" das Hausgrundstück damit. Die Bauergerechtigkeit „klebte" dann an solchen Häusern, wie man damals sagte. Sie brauchte von den Nachkommen nicht erneuert zu werden. Eingesessene, die von der Armenkasse unterhalten wurden, konnten die Bauergerechtigkeit nicht erhalten. So ist es 1830 formuliert im Dorfprotokoll von Utersum. Hervorzuheben ist jedoch, daß man mit der Bauergerechtigkeit zwar bestimmte Rechte, aber weder die Mitgliedschaft noch ein Stimmrecht in der Bauerschaft erlangte Die mit der Bauergerechtigkeit verbundenen Pflichten dagegen waren unabdingbar.

Wie bereits erwähnt, befanden die stimmberechtigten Mitglieder der Bauerschaft über die Ordnung in Dorf- und Feldmarkangelegenheiten. Beschlüsse bedurften zu ihrer Wirksamkeit jedoch einer Zweidrittelmehrheit. Veränderte ein Beschluß altüberkommene Rechte, so mußte er dem Birkvogt vorgelegt werden, der dann vom Amtmann in Ripen die Genehmigung einholte.

Den Bauervogt (fö. Büürföögels) wählte die Bauerschaft. Er führte deren Beschlüsse aus und leitete ihre Versammlungen. Zur Seite standen ihm Helfer. Sie hießen in Langdorf Achtmänner (fö. Aachtmaaner), in Borgsum und Utersum Aufsichtsmänner (fö. Üübsichtsmaaner). Auch sie wurden von der Bauerschaft gewählt. Die Wahlen bedurften aber der obrigkeitlichen Bestätigung. So bat lt. einer Urkunde im Inselarchiv der Birkvogt Matthiesen am 21. April 1792 den Amtmann in Ripen, anstelle des verstorbenen Brar Jung Söncken den Müller Paul Nickelsen (1753–1818) zum Aufsichtsmann in Borgsum zu ernennen. Und am 29. April 1799 bestätigte und verpflichtete der Birkvogt Smidt die von den Eingesessenen des Langdorfes gewählten „Marsch-Achtmänner" nicht nur hinsichtlich der ihnen übertragenen Geschäfte, sondern ermahnte sie auch, „sich das wahre Beste ihrer Bauerschaft ernstlich angelegen sein zu lassen und dafür zu sorgen, daß in allen Stücken Königlichen Gesetzen und Verordnungen gemäß verfahren werde."

Mit den Achtmännern identisch dürften die Reif-, Reifer-, auch Messungs- oder Steinigungsmänner sein, die wir unter diesen Namen in den Westerlandföhrer Thingprotokollen des 18. Jahrhunderts finden. Diese Bezeichnungen deuten darauf hin, daß diese Männer insbesondere verantwortlich waren für die Verlosung des Wungelandes sowie das Schlichten der häufig vorkommenden Grenzstreitigkeiten. Ihnen oblag vermutlich auch die Wiederherstellung rechtmäßiger Grenzen durch Neuverteilung der Interessentenanteile innerhalb des Acker- und Meedelandes. Diese erfolgte in gewissen Zeitabständen immer dann, wenn die Zersplitterung infolge Kauf, Tausch oder Erbgang ein unvertretbares Maß angenommen hatte. In agrarhistorischen Abhandlungen wird dieses Verfahren als Reepningsverfahren, die hierfür Verantwortlichen werden als Reepningsmänner bezeichnet[15]. Schon das „Jyske Lov" von 1241 regelt das Reepningsverfahren. Danach konnte jeder Feldinteressent, der sich in seinem Besitz eingeschränkt glaubte, die Einleitung eines Reepningsverfahrens zwecks Wiederherstellung des rechtmäßigen Zustandes verlangen. Aber auch die erstmalige Verteilung der aus der gemeinschaftlichen Gräsung abgetrennten und kultivierten Acker- und Meede-Tjüügen erfolgte im Reepningsverfahren.

In allen Dörfern Westerlandföhrs übte das Amt des Bauervogtes regelmäßig ein Eingesessener aus, der zuvor die Stellung eines Commandeurs oder Kapitäns bekleidet hatte. Er genoß im Dorf ein hohes Ansehen. Nur der Bauervogt durfte Dorfversammlungen abhalten. Dazu lud er durch ein Schriftstück ein, das früher in einem Stock eingeklemmt war. Daher werden auch heute noch die vom Bürgermeister in Umlauf gegebenen Mitteilungen Bauerstock (fö. Büür-

15 In Schleswig-Holstein gibt es Familien namens Reepenning nicht selten; sie dürften Nachkommen eines Reepningsmannes sein.

stook) genannt. Der „Büürstook“ mußte von Hand zu Hand unverzüglich weitergegeben werden, wobei die Reihenfolge des Umlaufes genau festgelegt war. Die Dorfversammlungen fanden immer unter freiem Himmel statt, und zwar auf dem Bauerstaaven (fö. Büürstuuven). Der Eigentümer dieses Stavens erhielt dafür von der Bauerschaft eine bescheidene Miete.

Auch nach der Landaufteilung blieb die Bauerschaft die in Dorfangelegenheiten verantwortliche Körperschaft. Ihre Aufgaben verminderten sich aber insbesondere dadurch, daß die Ländereien nicht mehr in der Feldgemeinschaft, sondern individuell genutzt wurden. Auch die Unterhaltung der Schulhäuser durch die Bauerschaft entfiel 1809 in den St. Laurentii-Dörfern. Andere regelungsbedürftige Dorfangelegenheiten traten an deren Stelle. Selbstverständlich blieb die Mitgliedschaft nicht auf die früheren Bältringsinhaber beschränkt, so daß sich der Unterschied zwischen Bauerschaft und Dorfschaft allmählich verwischte. Mindestens 1825 waren alle Hausbesitzer mit Bauergerechtigkeit, ungeachtet ihres Eigentums in der Feldmark, stimmberechtigt. Mit der Einführung der Gemeindeordnung im Jahre 1867 durch die Preußen blieb für die Bauerschaften kein Raum mehr. Der Bauervogt wurde ersetzt durch den Gemeindevorsteher, später Bürgermeister genannt, der aber heute noch als „Büürföögels“ bezeichnet wird.

Der heute auch als Bauer bezeichnete Landwirt ist hinsichtlich seines Berufes oder Standes nicht identisch mit dem Bauern aus der Zeit der alten Agrarverfassung. Damals galt jedes Mitglied der Bauerschaft auch dann als Bauer (fö. Büür), wenn er seinen Haupterwerb in der Seefahrt ausübte. Daher ist verständlich, daß man früher den Sammelbegriff „Bauern“ (fö. Büüren) für alle Dorfbewohner verwendete, soweit sie Interessentenanteile in der Feldmark besaßen. So bezeichnen die Föhringer denn auch heute noch beispielsweise die im Dorf Oldsum Wohnhaften nicht als „Olersemer“ (dt. Oldsumer), was leider fälschlicherweise nicht selten geschieht, sondern als „Olersembüür“ (dt. Oldsumbauern). Das gilt gleichermaßen für die Bewohner aller anderen Inseldörfer. Eine Ausnahme bildet Wyk. Das ist natürlich, denn in dieser „jungen“ Seefahrer- und Fischersiedlung gab es nie eine Bauerschaft und somit auch keine Bauern im herkömmlichen Sinne.

Die Bezeichnung „Büür“ findet sich darüber hinaus in dem Wort „Naibüür“. Es bezeichnet nicht etwa den in der Nähe wohnenden Landwirt, sondern schlicht den Nachbarn. Auch der bereits genannte „Büürfögels“ ist nicht nur Vorsteher oder Vorsitzende der Landwirte. Er steht vielmehr der Gemeinschaft aller Dorfbewohner vor, denen er deshalb über den „Büürstook“ auch heute noch die entsprechenden Mitteilungen zukommen läßt.

Heute erfaßt das Wort „Büür“ für sich gesehen nur diejenigen, die die Landwirtschaft weitgehend im Haupterwerb betreiben. In Verbindung mit anderen Hauptworten aber hat sich die schöne alte Bezeichnung bis heute trefflich erhalten.

Landaufteilungen auf Westerlandföhr

Nördlich der Elbe gab es um 1800 die in den vorhergehenden Abschnitten geschilderte Agrarverfassung in dieser Ausprägung nur noch auf Westerlandföhr und Amrum. Anzunehmen ist, daß sie der ursprünglichen, altgermanischen Flurverfassung, die sich im Laufe des Mittelalters abgewandelt und weiterentwickelt hatte, noch am ehesten entsprach. Schon die abgeschiedene Lage der Nordfriesischen Inseln und das Festhalten der Bewohner an den von den Vätern übernommenen Regelungen spricht für diese Annahme. Namhafte Agrarhistoriker des 19. Jahrhunderts vertreten ebenfalls diese Auffassung.

In fast allen ländlichen Distrikten Dänemarks prägten um 1750 noch Feldgemeinschaft und Flurzwang das Leben in den Dörfern, wenn auch in anderer Art und Organisation. Sie behinderten die Entwicklung der Landwirtschaft und damit die Verbesserung des Wohlstandes in starkem Maße. Allerdings wirkte sich die fortschritthemmende Agrarverfassung auf den nordfriesischen Geestinseln weniger negativ als anderswo aus, weil die Seefahrt und nicht die Landwirtschaft den Haupterwerb der Bewohner ausmachte. Dennoch war auch auf den Nordfriesischen Inseln in der zweiten Hälfte des 18. Jahrhunderts die Zeit reif, die Feldgemeinschaft durch Landaufteilung zu beenden.

Zunächst muß zu dem Begriff Landaufteilung – auch Verkoppelung oder Einkoppelung genannt – etwas gesagt werden, weil er fehlinterpretiert werden könnte. Es war keineswegs so, daß das Gemeineigentum an alle Bewohner aufgeteilt wurde. Vielmehr erhielten nur die Eingesessenen Land, die auch vor der Landaufteilung Eigentum an Ländereien bzw. Interessentenanteile hatten. Präzise wäre es, für Westerlandföhr und Amrum bezüglich des Acker-, Meede- und Wungelandes von Aufhebung der Feldgemeinschaft und Landzusammenlegung zu sprechen und den Begriff Landaufteilung nur hinsichtlich des Gräsungslandes und der sogenannten Bauerländereien zu verwenden. Wenn ich dennoch den Ausdruck Landaufteilung benutze, so tue ich das, weil er gebräuchlich ist und auch als „Lunapdialing“ Eingang in die föhringische Sprache gefunden hat.

Im Laufe des 18. Jahrhunderts verbesserten sich zusehends die Rahmenbedingungen für die Landwirtschaft. So erhöhten sich nach 1750 in ganz Europa vor allem die Getreidepreise fortlaufend, z. B. in Dänemark von 1750 bis 1800 um mehr als das Doppelte. Sie stiegen weitaus stärker als die Löhne und Preise für gewerbliche Erzeugnisse. Die Ursache dieser Entwicklung lag insbesondere in der Zunahme der nichtlandwirtschaftlichen Bevölkerung, die mit Ernährungsgütern versorgt werden mußte. Als Folge des Preisanstiegs verbesserte sich ebenfalls der Wert von Grund und Boden. Das galt allerdings nicht für Westerlandföhr. Hierauf wurde an anderer Stelle bereits hingewiesen.

Wenn man bedenkt, daß vor 1800 weit mehr als die Hälfte der Bevölkerung Europas in der Landwirtschaft tätig war, so ist verständlich, daß die Regierungen aller Länder ihre besondere Aufmerksamkeit diesem Erwerbszweig zuwandten, denn Förderung der Landwirtschaft hieß Verbesserung der allgemeinen Wohlfahrt. Sie hieß gleichermaßen Verbesserung der Steuerkraft der Untertanen. – Und welche Regierung hatte daran wohl kein Interesse? Es verwundert daher nicht, daß die regierenden Persönlichkeiten in Kopenhagen nach geeigneten Wegen suchten, die bäuerlich geprägte Landwirtschaft im Gesamtstaate Dänemark von Feldgemeinschaft und Flurzwang zu befreien. Dort war es vor allem der Staatsminister Graf Andreas Peter Bernstorff, der durch meisterhafte Neutralitätspolitik nicht nur Handel und Schiffahrt in Dänemark zu hoher wirtschaftlicher Blüte führte. Er leitete auch die notwendigen Schritte zur grundlegenden Reform der Landwirtschaft in Dänemark und damit auch in den Herzogtümern Schleswig und Holstein ein. Er veranlaßte Christian VII, am 10. Februar 1766 die Verordnung (Gesetz) über die „Beförderung der Einkoppelung und Aufhebung der Gemeinschaft der Dorfsfelder für das Herzogtum Schleswig“ zu erlassen. Danach sollte es jedem Landinteressenten freistehen, die seinen Anteilen entsprechenden Flächen aus der Feldgemeinschaft herauszunehmen und einzuhegen. Die Verordnung bestimmte aber auch, wie und unter welchen Voraussetzungen das gesamte „Dorfsfeld“ unter die Interessenten aufzuteilen sei. Am 26. Januar 1770 folgte eine weitere Verordnung, um das Verkoppelungswerk zu beschleunigen.

In Erfüllung dieser gesetzlichen Regelungen verstand es der damalige Amtmann von Tondern, Graf von Holstein, zusammen mit dem Landvogt von Osterlandföhr, Peter Matthiesen[1], mit großem Nachdruck im östlichen Teil der Insel Föhr die Landaufteilung einzuleiten. Durchgeführt wurde sie aber wegen des nachhaltigen Widerstandes der Eingesessenen nur sehr zögernd. Von der ersten amtlichen Anordnung im Jahre 1769, die „Marsch unverzüglich in Fennen abzugraben“, bis zum Abschluß der Landaufteilung vergingen fast 20 Jahre. Erst 1787/88 wurden die letzten 800 Demat mit Gräben versehen. Das Geestland war allerdings schon 1780 aufgeteilt worden. Die Schleswig-Holsteinische Landcommission in Gottorf versuchte die Renitenz der Eingesessenen auf Osterlandföhr dadurch auszuräumen, daß sie einige Rathmänner wegen ihres Eifers, mit dem sie die Landaufteilung zu verhindern suchten, mit einer „wohlverdienten Geldstrafe“ belegte. Den Rathmännern Rickmer Flor und Boy Rickmers aus Wrixum sowie Nahmen Olufs aus Midlum und Volkert Adys aus Nieblum dagegen verlieh sie als Anerkennung ein Ehrenzeichen, bestehend aus einer silbernen Münze. Rickmer Flor und Boy Rickmers wurden auf allerhöchsten königlichen Befehl sogar von den Landaufteilungskosten freigestellt. Eine Entscheidung, die gewiß nicht auf Wohlgefallen der Bewohner von Osterlandföhr stieß. Mußten sie doch die Aufwendungen mittragen, die auf die Ländereien der beiden Rathmänner entfielen.

Die Landaufteilung führte auf Osterlandföhr in kurzer Zeit zu einer wesentlichen Steigerung der Ernten. Bereits 1793 verkauften die Bauern 7000 Tonnen Hafer und 1500 Tonnen Gerste nach außerhalb. Zuvor hatte die Landschaft regelmäßig Korn einführen müssen. Gleichwohl kann daraus nicht gefolgert werden, daß in diesem Zeitraum die Landwirtschaft schon ein größeres wirtschaftliches Gewicht als die Seefahrt erlangt hatte.

Vorbereitende Maßnahmen

Auf Westerlandföhr und Amrum fand die Landaufteilung bedeutend später als auf Osterlandföhr statt. Zwar war die Dorfschaft Nieblum, die damals zu Westerlandföhr gehörte, soweit sie südlich der heutigen Hauptstraße lag, dem Beispiel Osterlandföhrs bereits im Jahre 1777 aus freien Stücken gefolgt. Auch die Gotinger hatten 1791 ihre Feldmark freiwillig aufgeteilt. In den anderen Dorfschaften der Westerharde standen die Feldinteressenten dieser Neuerung jedoch fast ausnahmslos ablehnend gegenüber. Nur einige wenige erkannten die Vorzüge einer Aufhebung der Feldgemeinschaft.

Den Anstoß zur Landaufteilung auf Westerlandföhr gab der Kapitän Nahmen Rickmers, der am Nieblumer Ufer seinen Wohnsitz hatte und u. a. mit 60 Bältring an der Gräsung der Dorfschaft Borgsum/Witsum beteiligt war. Er stellte im November 1792 bei der Königlichen Rentekammer in Kopenhagen den Antrag, die Feldgemeinschaft in Borgsum/Witsum aufzuheben und die Ländereien an die Interessenten aufzuteilen. Konzipiert hatte dieses Schreiben der dem Birkvogt beigegebene Hebungsbeamte Johann Petersen. Das geht aus einem Schreiben hervor, das P. am 16. November 1792 „privatdienstlich“ an den Amtmann von Tondern richtete. Er handelte damit offensichtlich entgegen der Auffassung des Birkvogtes Matthiesen, der der Landaufteilung nicht förderlich gegenüberstand.

Die Aufteilung der Norddorfer Feldmark auf Amrum beantragte Anfang des Jahres 1794 der Kapitän Riewert Cöster aus Nebel, der Interessentenanteile in Norddorf besaß. Als jedoch das Gesuch von Cöster auf Amrum bekannt wurde, erhoben „die Eingesessenen Peter Richards und Consorten“ Gegenvorstellungen bei der Königlichen Rentekammer. Auch Feldinteressenten der Dorfschaft Utersum auf Föhr richteten ein Schreiben an die Rentekammer, „daß sie in der Feldgemeinschaft bleiben möchten“, nachdem Wögen Peters (1738–1822) und Oluf Olufs (1750–1823) ebenfalls im Jahre 1794 um die Durchführung der Feldaufteilung nachgesucht hatten.

---

1 P. Matthiesen, ein Enkel des „Glücklichen Matthias“ aus Oldsum, war von 1759–1771 Landvogt auf Osterlandföhr und zugleich Birkvogt von Westerlandföhr und Amrum.

Die Königliche Rentekammer prüfte aufgrund der Eingabe von N. Rickmers zunächst die Zuständigkeiten, denn bekanntlich gehörte Westerlandföhr wie auch Amrum nicht zum Herzogtum Schleswig, sondern war „Königlicher Teil" und unterstand in Justizsachen dem Amt Ripen. In „Camaralia" (Verwaltungsangelegenheiten) aber war die Westerharde seit 1771 – wie Osterlandföhr seit jeher – dem Amt Tondern zugeordnet. Die Rentekammer forderte daher sowohl das Ripensche als auch das Tondernsche Amtshaus zur Stellungnahme auf, ob die Landaufteilung nach den dänischen oder den schleswig-holsteinischen Verordnungen zu erledigen sei. Sie bat in der gleichen Frage auch die Königliche Dänische Kanzlei um ein Gutachten. Diese teilte die Auffassung der Rentekammer, daß auf Westerlandföhr und Amrum die für das Herzogtum Schleswig erlassenen Einkoppelungsverordnungen von 1766 und 1770 Anwendung finden sollten, weil die Landaufteilung eine Verwaltungs- und keine Justizsache sei.
Die Rentekammer brauchte zwei Jahre für diese Prüfung! Erst am 10. Februar 1794 wies sie die Schleswig-Holsteinische Landcommission in Schleswig, Schloß Gottorf, an, die entsprechenden Untersuchungen über die Notwendigkeit und Zweckmäßigkeit der Landaufteilung auf Westerlandföhr und Amrum einzuleiten[2]. Diese wiederum beauftragte hiermit die beiden Landinspektoren Otte und Paulsen, die ihr als Sachverständige für die praktische Durchführung der Landaufteilung beigeordnet waren[3]. Außerdem hielt sie es für nützlich, die kleine Untersuchungskommission noch um den „Auskultanten und Volontär beim Landcommissions-Sekretariat", Matthiesen, zu ergänzen, weil dieser als Sohn des auf Föhr amtierenden Land- und Birkvogtes Matthiesen mit den insularen Verhältnissen vertraut sei.

Um sich ein Bild von der Situation auf Westerlandföhr und Amrum zu machen, reisten Otte, Paulsen und Matthiesen am 22. Juni 1794 nach Westerlandföhr. Am nächsten Tage begaben sie sich zusammen mit dem Land- und Birkvogt in die Dörfer Borgsum und Witsum und in den darauffolgenden Tagen nach Utersum, Dunsum, Süderende, Oldsum, Toftum und Klintum sowie nach Amrum. Das Ergebnis der Untersuchung hielten sie in einem 25seitigen Vermerk fest, der sich im Landesarchiv Schleswig-Holstein befindet. Er vermittelt ein interessantes Bild über die konservative Einstellung, die die Föhringer gegenüber der beabsichtigten Neuordnung der agrarischen Strukturen zeigten.
So erklärten in Borgsum der Bauervogt Wögen Rörden „sowie auch einige andere Herumstehende", daß es wohl sein könne, daß ihre Ländereien durch eine Landaufteilung verbessert werden könnten. Aber dieser Vorteil sei zu unbedeutend wegen der Nachteile. Nur die Wohlhabenden würden sich noch mehr bereichern. Die ungleich höhere Zahl der Unvermögenden dagegen werde dabei den größten Teil ihres bisherigen Unterhalts verlieren. Es sei nämlich hergebracht und durch die Bauerbeliebung bestätigt, daß sämtliche Eingesessene der beiden Dorfschaften Borgsum und Witsum die gemeinschaftliche Gräsung, ohne Rücksicht auf ihre Eigentumsrechte daran, eigenbeliebig nutzen könnten. Selbst wenn einem Eingesessenen auch nur eine Kuhgräsung oder fünf Bältringe in der Feldmark gehörten, ja wenn er auch nur weniger oder gar nichts besitzen sollte, dürfe er dennoch gleich denen, die 30, 40 oder noch mehr Bältringe zum Eigentum hätten, gegen ein geringes Grasgeld von 20 Schilling je Kuh oder 4 Schilling je Bältring soviel Vieh auf die Weide treiben wie er wolle. Dieses Recht verlören aber die kleinen Interessenten durch die Landaufteilung. Sie würden alsdann bald zur gänzlichen Verarmung herabsinken. Einem ähnlichen Schicksal wären diejenigen ausgesetzt, deren Anteile verpfändet seien, und die solche vor der Verteilung nicht einlösen könnten. In gleicher Weise wären auch diejenigen betroffen, die nicht im Stande seien, die Verteilungskosten aufzubringen. Viele würden genötigt sein, ihr Land für jeden Preis wegzuschlagen. Zudem würden die Unvermögenden den nicht geringen Nutzen verlieren, auf dem sogenannten Wungeland Torf und Heide stechen zu dürfen. Sie würden auch nicht mehr das Recht haben, den auf dem Grasland gefallenen Dünger zu sammeln. Wer es daher gut mit den Armen meine und Witwen und Waisen nicht benachteiligen wolle, könne sich für die Aufteilung nicht erklären.

2 Die Schleswig-Holsteinische Landcommission wurde 1768 eingerichtet, um insbesondere die Landaufteilung zu fördern und den parzellenweisen Verkauf von 52 königlichen Gütern zu bewerkstelligen.

3 F. W. Otte besaß das Gut Toesdorf in Angeln. Paulsen war wohnhaft in Schleswig und „als geborener Nordfriese mit manchen auf Föhr herrschenden Eigentümlichkeiten vertraut".

Auf die Vorstellungen des Bauervogtes erwiderte der die Aufteilung fördernde auswärtige Interessent Nahmen Rickmers, daß mit der alten Feldgemeinschaft keineswegs nur Nutzen für die ärmeren Leute verbunden sei. Vielmehr müßten diese unentgeltlich Handdienste bei der Unterhaltung des Haffdeiches und der Wege leisten. Erhielten die armen Leute aber künftig ihre Dienste in Geld vergütet, so würden sie damit mehr als die bisherige Gräsung und Feuerung verdienen können. Verständlicherweise wies Rickmers vor allem auf die benachteiligten Außendorfinteressenten hin. Nach der unbilligen Bauerbeliebung sei es ihnen nicht gestattet, ihren Eigentumsanteil in der gemeinschaftlichen Gräsung „in Natura" zu nutzen. Sie müßten sich vielmehr mit der von der Bauerschaft bestimmten geringen Geldvergütung von 4 Schilling je Bältring begnügen. Dessen ungeachtet müßten sie gleich den übrigen Eingesessenen Steuern und Lasten zahlen.

Bemerkenswert ist, daß die Untersuchungskommission schon damals zu der Auffassung gelangte, die Bedeichung der Godelniederung zwischen Goting und Hedehusum sei nicht geboten. Ihre Sachkunde stellte sie weiter mit der Feststellung unter Beweis, daß die Hedehusumer Feldmark die am wenigsten fruchtbare auf Westerlandföhr sei. Jedoch schien kein Interessent von Hedehusum „zur Auftheilung geneigt zu seyn". Auch in Utersum erklärte sich „. . . außer den beyden Supplicanten Wögen Peters und Oluf Olufs, keiner von den versammelten Interessenten für die Auftheilung. Doch ließen nicht alle eine gleiche Abneigung blicken. Mehrere sollen würklich die Auftheilung wünschen. Jedoch soll die Furcht, sich Feinde zu machen, sie zurückhalten. Die Renitenten führen allenthalben einerley Sprache, und sie wissen zu den von den Borgsumer Renitenten angeführten Gründen nichts hinzuzusetzen."

In Dunsum sprach sich ebenfalls kein Interessent für die Landaufteilung aus. Doch schien sie „von einigen, die den kleinen Interessenten nicht zuwider sein mögten, im Stillen gewünscht zu werden".

Die Kommission stellte im Langdorf fest, daß vor einiger Zeit 17 Eingesessene die Landaufteilung vorgeschlagen hatten. Selbige hatten aber, „weil die übrigen zur Beytretung nicht zu bewegen gewesen, darauf nicht ferner bestehen wollen". Der Landwirt Fulck Arfsten (1734–1799) aus Oldsum, zugleich Kirchenjurat und Gangfersmann, verlangte als einziger ausdrücklich die Aufhebung der Feldgemeinschaft. Das Ackerland in der Feldmark des Langdorfes wie in Dunsum sei von besonderer Güte, vermerkte die Kommission seinerzeit zutreffend: „Es besteht aus einer lockeren grauen Erde, die der gewöhnlichen Gartenerde fast gleichkommt und trägt vortreffliche Gerste und Erbsen."

In allen Dörfern bemühten sich die Mitglieder der Untersuchungskommission, den „Renitenten" die Nachteile der Feldgemeinschaft darzustellen. „Sie versuchten im Hinblick auf die Verteilungskosten besonders die kleinen Interessenten zu beruhigen und allen den Nutzen der Landaufteilung begreiflich zu machen – was ihnen offensichtlich aber nicht gelang.

In Borgsum und Witsum erfuhr die Kommission eine bereits erwähnte Besonderheit: Das Wungeland (Heideland) sei dort in „bekanntes" und „unbekanntes" eingeteilt. Nur das „bekannte" Wungeland werde nach einer gewöhnlich 17jährigen Ruhezeit drei Jahre hintereinander geackert und ohne Düngung entweder mit Roggen oder Hafer bestellt. Die nach der Beackerung sich wieder ansiedelnde Heide dürfe unter Ausschluß der auswärtigen Interessenten nur von dem Vieh der Bältringsinhaber der Dorfschaft beweidet werden. Das „unbekannte" Wungeland jedoch, das „von seinen vormaligen Besitzern dereliquiert (verlassen) worden ist", nutze man teils als Weide, teils zum Heideschlagen[4]. Das Recht der Nutzung des „unbekannten" Landes hätten alle Mitglieder der „Bauergerechtigkeit", also auch diejenigen, die über keine Interessentenanteile verfügten.

Auch nach Amrum begab sich die Untersuchungskommission. Ungeachtet der Einladung waren aber in Norddorf nur wenige Eingesessene erschienen. „Sie sprachen dabei im gleiche Tone wie die Borgsumer und Witsumer Renitenten", heißt es in dem Vermerk. Neben dem Kapitän Cöster interessierten sich zwar auch andere auswärtige Interessenten für die Landaufteilung. Von den Norddorfern selbst habe sich nur der Bauervogt Knud Görritz positiv zur Landaufteilung geäußert. Er wolle aber seine Position nicht offen bekennen. Immerhin besitze er als größter Landeigentümer etwa ein Achtel der Feldmark. Im übrigen fand die Kommission in Norddorf im wesentlichen die gleiche Flurverfassung und ähnliche

4 Im Zuge der Landaufteilung wurde das „unbekannte" Wungeland mit rd. 43 Demat ermittelt.

Rechtsverhältnisse vor wie auf Westerlandföhr. Auch dort war es den Außendorfinteressenten nicht gestattet, ihre Bältringe „in Natura“ zu nutzen. Eine Veräußerung an Auswärtige war nicht zulässig. Allenfalls durch Erbschaft konnten sie das Eigentum an Bältringen erlangen; nur insoweit unterschieden sich die Rechtsverhältnisse vom Langdorf.

Die Niederungsflächen nördlich von Norddorf seien vortreffliches Marschland. Es werde jedoch, so schrieb die Kommission, durch die wandernden Dünen im Westen gefährdet, weil sie hier am schlechtesten bepflanzt seien. „Schon viele Ruthen ringsherum sind mit Sand bedeckt, der jährlich weiter um sich greift. Auch leiden die niedrigen Stellen dieses Landes von dem unter den Dünen hervorquillenden Wasser.“ Das Wiesen- und Meedeland südlich und östlich des Dorfes sei ebenfalls qualitativ gut. Dieses Land werde zur Heugewinnung von den Interessenten aus allen drei Dörfern Amrums genutzt. Das Wungeland liege im südlichen Teil der Norddorfer Gemarkung gegen Nebel hin. Es nehme den größten Teil der Feldmark ein. Nach dem Urteil der Untersuchungskommission habe es einen fruchtbaren und fast besseren Boden als das eigentliche Ackerland in der Nähe des Dorfes. Es werde nach einer Ruhe von 7, 8 oder 17 Jahren 3 Jahre hintereinander mit Roggen bebaut. Während der Ruhejahre werde es wie auf Westerlandföhr unter Ausschluß der Auswärtigen von den Norddorfer Interessenten als Gräsung benutzt.

In Nebel und Süddorf traf die Kommission etwa die gleichen Verhältnisse an. Auch dort meldete sich keiner, der die Landaufteilung wünschte. „Alte, besonders aber Frauenspersonen, die sich hin und wieder versammelt (haben), scheinen sehr dawider zu seyn“, steht in dem Vermerk aufgezeichnet.

Versehen mit reichen Eindrücken über die Verhältnisse auf Westerlandföhr und Amrum reisten Otte, Paulsen und Matthiesen nach Schleswig zurück, um in dem Kollegium der Landcommission das Ergebnis ihrer Ermittlungen vorzutragen.

Anordnung 1798

Paulsen und Otte erweiterten ihre Feststellungen im Juli 1794 zu einem 57seitigen Bericht. Hierin begründeten sie neben der Notwendigkeit der Landaufteilung vor allem auch das Erfordernis einer Entwässerung auf Westerlandföhr. Der Bericht zeugt von großem Sachverstand. Mit einer befürwortenden Stellungnahme versehen sandte ihn die Schleswig-Holsteinische Landcommission am 4. Oktober 1794 an die Königliche Rentekammer in Kopenhagen. Diese zögerte aber mit der Entscheidung, weil mittlerweile zwischen Oster- und Westerlandföhr ein heftiger Streit über Deich- und Entwässerungsangelegenheiten ausgebrochen war, mit dem sich die Behörden in Tondern, Ripen und Kopenhagen befaßten. Erst nach einer Lokaluntersuchung und Klärung durch den Ripener Amtmann v. Moltcke wurde dem Landaufteilungsverfahren Ende des Jahres 1797 Fortgang gegeben. Drei Jahre waren ins Land gegangen! Weiterer Schriftwechsel zwischen Gottorf und Kopenhagen folgte. Und endlich gab die Königliche Rentekammer am 13. Januar 1798 der Schleswig-Holsteinischen Landcommission die Anweisung, „daß mit der Aufhebung der Feldgemeinschaft auf Westerlandföhr zum bevorstehenden Frühjahr der Anfang gemacht werden müsse“. Diese Entscheidung wurde der Birkvogtei in Nieblum übermittelt und den Gangfersmännern auf Westerlandföhr und Amrum wie folgt bekanntgegeben (Abb. 35):

„Nach einer von der Königl. Höchstpreißlichen Rentekammer unterm 13. Jan. an die Königl. Landcommission in Schleswig ergangenen Verfügung, ist dem Birck Westerlandföhr bekant zu machen: daß die Aufhebung der Feldgemeinschaft und die Vertheilung der Ländereyen daselbst im nächsten Frühjahr vorbereitet und vorgenommen werden soll. Von Hochbesagter Königl. Commission ist mir unterm 3ten Febr. daher der Auftrag geworden, dieses dem Birck sogleich bekant zu machen, und die Erklärung einzuziehen, ob sie nicht zweene (zwei) dazu qualificierte Personen, die dieses Geschäfte und die Wasserlösungen ordnen, unter höherer Genehmigung vorschlagen wollen. Dieses habe ich den Repräsentanten von Westerlandföhr hiemit bekant machen, und zugleich von ihnen dabey verlangen sollen, ihre Erklärung, allenfalls mit Zuziehung von zweenen aus jedem Dorfe gewählten und von jedem Dorfe ausgenommenen Männern, in den nächsten 8 Tagen, mir schriftlich einzuhändigen, ob sie diesen, zu ihrer Erleichterung in Absicht der Kosten und zweckmäßigern baldigern Beendigung dieser Landvertheilung abzielenden Vorschlag annehmen, und mir die verlangte zweene dazu qualificirte und unpartheyische Personen in Vorschlag bringen wollen, damit ich dieses sofort und unaufhältlich höheren Orts, aufgetragenermaßen, gelangen lassen kann.

Föhr, den 19ten Februar 1798 J. Petersen[5]“

5 J. Petersen, seit 1779 (Steuer-) Hebungsbeamter vertrat den Birkvogt in Verwaltungsangelegenheiten.

Nach einer von der Königl: hochpreißl: Rentekammer unterm 13ten v. M. an die Königl: Land-Commission in Schleswig ergangenen Verfügung, ist dem Kirchspiel Westerlandföhr bekant zu machen: daß die Aufhebung der Feldgemeinschaft und die Vertheilung der Ländereyen daselbst im nächsten Frühjahr vorbereitet und vorgenommen werden soll. Von höchstgesagter Königl: Commission ist mir unterm 3ten dieses daher der Auftrag geworden dieses dem Kirchspiel sogleich bekant zu machen, und die Erklärung einzuziehen, ob sie nicht gewisse dazu qualificirte Personen die dieses Geschäfte und die Meßerlösungen ordnen, unter höherer Genehmigung vorschlagen wollen. Dieses habe ich den Repräsentanten von Westerlandföhr hiemit bekant machen, und zugleich von ihnen dabey verlangen sollen, ihre Erklärung, allenfalls mit Zuziehung von 2en aus jedem Dorfe gewählten und von jedem Dorfe ausgenommenen Männern, in den nächsten 8 Tagen, mir schriftlich einzuhändigen, ob sie diesen, zu ihrer Erleichterung in Absicht der Kosten und zweckmäßigern baldigern Beendigung dieser Landvertheilung abzielenden Vorschlag, annehmen, und mir die verlangte 2en dazu qualificirte unpartheyische Personen in Vorschlag bringen wollen, damit ich dieses sofort und unaufhältlich höheren Orts, aufgetragenermaßen, gelangen laßen kann.

Föhr den 19ten Februar 1798

J. Petersen.

Abb. 35: Anordnung der Landaufteilung auf Westerlandföhr 1798 (ohne Nieblum/Goting)

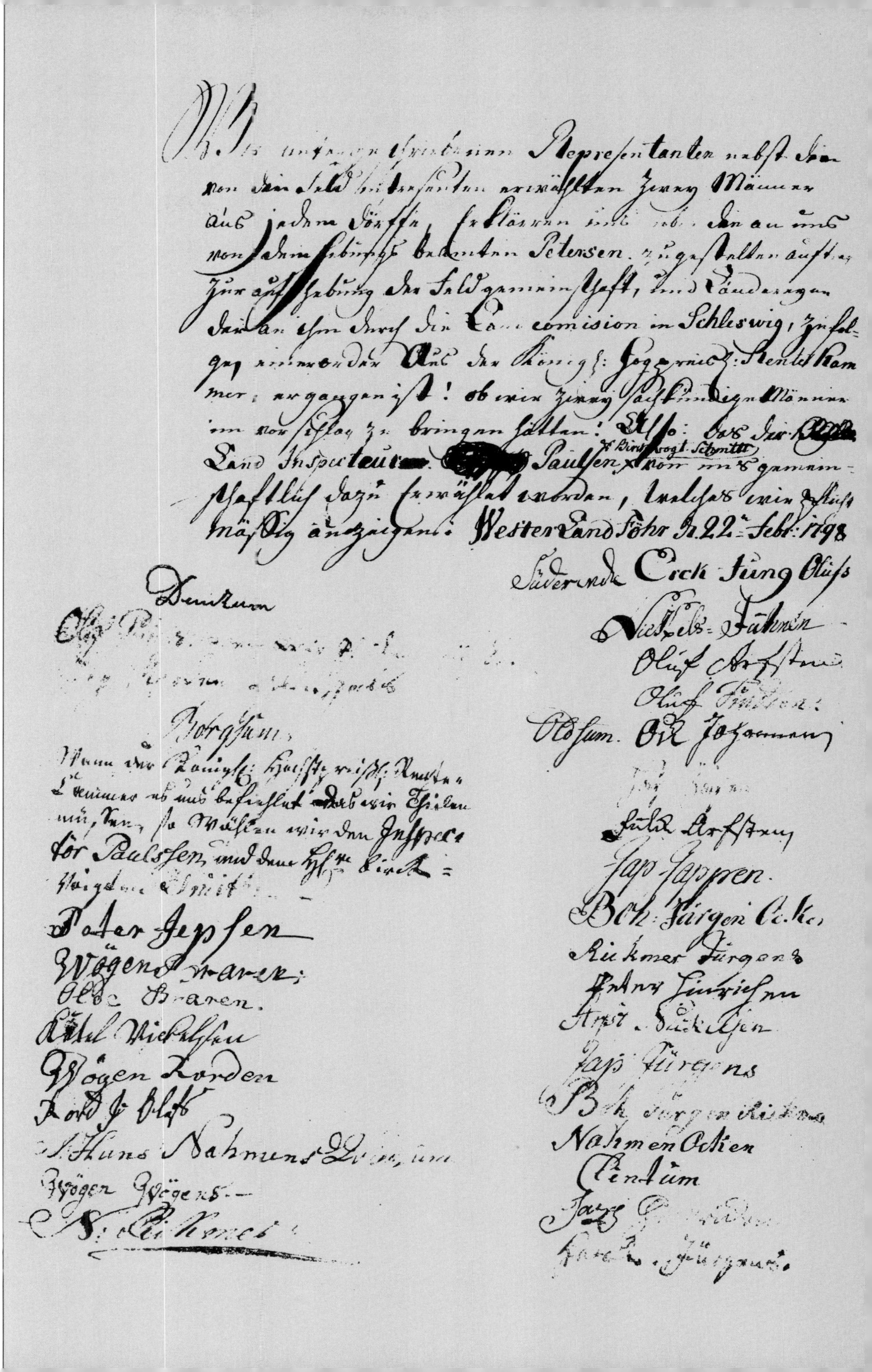

Abb. 36: Erklärung Westerlandföhrer Repräsentanten zur Anordnung der Landaufteilung 1798

Diese Anordnung fand auf Westerlandföhr jedoch keinen ungeteilten Beifall. Die Vertreter der Feldinteressenten von Toftum und Utersum widersetzten sich in zwei gleichlautenden Eingaben an den Hebungsbeamten Petersen. Daraufhin ermahnte der Birkvogt Smidt[6] sie nachdrücklich, sogar Bestrafung drohte er ihnen an.

Anders reagierten die Interessentschaften in Süderende, Oldsum, Klintum, Dunsum und Borgsum. Ihre Vertreter gaben folgende Erklärung ab (Abb. 36):

„Wir untergeschriebenen Representanten nebst den von den Feldintresenten erwählten Zwey Männer aus jedem Dörffe, Erklären uns, über den an uns von dem Hebungsbeamten Petersen zugestelten auftrag zur aufhebung der Feldgemeinschaft und Ländereyen der an ihm durch die Landcomision in Schleswig, zufolge einer order Aus der Königl. Hogpreisl. Rentekammer, ergangen ist! ob wir zwey sachkündige Männer in vorschlag zu bringen hätten! Also: Das der Land Inspekteur Paulsen und Birkvogt Schmitt von uns gemeinschaftlich dazu Erwählet worden, welches wir pflichtmäßig anzeigen:

Westerland Föhr, d. 22. Febr. 1798

Dunzum
Oluf Peters: wenn wir theilen müssen
Hay Rörden: Gleichfalls

Borgsum
Wenn die Königl. Höchstpreißl. Rentecammer es uns befiehlet, das wir Theilen müssen, so Wählen wir den Inspector Paulssen und den Herrn Birkvoigten Smith:
Peter Jepsen
Wögen Braren
Olde Braren
Ketel Nickelsen
Wögen Rörden
Rördt J. Olufs
J. Hans Nahmens, Wiedsum
Wögen Wögens
N. Rickmers

Süderende
Erck Jung Olufs
Nickels Juhnen
Oluf Arfsten
Oluf Früdden

Oldsum
Ock Johannen
Hay Hayen
Fulck Arfsten
Jap Jappen
Boh Jürgen Ocken
Rickmer Jürgens
Peter Hinrichen
Arfst Nickelsen
Jap Jürgens
Boh Jürgen Rickmers
Nahmen Ocken

Clintum
Japp Hindrichen
Harck Jürgens

Demnach stimmten die o. a. Repräsentanten der Landaufteilung grundsätzlich zu und benannten übereinstimmend für die zu bildende Teilungskommission zwei sachkundige Persönlichkeiten: Landinspektor Paulsen und Birkvogt Smidt. Die Erklärung – vorstehend in Faksimile wiedergegeben – ist übrigens von Diedrich Roeloffs in seiner ihm eigenen unbeholfenen Art formuliert worden. Er hat mit *Erck Jung Olufs* unterschrieben. In dieser Erklärung stimmten jedoch die Vertreter von Dunsum und Borgsum nur unter Vorbehalt zu. Ohne Einschränkung gaben die Repräsentanten von Oldsum, Klintum und Süderende ihre Einwilligung.

Der Landinspektor Paulsen wurde vermutlich gewählt, weil er bei der ersten lokalen Untersuchung im Jahre 1794 gezeigt hatte, daß er imstande war, sich „mit den Bewohnern der Insel über ihre Angelegenheiten in ihrer Landessprache zu unterhalten". Das schreibt Paulsen am 25. April 1798 an die Landcommission in Gottorf.

Nach Ausräumung von Mißverständnissen, die bei der Wahl der zwei sachkundigen Männer aufgetreten waren, etablierte sich zur „Beförderung der Feldvertheilung" auf Westerlandföhr (ohne Nieblum und Goting) und Amrum auf „Allerhöchstem Befehl" eine Teilungskommission, bestehend aus den Landinspektoren Otte und Paulsen sowie dem Birkvogt von Westerlandföhr und Amrum, Hildebrandt[7], mit seinem Hebungsbeamten Petersen. Dieser Kommission oblag die „Direction der Landaufteilung". Ihr beigeordnet waren zwei sachkundige Eingesessene, die als Feldassistenten vor allem die Ländereien „in Ansehung ihrer ungleichen Güte" in entsprechende Klassen einschätzen sollten. Die Feldinteressenten wählten hierzu den bereits genannten Nahmen Rickmers, Nieblum-Ufer, und zunächst Hinrich Brarens aus Oldsum, der seit 1795 in Wyk als Navigationslehrer unterrichtete.

Die Teilungskommission übertrug alsbald das eigentliche Teilungsgeschäft, die Aufmessung der Ländereien sowie die Erarbeitung des Verteilungsplanes für die Feldmark des Langdorfes dem Landmesser Feddersen aus Hadersleben. Daneben gab sie ihm noch Borgsum und Witsum sowie Nebel und Süddorf. Für Dunsum, Utersum und Hedehusum sowie Norddorf auf Amrum bestellte sie den Landmesser Lund, ebenfalls aus Hadersleben.

Um gegenüber dem Landmesser und der Teilungskommission jederzeit vertreten zu sein, wählte die

---

6 Smidt (auch Schmidt), von 1795–1799 Birkvogt von Westerlandföhr und Amrum

7 Hildebrandt folgte Smidt 1799. Er amtierte als Birkvogt von Westerlandföhr und Amrum bis zu seiner Versetzung als Amtmann nach Cismar im Jahre 1817. Zugleich war er Landvogt von Osterlandföhr.

große Zahl der Feldinteressenten (im Langdorf waren es alleine 338, davon 220 Dorf- und 118 Außendorfinteressenten) für jede Dorfschaft zwei Regulierungsmänner, angesehene Persönlichkeiten, die mit den lokalen Verhältnissen besonders gut vertraut waren. In Süderende wählten sie Diedrich Roeloffs und Nickels Johnen. Abgesehen von Pastorat und Diakonat besaßen sie das meiste Land im Dorfe. Weiter wählten die Interessenten Ock Johannen und Boh Jürgen Ocken (auch Boh Jürgens genannt) für Oldsum, Rörd Jensen und Boh Ketels für Toftum sowie Erck Bohn für Klintum. Nach dem Tode von Boh Ketels im Jahre 1801 wählten sie an seiner Stelle Nickels Jung Rörden. Bemerkenswert ist, daß im Langdorf außer Nikkels Johnen alle Regulierungsmänner ehemals Seefahrer, davon Diedrich Roeloffs Kapitän und Ock Johannen Commandeur, gewesen waren. Auch Rörd Jensen dürfte in jüngeren Jahren die Stellung eines Schiffsführers innegehabt haben, da er sich um 1800 als Navigationslehrer in Toftum betätigte. Er war übrigens wie Ock Johannen zugleich Deichrichter.

In den anderen Dörfern wählten die Feldinteressenten zu Regulierungsmännern in

Dunsum: Lorentz Hayen, Hay Rörden

Hedehusum: Jung Rörd Peters, Lorentz Ocken

Utersum: Wögen Peters, Knudt Bohn

Borgsum/Witsum: Paul Nickelsen, A. A. Klein, J. Hans Nahmens.

Die Regulierungsmänner übernahmen eine schwierige Aufgabe! An sie wandten sich die Feldinteressenten zunächst, wenn sie an den Entscheidungen der Teilungskommission etwas auszusetzen hatten.

Ermittlung der Eigentumsrechte

Um eine Grundlage für den Landanspruch der Eingesessenen zu erhalten, erfaßten die Regulierungsmänner als erstes zum Stichtag 1. März 1798 die Eigentumsanteile aller Interessenten nach Ammerland, Lästal und Bältring. Die Listen hierüber zählen allein fürs Langdorf mehrere hundert Seiten. Anschließend übertrugen sie die Anteile in Zusammenarbeit mit dem Birkschreiber Heims aus Nieblum in ein sog. Professionsprotokoll, das sie erst Ende des Jahres 1799 fertigstellen konnten. Mehr als $1^1/_2$ Jahre hatten sie also gebraucht, um eine Übersicht über die Eigentumsverhältnisse zu gewinnen. Es war ein mühevolles Geschäft, da nicht alle Interessenten ihr Eigentum durch Kauf- oder Schatzbriefe[8] nachweisen konnten. Vielfach mußten Nachbarn Zeugnis ablegen über die Richtigkeit der Angaben.

Wie bereits dargelegt, war das Acker- und Meedeland in eine Vielzahl von Teilstücken zersplittert. Die Zahl der Meedestücke ist in den Landaufteilungsakten des Langdorfes nicht festzustellen, wohl dagegen – wenn auch nur einigermaßen zutreffend – die Zahl der Akkerstücke. Sie ist im Ackerprotokoll, teilweise im Professionsprotokoll verzeichnet. Danach besaßen 298 Interessenten[9] die bereits erwähnten 5623 Ammerland (rd. 473 Demat), deren 1945 Besitzanteile in 58 Tjüügen mehr oder weniger verstreut lagen. Demnach hatten die Ammerlandeigner ihr Ackerland im Durchschnitt in mehr als sechs Tjüügen zu bearbeiten. Die Zahl der einzelnen Teilstücke (fö. Kirwen) war aber mit 2653 noch weitaus größer, da die Ammerlandanteile eines Interessenten in einem Tjüüg oftmals mehrere Stücke umfaßten. So sind beispielsweise für das Pastorat St. Laurentii auf „Foolkert" 29 Ammerland (2,6 Demat) verzeichnet. Die Anteile verteilten sich auf sechs Ackerstücke! Sie lagen, abgesehen von zwei Stücken, jeweils separat. Dabei war die Zersplitterung der kirchlichen Ländereien – um es noch einmal zu betonen – relativ gering. Der Landbesitz der Eingesessenen war wesentlich stärker zerstückelt. Die rd. 70 Ammerland (rd. 5,5 Demat) von Diedrich Roeloffs lagen, wie bereits ausgeführt, in 36 Ackerstücken innerhalb von 21 Tjüügen, die 38 Ammerland (rd. 3 Demat) seines Nachbarn Früd Peters in 15 Tjüügen.

Besondere Schwierigkeiten bei der Erfassung der Interessentenanteile ergaben sich zusätzlich dadurch, daß viele einzelne Ackerstücke zwei, drei, ja sogar vier Interessenten gemeinschaftlich gehörten. Ein weiteres kam hinzu: Nach der Bekanntgabe der Entscheidung vom 19. Februar 1798 über die Einleitung der Landaufteilung setzte – mit obrigkeitlicher Billigung – ein reger Tausch, Kauf und Verkauf von Anteilen ein. Zum Teil glaubten die Interessenten, allein

8 Kaufbrief = Kaufvertrag
Schatzbrief = von einem Gangfersmann bestätigte Steuererklärung

9 Von den insgesamt 338 Interessenten hatten 40 kein Akkerland sondern nur Lästale oder Bältringe.

damit die Zusammenlegung ihrer Acker- und Meedestücke zu erreichen, so daß sich eine umfassende Landaufteilung oder zumindest eine Zusammenlegung erübrigen würde. Zumindest hofften sie, auf diese Weise ihr Eigentum in Tjüügen ausgewiesen zu bekommen, die ihnen passend erschienen. Die ständigen Änderungen der Eigentumsverhältnisse führten dazu, daß das Professionsprotokoll fortlaufend berichtigt werden mußte. Der ehemalige Kapitän Ricklef Danklefs (1744–1826) z. B., mit 68 Ammerland, 33 Lästal und 43 Bältring einer der größten Landbesitzer in Toftum, zugleich aber ein entschiedener Gegner der Landaufteilung, verkaufte, kaufte und vertauschte in großem Umfange Interessentenanteile. Im Jahre 1800 verkaufte er 11⅝ Lästal in Wolde (fö. Wol), die er zuvor gerade erst erworben hatte, an Diedrich Roeloffs zu einem Preis von 279 Mark C (96 Mark / Demat). Diese knapp 3 Demat setzten sich aus zehn einzelnen Meedestücken zusammen! Boh Rickmers (1723–1810) aus Oldsum, ehemals Commandeur, verkaufte am 7. Oktober 1800 ebenfalls an Diedrich Roeloffs seine gesamten Anteile am Gräsungsland, 16½ Bältringe, zu einem Preis von 32 Mark C je Bältring (37 Mark/Demat). Hiervon überließ Diedrich Roeloffs seinem Nachbarn Früd Peters wiederum 8 1/48 Bältringe.

Vor allem die Außendorfinteressenten sahen sich offensichtlich veranlaßt, ihre Anteile an der Gemarkung des Langdorfes während des laufenden Verteilungsverfahrens zu veräußern. Wurden beim Protokollabschluß im Jahre 1799 noch 118 Interessenten aus Dunsum, Utersum, Hedehusum, Witsum, Borgsum, Goting, Nieblum und Oevenum ermittelt, so waren es bei der Aufmachung des Erdbuches im Jahre 1803 nur noch 41. Fast zwei Drittel der Außendorfinteressenten veräußerten somit ihre Anteile in vier Jahren. Hierüber vermittelt die Übersicht 16 einen guten Eindruck. Als Käufer traten in erster Linie ehemalige Kapitäne und Commandeure aus dem Langdorf auf. Aus Süderende waren es Diedrich Roeloffs, Früd Peters und Oluf Arfsten. Für den Verkauf ihrer Anteile mögen für die Außendorfinteressenten mehrere Gründe maßgebend gewesen sein. Einige werden den Kaufpreis für den Erwerb von Ersatzland in ihrem Heimatdorf verwendet haben. Viele werden aber diesen Schritt vollzogen haben, weil sie Nachteile und andere Ungelegenheiten aus der Landaufteilung fürchteten.

Übersicht 16: Eigentum der Außendorfinteressenten in der Feldmark des Langdorfes
(Nach dem Professionsprotokoll 1799 und dem Erdbuch von 1803)

Wohnsitz	Zahl der Interessenten 1799	(1803)	Ackerland in Ammerland 1799	Meede in Lästal 1799	Gräsung in Bältring 1799	Wungeland in Ammerland 1799
Dunsum	31	(2)	70	134	11	3
Utersum	46	(25)	115	430	12	4
Hedehusum	18	(12)	28	87		
Witsum	5	(–)	4	16		
Borgsum	12	(–)	2	28		
Goting	3	(–)	2	5		
Nieblum	2	(2)	14	24		
Oevenum	1	(–)	3	3		
zusammen:	118	(41)	238	627	23	7
umgerechnet in Demat (abgerundet)	–	–	20	157	21	1
lt. Erdbuch blieben davon im Eigentum der Außendorfinteressenten (in Demat)			4	100	7	–
Demnach während der Landaufteilung verkauft (umgerechnet in Demat)			16	57	14	1

Im Gegensatz zu den Auswärtigen gab nur jeder zwanzigste Dorfinteressent sein Eigentum auf. Von den im Professionsprotokoll 1799 verzeichneten 220 im Langdorf wohnhaften erhielten 209 bei der Landaufteilung Eigentumsflächen in der Feldmark zugewiesen.

Die umfänglichen Eigentumsänderungen führten nicht nur dazu, daß die Protokolle fortlaufend berichtigt werden mußten. Sie verzögerten auch den Ablauf der Landaufteilung. Der Landmesser Feddersen beklagte, er stehe fast alltäglich vor veränderten Gegebenheiten, die er bei der Bemessung der Landzuteilung zu berücksichtigen habe.

Aufgaben der Feldassistenten

Nach den Landaufteilungsakten hat Diedrich Roeloffs als Regulierungsmann jeweils die Anteile ermittelt, die die Interessenten von Süderende und den Außendörfern in der Feldmark des Langdorfes besaßen. Das Meede- und Bältringsprotokoll trägt seine unverkennbare, etwas holprige Handschrift. Bei dieser schwierigen Aufgabe und bei den Zusammenkünften der Regulierungsmänner dürfte Diedrich Roeloffs sich ein gutes Ansehen erworben haben. Sie wählten ihn nämlich einstimmig zum Feldassistenten, als Hinrich Brarens, zum Lotseninspektor für den Schleswig-Holstein-Kanal berufen, seinen Wohnsitz in Tönning / Eiderstedt nehmen mußte[10]. Brarens war, wie bereits erwähnt, zu Beginn der Landaufteilung zusammen mit Nahmen Rickmers mit dieser Aufgabe betraut worden.

Die Bestallung von Diedrich Roeloffs erfolgte auf Vorschlag des Birkvogtes Hildebrandt durch die Schleswig-Holsteinische Landcommission in Gottorf. Sie holte zuvor eine Stellungnahme des Landinspektors Otte ein. Dieser schrieb am 25. April 1800:

„... Dieser mir gar wohl bekannte Mann ist meines Erachtens zu dem bestimmten Geschäfte nicht unbrauchbar, wenngleich demselben die genauere Kenntnis des Landwesens so wie den meisten der dortigen Eingesessenen abgeht".

Mit seiner Kritik dürfte Otte die mangelnden Kenntnisse des ehemaligen Kapitäns hinsichtlich fortschrittlicher Landbewirtschaftung gemeint haben. Andererseits dürfte mit seiner Wahl durch die Regulierungsmänner und der Befürwortung durch den Birkvogt erwiesen sein, daß er sich in den ersten Jahren nach Aufgabe der Seefahrt für Föhringer Verhältnisse gute landwirtschaftliche Kenntnisse angeeignet hatte. Er mag auch ein guter Kenner der altüberlieferten Rechte der Feldgemeinschaften gewesen sein. Jedenfalls setzte sich die Schleswig-Holsteinische Landcommission über die Bedenken des Otte hinweg und entschied sich für Diedrich Roeloffs. Er erhielt am 30. April 1800 folgendes Bestätigungsschreiben:

„... nachdem die Wahl auf den Eingesessenen des langen Dorfes Diedrich Rohlufs gefallen ist: Wird diese Wahl nicht nur von uns bestätigt, sondern nunmehro auch genanntem Diedrich Rohlufs hiermittels zugleich der Auftrag ertheilt, der Allerhöchst niedergesetzten (Teilungs-) Commission mit den nötigen Nachrichten, Aufklärungen und Dienstleistungen bereitwillig und gewissenhaft zur Hand zu gehen und solchergestalt zur ferneren Ausführung und Beendigung dieser Angelegenheit thätig mitzuwürken. Übrigens wird ihm annoch nachrichtlich hierbey zu erkennen gegeben, daß zu Folge Allerhöchster Verfügung für solche Dienste ein Tagegeld von 2 Mark Courant vergütet werden wird."

Diedrich Roeloffs zum Nachfolger von H. Brarens zu wählen, lag für die Regulierungsmänner wohl auch deswegen nahe, weil er von Anfang an die finanziellen Angelegenheiten der Landaufteilungsgeschäfte regelte. Heute würde man diese Tätigkeit mit Kassenwalter oder Rechnungsführer bezeichnen. Er zahlte nach den Archivunterlagen des Friesenmuseums in Wyk erstmalig am 18. Oktober 1799 einen Abschlag von 750 Mark C an den Landmesser Feddersen. Weitere Zahlungen folgten, die Diedrich Roeloffs zunächst aus eigenen Mitteln bestritt. Am Ende beliefen

10 Hinrich Brarens (1751–1826) aus Oldsum, erfolgreicher Commandeur auf Walfängern, konnte 1795 mit 44 Jahren schon die Seefahrt aufgeben. Er gründete 1795 in Wyk eine Navigationsschule, blieb aber zunächst in Oldsum wohnhaft. Sein Hausgrundstück erwarb später Rörd Matzen, der baute das Haus zu einer Scheune um, die etwa 1957 durch Sturm zerstört wurde. Die Scheune stand auf dem „Stuuwen" von Matzen. Von Brarens kaufte Diedrich Roeloffs im Jahre 1798 ein Sechstel Anteil der Oldsumer Bockmühle, nachdem er schon 11 Lästal Meedeland von ihm erworben hatte. In dem Lehrbuch von Hinrich Brarens „System praktischer Steuermannskunde" ist Diedrich Roeloffs als Subskribent verzeichnet. Dies alles läßt auf eine freundschaftliche Verbindung der beiden ehemaligen Seefahrer schließen.

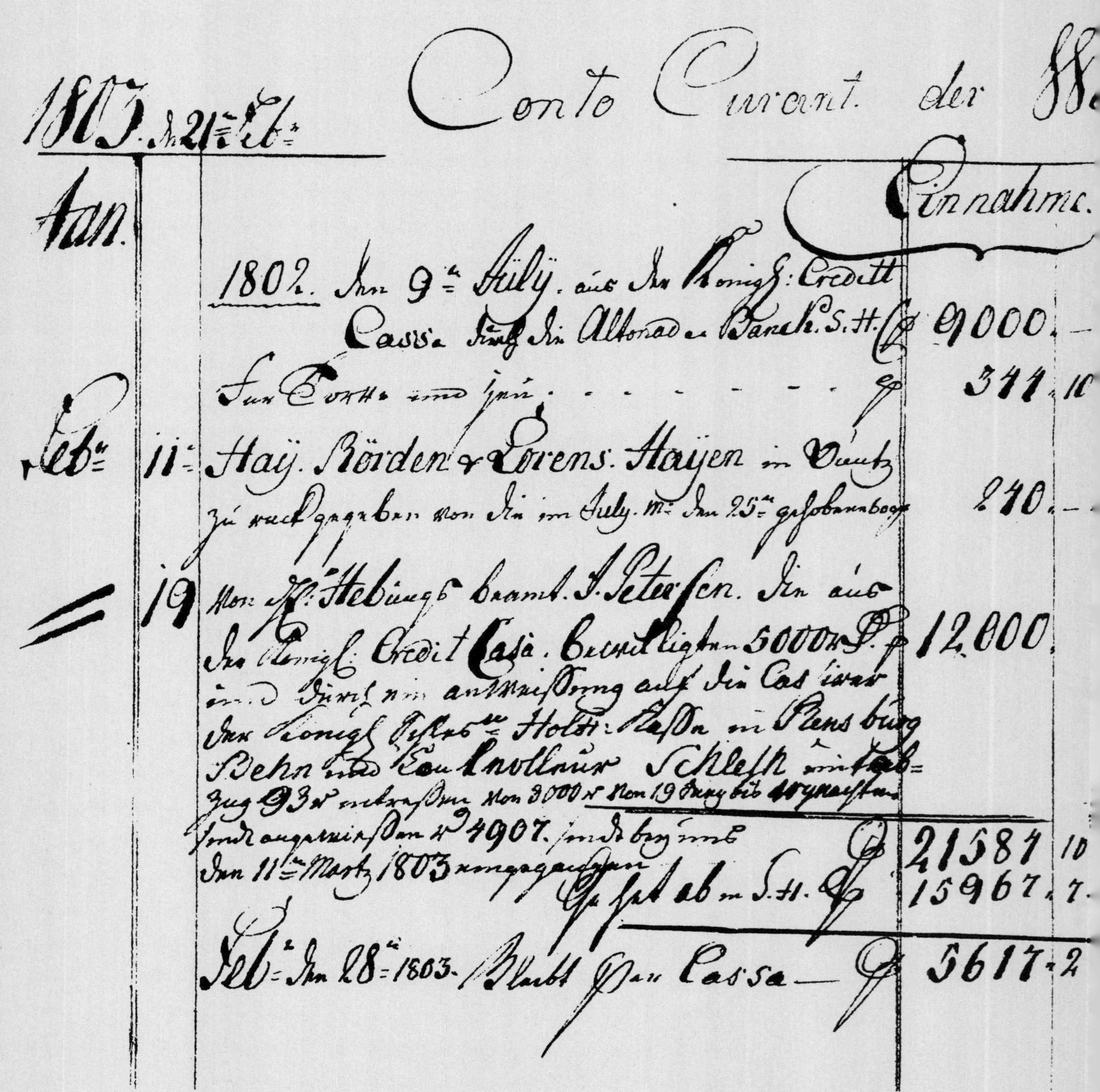

1803. d. 21. Feb. Conto Curant. der [illegible]

Einnahme

Jan.		1802. den 9. July. aus der Königl: Credit Cassa durch die Altonaer Bank. S. H.	9000.	—
		Für Porto und [illegible]	344.	10
Feb.	11.	Hay. Nörden & Lorens. Hayen [illegible] [illegible] gegeben von die im July. den 25. [illegible]	240.	—
	19	Von [illegible] J. Petersen. die aus der Königl. Credit Cassa. [illegible] 5000 [illegible] [illegible] 4907. [illegible] den 11. Martz 1803 [illegible]	12.000.	
			21581	10
		[illegible] ab [illegible] S. H.	15967.	7.
		Feb. den 28. 1803. Bleibt [illegible] Cassa	5617.	2

Abb. 37: Teilabrechnung des „Kassenwalters" Diedrich Roeloffs über die Kosten der Landaufteilung

...er Land. Fönder. Land. auf Theilung

1803 An 21te Febr.

Aus.Gabe

		Transport S.H. ℘	12919	1	
Jan.	13	an Ocke Johannen für ihre Braren in Sönning ... Reise	45	13	
Febr.	17	Für die Dorfschaft ... an Jung Nord Peters ...	625		
	17	Für dito Dörffer an ... Regulierung Wechsel auf ...	711		
	17	An die Regulierungs Manner ...	45	–	
	24	Paul. Nickelsen & Jung Hans Nahmers Regulierungs Manner zu Borg ... auf abschlag auf ihre Bezahlung erhalten ℘	1500	–	–
		An noch vom vorigen Jahr durch Ock Jahren bezahlt und durch mich wieder an ihm bezahlt ...	121	9	
		℘	15967	7	3

sich die von ihm zu einem Zinssatz von 4 % vorgeschossenen Beträge auf 3800 Mark C, die am 9. Juli 1802 dann abgelöst wurden durch ein Darlehen, das die Königliche Creditkasse gewährte.
Sogleich nach seiner Bestallung unternahm Diedrich Roeloffs „am 12. May 1800 auf verlangen der Sämtlichen Regulihrem(änner) eine Reiße nach Schleswig". Außer der Vergütung von 53 Mark C und 10 Sch, die er hierfür erhielt, sind Einzelheiten nicht bekannt. Vermutlich diente die Reise dem Zweck, mit der Schleswig-Holsteinischen Landcommission wegen des Fortgangs der Landaufteilung zu verhandeln.
Die Aufgabe der Feldassistenten bestand in erster Linie darin, falls erforderlich, eine Bonitierung der Feldmark – zusammen mit dem Landmesser – vorzunehmen. Diedrich Roeloffs mußte aber auch mehrfach den Landmesser Feddersen beim Aufteilungsgeschäft dadurch unterstützen, daß er als Mittler zur Teilungskommission in Nieblum auftrat, zu der Feddersen ein leicht getrübtes Verhältnis hatte. Feddersen wurde bei der Durchführung seiner Arbeiten mehrfach Säumigkeit vorgehalten, und zwar sowohl von der Teilungskommission als auch von den Regulierungsmännern des Langdorfes und aus Borgsum. Weiter fertigte Diedrich Roeloffs zusammen mit Feddersen ein umfängliches Protokoll an, in dem sie die Aufbringung der Flächen für die Anlage des sog. Achtzehn-Ruthen-Landes (fö. Aagetanj-Ruad) vorschlugen. Hierin begründeten sie auch, daß eine von der obrigkeitlichen Anordnung abweichende Breite des Achtzehn-Ruthen-Streifens ausreichend sei.
Mit Feddersen beteiligten sich Diedrich Roeloffs und Nahmen Rickmers als Feldassistenten maßgeblich am Entwurf eines speziellen Regulativs für die Unterhaltung des Deiches auf Westerlandföhr. Hierin schlugen sie u. a. die Abgrenzung der deichpflichtigen Ländereien vor. Dies führte zu harten Auseinandersetzungen zwischen den Landeigentümern von Süderende einerseits und Oldsum, Klintum und Toftum andererseits. Letztlich erreichten die Landeigentümer von Süderende eine Entscheidung zu ihren Gunsten. Sie setzten durch, daß das Heideland in den Slaawen nicht beitragspflichtig sein sollte, und zwar selbst dann nicht, wenn es von der Entwässerung Vorteile hätte. – Dieses im Jahre 1805 gefertigte Regulativ blieb übrigens ohne wesentliche Änderungen bis zum Jahre 1950 Grundlage für die Deichpflichtigkeit der Ländereien auf Westerlandföhr.

Die eigentlichen Aufgaben der Feldassistenten endeten mit der Neuverteilung der Ländereien. Diedrich Roeloffs blieb jedoch noch weiterhin tätig. Er zog bis 1830 zweimal jährlich die Kostenbeiträge ein, die die Interessenten zur Tilgung der Staatsdarlehen aufbringen mußten und überwies sie an die Königl. Kasse in Rendsburg. Schon 1803 hatte er eine Teilabrechnung vorgenommen (Abb. 37).

Spezielle Rechtsvorschriften

Schon bald nach der Anordnung zeigte sich, daß die allgemeinen Einkoppelungsverordnungen von 1766 und 1770 für die Durchführung der Landaufteilung auf Westerlandföhr nicht ausreichten. Es erwies sich als unumgänglich, spezielle Rechtsvorschriften zu erlassen, um den Eigentümlichkeiten der dortigen Agrarverfassung Rechnung zu tragen. Erst nach langwierigen Vorarbeiten durch die Teilungskommission in Nieblum konnte die Schleswig-Holsteinische Landcommission am 3. August 1799 einen entsprechenden Entwurf der Königl. Rentekammer in Kopenhagen vorlegen. Diese genehmigte endlich am 1. Juli 1800 ein spezielles „Regulativ für die Vertheilung der Marsch- und Geestländereyen auf Westerlandföhr und Amrum". Daß die Königl. Rentekammer für die Prüfung und Genehmigung des Entwurfs elf Monate benötigte, lag u. a. daran, daß sie wegen der „ins Justizfach einschlagenden Punkte" die Königliche Dänische Kanzlei beteiligte. Sie konnte nicht alleine entscheiden, weil auf Westerlandföhr und Amrum in Justizangelegenheiten dänisches Recht galt[11]. Sie legte den Entwurf sogar der Königlichen Majestät vor, die am 18. Juni 1800 „zu resolvieren geruhte" (zustimmte).
Das aufgrund der besonderen politischen Verfassung Westerlandföhrs komplizierte Genehmigungsverfahren sowie die zeitaufwendigen Vorarbeiten hatten die Landaufteilung erheblich verzögert. Erst am 11. August 1800, zweieinhalb Jahre nach Anordnung der

11 Bis 1683 wurde das „Jyske Lov" angewandt, danach auf Westerlandföhr und Amrum das in diesem Jahr erlassene „Danske Lov". Auf Osterlandföhr galt neben dem „Jyske Lov" das Nordstrander Landrecht und das alte Friesische Landrecht.

Landaufteilung, erließ die Schleswig-Holsteinische Landcommission das Regulativ (s. Anhang). Als es erschien, war die Landaufteilung auf Amrum schon weitgehend abgeschlossen. Für die Nieblumer und Gotinger Feldinteressenten, die bereits auf freiwilliger Grundlage ihre Feldmark aufgeteilt hatten, kam es viel zu spät. Daher bestimmte das Regulativ:

„Sollte eins oder das andere ... bey Erscheinung dieses Regulativs schon geschehen seyn, so hat es, wie es sich von selbst versteht, dabey seyn Bewenden."

Das für Westerlandföhr und Amrum erlassene Regulativ enthält bemerkenswerte Elemente, die gemeinschaftliche und öffentliche Angelegenheiten berücksichtigen. So heißt es in § 3:

„Das zu den Wegen, Canälen, Sielzügen und zur Wasserlösung überhaupt erforderliche Land, wird zuerst vom Ganzen abgenommen, von dem gesamten Flächenmaße abgezogen, und der dadurch verursachte Abgang den sämmtlichen Interessenten nach Verhältniß ihrer Demathzahl gekürzt".

Demnach hatten alle Feldinteressenten Flächen aufzubringen, was wir in der Flurbereinigung als „Wege- und Gewässerbeitrag" bezeichnen. Diesen Beitrag mußten sie ohne Entgelt – genau wie heute – leisten. Da es vor der Landaufteilung kaum Wege und Entwässerungsgräben gab, wurden hierfür rd. 7 v. H. der Gesamtfläche benötigt, allein im Langdorf Oldsum, Klintum, Toftum und Süderende 239 Demat.
Während das Regulativ den Landeignern befahl, die Grenzgräben durch „Abgrabung der Fennen" selber herzustellen, sollten sie die Arbeiten zum Anlegen der Wege und Entwässerungsgräben durch eine Art öffentliche Ausschreibung den Mindestfordernden überlassen. Die Kosten für die Entwässerung seien „nach Demathzahl über die beykommenden Kogsinteressenten zu vertheilen". Ebenfalls wurden die Kosten für das Herrichten der Wege „von jedem Dorfe nach der Anzahl seiner Demathe abgehalten, und nach eben diesem Maaßstabe unter die einzelnen Interessenten vertheilt. Für diese Kosten haftet aber jede einzelne Dorfschaft im Ganzen, und ein Feldinteressent für den anderen; so daß, wie auch auf Osterlandföhr geschehen ist, nöthigenfalls der Vermögende für den Unvermögenden den Vorschuß leisten muß." Für die Aufbringung der Kosten wurde nicht das Eigentum an realen, sondern an „Demat-Bonite" zugrundegelegt.
Daß diese Solidar-Haftung vielfach zu Abhängigkeiten der Ärmeren gegenüber den Vermögenden führte, ist überliefert. Gerade die Folgen dieser Regelung lösten die spätere Kritik an der Landaufteilung aus. Mancher Bewohner mußte später wegen der Lasten, die sich aus den Kosten für die Landaufteilung sowie den Abgaben aufgrund des dänischen Staatsbankrotts und der außergewöhnlichen Sturmflutschäden nach 1825 zu einer für damalige Verhältnisse beachtliche Höhe summierten, sein Landeigentum veräußern. Die Abhängigkeiten vergrößerten sich noch erheblich durch den wirtschaftlichen Niedergang in und nach den napoleonischen Kriegen.
Der für damalige Zeiten allerdings nicht ungewöhnlichen Solidar-Haftung standen aber angemessene soziale Regelungen für „kleinere Leute" zur Seite. So lautet § 11 des Regulativs:

„Damit Unvermögende, welche entweder gar kein Land haben, oder nicht so viel als zu einer Kuhweide erforderlich ist, durch die Landvertheilung nicht in Verlegenheit gerathen; so ist bey jedem Dorfe, nach Verhältniß seiner Größe, und der Anzahl seiner Bewohner, die Weide für eine gewisse Anzahl von Kühen dergestalt auszumitteln: daß jede 30 Demathen Gräsungslandes zur Gräsung einer Kuh pflichtig geachtet werden... Zur Versorgung der Unvermögenden mit der unentbehrlichen Feurung, soll bey jedem Dorfe, wenn es von der Commission thunlich befunden wird, ein Stück Heidelandes ausgelegt werden, auf welchem dieselben, nach der ihnen deshalb zu ertheilenden Vorschrift, das Erforderliche sich verschaffen können. Auch soll, wenn es irgend thunlich ist, zum eigenen Verbrauch der Unvermögenden ein Stück Landes zum Leimgraben[12] ausgelegt werden."

Gerade diese Regelung erwies sich als notwendig, weil die landlosen Bewohner – wie bereits erwähnt – vor der Landaufteilung ihr Vieh gegen ein geringes Entgelt auf der gemeinschaftlichen Weide gräsen durften, u. a. weil Außendorfinteressenten von der Nutzung ihrer Anteile ausgeschlossen waren. Dies sollte mit der Landaufteilung aufhören. Die ortsfremden Interessenten sollten die unbeschänkte Nutzung ihres Eigentums erhalten. Daher wurden, um den landlosen Kuh- oder Schafhaltern die – wenn auch schwache – Nahrungsgrundlage nicht zu nehmen, die Eigentümer größerer Landstellen verpflichtet, deren Kühe oder Schafe in Gräsung zu nehmen. Nach den Aufzeichnungen von Erk D. Roeloffs (1828–1910)

12 Leim (=Lehm) benötigte man für den Hausbau. Bis etwa 1900 wurden beim Bau eines Hauses die Ziegelsteine mit Lehmbrei ohne Kalkzusatz vermörtelt.

wurde diese Regelung im Dorf Süderende bis etwa 1900 praktiziert. Er gestattete nachweislich von 1880 bis 1890 gegen ein Entgelt von 21,60 Mark[13] je Kuh den landlosen Dorfbewohnern Nickels Nissen und Arian Riewerts aus Süderende das Gräsen ihrer Kühe auf seiner Weide in „Meere", die mit „Swinhaleg" bezeichnet ist.

Im Gegensatz zu Süderende erhielten Oldsum und Toftum bei der Landaufteilung in „Haagbergem" gemeindeeigene Weiden, Kätnerfennen (fö. Köötnesfeenen), die sie als Gräsungsland unvermögenden Viehhaltern verpachteten. Mit dieser speziellen Zweckbestimmung wurden die Kätnerfennen allerdings der „Commune", d. h. der Gemeinschaft, nicht belassen. Vielmehr waren sie wegen der auf diesen Flächen lagernden Kieswälle (ehemalige Strandwälle) zur Unterhaltung der Wege bestimmt. Noch nach 1945 wurde hier Kies (fö. Singel) abgefahren, um damit die Hauptwege in der Marsch zu befestigen. Die Oldsumer Kätnerfenne in „Haagbergem" wurde übrigens noch bis zur Flurbereinigung im Jahre 1963 nicht insgesamt, sondern alljährlich in acht Losen, sog. Einzelkuhgräsungen, verpachtet. Heute besteht insoweit kein Bedarf mehr. Auch zur Beschaffung von Feuerung braucht eine Gemeinde heute kein Heideland und zur Gewinnung von Lehm für den Hausbau keine Flächen mehr vorzuhalten – ganz abgesehen davon, daß es auf Westerlandföhr so gut wie gar keine Heideflächen mehr gibt.

Ein weiteres wurde in Regulativ bestimmt:

„Auch werden für jeden der p. t. Prediger, der bisher das Recht des Sodenstechens auf der Gemeinheit ausgeübt hat, 2 bis 3 Demath Heidelandes, und gleichfalls 3 Demath zur künftigen Unterhaltung des Kirchenwalles, ausgelegt."

Diese Flächen wurden südwestlich der St. Laurentii-Kirche ausgewiesen.

Ein besonderes allgemeines und öffentliches Interesse bestand darin, im Zuge der Landaufteilung die Erfordernisse des Küstenschutzes zu berücksichtigen. Dabei ging es vor allem um die nachhaltige Sicherung der Deichunterhaltung. Hierzu § 6 des Regulativs:

„Auch muß zur Herbeyschaffung der zum Deiche erforderlichen Erde oder der Soden, von dem längs demselben gelegenen Gräsungslande und den etwa daranstoßenden Meeden, eine Strecke von 18 Ruthen[14], und, nach Befinden der Umstände, an einigen Stellen mehr, zu diesem Gebrauche liegen gelassen und von der Vertheilung angeschlossen werden."

Mit der Anlegung eines Achtzehn-Ruthen-Streifens (übrigens binnendeichs, im Gegensatz zu Regelungen in der nordfriesischen Festlandsmarsch) wurden auf Westerlandföhr erstmalig Ländereien speziell zur Deichunterhaltung bestimmt. Bis dahin gehörten die Ländereien im Binnenland unmittelbar am Deich wie auch das Vorland, ja sogar der Deichkörper selbst, zum Gräsungs- oder Meedeland der Dorfschaften. Auch kannte man vor 1800 auf Westerlandföhr weder Spätland noch Achtzehn-Ruthenland. Die Bezeichnung Achtzehn-Ruthenland (fö. Aagetanj-Ruad), fälschlicherweise später auch für das Vorland gebraucht, fand erst nach der Landaufteilung Eingang in den Sprachgebrauch der Westerlandföhrer.

Anders lagen die Verhältnisse auf Osterlandföhr. Dort diente schon vor der Landaufteilung, die zwischen 1769 und 1788 stattfand, fast auf der ganzen Länge des Seedeiches, binnenlands, ein breiter Streifen zur Deichunterhaltung. Die Anlage eines 18 Ruthen breiten Streifens hatte bereits im Jahre 1647 der Herzog zu Gottorf angeordnet, „damit hinfüro daraus die benötigte Erde genommen" (werden kann). Dieser Streifen war durch einen Graben von den Meede- und Gräsungsländereien der Dorfschaften abgegrenzt. Er wurde als Spätland (Spadeland, fö. Speetlun) oder Achtzehn-Ruthenland bezeichnet.

Der Anordnung des Jahres 1800, einen 18 Ruthen breiten Landstreifen auszulegen, folgten die Westerlandföhrer nur in abgewandelter Form. Lediglich in der Utersumer und in Teilen der Dunsumer Feldmark, und zwar an den Deichstrecken ohne Vorland, legten sie das Spätland durchweg in der vorgeschriebenen Breite aus. In der Feldmark des Langdorfes jedoch, wo Vorland den Deich schützte, waren die Feldinteressenten nicht bereit, einen so breiten Streifen an Gräsungs- und Meedeland herzugeben. Und sie erhielten tatsächlich von der Landcommission in Gottorf die Erlaubnis, einen schmaleren Streifen abzutrennen.

Das Gottorfer Regulativ bestimmte schließlich, daß den Inhabern ihr Festeland zu Eigentum zu übertragen sei. Sie sollten als Gegenleistung künftig herr-

13 Den 21,60 Mark ensprachen 18 Mark Courant vor 1870.

14 Im Deichwesen galt die dänische Ruthe mit 16 Fuß à 0,313 m = 5,008 m. 18 Ruthen entsprachen somit rd. 90 m.

schaftliche Steuern und Abgaben an die Birkskasse zahlen, was sie zuvor hinsichtlich dieser Ländereien nicht brauchten. Anstelle des Festegeldes sollten Kirchengemeinden und Prediger die ihnen seit altersher zustehenden 80 Rtr oder 240 Mark C aus der Birkskasse erhalten. Davon bekam St. Laurentii 175 Mark C und 14 Sch (nach 1871: 211,06 Mark). Den Rest teilten sich St. Johannis und St. Clemens. In St. Laurentii empfing die Kirchengemeinde 130 Mark C 6 Sch, das Pastorat 45 Mark C 8 Sch.

Das jährliche Festegeld war relativ gering. Es erreichte nicht einmal die Höhe der Steuern und Abgaben, die für gleiches, aber steuerpflichtiges Land zu zahlen war. Nach einem Bericht der Teilungscommission in Nieblum vom 29. Mai 1799 würde das Festeland 130 bis 150 Rtr herrschaftliche Steuern bringen, wenn es steuerpflichtig wäre. Die Königliche Kasse werde daher sogar einen Überschuß verzeichnen können, wenn es bei der jährlichen Abgabe von 80 Rtr an die Kirchengemeinden und die Prediger bleibe. Daß die Königliche Rentekammer den Vorschlag der Teilungscommission, den Inhabern das Eigentum am Festeland zu geben, gerne aufnahm und im Regulativ entsprechendes bestimmte, ist daher nur zu verständlich. Tatsächlich aber wurde die an den König abzuführende Kontribution nicht erhöht. Wahrscheinlich geriet die Sache zum Vorteil des Birks in Vergessenheit.

Der genaue Umfang des Festelandes war nicht zu ermitteln. Wenn aber die o. g. 130–150 Rtr zu der Kontribution der Westerharde, die 1700 Rtr jährlich betrug, in Beziehung gesetzt werden, so könnte angenommen werden, daß Festeland habe etwa 10 v. H. der Gesamtfläche von Westerlandföhr und Amrum eingenommen. Denn von den 1700 Rtr Kontribution entfielen ca 80 v. H. auf Ländereien, und 20 v. H. auf Häuser, Vieh pp., so daß etwa 1360 Rtr Kontribution auf den Ländereien lastete. Die Annahme 10 v. H. ist jedoch nicht gerechtfertigt. Das Festeland umfaßte nämlich vor allem Acker- und Meedeland und nur sehr wenig Gräsungsland. Und wenn berücksichtigt wird, daß – bezogen auf die reale Fläche – die Kontribution in wesentlich stärkerem Maße für Acker- und Meedeland gezahlt werden mußte, so lag der Anteil des Festelandes weit unter 10 v. H. der realen Gesamtfläche des Birks. Es umfaßte in den St. Laurentii-Dörfern rd. 130 Demat oder 2,7 v. H. der insgesamt 4880 Demat großen Feldmarken dieser Dörfer.

Vermessung

Um die Grundlage für die Landaufteilung zu schaffen, begann der Landmesser Feddersen im Jahre 1799, Feldmark und Ortslagen des Langdorfes zu vermessen. Die Feldinteressenten hatten dabei Hilfe zu leisten, die Regulierungsmänner die Grenzen der Tjüügen und Schläge anzugeben.

Als erstes ermittelte Feddersen den Flächeninhalt der Tjüügen im Ackerland und in den Meeden. Die Vermessung der einzelnen Besitzstücke unterblieb dort jedoch. Die Eingesessenen erachteten sie als nicht notwendig, da die ideellen Anteile der Interessenten in den Tjüügen in Ammerland und Lästal ja feststanden. Feddersen bestand aber darauf, zumindest das Meede- und Gräsungsland in Parzellen von jeweils gleicher Beschaffenheit aufzuteilen, um sie danach wegen der folgenden Bonitierung für sich zu messen. Mit dieser Vermessung wurde erstmalig die Größe der Feldmark festgestellt und in das „Aufmessungsregister vom 29. Mai 1800" eingetragen. Die Zusammenfassung ist in Übersicht 17 aufgeführt.

Es fällt auf, daß Feddersen die Flächengrößen in Tonnen, Scheffel und Ellen ermittelte und anschließend in Demat umrechnete. Auf 1 Tonne kamen 8 Scheffel, auf 1 Scheffel 16 Ellen. Nach Tonnen erhielt Feddersen übrigens auch seine Vermessungsgebühren vergütet: 8 Rtr für 100 Tonnen. Hinzu kamen noch 3 Rtr je 100 Tonnen für die Fertigung von drei Karten. Für die Vermessung der 2219 Tonnen großen Feldmark des Langdorfes berechnete Feddersen insgesamt 256 Rtr. Hierfür hätte er 13 Kühe kaufen können.

Die rd. 2219 Tonnen entsprachen einer Größe von rd. 3118 Demat (1 Tonne = 6727 m^2 = 1,405 Westerlandf. Demat). Vor der Landaufteilung gingen die Feldinteressenten des Langdorfes übrigens davon aus, daß ein Bältring in den Gräsungsländereien etwa einer Fläche von 0,5 Demat entspreche. Um so mehr waren sie überrascht vom Ergebnis der Messung: auf 1 Bältring kamen 0,89 Demat! Das Gräsungsland war damit um 80 v. H. größer als angenommen. Unter Berücksichtigung der Bauerländereien entsprach 1 Bältring sogar einer Fläche von 0,92 Demat.

1 Demat umfaßte 180 Quadratruthen (aus Gründen der Vereinfachung meist mit Ruthen bezeichnet), 1 Quadratruthe = 81 Quadratellen. Als Rechenmaß verwendete Feddersen die holsteinische oder hamburgische Elle mit einer Länge von 0,573 m. Für die

Übersicht 17: Größe der Ländereien im Langdorf (1800), in Nutzungsarten gegliedert

Lage der Ländereien	Tonnen	Scheffel	Ellen	umgerechnet in Demat
Ackerland	337	–	11	473,59
Bauerländereyen	46	4	2	65,36
Eigentümliche Wiesen	9	6	1	13,71
Töftumer Meede	222	4	13	312,75
Oldsumer Meede einschl. Wungeland	322	5	6	453,35
Birkvogts-Ländereyen	5	3	4	7,60
Gräsungsländereyen				
in der Marsch	668	5	14	939,57
südlich Süderende	471	4	11	662,58
Rohrstände (Reet)	10	6	7	15,17
Gewässer	90	7	6	127,74
Wege	6	6	4	9,53
Baustellen und Kohlhöfe in				
Oldsum	11	–	14½	15,61
Klintum	2	6	–	3,86
Töftum	7	1	13½	10,16
Süderende	4	–	1½	5,63
Kirche und Schulhäuser	1	3	2	1,95
zusammen	2219	2	14½	3118,20

Länge 1 Ruthe wählte er 9 Ellen oder 18 Fuß = 5,158 m, so daß der Flächeninhalt von 1 Quadratruthe = 26,61 m² und von 1 Demat = 4789,54 m² betrug. Später ging man auf Westerlandföhr davon aus, daß 1 Demat rd. 4800 m² oder 0,48 ha entsprach. Eine Besonderheit ist, daß 1 Demat auf Osterlandföhr größer war. Dort galt das Tondernsche Demat mit 4926 m². Auch in Nieblum und Goting erfolgte die Aufmessung bei der Landaufteilung in Tond. Demat, so daß auf dem relativ kleinen Westerlandföhr unterschiedliche Flächenmaße galten. Nach heutigen Vorstellungen ungewöhnliche Verhältnisse!
Bemerkenswert ist, daß auf Westerlandföhr (und Amrum) zwar die hamburgische bzw. holsteinische Elle, nicht aber die entsprechende Ruthe mit 8 Ellen oder 16 Fuß bei der Festlegung der Landzuteilung angewendet wurde, sondern eine Ruthe mit 9 Ellen oder 18 Fuß. Für diese Eigentümlichkeit gibt es in der landeskundlichen Literatur bislang keine Hinweise. Bei der Vermessung (mit der Meßkette) dagegen fand die hamburgische bzw. holsteinische Ruthe mit 16 Fuß = 4,585 m (1 Fuß = 0.2866 m) und dementsprechend auch die Quadratruthe mit 21,02 m² Anwendung, so daß die 320 Quadratruthen umfassende Tonne 6727 m² einschloß.
Für das außerordentlich umständliche Verfahren, das Feddersen wählte, möglicherweise auf Grund obrigkeitlicher Anordnung praktizieren mußte, gibt es keine Erklärung.

Bonitierung

Zu der Frage, ob eine Bonitierung (Schätzung) aller Ländereien vorgenommen werden sollte, stellte die Teilungskommission vielfältige Überlegungen an. Die Feldinteressenten des Langdorfes wünschten sie nicht, um Kosten zu sparen. Landmesser Feddersen dagegen glaubte ohne eine umfassende Schätzung der Flächen nicht auskommen zu können. Am Ende wurden nur das Gräsungs- und Meedeland einschließlich der Bauerländereien geschätzt. Dies geschah durch die Regulierungsmänner von Oldsum, Klintum, Toftum und Süderende. Diedrich Roeloffs wirkte als Assistent dabei mit. Wenngleich im Regulativ nicht vorgeschrieben, dürfte aber die Federführung beim Landmesser Feddersen gelegen haben.
Die Flächen sind entsprechend ihrer Qualität sehr sorgfältig bonitiert worden. Das zeigen die Schätzungskarte vom Gräsungsland und das Bonitierungs-

register, die sich im Landesarchiv befinden. Auch aus dem Erdbuch des Langdorfes geht die sehr differenzierte Bewertung deutlich hervor.

Die von allen Regulierungsmännern der St. Laurentii-Dörfer und von Diedrich Roeloffs unterschiebene abschließende Anerkennung des Bonitierungsregisters für die Feldmark des Langdorfes lautet wie folgt:

„Daß diese Bonitierung von uns Endesunterschriebenen Bonitierungs- und Regulierungs-Männern nach unseren besten und auf Erfahrungen gegründeten Einsichten beschaffet ist, und daß auch die theilnehmenden Interessenten, nachdem ihnen die Lage der Bonitierungsstücke bekannt gemacht, und das Verhältnis aller Stücke recht deutlich und bekannt worden sind, ihre völlige Zufriedenheit zu erkennen gegeben haben, solches wird von uns hierdurch bezeugt.

Geschehen zu Oldsum den 1ten Julius 1801

Ocke Johannen	Uttersum	Wögen Peters
Nickels Juhnen		Knudt Bohn
Boh Jung Rörden	Duntzum	Lorentz Hayen
Nickels Jung Rörden		Hay Rörden
Erck Bohn	Hedehusum	J. Rörd Peters,
Rörd Jensen		für mich und in
		Volmacht für
Diedr. Roeloffs – Assistent		Lorentz Ocken“

Die Regulierungsmänner von Utersum, Dunsum und Hedehusum wirkten mit, um die Rechte der sog. Außendorfinteressenten zu wahren, die in großer Zahl aus diesen Dörfern kamen. Sie besaßen vor allem Lästal-Anteile im Meedeland des Langdorfes.

Nach dem Bonitierungsregister galt als Maßstab für die Schätzung aller Flächen die Vergleichszahl 24. Auf dieser Grundlage erhielten alle Flächen je nach Qualität eine Größe in „Bonite“. 1 Demat „Bonite“ mit 24 Punkten entsprach 1 Demat „Qantite“ mit 180 Quadratruthen. 1 Demat „Bonite“ mit 12 Punkten war somit 2 Demat „Quantite“ und mit 6 Punkten 4 Demat „Quantite“ groß.

Die Bonitierungsmänner bewerteten die Heideflächen geringster Qualität westlich und östlich der St. Laurentii-Kirche mit nur 2 Punkten. Dagegen schätzten sie die besseren Ländereien „Üüb a Hias“ durchweg mit 5 bis 6 Punkten. In den Slaawen berücksichtigten sie zu Recht die sehr unterschiedlichen Boden- und Höhenverhältnisse. Dort gaben sie dem Heideland 2 bis 8, dem Grasland bis 21, in drei Fällen, wie auf „Swinhaleg“, sogar 24 Punkte. Dabei erhielt das Land in „Waastersaaw“, das aufgrund früherer Meeresüberflutungen eine – wenn auch geringe – Kleiauflage hat, wesentlich mehr Punkte als beispielsweise die Flächen in „Raidslaaw“, wo sie einen feuchten aber sandigen Boden vorfanden. Die damals noch nicht mit Reet bewachsenen Wasserflächen in „Meere“ bewerteten sie mit nur 2 Punkten.

In den Slaawen umfaßten die Teilstücke mit einer einheitlichen Schätzung nur eine jeweils kleine Fläche. Sie befanden sich noch im ursprünglichen Zustand. Senken, ehemalige Priele und Kuppen durchzogen die Flächen. Ähnlich war es in der Marsch. Sie dürfte etwa beschaffen gewesen sein wie das heutige Vorland vor dem Oldsum-Toftumer Seedeich. Die Spannbreite der Bonitierung war in der Marsch geringer als in den Slaawen, die Flächen mit einheitlicher Schätzung aber größer. Die Bonitierungsmänner bewerteten auch in der Marsch die Gewässer nur mit 1 bis 2 Punkten. Die gut nutzbaren Teilstücke erhielten 11 bis 24 Punkte. Mit durchweg nur 11 bis 16 Punkten bonitierten sie das hohe sandige Marschland in der Nähe des Seedeichs in „Haagbergem“ und „Lööglem“, mit 24 Punkten dagegen die dorfnahen Flächen in „Sikert“ und „Stianwaal“, die sich wahrscheinlich in besserer Kultur befanden. Die Birkvogtsfenne (fö. Föögels-Kuuch), nördlich des Dorfes Oldsum, vor der Landaufteilung 6,2 Demat groß, ist mit 25 bis 26 Punkten im Bonitierungsregister als die am höchsten bewertete Marschfläche verzeichnet.

Nach der Bonitierung des Gräsungslandes und der Bauerländereien errechnete Feddersen deren Größe mit 838 Demat „Bonite“. Demnach belief sich der Abfindungsanspruch für 1 Bältring auf 0,41 Demat „Bonite“ (838 Demat: 2030 Bältringe). Ein Interessent bekam somit für 1 Bältring in den Slaawen – bei einer Bonitierung von 10 Punkten – an realer Fläche rd. 1 Demat, in der guten Marsch (20 Punkte) dagegen nur 0,5 Demat. Erhielt er jedoch mit 2 Punkten bonitiertes Heideland oder Wasserflächen, so betrug seine Abfindung für 1 Bältring rd. 5 Demat.

Eine Besonderheit hinsichtlich der Bewertung stellt eine niedrig gelegene Fläche westlich des Dorfes Oldsum dar; sie ist noch heute unter der Bezeichnung „Lei“ bekannt (Abb. 34). In den Landaufteilungsregistern als „eigentümliche Wiese“ geführt, weist die rd. 3 Demat große Fläche mit 30 Punkten die höchste Bonitierung in der gesamten Feldmark des Langdorfes auf. Selbst das beste Ackerland erreicht nicht diese Punktzahl. Die hohe Einschätzung findet dann auch darin ihren Ausdruck, daß bei der Landaufteilung diese relativ kleine Fläche 15 Eigentümern zugeteilt

wurde. Offensichtlich haben die meisten der 22 Interessenten darauf bestanden, mit ihren Lästalen, die sie in „Lei" hatten, an gleicher Stelle abgefunden zu werden. Sie weigerten sich übrigens, diese Wiese real zu teilen. Vielmehr nutzten sie „Lei" bis zum Jahre 1828 gemeinschaftlich. In dem Jahre kaufte Rörd Matzen, Oldsum, die Anteile von sechs Interessenten. Er zahlte für rd. 0,6 Demat 112 Mark C – für damalige Verhältnisse ein ungewöhnlich hoher Preis. Hatte er doch 1826 in „Kleihörn" eine Fenne in fast vierfacher Größe für sage und schreibe 50 Mark C und 1830 eine fünfmal so große Fenne in „Röhhörn" für 180 Mark C erwerben können. Allerdings ist die „Vorzüglichkeit" dieser Wiese kaum zu erklären. Vor der grundlegenden Entwässerung Westerlandföhrs zwischen 1950 und 1960 nämlich war „Lei" eine sumpfige Fläche mit relativ geringer Ertragsfähigkeit. Wahrscheinlich war sie vor 180 Jahren wegen ihrer dorfnahen Lage besonders begehrt.
Erst nach langem Hin und Her stimmte der Landmesser Feddersen der Auffassung der Feldinteressenten zu, von einer speziellen Bonitierung des Ackerlandes abzusehen. Sie einigten sich, es unter Anwendung der 1795 vorgenommenen Steuereinschätzung nach dem sog. Schilling-Englisch-Buch einzustufen. Hiernach lag der Steuerwert der einzelnen Tjüügen zwischen 1½ und 7 Schilling je Ammerland. Um auch für das Ackerland die Vergleichszahl 24 anzuwenden, multiplizierte man einfach den jeweils maßgeblichen Steuerschilling mit 4. Somit ergaben sich beispielsweise für die Ackerstücke auf „Haleekrem", mit 6 Schilling je Ammerland bewertet, 24 Punkte. Wegen ihres Steuerwertes von 7 Schilling bekamen die Akkerländereien zwischen Süderende und Oldsum, begrenzt etwa von „Sarkstiig" und „Sütjerstich", sogar 28 Punkte. Die Tjüügen dort trugen die Bezeichnung „Huuchstian", „Hörntaft", „Tesken a Jaading" und „Auer Sarkstiig". Das Ackerland westlich Süderende aber, das sich in der Qualität mit den vorhergenannten Tjüügen auch heute noch nicht messen kann, erhielt zum überwiegenden Teil weniger als 20 Wertzahlen, weil es durchweg einen Steuerwert von weniger als 5 Schilling je Ammerland aufwies.
Eine spezielle Bonitierung des Stavenlandes (Hausgrundstücke) im Langdorf erübrigte sich. Es wurde einheitlich mit 24 Punkten bewertet. Bei der letzten Steuerschätzung war nämlich 1 Ammerland Stavenland zu 6 Schilling angesetzt.
Erst nach der Bonitierung und Vermessung konnte Feddersen den Abfindungsanspruch der einzelnen Feldinteressenten errechnen. Daß das nicht einfach war, mag folgendes Beispiel verdeutlichen: Früd Peters besaß u. a. 1 Ammerland in „Kuuch". Dieses Tjüüg, lt. Aufmessung 1422 Quadratruthen groß, zählte 79⅙ Ammerland. Demnach kamen auf 1 Ammerland 17,96 Quadratruthen. Weil aber „Kuug" nur mit 12 Punkten (3 Schilling mal 4) bewertet war, betrug der Abfindungsanspruch nur die Hälfte dieser Flächengröße, nämlich 8,98 Quadratruthen „Bonite". Auf diese Weise mußte Feddersen auf der Grundlage der jeweiligen Ammerland- und Lästalanteile in den Tjüügen den Abfindungsanspruch ermitteln und addieren. Erst aus der Summe des Anspruchs, errechnet in Demat und Quadratruthen „Bonite", konnte er dann die Zuteilung festlegen. Hatte beispielsweise ein Feldinteressent einen Anspruch auf 2 Demat „Bonite", so erhielt er hierfür 2 Demat mit 24 Punkten, 3 Demat mit 16 Punkten oder 4 Demat mit 12 Punkten. Übrigens wird dieses Verfahren auch heute noch in der Flurbereinigung angewendet, indem die Eigentumsflächen mit den entsprechenden Wertzahlen multipliziert werden. Der Wertanspruch ist sodann die Grundlage für die Bemessung der Abfindung. Dieses bewährte Prinzip hat sich somit über zwei Jahrhunderte unverändert erhalten.

Weitere Verzögerungen

Mit der Aufmessung und Bonitierung von 1799 bis 1801 sowie der Berechnung der Abfindungsansprüche waren unter Zugrundelegung der im Regulativ vom 11. August 1800 bestimmten besonderen Rechtsvorschriften eigentlich die Voraussetzungen für die Neuverteilung geschaffen. Jedoch hatte Feddersen Schwierigkeiten, die Ermittlung der Interessentenanteile abzuschließen. Immer wieder stellte er unzutreffende Angaben fest, die er ebenso berichtigen mußte wie die Veränderung der Anteile durch Kauf, Tausch und andere Übertragungen. Es traten aber noch weitere Komplikationen auf, die er vor der Neuverteilung auszuräumen hatte.
So mußte er mit allen Interessentschaften Westerlandföhrs eine Einigung herbeiführen über die Aufbringung von 124,5 Demat für den bereits erwähnten Achtzehn-Ruthenstreifen. Hiervon entfielen auf

Utersum 31,5 Demat, auf Dunsum 45 Demat und auf das Langdorf 48 Demat. Feddersen, assistiert von Diedrich Roeloffs, erarbeitete einen Vorschlag, daß die Fläche nicht nur von den an den Deich angrenzenden Dorfschaften (Langdorf, Utersum und Dunsum) aufzubringen sei. Vielmehr sollten auch die Feldinteressenten der „Boowentaarpen" (Borgsum/ Witsum und Goting) einen Beitrag leisten, und zwar auf der Grundlage ihrer deichpflichtigen Bältringe und Lästale. Die Regulierungsmänner und Deichrichter von Westerlandföhr einigten sich schließlich auf die Hergabe von 30,6 Demat „Quantite" durch die „Boowentaarpen" zugunsten des Langdorfes. Hiervon brachten Goting 6,6 Demat und Borgsum / Witsum 24 Demat auf. Andererseits mußte das Langdorf wiederum einen Ausgleich an Dunsum und Utersum von knapp 26 Demat „Bonite" (etwa 40 Demat „Quantite") leisten, weil der Flächenbedarf des Achtzehn-Ruthenstreifens die Interessenten dieser beiden Dorfschaften im Verhältnis zu ihren deichpflichtigen Länderein wesentlich stärker belastete. Der Ausgleich erfolgte durch eine Veränderung der Kommunegrenzen im Zuge der Landaufteilung.

Das Einigungswerk über die Aufbringung des Achtzehn-Ruthenstreifens und den Flächenausgleich zwischen den Dorfschaften umfaßt eine Akte von 45 Seiten. Es enthält umfängliche Berechnungen, um den als angemessen erachteten Ausgleich herbeizuführen. Die dazu angeführten Begründungen zeigen, daß Feddersen keine Mühe scheute, eine gerechte Lösung zu finden. Allein für diese Spätlandregulierung benötigte er 35 Tage. Hierfür stellte er 105 Rtr (315 Mark C) in Rechnung.

Ein weiteres Problem bestand darin, die über 3000 Demat große Feldmark des Langdorfes auf die vier Dorfschaften Oldsum, Klintum, Toftum und Süderende aufzuteilen. Dies bereitete deswegen besondere Schwierigkeiten, weil einerseits alle Gräsungsinteressenten mit ihren ideellen Anteilen, den Bältringen, an allen Gräsungsflächen, die sich bekanntlich aus Marsch-, Slaawen- und Heideland sowie aus den Bauerländereien zusammensetzten, gleichermaßen beteiligt waren. Andererseits lag in der Nähe von Süderende kein Marschland und bei Oldsum, Klintum und Toftum kein Slaawen- und Heideland. Das Ziel der Landaufteilung, die Flächen möglichst in der Nähe der Wohnstätten auszulegen, war daher nur dann zu erreichen, wenn die Interessenten aus Süderende bereit sein würden, ganz oder teilweise auf ihren Abfindungsanspruch in Marschland zu verzichten. In gleicher Weise mußten die Interessenten der anderen Dorfschaften ihre Zuteilungsrechte auf Slaawenland bei Süderende zurückstellen. An der Einigung hierüber, die erst nach intensiven Beratungen erzielt wurden, hatte Diedrich Roeloffs als Feldassistent maßgeblichen Anteil. Das Ergebnis hielt er in zwei ausführlichen Schriftstücken – ohne Datumsangabe – fest, deren Inhalt der besseren Lesbarkeit wegen verkürzt und sprachlich berichtigt nachfolgend wiedergegeben wird. Er schrieb:

„Nachdem alle Gräsungsinteressenten von Oldsum, Klintum, Tüftum und Süderende gestern zusammen gewesen sind und über die Separation und Auseinandersetzung beratschlaget haben, sind die Regulierungsmänner unter Beteiligung der zehn größten Gräsungsinteressenten, und zwar vier von Oldsum und jeweils zwei von Klintum, Tüftum und Süderende heute zusammengetreten. Sie haben nachstehendes vereinbaret:

1. Die Süderender erhalten „Waasterslaaw", „Uasterslaaw" und „Raidslaaw" nebst der daran liegenden Heide zwischen den Kirchwegen sowie „Ual Haag" und „Heewerkuuch".
2. Sollten die Süderender in den benannten Slaawen ihre Anteile nicht bekommen können, so nehmen sie die daranliegende bessere Klasse Heideland.
3. Süderende erhält vom Dorfe her nach Süden, Osten und Westen seine Gräsung in einer Strecke.
4. Sollte jedoch das in den benannten Slaawen gelegene Land für Süderende nicht ausreichen, so erhalten die größten Gräsungsinteressenten einen Teil ihres Landes in der Marsch.
5. Das Hauptpastorat erhält für zwei Drittel und das Diaconat für die Hälfte seiner Bältringe Marschland.
6. Sollten Interessenten aus Oldsum, Klintum und Tüftum Slaawenland bei Süderende erhalten, so haben sie sich künftig nach der Süderender Bauerschaft zu richten – und umgekehrt gilt das auch für die Süderender, wenn sie in der Marsch Ländereien zugeteilt bekommen.
7. Deichpflichtig sind in den Slaawen künftig einzig und allein die grüne Kuhweide in „Waaster-" und „Uasterslaaw" sowie der „grüne Plack" in „Raidslaaw", also nicht das Heideland.
8. Die Interessenten des Langdorfes erhalten die Marsch, die dorfsweise verteilt wird. Tüftum erhält die Ostseite, dann kommt Klintum. Oldsum erhält die westlichste Marsch."

Mit dieser Vereinbarung kam man einen wichtigen Schritt weiter. Sie schuf die Voraussetzungen für eine weitgehende Arrondierung der neuen Flächen des einzelnen Eigentümers. Zugleich enthält sie den Hinweis, daß Süderende künftig eine eigene Bauerschaft bilden werde.

Hinsichtlich der Entwässerung gab es ebenfalls Probleme, die vor der Neuzuteilung bereinigt werden mußten. Der Königliche Deichinspektor Sievers vom Amt Tondern schlug in einem Gutachten vom 22. Juni 1801 vor, das gesamte überschüssige Wasser der niedrig gelegenen Ländereien von Westerlandföhr in einen neu anzulegenden Hafen bei Wyk einzuleiten. Zu diesem Zweck sollte durch die Osterlandföhrer Marsch ein tiefer Kanal gegraben und eine neue Schleuse geschaffen werden. Hiergegen wehrten sich die führenden Männer von Westerlandföhr. Mit Hilfe des Landmessers Feddersen – auch Diedrich Roeloffs war als Assistent dabei – erhoben sie am 9. Februar 1802 in einem 31 Seiten langen Bericht Gegenvorstellungen. Sie legten dar, daß zumindest die Ländereien von Utersum und Dunsum sowie die des Langdorfes einschl. Süderende über die Schleuse am Oldsumer Seedeich ausreichend zu entwässern seien. Es waren vor allem die Mehrkosten, von Feddersen mit 8786 Mark C errechnet, auf die sie ihre Ablehnung des Sieversschen Plans gründeten. Dieser Betrag sei „bey der sichtbar zunehmenden Volksverminderung und des dadurch ins Sinken geratenen Wohlstandes eine wichtige Einsparung". Man sei nicht in der Lage, ihn aufzubringen.
Der gut begründete Bericht erhielt die Unterstützung der Teilungskommission in Nieblum und auch der Schleswig-Holsteinischen Landcommission in Gottorf, so daß die Königliche Rentekammer in Kopenhagen zugunsten der Westerlandföhrer entschied. Ein ungewöhnlicher Vorgang, daß man in Kopenhagen nicht dem Vorschlag eines Königlichen Deichinspektors folgte! Der Sieverssche Plan kam daher nicht zur Ausführung. Lediglich die Borgsumer und die Gotinger Marsch blieben mit den Entwässerungsanlagen Osterlandföhrs verbunden. Eine Lösung, die später zu heftigen Streitereien führte, die in einem späteren Abschnitt noch näher behandelt werden. Der Entwässerungsplan von Feddersen, die kleinere Lösung, wurde im Zuge der Landaufteilung ausgeführt.

Die Aufteilung der Feldmark

Die Aufteilung der Feldmark verzögerte sich im Langdorf nicht nur aufgrund der geschilderten Probleme. Sehr viel Zeit kosteten Feddersen seine Arbeiten in Nebel/Süddorf auf Amrum und in Borgsum/Witsum, die parallel zur Landaufteilung im Langdorf liefen. Allein 248 Arbeitstage brauchte er für die Landverteilung in Borgsum/Witsum, die er in der Zeit vom 5. Juni 1800 bis zum 14. Mai 1802 durchführte. Auf Amrum war er mehrere Monate tätig. Den relativ hohen Zeitaufwand in Borgsum/Witsum begründete er u. a. mit der „mehrfach erforderlichen Absteckung aller Wege, da ihre Merkmale, ungeachtet obrigkeitlicher Publikation, dennoch weggenommen und zerstöret worden, denn der größte Teil der Interessenten war heftig gegen die Theilung gestimmt. Den Theilungsplänen suchten sie aufs äußerste entgegenzuarbeiten".
Diese Formulierungen lassen deutlich die Schwierigkeiten erkennen, denen der Landmesser gegenüberstand. Auch mit den Bewohnern des Langdorfes hatte er große Probleme. Sie versuchten noch mehr als die Borgsumer, das Teilungsgeschäft zu behindern. Hinzu kam, daß Feddersen mehrere Male aufs Festland reisen mußte, um dort Sonderaufträge der Schleswig-Holsteinischen Landcommission zu erledigen. Am 15. Mai 1802 konnte er endlich mit der Verteilung im Langdorf beginnen, und zwar zunächst mit dem Meede- und Ackerland sowie dem größten Teil der Bauerländereien. Dabei ging es teilweise turbulent zu. Insbesondere die Feldinteressenten der Dorfschaft Toftum zeigten eine unverändert ablehnende Haltung. Aber auch mit denen von Süderende hatte er seine liebe Not. Sie waren nicht bereit, die Bonitierung der Slaawen anzuerkennen, obwohl ihr Regulierungsmann Nickels Johnen bereits zugestimmt hatte. Nach ihrer Auffassung waren die Flächen im Vergleich zum Marschland zu hoch eingeschätzt. Nach harten Auseinandersetzungen mit den Feldinteressenten von Oldsum, Klintum und Toftum erreichten sie schließlich, daß die Teilungskommission zwei Unparteiische, Nahmen Rickmers und Volkert Adys, beide aus Nieblum, beauftragte, das Bonitierungsregister hinsichtlich der Slaawen zu überprüfen. Ein Protokoll in den Landaufteilungsakten zeigt, daß sie mehrere Teilflächen herabgestuft und damit die Süderender wohl zufriedengestellt haben.
Während seiner Planungen wurde Feddersen zudem ständig von Interessenten aus dem Langdorf aufgesucht, die mit ihm die Lage ihrer Zuteilungsflächen erörtern wollten. Das kostete viel Zeit und Geduld und führte auch mehrfach zu persönlichen Streiterei-

en. Er zog entsprechende Konsequenzen. Seine Unterkunft in Klintum gab er auf. Er zog nach Wyk, um weniger behelligt zu werden. Aber auch dort besuchten ihn fortlaufend Interessenten aus dem Langdorf, die mit ihm über ihre Abfindungsflächen sprechen wollten. Das geht aus einem drei Seiten langen Brief hervor, den Diedrich Roeloffs ihm am 8. Februar 1803 schrieb. Hierin legte er ihm u. a. seine „Planwünsche", wie auch die seines Schwagers Oluf Hansen aus Süderende und seiner Schwiegermutter in Klintum dar. Seiner Bitte, ihm zwei Fennen in der Oldsumer Marsch zuzuteilen, konnte Feddersen nicht entsprechen. Seinem Vorschlag, ihm eine Fenne bei „Schepkoolk" und ein größeres Stück Ackerland auf „Uaster Baregliin" zuzuweisen, folgte er jedoch. Besorgt zeigte sich Diedrich Roeloffs in dem Brief über die vorgesehene Zuteilung seiner Cousine, der Witwe Marren Wögens aus Toftum; deren Haus und Land waren ihm – wie er schreibt – verpfändet. Im übrigen wird aus seinem sehr persönlich gehaltenen Schreiben deutlich, daß er mit Feddersen freundschaftlich verbunden war.

Die Verhandlungen über die Verteilung (ohne Aufmessung) der Acker- und Meedeländereien des Langdorfes einschließlich des größten Teils der Bauerländereien nahmen Feddersen fast ein Jahr in Anspruch. Am 28. April 1803 konnte er endlich das nerven- und zeitraubende Geschäft insoweit abschließen. Die Interessenten konnten ihre neuen Flächen entgegennehmen, sie bestellen und ernten. Um so mehr waren sie erbost, als Feddersen die Insel verließ, ohne einen Verteilungsplan über die Gräsungs- und restlichen Bauerländereien vorzulegen. Das überließ er seinem Assistenten Nommen Jensen aus Deezbüll, ebenfalls Landmesser, der ihm schon bei der Aufteilung des Meede- und Ackerlandes geholfen hatte. Auf eine Beschwerde der Regulierungsmänner ob seines Verhaltens reagierte Feddersen sehr gereizt. Er begründete seine Entscheidung, die Insel verlassen zu haben, u. a. mit seiner angeschlagenen Gesundheit. Offensichtlich hatten die Westerlandföhrer seine Nerven arg strapaziert. Nicht allein die Regulierungsmänner des Langdorfes waren böse. Auch der Birkvogt Hildebrandt beklagte sich. Er schrieb an die Schleswig-Holsteinische Landcommission in Gottorf, daß Feddersen abgereist sei, ohne die Gräsungsländereien im Langdorf verteilt zu haben. Er habe größte Verwirrung hinterlassen. Schon im Jahre 1802 hätten die Verhandlungen zu „thätlichen Auftritten geführt und blutige Köpfe gesetzt". Die Unruhen hätten den ganzen Sommer hindurch gedauert. Diese wenigen Worte sagen genug über die Schwierigkeiten, die der Landmesser zu meistern hatte.

Feddersen hatte jedoch vor seiner Abreise seinem Assistenten Nommen Jensen die Grundsätze für die Aufteilung der restlichen Feldmark vorgegeben, insbesondere für das Wege- und Gewässernetz. Jensen setzte die Planungen ungesäumt fort. Er schloß bereits im Herbst nach 232 Arbeitstagen die Verteilung der Gräsungs- und Bauerländereien ab. Dabei erwarb er erstaunlicherweise sehr rasch das Vertrauen der Interessenten. Seine Arbeit fand ihren Beifall. Auch die Regulierungsmänner lobten ihn in einer Eingabe. Dennoch kam es auch hier wieder zu Reibereien, was aus einem Bericht von Jensen an den Birkvogt Hildebrandt in Nieblum über den Stand der Landaufteilung hervorgeht. Er schrieb am 27. August 1803:

„... Gestern nachmittag waren die Regulierungsmänner Nickels Jung Rörden (Toftum) und Boh Jürgen Ocken (Oldsum) bey mir. In Gegenwart von Herrn Roeloffs, dem Küster Simon Hinrich Olufs und Nickels Johnen begegnete mir N. J. Rörden ganz grob und verlangte zuletzt, daß Süderende nicht eher als das Langdorf abgepfählt (verteilt) werde ... Hierüber muß ich Verhaltungs-Befehl ausbitten, und daß N. J. Rörden in Toftum angewiesen werde, mir fernerhin auf eine ordentliche Art zu begegnen."

Der Birkvogt unterstützte Jensen und antwortete zwei Tage später:

„... So müssen wir darauf bestehen, daß die Vertheilung dieses Dorffeldes (Süderende) zuvor vollendet, und sodann zur Vertheilung des Gräsungslandes der übrigen Dörfer geschritten werde. Dem Nickels Jung Rörden werden wir die gegen Sie sich begangene Grobheit verweisen."

Aus heutiger Sicht kann man den Landmessern Feddersen und Jensen bescheinigen, daß sie sich erfolgreich bemüht haben, den Interessenten möglichst große Flächen und zusammenhängende Komplexe zuzuteilen. Das erreichten sie natürlich nur, wenn die Interessenten entsprechende Einsicht zeigten. Erzielten sie keine gütliche Einigung, entschied bei der Zuteilung das Los, wobei sie das Verfahren vorher schriftlich festlegten. Durch Losentscheid konnten spezielle Wünsche verständlicherweise selten realisiert werden. Viele vertauschten daher nach der Verlosung ihre Flächen, um zu besseren Ergebnissen zu kommen. Daß dieses Verfahren das Aufteilungsgeschäft nicht erleichterte, liegt auf der Hand.

Übersicht 18: Verteilung der Ländereien des Langdorfes an die Interessenten

Dorf	Acker	davon Hausgrundstücke	Heide	Gräsung*	Meede	Gesamt	Feldmark (ohne Hausgrundstücke)
Süderende	109	(6)	131	188	107	535	529
Oldsum	201	(15)	152	494	285	1133	1118
Klintum	34	(5)	20	57	31	142	137
Toftum	134	(10)	99	306	163	702	692
Dunsum	–	(–)	–	–	3	3	3
Utersum	1	(–)	2	5	66	74	74
Hedehusum	2	(–)	–	–	25	27	27
Nieblum	1	(–)	–	–	6	7	7
zusammen	482	(36)	404	1050	687	2623	2587

* ohne Heide

Bei der Landaufteilung kam es übrigens auch in den anderen Dörfern Westerlandföhrs zu Streitigkeiten. Danach betrugen sich in Hedehusum Peter Matzen, Knudt Bohn und Volckert Lorentzen bei einer am 10. Dezember 1801 abgehaltenen Versammlung der Feldinteressenten „höchst ungebührlich". Den Regulierungsmännern warfen sie unlauteres Handeln vor, sie hätten die Flächen „schelmisch bonitiert – und nach Gunst und Gaben gehandelt". Daraufhin erstattete der Landmesser Lund Anzeige beim Birkvogt, der bereits am 14. Dezember ein „Policey-Gericht unter Zuziehung der beiden Dingzeugen Broder Gonnen und Boy Nickelsen" abhielt. Die drei Hedehusumer waren lt. Protokoll geständig. Peter Matzen wurde zu 5 Reichsthaler, Knudt Bohn und Volckert Lorentzen zu je 2½ Reichsthaler Strafe verurteilt. Danach verlief das Teilungsgeschäft ohne besondere Komplikationen.

Die Ergebnisse der Landaufteilung sind für das Langdorf, für Dunsum, Utersum, Hedehusum und Borgsum/Witsum jeweils in einem Erdbuch zusammengefaßt. Es enthält die Namen der Eigentümer sowie die Lage und Bewertung ihrer einzelnen Flächen. Die Flächengrößen sind in Quantite und Bonite angegeben. Das Erdbuch ist am ehesten mit dem heutigen Katasterbuch vergleichbar, weniger mit dem Grundbuch, weil im Erdbuch für die Eintragung von Lasten, Beschränkungen und Grundpfandrechten kein Raum war. Letztere wurden bis zur Einführung des Grundbuches (1880) im Schuld- und Pfandprotokoll vermerkt, das der Birkvogt ebenso führte wie die Erdbücher. Mit den Erdbüchern gab es erstmalig beim Birkvogt ein zentrales Register über die gesamten Eigentumsverhältnisse auf Westerlandföhr und Amrum.

Das Erdbuch des Langdorfes, das gut erhalten im Landesarchiv Schleswig eingesehen werden kann, ist eine Fundgrube für den Interessierten. Es gibt einen hervorragenden Überblick über die Verteilung des Eigentums und die Qualität der Ländereien. Die Größe der gesamten Dorf- und Feldmark des Langdorfes einschließlich Vorland belief sich auf 3283 Demat und 167 Quadratruthen. Davon wurden zunächst 2622 Demat und 134 $^{7}/_{24}$ Quadratruthen den Interessenten zugeteilt. Sie erhielten (ohne das 1804 aufgeteilte Spätland) die in Übersicht 18 aufgeführten Flächen (Größen in Demat abgerundet).

Die für das jeweilige Dorf angegebenen Flächen sind identisch mit den Eigentumsflächen ihrer damaligen Bewohner, und zwar unabhängig davon, ob diese ihre Ländereien in der – später erst abgegrenzten – Feldmark von Süderende, Oldsum oder Toftum erhielten. Zu den verteilten 2623 Demat kamen noch folgende Flächen:

	Demat	Quadratruthen
„Lei"	2	170
Reet- und Wasserflächen		
in „Borigmeere",	10	119
in „Meere" und „Stianwaal"	23	161
Commüne-Land einschl. Spätland	610	23
Abgang nach Dunsum und Utersum	13	100

Hierzu ist zu bemerken:

1. Der Abgang von 13,6 Demat nach Utersum und Dunsum erfolgte wegen der Spätlandsregulierung und zwecks Grenzbegradigung. Die Flächen in „Lei“ und „Boregmeere“ besaßen die Interessenten schon vor der Landaufteilung zu Eigentum. Sie blieben daher außerhalb der allgemeinen Teilungsmasse
2. Die zunächst in Gemeinschaft verbliebenen Wasser- und Reetflächen in „Stianwaal“ und „Meere“ wurden nach der Landaufteilung öffentlich meistbietend verkauft und der Erlös zur Finanzierung der Teilungskosten verwendet. U. a. kaufte Diedrich Roeloffs im Jahre 1815 in „Stianwaal“ 1,1 Demat für 77 Mark C. Volkert Arfsten (1765 bis 1855), Süderende, erwarb 12,1 Demat in „Meere“, heute als „Olinenkuuch“ bekannt. Hierüber ist folgende nette Begebenheit überliefert: Als Volkert nach der Auktion seine Frau Lien davon unterrichtete, daß er „Meere“ für 500 Mark C gekauft habe, antwortete sie kopfschüttelnd: „Naan, Voolkert, haa'w do nant to iidjen, so haa'w dach wat to dranken“ (dt.: „Nein, Volkert, haben wir dann nichts zu essen, so haben wir doch was zu trinken“). Damals wuchs in „Meere“ noch kein Reet, so daß Lien den Kaufpreis für diese Wasserfläche als weit überhöht ansah – und das wohl zu Recht. Später aber wurde die Fläche sehr geschätzt, weil sie alljährlich eine hohe Reeternte brachte. Diese Wertschätzung fand dann auch 1878 darin ihren Ausdruck, daß die 12 Demat in „Meere“ ebenso hoch bonitiert wurden wie eine rd. 7 Demat große Marschfenne in „Spoongweerem“, nämlich 28 Thaler Reinertrag.
3. Die genannten 610 Demat Commüne-Ländereien umfaßten neben 236 Demat Spätland auch 135 Demat, die zur Verbesserung der Wege, zum Heideschlagen und zur Lehmentnahme auf die drei Dorfschaften verteilt wurden (Übersicht 19). Grundlage für die Verteilung bildete die Zahl der Bältringe, die die Interessenten der jeweiligen Dorfschaft vor der Landaufteilung zu Eigentum hatten. Wegen der Bältringe von Pastorat und Diakonat einigte man sich, daß der Dorfschaft Süderende die Hälfte, Toftum ein Sechstel und Oldsum-/Klintum ein Drittel zugerechnet werde. Auch in dieser Sache bemühten sich die Repräsentanten der Dorfschaften, eine gerechte Regelung zu treffen. Welche Genauigkeit! Bei der Ermittlung der Bältringe arbeiteten sie mit sechsstelligen Bruchzahlen. Die rd. 135 Demat sind im Laufe der Zeit weitgehend verkauft worden. Mein Großvater Brar Roeloffs erwarb um 1900 allein rd. 20 Demat auf „Taftem-Hias“ und „Dunsem-Hoofstich“, mein Vater Christian Roeloffs 1938 rd. 2 Demat in „Doomgruuwen“ und der Verfasser 1969 rd. 1,3 Demat, ebenfalls in „Doomgruuwen“.

Die nach der Landaufteilung festgestellte Gesamtfläche von rd. 3284 Demat war übrigens um 166 Demat größer als die vor der Landaufteilung vermessene Fläche von 3118 Demat. Die Differenz ist u. a. darauf zurückzuführen, daß von der Borgsumer Feldmark rd. 64 Demat zugunsten des Langdorfes abgetrennt wurden. Das geschah aus zwei Gründen. Einerseits besa-

Übersicht 19: Verteilung der Commüne-Ländereien des Langdorfes an die Dorfschaften

Dorfschaft	Zahl der Bältringe	Größe in Bonite		Größe in Quantite	
		Demat	Ruthen	Demat	Ruthen
Süderende	$285 \frac{377}{960}$	2	169	22	118
Oldsum-Klintum	$1140 \frac{3131}{6720}$	11	132	73	103
Toftum	$603 \frac{186127}{439200}$	6	38	38	135
zusammen	$2029 \frac{108539}{384300}$	20	159	134	176

ßen die Bewohner des Langdorfes umgerechnet rd. 40 Demat Meede- und Wungeland auf der Borgsumer Feldmark zu Eigentum. Diese Fläche wurde daher der Gemarkung des Langdorfes ebenso zugeschlagen wie die 24 Demat, die die Borgsumer den Langdorfern als Ausgleich für die Aufbringung des Spätlandes zu leisten hatten. Die weitere Flächendifferenz von 102 Demat oder 3 v. H. beruht auf einer durchaus normalen Fehlerquote bei den Messungen. Die heutige Messgenauigkeit war mit der damals gebräuchlichen Meßkette nicht zu erreichen. Dies zeigte sich auch bei der Neuvermessung der Gemarkungen im Jahre 1878. Sie ergab beispielsweise für vier Marschfennen von Erk D. Roeloffs eine Flächenabweichung zwischen 2,3 bis 9,3 v. H. gegenüber den bei der Landaufteilung gemessenen Flächengrößen.
Die Neuvermessung wurde übrigens um 1880 im gesamten Preußen durchgeführt. Sie war die Grundlage für die Anlage der Katasterbücher, die damit auf Föhr die alten Erdbücher ersetzten. Mit der Neuvermessung fand zugleich eine steuerliche Bewertung für alle Grundstücke in „Thaler-Grundsteuereintrag“ statt.
Nach der Aufteilung der Feldmark gingen die Bewohner des Langdorfes mit großem Eifer daran, die Grenzen ihrer Eigentumsflächen herzustellen, zunächst in der Marsch und danach in den Slaawen. In der Marsch legten sie die Gräben durchgängig in einer Breite von nur 4 Fuß (1,20 m) an. Soweit sie selber hierzu nicht in der Lage waren, vergaben sie diese Arbeit an Tagelöhner, die eigens zu diesem Zweck vom Festland – vor allem aus Jütland – auf die Insel kamen. Diese erhielten für das Ausheben der Gräben in der o. a. Breite 8 Sch für 1 Ruthe (rd. 5 m).
Die Eigentümer grenzten ihre Ländereien auf dem Ackerland sowie im höher gelegenen sandigen Land in den Slaawen und „Üüb a Hias“ nicht durch Gräben ab. Vielmehr schufen sie dort die Grenzen durch das Anpflügen eines schmalen Feldrains (fö. Loonbualk). Die Abgrenzung der eigenen Flächen, auch Abgrabung genannt, war Angelegenheit des jeweiligen Eigentümers. Die Herstellung der Sielzüge und Wege dagegen wurde – wie bereits erwähnt – nach öffentlicher Verdingung von den Mindesfordernden ausgeführt. Die Kosten hatten alle Interessenten entsprechend ihrer Dematzahl (Bonite) aufzubringen.
Mit der Landaufteilung endete die Gemeinschaft der Feldinteressenten des Langdorfes. Ab 1803 bildeten Oldsum und Klintum eine gemeinsame, Süderende und Toftum jeweils eine selbständige Bauerschaft. Jede Dorfschaft erhielt nunmehr eine eigene Feldmark – eine Aufteilung, die rd. 160 Jahre Bestand hatte.

Die Aufteilung des Spätlandes

Als Spätland bezeichneten die Feldinteressenten nach 1800 das außendeichs liegende Vorland und den Achtzehn-Ruthenstreifen binnendeichs. Es wurde zunächst nicht verteilt, sondern blieb in der alten Feldgemeinschaft. Im Langdorf aber nur ein Jahr! Bereits 1804 beschlossen die Bauerschaften, abweichend vom Gottorfer Regulativ, sowohl das Vorland als auch das Achtzehn-Ruthenland an die Interessenten aufzuteilen.
Das gesamte Spätland des Langdorfes einschließlich Deich umfaßte 236 Demat. Hiervon entfielen 48 Demat auf den Achtzehn-Ruthenstreifen sowie 188 Demat auf das Vorland einschließlich Strandwälle und den Deich. Die Bauerschaften einigten sich, nur rd. 163 Demat nutzbares Vorland und Achtzehn-Ruthenland in die Verteilung einzubeziehen. Der Rest, bestehend aus Deich, Strandwällen und größeren Gewässern, verblieb in gemeinschaftlichem Eigentum. Allerdings durften die angrenzenden Eigentümer des Spätlandes den Deich, der ja zwischen dem Achtzehn-Ruthenland und dem Vorland lag und damit die Ländereien jedes einzelnen Interessenten durchteilte, unentgeltlich nutzen. Hieran änderte sich übrigens bis 1963 nichts.
Der Anspruch der Interessenten am Spätland bestimmte sich aus der Zahl ihrer vor der Landaufteilung nachgewiesenen Bältringe und Lästale. Aus den 163 Demat wurden zunächst diejenigen berücksichtigt, die „Außendeichs-Lästale“ auf dem Vorland vor der Oldsumer Westermeede besaßen. Den Rest teilten sich alle Bältrings- und Lästal-Interessenten des Langdorfes. Und zwar erhielten sie für 18,6 Quadratruthen „Bonite“ Gräsungsland oder 68 Quadratruthen „Bonite“ Meedeland, die sie 1802/03 bei der Landaufteilung erhalten hatten, jeweils 1 Quadratruthe „Bonite“ Spätland zugeteilt. Hieraus errechnete sich dann entsprechend der Qualität der Flächen das Zuteilungsland in „Quantite“. Der Landmesser Jensen verteilte die 163 Demat auf 185 Interessenten. Im Mittel bekam jeder 0,88 Demat. Die Anspruchsbe-

rechtigten erhielten ihre einzelnen Stücke durch Los zugeteilt. Um ausreichende Flächengrößen zu erreichen, vereinigten sich teilweise zwei, drei, ja bis zu vier Interessenten in einem Los. Diedrich Roeloffs schloß sich beispielsweise zusammen mit Oluf Hansen und Nickels Braren Ww., beide aus Süderende. Die Aufteilung des Spätlandes geht aus der Übersicht 20 hervor.

Während der Flurbereinigung um 1962 erwarb übrigens der Deich- und Sielverband Föhr das gesamte Spätland von den „Eigentümern". Beim Studium der Landaufteilungsakten kamen mir jedoch Zweifel, ob die Verkäufer jemals wirkliche Eigentümer gewesen sind. Denn bei der Verteilung der Flächen erklärte der Landmesser Jensen den Feldinteressenten in einem Verhandlungsprotokoll vom 23. September 1804 ausdrücklich:

„. . . denn wenn es (das Spätland) auch abgeteilt wird . . ., es kann Euch niemals als Euer Eigentum übertragen werden, sondern der Grund selbst, sowohl vom Spät- als Vorlande gehört dem ganzen Westerkooge, und Euch nur das Gras oder die Weide."

Niemand widersprach seinerzeit. Und dennoch gingen später alle – auch die Vertreter des Deich- und Sielverbandes und der Aufsichtsbehörde – davon aus, daß das Spätland Eigentum der Besitzer sei. Waren sie irrtümlicher Auffassung? Diese Frage ist nicht eindeutig zu beantworten. Vermutlich ging der Käufer zutreffend davon aus, daß der Verkäufer Eigentümer sei. Denn nach dem im 19. Jahrhundert auf Westerlandföhr geltenden dänischen Recht wurde Eigentum nach 20 Jahren Besitz erworben, wenn der Besitzer die Sache so lange unbehelligt besessen hatte. Und das war hier der Fall, zumal bei der Anlegung der Grundbücher im Jahre 1880 die jeweiligen Besitzer als Eigentümer ihres Spätlandes eingetragen wurden.

Im Gegensatz zum Langdorf teilten die Dunsumer und Utersumer Interessenten ihr Spätland seinerzeit nicht auf. Vielmehr blieben bezüglich des Eigentums und der Nutzung dieses Streifens besondere Rechtsverhältnisse bestehen, die ebenfalls erst im Zuge der Flurbereinigung durch Verkauf der Flächen an den Deich- und Sielverband Föhr faktisch gegenstandslos wurden. Bis dahin besaßen nur bestimmte Eingesessene unterschiedlich große Anteile am Spätland. Es handelte sich um die Nachfolger derjenigen Feldinteressenten aus Dunsum und Utersum, die vor der Landaufteilung Bältringe im gemeinschaftlichen Gräsungsland und Lästale im Meedeland hatten. Letzteres galt nur für Dunsum. Innerhalb der Feldmark von Utersum gab es vor der Landaufteilung kein Meedeland, sondern nur Acker-, Gräsungs- und Wungeland. Die Anteile der „Eigentümer" am Spätland in Dunsum und Utersum bestimmten sich bis 1962 nach „Stocklängen". Alljährlich teilten sich die Anteilseigner die ihnen zustehende Nutzungsfläche neu zu, und zwar in einem rotierenden Verfahren. Damit erreichten sie eine weitgehend gerechte Verteilung der Nutzung des an sich gemeinschaftlichen Eigentums, weil sich der Nutzungswert des Spätlandes sehr unterschiedlich darstellte.

Strukturelle Verhältnisse im Langdorf

Im Hinblick darauf, daß keine andere Maßnahme in den letzten 200 Jahren so grundlegende Veränderungen in meiner Heimat herbeiführte wie die Landaufteilung, erscheint es angebracht, alle Landeigentümer des Langdorfes, die im Erdbuch von 1802/03 verzeichnet sich, hier aufzuführen. Dabei kommt es mir darauf an, der Landzuteilung des jeweiligen Eigentümers auch dessen Interessentenanteile (vor der Landaufteilung) zuzuordnen, zumal sich hiernach der Anspruch auf Landzuteilung bestimmte. Die Interessentenanteile konnte ich erst nach einer mühevollen und zeitraubenden Untersuchung ermitteln. Ich mußte sie aus einer Vielzahl von Archivunterlagen zusammentragen. Das Eigentum an Ammerland, Bältring und Lästal zu erfassen, erschien mir jedoch notwendig, um das Bild der alten eigentümlichen Agrarverfassung Westerlandföhrs abzurunden. In der nachstehenden Übersicht 20 „Grundvermögen im Langdorf vor und nach der Landaufteilung" sind die Eigentumsverhältnisse aufgezeigt. Sie vermittelt einen guten Eindruck über die kleinbetriebliche Struktur der Landwirtschaft um 1800. Als eine Folge der seit unvordenklichen Zeiten auf Föhr üblichen Realteilung gab es kaum Interessentenanteile ohne Bruchzahlen! Die Übersicht unterstreicht noch einmal, wie mühevoll das Geschäft der Landaufteilung für den Landmesser Feddersen war.

In der Übersicht 20 sind die Hausgrundstücke (Baustelle und Kohlhof) in den jeweiligen Landzuteilungen enthalten. Nicht aufgeführt sind jedoch die Ammerland-Anteile, die vor der Landaufteilung hierauf

Übersicht 20: Grundvermögen im Langdorf vor und nach der Landaufteilung

Haus-Nr./ Name	Interessentenanteile in der Feldmark			Landzuteilung			
						Spätland	
	Ammerl.	Bältring	Lästal	Demat	Ruthen	Demat	Ruthen
Oldsum							
1. Fröd Braren Ww.	26 3/9	7	13 1/8	9	78		90
2. Jung R. Nickelsen Ww.	–	–	–	–	16		–
3. Arfst Nickelsen	18 1/4	5 43/48	8	7	125		78
4. Wögen Harken Ww.	–	–	–	–	31		–
5. Peter Volkerts Ww.	37 1/2	11 5/6	21 1/4	17	7	1	2
6. Hinr. und J. R. Nickelsen	–	–	–	–	26		–
7. Jung Fröd Oldis	26 5/6	16 5/6	14 3/8	17	84	1	168
8. Ketel Johnen Ww.	–	–	–	–	17		–
9. Ketel Jürgens	–	–	–	–	24		–
10. Früd Hayen Ww.	13 3/4	1 47/48	4 1/2	2	9		27
11. Nickels Johnen	–	–	–	–	19		–
12. Lorenz Hayen	6 1/4	34 7/120	7 1/3	27	106	3	48
13. Jens Wögens	48 5/24	18 173/360	39 19/48	24	150		179
14. Peter Hinrichsen	40	15 47/48	21 1/2	16	152		132
15. Oluf Thorlichen	7 1/2	–	2 1/2	8	73		96
16. Lorenz Rickmers	22 7/8	6 1/2	11 1/2	7	92		84
17. Hinrich Jappen Ww.	2 1/4	1 5/16	2 7/8	1	146		15
18. Jürgen Rickmers	29 3/8	4 27/32	15 7/8	1	70		–
19. Jann Braren	16 3/4	9 13/48	9 5/72	8	104		122
20. Boh Jürgen Ocken	40 5/6	24 23/120	18 1/2	25	19	2	30
21. Jürgen Lorenzen Ww.	26 5/16	7 11/12	20 2/3	12	175		89
22. Johann Fr. Dehne Ww.	8 5/8	2 2/5	4 3/5	3	5		28
23. Jürgen Arfsten	8 3/4	–	2	–	119		–
24. Peter Ketels Erben	3	–	–	–	89		–
25. Boh Rickmers	67 1/4	6	28 19/32	11	92		58
26. Girre Braren	1 1/2	2 3/8	4 5/6	3	87		28
27. Antje Girres	6	–	1 1/2	–	149		–
28. Jürgen Braren	16 1/4	3 2/3	10 7/8	6	180		46
29. Rörd Rörden	–	–	–	–	47		–
30. Rickmer Peters Ww.	36 1/2	7 7/12	14 1/2	10	90		85
31. Jens Nickelsen Töchter	57 1/4	18 1/6	40 37/48	21	99	3	44
32. Jens Jensen	8 3/4	11 5/8	9 19/24	10	100		116
33. Iwert Christians Ww.	9 3/4	9 2/3	6 3/8	7	139		113
34. Oluf Ocken	27 1/4	11	8 3/9	10	101		139
35. Rickmer Nickelsen	25 7/16	9 1/8	12 7/24	9	67		74
36. Matz Jung Rörden	35 19/24	7 9/16	22 5/24	13	142		105
37. Erk Lorenzen	29	3	12 1/2	5	39		40
38. Hay Lorenzen	–	–	–	–	14		–
39. Hinrich Flor	26 5/6	6 1/3	6 1/8	7	8		84
40. Hark Bohn	22 7/8	8 59/60	8 3/8	9	68		72
41. Martin Jürgens	3	–	–	–	50		–
42. Jung R. J. Arfsten Ww.	1 1/2	2 5/6	2 7/8	2	126		174
43. Ketel Rickmers Ww.	15 3/4	9	9	11	128		77
44. Johann Johnen Ww.	–	–	–	–	12		–
45. Ing Flor	9 1/4	8 1/8	7 5/8	7	4		138
46. Brar Braren Schmidt	68 1/3	32 1/3	22 9/16	36	72	2	54
47. Jep Christians	30 7/24	10 1/2	15 3/8	17	7		84
48. Jung Eck Oldis	10 3/4	15 67/120	17 93/180	17	85	1	77

Übersicht 20: Grundvermögen im Langdorf vor und nach der Landaufteilung

Haus-Nr./ Name	Interessentenanteile in der Feldmark			Landzuteilung			
						Spätland	
	Ammerl.	Bältring	Lästal	Demat	Ruthen	Demat	Ruthen
Oldsum							
49. Ocke Jacobs	–	–	–	–	13		–
50. Jürgen Wögens	6 11/12	–	–	–	106		–
51. Ock Lorenzen Ww.	4 5/8	3 1/3	–	2	173		45
52. Lorenz Nickelsen	35 1/2	19 5/6	23 7/8	18	169	1	157
53. Jung Oluf Rolufs	–	–	–	1	8		–
54. Oluf Nahmens Ww.	4 1/2	–	2 1/2	–	61		–
55. Marret Söncken	9 1/8	2 5/12	5 7/8	3	25		52
56. Hinrich Braren	7 3/4	3	3 7/8	3	110		56
57. Boh Nickelsen	25 1/4	9 5/8	10 5/8	10	91		177
58. Hay Hayen	52 1/8	17 5/6	20 1/4	20	132	1	129
59. Jung Rörd Jürgens	14 3/4	4	–	4	160		97
60. Ocke Bohn	–	–	–	–	24		–
61. Ock Johannen	54 1/2	23 1/2	24 15/16	25	93	1	34
62. Jung Fröd Söncken	24 5/8	11 1/2	16 11/48	12	29		102
63. Tarren Söncken	–	2 1/16	10 19/32	3	93		79
64. Brar Valtings Ww.	–	–	–	–	16		–
65. Oluf Bohn	42 3/4	14 2/3	23 11/16	21	44	1	54
66. Peter Bohn Ww.	44 11/24	16 1/3	19 7/24	19	46		137
67. Martin Flor Ww.	12	6 11/16	3 7/16	5	116		61
68. Johann H. Dehne	18 15/16	5 3/16	5 1/2	5	112		67
69. Rörd Bohn	36 3/4	21	15 1/2	23	101	1	7
70. Fulck Arfsten Ww.	86 5/48	24 1/8	38 13/16	31	78	2	38
70a. Hark Jürgens	30 3/8	10 9/10	38 13/16	9	21		159
71. Rörd Olufs	46 1/16	11 19/30	16 11/16	14	120	1	26
72. Ocke Hinrichen	17 1/16	10 1/5	11 1/2	12	17		134
73. Rickmer Mangensen	25	9 3/4	12 5/8	11	166		119
74. Hay Jensen Ww.	26 7/12	8 1/2	(12)	11	42	1	45
75. Olde Olufs	–	–	–	–	26		–
76. Peter Nickelsen Ww.	–	–	–	–	17		–
77. Erk Hinrichsen Ww.	–	–	–	–	11		–
78. Jung Arfst Olufs	32 1/4	9 11/12	15	15	3		90
79. Oluf Olufs Ww.	8 1/4	4	4 15/16	4	42		31
80. Fröd Rörden Ww.	5 3/4	3	3 13/24	3	49		48
81. Oluf Jung Nickelsen	–	–	–	–	10		–
82. Jap Nickelsen	3 1/2	2 2/3	1 1/8	2	14		20
83. Rickmer Volkerts	21 1/4	8 11/48	10 5/6	10	70	1	34
84. Jacob Jappen	16 5/12	7 17/20	7 3/8	8	32		164
85. Boh Olufs	25 7/12	6 17/32	–	8	70		148
86. Jürgen Braren Kinder	–	–	–	–	14		–
87. Wögen Jensen	12 3/4	6 1/8	7 5/144	6	29		74
88. Jap Jappen	25 1/4	14 17/24	11 5/12	13	9	1	45
89. Rörd Braren Ww.	2	–	–	–	42		–
90. Peter Jensen	12	4	5 1/8	4	126		59
91. Jürgen Nickelsen	65 3/4	21 13/20	30 11/48	24	46	1	73
92. Oluf Lorenzen Ww.	–	–	–	–	13		–
93. Ketel Bohn	34 1/2	10 7/24	15 7/8	12	8		106
94. Boh Ketels Kinder	48 3/8	17 1/4	20 7/8	18	62	2	81
95. Ocke Ketels	37 1/4	27 7/20	28 1/4	28	113	2	23

Übersicht 20: Grundvermögen im Langdorf vor und nach der Landaufteilung

Haus-Nr./ Name	Interessentenanteile in der Feldmark			Landzuteilung			
						Spätland	
	Ammerl.	Bältring	Lästal	Demat	Ruthen	Demat	Ruthen
Oldsum							
96. J. Sönk Peters Ww.	33 3/16	15 5/8	24 3/4	17	94		129
97. J. Peter J. Söncken Kinder	–	–	–	–	19		–
98. Jap Jürgens	45 3/8	17 7/12	22 5/16	22	116	1	62
99. Peter Frödden	6 3/8	4	6 17/24	5	93		42
100. Brar Braren Schmidt	–	–	–	–	10		–
101. Krassen Braren	–	–	–	–	33		–
102. Boh J. Rickmers	76 5/24	27 1/36	32 23/24	32	37	1	95
103. Nahmen Bohn	1	–	3/4	–	34		–
104. Jürgen Frödden Ww.	14 5/8	5 7/20	6 8/9	5	176		47
105. Brar Nahmens	–	–	–	–	24		–
106. Hinrich Volkerts	12 1/4	3 1/2	7 13/24	4	125		49
107. Fröd Peters	–	–	–	–	14		–
108. Peter Bohn	96 9/16	32 11/24	33 1/4	33	87	2	61
109. Klemt Arfsten	8 1/8	5 11/12	13 1/24	7	47		56
110. Boh Frödden Ww.	9 1/4	2 65/72	–	3	60		38
111. Oluf Ketels	17 3/8	6 159/160	6 17/48	8	108		81
112. Boh Ketels	36 11/24	10 11/16	10 19/24	12	31	1	97
113. Knudt Knudten	8	5 3/4	6 17/24	6	56		72
114. Mühlen-Interessenten	–	–	–	–	160		–
115. Brar Rörden	4 3/4	21 15/16	14 1/2	17	166	1	98
116. Ricklef Nahmens	7 11/12	3	–	2	121		21
117. Brar Volkerts	16 7/16	7 1/5	8	7	61		67
118. Ocke Peters	22 1/2	11 1/2	16 9/16	14	14		154
119. Peter Rörden Erben	1 1/2	–	–	–	55		–
120. Ketel Jürgens	15	9 1/8	10 3/20	8	127		86
121. Erck Bohn	37 3/4	12 1/6	18 3/8	14	63		133
122. Jung Arfst Arfsten	–	–	–	–	29		–
123. Arfst Olufs Ww.	54	20 1/4	23 5/12	21	139		–
Lotseninsp. Brarens	?	?	?	25	61	2	36
263. Schule	2	–	–	7	56		–
Oldsum insgesamt				1131	162	77	159
Klintum							
124. Jap Hinrichsen	43 1/2	20 11/24	23 3/8	24	35	1	108
125. Lorenz Rickmers	41 3/8	5 409/720	17 25/48	9	63		86
125a. Us Rörden	–	2 11/16	–	4	51		41
126. Röred Rörden Ww.	–	–	–	–	36		–
127a. Nahmen Ocken Ww.	24 1/12	–	–	1	179		–
127b. Ketel Olufs	–	–	1/3	1	179		–
128. Matz J. Söncken Kinder	7 7/8	6	–	6	39		82
129. Kerrin J. Rörden	–	–	–	–	11		–
130. Johann G. Tschech Ww.	32 34	7 1/4	15 5/8	11	173		116
131. Fröd Rörden Ww.	18 15/16	4 1/8	9	6	133		63
132. Ketel Nickelsen	–	–	–	–	81		–
133. Nahmen Frödden	8 7/8	–	–	–	172		–
134. Rickmer Nahmens Ww.	–	–	–	–	29		–

Übersicht 20: Grundvermögen im Langdorf vor und nach der Landaufteilung

Haus-Nr./ Name	Interessentenanteile in der Feldmark			Landzuteilung		Spätland	
	Ammerl.	Bältring	Lästal	Demat	Ruthen	Demat	Ruthen
Klintum							
135. Johannes Frödden	55 3/8	18	19 7/8	22	46	1	77
136. Jann Braren, Olds.	–	–	–	–	24		–
137. Ketel Ketels Ww.	15 5/8	–	–	1	56		–
138. Jung Rörd Lorentzen	–	–	–	–	23		–
139. Jung Rörd Lorentzen	16 1/2	4 3/10	6 1/8	5	139		61
140. Vollig Olufs	5 1/2	–	3 1/4	1	40		5
141. Arfst Nickelsen	12 1/4	2 7/8	7 1/3	4	172		47
142. Hark Jürgens	5 1/2	–	–	1	83		–
143. Thur Olufs	–	2	–	1	118		25
144. Fröd J. Rörden Ww.	18 1/4	4 5/18	6 3/8	5	168		64
145. Hinrich Braren	14 5/8	6 11/12	9 3/4	8	75		104
146. Ketel Olufs	19 1/8	7 1/18	9 7/8	8	60		105
147. Thur Fröd Knudten	3 3/4	–	3 7/8	1	85		6
148. Hans Peters	–	–	–	–	17		–
149. Jap Jappen	–	–	–	–	26		–
150. Oluf Jürgens	15 5/8	4 11/20	9 3/4	6	154		71
151. Valting Bohn Ww.	2 1/2	3 3/10	1	2	142		43
152. Lorentz Hinrichsen	11 3/4	6 7/8	7 1/2	6	49		108
153. Nickels Wögens	–	–	–	–	8		–
154. Matz Nahmens Kinder	–	–	–	–	10		–
155. Oluf Knudten Ww.	1/4	–	–	–	28		–
Klintum insgesamt				142	167	8	129
Toftum							
156. Boh Arfsten	–	–	–	–	25		–
157. Nahmen Nickelsen	20 3/4	6 1/2	4 9/10	6	103		85
158. Oluf J. Rörden Ww.	–	–	–	–	22		–
159. Wögen Jürgens	19 1/4	11 2/3	13 1/2	12	82		164
160. Ganner Sönken	–	–	–	–	12		–
161. Nickels Lorentzen Ww.	14	1	4 1/24	2	159		17
162. Jürgen Jürgens	25 3/4	10 15/16	15 59/1200	17	115		150
163. Mühlen-Interessenten	–	–	–	–	41		–
164. Jacob Flor	38 1/8	15 1/6	23	18	144	1	35
165. Oluf Bohn Ww.	36	9 7/8	11 7/16	12	162		136
166. Hans Sönken	–	–	–	–	19		
167. Brar Bohn	13 1/8	7 9/16	12 1/4 }	9	105		105
Olde Peters Ww.	10 1/4	–	– }				
168. Ricklef Danklefs	69 1/2	39 31/32	32 1/2	44	87	3	4
169. Lorenz Hansen	63 3/8	26 8/15	30 7/12	28	30	2	17
170. Fröd Ocken	–	–	–	–	20		–
171. Jung Oluf Nickelsen	17 5/12	6	7 41/96	6	98		81
172. Rörd Wögens	15 1/2	9 1/4	8 1/4	9	46		121
173. Lorenz Arfsten	42 5/24	15 1/6	18 5/16	16	107	1	25
174. Marx Marxen	17 7/8	6	9 37/48	7	28		–
175. Rörd Jensen	34 2/3	10 19/24	15 1/10	14	13		158
176. Thay Hinrichsen	44 11/24	16 24/25	17 5/8	19	137	1	46
177. Rörd Frödden	32	10 1/10	7 1/8	13	15		147

Übersicht 20: Grundvermögen im Langdorf vor und nach der Landaufteilung

Haus-Nr./ Name	Interessentenanteile in der Feldmark			Landzuteilung			
						Spätland	
	Ammerl.	Bältring	Lästal	Demat	Ruthen	Demat	Ruthen
Toftum							
178. Jep Lorenzen Ww.	–	–	–	–	9		–
179. Johannes Hansen	49 1/8	19	22 87/160	22	73	1	72
180. Johannes Hansen	–	–	–	–	10		–
181. Carsten Peters	12 1/4	5 2/3	6 3/4	5	74		–
182. Rörd Ricklefs	7 1/4	3 3/8	3	3	113		46
183. Jürgen Ketels	10 5/6	6 1/2	3 3/8	5	149		83
184. Oluf Hayen Ww.	–	–	–	–	25		–
185. Nahmen Wögens	2	–	–	–	52		–
186. Oluf Wögens	3 3/4	6 1/2	12 5/8	9	78		96
Tadt Wögens	19 1/2	–	–				
187. Arfst Ricklefs Ww.	12 1/2	4 5/12	7 19/24	5	57		59
188. Jep Harcken	9 1/2	4 17/120	4 1/2	4	131		56
189. Harck Ketels Ww.	18 1/8	6 17/48	8 119/144	7	60		89
190. Arfst Ketels	24 2/3	17 19/30	9 1/16	31	23	2	47
Rickmer Arfsten	41 13/16	10 37/40	12 1/4				
191. Jürgen Ketels Ww.	–	–	–	–	9		–
192. Ketel Harcken	5 1/2	1 1/10	5	2	36		21
193. Jürgen Matzen Kinder	6 3/4	–	4 5/8	3	26		47
194. Lorentz Lorentzen	40 3/8	15 5/48	21 3/16	20	74	1	31
195. Hinrich Jensen Ww.	–	–	–	–	5		–
196. Dancklef Lorentzen	17 5/8	6	7 3/4	7	122		82
197. Oluf Jung Rörden	48 1/2	25 3/8	21 19/24	30	103	1	166
198. Jung Fröd Arfsten	12 5/6	2 1/2	11 25/32	5	37		51
199. Ketel Nickelsen	3 3/4	1 1/3	1 1/4	1	58		18
200. Jap Jappen Ww.	–	–	–	–	19		–
201. Nickels Nickelsen jun.	13 5/16	6 223/305	5 7/8	7	101		88
202. Olde Ocken	12	21 1/4	5 37/48	12	141		153
203. Thur Ercken	2	–	–		8		–
204. Jung Rörd Hinrichsen	39	19 8/9	28 11/24	21	151	1	97
205. Peter Peters	3/4	–	–		63		–
206. Jung Arfst Ketels	–	–	–	–	9		–
207. Hinrich Volkerts	35 1/6	10 25/72	16 1/3	14	40		144
208. Marrin Frödden	–	–	–	–	14		–
209. Jens Bohn Ww.	7 2/3	4 1/6	5 1/8	4	5		143
210 a. Ing Jürgens Ww.	5 7/8	7 1/6	–	3	52		115
210 b. Ock Jürgens Ww.	4	2 1/20	4 23/36				
211. Oluf Frödden	–	–	–	–	11		–
212. Nickels Nickelsen sen.	18	5 103/120	7 1/2	9	56		80
213. Nickels Jung Rörden	103 5/6	35 2/3	49 41/48	45	14	2	133
214. Hay Wögens	26 29/32	6	12	8	119		91
215. Jens Ricklefs	27 7/12	10 3/8	11 7/12	10	176		139
216. Rörd Bohn	10	5	–	3	63		62
217. Paul Peters	24	8 5/8	8 1/4	10	36		114
218. Brar Braren	12 3/8	5 1/4	8 31/48	6	43		75
219. Jep Hayen	41 3/16	13	16 13/18	15	158		179
220. Hinrich Volkerts	–	–	–	–	16		–
221. Fulk Arfsten Ww.	–	–	–	–	12		–
222. Hay Jepken	15 1/8	9 71/120	10 3/8	9	21		128

Übersicht 20: Grundvermögen im Langdorf vor und nach der Landaufteilung

Haus-Nr./ Name	Interessentenanteile in der Feldmark			Landzuteilung		Spätland	
	Ammerl.	Bältring	Lästal	Demat	Ruthen	Demat	Ruthen
Toftum							
223. Ganner Jurg Nahmens	–	–	–	–	6		–
224. Ocke Peters	–	–	–	–	17		–
225. Tücke Wögens	38 1/8	13 1/6	10 5/8	13	91		171
226. Boh Olufs	7 1/2	2 5/6	12 1/4	3	39		41
227. Boh Ketels Ww.	52 5/6	19 3/4	26 15/16	24	110	1	99
228. Lorentz Frödden	46 1/4	15 3/4	29	21	62	1	38
229. Oluf Nahmens Ww.	53 1/8	17 5/6	18	21	171	1	68
230. Erck Lorentzen	51 1/3	16 7/36	20 7/12	20	118	2	16
265. Schule	–	–	–	6	154 1/6		–
Toftum insgesamt				702	114	45	105
Süderende							
231. Arfst Bohn Ww.	–	–	–	–	12		–
232. Brar Peters	12	4 43/60	5 7/24	7	27		69
233. Ock Ercken	16 11/24	4 23/120	5 11/16	6	107		61
234. Hay Frödden	–	–	–	–	20		–
235. Oluf Hansen	42 7/8	17 5/12	16 }	20	163	1	91
235 a. Oluf Ketels	1	–	– }				
236. Nickels Braren Ww.	21 11/12	4 1/4	13 5/12	9	164		73
237. Rörd Peters	12 11/24	4 2/3	7 2/3	7	170		71
238. Ock Beelendörp	40 7/16	11 1/4	14 1/6	19	9		160
239. Diedrich Roeloffs	70 23/48	43 2/3	61 49/120	60	73	4	58
240. Rickmer Braren Ww.	25	7 109/144	6 2/3	11	104		109
241. Hay Hayen	11 3/4	2 5/8	3 23/24	4	165		40
242. Diedrich Roeloffs	–	–	–	–	65		–
243. Olde Hinrichsen	25 3/4	3 1/4	1/2	5	31		42
244. Früd Peters	38 5/12	20 9/16	17 3/8	21	8	1	106
245. Nickels Johnen	66 29/32	32 31/32	20 3/16	35	36	2	104
246. Ocke Nickelsen	8 1/4	4 7/12	5 1/4	8	106		66
247. Sönk Hansen	–	–	–	–	10		–
248. Oluf Arfsten	38 5/8	11 3/4	23 3/8	18	98		178
249. Hinrich Oldis Ww.	29 716	5 13/164	3 11/16	8	43		83
250. Pastorat	356	(62)	116 1/2	104	11	5	59
251. Oluf Olufs Ww.	3 1/2	–	1 1/2	–	147		3
252. Peter Claasen	6 1/2	1 1/2	2 3/8	1	157		28
253. Boh Bohn	12 2/3	4	4 5/16	5	53		58
254. Harck Nickelsen	61 3/16	17 79/144	23 1/2	25	135	1	93
255. Oluf Frödden	12 1/2	5 1/2	9	8	113		93
256. Volkert Arfsten	27 3/4	17 1/4	18 29/48	24	111	1	67
257. Fulck Arfsten	21 1/4	–	7 1/2	3	127		11
258. Diaconat	182 3/4	31	97 1/2	69	51	2	175
259. Peter Olufs	20	7 5/12	8 1/2	9	84		109
260. Jung Arfst Nickelsen	28 3/4	7 19/144	5 3/8	11	105		100
261. Simon H. Olufs	36	13 197/288	10 1/2	20	38	1	54
– Kirchengemeinde	–	–	–	4	166		–
Süderende insgesamt				534	95	29	95

Übersicht 20: Grundvermögen im Langdorf vor und nach der Landaufteilung

Haus-Nr./ Name	Interessentenanteile in der Feldmark			Landzuteilung			
						Spätland	
	Ammerland	Bältring	Lästal	Demat	Ruthen	Demat	Ruthen
Außendorfinteressenten aus	im einzelnen nicht feststellbar						
Nieblum				6	119	–	–
Dunsum				2	159	–	–
Utersum				74	33	–	178
Hedehusum				27	6	–	–
Außendorfsinteressenten insgesamt				110	137	–	178
Insgesamt verteilte Flächen **ohne** „Lei“, „Meere“, „Borigmeere“, „Stianwaal“ und „Commüne-Land“				2622	135	162	125

entfielen. Die Ackerprotokolle und andere Unterlagen liefern insoweit überhaupt keine Hinweise. Das ist verständlich, da die Interessentschaft an den Hausgrundstücken keinerlei Rechte hatte. Hinsichtlich dieses Privateigentums bedurfte es im Rahmen der Landaufteilung daher auch keiner besonderen Erfassung, zumal ein Austausch oder eine Zusammenlegung sowieso nicht in Frage kam. Gleichwohl sind die Hausgrundstücke natürlich der Vollständigkeit halber im Erdbuch verzeichnet.

Die Spalte Landzuteilung berücksichtigt nicht die Flächen, die die Grundeigentümer in „Lei“ und „Borigmeere“ zugewiesen bekamen. Die sind im Erdbuch besonders ausgewiesen, weil sie schon vor der Landaufteilung den Interessenten „eigentümlich“ gehörten. Auch die Reet- und Wasserflächen in „Meere“ und „Stianwaal“ sind hier nicht aufgeführt, denn sie wurden den Feldinteressenten ja nicht zugeteilt, sondern im einzelnen verkauft.

Das umfassende Verzeichnis über das Grundvermögen vor und nach der Landaufteilung gibt allerdings nur begrenzt Hinweise über die Relation der Interessentenanteile zur Größe der quantitativen Landzuteilung, und zwar deswegen, weil der Abfindungsanspruch sich – wie bereits dargelegt – aus der Multiplikation von Fläche und Wert der Anteile errechnete. Die reale Größe der Landzuteilung in Demat „Quantite“ war daher abhängig von dem Schätzwert der Teilflächen in Demat „Bonite“. So erhielt ein Interessent in Süderende für 1 Bältring mehr Weideland als der in Oldsum, Klintum oder Toftum, weil das Slaawenland niedriger bonitiert war als das Marschland mit seinem höheren Schätzwert. Er bekam – wie erwähnt – für 1 Bältring in den Slaawen bei einer Schätzungsklasse 10 rd. 1 Demat, in der guten Marsch (Klasse 20) dagegen nur 0,50 Demat. Wurden ihm jedoch gering bonitiertes Heideland oder gar Wasserflächen in der Schätzungsklasse 2 zugeteilt, erhielt er für 1 Bältring sogar 5 Demat.

Die Übersicht 21 ergänzt das Bild über die strukturellen Verhältnisse im Langdorf unmittelbar nach der Landaufteilung. Sie erfaßt die Eigentumsflächen, differenziert nach Nutzungsarten, die die Interessenten der einzelnen Dorfschaften in der Feldmark zugeteilt bekamen. Die Flächen der Hausgrundstücke enthält sie jedoch nicht, weil beispielsweise in Toftum relativ mehr Grundeigentümer ohne Feldmarksflächen wohnten als in den anderen Dörfern. Die Berücksichtigung der ausschließlich Hausgrundstücke besitzenden Bewohner hätte das Bild verfälscht. Aus Vereinfachungsgründen sind die verteilten Spätländereien jedoch nicht angegeben.

Die Übersicht 21 unterstreicht einmal mehr die kleinbetriebliche Struktur in den Dorfschaften des Langdorfes. Im Mittel besaß ein Feldinteressent 11,2 Demat. Zwar verfügten die Süderender mit durchschnittlich 14 Demat über etwas mehr Land als die anderen. Dabei ist aber der relativ hohe Anteil an Heideland zu berücksichtigen. Auf mehr als einem Viertel (27 v. H.) ihrer Zuteilungsflächen wuchs Heide. Die Bauern in den anderen Dörfern waren besser dran. Auf ihren Landstellen nahm das Heideland im Mittel nur 14 v. H. der Betriebsfläche ein. Die durchschnittliche Feldmarksfläche je Grundeigentümer lag

Übersicht 21: Die Grundeigentümer der Dorfschaften und die Struktur ihrer Ländereien (ohne Spätland, Hausgrundstücke und Kommüneland) im Langdorf im Jahre 1803 nach der Landaufteilung (Demat abgerundet)

Dorfschaft	Grundeigentümer	davon mit Land i. d. Feldm.		Land d. Grundeigent. i. d. Feldm.		davon Ackerland		Heide		Weide ohne Heide		Meede	
	Anzahl	Anzahl	v. H.	insges. Demat	Ø j. Eigt. Demat	insges. Demat	Ø j. Eigt. Demat	insges. Demat	Ø j. Eigt. Demat	insges. Demat	Ø j. Eigt. Demat	insges. Demat	Ø j. Eigt. Demat
Oldsum	126	102	80	1118	11,0	186	1,8	152	1,5	494	4,8	286	2,8
Klintum	31	23	74	137	5,5	29	1,2	20	0,9	57	2,5	31	1,3
Toftum	75	56	75	692	12,4	124	2,2	99	1,8	306	5,5	163	2,9
Süderende (ohne Kirche, Pastorat, Diakonat)	28	25	89	351	14,0	53	2,1	96	3,8	143	5,7	59	2,4
zusammen	260	206	79	2298	11,2	392	1,9	367	1,8	1000	4,9	539	2,6
Kirche, Pastorat, Diakonat	3	3	–	178	–	50	–	35	–	45	–	48	–
Außendorfinteressenten													
Dunsum	–	2	–	3	1,5	–	–	–	–	–	–	3	–
Utersum	–	25	–	74	3,0	1	–	2	–	5	–	66	–
Hedehusum	–	12	–	27	2,2	2	–	–	–	–	–	25	–
Nieblum	–	2	–	7	3,5	1	–	–	–	–	–	6	–
insgesamt		250	–	2587	–	446	–	404	–	1050	–	687	–

in Oldsum und Toftum etwa in gleicher Höhe. Nicht dagegen in Klintum. Kleine und kleinste Landstellen, die im Mittel nur 5,5 Demat groß waren, prägten diese Dorfschaft. Schließlich ist noch darauf hinzuweisen, daß 79 v. H. aller Grundeigentümer Nutzland in der Feldmark besaßen. Von Dorf zu Dorf bestanden jedoch abweichende Verhältnisse. In Süderende betrug der Anteil 89 v. H., in Oldsum 80 v. H., in Toftum 75 v. H. und in Klintum nur 74 v. H. Immerhin hatten im gesamten Langdorf von 260 Familien 54 nur eine Baustelle mit Kohlhof und kein Nutzland in der Feldmark. Sie waren die Ärmsten, und sie traf es am härtesten, wenn sie ihren Ernährer infolge von Schiffsunglücken, Krankheit o. ä. verloren.

Kosten der Landaufteilung

Es war nicht möglich, die Kosten der Landaufteilung für Westerlandföhr genau zu ermitteln. Eine Zusammenfassung aller Aufwendungen und deren Aufteilung auf die einzelnen Dorfschaften ist in den Landaufeilungsakten ebensowenig vorhanden wie eine Spezifizierung der Kosten für die Herstellung der Wege und Gewässer. Wohl aber befinden sich im Landesarchiv Abrechnungen der Landmesser Feddersen, Lund und Jensen. Sie sind in der Übersicht 22 zusammengefaßt.

Übersicht 22: Zahlungen an die Landmesser für Landaufteilungen auf Westerlandföhr

Dorfschaft	Größe in Demat		Kosten in Mark C insgesamt	Kosten in Mark C je Demat
Borgsum/Witsum		1.518	1.859	1,22
Langdorf		3.284	4.579	1,39
Dunsum	561			
Utersum	815	1.659	1.455	0,88
Hedehusum	283			
		6.461	7.893	1,22
	(davon verteilt	5.294)		1,49

Demnach betrugen die Zahlungen an die Landmesser insgesamt 7893 Mark C. Weitere 639 Mark C forderte Feddersen für die Spätlandregulierung und für Nivellierungen in der Oster- und Westerlandföhrer Marsch. Hinzu kamen die Gebühren, Auslagen und Diäten der Teilungskommission in Nieblum sowie der Assistenen. So stellte der Birkvogt Hildebrand allein 1037 Mark C in Rechnung. Davon entfiel die Hälfte auf das Langdorf. Die Beträge bezogen sich aber alle nur auf die Kosten des sog. Verwaltungsverfahrens.

Die höchsten Aufwendungen entstanden jedoch für die Herstellung der Gewässer und Wege, d. h. für Baumaßnahmen. Sie dürften mehr als 30 000 Mark C betragen haben. Denn immerhin gewährte die Königliche Kreditkasse in Kopenhagen den Westerlandföhrern zur Finanzierung der Landaufteilung vier Staatsdarlehen von zusammen 39 000 Mark C oder 13 000 Rtr zu 4 % Zinsen. Als Sicherheit mußte Westerlandföhr „alle jetzt habenden und zukünftigen Güter“ der Bewohner an die Königliche Kreditkasse verpfänden. Die Schuldurkunden sind unterschrieben von den Regulierungsmännern Ock Johannen, Oldsum, Rörd Jensen, Toftum, Jung Hans Nahmens, Witsum, sowie Paul Nickelsen und A. A. Klein aus Borgsum. „Von den vier Darlehen ist wegen der schwierigen wirtschaftlichen Verhältnisse noch kein Schilling getilgt. Weitere 1200 Rtr Schulden haften auf dem Kooge, welche zum Bestreiten der Grabungskosten der Hauptwasserlösung herbeygeschafft und noch verzinset werden müssen“, schrieben am 24. Juli 1810 die Repräsentanten von Westerlandföhr an die Teilungskommission in Nieblum. Demnach betrugen die baren Aufwendungen für die Landaufteilung auf Westerlandföhr (ohne Goting und Nieblum) mindestens 14 200 Rtr oder 42 600 Mark C – unter Zugrundelegung der verteilten Flächen (ohne Spätland p.p.) von zusammen 5294 Demat, ein Betrag von rd. 8 Mark C je Demat. Eine vergleichsweise geringe Summe, wenn man bedenkt, daß eine Kuh seinerzeit etwa 60 Mark C kostete. Heute dürfte eine derart umfassende Neuordnung einer Feldmark mindestens 2000 Mark (oder 1 Kuh) je Demat, also etwa das Achtfache erfordern.

Folgende Hilfsrechnung bestätigt die Höhe der Kosten: Nach dem Kirchenbuch verkaufte die Gemeinde im Jahre 1804 insgesamt 14 Kirchenstände „zur möglichen Verschonung der Gemeinde bey den unerschwinglichen Kosten wegen der Landaufteilung und besonders der ansehnlichen Predigergründe (Pastoratsländereien), wovon die (Kirchen-) Gemeinde zwei Drittel der Kostenlast tragen muß“[15] Die Auktion erbrachte 977 Mark C. Davon verwendete die Gemeinde 624 Mark C für die Ablösung der Landaufteilungskosten. Insgesamt zahlte sie jedoch 776 Mark C. Die Gesamtkosten für 104 Demat Pastoratsland (ohne Spätland) betrugen demnach 1164 Mark C (776 Mark C zuzüglich einem Drittel der gesamten Kosten). Um die Kosten der Landaufteilung zu ermitteln, muß dieser Betrag mit 25 multipliziert werden, da das Pastoratsland rd. 4 v. H. der im Langdorf verteilten 2623 Demat einnahm. 29100 Mark C beträgt somit die errechnete Summe für das Langdorf oder rd. 11 Mark C je Demat. Dabei ist allerdings zu bedenken, daß für das Pastoratsland vergleichweise höhere Kosten entstanden sein dürften, weil anzunehmen ist, daß alle erforderlichen Arbeiten von Tagelöhnern verrichtet wurden. Es erscheint gerechtfertigt, hierfür 3 Mark C/Demat in Ansatz zu bringen, so daß Kosten von durchschnittliche 8 Mark C je Demat verteilter Fläche durchaus realistisch sind.

Die Landaufteilungskosten, bezogen auf 1 Demat, lagen im Langdorf am höchsten. Dies zu akzeptieren, lehnten die Regulierungsmänner von Oldsum, Klintum, Toftum und Süderende ab. Sie erhoben daher im Jahre 1803 bei der Königlichen Rentekammer in Kopenhagen Beschwerde: Vor allem das schleppende Arbeitstempo des Landmessers habe zu den hohen Kosten geführt! In einer 27 seitigen Gegenvorstellung verlangte Feddersen die Zurückweisung der Petenten. Er bezichtigte sie der Unwahrheit und verlangte sogar ihre Bestrafung. Er begründete die hohen Kosten mit den außergewöhnlichen Schwierigkeiten der Aufteilungsgeschäfte im Langdorf. Die Behörden verfolgten die Angelegenheit dann aber nicht weiter, weil mittlerweile die Landaufteilung abgeschlossen war. Es blieben aber Spannungen zwischen den Regulierungsmännern und Feddersen. Sie beendeten den Streit erst am 1. Juni 1807 durch einen Vergleich (Abb. 38). Gegen restliche Zahlung von 400 Rtr verzichtete Feddersen auf 132 Rtr 26 Sch. Dabei trat Diedrich Roeloffs, der die finanziellen Angelegenheiten im Zusammenhang mit der Landaufteilung regel-

15 Ein Drittel mußte der Prediger zahlen.

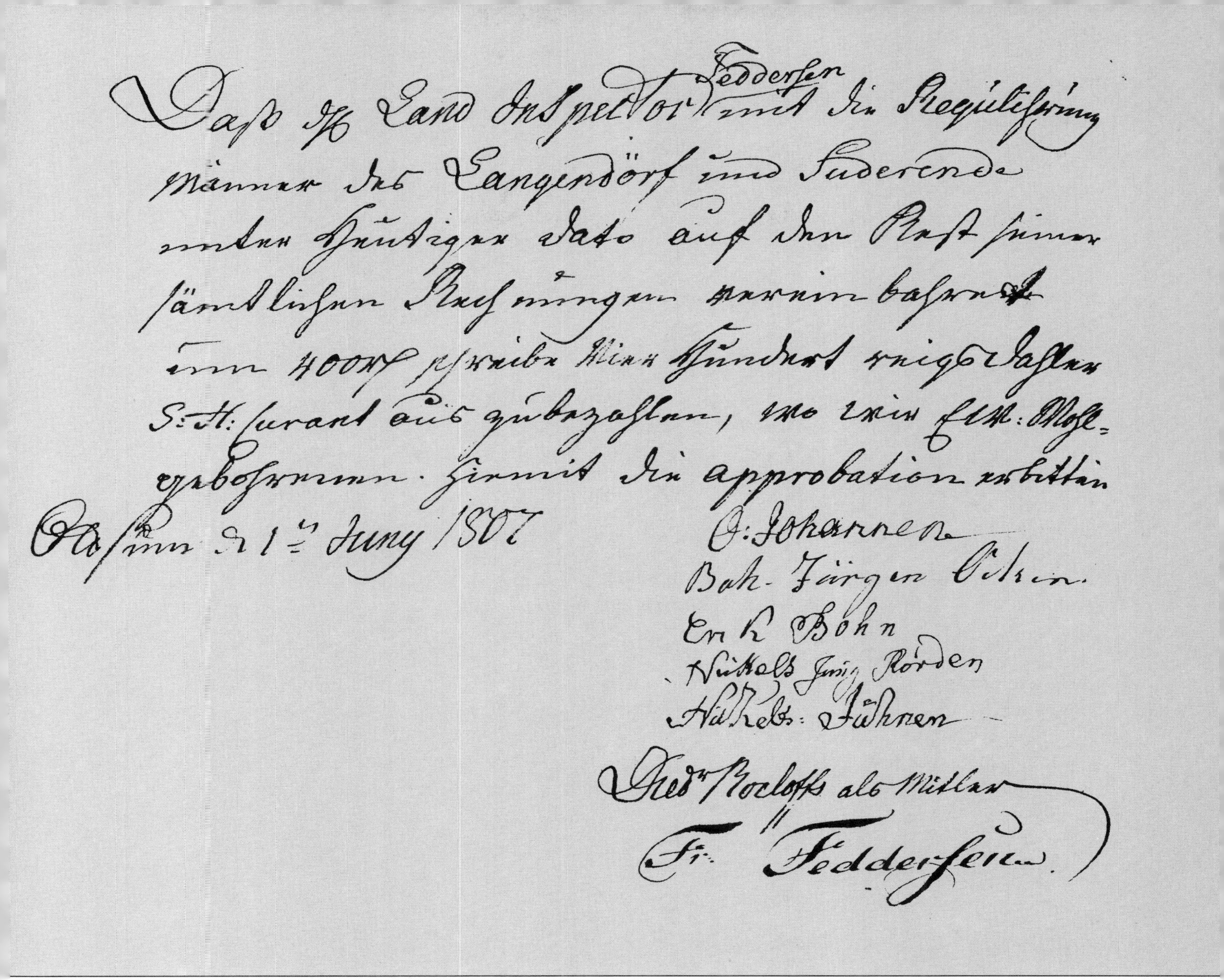

Abb. 38: Durch einen Vergleich vom 1. Juni 1807 endete der Streit zwischen dem Landmesser Feddersen und den Regulierungsmännern des Langdorfes und Süderende

te, als „Mittler" auf. Schon vorher hatte er an Feddersen 1826 Rtr 24 Sch als Abschlag gezahlt, worüber er am 20. Februar 1808 „attestierte". Feddersen erhielt somit insgesamt 2226 Rtr 24 Sch (6679 Mark C 8 Sch). Diesen Betrag hatte er in sechs Jahren durch harte Arbeit verdient. Er entsprach etwa zwei Drittel der Einkünfte, die der Hauptpastor von St. Laurentii während des selben Zeitraumes bezog.

Auch nach der Landaufteilung nahm Diedrich Roeloffs in Finanzierungsangelegenheiten eine zentrale Rolle ein. So hob er bis zum Jahre 1830 von den Landeigentümern Westerlandföhrs (ohne Nieblum und Goting) zweimal jährlich die Beiträge von jeweils 390 Rtr zur Bedienung der vier Staatsdarlehen. Über die Mühe, die er bei der Hebung der Raten hatte, schrieb er am 24. Juni 1826 an die Königliche Kreditkasse in Rendsburg:

„Nachdem ich 22 Jahre die Zinsen und Capitalabträge für die 13 000 Reichsthaler aus der Königl. Casse von den Bewohnern Westerlandföhrs zur Bestreitung der Landverteilungskosten mit Vergnügen gehoben und an die Königl. Casse eingesandt habe, so wird diese Hebung bei der nahrungslosen Zeit und dem Mangel an barem Gelde so beschwerlich, daß ich bei aller angewandten Mühe jetzt die volle Summe nicht einsenden kann. Ich sende daher die gehobenen 300 Reichsthaler hiermit und bitte, für die fehlenden 90 Reichsthaler den schuldigen Bewohnern eine Delation (Stundung) zu bewilligen, bis ich selbe durch die Obrigkeit durch Exekution (Zwangsvollstreckung) gehoben. Ich verspreche Ihnen, sobald die 90 Reichsthaler bei mir eingegangen sind, sie sogleich an Sie einzusenden."

Die mangelnde Zahlungsfähigkeit der Westerlandföhrer hatte allgemein ihren Grund in der wirtschaftlichen Rezession während und nach der napoleonischen Zeit. Sie ist außerdem als Folge der darniederliegenden Seefahrt sowie der finanziellen Bürde aufgrund des dänischen Staatsbankrotts anzusehen, jedoch auch auf die hohen Lasten zurückzuführen, die die Eigentümer deichpflichtiger Ländereien nach den verheerenden Sturmfluten 1825/26 aufzubringen hatten. Es erstaunt daher nicht, daß Diedrich Roeloffs – nach seinem Briefbuch – die restlichen Beträge der Martini (10. Nov.) 1826 fällig gewesenen Rate sowie die Johanni- (24. Juni) Rate 1829 erst im November 1829 in einem versiegelten Leinenbeutel nach Rendsburg senden konnte. Mit der Zahlung zu Johanni 1830 tilgte er dann aber den Rest der 13 000 Rtr-Darlehen. Zugleich bat er die Königliche Kasse, die Eintragungen im Westerlandföhrer Schuld- und Pfandprotokoll zu löschen. Dies geschah am 31. August 1830. Und damit waren die Belastungen aus der Landaufteilung endlich überwunden.

Würdigung der Landaufteilung

Die Aufhebung der Feldgemeinschaft durch die Landaufteilung war für die Entwicklung der Insel Föhr von entscheidender Bedeutung. Sie schuf die Voraussetzungen für eine individuelle Nutzung der Ländereien, die durch ein systematisches Wege- und Gewässernetz erschlossen wurden. Mit der Privatisierung und der damit verbundenen freien Verfügbarkeit des Eigentums verbesserten sich die Entfaltungsmöglichkeiten der Bauern grundlegend. Für sie fand das Mittelalter erst mit der Aufhebung der Feldgemeinschaft sein Ende.

Angesichts der konservativen Einstellung der Föhringer war es nicht einfach, die Landaufteilung durchzuführen. Ein hohes Maß an Leistung muß besonders den Landmessern F. Feddersen und N. Jensen bescheinigt werden, die neben dem Langdorf auch Borgsum/Witsum und Nebel/Süddorf bearbeiteten. Wer sich hierüber ein Urteil bilden will, sollte das Erdbuch des Langdorfes einmal studieren. Hierin wird deutlich, welche Feinarbeit sie leisteten, um die große Zahl der Interessenten mit „wertgleichen" Flächen abzufinden. Vor allen die von Feddersen gefertigten Protokolle und Schreiben zeichnen sich durch eine klare und logische Gedankenführung aus. Er verstand es meisterhaft, die Feder zu führen. Es ist ein Vergnügen, seine Schriftsätze zu lesen, die in großer Zahl im Landesarchiv erhalten sind. Aufgrund seines Könnens und wohl nicht zuletzt wegen der gelungenen Landaufteilung auf Westerlandföhr und Amrum wurde Feddersen übrigens zum Landinspektor ernannt. Damit wurde er Mitglied der Schleswig-Holsteinischen Landcommission in Gottorf. Das hieß zugleich: Ein festes Jahresgehalt, das er als Landmesser nicht erhielt.

Wenngleich aus heutiger Sicht die Wege- und Gewässerführung in der Dunsumer Feldmark nicht optimal gestaltet wurde, so muß man doch auch dem dort für die Landaufteilung zuständigen Landmesser Lund große Umsicht zuerkennen. Weitsicht zeigte er mit seinem Vorschlag, sechs bis sieben Höfe wegen ihrer beengten Lage in den Dörfern „auszubauen", d. h. auszusiedeln. Seinem Antrag auf Gewährung eines Zuschusses aus der Königlichen Kasse wurde jedoch nicht entsprochen. Lund zeigte sich auch besorgt um den Bestand der Landaufteilung. Die Vorteile könnten nach seiner Auffassung alsbald verlorengehen, wenn arrondierte Flächen – wie ehemals – im Erbgang wieder zerstückelt würden. Er empfahl daher der Schleswig-Holsteinischen Landcommission, ein Patent (Anordnung) zu erlassen, worin den Föhringern zur Pflicht gemacht werden sollte, ihr Land „nicht anders als in ganzen Stücken zu veräußern". Wir wissen, daß die Empfehlungen von Lund seinerzeit nicht genügend Beachtung fanden. Es mußten ca. 150 Jahre vergehen, ehe die Richtigkeit und Zweckmäßigkeit der Lund'schen Vorschläge allgemein erkannt und durch Aufhebung der Realteilung sowie Aussiedlungen im Rahmen der Flurbereinigung verwirklicht wurden.

Wenn nach heutigen Maßstäben die Landaufteilung insoweit als unbefriedigend angesehen wird, weil die

Abb. 39: *Situations-Karte von dem nördlichen Marschlande der Insel Föhr um 1800*

Landmesser – vor allem auf dem Ackerland – die einzelnen Eigentumsflächen in einer zu geringen Größe auswiesen, so ist darauf hinzuweisen, daß jeder Feldinteressent Anspruch auf eine Zuweisung von Land hatte. Ihm anstelle von Land einen dem Wert entsprechenden Geldbetrag zu geben, war auch bei den allerkleinsten Anteilen nicht zulässig. Solches Vorgehen – wir würden es heute als Enteignung bezeichnen – hätten die Föhringer wohl nicht akzeptiert.

Nachteile erwuchsen daraus, daß die Landmesser einigen Interessenten ihre Landzuteilung mit anderen zusammen in einer Fenne auslegen mußten, weil deren Bältringe oder Lästale nicht ausreichten, um eine eigene oder eine weitere Fenne zu erhalten. So wies Feddersen z. B. eine knapp 2 Demat große Fenne in „Loongweerem" fünf Interessenten zu. Die in Gemeinschaft wirtschaftenden Eigentümer beseitigten diese Unvollkommenheiten, die eine vernünftige Bewirtschaftung behinderten, später zumeist durch Verkauf und Tausch. Das insofern unbefriedigende Ergebnis darf man nicht den Landmessern anlasten, denn schließlich hatte – wie gesagt – jeder Interessent Anspruch auf eine entsprechende Abfindung in Land. Das bei der Landaufteilung angelegte Wege- und Gewässernetz in der Feldmark des Langdorfes ist besonders gut gelungen. Die weitgehend rechtwinklige Einteilungsstruktur brauchte bei der Flurbereinigung 1963 kaum verändert zu werden. Wege und Gewässer in den anderen Feldmarken Westerlandföhrs und auch auf Osterlandföhr wurden bei weitem nicht so gradlinig angelegt. Kritisch anzumerken ist allerdings, daß seinerzeit in der Marsch keine Wegeverbindungen zwischen Osterland und Westerland geschaffen wurden. Dies holten die Bauerschaften erst zwischen 1850 und 1860 nach, als sie „Süüddiks-Wai" über den Hardesgraben (fö. Saaltnem) hinaus in die Alkersumer Marsch hinein verlängerten. Bis dahin mußten die Westerländer den Weg über die Geestdörfer (fö. Auer a Boowentaarpen) wählen, um nach Osterland oder Wyk zu gelangen. Zur Befestigung von „Süüddiks-Wai" transportierten 1862 und 1867 die Toftumer, Oldsumer und Süderender Bauern, soweit sie ein Pferdegespann besaßen, durch Hand- und Spanndienste 1200 Fuder Sand und Kies von „Taftem-Hias" und „Haagbergem" dorthin. Einen guten Eindruck über die Erschließung der Langdorfer und Dunsumer Marsch durch Wege und Gewässer vermittelt ein Abdruck der „Situationskarte" von Feddersen (Abb. 39).

Ich wies bereits in einem vorhergehenden Abschnitt darauf hin, daß einige Föhringer im Zuge der Landaufteilung ihr Eigentum ganz oder teilweise aufgeben mußten. Der Umfang hielt sich jedoch in einem vergleichsweise bescheidenen Rahmen. Erst in den folgenden Jahrzehnten fand ein wesentlich stärkerer Eigentumswechsel statt, der aber weniger durch die Kosten der Landaufteilung bedingt war. Vielmehr führten vor allem die zu zahlenden Geldbeträge für die

- Landsteuer seit 1802
- Bankhaft aufgrund des dänischen Staatsbankrotts von 1813
- Wiederherstellung des Seedeiches nach den Sturmfluten 1825

zu einer Belastung, die viele Landeigentümer nicht aufbringen konnten. Hinzu kam, daß nach 1820 ein völliger Verfall der Preise für landwirtschaftliche Erzeugnisse eintrat. Dies alles kumulierte und zwang nicht wenige zum Verkauf von Grund und Boden. Als Käufer kamen hauptsächlich solche Personen in Frage, die über Kapital verfügten, das sie in der Seefahrt verdient und trotz des Staatsbankrotts nicht verloren hatten. Die Zahl der kapitalkräftigen Personen war vergleichsweise gering, zumal die Seefahrer während der napoleonischen Kriege über viele Jahre keine Heuer fanden. Daß unter solch widrigen Umständen eine gewisse Anhäufung von Grundeigentum in der Hand weniger Familien stattfand, liegt auf der Hand. Sie kommt dann auch zum Ausdruck in den Steuerlisten, die vor allem den Umfang des Landeigentums widerspiegeln, da Geldkapital bei den Steuerfestsetzungen nach 1805 unberücksichtigt blieb. Nachfolgend sind daher die Bewohner von Westerlandföhr und Amrum aufgeführt, deren steuerliches Vermögen mehr als 10 Pfund Englisch betrug; dieser Betrag entsprach einem Landeigentum von mehr als 35 Demat bei mittleren Böden (Übersicht 23).

Nach der Übersicht 23 erhöhte sich auf Westerlandföhr und Amrum die Zahl der Familien mit mehr als 35 Demat Land von 17 im Jahre 1805 über 30 in 1820 auf 33 im Jahre 1830. Dabei gehe ich von mittlerer Bodenqualität aus, so daß gewisse Abweichungen durchaus möglich sind. Offensichtlich fand im Langdorf eine stärkere „Bodenkonzentration" als in den anderen Dörfern statt. Kamen 1805 von den Personen, die auf Westerlandföhr und Amrum ein steuerpflichtiges Vermögen von mehr als 10 Pfund Englisch besaßen, erst jede dritte aus Süderende, Oldsum, Klintum und Toftum, so war es 1820 und 1830 bereits jede zweite. Darunter befinden sich nicht wenige Commandeure und Kapitäne, wie ein Blick in die „Geschlechterreihen St. Laurentii" zeigt.

Der beachtliche Eigentumswechsel führte jedoch auf Westerlandföhr und Amrum nicht zu einer unausgewogenen Eigentumsstruktur. Während der vergangenen 180 Jahre blieb der Anteil der Bewohner, die landwirtschaftliche Nutzflächen zu Eigentum haben, über alle Zeiten hindurch relativ hoch. Zwar verringerte sich die Zahl der selbstwirtschaftenden Eigentümer vor allem seit 1960 erheblich. An ihrem Eigentum aber hielten die meisten Föhringer bis heute fest. Vor allem die bis 1934 auf Föhr übliche Realteilung verhinderte größere Anhäufungen von Grundbesitz. Man mag das aus landwirtschaftlichen, betriebswirt-

Übersicht 23: Bewohner von Westerlandföhr und Amrum mit steuerpfl. Vermögen von mehr als 10 Pfund Englisch

Name	Dorf	Pfund E.
1805		
Wögen Rörden	Borgsum	10 1/6
Paul Nickelsen	Borgsum	14 5/12
Arian Klein	Borgsum	12 2/3
Sönck O. Martens	Witsum	10 7/12
Nahmen J. Hansen u. Sohn	Witsum	21 5/12
Hay u. Jung Rörd Peters	Hedehusum	11 1/3
Lorenz Ocken	Hedehusum	11 11/24
Jung Rörd Ercken	Utersum	10 23/24
Wögen Peters	Utersum	10 13/24
Diedrich Roeloffs	Süderende	17 13/24
Brar Braren	Oldsum	12 1/4
Peter Bohn	Oldsum	12 1/8
Ricklef Danklefs	Toftum	16 1/24
Nickels Jung Rörden	Toftum	13 1/4
Erck Knuten Ww.	Amrum	10 11/12
Knut Girris	Amrum	18 2/3
Boy Diedrich Urbans	Amrum	11 19/24
1820		
Wögen Drewsen	Nieblum	12 13/16
Ocke Nahmens	Nieblum	13 47/48
Jann Willems	Nieblum	16 5/24
Peter Pauls	Goting	10 11/24
Boy Bohn	Borgsum	12 25/48
Olde Japken	Borgsum	10 17/48
Jens Broders	Borgsum	10 1/12
Sönck O. Martens	Witsum	13 3/24
Jung Hans Nahmens	Witsum	19 29/48
Peter Matthiesen Ww.	Hedesum	11 7/48
Oluf Wögens	Utersum	11 1/3
Jung Rörd Ercken Ww.	Utersum	10 7/16
Diedrich Roeloffs	Süderende	19 15/16
Ock Beelendörp Ww.	Süderende	10 5/6
Früd Peters	Süderende	14 17/24
Nickels Johnen Ww.	Süderende	10 1/6
Brar Braren	Oldsum	14 13/48
Oluf Ocken	Oldsum	10 9/16
Rörd Matzen	Oldsum	12 1/4
Peter Bohn	Oldsum	13 7/12
Lorenz Olufs	Oldsum	10 7/48
Broder Riewerts	Oldsum	12 5/6
Jann Braren	Oldsum	14 11/48
Johannes Frödden	Klintum	11
Danklef Jappen	Toftum	10 1/3
Hans Johannsen	Toftum	10 47/48
Fröd Rörden	Toftum	10 1/12
Volkert Quedens	Amrum	10 29/48
Jacob Nahmens	Amrum	11 47/48
Knudt Girris	Amrum	11 1/48
1830		
Christian A. Petersen	Nieblum	10 11/12
Peter Pauls Ww.	Goting	10 25/48
Boh Jens Broders	Borgsum	11 17/24
Friedrich Paulsen	Borgsum	12 3/4
Boy Bohn	Borgsum	13 2/3
Sönck O. Martens	Witsum	17 43/48
Jung Hans Nahmens	Witsum	21 13/24
Arfst Boh Tückis Ww.	Utersum	10 1/6
Lorenz Lorenzen	Utersum	15 17/48
Wögen Peters Ww. u. Sohn	Utersum	11 5/16
Oluf Söncken sen.	Utersum	11 19/24
Boh Arfsten Ww.	Dunsum	12 7/16
Diedrich Roeloffs u. Sohn	Süderende	30 25/48
Ock Beelendörp Ww.	Süderende	11 11/12
Früd Peters u. Fr. Braren	Süderende	18 11/12
Jens Wögens Ww.	Oldsum	10 35/48
Rörd Matzen	Oldsum	19 23/48
Brar Braren	Oldsum	16 13/48
Früd Faltings	Oldsum	16 5/24
Jap Jappen Ww.	Oldsum	12 7/12
Broder Riewerts	Oldsum	19 11/48
Lorenz Olufs	Oldsum	10 11/16
Jacob Ketelsen	Oldsum	14 13/24
Peter Bohn jun. Ww.	Oldsum	15 11/48
Danklef Jappen	Toftum	10 5/6
Peter Nielsen	Toftum	11 5/24
Rickmer Arfsten Ww.	Toftum	10 1/16
Danklef Lorenzen	Toftum	11 13/48
Nickels Jung Rörden Erben	Toftum	16 41/48
Hans Tychsen	Amrum	14 43/48
Hark Cöster	Amrum	10 5/8
Volkert Quedens	Amrum	15 7/16
Boy D. Urbans	Amrum	17 43/48

schaftlichen Gründen bedauern. Aus gesellschaftspolitischer Sicht aber ist das durchaus positiv zu bewerten.

Bedauerlicherweise sind einige Begriffe aus der Zeit vor der Landaufteilung weitgehend verlorengegangen. Bältring, Wungeland oder Täglich-Land sind nicht mehr bekannt, auch nicht in der Heimatsprache. Erfreulich ist jedoch, daß die meisten föhringischen Bezeichnungen für die Tjüügen in der Feldmark erhalten blieben, wenngleich einige im Laufe der Zeit eine gewisse Veränderung erfuhren. So wird „Waadem Guardem“ heute beispielsweise „Warem

Guardem“ (dt.: Warme Gärten) genannt, obwohl ich zugeben muß, daß ich für „Waadem“ keine Erklärung gefunden habe. Zu der Veränderung trugen die mit der Landaufteilung befaßten auswärtigen Landmesser dadurch bei, daß sie die föhringischen Bezeichnungen „verdeutschten“. So schrieben sie „Ausendelangwehrum“ anstelle von „Büütj Loongweerem“. „Iard Küülem“ nannten sie „Erdkuhlen“, obwohl „Torfkuhlen“ zutreffend gewesen wäre. Im allgemeinen veränderten sich aber die alten schönen Namen nur wenig. Allerdings ist innerhalb der ehemaligen „Täglich-Ländereien“ doch ein erheblicher Verlust von Bezeichnungen für diejenigen Tjüügen zu beklagen, die nach der Aufschließung durch Wege und Gräben kein geschlossenes Gewann mehr bildeten, insbesondere, wenn sie durchschnitten und anderen Tjüügen zugeordnet wurden. So gingen westlich von Süderende folgende, kleinere Tjüügen in größere auf:

- „Koornguard“ (dt.: Kornhof) in „Baakentaft“
- „Blögem“ und „Kaagem“ in „Foolkert“
- „Deel“ in „Köödem“
- „Tanhuuch“ (oder „Tonghaag“) in „Waaster Baregliin“
- „Hörn“ in „Brüningeekrem“
- „Dopteewlem“ in „Koornört“.

Selbst ältere Bauern erinnern sich heute nicht mehr an die Tjüügen

- „Huuchstian“ und „Tesken a Jaading“ nördlich Süderende
- „Huuchtaftem“ bei „Haleekrem“
- „Guard Deelkem“ und „Guardem“ bei „Sütjers Stich“
- „Swinhaleg“ in „Waasterslaw“
- „Trentaft“ und „Kapelaans Eeker“ bei der Gärtnerei Riewerts in Süderende
- „Taamenstianer“, „Huuchstich“ und „Nuurding Eekrem“ südlich von Klintum
- „Helmuur“ zwischen „Roogkuuch“ und „Bodem“
- „Helküül“ am Seedeich an der Grenze zur Midlumer Feldmark
- „Ual Teewlem“ und „Üütj Uastemer“ in der Toftumer Meede
- „Kualschörd“ oder „Kaalschörd“ (heute „Kuuch“) östlich Toftum.

Und dennoch blieben insgesamt gesehen viele Eigentümlichkeiten aus der Zeit vor der Landaufteilung bis zur Gegenwart erhalten. Die Westerländer, die „Weesdringen“, bezeichnen in der Marsch des Langdorfes das ehemalige Gräsungs- oder Bältringsland noch heute als „Maarsk“ und das Meede- oder Wiesenland als „Miad“, obwohl weite Teile der Meeden seit Jahrzehnten gegräst und das Gräsungsland durchaus nicht nur beweidet werden. Sie nennen die Feldmark südlich der St. Laurentii-Kirche als ganzes noch „Üüb a Hias“, wenngleich dort seit etwa 100 Jahren keine Heide mehr wächst, und sie seit langem ackerbaulich genutzt wird. Insoweit blieben im Volksmund erfreulicherweise alte überkommene Bezeichnungen – trotz vollkommen veränderter Verhältnisse – bis in die Zukunft hinein weitgehend erhalten.

Die Landaufteilung wirkte sich ökonomisch außerordentlich positiv aus. Ohne diese seinerzeit sehr fortschrittliche Maßnahme hätte der Niedergang der Seefahrt während und nach den napoleonischen Kriegen zu weitaus größerer Not und Armut auf Föhr geführt. Konnten doch nach 1800 mehr Föhringer als früher ihren Lebensunterhalt in der Landwirtschaft verdienen. Allerdings scheinen die meisten „arbeitslosen“ Seefahrer damals wenig Neigung gehabt zu haben, sich als Tagelöhner beim Anlegen der Grenzgräben, Sielzüge und Wege zu verdingen. Jedenfalls beklagen Chronisten im vorigen Jahrhundert, daß der Bedarf an Arbeitskräften eine Einwanderung von Jüten veranlaßt habe, so daß die Insel überfremdet worden sei. Sie kritisierten auch die zunehmende Verarmung als Folge der Landaufteilung. Sie haben dabei aber nicht berücksichtigt, daß nach 1820 eine Wirtschaftskrise ganz Europa schüttelte, die vor allem der ärmeren Bevölkerung Not und Armut brachte. Aber auch damals (wie heute!) vereinfachte man. Die Landaufteilung war von der Obrigkeit angeordnet! Sie wurde zum „Buhmann“ auch für Mißstände, die mit der Landaufteilung nichts zu tun hatten.

Andererseits ist sicher nicht zu bestreiten, daß die Aufteilung der Feldgemeinschaft dem Gemeinsinn, den gerade die Föhringer wegen ihrer eigentümlichen Erwerbsstruktur besonders pflegten, abträglich war. Das ist nur zu natürlich, denn eine gemeinschaftliche Nutzung der Feldmarken schließt Gemeinschaftlichkeit ein. Dagegen fördert unbeschränktes Eigentum Individualismus! Gleichwohl wissen wir, daß sich auch nach der Landaufteilung ausgeprägte Standesunterschiede auf unserer Insel nicht entwikkelten. Möglicherweise unterlagen die Chronisten auch schon damals dem Trugschluß, daß „früher eben alles besser war“.

Landmann und Kaufmann in schwieriger Zeit

Landmann in Süderende

Das den Föhringer Seefahrern eigene Streben, sich eine Existenz auf dem sicheren Lande aufzubauen, sowie der allgemeine Aufschwung in der Landwirtschaft Ende des 18. Jahrhunderts, mögen Diedrich Roeloffs bewegen haben, sein Augenmerk neben dem Warenhandel verstärkt auf die Landwirtschaft zu richten. Aber auch die positiven Auswirkungen der Landaufteilung auf Osterlandföhr dürften sein Interesse an diesem Erwerbszweig geweckt haben. Schon um 1790 verkauften die Bauern von dort Getreide nach Westerlandföhr und Amrum, was vordem nicht möglich erschien. Daß die nach seinem Vater übernommene rd. 14 Demat große Landstelle, die seinerzeit allenfalls die Haltung von 1 Pferd, zwei Kühen, einem Stück Jungvieh und einigen Schafen erlaubte, keine Grundlage für eine ausreichende landwirtschaftliche Existenz bot, wird ihm bald klar geworden sein.

Nach Einlösung der von seinem Vater verpfändeten Grundstücke durch mehrere Zahlungen von insgesamt 1500 Mark C begann Diedrich Roeloffs 1797, ein Jahr nach seiner Rückkehr von Kopenhagen und mit 43 Jahren noch unverheiratet, seine Landstelle in Süderende zu vergrößern. Er kaufte noch vor der Landaufteilung in großem Umfang Interessentenanteile, hauptsächlich in der Feldmark des Langdorfes, in geringerem Maße auch in der Dunsumer, Borgsumer und Hedehusumer Gemarkung. Verschiedene Anteile erwarb er auf einer öffentlichen Auktion (Abb. 40). Um einen Eindruck von seinen Aktivitäten, aber auch der Höhe der seinerzeit gezahlten Kaufpreise zu vermitteln, sind die Ankäufe nachstehend aufgeführt, soweit sie eindeutig aus dem Journal und den Laufaufteilungsakten hervorgehen (Übersicht 24).

Neben den in der Übersicht aufgeführten Ländereien erwarb Diedrich Roeloffs insbesondere während der laufenden Landaufteilung weitere Anteile, die er anschließend ganz oder teilweise wieder verkaufte oder vertauschte. Zeitweilig besaß er sogar in der Hedehusumer Feldmark 1½ Ammerland, die er bei der Landaufteilung nach Süderende verlegt bekam. Auch in Dunsum hatte er mehrere Ammerlandanteile und Lästale. Es war daher sehr schwierig, eine hinreichend genaue Übersicht über alle Erwerbsvorgänge zu gewinnen. Dennoch ist es unter Berücksichtigung der lt. Schuld- und Pfandprotokoll verpfändeten Grundstücke sowie durch einen Vergleich der Aufzeichnungen im Journal mit den Angaben in den Landaufteilungsakten gelungen, die Übersicht 24 zu entwickeln (siehe Seite 173).

Für die gesamten Interessentenanteile zahlte Diedrich Roeloffs unter Berücksichtigung der Einnahmen aus Verkauf und Tausch bis 1802 / 03 ca. 3400 Mark C. Sie entsprachen einer Fläche von rd. 55,5 Demat in der Feldmark des Langdorfes und 0,7 Demat auf dem Dunsumer Ackerfeld, insgesamt 56,2 Demat. Zuzüglich der 1500 Mark C für die Übernahme des Grundbesitzes seiner Eltern in der Größe von 14 Demat betrug sein Kapitaleinsatz für 70,2 Demat einschl. Hausgrundstück somit insgesamt 4900 Mark. Eine wahrlich gute Geldanlage, wenn man bedenkt, daß seine Nachkommen um 1960 (vor der Flurbereinigung) von den rd. 70,2 Demat noch rd. 60 Demat zu Eigentum hatten. Dieses Grundvermögen ist weder durch Staatsbankrott, noch Inflation und Währungsreform entwertet worden. Die rd. 70 Demat dürften heute einen Wert von rd. 700 000 DM haben, wobei die seither durchgeführten, umfassenden landeskulturellen Verbesserungen natürlich einen ganz entscheidenden Anteil an der Wertsteigerung haben.

Auch die Übersicht 25 unterstreicht die Feststellung, daß während des laufenden Landaufteilungsverfahrens erhebliche Besitzveränderungen stattfanden. Zugleich verdeutlicht sie noch einmal die starke Zerstückelung der Acker- und Meedeländereien. Die in der letzten Spalte aufgeführten Anteile bildeten die Grundlage für den Abfindungsanspruch bei der Ver-

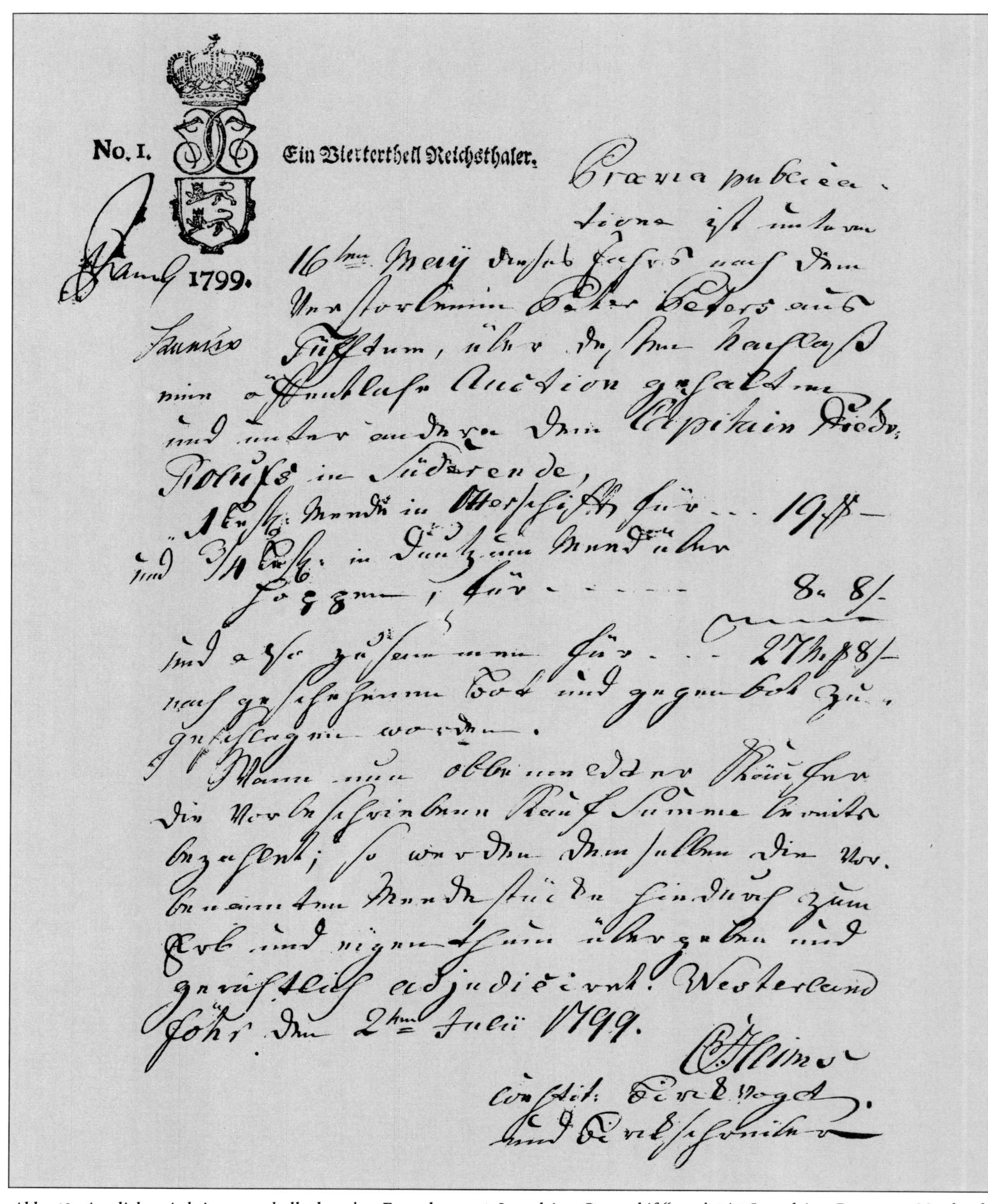
No. 1. Ein Viertertheil Reichsthaler.

1799.

Abb. 40: Amtliches Auktionsprotokoll über den Erwerb von 1 Lästal in „Otterschift" und 3/4 Lästal in „Duntzum Meede über Hoppem" durch Diedrich Roeloffs 1799

teilung der Ländereien, die am 15. Mai 1802 begann und erst mit der Aufteilung des Spätlandes 1804 endete.
Schon vor der Aufteilung des Meedelandes, die sich vom 15. Mai 1802 bis zum 28. April 1803 hinzog, hatte Diedrich Roeloffs jedoch durch Kauf und Tausch von 16 7/12 Lästal sich eine 4,8 Demat große Meedefläche in „Loongweerem“ arrondieren können. Nach seinem Journal ist das in den Jahren 1798 bis 1800 geschehen. Bestätigt wird dies durch das „Bonitierungsinstrument der Meedeländereyen des Langdorfes vom 1. Juli 1801“. Hierin ist mehrfach von „Rolufs-Fenne“ die Rede. Sie wurde im Zuge der Landaufteilung mit 4 Demat und 138 Quadratruthen vermessen. Darüber hinaus vermerkte Diedrich Roeloffs in seinem Journal, daß diese Fenne 1802 „begraben“ worden sei. Die Kosten für die Herstellung der Gräben von 47 Ruthen (243 m) beliefen sich danach auf 20 Mark C 9 Sch. Hinzu kamen 14 Mark C für Pfähle und Hecktor. Wenn man bedenkt, daß ein Tagelöhner seinerzeit nur 8 Schilling[1] für das Ausheben eines neuen Grabenstückes von rd. 5 m Länge erhielt, so wird daraus erneut deutlich, wie bescheiden Handarbeit bezahlt wurde. Dies um so mehr, wenn man da-

1 16 Schilling = 1 Mark Courant

Übersicht 24: Von D. Roeloffs von 1790 bis 1801 erworbene Interessentenanteile

Jahr	Verkäufer	Kaufpreis in Mark C	Ackerland Tjüüg	Ackerland Ammerland	Meedeland Tjüüg	Meedeland Lästal	Gräsungsl. land
1797	Jürgen Nickelsen Erben, Süderende	48			Loongweerem	3/4	3
	Ock Erken, Süderende	36	Foolkert	1 1/3			
			Bokshörn	3/8			
			Baakhuugem	1/4			
	Wögen Harken Ww., Oldsum	50	Uaster Baregliin	2 1/2			
	Jung Rördt Jung Früdden Erben, Klintum	154	Waaster Hardeekrem	5			
	Früd Olufs, Borgsum	24			Borigsem Miad		
					– Hemmeere	1 1/8	
					– Neiskaft	3/8	
					Metj	5 3/4	
1798	Hinrich Brarens, Oldsum	416			Longweerem	5 1/2	
	Arfst Ketels, Toftum	9	Boowen Schulk	2*)			
	Ketel Olufs, Klintum	75	Waaster Taarepseekrem	2 1/2			
	Klemt Hayen, Utersum	70	Uaster Baregliin	2			
1799	Nahmen Braren Erben, Utersum	3			Üütj Uastemer	1/4	
	Peter Peters Erben,Toftum	28			Dunsem Miad	1 3/4	
	Ock Erken, Süderende	66					2
	Nickels Nickelsen, Süderende	611		10 1/2	Taftem Miad	6	6 1/2
1800	Hay Frödden Ww., Oldsum	372	Koornört, Baakentaft	8	Taftem Miad	5 1/2	3 13/16
	Boh Rickmers, Oldsum	412					16 1/2
	Jung Arfst Olufs	96					3 1/5
1801	Brar Nahmens, Hedehusum	82			Wol	1 1/8	
					Büütj Loongweerem	2	
					Loongweeren	3/4	
					Borigsem Miad	1/4	
	Peter Wögens, Utersum	55			Wol	2 1/2	
	Ricklef Danklefs, Toftum	279			Wol	11 5/8	
	Peter Nickelsen	17			Auert-Raid	1/2	

*) eingetauscht gegen 1 2/3 Ammerland auf Uaster-Loongstringem, Zuzahlung 9 Mark C

Übersicht 25: Entwicklung der Interessentenanteile des D. Roeloffs bis zur Landaufteilung

Tjüüg	vom Vater übernommen 1780	Professions-protokoll 1. 3. 1798	Acker- u. Meedeprotokoll 1801	berichtigtes Acker- u. Meedeprotokoll 15. 5. 1802
1. Acker (in Ammerland)				
Foolkert Hiasem		1	3	2
Süüd Foolkert		1	1	1
Waaster Hardeekrem				9 1/2
Tanhuuch		11 1/2	11 1/2	2 1/2
Waaster Baregliin				1 1/2
Köödem an Deel		1 1/2	1 1/2	1 1/2
Uaster Baregliin		11 1/4	13 1/4	13 1/4
Dopteewlem		4 1/2	5	5
Koornört		4 1/2	1 1/2	1 1/2
Auer Sarkstiig		3 3/4	3 3/4	3 3/4
Brüningeekrem Hörn				9/16
Baakentaft		–	1	1
Tesken a Jaading		3/4	3/4	3/4
Huuchstian an Stringem		–	3/4	3/4
Guardem		–	–	3
Hörntaft		3/4	1 3/4	1 3/4
Guard Deelkem		–	3	–
Boowen Schulk		10 1/2	10 1/2	12 1/2
Huuchtaftem an Haleekrem		2	2	2
Uaster Loongstringem		1 2/3	1 2/3	–
Kuuch		3/4	3/4	2/3
Tesken Mirem		–	5 1/2	5 1/2
Bi Nuurden Söleraanj		–	–	2/3
Freskem		–	1	–
Auer Metj		–	1/2	–
	37 5/12	50 11/12	69 2/3	70 31/48
2. Meede (in Lästal)				
Büütj Loongweerem		8 3/8	9 5/8	9 5/8
Loongweerem		8 1/3	16 7/12	16 7/12
Neiham, Kruugem, Teewlem		2	5	5
Spoongweerem		1 5/8	7 23/40	7 23/40
Wol		1 3/4	21 1/2	21 1/2
Metj		5 3/4	–	–
Borigsem Miad/Süüddik		–	–	9 1/8
	8 1/4	27 5/6	60 17/60	69 49/120
3. Gräsung (in Bältring)	9 1/2	17 1/3	41 7/48	43 2/3

mit die Kosten von 14 Mark C oder 224 Schilling für ein Hecktor vergleicht. Das Hecktor einschließlich Pfähle kostete ebensoviel, wie die Herstellung eines Grabens von 28 Ruthen (140 m). Materialien wie Holz und Eisenbeschlag waren teuer, menschliche Arbeitskraft billig!

Von der knapp 5 Demat großen Fenne in „Loongweerem“ übertrug Diedrich Roeloffs kurz nach der Verteilung des Meedelandes 2 Demat und 122 Quadratruthen auf seinen Schwager Oluf Hansen in Süderende. Den anderen Teil, 2 Demat und 16 Quadratruthen verkaufte er 1804 – noch vor der endgültigen Fertigung des Erdbuches – an Jung Eck Oldis, Oldsum Nr. 48[2], lt. Journal für 455 Mark. Aus Vereinfa-

2 1983: Wilhelm Schau

chungsgründen trug der Landmesser beim Fertigen des Erdbuches die 4 Demat und 138 Ruthen dann auch gleich unter Oluf Hansen und Jung Eck Oldis ein. Daher sind im Erdbuch des Langdorfes, bezogen auf den Termin der Aufteilung der Meeden im Frühjahr 1803, bei Diedrich Roeloffs 4 Demat und 138 Ruthen zu wenig und bei Oluf Hansen und Jung Eck Oldis diese Flächen zuviel angegeben.

Auf der Grundlage seiner Interessentenanteile von $70^{31}/_{48}$ Ammerland, $69^{49}/_{120}$ Lästal und $43^{2}/_{3}$ Bältring erhielt Diedrich Roeloffs auf der Feldmark des Langdorfes rd. 69,5 Demat einschließlich 4 Demat und 58 Quadratruthen Spätland zugeteilt. Hinzu kamen noch 0,7 Demat Ackerland in Dunsum. Selbst wenn man von den rd. 70,2 Demat die alsbald nach der Verteilung veräußerte Fenne in „Loongweerem" absetzt, konnte er 1804 insgesamt 65,4 Demat sein eigen nennen. Er gehörte damit neben der St.-Laurentii-Kirche zu den größten Landeigentümern von Westerlandföhr[3]. Übertroffen wurde er von Nahmen Jung Hansen und Sohn in Witsum, die rd. 113 Demat, davon 48 Demat Heide, zugeteilt bekamen. Der größte Landeigentümer auf Westerlandföhr war aber wohl Volkert Adys (1764–1826) in Nieblum, der im Jahre 1825 rd. 188 Demat sein eigen nannte, wovon allerdings ein beachtlicher Teil auf Osterlandföhr lag. A. war ein Schwiegersohn des bereits erwähnten Hebungsbeamten Johann Petersen.

Mit 65,4 Demat Land hatte Diedrich Roeloffs eine gute Grundlage für einen landwirtschaftlichen Betrieb in Süderende geschaffen und damit erreicht, was so viele Seefahrer als Ziel ihrer Fahrenszeit anstrebten. Ein Auszug aus dem Erdbuch des Langdorfes (Übersicht 26) vermittelt die Lage und Größe seiner Flächen (ohne Loongweerem und Spätland). Man achte auf die Bonitierungswerte (Bonite nach 24)! Sie sind Ausdruck der differenzierten Boden- und Kulturverhältnisse innerhalb der einzelnen Fennen vor 180 Jahren. Gut 25 Demat, also über 40 v. H. der rd. 60 Demat, waren mit 8 Punkten und weniger bonitiert; es handelte sich um Heide-, Sumpf- oder Wasserflächen. Vergleichen wir damit den heutigen Zustand dieser Flächen, so kommen dabei die Leistungen von nunmehr sechs Generationen sichtbar zum Ausdruck.

Betrachten wir den Auszug weiter, so stellen wir fest, daß Diedrich Roeloffs neben drei dorfnahen Ackerflächen mit zusammen 5,5 Demat sechs Gräsungsfennen in den Slaawen mit rd. 42 Demat und zwei Fennen in der Marsch mit 12,5 Demat zugeteilt bekam. Alle Fennen waren größer als vier Demat. Die Fenne südlich seines Hauses „Raidslaaw/Tesken a Hoofstiiger" umfaßte sogar 11,6 Demat. Davon waren damals nur 1,4 Demat Grasland, aber gut 9 Demat Heideland. Eine Wasserfläche (fö. Sluat), mit 2 Punkten bewertet, nahm hierin ein Areal von 1 Demat und 14 Ruthen ein; diese Fläche wurde erst nutzbar, nachdem der 1802 südlich des Hauses Roeloffs angelegte Vorfluter (fö. Weederliasing) „Raidslaaw" entwässerungsmäßig mit „Waasterslaaw" verband.

Aus dem Erdbuch geht weiter hervor, daß Diedrich Roeloffs auch das Hausgrundstück Nr. 242, 46 Quadratruthen groß, in Süderende besaß. Er hatte es kurz vor der Landaufteilung im Jahre 1800 von Nickels Nickelsen erworben, der das Haus aber weiterhin mit seiner Frau Antje und der „alten Dirne" Göntje Rörden bewohnte. (Als Dirne bezeichnete man früher eine unverheiratete Frau.) D. Roeloffs richtete in dem Haus eine zweite Wohnung ein. Die westliche Hälfte verkaufte er 1824 an den Kapitän Jacob Marcussen, der aber im gleichen Jahr schon starb[4]. Die andere Hälfte veräußerte er 1826 an Christina Olufs (1769 bis 1834). Das Doppelhaus, um 1910 abgebrochen, stand östlich des Anwesens, das später Früd Braren (1864 bis 1929) gehörte.

Landeigentum alleine genügte nicht, um eine ordentliche Landwirtschaft betreiben zu können. Diedrich Roeloffs mußte weitere Investitionen vornehmen. Ebenfalls ein Jahr nach seiner Rückkehr von Kopenhagen begann er, seinen landwirtschaftlichen Betrieb einzurichten.

---

3 Bei der Landaufteilung erhielten in Demat (abgerundet), einschließlich Spätland:

	Langdorf	Dunsum	Utersum
Pastorat	109,4	2,5	–
Diakonat	72,3	3,8	1,1
Kirchengemeinde	5	–	–

4 J. Marcussen war 55 Jahre Seefahrer, davon 37 Jahre Kapitän nach West- und Ostindien. Er fuhr von Holland aus und wohnte 33 Jahre in Amsterdam. 1822 kehrte er in seine alte Heimat zurück, um hier seinen Lebensabend zu verbringen; er währte nur zwei Jahre. Seine Ehefrau, Maria Ocken, starb 1830.

Übersicht 26: Abfindung des Diedrich Roeloffs bei der Landaufteilung – Auszug aus dem Erdbuch des Langdorfes

Name der Ländereien (fö. Bezeichnung)	Ackerland Bonite nach 24	Ackerland Quantite Demat	Ackerland Quantite Ruth.	Ackerland Bonite Demat	Ackerland Bonite Ruth.	Ackerland Bonite Fuß	Heideland Bonite nach 24	Heideland Quantite Demat	Heideland Quantite Ruth.	Heideland Bonite Demat	Heideland Bonite Ruth.	Heideland Bonite F
Hüs an Guard	24	–	54	–	54	–		–	–	–	–	–
Gärslun	–	–	–	–	–	–		–	–	–	–	–
Haleekrem	24	–	48	–	47	50						
Guard Deelkem	20	**1**	9	–	157	56		–	–	–	–	–
Guardem	24	–	70	–	70	–						
Uaster Baregliin	16	**2**	80	**1**	113	62		–	–	–	–	–
Brüning-Koolk	8	–	87	–	28	99						
Köödem	16	–	155	–	103	72		–	–	–	–	–
Waasterslaaw	–	–	–	–	–	–		–	–	–	–	–
Waasterslaaw	–	–	–	–	–	–		–	–	–	–	–
Meere	–	–	–	–	–	–		–	–	–	–	–
Sluat	–	–	–	–	–	–		–	–	–	–	–
Raidslaaw/ Tesken a Hoofstiiger	–	–	–	–	–	–	8	**2**	19	–	126	3
	–	–	–	–	–	–	4	**6**	133	**1**	22	1
	–	–	–	–	–	–	2	**1**	14	–	16	1
	–	–	–	–	–	–	3	–	44	–	5	5
Ual Haag	–	–	–	–	–	–	–	–	–	–	–	–
	–	–	–	–	–	–	–	–	–	–	–	–
Meere	–	–	–	–	–	–	–	–	–	–	–	–
Hias	–	–	–	–	–	–	3	**1**	31	–	26	3
Swin Haleg	–	–	–	–	–	–	–	–	–	–	–	–
Meere Stört	–	–	–	–	–	–	–	–	–	–	–	–
Meere	–	–	–	–	–	–	–	–	–	–	–	–
Sluat	–	–	–	–	–	–	–	–	–	–	–	–
Slaaw	–	–	–	–	–	–	–	–	–	–	–	–
Waasterslaw	–	–	–	–	–	–	–	–	–	–	–	–
Loong Sluat	–	–	–	–	–	–	–	–	–	–	–	–
Meere	–	–	–	–	–	–	–	–	–	–	–	–
Volersik	–	–	–	–	–	–	–	–	–	–	–	–
Hias	–	–	–	–	–	–	2	**1**	32	–	17	6
							8	–	155	–	51	5
Borigsem-Miad/ Süüddik	–	–	–	–	–	–	–	–	–	–	–	
Wol	–	–	–	–	–	–	–	–	–	–	–	–
Summa		**5**	144	**4**	35	39	–	**13**	68	**2**	85	8

Weideland						Meedeland						Generale Summa				
Bonite nach 24	Quantite		Bonite			Bonite nach 24	Quantite		Bonite			Quantite		Bonite		
	Demat	Ruth.	Demat	Ruth.	Fuß		Demat	Ruth.	Demat	Ruth.	Fuß	Demat	Ruth.	Demat	Ruth.	Fuß
–	–	–	–	–	–											
10	–	22	–	9	17		–	–	–	–	–	–	80	–	64	–
5	–	4	–	–	83											
–	–	–	–	–	–		–	–	–	–	–	1	127	1	95	06
–	–	–	–	–	–		–	–	–	–	–	2	167	1	142	61
–	–	–	–	–	–											
16	–	36	–	16	50		–	–	–	–	–	1	11	–	120	22
11	1	161	–	156	47											
13	1	54	–	126	75											
21	1	85	1	57	87		–	–	–	–	–	7	61	3	77	17
2	–	109	–	9	8											
6	2	12	–	93	–											
20	–	41	–	34	17		–	–	–	–	–	11	105	2	113	52
10	1	34	–	89	17											
13	–	64	–	34	67											
21	2	137	2	74	38	–	–	–	–	–	–	4	171	2	145	34
2	–	119	–	9	92											
–	–	–	–	–	–											
24	1	150	1	150	–											
6	1	75	–	63	75											
2	1	129	–	25	75	–	–	–	–	–	–	7	23	3	173	13
2	–	18	–	9	–											
20	1	43	1	5	83											
16	–	148	–	98	80											
20	–	103	–	85	83											
6	–	156	–	103	92											
8	–	58	–	43	50	–	–	–	–	–	–	4	149	1	106	26
8	–	28	–	9	34											
2	2	164	–	43	67											
7	3	169	2	141	80											
						–	–	–	–	–	–	5	175	3	31	05
–	–	–	–	–	–											
						18	3	117	2	133	12					
						16	–	74	–	49	–					
–	–	–	–	–	–	12	1	31	–	105	50	7	27	4	30	20
						14	–	49	–	28	58					
						6	1	116	–	74	–					
–	–	–	–	–	–	15	1	104	–	177	49	5	56	4	73	78
						22	3	132	3	76	29					
–	28	139	15	47	17	–	12	83	8	103	98	60	73	30	92	34

In seinem Journal für den Monat Oktober 1797 vermerkte er folgende Anschaffungen:

	Mark Courant
½ Braukessel	7
1 schwarzes Schaf	4
1 Pferd	72
1 Pferd	60
1 Kuh	57
Wagen und Gerät	90
Wagenräder-Beschlag	22
Bäume für den Garten	11
für Scheune zu bauen (bearbeiten) nebst Materialien	1251
an meine Schwester ein Pay (ein Trachtenrock)	20
	1594

Hieraus und aus den Angaben im Journal, wonach er 140 Mark C Löhne für rd. 200 Tage Zimmermannsarbeiten zahlte, ist zu schließen, daß er im Jahre 1797 die Gebäude der kleinen Landstelle in Süderende durch den Anbau eines für damalige Verhältnisse größeren Wirtschaftsteils erweiterte. Der Zimmermann Erck Jürgens erhielt für 90 Tage ein Arbeitsentgelt von 60 Mark C. Hierfür konnte er eine Kuh kaufen. Heute würde ein Zimmermann wohl – bei geringerer Arbeitszeit pro Tag – in 90 Tagen mehr als den Wert von fünf Kühen verdienen.
In der Liste der Anschaffungen verdienen zwei weitere eines besonderen Hinweises: Der gekaufte halbe Braukessel bestätigt die Überlieferung, daß früher die Föhrer Haushalte ihr Bier selber brauten[5]. Die Ausgabe für Bäume ist insofern bemerkenswert, als seinerzeit fast kein Baum oder Strauch in den Dörfern wuchs. Damals standen die kleinen, mit Reet oder Stroh gedeckten Friesenhäuser, dem harten Seewind ausgesetzt, ohne Schutz in der Landschaft.
Schließlich noch eine andere Anschaffung: 1798 kaufte Diedrich Roeloffs bei dem Schmied Brar Braren in Oldsum einen Pflug zum Preis von 56 Mark C. Seinerzeit wurden Pflüge – weitgehend aus Holz mit eisernem Beschlag – vom Schmied in Zusammenarbeit mit dem Stellmacher hergestellt. Eiserne Pflüge kamen erst um 1860 auf. Und werfen wir noch einen Blick ins Journal, so zahlte Diedrich Roeloffs 1799 für das Beschlagen von vier Wagenrädern 57 Mark C, ein Betrag, der ebenfalls dem Wert einer Kuh oder ¾ Demat Meedeland entsprach. Im Jahre 1982 wurden auf Föhr für eine Kuh etwa 2000 DM, für ¾ Demat Meedeland bis zu 10 000 DM bezahlt. Das Beschlagen von vier Wagenrädern dürfte 1982 erheblich weniger gekostet haben. Ein eindeutiger Vergleich ist jedoch nicht möglich, da Wagenräder mit Eisenbeschlag heute kaum noch gefertigt werden. Dennoch zeigen diese Preise, daß seinerzeit insbesondere landwirtschaftliches Nutzland vergleichsweise sehr niedrig bewertet wurde. Wegen der geringen Ertragsfähigkeit ist das verständlich. Um 1799 betrug die jährliche Pacht für ein Demat Meedeland nur 4 Mark C.
Diedrich Roeloffs hielt sämtliche Anschaffungen in seinem Journal fest. So gab er bei der erstmaligen Bilanzierung seines Vermögens an, vom 20. März 1797 bis zum 1. Januar 1800 für den Ankauf von Ländereien, Vieh und Gerätschaften, den Bau einer Scheune sowie den Erwerb eines Mühlenparts insgesamt 5758 Mark C aufgewendet zu haben. Damit wird noch einmal bestätigt, daß er 1797 begonnen hatte, seinen landwirtschaftlichen Betrieb in Süderende einzurichten.
Für die ersten Jahre nach der Landaufteilung sind im Journal vor allem Aufwendungen für die Verbesserung der Ländereien verzeichnet. Das „Begraben" (Herstellung von Grenzgräben) der gut 7 Demat großen Fenne in Borgsum Meede (fö. Borigsem Miad/Süüddik) ließ Diedrich Roeloffs bereits 1803 von Tagelöhnern ausführen. Die Herstellung eines Grabens von 10 Fuß (rd. 3 m) Breite und 4 Fuß (rd. 1,20 m) Tiefe kostete 2 Mark C je Ruthe, für einen mit 6 Fuß Breite und 4 Fuß Tiefe mußte er 1 Mark C und 8 Sch je Ruthe bezahlen. Er zahlte insgesamt für das „Begraben" 72 Mark C, für das Ausfahren und Einebnen der Kleierde nochmals 110 Mark C. Hinzu kamen noch 12 Mark C für ein Hecktor mit Pfählen und Beschlag. Die Gesamtkosten beliefen sich somit auf 194 Mark C – ein Betrag, der dem Wert von drei Kühen entsprach. Für diese Summe mußte der Zimmermann Johannes Früdden (1756–1826) seinerzeit 259 Tage oder fast ein ganzes Jahr arbeiten; denn nach dem Journal erhielt er 1801 pro Tag 12 Schilling. Ein Knecht und ein Dienstmädchen bekamen bei Died-

5 Auch das hierfür erforderliche Gerstenmalz stellten die Föhringer selber her. Wegen der Feuersgefahr durften sie eine Darre aber nicht im Dorf errichten, sondern nur auf freiem Felde; das steht im Utersumer Dorfsprotokoll geschrieben.

rich Roeloffs im Jahre 1805 als Lohn für ein Jahr zusammen 150 Mark C – ein weiterer Beleg dafür, daß Arbeitskräfte sehr wenig Bargeld erhielten.
Der Anbau von Getreide brachte damals auf einem landwirtschaftlichen Betrieb auf Föhr keine hohen Einnahmen, obwohl die Kornpreise im Vergleich zu späteren Jahren eine angemessene Höhe hatten. Die Ernteerträge waren gering. Im Journal von D. Roeloffs sind sie in Schock und Tonnen aufgeführt. Ein Schock zählte 42 Garben. Dieses Maß galt vor allem beim Hafer, der oftmals ungedroschen verfüttert wurde. Aber auch der Umfang der Ernte anderer Getreidearten ist im Journal jeweils nach Schock bemessen.
Noch vor zwei Jahrzehnten war es auf Föhr durchaus üblich, nach dem Mähen und Aufstellen des Getreides die Garben zu zählen und die Schockzahl anzugeben. Auch beim Dreschen fragte mein Großvater Brar Matzen regelmäßig, wieviel Pfund Korn je Schock gedroschen worden sei. Weizen und Gerste konnten bis zu 1 dz je Schock bringen (fö. Ian Tan at Skook).
Bei der Beurteilung des Körnerertrages in Tonnen muß man berücksichtigen, daß die Tonne nicht als Gewichtsmaß, sondern als Hohlmaß für ca. 140 Liter galt. Demzufolge wog eine Tonne Brotgetreide mehr als Hafer. Je nach Qualität kamen auf eine Tonne (in Pfund[6]):

Weizen	zwischen 210 und 230,	durchschnittlich 220
Roggen	zwischen 190 und 205,	durchschnittlich 200
Gerste	zwischen 170 und 190,	durchschnittlich 180
Hafer	zwischen 130 und 150,	durchschnittlich 140
Bohnen	zwischen 210 und 230,	durchschnittlich 220
Raps	zwischen 210 und 230,	durchschnittlich 220

Im Jahre 1803 erntete Diedrich Roeloffs von 1,25 Demat auf „Uaster Bareglíin" 15 Schock Gerste, die beim Dreschen 8,5 Tonnen, sowie 6 Schock Roggen, die 2,5 Tonnen Korn brachten. Das sind 20 Zentner insgesamt oder 16 dz je Hektar, für heutige Verhältnisse sehr wenig. Dieser Kornertrag war jedoch gut im Vergleich zu der Haferernte, die er im gleichen Jahr in „Borigsem Miad / Süüddik" erzielte. 2,5 Demat (ein Drittel der Fenne wurde gepflügt) brachten nur 10 Tonnen oder umgerechnet 14 Zentner bzw. knapp 6 Doppelzentner je Hektar – eine Mißernte! Jedoch besserten sich die Erträge. 1804 waren es 21 Tonnen (umgerechnet etwa 12 dz / ha) und 1805 wurden 33 Tonnen (umgerechnet etwa 18 dz / ha) eingebracht. Dennoch: im Vergleich zu heutigen Erträgen eine bescheidene Ernte!
In seinem Journal hat Diedrich Roeloffs für das Jahr 1803 ausdrücklich den Anbau von „Ardaffel" (Kartoffeln) vermerkt, eine damals auf unserer Heimatinsel seltene Frucht. Sie fand erst um 1800 allmählich Eingang in die landwirtschaftlichen Betriebe Föhrs. – Vor der Landaufteilung konnten Kartoffeln deswegen kaum angebaut werden, weil nach der Getreideernte das Ackerland als gemeinschaftliche Weide diente.
Erstmalig im Jahre 1804 versuchte Diedrich Roeloffs es mit dem Kornbau in „Waasterslaaw", der zu einem ausgesprochenen Mißerfolg führte. Auf 2 Demat hatte er 2,5 Tonnen Hafer gesät. Er erntete nur 6 Tonnen; das sind 420 kg je Hektar! Dagegen konnte er im Jahre 1805 eine für damalige Verhältnisse gute Ernte einbringen und erstmalig eine größere Summe Bargeld aus der Landbewirtschaftung erzielen. Er erlöste für:

	Mark C
34 Tonnen Hafer	263
8 Tonnen Gerste	90
2 Tonnen Roggen	40
1 St. Schlachtvieh	60
1 Schwein	60
Butter	100
insgesamt	613
abzüglich Löhne für Drescher,	52
einen Knecht und ein Dienstmädchen	150
verbleiben	411

Den Hafer lieferte Diedrich Roeloffs nach Wyk und Husum, während er Roggen und Gerste auf Westerlandföhr verkaufte. Bemerkenswert ist, daß 1 Stück Schlachtvieh wie auch ein Schwein nicht mehr kosteten als 3 Tonnen Roggen. Demnach wurde Getreide vergleichsweise sehr gut bezahlt. Allerdings muß man hierbei bedenken, daß vor 180 Jahren Größe und Gewicht des Viehs wesentlich geringer waren als heute. Ein schlachtreifes Schwein wog damals lebend etwa 100 Pfund, eine Kuh bzw. ein Stück Schlachtvieh nicht mehr als 400–600 Pfund, ein Schaf 50–70 Pfund. Eine Kuh gab in der besten Jahreszeit, im Mai / Juni, höchstens 8 Liter Milch pro Tag. Der Milchertrag eines Jahres belief sich auf 600–800 Liter je Kuh. Ein Schaf lieferte ca. 3 Pfund Wolle.

6 2 Pfund = 1 kg, 100 Pfund = 1 Zentner

Wir haben es schwer, uns über die Bewirtschaftung eines landwirtschaftlichen Betriebes um 1800 so rechte Vorstellungen zu verschaffen. Die Erträge dienten in erster Linie der Familie und den mitarbeitenden Kräften zur Versorgung mit Fleisch, Milch und Wolle sowie Getreide für Mehl und Grütze. Ein solcher Betrieb war in sich weitgehend autark. Zukäufe von Dünger und Futtermittel kannte man nicht. Verkauft wurde relativ wenig. Einen kleinen Einblick in die Ausstattung seiner Landwirtschaft gibt uns ein Brief von Diedrich Roeloffs, in dem zugleich seine Lebensweise und die seiner Familie zum Ausdruck kommt. Er schieb im März 1824:

„Sehr geehrte, hochgeschätzte Freundin!
Den 7. dieses Monats war es, daß der Herr von Colditz[7] mir die Ehre gab, mich zu besuchen und mich erfreute mit Ihrem Briefe, so daß ich Ihnen wiederum eine Schilderung machen werde, wie ich lebe in meinem 71. Jahr. Im ganzen bin ich sehr glücklich, daß ich es als eine unverdiente Gnade von Gott betrachte. Ich bin gesund, ich bin vergnügt und zufrieden in meinem Hause. Suche keine Gesellschaft, meine Frau und mein Sohn sind mir die besten Gesellschafter. Ich habe einige 80 Demat Land, 4 Pferde, 10 Kühe pp. und den Gewürzhandel. Das erste wird von meinem Sohn durch einen Knecht und zwei Dienstmädchen bestritten. Der Handel aber, Schreiben und Buchhalten, wird von meinem Sohn allein bestritten, so daß ich zu einer solchen Ruhe und Zufriedenheit gekommen bin, daß ich mich selbst als den allerglücklichsten Menschen betrachte, der keinen Wunsch hat, als diesen, aus Gnaden und Jesu willen selig zu werden."

Aus diesem Brief wird deutlich, daß man auch 20 Jahre nach der Landaufteilung noch etwa 5 Demat brauchte, um ein Stück Großvieh halten zu können – nach jetzigen Maßstäben eine große Fläche. Heute genügt 1 Demat. Demnach dauerte es nach der Aufhebung der Feldgemeinschaft eine relativ lange Zeit, bis sich die landeskulturellen Verhältnisse grundlegend besserten.
Auch nach der Landaufteilung erwarb Diedrich Roeloffs in großem Umfange weitere Flächen, die er aber zum Teil alsbald wieder verkaufte. Auch von den ihm bei der Landaufteilung zugeteilten Flächen veräußerte er im Jahre 1807 das knapp 3 Demat große Ackerstück auf „Uaster Bareglíin" für 1983 Mark C an seinen Nachbarn Ock Beelendörp (1755–1808). Die 4 Demat und 149 Quadratruthen große Fenne in „Waasterslaaw" verkaufte er 1821 an seinen Neffen Jung Rörd Lorentzen[8]. Und die 5,3 Demat große Fenne in „Wol", übertrug er seinem Sohn Christian D. Roeloffs bereits, als dieser erst 21 Jahre alt war. Eine Abschrift des Vertrages fand ich im Landesarchiv in Apenrade. Sie lautet:

„Ich, unterschriebener Diedrich Roeloffs in Süderende übergebe und übertrage mein in Wolde unter Nr. 239 m belegene Fenne, groß 5 Demath 56 Ruthen, an meinen Sohn Christian Diederich Roeloffs für die Summe von 290 Reichsbanktalern zu seinem völligen Eigentum, so daß er damit schalten und walten kann, wie er will.
Da nun mein Sohn durch Führung meiner sämtlichen Geschäfte diese Summe reichlich verdient hat, so quittiere ich ihm hiermit, und sichere ihm den ungestörten Besitz des Landes zu. Dahingegen übernimmt derselbe vom heutigen Dato ab alle auf dem Lande haftende Abgaben und Beschwerden, sie mögen Namen haben, welche sie wollen, ausgenommen die Reichsbankzinsen, indem er es bankfrei, wie ich es besitze, erhält.
Zur Urkund und Beliebung habe ich diesen Kaufcontract eigenhändig unterschrieben.
Süderende, den 18. Oktober 1822 Diedr. Roeloffs
Beigebracht und verlesen
im Westerlandföhrer Birkgericht 22. Januar 1823"

Dieser Vertrag ist insofern von besonderem familienkundlichen Wert, weil er zum Ausdruck bringt, daß Christian D. Roeloffs schon in jungen Jahren die Geschäfte seines Vaters führte. Auch in den folgenden Jahren dürfte er von seinem Vater beachtliche Schenkungen in Form von Forderungen und Bargeld erhalten haben. Denn nur so ist zu erklären, daß er schon zu Lebzeiten seines Vaters Land und Häuser kaufte sowie Geld verlieh.
Einen Gesamtüberblick über die Erwerbsaktivitäten vermittelt der Nachtragsband zum Erdbuch des Langdorfes, der die Zu- und Abgänge von Ländereien nach der Landaufteilung bis etwa 1880 enthält. Hierin sind unter Süderende Nr. 239 bis zum Tode von Diedrich Roeloffs insgesamt 47 Zugänge mit 55,5 Demat verzeichnet. Dazu kamen noch 1,5 Demat Spätland, so daß sich die gesamten Zukaufsflächen auf 57 Demat beliefen. Für den gleichen Zeitraum sind aber auch 38 Abgänge mit 47 Demat aufgeführt

7 H. F. von Colditz war von 1817 bis 1824 Landvogt von Osterlandföhr und zugleich Gerichtsvogt für Wyk. Er gehörte 1819 zu den Gründern des Wyker Seebades. 1820 veranlaßte er die Anlage der Allee auf dem Sandwall, wozu König Friedrich VI. 1000 Bäume schenkte.

8 Diese Fenne („Riewert Brooren's Feen") erwarb mein Großvater Brar C. Roeloffs im Jahre 1896 wiederum von R. Braren, einem Nachkommen von J. R. Lorentzen.

einschließlich der 5,3 Demat großen Fenne in „Wol“ enthalten. Nach Saldierung der Zu- und Abgänge weist das Erdbuch des Langdorfes für Diedrich Roeloffs Anfang 1834 rd 75,2 Demat Eigentum aus.

Betrachtet man jedoch die Roeloffs-Stelle als ganzes, so sind zu den Flächen von Diedrich Roeloffs noch die seines Sohnes Christian D. und dessen Ehefrau hinzuzurechnen; es waren Anfang 1834 immerhin 23,3 Demat. Davon waren

von Diedrich Roeloffs geschenkt 5,3 Demat
mit seiner Hilfe gekauft 9,6 Demat
von Oluf Ocken[9] geerbt 8,4 Demat.

Die Gesamtgröße der Stammstelle Roeloffs betrug somit am 16. Februar 1834, als Diedrich Roeloffs die Augen schloß, rd. 98,5 Demat. Zeitweilig gehörte dazu auch ein Sechstel Anteil an der Borgsumer Vogelkoje.

Die Behandlung der Zukäufe und Verkäufe wäre jedoch einseitig, wollte man sie nur unter dem Aspekt Fläche sehen. Interessant ist nämlich, daß fast jeder zweite Zukauf ein Hausgrundstück betraf; und zwar in

Oldsum Nr. 23, 39, 53, 101, 111
Klintum Nr. 129, 132, 133
Toftum Nr. 160, 161, 183, 185, 198, 203
Süderende Nr. 234, 235, 258, 259.

Auch in Utersum gehörte ihm zeitweilig das Haus Nr. 39 (heute K. Feddersen) das er 1829 an Jürgen Ketels verkaufte.

Die meisten Hausgrundstücke erwarb Diedrich Roeloffs von den Eigentümern, die von ihm Geld geborgt hatten und nicht in der Lage waren, die Zinsen hierfür zu bezahlen, so daß sie ihr Grundvermögen realisieren mußten. Zum Teil übernahm er die Grundstücke von den Erben der Schuldner, damit ihm das verliehene Geld nicht verlorenging. Andererseits nahm Diedrich Roeloffs durchaus auch Gelegenheiten wahr, durch An- und Verkauf von Hausgrundstücken Geld zu verdienen. Wurden sie ihm preiswert angeboten, oder war auf öffentlichen Versteigerungen ein günstiger Zuschlag zu erreichen, kaufte er, um alsbald wieder zu verkaufen. Nach alledem verwundert es nicht, daß er von den 19 erworbenen, zumeist kleinen Katen, 12 innerhalb von zwei Jahren nach dem Kauf wieder veräußerte. Mit einem großen Teil der landwirtschaftlichen Nutzflächen verfuhr Diedrich Roeloffs ähnlich. Der Eindruck, daß er sich insoweit als Grundstücksmakler betätigt hat, ist nicht ganz von der Hand zu weisen. Von einem gezielten Flächenkauf, um den landwirtschaftlichen Betrieb zu vergrößern oder abzurunden, kann für die Zeit nach der Landaufteilung keine Rede sein. Die Vergrößerung des Hofes war eher das Ergebnis kaufmännischer als landwirtschaftlicher Aktivitäten.

Insgesamt bestehen keine Zweifel, daß der rege Grundstücksverkehr in erster Linie als eine Folge der schwierigen wirtschaftlichen Verhältnisse während und nach der napoleonischen Zeit anzusehen ist, in der die Seefahrt völlig zum Erliegen kam, und es genügend alternative Beschäftigungsmöglichkeiten für die relativ große Bevölkerung auf der kleinen Insel nicht gab.

Mühleninteressent in Oldsum

Seit altersher standen südlich des Dorfes Oldsum-Klintum Windmühlen. Als sogenannte Bockmühlen gebaut, waren es 1792 zwei, die Oldsumer und die Toftumer Interessentenmühle. Daneben gab es je eine Bockmühle in Borgsum und Utersum. Für Borgsum wird im Schuld- und Pfandprotokoll schon im Jahre 1700 eine „freye Windmühle“ genannt. Nieblum besaß sogar drei Bockmühlen (davon eine Sägemühle) und eine Holländermühle. Auf Osterlandföhr hatten Alkersum und Oevenum je eine Holländermühle, Wrixum eine Bockmühle. In Wyk standen zwei Mühlen. Die Alkersumer Mühle gehörte übrigens zu den ersten Holländermühlen im westlichen Teil des Herzogtums Schleswig; sie wurde 1744 errichtet.

Zwischen den beiden Mühlentypen bestehen grundlegende Unterschiede. Die Bockmühle, wegen der Bauart auch als viereckige Mühle bezeichnet, lagert auf einem mächtigen Hausbaum. Sie hat nur einen Mahlgang. Der gesamte Mühlenkörper muß durch Menschenkraft in den Wind gedreht werden. Dies geschieht mit Hilfe des „Steerts“, der zugleich die Mühle im Wind halten soll. An den Mühlenflügeln sind zumeist Segel angebracht. Die Holländermühle dagegen, auch achteckige Mühle genannt, zeichnet sich durch entscheidende Verbesserungen aus. Die

9 Oluf Ocken, Vater von Ingke Ocken, der ersten Ehefrau von Christian D. Roeloffs

Funktion des „Steerts“ übernimmt die Windrose, die die Mühlenkappe samt Flügelkreuz stets in Windrichtung hält. Der eigentliche Mühlenkörper ist fest im Boden verankert; der untere Teil ist zumeist aus Stein gebaut. Die Flügel tragen Jalousien, verstellbare Klappen, die mit einer durch die hohle Flügelwelle hindurchlaufende Stange geschlossen und geöffnet werden können. Die Holländermühle ist höher und geräumiger. Sie ist mit bis zu fünf Mahlgängen ausgestattet. An Leistung ist sie der Bockmühle weit überlegen (Abb. 42).
Die Oldsumer Bockmühle gehörte 1792 sechs Interessenten zu jeweils gleichen Teilen, u. a. dem bereits genannten Hinrich Brarens aus Oldsum. Als dieser im Jahre 1795 seine Landwirtschaft aufgab und in Wyk eine Navigationsschule eröffnete, bot er seinen Anteil zum Kauf an. Diedrich Roeloffs erwarb ihn im Jahre 1798 zum Preis von 360 Reichsthalern oder 1080 Mark Courant (Abb. 41). Danach wurde die gesamte Mühle mit 2160 Reichsthalern oder 6480 Mark C bewertet, ein Betrag, der einem Preis für rd. 80 Demat Meedeland entsprach. Eine handschriftliche Aufzeichnung von Diedrich Roeloffs aus dem Jahre 1803 benennt die weiteren fünf Interessenten:

Name	Lebenszeit	Wohnstätte
Rörd Bohn	(1744–1824)	Oldsum Nr.69
Ing Flor	(1744–1820)	Oldsum Nr. 45
Ock Ketels	(1741–1804)	Oldsum Nr. 95
Jan Braren	(1762–1841)	Oldsum Nr. 19
Martin Flor[10]	(1764–1832)	Toftum Nr. 219

Bei der Bewertung der Oldsumer Mühle ist zu berücksichtigen, daß noch ein kleines Müllerhaus dazugehörte, das südlich des Hauses stand, das heute Johann Bork in Oldsum bewohnt. Das Grundstück des nur sechs Fach großen Wohnhauses Nr. 114 hatte aber nur einen bescheidenen Wert, denn es umfaßte einschließlich Garten nicht mehr als 7 Quadratruthen (knapp 186 m²). Man möge sich einmal bildhaft die kleine Kate vorstellen, die auf einer solchen Fläche Platz hatte. Dieses Hausgrundstück ist übrigens eine der kleinsten „Baustellen mit Kohlhof“, das im Erdbuch des Langdorfes verzeichnet ist. In dem kleinen Wohnhaus wohnten nachweislich seit 1755 mehrere Müller, die im Auftrage der Interessenten die Mühle bedienten. Zwischen 1805 und 1818 übernahm Broder Riewerts, Sohn des Mühleninteressenten Rörd Bohn, dieses Haus. Er ließ es 1845 abbrechen.
Großes Gewicht bei der Bewertung der Oldsumer Interessentenmühle hatte aber ihre „Freiheit“. Sie war, wie alle Mühlen auf Westerlandföhr und Amrum (und Wyk), privates Eigentum und nicht mit einer besonderen herrschaftlichen Abgabe wie Erbpacht o. ä. belastet. Bei den in dem o. a. Kaufvertrag genannten Lasten handelte es sich um die gewöhnliche Kontribution, die alle Grundstückseigentümer aufzubringen hatten. Die Mühlen auf Westerlandföhr und Amrum genossen somit einen Vorteil, den die Mühlen ansonsten nur in Jütland und auf den dänischen Inseln besaßen. Die Mühlen auf Osterlandföhr dagegen waren Erbpachtmühlen, die im Eigentum des Landesherrn standen. Der jeweilige Erbpächter mußte alljährlich eine nicht unbeträchtliche Erbpacht leisten. Hinzu kam eine einmalige Gebühr beim „Thronwechsel“ in Gottorf (nach 1713 in Kopenhagen) und für den Fall, daß der Erbpächter die Mühle seinem Nachfolger oder einem Dritten übertrug. Außerdem unterlagen die Bewohner vom Ostteil unserer Insel, abgesehen von Wyk, dem sogenannten Mühlenzwang. Dort hatte jede Mühle ihren Einzugsbereich. Jeder Bewohner war gezwungen, in der für ihn „zuständigen“ Mühle sein Korn mahlen zu lassen. Erst 1853 endete durch eine königliche Anordnung der Mühlenzwang. Und damit trat für Osterlandföhr insoweit eine Gleichstellung mit Westerlandföhr ein. Zugleich verminderte sich auch die jährlich zu zahlende Erbpacht beträchtlich. Etwas später, im Jahre 1869, wurden dann durch gesetzliche Bestimmungen die Voraussetzungen für eine Ablösung der Erbpacht durch Zahlung eines einmaligen Geldbetrages geschaffen.
Für die Bewohner von Osterlandföhr wirkte sich allerdings der Mühlenzwang dadurch weniger nachteilig aus, weil sie ihre Gerste auch in der Gotinger Mühle mahlen lassen durften; sie besaß insoweit ein uraltes Privileg. So verkaufte lt. Schuld- und Pfandprotokoll im Jahre 1778 Brar Rickmers die Hälfte der „neben Nieblum stehenden Graupenmühle nebst der

10 Diedrich Roeloffs kaufte 1822 als Bevollmächtigter des bereits erwähnten Kapitäns Jacob Marcussen (1753 bis 1824) von Martin Flor das Sechstelpart für 699 Rbtr (1311 Mark C).

Freyheit, Gärsten zu mahlen, von Osterlandföhr abzuholen und gemahlen wieder dahin zu bringen" an Jacob F. Brocersen für 3340 Mark C.
Auch die Mühlen auf Westerlandföhr und Amrum standen früher nicht im Eigentum der Eingesessenen. Nach einem Schreiben des Grafen Hans Schack von Mögeltondern und Gramm, seinerzeit Amtmann von Ripen, vom 20. März 1665, hatte er im Jahre 1662 die Mühlen der Westerharde überlassen, und zwar im Zusammenhang mit einer Erhöhung der jährlichen Kontribution auf 1700 Reichsthaler; eine Kopie des Schreibens befindet sich im Nachlaß von Diedrich Roeloffs. Bis 1662 gehörten die Mühlen auch auf Westerlandföhr dem König; sie werden wie auf Osterlandföhr im Wege der Pacht genutzt worden sein. Demnach dürften die Mühlen ursprünglich vom Landesherrn errichtet worden sein. Als Gegenleistung für die Baukosten ließ er sich Zinsen in Form einer Pacht oder Erbpacht zahlen. Nach der Überlassung im Jahre 1662 wird die Westerharde die Oldsumer und Toftumer Mühle vermutlich an Interessenten zunächst verpachtet und dann verkauft haben. Erwähnenswert ist, daß die anderen Mühlen auf Westerlandföhr – soweit bekannt – zu keiner Zeit im Eigentum von Interessenten gestanden haben; sie gehörten jeweils ein bis zwei Personen.
Die Oldsumer Interessentenmühle hatte ihren Standort auf 20 Quadratruthen (532 m^2) Stavenland am „Huuchstich", das heute noch als „Mühlenstück" (fö. Malenstak) bezeichnet wird. Sie stand zwischen dem heute noch vorhandenen „Mühlensteig" (fö. Malenstegelk) und dem Doppelhaus, das Erich und Richard Peters um 1920 gebaut haben. Im Rahmen der Landaufteilung wurde das Mühlengrundstück auf 153 Quadratruthen (4071 m^2) vergrößert.
Nach der Karte von Meyer (Abb. 5) gab es bereits im Jahre 1648 drei Windmühlen südlich von Oldsum-Klintum, vermutlich ebenfalls, wie um 1800, am „Huuchstich". Die Annahme ist begründet, daß die ersten Windmühlen schon geraume Zeit vor 1648, ja sogar vor 1601 dort errichtet worden sind. Das Stavenland der zwei Mühlen lag nämlich zwischen zwei Wegen innerhalb einer 2,45 Demat großen Fläche (Abb. 34). Als ‚Gemeinschaftliches Mühlenland" bezeichnet, gehörte sie als sog. Bauerland den Gräsungslandinteressenten des Langdorfes. Dieses Mühlenland war demnach bei der Herauslösung der Akker-Tjüügen aus dem Gräsungsland im Eigentum der Bältringsinhaber verblieben. Der einzige Grund für dieses Vorgehen kann nur sein, daß auf diesem Standort zu der Zeit schon eine oder mehrere Mühlen standen. Wenn das nicht der Fall gewesen wäre, hätte man die 2,45 Demat am „Huuchstich" ebenfalls als Ackerland aus dem gemeinschaftlichen Gräsungsland abgetrennt, zumal sie einmal vom Boden her eindeutig für den Ackerbau prädestiniert und andererseits vollständig von Ackerland umgeben sind. Die Frage ist natürlich, in welchem Zeitraum das Ackerland aus dem Gräsungsland herausgelöst worden ist. Sie ist mit letzter Sicherheit nicht zu beantworten. Auf jeden Fall ist dies noch während der katholischen Zeit geschehen. Demnach ist davon auszugehen, daß am „Huuchstich" schon vor 1520 eine oder mehrere Windmühlen standen.
Das Baujahr der alten Oldsumer Interessentenmühle ist nicht bekannt. Die Toftumer soll 1601 errichtet worden sein, wie die Beschriftung einer Postkarte aus dem Jahre 1901 zeigt. Die Oldsumer Bockmühle dürfte eher noch älter sein, weil sie kleiner war. Beide Mühlen waren mit massiven Holzbrettern verkleidet und mit Reet gedeckt (Abb. 42).
Die Oldsumer Interessentenmühle brannte im Jahre 1900 ab. Erich N. Andresen von Toftum, genannt „Erich dörteg Paneg", der als Müllergeselle die Mühle bediente, vermutete, daß die Mühle sich bei starkem Nordostwind (nachts) selbständig in Gang gesetzt habe. Durch Heißlaufen der Mühlenwelle sei sie in Brand geraten. Auch das reetgedeckte Lagerhaus verbrannte. Die Interessenten bauten die Mühle nicht wieder auf, das Grundstück teilten sie sich, jeder erhielt knapp 700 m^2. Damit fand die mehrhuntertjährige Geschichte der Interessentenmühle in Oldsum ihr Ende. Der Sechstelanteil, den Diedrich Roeloffs 1798 erworben hatte, war zwischenzeitlich über drei Erbgänge in das Eigentum seiner Urenkelin Christine Faltings geb. Peters (1869–1909), die mit Ferdinand Faltings in Oldsum verheiratet war, gelangt. Ihre jüngste Tochter Christine verh. Knudsen ließ vor einigen Jahren auf dem Teilgrundstück ein Einfamilienhaus errichten.
Wie die Oldsumer, wurde früher auch die Toftumer Mühle von Interessenten betrieben, und zwar nach dem Erdbuch des Langdorfes mindestens bis 1880. Dazu gehörte ebenfalls ein Müllerhaus. Es stand in Toftum auf dem Grundstück Nr. 163, das die Interessenten 1850 an Peter Pauls (1794–1866) verkauften.

No. 5. Zwey Reichsthaler.

1798.

Kund und zu wissen sey hiemit an allen und jeden, denen dieses anzusehen vorkommt, daß am heutigen dato, unter uns Unterschriebenen, nachstehender Kauf Contract, wohlbedächtlich ist verabredet, und geschlossen worden, als

Ich Flemming Brarens, wohnhaft in Wyk auf Föhr, urkunde und bekenne hiemit für mich, und meine Erben, daß ich an den ehrsamen Capt. Diederich Roluffs in Süderende, Ein Sechstheil Antheil in der Oldsumer Wind Mühle, für erb und eigen verkauft, und überlassen habe, dergestalt, daß der Käufer Died. Roluffs in unverhinderten Eigenthum eintritt, und so gebrauchen und benutzen kann, wie ich es bis jetzt, in Gemeinschaft der andern Interessenten, gebraucht und benutzt habe, daß er auch das völlige Eigenthumsrecht, an Mühlen, und Mühlenhauß. NB. von seinem gekauften Ein Sechsten Antheil, hiemit überkommt, daß er auch von jetzt an alle auf dem Ein Sechstheil der Mühlen betreffende Gerechtsamen, und fallende Verdienste, in Empfang nehmen kann, und zwar dieses, für die veraccordirte Summa, von 360 Rt. sage, und schreibe, Drey hundert, und Sechzig Reichsthaler Schleswig Holsteinisch Courant, welche er sogleich an mich baar ausbezahlet hat, weshalb ich ihn

hiemit

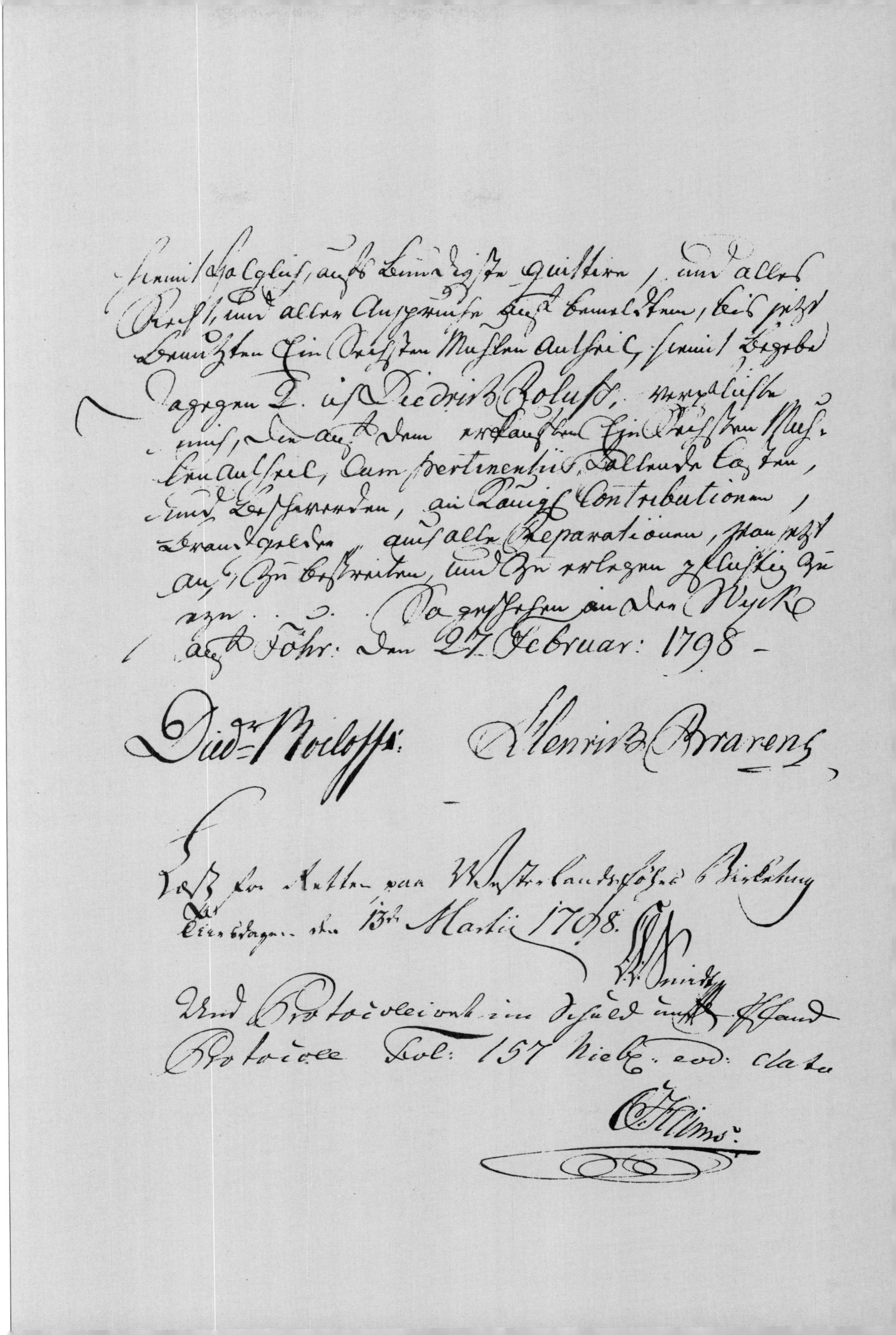

hiemit folglich, auch hiermit zu quittiren, und alles
Recht, und alles Ansprüche sich begeben, bei jetzt
benannten Ein Sechsten Mühlen Antheil, hiemit begebe
Dagegen 2. ich Diedrich Roloffs, verpflichte
mich, die auf dem erkauften Ein Sechsten Mühlen Antheil, cum pertinentiis fallende lasten,
und beschwerden, an Landes Contributionen,
Brandgelder, auch alle Reparationen, von jetzt
an, zu bestreiten, und zu erlegen schuldig zu
seyn. . . So geschehen in der Wyk
auf Föhr: den 27 Februar: 1798 –

Died: Roeloffs: Henrich Brarens

[illegible] zur Acten von Westerlandföhr Birkvogtey
eingebracht den 13ten Martii 1798.

Und Protocollirt in [illegible]
Protocolle Fol: 157 [illegible]

[illegible]

Abb. 41:
Vertrag zwischen H. Brarens und D. Roeloffs über den Ankauf eines Sechstel-Parts der Oldsumer Bockmühle 1798

Später wohnte dort viele Jahre die Familie Andreas Tholund (1855–1938). Heute ist H. Sönnichsen Eigentümer. Nach 1880 trennten sich die Interessenten auch von ihrer Mühle. Sie gehörte seit 1886 Jacob Matzen (1850–1922). Dessen Sohn, Theodor Matzen, ließ sie im Jahre 1901 abbrechen und durch eine sogenannte Holländermühle ersetzen. Ein guterhaltenes Foto zeigt die alte und neue Mühle nebeneinander (Abb. 42).

Kaufmann und Geldgeber auf Föhr

Als Diedrich Roeloffs – wie bereits erwähnt – in einem Alter von knapp 42 Jahren, noch unverheiratet, im Jahre 1795 nach 32 Jahren Fahrenszeit die Seefahrt aufgab, hatte er 14 Jahre als Kapitän im Dienst des Reeders und Großkaufmanns Christian Friedrich Fiedler gestanden, mit dem er auch in späteren Jahren noch freundschaftlich und geschäftlich verbunden blieb. In diesen 14 Jahren hatte er sich bei seinem „Patron" eine starke Vertrauensstellung erworben. Schon als Schiffsführer, mit dem Ein- und Verkauf der Ladung betraut, erhielt er Anregungen für seine spätere Tätigkeit als Kaufmann und Geldgeber auf Westerlandföhr.

Mit seinem während der Seefahrt erworbenen Vermögen richtete Diedrich Roeloffs in Süderende auf Föhr neben der Landwirtschaft eine Gewürz- und Getreidehandlung ein, die er mit Hilfe seines Sohnes weiter ausbaute und vor allem nach 1830 verstärkt auf Manufakturwaren ausdehnte. Über 75 Jahre galt sie als die größte Warenhandlung auf Westerlandföhr. Neben dem Direktverkauf versorgte sie auch kleinere Krämerläden mit Waren. Deren Inhaber waren durchweg nicht in der Lage, mit den Handelshäusern in Hamburg, Altona und Husum oder Flensburg geschäftlich zu verkehren. Es fehlte ihnen vor allem an dem hierfür erforderlichen Kredit, aber auch an Wissen und Können, die entsprechenden Waren einzukaufen.

Den Umfang des Warengeschäfts vermittelt das Journal von Diedrich Roeloffs, worin er erstmalig zum 1. Januar 1800 und danach auch 1801 und 1803 sein gesamtes Vermögen bilanzierte. Zu der nachstehend abgedruckten Bilanz vom 1. Januar 1800 (Abb. 43) ist

Abb. 42: Die alte Bockmühle (1601 errichtet, 1901 abgebrochen) und die neue Holl. Mühle (1901 err., 1958 abgebrannt) in Toftum 1901

zunächst noch einmal darauf hinzuweisen, daß Diedrich Roeloffs vom 20. 3. 1797 bis 1. 1. 1800 insgesamt 5758 Mark C für den Erwerb von „Länderey und Gräsing nebst Mobilje und bauergerethschaft an Wagen pflug und Scheune, Wertbleibende materialien ohne Arbeitslohn und 1/6tel Part der Westermühle" verwendet hatte. Dieser Betrag entsprach seinem finanziellen Engagement in der Landwirtschaft. Weitaus mehr Kapital hatte er im kaufmännischen Bereich eingesetzt. So bewertete er am 1. Januar 1800 sein Warenlager mit 16 867 Mark C, eine für damalige Verhältnisse hohe Summe. Zum Vergleich: Am 22. März 1800 kaufte er von der Witwe Hay Früdden in Süderende u. a. 5 1/2 Lästal für 110 Mark C – das sind je Lästal 20 Mark oder je Demat rd. 80 Mark C. Demnach entsprach sein Warenlager dem Wert von 210 Demat Meedeland.

Zum 1. Januar 1801 bilanzierte Diedrich Roeloffs sein Warenlager sogar mit 17 508 Mark C. Hinzu kamen noch Roggen, Gerste und Flachs mit einem Wert von 5953 Mark C, zusammen also 23 461 Mark C. Dagegen setzte er seine gesamten Ländereien (ca. 60 Demat) mit Wohn- und Wirtschaftsgebäuden einschließlich Mühlenpart und Mobilien (Vieh und Geräte) im gleichen Jahr nur mit rd. 6512 Mark C an. Seine gesamten Waren besaßen fast den vierfachen Wert seiner Landwirtschaft. Sie entsprachen einem Kaufpreis für fast 300 Demat Meedeland. Allerdings sollte man die Waren nicht nur zu Ländereien, sondern auch zu anderen landwirtschaftlichen Erzeugnissen, wie beispielsweise Vieh in Relation stellen, denn Ländereien wurden vor der Landaufteilung vergleichsweise gering bewertet. Nach seinem Journal zahlte Diedrich Roeloffs im Jahre 1797 für eine Kuh 57 Mark C. Demnach hatten die Waren den gleichen Wert wie etwa 400 Kühe. Selbst wenn nach heutigen Maßstäben 400 Kühe wesentlich weniger kosten als 300 Demat Land, so wird doch deutlich, daß die Warenhandlung wahrlich kein „Krämerladen" war.

Aber nochmals zur Bilanz vom 1. Januar 1800: Auf der Aktivseite (Credit) ist u. a. verzeichnet, daß Diedrich Roeloffs dem Birk Westerlandföhr eine Summe von 1197 Mark C „bey der Verteilung" (Landaufteilung) als Vorschuß gewährt hatte. Dieser Betrag erhöhte sich im Jahre 1802 auf 3800 Mark. Dann zahlte das Birk den Betrag zurück, nachdem es ein Darlehen von 13 000 Rtr (39 000 Mark C) von der Königlichen Kreditkasse in Kopenhagen zur Finanzierung der Landaufteilung erhalten hatte. Weiter zeigen die Posten auf der Aktivseite, daß Diedrich Roeloffs bei einem Herrn Löbel in Kopenhagen rd. 10 039 Mark C angelegt hatte; ein Betrag, der zum überwiegenden Teil aus dem Verkauf seiner Schiffsparten stammte. Darüber hinaus hatte er (von 1797 bis 1800) 7977 Mark C mit und ohne Obligation ausgeliehen. Diese Forderungen werden sich aus vielen Einzelpositionen zusammengesetzt haben, denn aus späteren Aufzeichnungen geht hervor, daß Diedrich Roeloffs auf Föhr und auch auf Amrum Geldverleih in großem Umfang betrieb. Überliefert ist, daß er der größte Geldgeber in St. Laurentii war. So ist denn auch keine andere Person nach 1800 so oft als Gläubiger im Schuld- und Pfandprotokoll von Westerlandföhr und Amrum eingetragen wie Diedrich Roeloffs. Seine hierin eingetragenen Schuldner sind in der Übersicht 27 aufgeführt.

Die Aufstellung Nr. 27 ist nicht vorgenommen worden, um einen Teil des Vermögens von Diedrich Roeloffs darzustellen. Vielmehr soll sie einen Eindruck von der damaligen Lage der „kleinen Leute" vermitteln. Bei verschiedenen Eintragungen im Schuld- und Pfandprotokoll ist übrigens weder über deren Löschung noch über die Rückzahlung der Schuld etwas vermerkt. Das besagt aber nicht, daß das der Eintragung zugrundeliegende Schuldverhältnis noch bestand. Vielmehr ist davon auszugehen, daß die Schulden beglichen worden sind. Nur die amtliche Löschung unterblieb, möglicherweise um Gebühren zu sparen. Denn jede Eintragung kostete Geld – und das hielt man fest, wenn irgend möglich.

Auffallend ist, daß in vielen Fällen relativ kleine Beträge im Schuld- und Pfandprotokoll eingetragen sind, wie beispielsweise 56 Rbtr am 5. Juli 1814 zu Lasten von Nahmen Frödden, Klintum, oder 16 Rbtr am 6. Juli 1802 für Lorenz Jensen, Dunsum. Dies ist ein Ausdruck des außergewöhnlichen Geldmangels jener Zeit. Viele Schuldner waren einfach nicht in der Lage, geliehenes Geld zurückzuzahlen. Dabei wurden seinerzeit natürlich nur die Forderungen im Schuld- und Pfandprotokoll eingetragen, deren Sicherheit zweifelhaft war. Gewöhnlich blieb es bei der Absicherung durch einen Schuldschein. Denn eine Eintragung in das „öffentliche Buch" kostete Gebühren. Sie wurde nur dann beim Birkvogt beantragt, wenn die Zahlungsfähigkeit des Schuldners zu Bedenken Anlaß gab.

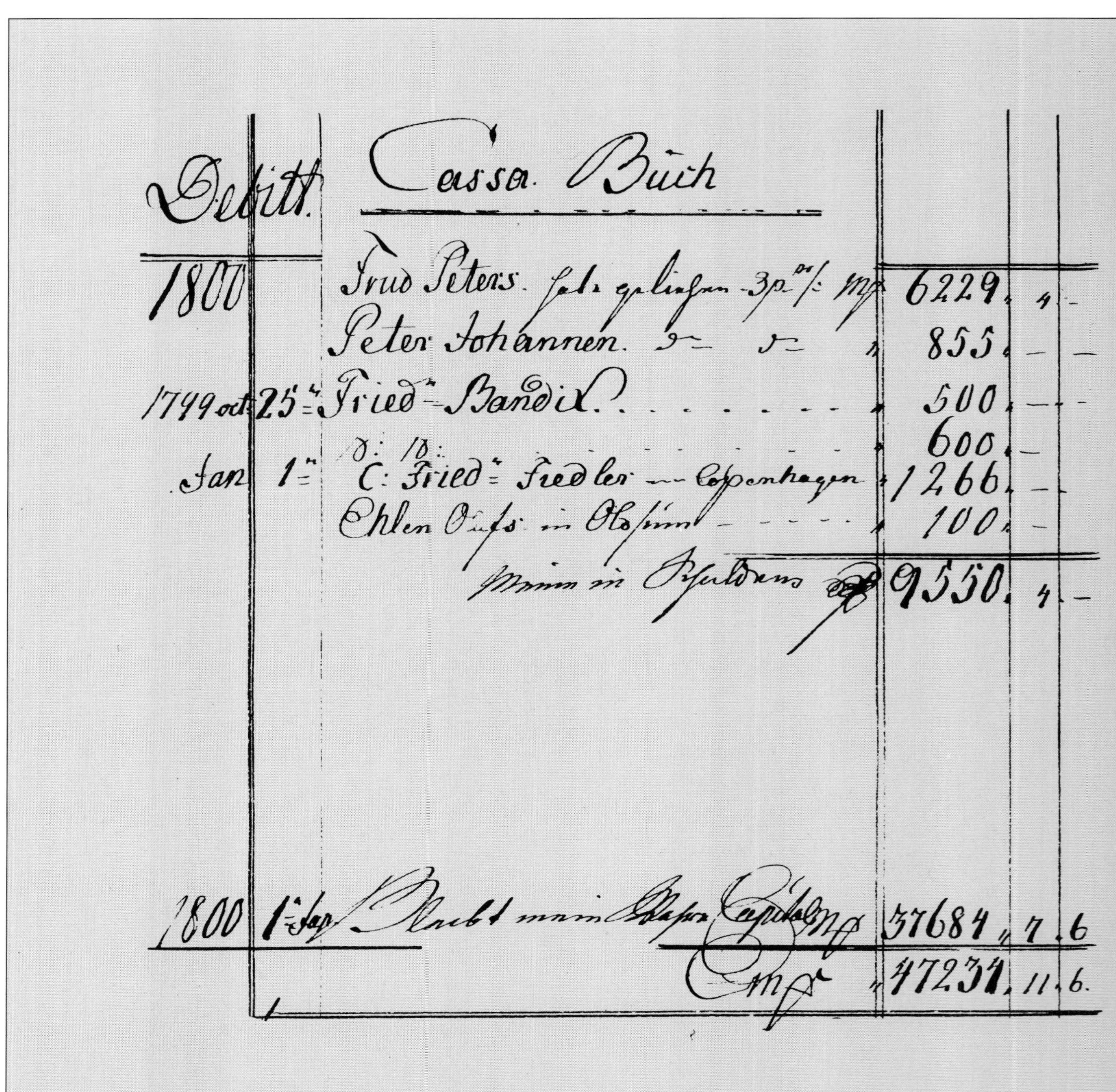

Debitt. Cassa Buch

1800		Fried Peters [illegible] geliehen 3 p%	m	6229.	4	-
		Peter Johannen do do		855.	-	-
1799 oct	25	Fried. Bandix		500.	-	-
		do 10		600.	-	
Jan	1	C. Fried. Fiedler in Copenhagen		1266.	-	
		Ehlen [illegible] in [illegible]		100.	-	
		[illegible]		9550.	4	-
1800	1 Jan	Rest mein [illegible] Capital	m	37684	7	6
			m	47234.	11.	6.

Abb. 43: Vermögensbilanz zum 1. Januar 1800 von Diedrich Roeloffs

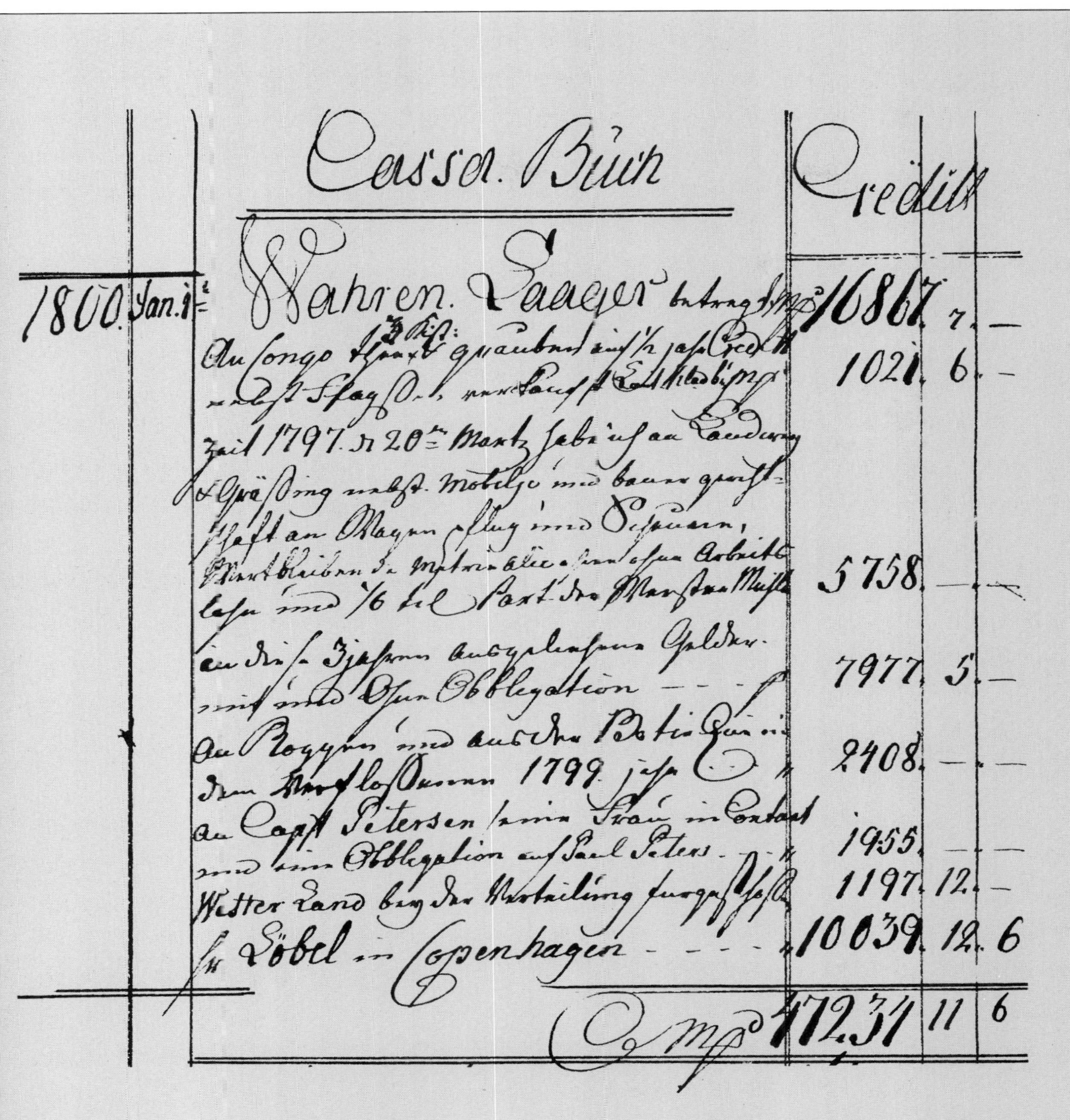

Cassa Buch — Credit

			Mk	ß	d
1800	Jan. 1	Wahren Laager beträgt Mk	16867.	7.	—
		An Congo [illegible] Credit [illegible]	1021.	6.	—
		[illegible] 1797 d. 20ten Martz [illegible] Mobilien [illegible] Wagen, Plug und [illegible]	5758.	—	—
		[illegible] Obligation	7977.	5.	—
		An Roggen und andern [illegible] 1799 [illegible]	2408.	—	—
		an Capt. Petersen [illegible] Contant und eine Obligation auf Paul Peters	1955.	—	—
		Wester Land bey der Vertheilung [illegible]	1197.	12.	—
		[illegible] Löbel in Copenhagen	10039.	12.	6
		Mk	47231	11	6

Übersicht 27: Die im Schuld- und Pfandprotokoll von Westerlandföhr und Amrum eingetragenen Schuldner von Diedrich Roeloffs

Name/Dorf	Schuld Rbtr	Sch	Eintrag.	Lösch.
Süderende				
Ing Jacobs	88	–	1802	–
Kerrin Nickelsen	226	64	1803	1834
Fulck Arfsten	224	–	1814	1823
Fulck Arfsten	72	32	1818	1823
Fulck Arfsten	97	78	1821	1823
Fulck Arfsten	160	–	1832	1843
Fulck Arfsten	100	–	1841	1843
Nickels Sammen	55	51	1820	1835
Peter Olufs	73	80	1822	1827
Jap Jacobs	83	19	1822	–
Jap Jacobs	343	44	1833	–
Keike Jürgens	199	–	1825	1858
Rickmer Rickmers	400	–	1832	–
Oldsum				
Oluf Ketels	371	19	1800	1823
Jung Oluf Rolufs	798	38	1805	1834
Jung Oluf Rolufs	320	–	1805	1855
Jürgen Arfsten	280	–	1807	1816
Rörd Frödden	100	–	1811	1825
Martin Flor	613	32	1814	1822
Martin Flor	160	–	1832	1833
Ricklef Nahmens	65	–	1815	1817
Nahmen Bohn Ww.	204	26	1816	1826
Nahmen Bohn Ww.	344	77	1830	–
Ocke Peters	28	48	1818	–
Matje Bohn	54	22	1818	–
Brar J. Eck Ariansen	549	69	1821	1830
Brar Lorenzen Ww.	54	77	1821	1856
Martin Jürgens Ww.	84	83	1820	1827
Martin Jürgens Ww.	146	56	1825	–
Martin Jürgens Ww.	62	26	1833	–
Erk Lorenzen	40	32	1825	–
Johann Dehne Ww.	55	51	1822	1832
Johann Dehne Ww.	73	82	1825	1832
Olde Jung Ecken	88	10	1825	–
Jens Wögens	320	–	1829	1835
Oluf J. Frödden	35	26	1828	–
Klintum				
Ketel Olufs	320	–	1799	1804
Ketel Olufs	308	32	1799	1804
Ketel Olufs	373	32	1802	1828
Nahmen Ocken Ww.	78	38	1805	–
Thur Fröd Knudten	93	32	1809	–
Nahmen Früdden	55	83	1814	1825
Nahmen Früdden Ww.	103	88	1833	1854
Johann G. Tschech	99	–	1816	1861
Johann G. Tschech	190	–	1816	1861
Johann G. Tschech	276	90	1824	1861
Johann G. Tschech	186	64	1830	1861
Oluf Carstens	120	–	1821	–
Toftum				
Rörd Wögens	158	90	1796	–
Rörd Wögens	93	83	1806	–
Oluf Wögens Ww.	226	64	1806	1833
Oluf Wögens Ww.	120	–	1809	1833
Hay Wögens Ww.	97	–	1807	1811
Thur Früdden	93	32	1808	–
Ketel Wögens	36	26	1809	–
Oluf Nahmens	126	48	1814	–
Nickels Lassen	291	22	1815	1821
Fröd Rörden	293	83	1820	1860
Fröd Rörden	193	77	1825	1850
Fröd Rörden	291	22	1828	1855
Fröd Rörden	160	–	–	–
Jürgen Volkerts	77	32	1820	1861
Jürgen Volkerts	28	74	1825	1861
Jürgen Volkerts	253	32	1830	1861
Tarn Nickelsen	86	13	1820	1828
Tarn Nickelsen	84	61	1825	1828
Thur Ercken	91	74	1821	1822
Dunsum, Utersum, Hedehusum				
Lorenz Jensen	55	58	1800	1823
Lorenz Jensen	16	–	1802	–
Jürgen Namens	77	32	1802	1823
Kerrin Oldis	42	93	1807	1825
Volkert Lorentzen	28	42	1816	–
Christian Jacobs	135	13	1818	1857
Hay Rörden	49	80	1818	1828
Fröd Frödden	49	80	1818	1825
Rörd Boh Arfsten	54	22	1818	–
Olde Rörden	150	–	1818	–
Olde Rörden	55	48	1823	–
Ing u. Göntje Olufs	373	32	1818	1828
Boh Bohn	32	64	1821	1830
Ketel Hayen	66	64	1821	1838
Ketel Hayen	81	42	1828	1838
Sam Hayen	66	64	1822	1856
Göntje u. O. Rörden	110	61	1824	1838
Borgsum/Nieblum				
Jan Johannissen	53	32	1807	–
Andreas Nicolaisen	67	93	1818	1830

Der Wortlaut einer Schuldurkunde als Grundlage für die Eintragung im Schuld- und Pfandprotokoll ist beispielhaft nachfolgend wiedergegeben:

„Ich untergeschriebener Johann Gottlieb Tschech in Klintum urkunde und bekenne hiermit für mich und meine Erben, und jedem, dem daran gelegen sein möchte, daß ich an Diedrich Roeloffs in Süderende die Summe von 350 Mark Courant oder 136 Reichbankthaler und 64 Bankschillinge Silbermünze schuldig geworden bin. Da ich nun diese Summe richtig erhalten und zu meinem oder meinigen Nutzen verwandt habe, so begebe ich mich des nicht Gewählten oder nicht Empfangenen hiermit aufs feyerlichste, gelobe und verpflichte mich vielmehr, die Summe solange mit 4 % p. Anno zu verzinsen, bis von einem geliebigen Teil die gesetzliche Loskündigung geschehen ist, da dann, nach Verlauf bestimmter Frist, die Bezahlung in grob Courant erfolgen soll –. Zur Sicherheit, sowohl für Kapital, rückständige Zinsen und verursachten Kosten verpfände ich meinem Creditor meine sämtlichen beweg- und unbeweglichen Güter in Solidum, so daß im Falle säumiger Zahlung mein Creditor sich daraus Capital, rückständige Zinsen und verursachte Kosten zum Vollen bezahlt zu machen berechtigt ist. – Zur Urkunde und Beliebung habe ich diese Schuld- und Pfandverschreibung, mit Bewilligung der Protocollation eigenhändig unterschrieben. Klintum, den 30. Dez. 1830.

Joh. G. Tschech[11]

Beigebracht und verlesen im Westerlandföhrer Birkgericht den 25. Febr. 1834 mit der Bemerkung, daß Debitor früher 565 Rbtr und 90 Schilling Silbermünze schuldig ist.

Dahl-Nielsen“
(Birkvogt)

Bemerkenswert an dieser Urkunde ist, daß Diedrich Roeloffs sie nicht in das Schuld- und Pfandprotokoll eintragen ließ. Vermutlich aber kamen seinem Sohn Christian Diederich Bedenken hinsichtlich der Bonität des Schuldners. Er beantragte daher, nur neun Tage nach dem Tode seines Vaters, die Schuld, die schon über drei Jahre bestand, durch eine Eintragung im öffentlichen Buch zu sichern. Tschech – obwohl Schiffsführer – bereitete es tatsächlich Schwierigkeiten, die Zinsen aufzubringen und die Schulden von insgesamt 752 Rbtr und 58 Sch zurückzuzahlen. Deshalb verkaufte er im Jahre 1842 eine 2 Demat große Fenne in „Teskkregem“ für 350 Rbtr an Christian D. Roeloffs. Den Rest zahlte er erst nach 1850 in mehreren Raten zurück. Die Eintragungen im Schuld- und Pfandprotokoll wurden 1861 gelöscht. Damit endete ein Schuldverhältnis, das seit 1816 bestanden hatte.

Die meisten Schuldurkunden sind ähnlich formuliert. Vielfach wurden jedoch nicht – wie im Falle Tschech – sämtliche Güter verpfändet, sondern nur bestimmte Grundstücke. Dies war insbesondere vor 1800 der Fall, als der Geldgeber die Pfandgrundstücke nicht selten zur Nutzung übernahm und daher für das verliehene Geld keine Zinsen erhielt. Für alle Schuldurkunden gilt, daß eine ratenweise Tilgung, wie sie heute bei einem Kredit üblich ist, niemals vereinbart wurde. Beide Vertragsparteien, Gläubiger und Schuldner, konnten jedoch unter Einhaltung gesetzlich gebundener Fristen ganz oder teilweise die Forderung zurückverlangen bzw. den Kredit zurückzahlen. Die Zinsen beliefen sich ausnahmslos auf 4 oder 5 %. Auch insoweit bestanden gesetzliche Festlegungen. Höhere Zinsen zu nehmen war strafbar. Nicht alle Schuldurkunden sind jedoch so nüchtern abgefaßt. Aus einigen vermag man die Geldnot des Kreditnehmers regelrecht herauszulesen, beispielsweise aus der nachfolgenden, die die unverheiratete (Dirne) Thur Früdden (1742–1811) vollzog:

„Da ich, unterschriebene alte Dirne, Thur Früdden in Klintum auf Westerlandföhr, mich bereits vor verschiedenen Jahren erdringlich veranlaßet gefunden, bey dem Ehrsamen Diedrich Rolufs in Süderende um Credit, so wohl zu meinen notwendigen Ausgaben als sonstigen Bedürfnissen dringende Ansuchen zu thun. Derselbe mir auch seitdem mit allen Benötigtem beides durch baren Vorschuß und sonsten durch Dienstleistung und Verabfolgung nothwendiger Waaren zu unterstützen, sich willig gefunden, welches bis jetzt zu einer Summe von 175 Mark Schlesw.-Holst. Cour. angewachsen, er mir noch ferner weiter damit zu creditieren zugesichert hat, so verpflichte ich mich hiermit, besagtem von meinem Creditoribus völlig dafür Contentionen und völlig gerecht zu werden und schadlos zu halten, solcher gestalt, daß derselbe aus meinen Mitteln sich an Capital, Zinsen, Kosten und Mühwaltung, es sey bey meinem Leben, oder nach meinem Ableben, eine Jura Subhastendi zu entschädigen, völlige Befugniß erteile und uneingeschränktes Recht zusichere. Folglich dessen ich Rechnungen, wie hoch selbe auch anwachsen mögen, unverweigerlich zu aczeptieren mich verbürge, auch meinen Erben, nach meinem Tode zu aczeptieren, ihnen zur Pflicht mache.

11 Johann G. Tschech (1782–1869), wohnhaft in Klintum Nr. 130 (später Cornelius Olufs), war ein Vetter von Kerrin Lorentzen, der Ehefrau von Diedrich Roeloffs. Er war über viele Jahre Seefahrer, danach Landwirt. So führte er in den Jahren 1820 und 1821 von Altona aus den Walfänger „De Stadt Altona“. 1818 ist er als Steuermann auf dem hamburgischen Walfänger „De Hansa“ verzeichnet, den Jacob Oluf Ocken (1792–1825) aus Oldsum befehligte. Sein Vater gleichen Namens war als Chirurg von Schlesien nach Föhr zugewandert, wohnte ebenfalls in Klintum Nr. 130, dem Elternhaus seiner Frau.

Urkundlich habe ich diese Obligation mit Erlaubniß der Protokollation, samt meinem erbetenen Beystand eigenhändig unterschrieben, so geschehen Westerlandföhr den 24. Okt. 1808

Thur Früdden

Friedrich Petersen als erbetener Beystand"

Hierzu muß erwähnt werden, daß Thur Früdden seinerzeit unter ärmlichsten Bedingungen in Klintum Nr. 147 (um 1940 Hermann und Mathilde Bruhn) lebte. Ihren Lebensunterhalt mußte sie bestreiten aus den Erträgnissen von 0,25 Demat Ackerland, 0,5 Demat Heideland und einer Marschfenne von 0,7 Demat. Hierauf konnte sie nicht einmal eine Kuh halten, sondern allenfalls einige Schafe.

Selbst wenn der Wortlauf der Schuldurkunden keine weiteren Hinweise gibt, so sind doch viele Eintragungen und Löschungen im Schuld- und Pfandprotokoll geradezu ein Abbild der Vermögensentwicklung einzelner Familien. Sie spiegeln oftmals das Schicksal des Schuldners wider. Hierzu einige Einzelheiten:

Jung Oluf Rolufs (1781–1834) war – wie bereits dargelegt – ein Neffe von Diedrich Roeloffs und nach der Volkszählungsliste von 1801 bei ihm als Kaufmannsbursche tätig. 1803 zog er zunächst zu seiner Mutter, die in dem Jahre Oluf Hansen, Süderende, heiratete. Nach seiner Eheschließung im Jahre 1805 kaufte er das Hausgrundstück Nr. 53 in Oldsum (heute: Willi Wohld Ww.) mit knapp 1 Demat Land für 2100 Mark C von Diedrich Roeloffs, der das Hausgrundstück ohne Land im Jahre 1802 von Junger Ehlen Hinrichsen für 599 Mark C erworben hatte. Dort betrieb Jung Oluf Rolufs eine kleine Bäckerei mit Schankwirtschaft. Den Kaufpreis blieb er jedoch seinem Onkel schuldig. Die im Schuld- und Pfandprotokoll vermerkten 1118 Rbtr 38 Sch entsprechen der Summe von 2100 Mark C. Die im Jahre 1822 von seiner Mutter Elke Olufs übernommenen Ackerstücke auf „Baakentaft" und „Koornguard", zusammen 1,5 Demat groß, tauschte Jung Oluf Rolufs im Jahre 1822 mit Diedrich Roeloffs gegen zwei Reetflächen von 1,1 Demat auf „Letj Stianwaal" und 5,5 Demat in „Borigmeere". Zugleich verkaufte er das ebenfalls von seiner Mutter erhaltene Hausgrundstück Nr. 235 (heute: A. Martensen) in Süderende an Christian D. Roeloffs, für die Summe von 299 Rbtr. Hierzu sah sich Jung Oluf Rolufs gezwungen, weil er mit den Zinszahlungen säumig war. Zeitlebens gelang es ihm nicht, die Schuld von rd. 1118 Rbtr zurückzuzahlen. Nach seinem Tode im Jahre 1834 blieb daher seiner überlebenden Ehefrau Marrin (1782–1858) nichts anderes übrig, als ihr gesamtes Grundeigentum in Oldsum, das neben dem Hausgrundstück 7,5 Demat umfaßte, an Christian D. Roeloffs zu verkaufen, der die Forderung mit dem Tode seines Vaters im gleichen Jahre geerbt hatte. Als Kaufpreis erhielt sie nur 1000 Rbtr, also nicht einmal so viel, wie 1805 das Hausgrundstück mit knapp 1 Demat Land gekostet hatte. Denn gerade um 1834 befanden sich die Grundstückspreise auf einem bis dahin nicht gekannten Tiefstand. Der Kaufpreis reichte nur aus, um 65 v. H. der Schuld bei Christian D. Roeloffs zu begleichen, da noch weitere Schulden bei anderen Gläubigern bestanden. 320 Rbtr blieben daher weiterhin zu Lasten der Witwe Marrin Rolufs im Schuld- und Pfandprotokoll vermerkt. Sie lebte von 1834 bis 1858 in ärmlichen Verhältnissen bei ihrer in Midlum verheirateten Tochter. Erst als ihr Sohn Cornelius Jung Oluf Rolufs (1816 bis 1859) als Seefahrer einen gewissen Wohlstand erlangt hatte, konnte er die Schuld begleichen[12]. Am 31.12.1855 zahlte er 320 Rbtr an Christian D. Roeloffs, der sich zugleich bereiterklärte, ihm am gleichen Tage das von der Mutter im Jahre 1834 gekaufte Grundeigentum für 1300 Rbtr zurückzuübertragen. Damit erst fand ein 50 Jahre währendes Schuldverhältnis innerhalb der Familie sein Ende.

Auch andere nähere Verwandte von Diedrich Roeloffs lebten in bescheidenen Verhältnissen. In Toftum wohnten seine drei Vettern namens Oluf, Rörd und Ketel Wögens, Söhne des Wögen Olufs (1719–1790), der sich in der Fremde Willm Rolofs nannte, und wie schon erwähnt im Jahre 1766 das hamburgische Walfangschiff „De Gekrönte Hoop" führte.

Oluf Wögens, geb. 1749, finden wir 1766 unter dem Namen Rolof Willms als Matrose in der Mannschaft seines Vaters. Danach diente er auf mehreren hamburgischen Walfängern:

Jahr	Funktion	Schiff
1767	Matrose	De Jonge Gertruy
1771–73	Steuermann	De Sara Galley
1776	Steuermann	De Frau Elisabeth
1777 / 78	Steuermann	De Heinrich und Jacob
1779 / 80	Steuermann	De Morgenstern
1784 / 85	Steuermann	De Witte Falck

12 C. Rolufs war u. a. Kapitän der „Franklin", die der hamburgische Reeder Sloman der Marine des Deutschen Bundes schenkte.

Oluf Wögens starb 1785 an den Blattern. Danach konnte seine Ehefrau Marret (1755–1814) den Lebensunterhalt der Familie und die öffentlichen Lasten nicht aus den Erträgnissen der kleinen Landstelle vom 9,4 Demat bestreiten. Sie lieh daher Geld bei Diedrich Roeloffs, wofür sie ihm Haus und Land verpfändete. Die Schulden konnte sie zeitlebens nicht zurückzahlen. 1810 verkaufte sie ihm eine 2,5 Demat große Fenne in „Dikweerem". Der Rest ging nach ihrem Tode auf Diedrich Roeloffs über. Ihrem Sohn Wögen blieb nur das Hausgrundstück Nr. 186 (später Ocke Erich Rolufs).
RÖRD WÖGENS, geb. 1758, war Seefahrer und ist nach 1800 verschollen. Seine ihn überlebende Ehefrau Talke (1765–1814), auch Tadt genannt, blieb die rd. 253 Rbtr, die bei Diedrich Roeloffs geliehen waren, schuldig. Auch sie verkaufte ihm 1810 eine 1,2 Demat große Fenne in „Dikweerem", weil sie die Zinsen nicht aufbringen konnte. Nach ihrem Tode wurde der Rest der noch 8 Demat großen Landstelle öffentlich versteigert. Diedrich Roeloffs bot seine Forderungen aus und erhielt den Zuschlag. Für die Bezahlung der Beerdigung von Talke war kein Geld übrig. Die Armenkasse mußte die Kosten übernehmen.
KETEL WÖGENS (1760–1825) blieb unverheiratet. Auch sein Begräbnis bezahlte die Armenkasse. Ob Diedrich Roeloffs den vergleichsweise geringen Schuldbetrag von gut 36 Rbtr jemals zurückerhielt, ist nicht bekannt.
Und noch eine kleine Geschichte: FRÖD RÖRDEN (1791–1858) wohnte als Landmann und Zimmermann in Toftum Nr. 228, das er von den unverheirateten Geschwistern seines Vaters, Lorentz und Matje, geerbt hatte. Mit vier für damalige Verhätnisse größeren Beträgen ist er als Schuldner von Diedrich Roeloffs im Schuld- und Pfandprotokoll aufgeführt. Seine finanzielle Lage verschärfte sich, als ein Feuer am 8. November 1825 sein Haus Nr. 228 zerstörte. In den „Geschlechterreihen" ist ein Brand bezüglich des Hauses Nr. 177 vermerkt. Das ist aber nach Aussage der verstorbenen Anna J. Winter geb. Bohnitz ein Irrtum. Aus ihrer Familie sei überliefert, daß es sich um das Haus Nr. 228 gehandelt habe, das vermutlich durch Brandstiftung eingeäschert worden sei. Der Verdacht habe sich gegen das kurz zuvor entlassene Dienstmädchen gerichtet, weil beim Aufräumen der Brandstelle eine Tasse gefunden worden sei, die aus dem Elternhaus dieses Mädchens stammte. Man habe ihr jedoch nichts nachweisen können. Nach Auskunft von Anna Winter mußte ihr Urgroßvater Fröd Rörden Diedrich Roeloffs um weiteres Geld für den Wiederaufbau seines Hauses bitten. Wegen der schwierigen wirtschaftlichen Verhältnisse konnte er die Schulden jedoch nicht tilgen. Der Verkauf von Land war unumgänglich. Am 8. 11. 1832 überließ er Christian D. Roeloffs eine 5,8 Demat große Fenne in „Weed", der ihm wegen der zu der Zeit außergewöhnlich niedrigen Grundstückspreise hierfür nur 180 Rbtr (337,5 Mark C) zahlte. Das waren nicht einmal 60 Mark C je Demat. Und dabei gehörte diese Fenne schon damals zu den besten in der Toftumer Marsch. Bei der Umschreibung wurde vermerkt, daß „Fröd Rörden dem Käufer 938 Rbtr und 86 Sch schuldig ist". Erst als die Familie Rörden sich im Jahre 1860 entschloß, noch eine weitere Fläche, und zwar ein 3,8 Demat großes Grundstück „Üüb a Hias" an Christian D. Roeloffs zu verkaufen, konnte sie die Restschuld begleichen und die Eintragungen im Schuld- und Pfandprotokoll löschen lassen. Beide Landstücke blieben übrigens bis zur Flurbereinigung im Jahre 1963 im Eigentum der Familie Roeloffs. Erwähnenswert ist in diesem Zusammenhang, daß es bezüglich der Schulden von Fröd Rörden bei Christian D. Roeloffs noch eine andere Version gibt, die sich bis heute im Langdorf erhalten hat. Danach soll Fröd Rörden mit seinem Dienstmädchen ein Verhältnis gehabt haben, das nicht ohne Folgen blieb. Er soll verdächtigt worden sein, das uneheliche Kind aus dem Wege geräumt zu haben. Eine gerichtliche Untersuchung sei jedoch unterblieben, weil Christian D. Roeloffs den Birkvogt mit einer größeren Summe bestochen habe. Als Gegenleistung habe Fröd Rörden ihm die Fenne in „Weed" übertragen müssen. Auf Befragen hat Familie Winter diese Version in den Bereich der Phantasie verwiesen. Gleichwohl stellt sich die Frage, ob an dieser Geschichte vielleicht doch ein Körnchen Wahrheit enthalten ist. Auffallend ist nämlich, daß der im Jahre 1832 abgeschlossene Kaufvertrag erst drei Jahre später im Birkthing verlesen wurde. Welche Gründe mögen für diese Verzögerung vorgelegen haben? Eine schlüssige Antwort hierauf ist nicht mehr zu finden.
Schließlich soll das Schicksal einer Familie aus Süderende noch behandelt werden, das mit Hilfe der Eintragungen im Schuld- und Pfandprotokoll und anderer Unterlagen rekonstruiert werden konnte. FULCK

ARFSTEN (1762–1841), wohnhaft in Süderende Nr. 257, erscheint fünfmal als Schuldner von Diedrich Roeloffs im Schuld- und Pfandprotokoll. In jungen Jahren Seefahrer, nach der Volkszählungsliste von 1787 und 1801 als Matrose sein Brot verdienend, fand er später wegen der darniederliegenden Schiffahrt keine Heuer mehr. Er mußte daher versuchen, seine Familie auf seiner kleinen Landstelle von 3,7 Demat zu ernähren. Daneben ging er in Tagelohn. Aber es reichte nicht, zumal er seinen Sohn Fulck Arfsten (1805–1888) zum Lehrer ausbilden ließ. Zunächst verkaufte er zwei Landstücke. Dann, 1814, verpfändete er Haus und Staven sowie 45 Ruthen Ackerland für 224 Rbtr an Diedrich Roeloffs. Zwar konnte er 1823 diese Schuld begleichen, vermutlich aber nur dadurch, daß er von einer anderen Person Geld lieh. Hinzu kam noch, daß sein Haus bei der Überschwemmung durch die Februar-Sturmflut 1825 erheblich beschädigt wurde. Fulck erhielt zwar 64 Rbtr Unterstützung, aber damit vermochte er den Schaden nicht zu beheben. Schließlich mußte er sein Haus an den Küster und Lehrer Lorenz H. Rickmers (1798 bis 1869) verkaufen. Es blieb ihm nur eine kleine Fenne auf „Ört". Fulck zog mit seiner zweiten Ehefrau Marrin (1771–1844) zunächst als Mieter in die westliche Hälfte des Hauses Nr. 242 in Süderende[13]. Als er 1831, nach dem Tode der Eigentümerin, die Haushälfte erwarb, mußte er erneut Geld aufnehmen, diesmal von Christian D. Roeloffs. Er erhielt 209 Rbtr. Die Eheleute Arfsten sollen sich danach – so ist es überliefert – redlich bemüht haben, durch Mitarbeit auf dem Roeloffs-Hof zumindest die Zinsen zu verdienen. Mit zunehmendem Alter war aber auch das nicht zu schaffen, so daß sie immer mehr verarmten. In ihren letzten Lebensjahren unterstützte die Armenkasse die beiden Alten. Die Einkünfte ihres Sohnes, der von 1834–1854 in Borgsum und danach bis 1864 in Alkersum als Lehrer tätig war, reichten wohl nicht, auch die Eltern zu versorgen. Nach dem Tode ihres Mannes (1841) verkaufte Marrin als erstes ihre Fenne auf „Ört". Der Erlös reichte aber bei weitem nicht, die Schulden abzutragen. Das amtlicherseits aufgestellte „Inventarium" verzeichnete immer noch 482 Mark C Schulden. Davon entfielen 290 Mark C auf Christian D. Roeloffs, der Rest auf acht weitere Gläubiger. Diesen Schulden stand ein geschätztes Vermögen von nur 324 Mark C gegenüber, wobei sogar die geringsten Gegenstände wie ein Kochtopf u. ä. bewertet wurden. Marrin blieb keine andere Wahl, sie mußte auch ihr bescheidenes Halbhaus verkaufen. Käuferin war Elke Olufs, die Witwe des 1841 bei La Gueira verunglückten Seefahrers Brar Olufs (1789–1841). Mit dem Verkaufserlös konnte Marrin 1843 die restlichen Schulden tilgen. Ein Jahr später starb sie.

Und als letzten „Fall" NAHMEN FRÜDDEN (1768 bis 1822). In den Volkszählungslisten von 1787 und 1801 als Matrose verzeichnet, wohnte er etwa seit 1800 mit seiner Familie in sehr ärmlichen Verhältnissen in Klintum Nr. 133 (1930: Jacob Danklefs). Auch er fand nach 1805 wegen der darniederliegenden Schiffahrt über viele Jahre keine Heuer. Erst 1820 gelang es ihm, auf dem Altonaer Walfänger „De Stadt Altona" eine Stelle als Schiemann zu erhalten. Hierfür sorgte sein Nachbar Johann G. Tschech, der das Schiff befehligte. Neben einem größeren Garten besaß Nahmen Früdden nur 0,7 Demat Ackerland, das aber bei weiten nicht für den Lebensunterhalt ausreichte. Die Folge war, daß er Geld leihen mußte, u. a. bei Diedrich Roeloffs. Als seine Frau Göntje (1768–1813), eine Cousine von Diedrich Roeloffs' Frau, starb, mußte die Armenkasse die Begräbniskosten übernehmen.

Mit seiner zweiten Frau Thur (1771–1859) konnte N. Früdden noch mehrere Jahre in seinem Haus wohnen. Zwei Jahre nach seinem Tode wurde über das Vermögen von Thur der Konkurs eröffnet, weil sie zahlungsunfähig war. Diedrich Roeloffs ersteigerte am 2. 11. 1824 das Hausgrundstück für 277 Rbtr und 32 Sch. Thur mußte das Haus räumen. Mit ihrer Tochter Ing zog sie in das Haus Nr. 128, welches sie mit Hilfe von Diedrich Roeloffs erwarb; 1833 borgte er ihr 104 Rbtr, die sein Sohn Christian Diederich erst 1854 zurückgezahlt bekam.

Das Haus Nr. 133 verkaufte Diedrich Roeloffs im Jahre 1826 für 300 Rbtr weiter an Erk Ketels (1797 bis 1868). Damit hatte er zwar seine Forderung gegenüber Nahmen Früddens Witwe gerettet. Aber auch Erk Ketels konnte die 300 Rbtr zunächst nicht begleichen. Zehn Jahre blieb sein Haus verpfändet. Er konnte es durch Zahlung des Kaufpreises an Christian D. Roeloffs erst einlösen, nachdem ihm das Kommando über den Glückstädter Walfänger „Der Kleine Heinrich" übertragen worden war.

13 Die Haushälfte gehörte der Witwe Maria Ocken (1767–1830), die das Nachbarhaus Nr. 241 bewohnte (später Früd und Rosine Braren).

Zurück zu den Bilanzen, die im Journal enthalten sind! Sie zeigen, daß Diedrich Roeloffs seine Geschäfte nicht nur mit eigenem Geld finanzierte. Seinen Vermögenswerten am 1. Januar 1800 von 47 234 Mark C standen Kredite (Debitt) von 9550 Mark C gegenüber (Abb. 43). So schuldete er u. a. seinem Nachbarn, Früd Peters, der 1795 nach ihm die Bark „Fortroelighed" übernommen hatte, 6269 Mark C und seinem Schwager, dem Kapitän Peter Johannen aus Alkersum, 855 Mark zu einem Zinssatz von 3 %. Sein Warenkonto bei seinem früheren „Patron" Fiedler in Kopenhagen hatte er um 1266 Mark C überzogen. Ein Jahr danach, am 1. Januar 1801, waren es bei Fiedler 1402 Mark C. Dagegen hatte sich die Schuld bei Früd Peters auf 5344 Mark C und zum 1. Februar 1802 auf 3800 Mark C vermindert. Bei den Schulden gegenüber Fiedler ist ein Zinssatz nicht angegeben. Es dürften Buchschulden aus dem Handel mit ihm gewesen sein, denn nach dem Journal bezog Diedrich Roeloffs allein im September 1800 von Fiedler 4 Kisten Tee im Werte von 720 Mark C.

Von 1802 ab erscheint Fiedler im Journal nicht mehr, und zwar weder als Gläubiger noch als Handelspartner. Ob damit die geschäftliche Verbindung ein Ende hatte, ist nicht bekannt. Bei seinem Nachbarn Früd Peters dagegen stand Diedrich Roeloffs auch in den folgenden Jahren „in der Kreide". Stiegen seine Schulden bei ihm 1803 auf 5300 Mark C, so verminderten sie sich 1804 auf 4100 Mark C und 1805 auf 4000 Mark C.

Anzumerken ist noch, daß Diedrich Roeloffs im Jahre 1805 ein Darlehen von 832 Mark C angibt, das er der Witwe Göntje Oldis schuldete. Göntje war verheiratet mit dem Kapitän Olde Hinrichsen, der am 2. Oktober 1802 zu Cap Francois, St. Domingo, am Gelben Fieber starb. Sie wohnten in Süderende Nr. 243, das Olde Hinrichsen 1795 errichtete und 1983 Johanna Roeloffs gehörte.

Nicht nur das Journal, sondern auch das über hundert Seiten umfassende Briefbuch von Diedrich Roeloffs vermittelt sehr anschaulich, daß er weit mehr als ein gewöhnlicher Kaufmann war, daß er seinen Warenhandel verband mit Geld- und Kreditgeschäften. Diesen Geschäften hätte er sich auch gar nicht entziehen können, selbst wenn er es gewollt hätte, weil sie aufgrund der damaligen Umstände zwangsläufig zu einer größeren Warenhandlung dazugehörten. Denn die besondere Erwerbsstruktur auf der Insel brachte es mit sich, daß die Ernährer vieler Familien, die Seefahrer, ihre Heuer in der Regel nicht monatlich, sondern erst nach Beendigung der Reise ausgezahlt bekamen. Während der Walfangzeit ergaben sich daraus geringere Probleme, da die Seefahrer alljährlich im Spätsommer oder Herbst mit ihrem verdienten Geld in die Heimat zu ihren Familien zurückkehrten. Bei der Handelsschiffahrt dagegen kamen die Männer oftmals mehrere Jahre lang überhaupt nicht nach Hause. Ihre Heuer mußten sie daher zu ihren Familien auf die Insel transferieren. Für eine bargeldlose Überweisung, wie sie heute üblich ist, fehlten die Voraussetzungen. Auf Föhr gab es keine Bank. Nicht selten gaben die Seefahrer daher ihr Bargeld in die Heimat fahrenden Landsleuten mit. Das war aber nicht immer möglich und auch mit Risiko verbunden, so daß sie andere Wege des Geldtransfers suchten. Zwar konnten sie seinerzeit schon bares Geld mit der Post senden. Das taten die Seefahrer aber höchst ungern, weil sie hierfür relativ hohe Gebühren zu zahlen hatten. Sie machten daher gerne von dem Angebot ihres Landsmannes Diedrich Roeloffs Gebrauch, an seiner Stelle die Rechnungen für die Waren zu begleichen, die er bei Handelsherren in Hamburg, Glückstadt, Husum, Flensburg und Amsterdam bezog. Auf Föhr zahlte Diedrich dann die entsprechende Summe an die Angehörigen aus oder nahm eine Verrechnung mit Waren vor. Damit war den Seefahrern geholfen, aber auch Diedrich selbst hatte hiervon Vorteil; auch er sparte Postgebühren. Auf diesem Wege wurden viele Waren bezahlt. Aus seinem Briefbuch geht aber auch hervor, daß er hin und wieder Bargeld in versiegeltem Leinenbeutel Schiffern, die den Frachtverkehr von und nach Föhr besorgten, mitgab. Selten wählte er den Postweg. Bei der Abwicklung dieser Geldtransfers erlangte Diedrich Roeloffs bei den Bewohnern der Westerharde großes Vertrauen. Mehr und mehr übernahm er weitergehende Geldgeschäfte. Er vermittelte den An- und Verkauf von Obligationen, aber auch von Ländereien und Häusern im Auftrage von Seefahrern, die außerhalb der Heimat weilten, und deren Ehefrauen oder andere Angehörige dazu nicht in der Lage waren. Hierauf wird später noch eingegangen.

Weitere Beispiele runden das Bild über die Geldgeschäfte von Diedrich Roeloffs ab. Im Jahre 1810 leistete er der Witwe Christina Arfsten (1769–1834) aus Süderende, die lt. Kirchenbuch „nach obrigkeitlicher

Verfügung“ zur Ausbildung ins Hebammen-Institut nach Kiel geschickt wurde, einen Vorschuß von 415 Mark C für „Kleidung, Reise-, Kost- und Antrittsgelder“, weil die Kirchengemeinde nicht liquide war. Anfang des Jahres 1813 nahm die Kirchengemeinde von ihm einen weiteren Kredit von 490 Mark C zu 4 % Zinsen, um die Kirchenrechnung des Vorjahres auszugleichen. Sie hatte nämlich 1812 nur 155 Mark C aus der Vermietung von Kirchenständen eingenommen. Auch hatte sie wegen des Währungsverfalls in dem Jahr kein Festegeld erhalten, „weil die Hebung bis zum Frühjahr (1813) ausgesetzt ist und selbige alsdann zum Vorteil der Kirche in klingender Münze gehoben werden wird[14].“ Nach der Hebung der Festegelder erhielt Diedrich Roeloffs sein Geld zurück. Zwei Jahre später, 1815, verkaufte er als Bevollmächtigter von „Carsten Jürgens, Klein-Nieblum, jetzt in Copenhagen wohnhaft“, dessen Wohnhaus Nr. 83 in Nieblum für 299 Rbtr an einen Boh Ercken in Boldixum. Kaution leisteten Jacob Martens, Mittelberg, und Sönke Martens, Witsum. Und 1829 lieh er dem Kapitän Rörd Ocke Bohn (1792 bis 1835) aus Klintum 1349 Mark C für den Kauf eines Schiffes in Hamburg, das 2000 Mark C kosten sollte.

Diese wenigen Beispiele zeigen die Vielseitigkeit von Diedrich Roeloffs als Geldgeber, die später sein Sohn fortführte. Dazu muß man wissen, daß es zu der Zeit auf ganz Föhr keine Sparkasse gab. Die erste gründete der bereits genannte Landvogt von Osterlandföhr H. F. von Colditz im Jahre 1820. Allerdings betrug das Kapital der „Spar-Kasse für Wyck und Osterland-Föhr“, das 40 Mitglieder bereitstellten, nur 454 Mark C. Damit konnte die Sparkasse natürlich nur Bagatellfälle bedienen. Die meisten Kreditnehmer blieben auf private Geldgeber angewiesen. Auch als sich schon mehrere Sparkassen auf der Insel etabliert hatten, vollzog sich die Kreditnahme zumindest auf Föhr-Land immer noch zum weitaus überwiegenden Teil auf privater Basis. Diese für Schuldner und Gläubiger gleichermaßen vorteilhaften Kreditgeschäfte fanden im wesentlichen erst 1923 ihr Ende, als die staatliche Finanzpolitik oder besser Mißwirtschaft während des 1. Weltkrieges und danach zu einer Geldentwertung führte, die auch das Geldvermögen der Föhringer vollends ruinierte. Seitdem sind die Chancen gleich Null, einen Kredit zu 4 oder 5 % zu bekommen.

Schließlich noch einmal zu Diedrich Roeloffs: Nach 1805 hat er sein Vermögen nicht mehr bilanziert. Die einsetzende Geldentwertung, die sich in einem Kursverfall der dänischen Währung ausdrückte, mag ihn möglicherweise davon abgehalten haben.

Deichrichter und Jurat

Auch nach Beendigung der Landaufteilung, an der Diedrich Roeloffs als Assistent mehrere Jahre amtlich mitgewirkt hatte, verschloß er sich nicht, öffentliche Ämter zu übernehmen. Er bekleidete von 1808–1820 das Amt eines Deichrichters. Mit ihm zusammen gehörten während dieser Zeit zum Kollegium des Westerlandföhrer Kooges: PETER JUNG SÖNCKEN (1764 bis 1834), Klintum, ehemaliger Commandeur eines Walfängers, WÖGEN WÖGENS (1766–1851), einer der größeren Landbesitzer in Dunsum, JUNG HANS NAHMENS, Witsum, mit dem größten Landbesitz auf Westerlandföhr.

Im Jahre 1809 „wählte“ Pastor Petersen Diedrich Roeloffs als Jurat in den Kirchenvorstand von St. Laurentii. Zugleich wurde er zum Armen- und Schulvorsteher berufen. Als Jurat löste er seinen Nachbarn Oluf Arfsten (1735–1811) ab[15]. Die Juraten wurden damals nicht von den Gemeindemitgliedern gewählt. Dem Kirchenvorstand gehörten jeweils vier Gemeindemitglieder an. Neben Diedrich Roeloffs, Jurat bis 1816, waren es: RÖRD BOHN (1744–1824), Oldsum, Jurat 1809–1817, OLUF JUNGRÖRDEN (1741–1818), Toftum, Jurat 1805–1813, JUNG RÖRD BOHN (1748 bis 1821), Utersum, Jurat 1809–1817.

Seinerzeit hatte jeder Jurat seinen eigenen Distrikt. Die Gemeindemitglieder mußten etwaige Leistungen, beispielsweise die Miete für einen Kirchenstand (Sitzplatz in der Kirche) an den für sie zuständigen Juraten entrichten. Die anfallenden Ausgaben, z. B. an Handwerker, zahlte zunächst der Jurat, der über einen entsprechenden Betrag verfügte. Einen Kir-

14 Das im Umlauf befindliche Papiergeld wurde Anfang 1813 erheblich abgewertet.

15 Oluf Arfsten, in Utersum geboren, wohnte seit 1787 in Süderende Nr. 248 (heute Elena Hinrichsen), das seiner Ehefrau Jung Marrin Rörden geb. Matzen gehörte. Als Oluf Arfsten sich 1787 verehelichte, war er Kapitän und schon 51 Jahre alt.

chenrechnungsführer, der zentral alle Einnahmen und Ausgaben tätigte, gab es nicht. Vielmehr rechneten die Juraten am Ende des Jahres ab, wobei sie untereinander den Mehr- oder Minderbestand an Geld ausglichen.

Die Aufgabe des Kirchenvorstandes bestand in erster Linie darin, über die Geld- und Vermögensangelegenheiten der Kirchengemeinde zu befinden. Daneben regelte er die Unterstützung der Armen. Mit der Verwaltung der Masse des sogen. Kirchenlandes hatte er nichts zu tun. Die Einkünfte aus der Nutzung oder Verpachtung der Pastoratsländereien (1805: 111,9 Demat) standen nämlich dem Pastor und aus den Diakonatsländereien (1805: 77,2 Demat) dem Diakon – nach 1805 dem Schuldfonds – zu. In deren Händen lag auch die Verwaltung. Sie brauchten hierüber keine Rechnung zu legen. Die Einnahmen aus diesen Ländereien bildeten einen festen Bestandteil ihrer Bezüge.

Das Landeigentum, aus dem die Kirchengemeinde Einnahmen zog, umfaßte bis 1800 nur den Kirchhof, knapp 2 Demat groß; dessen Nutzung zur Heugewinnung stand dem Küster zu – auch nach 1800! Im Zuge der Landaufteilung erhielt die Kirchengemeinde dann zwecks Unterhaltung des Kirchenwalles weitere 3 Demat Heideland südlich und südwestlich des Kirchhofes dazu. Sie erzielte somit nur unwesentliche Einnahmen aus der Verpachtung von Ländereien. Dagegen stellte das bereits erwähnte Festegeld (Erbpacht) einen bedeutenden Posten in der Kirchenrechnung dar. Bis zur Landaufteilung hoben die Juraten dieses Geld von den in ihrem Distrikt wohnhaften Besitzern des Festelandes. Nach 1805 zahlte die Birkskasse einen dem Festegeld entsprechenden Betrag in einer Summe nur an einen Juraten. Sie betrug jährlich 130 Mark C und 6 Sch (nach 1871: 156,46 Mark) für die Kirchengemeinde und für das Pastorat 45 Mark C und 8 Sch (nach 1871: 54,60 Mark). Nach dem Kirchenbuch von St. Laurentii zahlte das Birk diese Beträge bis zum Jahre 1878 und löste sie dann durch einmalige Zahlungen von 3911,50 Mark C an die Kirchengemeinde und 1365,– Mark C an das Pastorat ab. Diese Summen entsprachen dem 25fachen einer Jahresleistung. Der Kirchenvorstand verwendete den vereinnahmten Betrag (zusammen mit der Ablösungssumme für die „Stavenlandabgabe") zum Ankauf von drei preußischen Staatsobligationen sowie zur Beschaffung einer Orgel.

Die Kirchengemeinde mußte aus ihren Einnahmen vor allem die Kosten für die bauliche Unterhaltung der Kirche, des Pastorats und des Diakonats (bis 1805) bestreiten. Hinzu kamen außergewöhnliche Aufwendungen wie z.B. im Jahre 1755 der Wiederaufbau des am 22. September 1754 vollständig niedergebrannten Diakonats und 1762 der Anbau eines neuen Pastorats für den Hauptpastor. Hohe außergewöhnliche Aufwendungen entstanden der Kirchengemeinde auch aus den Kirchenrevisionen. Die Höhe der hierfür aufgewendeten Mittel lassen Zweifel aufkommen hinsichtlich der sozialen Verantwortung der geistlichen Herren. So kostete im Jahre 1809 die Visitation durch den Propst Cramer von Mögeltondern 89 Mark C. – Dagegen wandte die Kirchengemeinde im Jahre 1807 für die Unterstützung von 32 armen und hilfsbedürftigen Personen insgesamt nur 55 Mark C auf. Etwa den gleichen Betrag erhielt der Schulhalter für die Unterrichtung von Kindern mittelloser Eltern.

Es ist verständlich, daß die regulären Einnahmen insbesondere dann nicht ausreichten, wenn außergewöhnliche Ausgaben anfielen. So mußte der Kirchenvorstand 1813 – nicht zuletzt infolge der bischöflichen Revision – zur Deckung des Fehlbetrages die folgende Sonderumlage erheben:

je Communicand 6 Schilling
je Feuerstelle 4 Schilling
je eigentümlicher Kirchenstand 3 Schilling.

Die Einnahmen hieraus betrugen 395 Mark C und 8 Sch. Auffallend ist, daß sogar die eigentümlichen Kirchenstände mit einer Abgabe belegt wurden. Früher gehörten nämlich viele Sitzplätze in der St. Laurentii-Kirche einzelnen Gemeindemitgliedern, die sie unbeschränkt verkaufen oder vererben konnten. Um 1600 hatte die Kirche erstmalig Sitzplätze eingerichtet, die sie zum Teil verkaufte. Zuvor mußte die Gemeinde während des Gottesdienstes stehen. Vermutlich aus dem Grund bezeichnete man die Sitzplätze als Kirchenstände. Auch in späteren Zeiten verkaufte die Kirche weitere Sitzplätze, wenn sie Geld benötigte. So genehmigte das Amtshaus in Ripen am 8. September 1804 dem Kirchenvorstand den Verkauf von Kirchenständen. Aus dem Erlös wurden die auf die Pastoratsländereien entfallenden Landaufteilungskosten beglichen. Denn nach dem Landaufteilungsregulativ von 1800 hatte die Kirchengemeinde zwei Drittel dieser Kosten aufzubringen.

Übersicht 28: Verkauf von Kirchenständen 1804

Standort der Bank und Nr.		Sitzplatz Nr.	Käufer	Kaufpreis Mark C	bisherige jährl. Miete Schilling
Chor	1	4	Oluf Bohn, Dunsum	70	24
	2	1	Jungrörd Peters, Hedehusum	75	22
		2	Früd Peters, Süderende	66	22
Unter dem Gemälde	–	A	Ketel Bohn, Oldsum	50	20
	–	B	Jürgen Rickmers, Oldsum	50	18
Im Norderhaus (Osterflügel)	1	3	Simon H. Olufs, Süderende	50	28
Im Haupthaus Norderreihe	1	1 2	Früd Peters, Süderende	100	32
	4	1	Marcus Marcussen, Toftum	101	24
		2	Diedrich Roeloffs, Süderende	79	24
	5	1	Früd Peters, Süderende	100	24
	6	2	Oluf Söncken, Utersum	50	16
	7	1	Tücke Wögens, Toftum	100	24
		2	Jap Ketels, Oldsum	86	24
			Zusammen:	977	18 Mark C u. 16 Sch

Am 7. November 1804 wurden insgesamt 14 Frauenstände öffentlich meistbietend verkauft (Übers. 28). Der Kirchenvorstand verwendete aus dem Versteigerungserlös vorweg 237 Mark C zur Tilgung von Kirchenschulden bei Ricklef Danklefs und P. Jürgens. Der Rest diente zur Bezahlung der Landaufteilungskosten. Beachtlich ist, daß die Gemeinde bei diesem Verkauf mehr als das 50fache der bisherigen jährlichen Miete erzielte. Sie war daher richtig beraten, die 14 Kirchenstände zu verkaufen. Andererseits ist es aus heutiger Sicht erstaunlich, daß Gemeindemitglieder weit mehr als den Wert einer Kuh für einen Kirchenstand anlegten. Dieses Verhalten ist nur so zu erklären, daß ein eigentümlicher Sitzplatz sich hoher Wertschätzung erfreute; er gehörte zum „Sozialprestige". Eine Person, die etwas auf sich hielt, lehnte es ab, alljährlich einen gewöhnlichen Kirchenstand zu mieten. Immerhin befanden sich unter den elf Käufern fünf, die die Stellung eines Schiffsführers bekleideten oder bekleidet hatten. Hierzu gehörte auch Früd Peters, der allein für vier Kirchenstände 266 Mark C zahlte; er hatte zwischen 1801 und 1804 die Seefahrt bedankt.

Für die Kirchenkasse stellte der Erlös aus der *Vermietung* von Kirchenständen eine gewichtige Einnahme dar; sie ist erstmalig für das Jahr 1704 in der Kirchenrechnung aufgeführt. Und dabei liegt es nahe, in diesem Zusammenhang an einen alten Brauch zu erinnern, der, mit „Steedengripen" bezeichnet, bis etwa 1921 in St. Laurentii gepflegt wurde. Alljährlich am Donnerstag nach dem 1. Advent „vermietete" der Kirchenvorstand die Stände, die der Kirche gehörten. Die Sitzplätze für Frauen ließ er bis 1921 stets verlosen. Dabei kam es nicht selten vor, daß ein armes Gemeindemitglied einen Loszettel für einen Kirchenstand mit einer verhältnismäßig hohen Miete zog. Dagegen erhielt ein begüterter Loszieher oft einen Platz mit geringerem Preis. In solchem Falle tauschte der Arme gern, da er gewöhnlich als Zugabe ein Geschenk erhielt.

Die ausschließlich den Männern vorbehaltenen Plätze auf der Empore (fö. Maannersböön[16]) wurden früher wie die Frauenstände verlost, später aber meistbietend versteigert. Sie wurden oft recht teuer. So kostete 1831 ein Sitzplatz für einen Mann 2 Mark C, während 51 Frauenplätze nur 84 Mark C brachten. Hohe Beträge, wenn man bedenkt, daß ein Jurat für seine Tätigkeit im Kirchenvorstand jährlich nur 1 Rbtr (1,875 Mark C) bekam.

---

16 Im 18. Jahrhundert befand sich in der St. Laurentii-Kirche auch eine kleine Empore an der Südwand neben der Kanzel, die später entfernt wurde. Im Jahre 1752 besaß Früd Ercken dort einen Kirchenstand, den er verpfändete.

Das „Steedengripen“ fand um 1800 noch in der Kirche statt, weil es im gesamten Kirchspiel keine andere Räumlichkeit gab, die alle Teilnehmer am „Steedengripen“ aufnehmen konnte. Später, als der „Nordfriesische Gasthof“ in Oldsum ausreichend Raum bot, verlegte der Kirchenvorstand die Veranstaltung dorthin. Sie entwickelte sich allmählich zu einem allgemeinen Volksfest, an dem auch die an einem Kirchenstand nicht interessierten Gemeindemitglieder, und zwar sowohl ältere, verheiratete als auch jüngere teilnahmen. Das Fest war verbunden mit einem fröhlichen Tanzvergnügen.

Die Zahl der erwachsenen Personen im Kirchspiel hatte verständlicherweise Einfluß auf die Nachfrage nach Kirchenständen beim „Steedengripen“. Sie entwickelte sich von 1800 bis 1830 rückläufig. Das führte dazu, daß 1829 von ca. 490 angebotenen Ständen nur 136 (114 für Frauen und 22 für Männer) vermietet werden konnten. 1796 dagegen fanden von 569 angebotenen noch 395 Frauen- und 55 Mannsstände einen Liebhaber. Zudem beeinflußten natürlich die wirtschaftlichen Verhältnisse auch die Nachfrage nach Kirchenständen und damit die Höhe der Einnahmen. So erzielte die Gemeinde im Jahre 1809 noch fast 182 Mark C Miete, obwohl die napoleonischen Kriege die Seefahrt stark beeinträchtigten. 1823 waren es nur noch 108 Mark C, weil sich die wirtschaftliche Konjunktur noch weiter, und zwar gravierend verschlechtert hatte. Aber auch andere Umstände werden eine Rolle gespielt haben. Anders ist es nicht zu erklären, daß 1860 beispielsweise 302 Mark C und im darauffolgenden Jahr nur 217 Mark C aus der Vermietung von Kirchenständen einkamen.

Eine Besonderheit beim „Steedengripen“ stellte früher die Vermietung der ursprünglich zum Diakonat gehörigen Kirchenstände dar. Sie wurden nach der Überführung des Diakonat-Vermögens in den Schulfonds, die 1805 erfolgte, alljährlich meistbietend versteigert. Am begehrtesten war der sogenannte Diakonatsstuhl in der Nähe des Altars, der bis 1805 dem Diakon als Sitzplatz gedient hatte. Zumeist hielt ein Jurat das höchste Gebot, der hierfür bis zu 7 Mark C zahlte. Diese vergleichsweise hohe Miete leisteten sich aber nur vermögende Gemeindemitglieder. Das Kirchenbuch nennt für den Zeitraum von 1810–1831 aus Süderende Diedrich Roeloffs und Früd Braren, aus Oldsum Jan Brarens, Brar Braren und Früd Faltings, aus Klintum Ketel Olufs sowie aus Toftum Hark Ocken und Rörd Ocken. Wenn man sich vergegenwärtigt, daß die Miete für den Diakonatsstuhl während der miserablen Zeiten um 1825 über 4 Mark C lag und 1 Demat gutes Marschland nur 5 Mark C Pacht brachte, so zeigt auch dieses Beispiel den hohen Wert eines herausgehobenen Sitzplatzes in der Kirche. Für das Ansehen in der Gemeinde war es nicht unbedeutend, wo man während des Gottesdienstes saß.

Beim „Steedengripen“ nahm der Küster in Gegenwart des Pastors und der Juraten die Verlosung und Versteigerung vor. Hierfür erhielt er ursprünglich 9 Mark C. Anläßlich der Revision der Kirchenrechnung im Jahre 1813 monierte der Bischof von Ripen den nach seiner Auffassung zu hohen Betrag. 2 Rbtr (3,75 Mark C) seien angemessen. Im übrigen sei nicht einzusehen, daß das „Steedengripen“ jedes Jahr stattfinde. Der Kirchenvorstand setzte daraufhin den an den Küster zu zahlenden Betrag auf 2 Rbtr fest. Unverändert blieb das jährliche „Steedengripen“, bis nach dem 1. Weltkrieg dieser alte Brauch einschlief.

Nachzutragen bleibt noch, daß die Kirchengemeinde im Jahre 1980 die Sitzbänke in der St. Laurentii-Kirche grundlegend erneuerte. Dabei ließ sie auch die Bänke entfernen, die ihr nicht gehörten. Die Eigentümer wurden nicht gefragt, haben sich aber auch nicht beschwert gefühlt. Die meisten wußten wohl gar nicht um ihre Eigentumsrechte. Auch hätte kaum Anlaß bestanden, irgendwelche Rechte geltend zu machen, denn für die im Vergleich zu früheren Zeiten geringe Zahl der Kirchgänger sind genügend Sitzplätze vorhanden. Um sitzend am Gottesdienst teilzunehmen, braucht heute niemand einen eigenen oder gemieteten Kirchenstand. Es bedarf auch keines besonderen Sitzplatzes in der Kirche, um Ansehen und Achtung in der Gemeinde zu genießen. Und damit gehört eine der besonderen Eigentümlichkeiten unserer Heimatinsel nunmehr endgültig der Vergangenheit an.

Küstenmiliz auf Föhr

Die wirtschaftliche Prosperität im Staate Dänemark fand durch die napoleonischen Kriege in Europa ihr Ende. Die Föhringer waren insofern besonders betroffen, als die Schiffahrt fast völlig zum Erliegen kam. Viele Seefahrer wurden arbeitslos, andere mußten für ein geringes Entgelt auf der königlichen Flotte dienen, einige gerieten sogar in Kriegsgefangenschaft. Aufgrund dieser Verhältnisse fehlten den Föhringern die Einnahmen, um die Kontribution sowie die sonstigen Steuern und Abgaben zu bezahlen. Eine Eingabe der Gangfersmänner von Westerlandföhr und Amrum vom 28. Feburar 1804, die sie an den König von Dänemark richteten, über die damalige Lage vermittelt uns einen guten Eindruck. Sie schrieben u. a.:

„Seit undenklicher Zeit sind die Eingesessenen des Birks nach äußerstem Vermögen angewandt gewesen, zur gehörigen Zeit ihre Beiträge zu der jährlichen Contribution von 1700 Reichsthalern Courant zu entrichten. Aber leider ist dieses in der letzten, mit soviel tausendmal Tausend Thränen beweinte Kriegszeit für viele der Eingesessenen eine absolute Unmöglichkeit geworden, ihre Beiträge zur gedachten Contribution und zu der Landsteuer mit der Zulage zu bezahlen.

Durch diesen viel beweinten Krieg wurde die arbeitsfähige rüstige Mannschaft theils zum Königlichen Dienste gefordert, und sie folgte treu, gehorsamst, wohin Ew. Königliche Majestät allerhöchste Befehle sie beriefen. Theils aber gerieten sie in feindliche Kriegsgefangenschaft und schmachteten in derselben, ferne von Haus und Herd, getrennt von Weib und Kind.

Der erste und in die Augen fallende Erfolg war die gänzliche Erwerbslosigkeit, die Nichtbestellung des heimischen Besitztums, die Nichterzielung der Produktion von dem ungepflegten Boden, der unmögliche Absatz der noch unter Kummer und Beschwerde spärlich gewonnenen Feldfrüchte, der gänzliche Geldmangel, das Abgeschnittensein vom Festlande und von jeder Verbindung, die der Handel sonst veranlaßt und knüpft.

Nur mit dem tiefsten Schmerz müssen wir es anführen, daß unsere braven und in dem Dienst Ew. Königlichen Majestät Blut und Leben willig, mutig, treu gehorsamst aufopfernde Seeleute – unsere Brüder – ihren Sold durch unerhörte Künste der Spekulation fast bis zum Nichtswert herabgesunkene Banco-Zetteln (Papiergeld) erhielten. Und doch sollten sie, diese treuen Diener Ew. Majestät und des Vaterlandes, dadurch oft ihre zahlreichen Familien wenigstens die ersten allernotwürdigsten unentbehrlichsten Lebensbedürfnisse bewirken lassen.

Es entstand eine Zeit der Not und Verlegenheit, daran die ältesten Leute, die oftmahlen ihr Leben in Sturm und Ungewitter im wilden Meere gewagt haben, sich nicht erinnern können. Denn welchem Vater, welcher Mutter blutet nicht das Herz, wenn die Kinder nach Brot schreien, ohne ihnen solches geben zu können, wenn der Broterwerber fern ist oder gar in Kriegsgefangenschaft erlahmt.

Diese sind die Gründe, allergnädigster König und Herr, aus welchen wir als Vorsteher und Vertreter des Birks Westerlandföhr und Amrum um allerhuldreichste Delation zur Bezahlung der Restanten fußfällig bitten, damit ein nicht unbeträchtlicher Teil der allergetreuesten Untertanen nicht ruiniert werde. Nur der gänzliche Mangel an klingender Münze verhindert uns, für jetzt die Zahlung zu leisten."

Die Gangfersmänner bemängelten in ihrem Schreiben besonders, daß die auf der königlichen Flotte dienenden Seefahrer kein Silbergeld sondern Papiergeld erhielten, welches nur einen geringen Wert besaß. Hierfür hatten sie gute Gründe, denn die Föhringer mußten ihre Kontribution in Silbermünze bezahlen. Auf der anderen Seite scheinen ihre Ausführungen über die in Kriegsgefangenschaft befindlichen Föhringer ebenso übertrieben wie die Nichtbestellung der Äcker. Letzteres war auf Föhr seit jeher Sache der Frauen und nicht der Männer. Mit ihrer Eingabe erreichten sie keine Stundung der Steuern und Abgaben. Die königliche Kasse war wohl ebenso leer, wie die der Föhringer. Nur bestand ein Unterschied: Die Untertanen auf Föhr waren gezwungen, sich nach der Decke zu strecken. Sie mußten ihren ohnehin bescheidenen Lebensstandard entsprechend einschränken, während die Regierung in Kopenhagen versuchte, durch Herausgabe von Papiergeld ihre finanziellen Schwierigkeiten zu überwinden – ohne Erfolg, wie später aufgezeigt wird.

Nicht ohne eigenes Verschulden übrigens wurde der dänische Gesamtstaat, nachdem er 1798 die bewährte Neutralitätspolitik des Grafen Bernstorff aufgegeben hatte, in die kriegerischen Auseinandersetzungen in Europa hineingezogen. Am 2. April 1801 fügten die Engländer unter Führung der Admiräle Nelson und Parker der dänischen Flotte auf der Reede von Kopenhagen eine empfindliche Niederlage zu. Im September 1807 bombardierten starke englische Seestreitkräfte drei Tage lang Kopenhagen. Zuvor, am 16. August, waren sie schon auf Seeland, zwei Meilen nördlich von Kopenhagen, gelandet. Am 7. September eroberten sie die Hauptstadt und erbeuteten 18 Linienschiffe, 15 Fregatten, 6 Briggs und 25 Kanonenboote, d. h. fast die gesamte dänische Flotte. Nur zwei Linienschiffe, eine Fregatte und eine Brigg entkamen. Dänemark schloß sich daraufhin Napoleon an und kämpfte an seiner Seite – eine Entscheidung, die schwerwiegende Folgen für den Bestand des Gesamtstaates nach sich zog.

Es ist verständlich, daß sich die dänische Regierung nach dem Überfall auf Kopenhagen auf weitere kriegerische Auseinandersetzungen vorbereitete. Aus Furcht vor einer Landung der Engländer an der Westküste, schuf sie eine „Landwehr", u. a. auch auf Föhr.

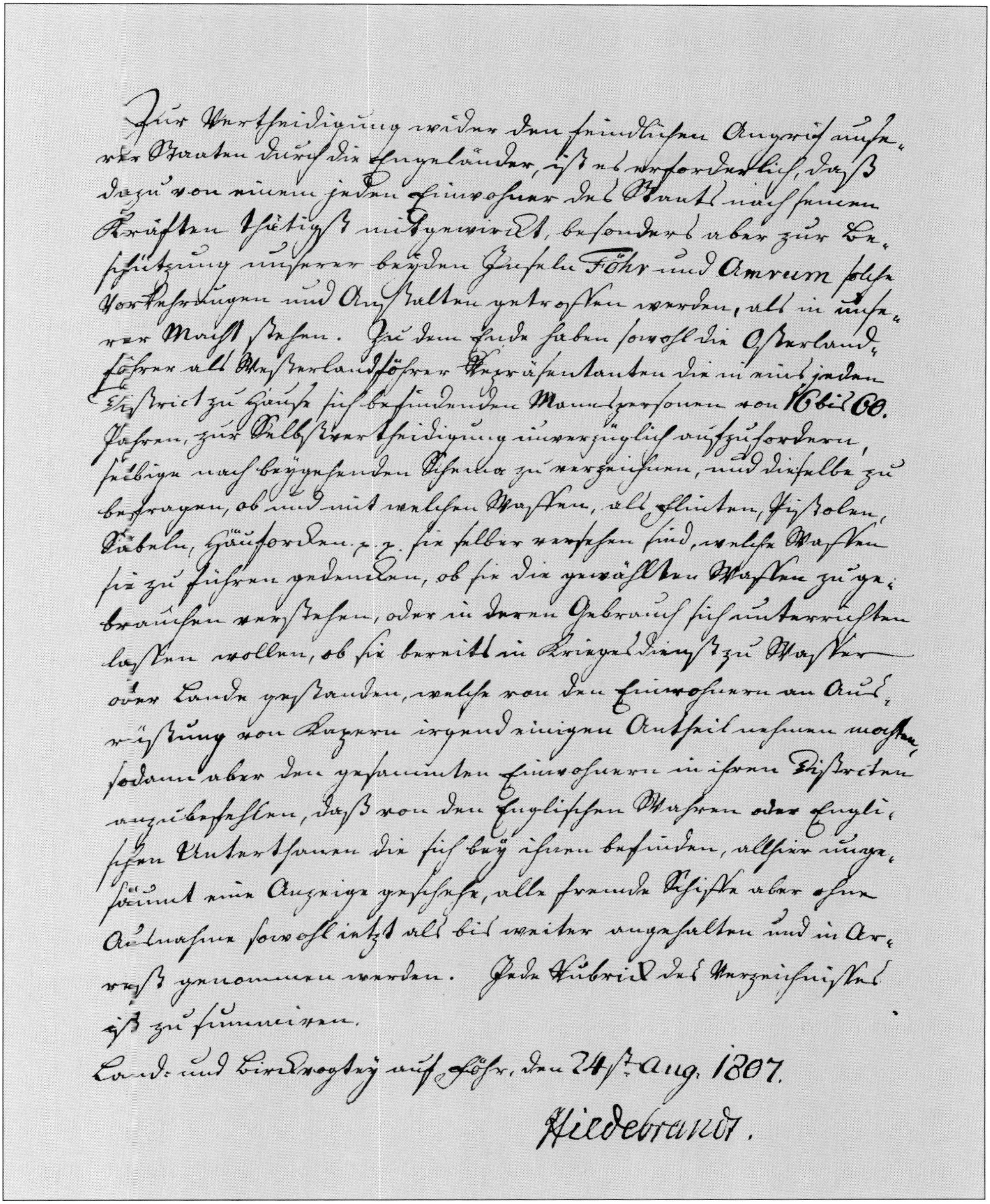

Zur Vertheidigung wider den feindlichen Angriff unserer Staaten durch die Engländer, ist es erforderlich, daß dazu von einem jeden Einwohner des Staats nach seinen Kräften thätigst mitgewirkt, besonders aber zur Beschützung unserer beyden Inseln **Föhr** und **Amrum** solche Vorkehrungen und Anstalten getroffen werden, als in unserer Macht stehen. Zu dem Ende haben sowohl die Osterlandföhrer als Westerlandföhrer Repräsentanten die in eines jeden District zu Hause sich befindenden Mannspersonen von **16 bis 60.** Jahren, zur Selbstvertheidigung unverzüglich aufzufordern, selbige nach beygehenden Schema zu verzeichnen, und dieselbe zu befragen, ob und mit welchen Waffen, als Flinten, Pistolen, Säbeln, Saufedern p. p. sie selber versehen sind, welche Waffen sie zu führen gedenken, ob sie die gewählten Waffen zu gebrauchen verstehen, oder in deren Gebrauch sich unterrichten lassen wollen, ob sie bereits in Kriegsdienst zu Wasser oder Lande gestanden, welche von den Einwohnern an Ausrüstung von Kapern irgend einigen Antheil nehmen mögte, sodann aber den genannten Einwohnern in ihren Districten anzubefehlen, daß von den Englischen Waaren oder Englischen Unterthanen die sich bey ihnen befinden, allhier ungesäumt eine Anzeige geschehe, alle fremde Schiffe aber ohne Ausnahme sowohl jetzt als bis weiter angehalten und in Arrest genommen werden. Jede Rubrik des Verzeichnisses ist zu summiren.

Land- und Birkvogtey auf Föhr, den 24st. Aug. 1807.

Hildebrandt.

Abb. 44: Anordnung, auf Föhr und Amrum eine Küstenmiliz zu bilden 1807

Abb. 45: Diedrich Roeloffs (1753–1834) Porträt aus der Zeit um 1810

Abb 46: Kerrin Roeloffs geb. Lorentzen (1765–1837). Dieses Ölgemälde aus der Zeit um 1810 zeigt erstmalig eine Föhringer Tracht in Verbindung mit einem Kopftuch (fö. Braanjnöösduk). Vor 1800 sollen die Frauen nur eine Haube (fö. Hüüw) getragen haben. Bemerkenswert ist auch die Anordnung des Silberschmucks: Kerrin trägt zu ihrer zweireihigen Brustkette zwölf silberne Filigranknöpfe einseitig in zwei Reihen. Schon damals – wie heute – galt es als ein Zeichen soliden Wohlstandes, nicht zehn sondern zwölf Silberknöpfe zu tragen. – Wie das Kopftuch soll auch die Kombination von Brustkette mit zehn bis zwölf Silberknöpfen erst um 1800 als das prägende Element Bestandteil der Föhringer Tracht geworden sein.

Im Inselarchiv befinden sich hierüber noch Unterlagen. Danach gab es von 1801 bis 1813 auf unserer Insel eine „Landwehr" oder „Küstenmiliz". Bestand sie im Langdorf anfangs nur aus 11 bewaffneten Männern, so wuchs Ihre Zahl auf 109 im Jahre 1812. Den Repräsentanten der Insel, die in den ersten Jahren die bewaffneten Gruppen anführten, sandte der damalige Land- und Birkvogt Hildebrandt folgendes Schreiben (Abb. 44):

Zur Vertheidigung wider den feindlichen Angrif unserer Staaten durch die Engeländer, ist es erforderlich, daß dazu von einem jeden Einwohner des Staats nach seinen Kräften thätigst mitgewirckt, besonders aber zur Beschützung unserer beyden Inseln Föhr und Amrum solche Vorkehrungen und Anstalten getroffen werden, als in unserer Macht stehen. Zu dem Ende haben sowohl die Osterlandföhrer als Westerlandföhrer Repräsentanten die in eines jeden District zu Hause sich befindlichen Mannspersonen von 16 bis 60 Jahren, zur Selbstvertheidigung unverzüglich aufzufordern, selbige nach beygehenden Schema zu verzeichnen, und dieselbe zu befragen, ob und mit welchen Waffen, als Flinten, Pistolen, Säbeln, Häuforken p.p. sie selber versehen sind, welche Waffen sie zu führen gedencken, ob sie die gewählten Waffen zu gebrauchen verstehen, oder in deren Gebrauch sich unterrichten lassen wollen, ob sie bereits in Kriegsdienst zu Wasser oder Lande gestanden, welche von den Einwohnern an Ausrüstung von Kapern irgendeinigen Antheil nehmen möchten, sodann aber den gesammten Einwohnern in ihren Districten anzubefehlen, daß von den Englischen Wahren oder Englischen Unterthanen die sich bey ihnen befinden, allhier ungesäumt eine Anzeige geschehe, alle fremde Schiffe aber ohne Ausnahme sowohl ietzt als bis weiter angehalten und in Arrest genommen werden. Jede Rubrick des Verzeichnisses ist zu summieren.
Land- und Birkvogtey auf Föhr, den 24. Aug. 1807.
gez. Hildebrandt

Nachdem die Repräsentanten aufgrund dieses Schreibens ihre Meldungen eingereicht hatten, bestimmte Hildebrandt ihm geeignet erscheinende Einwohner zu Anführern der Küstenmiliz: Im Langdorf einschließlich Süderende Diedrich Roeloffs und Peter Bohn. Letzterer war bis etwa 1800 Seefahrer gewesen, zuletzt Commandeur eines hamburgischen Walfängers. Er wohnte in Oldsum im Haus Nr. 108 (jetzt Erwin Gallus) und gehörte zu den größeren Landeigentümern im Langdorf. Bei der Landaufteilung erhielt er 36 Demat.
Es bereitet Vergnügen, in die noch vorhandenen Unterlagen über die Küstenmiliz hineinzuschauen. So meldete Diedrich Roeloffs am 22. September 1812 dem Birkvogt „Zahl und Bewaffnung der Truppen". Danach war die wesentlich zahlreichere Mannschaft des Peter Bohn mit „drei Picken und 84 Heuforken" höchst mangelhaft, die kleinere des Diedrich Roeloffs mit 22 Gewehren dagegen gut ausgerüstet. Zudem besagen die Archivalien, daß Diedrich Roeloffs neben einem Gewehr auch zwei kleine metallene Kanonen besaß. Sie werden ihm wohl deswegen anvertraut worden sein, weil er damit umzugehen wußte – war doch sein letztes Schiff, das er als Kapitän geführt hatte, die „Fortroelighed", immerhin mit fünf Kanonen bestückt gewesen. Zum Einsatz gelangte diese „Heimwehr" allerdings nie. Sie hätte im Ernstfall auch wohl kaum etwas ausrichten können.
Für den dänischen Gesamtstaat blieb die Niederlage Napoleons nicht ohne Folgen. Nach der Völkerschlacht bei Leipzig (Oktober 1813) rückte der schwedische Kronprinz mit einem aus Schweden, Russen und Polen bestehenden Heer in die Herzogtümer Holstein und Schleswig ein. Kosakenhorden stießen bis Ripen vor und plünderten in Städten und Dörfern. Zum Schutz der Nordfriesischen Inseln landete am 13. Dezember 1813 eine dänische Flotille mit 20 bewaffneten Schiffen im Wyker Hafen. Zu kriegerischen Auseinandersetzungen kam es glücklicherweise nicht. Die Föhringer aber mußten 672 dänische Seesoldaten bis zum 11. April 1814 ins Quartier nehmen. Hierfür wurde ihnen 1814 ein Teil der jährlich zu zahlenden Kontribution erlassen.
Für Dänemark endete die napoleonische Ära mit dem Friedensschluß vom 14. Januar 1814. Es mußte u. a. Norwegen an Schweden und Helgoland an England abtreten, erreichte aber nicht den vollständigen Abzug des Besatzungsheeres. Russische Truppen blieben zunächst noch im Lande. Erst nach einem Jahr, 1815, endete die für die Herzogtümer unerträgliche Situation.

Staatsbankrott 1813

Das Geld- und Münzwesen unterschied sich in früheren Zeiten grundlegend von den jetzigen Verhältnissen. Nationale Währungen im engeren Sinne gab es nicht. Im Gesamtstaat Dänemark kursierten im wesentlichen dänische, schleswig-holsteinische, hamburgische und lübische Münzen. Die Stückelung des schleswig-holsteinischen Geldes war identisch mit

1 „alter“ schleswig-holst. Thaler 1612
Johann Adolf (1590–1616)

Lübeck, 2 Mark Courant 1752
(2/3 Courantthaler)

1 dän. Krone 1682
Christian V. (1670–1699)

1 Rigsbankdaler 1847
Christian VIII. (1839–1848)

1 Speciesthaler Schl.H. Courant 1788
Christian VII. (1766–1808)

1 Rigsdaler Species (2 Rigsbankdaler) 1847
Friedrich VII. (1848–1863)

Abb. 47: Auf Föhr im 18. und 19. Jahrhundert gebräuchliche Münzen

der in den beiden Hansestädten. Um 1800 kamen auf 1 Courantthaler 3 Mark = 48 Schilling Courant. 1 „alter“ dänischer Speciesdaler entsprach 6 Mark Dansk = 96 Skilling. Denselben Wert hatten die Reichsthaler der Hansestädte wie auch die schleswig-holsteinischen Thaler und Speciesthaler; sie galten alle 60 Schilling Courant. Daneben gab es (seit 1618) dänische Kronen mit einem Wert von 40 Schilling Courant. Und darüber hinaus liefen auch Münzen preußischer, mecklenburgischer und hannoverscher Prägung um, deren Umrechnung in Courant überaus kompliziert war, da der Wert dieser Münzen entsprechend ihrem Gehalt an Edelmetall ständig schwankte. Als das Geld des täglichen Verkehrs dominierte in den Herzogtümern Schleswig und Holstein bis 1787 die Mark Lübsch, danach Thaler und Mark schleswig-holst. Courant (Courantthaler und -mark). Sie bildeten die Basis für die Umrechnung der verschiedensten Münzsorten. Nach 1788 orientierten sich alle Waren- und Grundstücksgeschäfte an dem Wert der

Mark Courant. Und auch auf Westerlandföhr und Amrum, die unmittelbar der dänischen Krone unterstanden, fanden alle Wertfestsetzungen in Mark Lübsch und nach 1787/88 in schleswig-holst. bzw. hamb. oder lüb. Courant statt. Niemand rechnete in dänischen Münzen.

Eine grundlegende Änderung des Geldwesens im Gesamtstaat Dänemark trat nach 1800 ein. Der Verlust der Flotte und die Militärausgaben hatten die Staatsfinanzen Dänemarks übermäßig beansprucht. Hinzu kam die Lähmung des Handels aufgrund der Kontinentalsperre, die die Wirtschafts- und Steuerkraft der mächtigen Handelsnation des Nordens empfindlich schmälerte. Allgemeine Teuerung war die Folge. Die Inflationspolitik der Regierung, fehlende Staatseinnahmen durch Herausgabe von Papiergeld auszugleichen, und die Erhöhung der Steuern verschlimmerten die Lage. Sie führten über einen rapiden Kursverfall zu einer totalen Zerrüttung der dänischen Währung; die Menge des in Umlauf gesetzten Papiergeldes erhöhte sich von 1807 bis Ende 1812 von 31,5 Mio. auf 142,5 Mio. Reichsthaler.

Die Währungsverhältnisse im Gesamtstaat Dänemark waren schon vor der napoleonischen Zeit alles andere als solide. Versuche, die Währung zu sanieren, gelangen lediglich für die Herzogtümer Schleswig und Holstein durch die Errichtung der „Altonaer Speciesbank“ im Jahre 1788. Pläne, die Geldverhältnisse in gleicher Weise in ganz Dänemark und Norwegen zu stabilisieren, scheiterten. So setzte von 1788 bis 1813 die Bank von Altona zwar auch Papiergeld in Umlauf. Sie hielt aber während des ganzen Zeitraumes ihre Verpflichtung aufrecht, die papiernen Banknoten in silberne Speciesthaler einzulösen. Erwähnenswert ist in diesem Zusammenhang, daß die Bankdirektoren damals jede einzelne Banknote von Hand signierten.

Während die Altonaer Bank ihre Banknoten knapphielt und damit die Kaufkraft der schleswig-holsteinischen Währung sicherte, druckte die Bank in Kopenhagen fleißig Papiergeld. Zugleich löste sie sich von der bis dahin bestehenden Verpflichtung, Papiergeld gegen Silbermünze entgegenzunehmen. Der Kurs des papiernen dänischen Reichsthalers sank daher 1812 auf 15 v. H. seines nominalen Wertes, während der schleswig-holsteinische noch immer auf 100 v. H. stand. Die Geldverhältnisse verschlechterten sich zunehmend. Schließlich mußte die dänische Regierung ihre Zahlungsunfähigkeit, den Staatsbankrott erklären. Die notwendigen Regelungen der Währungsreform traf sie im Währungs- und Bankgesetz vom 5. Januar 1813, das allerorts am 15. Januar zur gleichen Stunde auf den Marktplätzen und von den Kanzeln publiziert werden sollte. Dieses Gesetz führte für alle Teile des Gesamtstaates neues Geld ein, das Reichsbankgeld, das an die Stelle aller bisher im Umlauf befindlichen Zahlungsmittel treten sollte. Zugleich verband sich damit eine Abwertung des dänischen Geldes auf 10,4 v. H. seines Nominalwertes. Für sechs papierne dänische Reichsthaler erhielt man einen Reichsbankthaler (Rbtr). Dagegen blieben die in schleswig-holsteinischer Währung bestehenden Verbindlichkeiten von der Abwertung weitgehend verschont. Die Herzogtümer verloren jedoch ihre eigenständige Bank in Altona mit den Silbervorräten.

Die neu errichtete Reichsbank in Kopenhagen gab die Reichsbankthaler heraus – daher auch der Name des Geldes (Abb. 47). Damit wurde zugleich die 1788 durch die Bildung der Bank von Altona eingeführte Währungstrennung zwischen den Herzogtümern Schleswig und Holstein einerseits und dem Königreich Dänemark einschließlich Norwegen andererseits aufgehoben. Der neue Reichsbankthaler teilte sich in 96 Schilling. Weil sich aber die Herstellung der neuen Thaler verzögerte, blieben die alten zunächst im Umlauf. Jedoch sank der Kurswert der papiernen Reichsthaler ins Bodenlose.

Wie überall in Schleswig und Holstein mißtrauten auch die Föhringer den neuen Reichsbankthalern. Sie gewöhnten sich nur langsam daran, dieses gesetzlich vorgeschriebene Zahlungsmittel voll anzuerkennen. So erstaunt es nicht, daß sie in Schuldscheinen und Kaufbriefen neben dem Betrag in Reichsbankthalern durchweg auch die entsprechende Summe in Mark Courant anführten. Das Verhältnis belief sich auf 1:1,875. 1 Reichsbankthaler galt also soviel wie 30 Schilling Courant oder $1/2$ Speciesthaler oder $5/8$ Reichsthaler. In nicht wenigen Kaufbriefen erscheint sogar um 1830 noch immer nur der Kaufpreis in Mark Courant. Von der Summe in Reichsbankthalern ist darin keine Rede. Das neue Reichsbankgeld verdrängte nur amtlich – bei Steuerveranlagungen pp. – die Courantmark und den Speciesthaler. Im Bewußtsein der Bevölkerung blieb das alte Geld, die Courantmark, der Reichsthaler und der Speciesthaler, dominierend.

Übersicht 29: Die Bankhaft auf Föhr und Amrum

Bezirk	Taxwert der Grundstücke insgesamt Rbtr	Bankhaft (6 v. H. von Sp. 2) Rbtr	Bankhaft abgelöst bis 31. 12. 1813 Rbtr	v. H.	bis 31. 12. 1823 Rbtr	v. H.
Wyk	3 120	187	29	15,5		
Osterlandföhr	599 612	35 977	2 253	6,3	4 821	13,4
Westerlandföhr u. Amrum	397 902	23 874	5 517	23,1	6 207	26,0
davon Süderende	(23 539)	(1 412)	(789)	(55,9)	(847)	(60,0)

Um 1813 dem neuen Reichsbankthaler eine solide materielle Grundlage zu geben, belegte die Regierung den gesamten Grundbesitz im Gesamtstaat Dänemark kraft Gesetzes mit einer erststelligen Zwangshypothek (Bankhaft) in Höhe von 6 v. H. des Taxwertes. Hierfür mußte jeder Grundeigentümer jährlich 6,5 % Zinsen an den Staat abführen, es sei denn, er konnte die Zwangshypothek ablösen. Allerdings legte die Regierung bei der Bemessung der Bankhaft nicht die niedrigen Grundstückswerte von 1813, sondern die wesentlich höheren des Jahres 1802 zugrunde. Die Zwangshypothek lag somit real erheblich höher als 6 v. H. des Grundstückswertes.

Neben der Zwangshypothek, die im wesentlichen die Landwirtschaft belastete, wurde den Städten noch eine Zwangsanleihe auferlegt. Die gesamte Bankhaft belief sich in Dänemark auf rd. 19 Mio. Rbtr, in den Herzogtümern Schleswig und Holstein auf rd. 14 Mio. Rbtr. Den weitaus größten Geldbetrag zur Dekkung der neuen Währung mußte der landwirtschaftliche Grundbesitz tragen. Sein Anteil betrug in den Herzogtümern rd. 80 v. H. und im eigentlichen Königreich knapp 70 v. H. (auf Gebäude in Kopenhagen entfielen 13,5 v. H.). Jedoch stellte sich sehr bald heraus, daß insbesondere die dänischen Landwirte die Bankzinsenlast nicht tragen konnten. Begründung: In den vorhergehenden Kriegsjahren waren die Grundsteuern im Königreich mehrfach erhöht und in eine nach Roggenwert zu zahlende „Kornabgabe" umgewandelt worden. Im Juli 1813 erließ die Regierung ihnen daher 5/8 der Bankhaft – eine Entscheidung, die die Landwirte in den Herzogtümern als große Ungerechtigkeit empfanden, denn ihnen gab man keine Entlastung.

Um die Einnahmen aus der Bankhaft zu erhöhen, gestattete die Regierung den Schuldnern sogar, 4/5 ihrer Bankhaft mit alten papiernen dänischen Reichsthalern abzulösen. Wenn dennoch nur wenige hiervon Gebrauch machten, so werden daraus einmal mehr die schwierigen wirtschaftlichen Verhältnisse der damaligen Zeit deutlich. So konnten im Jahre 1813 die Schleswiger und Holsteiner nur 7 v. H., die Dänen nur 8 v. H. ihrer Bankhaft tilgen.

Die sich für Föhr und Amrum aus dem Staatsbankrott ergebenden Lasten und Zahlungen sowie deren Entwicklung vermittelt die Übersicht 29.

Demnach hoben sich die Westerlandföhrer und Amrumer mit ihren vorzeitigen Bankhaftrückzahlungen weit ab vom Durchschnitt der Schuldner im Gesamtstaate, die – wie gesagt – 1813 nur 7 bzw. 8 v. H. ihrer Bankhaft ablösten. Die Übersicht zeigt aber auch, daß sie offensichtlich zahlungskräftiger waren als ihre Landsleute auf Osterlandföhr und in Wyk. Dies galt in noch stärkerem Maße für die Grundeigentümer von Süderende. Wie Diedrich Roeloffs, zahlten auch Oluf Hansen, Ock Beelendörp, Früd Peters, Volkert Arfsten, Simon H. Olufs, Jung Arfst Nickelsen, Olde Hinrichsen und Rickmer Braren noch in demselben Jahr ihre Schuld ab. Sie entrichteten zusammen 789 Rbtr. Das waren immerhin 60 v. H. der Gesamtschuld der Süderender Grundeigentümer. Dagegen löste 1813 aus den Dörfern Klintum, Dunsum, Utersum, Witsum und Borgsum kein einziger Bewohner die Bankhaft ab. Aus Hedehusum waren es nur Boh Namens und aus Oldsum und Toftum Brar Braren, Matz Jung Rörden und Nickels Jung Rörden, die 1813 bezahlten. Darüber hinaus konnte eine größere Zahl wohlhabender Einwohner aus Nieblum/Goting und von Amrum sich ebenfalls von ihrer Zwangshypothek durch Zahlung befreien.

Wer damals in der Lage war zu zahlen, der löste die Bankhaft ab – lag sie doch mit 6,5 % weit über dem

Zinssatz von 4–5 %, der beim Verleihen von Geld zu erzielen war. Nicht wenige liehen Geld, um sich dieser lästigen Abgabe zu entledigen. So auch die Kirchengemeinde St. Laurentii, die die Bankhaft der Pastoratsländereien zu tragen hatte. Sie borgte sich von Ocke H. Flor[17] 1000 Mark C zu 3,5 % Zinsen, um damit die Bankhaft abzulösen. Die Kirchenjuraten konnten rechnen!

Als größter Bankhaftschuldner auf Westerlandföhr ist übrigens der bereits mehrfach erwähnte Jung Hans Nahmens aus Witsum mit 312 Rbtr 69 Sch in den Birkprotokollen verzeichnet.

Nach der Birksrechnung über die im Jahre 1823 geleisteten Steuern und Abgaben bezahlten die Grundeigentümer von Westerlandföhr und Amrum 1331 Rbtr Bankzinsen einschl. Ablösungsbeträge. Die Zahlungen verminderten sich in den folgenden Jahren zunächst nur geringfügig. Sie betrugen bis 1840 stets mehr als 1000 Rbtr jährlich. Wegen der schwierigen wirtschaftlichen Verhältnisse konnten alljährlich nur wenige „Staatsschuldner" ihre Bankhaft ablösen, die übrigens 1845 endete. Nach 1841 erscheinen nur noch geringe Beträge in den Birksrechnungen unter der Rubrik „Bankhaftzinsen"; sie lagen von 1843 bis 1845 zwischen 4 und 6 Rbtr. Diese Restzahlungen beendeten für Westerlandföhr und Amrum eine wenig rühmliche Episode staatlicher Finanzwirtschaft, die der „kleine Mann" auszubaden hatte. Insgesamt hatten die Bewohner des Birks in gut 30 Jahren rd. 40 300 Rbtr gezahlt – ein Betrag, der mindestens dem Wert von 800 Demat Marschland entsprach.

Die Nachrichten über den Staatsbankrott gelangten relativ spät nach Föhr, nicht zuletzt wegen des strengen Winters 1812/13 (Napoleon in Moskau!), der die Insel weitgehend von der Außenwelt abgeschnitten hatte. Zunächst gelangten nur Gerüchte über die Währungsveränderung zur Insel. Dann aber, als die reguläre Postverbindung ihren Weg über das vereiste Wattenmeer nehmen konnte, erfuhren die Föhringer Konkretes über die Währungsreform. So auch Diedrich Roeloffs. Beunruhigt über die Auswirkungen der Währungsentscheidungen auf sein Kapitalvermögen, das sich zum Teil noch in Kopenhagen befand, entschloß er sich, umgehend in die dänische Hauptstadt zu reisen. Andere Föhringer in der gleichen Lage bestärkten ihn in seinem Entschluß. Nach der Überlieferung gelang es Diedrich Roeloffs, noch im April 1813 mit einem Pferdeschlitten über das zugefrorene Wattenmeer zu reisen. Leider ist nicht überliefert, ob und inwieweit er in Kopenhagen etwas ausrichten konnte. Zu vermuten ist, daß er wenig erreicht hat. Wenn er dennoch die finanziellen Folgen des Staatsbankrotts relativ gut überwand, so lag das in erster Linie daran, daß er den größten Teil seines Kapitalvermögens in schleswig-holsteinischen Courantgeld, das einer Abwertung nicht unterlag, an Föhringer verliehen hatte. Jedenfalls konnte er (nach den amtlichen Unterlagen der Nieblumer Birkvogtei, jetzt im Inselarchiv) gleich anderen vermögenden Grundeigentümern von Westerlandföhr die auf seinen Ländereien lastende Bankhaft abtragen. Bereits am 29. Dezember 1813 zahlte er 228 Rbtr. Dieser Bankhaft lag ein Taxwert seiner rd. 70 Demat Land von 3802 Rbtr zugrunde. Bis zum 1. April 1829 kauften er und sein Sohn Christian Diederich weitere Ländereien mit einem Taxwert von 1226 Rbtr. Die hierauf ruhende Bankhaft von 74 Rbtr lösten sie 1829 ab.

Das Währungsgesetz von 1813 führte im Königreich Dänemark auch zu einer Reduzierung der Schulden, soweit sie nach dem 11. 9. 1807 entstanden waren. Dies galt nicht für die Herzogtümer, da es dort vor 1813 eine inflationäre Entwicklung wie im Königreich nicht gegeben hatte. Die Währungsbestimmungen für die Herzogtümer galten übrigens auch auf Westerlandföhr und Amrum, obwohl dieses Birk unmittelbar zum Königreich Dänemark gehörte. Daher mußten die Westerlandföhrer zu ihrem Leidwesen hinnehmen, daß die Staatsdarlehen von 39 000 Mark C, die sie zur Finanzierung der Landaufteilung erhalten hatten, durch den Währungsschnitt nicht vermindert wurden. Viele Privatgläubiger verloren dagegen ihr Kapitalvermögen ganz oder teilweise, das sie in Kopenhagen angelegt hatten.

Wie bereits ausgeführt, löste die dänische Regierung im Zuge des Staatsbankrotts auch die Bank in Altona auf. Die Beschlagnahme der dort lagernden Silbervorräte löste vor allem in Holstein massiven Protest aus. Der König und die Regierung in Kopenhagen wurden der Unglaubwürdigkeit bezichtigt. Die Bevölkerung in Schleswig und Holstein war empört über die hohen Lasten, vor allem aber über die den

17 Ocke H. Flor (1794-1856) aus Oldsum, erfolgreicher Kapitän des Reeders Robert M. Sloman, Hamburg, dessen Ehefrau Jung Göntje Slomann, Tochter des Lotseninspektors Hinrich Brarens, aus Oldsum stammte.

dänischen Landwirten eingeräumten Vergünstigungen bezüglich der Bankhaft. Die Spannungen zwischen den Bewohnern der Herzogtümer und Dänemarks vergrößerten sich, denn schließlich mußten die Schleswiger und Holsteiner nunmehr für die Inflationspolitik Kopenhagens einstehen. Gerade diese Währungsmanipulationen gaben der antidänischen Bewegung in Schleswig-Holstein – aber auch in Norwegen, seit 1387 mit Dänemark vereinigt – erheblichen Auftrieb. Sie legten den Keim für die Auflösung des Gesamtstaates Dänemark, die 1814 mit der Abtretung Norwegens begann und 1864 mit dem Verlust der Herzogtümer Schleswig, Holstein und Lauenburg endete.

Teuerung und Not

Nach 1815, dem Ende der napoleonischen Zeit, gelang es zunächst nicht, die wirtschaftliche Situation in den europäischen Ländern zu stabilisieren. Mehrere gute Getreideernten, die in Dänemark nicht zuletzt ihre Usache in der Intensivierung der Landwirtschaft aufgrund der Aufhebung der Feldgemeinschaften hatten, sowie anlaufende Einfuhren von Weizen aus Übersee, führten zu einem Überangebot landwirtschaftlicher Produkte. Hinzu kam, daß England 1815 durch Handelszölle die Einfuhr von Getreide erschwerte. Außerdem fehlte es der nach den langen Kriegswirren in Europa verarmten Bevölkerung an einer angemessenen Kaufkraft. All das führte bis 1825 zu einem Absinken der Kornpreise auf ein Viertel ihrer bisherigen Höhe. Diese Agrarkrise traf die Landwirtschaft in Staate Dänemark wegen der hohen Lasten (Kontribution, Kopfsteuer, Landsteuer, Bankhaft) besonders hart. Die Folge war ein rapider Verfall der Grundstückspreise.
Diese für die Landwirtschaft äußerst bedrohliche Situation verschärfte sich auf Föhr durch die weiterhin fehlenden Erwerbsmöglichkeiten in der Seefahrt; denn nach 1815 kam die Schiffahrt erst langsam wieder in Gang. Die Seeleute fanden wie in den Jahren zuvor kaum eine Heuer. Zudem bot sich ihnen fast nur die Handelsschiffahrt an. Der Walfang lohnte nicht mehr. Die wenigen Grönlandfahrer mußten sich hauptsächlich mit dem Robbenschlag begnügen, der weniger einbrachte. Für die Föhringer war es eine schwere Zeit, die sich durch die hohen Lasten aus der Wiederherstellung des Seedeiches nach den schweren Sturmfluten 1824 und 1825 noch derart verschlimmerte, daß „einige Einwohner ihre Fennen in der Marsch bloß für die Übernahme der Deichlasten und sonstigen Abgaben angeboten haben", wie Diedrich Roeloffs am 16. Januar 1826 einem Freund schrieb.
Mit der mehrere Jahrzehnte währenden wirtschaftlichen Rezession ging auf unserer Insel ein Rückgang der Bevölkerung einher: von 6146 Bewohner im Jahre 1769 auf rd. 4000 um 1830. Im gleichen Zeitraum verminderte sich die Zahl der Einwohner allein in den St. Laurentii-Dörfern von 1695 auf 1244. Nicht wenige Seefahrer verließen seinerzeit – teilweise mit ihrer Familie – die Insel, um sich in Hafenstädten oder an Handelsplätzen Europas niederzulassen.
Das Schicksal einer solchen Föhringer Familie konnte aus dem Briefbuch von Diedrich Roeloffs rekonstruiert werden. Danach wickelte er 1827 für den Commandeur Hinrich Rickmers (1781–1842), ein Großvater des bekannten Kapitäns Boy Rickmers, den Verkauf von Haus Nr. 96 (jetzt bewohnt von Dora Nickelsen) und Ländereien in Oldsum ab, nachdem dieser mit seiner Familie im Jahre 1826 nach Harlingen in Holland gezogen war. Den Nettokauferlös von 1087 Mark C übermittelte Diedrich Roeloffs ihm über den Makler Fr. Rücker in Hamburg. Offensichtlich konnte H. Rickmers in Holland jedoch nicht Fuß fassen, denn er kehrte bereits 1828 nach Föhr zurück. Vorher beauftragte er Diedrich Roeloffs, ein seinen Ansprüchen gemäßes Haus zu erwerben. Dessen Bemühungen, das Haus Nr. 96, das der Commandeur Rörd O. Bohn (1792–1835) erst im Jahre 1826 von H. Rickmers erworben hatte, wieder zurückzukaufen, blieben erfolglos. Hinrich Rickmers gab nicht seine Zustimmung, die von Bohn geforderten 1100 Mark C zu zahlen. Statt dessen einigte sich Diedrich Roeloffs mit der Witwe Elen Rickmers (1773–1849). Sie verkaufte ihr Haus Nr. 67 in Oldsum schließlich für etwas weniger als 900 Mark C[18]. „Das Haus gefiel mir", schrieb Diedrich Roeloffs nach Harlingen. „In der Vordiele, Stube, Pesel und Kammer sind die Fußböden mit Brettern und in der Kü-

18 Im Hause Nr. 67 führten Nachkommen von Hinrich Rickmers fast 150 Jahre mit Erfolg ein Einzelhandelsgeschäft. Es wird heute bewohnt von Brar Rickmers, der vor einigen Jahren am westlichen Ortsrand von Oldsum ein neues Geschäftshaus errichtete.

che mit Fliesen belegt. Zwei Stuben mit Kachelöfen sind warm und dicht. Für 1 bis 2 Kühe ist im Stalle Raum genug. Dazu ist bei dem Hause ein schöner Fruchtgarten, welcher die Lage desselben angenehmer macht."

Vor dem Ankauf des Anwesens hatte Diedrich Roeloffs sich außerdem einen Kostenanschlag über den Bau eines neuen Hauses geben lassen. Danach verlangte der Zimmermann Hinrich Jung Rörden (1799 bis 1876), Oldsum, für die Errichtung eines sieben Fach großen Neubaues 2000 Mark C. Für 1550 Mark könne er sogar ein Haus errichten, wenn Hinrich Rickmers mit der Verwendung von Baumaterialien einverstanden sei, die er aus dem Abbruch eines alten Hauses in Oevenum beschaffen könne. (Auf Föhr war es bis vor wenigen Jahrzehnten üblich, brauchbare Abbruchmaterialen stets wieder zu verwenden.)

Die genannte Elen Rickmers hatte das Haus Nr. 67 in Oldsum übrigens erst im Jahre 1824 auf einer Auktion erstanden. Die hierzu von Diedrich Roeloffs in einem Schreiben an Elens Bruder, dem Kapitän Volkert Rickmers gemachten Ausführungen sind insofern von Interesse, weil auch sie einen Eindruck von der schwierigen Zeit nach 1815 vermitteln. Er schrieb im August 1824:

„Die Auction ist kostspielig abgegangen. Boh Hinrichsen trieb das Haus für seine Schwester Krassen auf 1000 Mark C in die Höhe. Zu dem Preis hat Deine Schwester es erstanden. Wo das Geld nun herkommen soll bei dem Geldmangel weiß ich nicht. Ehlen kann unmöglich die Zinsen jährlich aufbringen. Sie hat weder meinen noch Deinen Rath befolgt. Aus Deinem Brief hätte sie doch Deine Meinung sehen können, daß die Kündigung ausstehender Gelder noch kein Geld bringt, weil die Schuldner nichts haben. Soll das Geld negocieret (mit einem Wechsel finanziert) werden, so erhält man es nicht unter 5 % Zinsen. Ich habe keine Hoffnung, daß ich zu Martini soviel Geld (1000 Mark) einkriege, weil kein Absatz auf Korn ist. Ich habe im verflossenen Winter (1823/24) viel Geld ausgeliehen, das ich im Frühjahr (1824) zurückerhalten sollte, wenn die Landmänner ihren Hafer verkauften. Da der Hafer aber nur 20 bis 22 Schilling je Tonne (rd. 1 Mark C je Zentner) gegolten hat, so konnte ein Jeder nur seine Nothdurft bestreiten und ich kriege nichts! Das habe ich Deiner Schwester vor der Auction gesagt. Ich habe ihr auch gesagt, sie solle nicht höher gehen als 600 Mark C. Für diese Summe wäre vielleicht Rath gewesen. Von Deinen Geschwistern höre ich sagen, Du bist nun Capitän und verdienst viel Geld – aber sie wissen es nicht besser. Die Zeiten sind nicht wie vordem. Ich rathe Dir, 400 Mark zu übernehmen. Deine Mutter sollte dafür bürgen. Nach ihrem Tode würdest Du die 400 Mark aus der Erbmasse im voraus bekommen. Denn, mein Freund, wir sind alle sterblich, in die Zukunft kann man nicht einsehen. Ich kann Dir nicht anders rathen, weil die Zeit so dunkle Aussichten hat. Das Haus würde bei einer anderen Gelegenheit wohl nicht über 500 Mark C kosten."

Nach diesem Schreiben zu urteilen, hatte Elen Rickmers wohl etwas leichtfertig gehandelt. Und Diedrich Roeloffs wurde in seiner Auffassung bestätigt, daß sie die Zinsen nicht aufbringen könne: Elen mußte ihr Haus vier Jahre später mit 100 Mark C Verlust verkaufen.

Es ist naheliegend, daß Diedrich Roeloffs in den damals schwierigen Zeiten seinen Schuldnern auch unfreundliche Briefe schreiben mußte, wenn sie ihren Zahlungsverpflichtungen nicht nachkamen. So schuldete ihm der 1795 in Oldsum geborene Brar J. Eck Ariansen, der 1821 am Seminar in Tondern sein Examen abgelegt hatte und 1824 in Schleswig und 1827 in Cromhörn/Eiderstedt als Lehrer tätig war, einen größeren Geldbetrag. Weil er zu wenig zahlte, schrieb Diedrich Roeloffs ihm 1827:

„Sie müssen mir jährlich bezahlen, sonst können wir keine Freunde bleiben. Die mir gesandten 30 Mark C tilgen nur einen kleinen Theil Ihres Rückstandes. Ich muß Sie deswegen bitten, in der Zukunft die jährlichen Zinsen und einen Theil Ihres Rückstandes zu entrichten. Von meinen hiesigen Debitoren (Schuldnern) kann ich nicht viel erwarten, die Noth ist hier so groß, so allgemein, wie Sie sich nicht vorstellen können. Dies trifft besonders Ihren Bruder[19]. Er ist durch zweijährigen Mißwuchs und die großen Haffdeichsunkosten in eine solche Lage gebracht worden, daß ich keine Möglichkeiten für ihn sehe, auch bei besseren Jahren nur einigermaßen zu balancieren."

An Volkert Quedens auf Amrum schrieb Diedrich Roeloffs im Jahre 1826, er möge doch 15 Mark Bergelohn von Hinrich Hinrichsen in Nebel einbehalten. Dieser habe ihm zwar versprochen zu bezahlen, er habe aber Zweifel an der Erfüllung dieses Versprechens.

Die Geldknappheit war so groß, daß Diedrich Roeloffs nicht imstande war, seinem langjährigen Geschäftsfreund J. H. Andresen in Husum zu helfen,

19 Der Bruder, namens Olde Jung Ecken (1792–1852), der sich später Olde Jung Eck Ariansen nannte, wohnte in Oldsum Nr. 48 (1983: W. Schau) und betrieb dort eine rd. 20 Demat große Landstelle. Lt. Schuld- und Pfandprotokoll schuldete er 1825 Diedrich Roeloffs 88 Rbtr. Vermutlich wegen Zahlungsunfähigkeit verkaufte er ihm 1830 auf „Guard Deelkem" (Sütjers Stich) 123 Quadratruthen für 247 Rbtr.

dem der Konkurs drohte. Ihm mußte er am 13. August 1829 einen Brief, formuliert von seinem Sohn, schreiben:

„Ich bedaure Ihnen und die Ihrigen von Herzen in der Lage, in der Sie sich befinden, und würde mit Vergnügen etwas zur Erleichterung dieser Lage thun, wenn ich dazu im Stande wäre. Mit bloßem Rath geben ist Ihnen nicht geholfen, wenn nicht thätige Hülfe dabei ist, und das ist es, was mir jetzt nicht möglich ist. Die Verluste der Überschwemmungen 1825, die dadurch verursachten Deichsunkosten für unser Westerlandföhr, die vorjährige spärliche Erndte, besonders in Hafer, machen es dem Landmann unmöglich, seine Schulden zu berichtigen. Meine Verbindungen mit den Einwohnern werden daher immer verwickelter, oft muß ich unterstützen (d. h. weiteres Geld geben), um nicht mehr zu verlieren, und mit den meisten Geduld haben.
Die baare Einnahme ist bei mir nur spärlich, und nicht mehr als hinreichend, meinen Handel einigermaßen im Gange zu halten. So sehr ich auch an Ihrem Schicksal theilnehme und die Verbesserung desselben wünsche, so ist mir doch nicht möglich, Ihnen durch baare Unterstützung zu helfen."

Weitere Briefe, zum Teil aus vorhergehenden Jahren, vermitteln gleichermaßen Eindrücke von den schwierigen wirtschaftlichen Verhältnissen in der damaligen Zeit. So schrieb Diedrich Roeloffs im Juni 1824 an seinen Handelspartner O. Paap in Rendsburg, der ihm eine Schiffsladung von 600 bis 700 Tonnen (Doppelzentner) Steinkohle (für die Schmiede der Insel) günstig angeboten hatte:

„... Dieses Quantum ist für Föhr wohl um zweihundert Tonnen zu viel. Und da hier außerdem im ganzen ein so großer Geldmangel ist, daß der beste Schmied nicht gleich bezahlen kann, kann ich Ihren Vorschlag nicht ganz annehmen, obwohl ich Ihnen gerne dienen will und muß, weil Sie wiederum ein Wohltäter meiner Freunde sind, und sie verdienen lassen..."[20]

Verschärfte zollrechtliche Bestimmungen erschwerten den ohnehin schleppenden Warenhandel zusätzlich. Diedrich Roeloffs versuchte auf seine Art, sich Erleichterungen zu verschaffen. Er schrieb am 7. September 1824 an den Kaufmann A. F. J. Gerdtzen in Hamburg:

„Zugleich bitte ich, mir drei Hüte feine Raffinade, acht Pfund besten Sago zu senden, wenn der Schiffer sich getraut, die Kleinigkeiten heimlich an Land zu bringen."

Dies heißt mit anderen Worten, der Schiffer sollte schmuggeln. Vorher hatte er bereits in einem Schreiben der Firma Möller & Co., Altona, mitgeteilt, daß auf Föhr jetzt ein Seekontrolleur ernannt worden sei, der die Fahrzeuge auf dem Wasser zu visitieren habe.

Ein zweiter Brief an den Kaufmann Gerdtzen vom 10. Dezember 1827 verdeutlicht ebenfalls die geschäftlichen Schwierigkeiten:

„In der Klage, die Sie in Ihrem geehrten Brief vom 19. ds. Monats über schlechten Absatz führen, muß ich in Hinsicht meines Handels ganz einstimmen. Für baares Geld ist der Absatz so gering wie ich ihn nicht früher gekannt habe, nur auf Credit kann man seine Ware anbringen, dabei ist aber ungewiß, wann man dafür Geld erhält. Umso mehr muß ich daher bedauern, daß ich mich mit Capt. Rickmers seine Schulden befaßt habe, besonders da sich immer Mehrere melden, als ich am Anfang vermutete. Ich kann nichts mehr mit den übrigen Schulden zu tun haben, er (Rickmers) wird aber zum Frühjahr selbst nach Hamburg reisen, dann kann er seine Sachen selbst in Ordnung bringen. Für Ihre bisherige Mühe bin ich Ihnen sehr verbunden."

Neben der Schilderung über die schlechte wirtschaftliche Situation gibt auch dieser Brief, wie viele andere, einen Hinweis, daß Diedrich Roeloffs sich mit den verschiedensten Geldangelegenheiten befaßte. Bereits im August 1827 hatte er in einem ausführlich gehaltenen Schreiben Gerdtzen gebeten, mit dem er persönlich und geschäftlich eng verbunden war, die Schulden des Volkert Rickmers in Hamburg in Höhe von 339 Mark C zu regulieren, ggfs. auch mit den Creditoren (Gläubigern) einen Vergleich auszuhandeln, um ein gerichtliches Verfahren zu vermeiden. Insoweit erteilte er ihm genaue Instruktion. Sie zeigen, daß Diedrich Roeloffs, unterstützt durch seinen Sohn, in dieser Sache mit einer Umsicht zu Werke ging, die einem Anwalt alle Ehre gemacht hätte. Ein späteres Schreiben bestätigt dann auch, daß Gerdtzen die Angelegenheit mit Erfolg abschloß.
Und schließlich sei noch ein dritter Brief vom 5. Mai 1828 erwähnt:

„Mit dem Caffeehandel geht es bis jetzt sehr schlecht, die anderen Handelsgeschäfte auf Föhr haben wahrscheinlich

20 Für den Schiffsreeder O. Paap in Rendsburg fuhren viele Föhringer, u. a. der Schwager von Diedrich Roeloffs, der Kapitän Ketel Olufs (1773–1855) aus Klintum, der seinerzeit das Bürgerrecht in Tondern besaß. Auch Friedrich Jürgens (1805-1883) aus Dunsum war viele Jahre Kapitän bei Paap; er führte die Galiot „Johanna". Das selbe Schiff kommandierten später auch sein Sohn Wilhelm C. Jürgens (1838–1923) aus Dunsum und Rickmer R. Früdden (1822–1900), Oldsum. Und schließlich diente Jürgen W. Jürgens (1832–1927) aus Dunsum, ein weiterer Sohn von Friedrich Jürgens, ebenfalls bei Paap. Von 1863 bis 1874 war er Kapitän des Schoners „Nikolaus".

ihren Caffee zollfrei erhalten können und verkaufen ihn jetzt zu 6 Schilling je Pfund, welches ich nicht kann. Ich fürchte, daß ich mich zuletzt genöthigt sehe, meinen Handel auf Hamburg aufzugeben, wenn ich nicht schmuggeln will. Dazu aber kann ich mich nicht entschließen, weil so großes Risiko dabei ist. Die mit dem Schiffer P. Paulsen gesandten 3 Hüte Raffinade (Zucker) sind confisziert. Dies ist das einzige was ich schmuggelte, und auch dies wird mir weggenommen, so daß ich es fast nicht mehr wagen kann."

Hieraus spricht eine gewisse Resignation des nunmehr 75jährigen Kaufmannes, der sich bislang bemüht hatte, mit solidem Geschäftsgebaren die Probleme dieser schwierigen Zeitperiode zu bewältigen. Andererseits fehlte es trotz des Mangels an Bargeld nicht an der Nachfrage nach Waren, die Diedrich Roeloffs seinerzeit in seiner Warenhandlung in Süderende den Bewohnern von Westerlandföhr anbot. Das geht ebenfalls aus dem Briefbuch hervor. Danach kaufte er den Kaffee regelmäßig zentnerweise ein, bis zu 2000 Pfund mit einer Bestellung. Tee dagegen orderte er in vergleichsweise geringen Mengen. Demnach war damals Kaffee auf unserer Insel ein beliebtes und – im Unterschied zu Ostfriesland – das vorherrschende Getränk. Der Kaffeeverbrauch in diesem Umfang steht eigentlich im Widerspruch zu der seinerzeit auf unserer Insel herrschenden Not nach der Sturmflut 1825. Es gab aber offenbar doch noch eine gewisse Kaufkraft aufgrund der sich langsam wieder entwickelnden Seefahrt. Anders ist der Großeinkauf dieser für einen gehobenen Lebensstandard typischen Waren nicht verständlich. Immerhin kostete Kaffee im Verkauf 8 bis 10 Sch/Pfund, 1 Doppelzentner Roggen etwa 80 Sch. Demgegenüber verdiente ein Tagelöhner nur 8 bis 10 Sch täglich, was dem Preis von 1 Pfund Kaffee entsprach.

Daß einige Familien auch in dieser schwierigen Zeit über entsprechendes Bargeld verfügt haben dürften, zeigt schließlich eine Bestellung vom 12. September 1826 bei Gerdtzen in Hamburg über 100–140 Pfund Dörrpflaumen, 12 Pfund Anis, 12 Pfund schwarzen Pfeffer, 2 Pfund Canel sowie 25 Pfund Reis.

Seefahrerschicksale

Das Briefbuch gibt eine Fülle von Hinweisen auf die schwierigen Zeiten nach 1815 und insgesamt einen trefflichen Überblick über die kaufmännischen Aktivitäten von Diedrich Roeloffs. Darüber hinaus vermittelt es aber auch einen guten Eindruck von seiner Hilfsbereitschaft gegenüber Landsleuten und dem Vertrauen, das Arme und Bedürftige auf Westerlandföhr ihm entgegenbrachten. Dazu muß man wissen, daß seinerzeit viele des Schreibens wenig kundig, zumindest aber im Umgang mit der Feder unerfahren waren.

So ist im Briefbuch nachzulesen, daß die finanziellen Schwierigkeiten des im vorhergehenden Abschnitt genannten Volkert Rickmers offenbar im Zusammenhang standen mit einem Dampfboot, das er als Kapitän für eine Reederei Oppermann geführt hatte. Mit einem anderen Schiff hatte Rickmers (1796 bis 1829) im November 1824 vor Tetenbüllspieker an der Nordküste der Halbinsel Eiderstedt Schiffbruch erlitten. Hieran nahm die Familie Roeloffs deswegen besonderen Anteil, weil sich auch Jacob Ocken (1792 bis 1825) aus Oldsum, ein Bruder der Schwiegertochter von Diedrich Roeloffs, an Bord befand. Offensichtlich war Volkert Rickmers an diesem Unglück nicht frei von Schuld. Jedenfalls sah sich Diedrich Roeloffs als Freund und Nachbar veranlaßt, ihm brieflich u. a. folgende Ratschläge zu erteilen:

„Wegen der Kappung des Ankertaues wirst Du wohl in Deiner Erklärung vor allem bemerken müssen, daß dieses hat geschehen müssen, um Schiff und Leben zu retten, wie auch, daß Du desfalls einen Lotsen hast annehmen müssen. Wegen des Verlustes der Bugspriet hast Du vor allem nötig zu bemerken, daß beim unvorhersehbaren Überfall des Orkans Ihr Euch so angestrenget, daß Dein Steuermann den Arm gebrochen, und daß es wegen der Dunkelheit der Nacht nicht möglich war zu flüchten, ehe die höchste Not Dich gezwungen, Dich mit Schiff und Leben zu retten."

Volkert Rickmers wird diese „Argumentationshilfe" von einem alten, erfahrenen Schiffskapitän gerne entgegengenommen haben. Ihm selbst, erst 28 Jahre alt, dürfte es an der nötigen Erfahrung noch gefehlt haben. Dieses Unglück geschah während einer Reise, die den Kapitän Rickmers nach Cuxhaven führen sollte. Seine Frau Matje, von Föhr dorthin gereist, erwartete ihn dort vergebens und wähnte ihn bereits verloren. Auch die Verwandten auf Föhr hatten ihn schon aufgegeben, als unerwartet eine Nachricht zur Insel gelangte, daß er vor Tetenbüllspieker gestrandet sei. Erst sechs Tage nach dem Unglücksfall erfuhr man auf Föhr davon. Heute würden keine sechs Stunden vergehen, bis eine solche Begebenheit über Funk und Fernsehen in die Öffentlichkeit gelangte.

Der Novembersturm 1824, in dem dieses Unglück geschah, zog übrigens auch den Westerlandföhrer Seedeich stark in Mitleidenschaft; davon ist später noch die Rede. Fünf Jahre später, 1829, starb Volkert Rickmers auf einer Reise, die ihn von New York nach Boston führte – eines der Schicksale vieler Föhringer Seefahrer! Seine Familie wohnte seinerzeit in Süderende Nr. 243 (1983: Johanna Roeloffs).
Das Briefbuch vermittelt weitere harte Schicksale Föhringer Seefahrer und ihrer Familien. So schrieb Diedrich Roeloffs am 28. September 1823 an den Kaufmann Möller in Altona, von dem er ansonsten regelmäßig Kaffee bezog:

„Das Schiff „Helene Theresia", Capt. M. O. Hinrichs, fahrend für Flüg und Dreier in Altona, ist von Havanna zu Hamburg eingekommen und hat, wie das Gerücht hier geht, 5 bis 6 Mann in Westindien verloren, worunter auch mein Freund Christian Jacobs[21] seyn soll, der als Zimmermann mit dem Schiff ausgegangen ist. Darf ich Sie deswegen bitten, sich darum zu erkundigen; ob dem so sey, und mir darüber Nachricht zu ertheilen. Wenn sich diese Nachricht bestätigt, wollen Sie denn die Güte haben, gegen eine Vollmacht, die ich Ihnen senden werde, desselben zugutehabenden Monatsgelder und Effecten in Empfang zu nehmen."

Danach schrieb er am 6. Oktober:

„. . . Ich bitte Sie, den Captain Hinrichs zu fragen, welcher Captain die Kleider und Zimmerkiste des Chr. Jacobs in Havanna verkauft hat, um auch von ihm, wenn er in Hamburg ankommt, das Zugutehabende einzuziehen. Die Witwe des Jacobs ist vor ein paar Tagen von einem jungen Knaben niedergekommen, dieser ist das achte Kind. Die Witwe mit acht unerzogenen (unmündigen) Kindern ist ohne die geringsten Einkünfte. Sie hat so ganz vom Verdienst ihres Mannes gelebt, der ihr durch den Tod genommen ist. Ich bitte Sie daher, Fürbitte bei allen Beikommenden einzulegen, um für die Witwe die Begräbniskosten etc. so viel als möglich zu erleichtern. Denn die Witwe verdient jedes Menschen Mitleid und Unterstützung."

Diesen Briefen folgten weitere, aber ohne entsprechenden Erfolg zu erzielen. Die Erwartung der Witwe Thur Jacobs, ihr Mann habe noch 14 Rbtr beim Schiffseigner zugute, erwies sich als trügerisch. Lediglich die Zimmermannskiste bildete den Nachlaß. Ein Föhringer Frachtschiffer nahm sie unentgeltlich von Altona mit nach Föhr, nachdem Diedrich Roeloffs ihn darum ausdrücklich gebeten hatte. Damit findet das Schicksal der Familie Jacobs im Briefbuch seinen Abschluß, nicht dagegen in der harten Wirklichkeit! Der letztgeborene Sohn starb im Alter von drei Jahren. Von den sieben anderen Kindern blieben nur ein Sohn und eine Tochter im Kirchspiel St. Laurentii wohnhaft. Deren Nachkommen leben noch heute: Familie L. Knudsen, Utersum, H. Natius, Dunsum, und August Nielsen, Süderende. Die Witwe Thur Jacobs starb 1865, nach 42 Jahren Armut und Entbehrung. Ihr Begräbnis zahlte die Armenkasse.
Und noch ein tragisches Seefahrerschicksal spiegelt sich in dem Briefbuch wider. Es ist das des Kapitäns Wögen Olufs aus Toftum[22]. Dessen ältester Sohn, Oluf Wögens, mit 15 Jahren schon Seemann, brachte im Herbst 1825 die Nachricht heim, daß sein Vater gestorben sei. Vertrauensvoll wandte sich die schwer betroffene Familie an ihren Verwandten Diedrich Roeloffs mit der Bitte um Beistand. Er schrieb am 19. Dezember 1825 an einen Herrn Wegner in Danzig:

„Ich nehme mir die Freiheit, Ihnen wegen der Sache des jetzt verstorbenen Wögen Olufs mit diesem Brief zu beschweren. Sein Sohn hat nämlich in Windau von dem Herrn Briefbuchhalter Keiser die traurige Nachricht erhalten, daß sein Vater den 9. Oktober in Mitau gestorben sei. Als Kurator der Witwe wende ich mich daher an Sie in der Voraussetzung, daß Ihnen sein weitläufiger Prozeß, den er da geführt hat, bekannt sein möchte. Wie der Hafenmeister in Windau dem Sohn gesagt hat, so sollte der Prozeß gewonnen, indes W. Olufs vor Freude darüber gestorben sein. Ist Ihnen diese Sache bekannt? Sind Sie oder ist jemand anders des Verstorbenen Kommissionär gewesen? Da er Schutzbürger in Danzig gewesen ist und eine preußische Flagge geführt hat, so hat er doch einen haben müssen. Ich bitte daher, Sie wollen mir gütigst umgehend melden, wieviel Ihnen davon bekannt ist und an wen ich mich für die Witwe in Danzig zu wenden habe, der die Sache in Mitau untersucht und ausführt."

Danach führte Diedrich Roeloffs dann weiteren Schriftwechsel mit einem Herrn Brockmann in Danzig, Vor dem hohen Thore Nr. 483, und dem Obergerichtsadvokaten Dr. Köhler in Mitau. In mehreren Schreiben bemühte er sich, einen Vergleich zu Gunsten der Witwe und ihrer zwei unmündigen Kinder zu erreichen. Er schilderte die bedrängte finanzielle Lage der Familie Olufs. Von acht Jahren entbehrungsreicher Zeit ist die Rede. Demnach hatte der

---

21 Chr. Jacobs wohnte bis 1818 in Süderende Nr. 251 (heute Johann Lorenzen), danach in Utersum Nr. 49 (vor 1875 abgebrochen).

22 Wögen Olufs, Sohn eines Vetters von Diedrich Roeloffs, war der Urgroßvater der zu meiner Zeit noch lebenden Geoline Rosine Braren geb. Wögens, Ehefrau von Früd Braren (1864-1929), Süderende.

Verstorbene so lange in Mitau prozessiert. Aus dem weiteren Schriftwechsel geht hervor, daß die Familie Wögens bereit sei, sich durch Zahlung von 400 Rubel zu vergleichen. Ob auf dieser Grundlage eine Einigung erzielt wurde, geht aus dem Schreiben leider nicht hervor. Der Briefwechsel schließt mit einem Dank an den Buchhalter Keiser in Mitau:

„Im Namen der Wittwe danke ich Ihnen herzlich für die Freundschaft und Güte, die sie gegen ihren verstorbenen Mann bewiesen haben. Der liebe Gott vergelte Ihnen diese Güte mit reichem Segen. Die Wittwe kann Ihnen und den übrigen Wohltätern ihres Mannes nicht anders vergelten als durch Gebet zu Gott, daß er sie segnen und es Ihnen vergelten möge. Allen Freunden und Wohltätern des Verstorbenen bitte ich im Namen der Wittwe den herzlichsten, den verbindlichsten Dank abzustatten."

Ein weiteres Seefahrerschicksal aus dem Briefbuch: Der in Oldsum geborene Friedrich Früdden (1801 bis 1873), ein Schulfreund von Christian D. Roeloffs, mußte im Jahre 1822 als junger Seefahrer erleben, wie sein Vater als Kapitän über Bord gespült wurde und ertrank. Dabei erlitt er einen Nervenzusammenbruch und wurde anschließend in eine Heilanstalt gebracht. Von dort richtete er im Juli 1823 einen Brief an Diedrich Roeloffs, seinem Vormund. Hierin bat er, ihm den guten Sonntagsrock seines Vaters zu senden, weil er sich scheute, in seiner abgenutzten Kleidung die Kirche zu besuchen. Aus heutiger Sicht würden wohl keine Bedenken bestehen, einem solchen Wunsche zu entsprechen. Diedrich Roeloffs reagierte jedoch ablehnend. Er schrieb am 29. Juli 1829 an den Leiter der Anstalt, einen Herrn Petersen:

„... Wir freuen uns nicht wenig, über das gute Zeugnis, das Sie über Friedrich uns ertheilen. Da die Anstalt seine benötigte Kleidung ersetzt, wenn seine mitgebrachte Kleidungsstücke untauglich geworden, so trage ich doch Bedenken, den neuen Rock seines seligen Vaters zu senden, weil seine Vermögensumstände nicht darnach sindt, sich so vornehm zu kleiden, als der neue Rock Ansehen hat."

Und seinem Mündel schrieb Diedrich Roeloffs am gleichen Tage:

„Dein Brief ist jetzt viel besser als der vorige. Du machst nach Deinem Brief zu urtheilen uns große Hoffnung, daß Du auf der Anstalt Deine völlige Gesundheit erhälst. Bestrebe auch selbst darnach, immer besser zu werden und befleißige Dich, Deine Vorgesetzten ihren Beifall zu verdienen. Sei unermüdet pünktlich das zu tun, was von Dir verlangt wird. Deine Mutter, Großmutter und Geschwister leben alle gesund und wohl und grüßen Dich durch mich. Über den von Dir verlangten Rock Deines Vaters bitte ich wohl zu bedenken, daß Du jetzt noch nicht in der Lage bist, den zu tragen. Spare den auf für die Zukunft, wenn Du zu Hause kommst. Umsomehr, da Deine Vermögensumstände nicht darnach sind, daß Du so bald einen (Rock) wieder erhalten kannst. Da die Anstalt Deine abgenutzte Kleider wieder ersetzt, so bitte ich Dich, füge Dich darnach. Und sey versichert, daß die Anstalt Dir solche Kleidung geben wird, worin Du die Kirche ohne Scheu besuchen kannst. ..."

Diese Briefe vermitteln neben der Tragik zugleich einen Eindruck von den ärmlichen Verhältnissen, wie sie damals in einer Seefahrerfamilie herrschten, die ihren Ernährer verloren hatte. – Übrigens blieb Friedrich Früdden bis zu seinem Tode nervenkrank. Er konnte zwar nach Föhr zurückkehren, fiel aber dadurch auf, daß er ständig einen Zylinder trug.

Schließlich soll noch das Schicksal einer Seefahrerfamilie geschildert werden, das zunächst nur aus einem Kaufvertrag bekannt wurde, den Diedrich Roeloffs am 16. Oktober 1827 schloß und wie folgt lautet:

„Ich Keike Martinen, Martin Jürgens Ehefrau in Oldsum, urkunde und bekenne für mich und meine Kinder, daß ich in Abwesenheit meines Mannes mich nothgedrungen gesehen habe, zur Bezahlung eines Theils meiner, durch die Erziehung meiner Kinder veranlaßten Schulden, mein auf ‚Dörpen Ackerum' belegenes Stück Ackerland von insgesamt 143⅔ Ruthen an Diedrich Roeloffs für die Summe von 431 Mark und 4 Schilling Courant zu verkaufen."

Keike Martinen wohnte in Oldsum Nr. 41 (heute: Jens Martens). Ihr Mann war als Seefahrer verschollen. Bargeld kam nicht ein. Eine magere Kuh und ein kleiner Acker lieferten zwar das Notdürftigste für das tägliche Brot. Es verwundert aber nicht, daß Keike Martinen zur Deckung der sonstigen Lebenshaltungskosten Kredite aufnehmen mußte. Jedenfalls war sie im Jahre 1827 genau in Höhe des vereinbarten Kaufpreises bei Diedrich Roeloffs verschuldet. Das geht aus dem Schuld- und Pfandprotokoll hervor. Aber auch nach dem Verkauf der genannten Ackerfläche mußte sie erneut um Kredit nachsuchen. 1833 und 1834 bekannte sie, laut Schuld- und Pfandprotokoll, Christian D. Roeloffs insgesamt 127 Rbtr schuldig zu sein. Da sie nicht in der Lage war, das geliehene Geld zurückzuzahlen, mußte sie schließlich im Jahre 1850 ihr Wohnhaus ihrem Gläubiger Christian D. Roeloffs überlassen. Keike Martinen starb 1857 hochbetagt und vergrämt mit fast 87 Jahren. Aber die Seefahrerwitwe hatte noch ein weiteres Kreuz tragen müssen: Ihre Tochter Göntje, die sich 1826 mit dem Seefahrer Cordt Melfsen von Pellworm verehelichte, wurde alsbald von ihrem Mann verlassen. Deren einziger Sohn, Cornelis Melfsen, fiel 1845 mit 19 Jahren bei Cap Vincent über Bord und ertrank. Göntje starb 1849, acht Jahre vor ihrer Mutter.

Die Zahl der hier genannten Seefahrerschicksale ist vergleichsweise gering. Es gab damals viele, die noch wesentlich dramatischer verliefen, als die in dem Briefbuch beschriebenen. Um so erfreulicher ist, daß auch einmal ein voreilig als verschollen gemeldeter Seefahrer wieder heimkehrte. Das folgende Schreiben richtete Diedrich Roeloffs am 22. August 1826 an eine Madame M. Marcussen in Amsterdam:

„Danklef Jappen (1769–1845) aus Toftum hat mich gebeten, mich bei Ihnen um seinen Sohn Ricklef Volkert Danklefs zu erkundigen. Er ist, wie Sie wissen, mit Captain Meyer von Amsterdam nach St. Petersburg abgegangen, um von da weiter nach Gibraltar und Malaga zu segeln. Nun hat Danklef J. keine Nachricht, daß sein Sohn zu St. Petersburg angekommen ist. Auch kann ich ihn nicht in den sundischen Listen finden, daß er von St. Petersburg nach Gibraltar durchgehend (den Sund) durchpassiert ist[23]. Wenn Sie daher Capt. Meyers Rehderei kennen, so bitte ich Sie, sich bei derselben oder auf anderem Wege zu erkundigen, ob es Nachrichten von dem Capt. Meyer gibt. Danklef Jappen hätte Ihnen selbst geschrieben. Da aber seine Frau so besorgt um ihren Sohn ist, so wollte er es ihr nicht wissen lassen, daß er bei Ihnen vorfragte; und er hat es mir daher aufgetragen. Wenn Sie daher Nachricht über ihn eingezogen haben, so bitte ich Sie, so bald wie möglich es mir zu melden.“

Offensichtlich war die Anfrage unnötig, denn derselbe Ricklef heiratete 1832 eine Göntje Riewerts. Er starb 1866 eines natürlichen Todes.

Alter und Tod

Diedrich Roeloffs beschäftigte nach der Landaufteilung für die landwirtschaftlichen Arbeiten durchweg einen Knecht und zwei Dienstmädchen. Er selbst pflegte – wie es seinerzeit bei einem Landmann mit einem größeren Landbesitz üblich war – körperlich nicht zu arbeiten. Im Mittelpunkt seiner Tätigkeit standen der Warenhandel und die damit verbundenen Geschäfte. Daneben bekleidete er die in den vorhergehenden Abschnitten genannten öffentlichen Ämter. Nach dem 67. Lebensjahr zog er sich jedoch hieraus zurück. Er trat daher auch bei der Wiederherstellung des Seedeiches nach den Sturmfluten 1824 und 1825 nicht als Deichrichter in Erscheinung, sondern überließ das seinem Sohn Christian Diederich. Bis zum Tode von Diedrich Roeloffs wurde die Warenhandlung noch unter seinem Namen geführt. Während seines letzten Lebensjahrzehnts wickelte Christian D. Roeloffs die Geldgeschäfte und den Warenhandel weitgehend im Auftrage seines Vaters ab. Im Jahre 1826 verfaßte Diedrich Roeloffs seine letzten Briefe mit eigener Hand; danach unterschrieb er nur noch die von seinem Sohn gefertigten.

Welchen Einfluß die langanhaltende Periode wirtschaftlicher Stagnation auf das Vermögen von Diedrich Roeloffs im einzelnen nahm, ist nicht festzustellen. Ob sich neben der Vergrößerung des landwirtschaftlichen Betriebes auch das Geldkapital vermehrte, ist aus dem Journal nicht zu ersehen, weil es an den entsprechenden Bilanzen fehlt. Auch die Steuereinschätzungen können weder über die Entwicklung des Geldkapitals noch der Warenhandlung eindeutige Hinweise geben, wie die folgende Übersicht von der „Ummärkung“ im Jahre 1830 zeigt, die sein Vermögen und das seines Sohnes umfaßte:

	Mark Courant
Häuser im ganzen	5050,–
Mühle (ein Sechstel Anteil)	700,–
Ländereien	9951,–
Vieh	477,–
Bettgewand	105,–
Waren	300,–
Silber	330,–
Kupfer	113,–
zus.	17 026,–
	oder 30 25/48 Pfund Englisch

Die Steuereinschätzung erfaßte demnach Geldvermögen überhaupt nicht und Waren weit unter ihrem tatsächlichen Wert[24]. Dagegen wurden die knapp 100 Demat Ländereien mit 100 Mark je Demat sicherlich zu hoch bewertet, denn um 1830 kostete Marschland teilweise nur 50 Mark je Demat. Die Einschätzung der Ländereien erfolgte nämlich unabhängig vom Verkehrswert aufgrund von Festsetzungen im soge-

23 Die Hamburger Zeitung „Börsenhalle“ verzeichnete regelmäßig die den Öre-Sund zwischen Dänemark und Schweden passierenden Schiffe.

24 Nach 1805 blieb Geldkapital bei der Steuerfestsetzung unberücksichtigt. Zuvor galt nur ein Freibetrag von 80 Mark C; das darüber hinausgehende Geldkapital unterlag der Steuer.

nannten Schilling-Englisch-Buch, wobei seit 1805 die während der Landaufteilung vorgenommene Bonitierung maßgebend war.

Die Angaben im Ummärkungsprotokoll können daher keine präzise Aussage über das wirkliche Vermögen geben. Es waren eben steuerliche Werte, wobei sicherlich auch damals die Steuerpflichtigen bei der Anmeldung ihres Vermögens – wie heute – eher Zurückhaltung übten. Und dennoch sind die Steuerwerte bei einer vergleichenden Betrachtung natürlich ein geeigenetes Hilfsmittel, um die Vermögensentwicklung zu beurteilen. Nach den Ummärkungsprotokollen versteuerte Diedrich Roeloffs (nach 1826 zusammen mit seinem Sohn Christian Diederich):

1805 = 17 13/24 Pfund Englisch
1810 = 17 17/24 Pfund Englisch
1815 = 19 22/48 Pfund Englisch
1820 = 19 15/16 Pfund Englisch
1826 = 26 17/24 Pfund Englisch
1830 = 30 25/48 Pfund Englisch

Die Roeloffs in Süderende entwickelten sich damit zu der höchstbesteuerten Familie auf Westerlandföhr und Amrum, wie ein Vergleich der entsprechenden Steuerlisten zeigt.

Aufgrund des stetig steigenden steuerlichen Vermögens dürfen wir davon ausgehen, daß Diedrich Roeloffs die wirtschaftliche Rezession der napoleonischen Zeit und danach, nicht zuletzt dank seiner kaufmännischen Fähigkeiten, ohne Schaden überwand. Hierzu trug sicher auch bei, daß er seine Geldgeschäfte sehr penibel führte. Er verschenkte nichts. Wer von ihm Geld geliehen hatte, mußte es auch zurückzahlen – notfalls durch Hergabe oder Verwertung seines Grundvermögens. Insoweit galt er als hart und unnachgiebig, auch gegenüber Verwandten und Freunden. Und dennoch: Trotz seiner Haltung im geschäftlichen Bereich scheint Diedrich Roeloffs ein gläubiger Mensch gewesen zu sein, der sich in Gottes Willen ergab. Das geht aus einem Brief hervor, den er 1824 mit der Weisheit eines siebzigjährigen Mannes dem aus Oldsum gebürtigen Lehrer Ariansen schrieb, um ihn von seinen Plänen, nach Nordamerika auszuwandern, abzuhalten:

... Ihr Schicksal wird sich in der Zukunft, im Vertrauen auf Gott ändern und bessern, wenn es zu Ihrem wahren Wohl dienlich ist. Denn wir als arme, schwache Menschen können zu unserm Glück nichts mehr beitragen, als der Gesang von Gellert Nr. 749, der am Schluß sagt:

Bei Pflicht und Fleiß sich Gott ergeben
Ein ewig Glück in Hoffnung sehn
Das ist der Weg zu Ruh und Leben
Herr lasse diesen Weg mich gehn.

Wenn Sie diesen ganzen Gesang auf sich selbst anwenden, dann bin ich gewiß, Sie werden Trost und Beruhigung finden. Nicht in der Fremde sollten Sie Ihr Fortkommen suchen, sondern in der Religion, die Sie der Jugend näherbringen sollten. Wenn Sie die Aussagen und Lehren, die Jesus selbst hat gelehret, nicht auf sich selbst anwenden und darin Beruhigung und Trost finden, so sind Sie für die Zukunft nicht zu retten. Denn in der Fremde ist keine Beruhigung zu finden."

Dieser Brief dokumentiert zugleich ein Stück Lebensphilosophie des alten Fahrensmannes, der sich nun zur Ruhe setzen konnte. Und wenn er in dem selben Jahr schrieb: „Ich bin vergnügt und zufrieden in meinem Hause. Suche keine Gesellschaft, meine Frau und mein Sohn sind mir die besten Gesellschafter ..., so daß ich zu einer Zufriedenheit gekommen bin, daß ich mich selbst als den allerglücklichsten Menschen betrachte ...", so galt diese Lebensweise gleichermaßen in seinen letzten Lebensjahren. Er durfte auch zufrieden sein. Immerhin war es ihm gelungen, ein für damalige Verhältnisse beachtliches Vermögen in einem Zeitraum von rd. 50 Jahren zu erarbeiten. Natürlich hatte er dabei von den relativ guten wirtschaftlichen Verhältnissen der letzten Jahrzehnte des 18. Jahrhunderts in besonderer Weise profitiert. Wenn man aber bedenkt, daß er praktisch mit „Nichts" angefangen hatte und auch in den schwierigsten Zeiten nach 1800 sein Vermögen beisammenhielt, so ist sein Lebenswerk, das er seinem einzigen Sohn Christian Diederich übertrug, um so höher einzuschätzen. Er konnte auf ein bewegtes, aber von Erfolg gekröntes Leben zurückblicken. In seiner Jugend hatte er noch den Walfang und danach den Übergang zur Handelsfahrt erlebt, die das Leben der Föhringer Seefahrer und deren Familien entscheidend veränderte. Bei der Aufhebung der Feldgemeinschaft, der Landaufteilung, hatte er an der Neugestaltung der agrarischen Verhältnisse auf Westerlandföhr entscheidend mitwirken können. Das Seefahrer-Eiland entwickelte sich mehr und mehr zu einer Bauerninsel, zur „Grünen Insel". Und schließlich konnte er mit über 70 Jahren noch verfolgen, daß es nach 1825 tatkräftigen Männern, wozu auch sein Sohn gehörte, auf Westerlandföhr gelang, die Bewohner für eine grundlegende Sanierung des Seedeiches zu mobilisie-

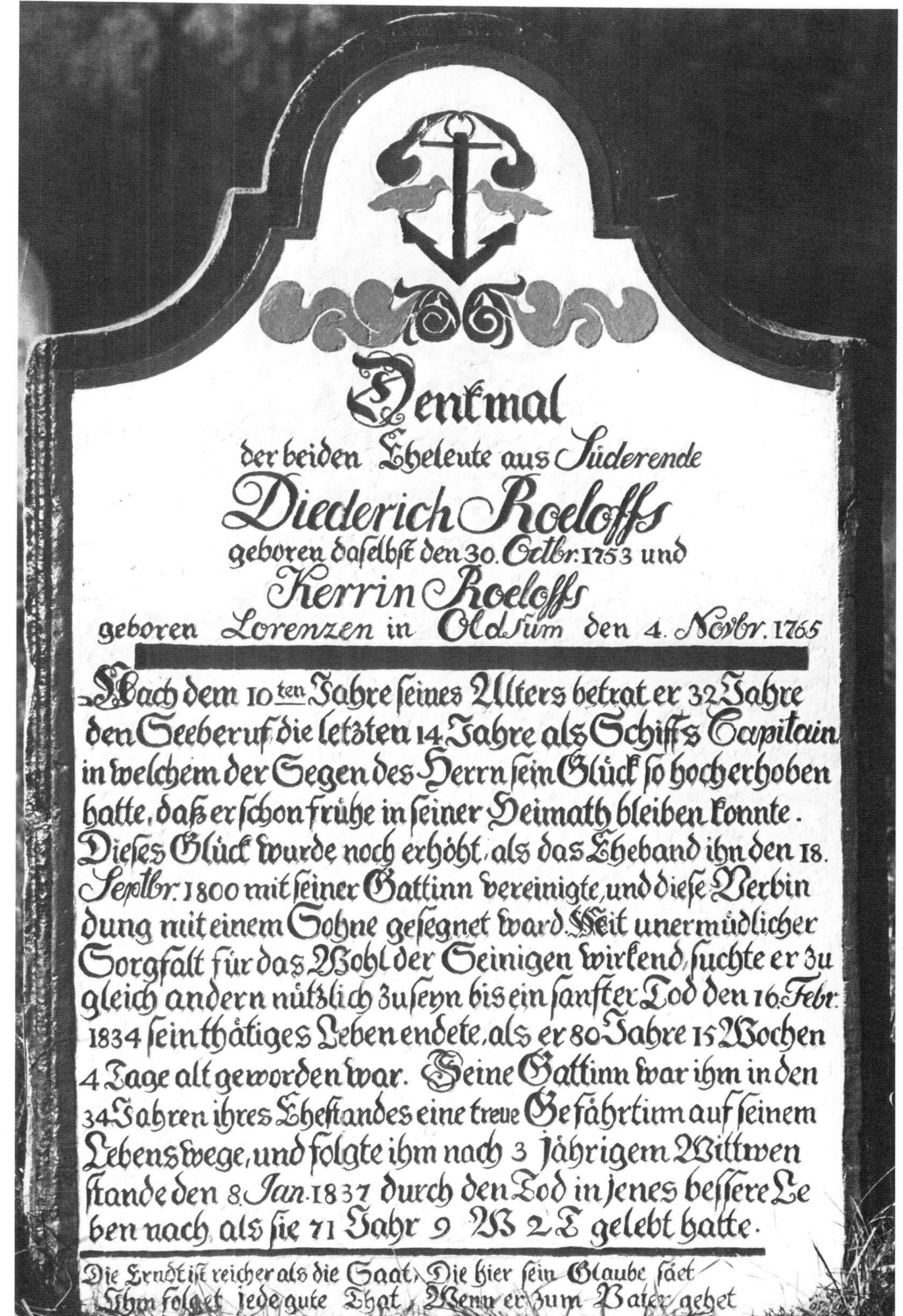

Denkmal
der beiden Eheleute aus Süderende
Diederich Roeloffs
geboren daselbst den 30. Octbr. 1753 und
Kerrin Roeloffs
geboren Lorenzen in Oldsum den 4. Novbr. 1765
Nach dem 10ten Jahre seines Alters betrat er 32 Jahre
den Seeberuf die letzten 14 Jahre als Schiffs Capitain
in welchem der Segen des Herrn sein Glück so hocherhoben
hatte, daß er schon frühe in seiner Heimath bleiben konnte.
Dieses Glück wurde noch erhöht, als das Eheband ihn den 18.
Septbr. 1800 mit seiner Gattinn vereinigte, und diese Verbin
dung mit einem Sohne gesegnet ward. Mit unermüdlicher
Sorgfalt für das Wohl der Seinigen wirkend, suchte er zu
gleich andern nützlich zu seyn bis ein sanfter Tod den 16. Febr.
1834 sein thätiges Leben endete, als er 80 Jahre 15 Wochen
4 Tage alt geworden war. Seine Gattinn war ihm in den
34 Jahren ihres Ehestandes eine treue Gefährtinn auf seinem
Lebenswege, und folgte ihm nach 3 jährigem Wittwen
stande den 8. Jan. 1837 durch den Tod in jenes bessere Le
ben nach, als sie 71 Jahr 9 W 2 T gelebt hatte.
Die Erndt ist reicher als die Saat, Die hier sein Glaube säet
Ihm folget jede gute That, Wenn er zum Vater gehet

Abb. 48: Auf dem St. Laurentii-Kirchhof legt ein mächtiger Grabstein Zeugnis ab über das Leben des Diedrich Roeloffs (Lt. Kirchenbuch ist Kerrin Roeloffs geb. Loren(t)zen am 3. 11. 1765 geboren).

ren, so daß die Insel einen für damalige Verhältnisse optimalen Schutz vor Sturmfluten erhielt.
Auch im hohen Alter von Krankheiten nicht heimgesucht und bis zuletzt noch geistig rege, starb Diedrich Roeloffs am 16. Februar 1834. Hierzu schrieb sein Sohn Christian Diederich am 24. Februar 1834 an den Kaufmann Gerdtzen in Hamburg, dem langjährigen Geschäftsfreund seines Vaters:

„Hart sind die Schläge des Schicksals für mich und die Meinen in diesem Winter. Nach dem Verlust meiner geliebten Gattin und eines Kindes hat jetzt der Allgütige auch meinen lieben Vater zu sich genommen. Er starb am 16. d. Mts. nach einer nur achttägigen Schwächlichkeit in seinem 81. Lebensjahr. Der Tod unseres guten Vaters trifft uns sehr hart. Wir hätten ihn noch so gern etwas länger bei uns behalten und uns seinen Umgangs und seines Rats erfreut. Aber die Wege des Herrn sind anders und wir müssen sie mit stiller Ergebung sehen."

Und der Birkvogt Dahl Nielsen trug in das „Skifteprotokoll" folgendes ein: „Am 16. Februar 1834 ist Diderich Rolufs in Süderende durch Tod abgegangen. Des Toten Erben sind alle mündig."
Am 21. Februar 1834 wurde Diedrich Roeloffs auf dem St. Laurentii-Kirchhof beigesetzt. Ein gut erhaltener, mächtiger Grabstein, ihm und seiner Gattin gewidmet, erinnert an sein Leben und Wirken (Abb. 48).

Der ungekrönte König der Westerharde

Eben 33 Jahre alt war der am 30. Januar 1801 geborene Christian Diederich Roeloffs, als sein Vater am 16. Februar 1834 das Zeitliche segnete. Nur zwei Monate vorher hatte er seine erste Frau verloren. Sie starb einen Tag nach der Geburt des vierten Sohnes, der bereits fünf Wochen später seiner Mutter ins Grab folgte. Von den anderen drei Söhnen waren zwei im Alter von etwa zwei Jahren gestorben, der jüngere im Mai 1833. Christian Diederich verlor somit in einem Zeitraum von nur neun Monaten seine Frau, seinen Vater und zwei Söhne. Wir können seine Trauer sehr wohl ermessen, die er in seinem Brief vom 28. Februar 1834 an einen Geschäftsfreund in Husum zum Ausdruck bringt:

„... Hart sind mir und meiner Mutter diese herben Verluste. Nur die Tröstungen der Religion vermögen unsern bitteren Schmerz etwas zu lindern."

Der einzige ihm verbliebene Sohn, Erk Diederich, dürfte mit seinen knapp sechs Lebensjahren dazu beigetragen haben, das Leid in der klein gewordenen Familie zu überwinden. Aber auch die Fülle der Arbeit, die Warenhandlung und Landwirtschaft erforderten, wird den jungen Witwer von seiner Trauer abgelenkt haben; jedenfalls resignierte er nicht.

Für seinen Beruf als Landmann und Kaufmann besaß Christian Diederich gute Voraussetzungen. Von Natur aus kräftig gebaut, war er in der Lage, auch schwere landwirtschaftliche Arbeiten zu verrichten. Allerdings wurde er in dieser Hinsicht um so weniger gefordert, je mehr sein Vater, bedingt durch zunehmendes Alter, sich von seinen Aufgaben in der Warenhandlung zurückzog. Schon mit 25 Jahren widmete sich Christian Diederich vor allem dem Handel und dem damit verbundenen Schriftwechsel. Für diese Aufgabe hatte er während des Schulbesuchs eine gute Grundlage erhalten. Hierauf wies er in einem Brief hin, den er 1825 seinem Freund, dem Seminaristen Boy Bohn in Tondern schrieb. Seine Lehrer hat er darin zwar namentlich nicht genannt. Anzunehmen ist jedoch, daß Christian Diederich seine fundierten Kenntnisse in deutscher Rechtschreibung und Zeichensetzung von den Seminaristen Jensen und Ocke Jappen (1793–1870) vermittelt bekam. Diese standen als Unterlehrer zwischen 1810 und 1817 dem damaligen Küster und 1. Lehrer in Oldsum, Simon H. Olufs, zur Seite. Ich leite diese Annahme ab aus den Lebenserinnerungen von Lorenz Fr. Jepsen (1802–1892). Dieser hat sie in einem Stil geschrieben, der dem in den von Christian D. Roeloffs hinterlassenen Briefen und Aufzeichnungen weitgehend ähnlich ist. Jepsen lobt in seinen Erinnerungen sowohl den Seminaristen Jensen als einen guten Schullehrer, „bey dem ich die besten und reinsten Kenntnisse erhalten", als auch Ocke Jappen, der von 1821–1861 in Utersum unterrichtete. Mit dem knapp zwei Jahre jüngeren L. Fr. Jepsen besuchte Christian D. die Oldsumer Schule. Unwahrscheinlich erscheint, daß Simon H. Olufs seinen Schülern guten Deutschunterricht gab. Denn seine mir bekannten Aufzeichnungen können sich weder im Ausdruck noch in der Zeichensetzung mit denen seiner beiden Schüler messen.

Daß Christian Diederich ein überaus begabter Schüler war, geht aus dem „Schulprotokoll von St. Laurentii" hervor. Im „Examen über den Fortgang der Jugend in der Schule vom 1. Octbr. 1815 bis 1. April Anno 1816" beurteilten Pastor und Lehrer den 15jährigen Knaben aus Süderende in den Fächern Lesen, Religion und Schreiben mit „vortrefflich" und im Rechnen mit „ausgezeichnet". Darüber hinaus attestierten sie ihm vorzüglichen Fleiß und überaus gute Fähigkeiten. Keinem Schüler der gleichaltrigen Gruppe gaben sie so gute Noten. Seine in der Schulzeit erworbenen Kenntnisse ergänzte er später fortlaufend durch Lesen deutscher Literatur. Schon in jungen Jahren galt er als gebildeter Mann, ausgestattet mit einem außergewöhnlichen Urteilsvermögen, so daß er bald über das kleine Dorf Süderende hinaus Ansehen und Achtung gewann. Eben erst 24 Jahre alt, wurde ihm schon in Deich-, Birks- und Vormundschaftssachen Verantwortung übertragen. Seine

schriftlichen Äußerungen über öffentliche Angelegenheiten sind schon wegen der prägnanten Ausdrucksweise lesenswert. Er verstand es, schwierige Zusammenhänge verständlich darzustellen.
Mit einem großen Wortschatz ausgestattet, schrieb Christian Diederich seine Briefe und Berichte in deutscher Sprache weitgehend fehlerfrei. Er beherrschte auch die dänische Sprache in Wort und Schrift. Außerdem besaß er Französischkenntnisse, die er sich vermutlich durch zusätzlichen Unterricht bei dem damals in St. Laurentii amtierenden Pastor Richard Simon Petersen (1768–1843)[1], angeeignet hatte. Seine Enkelin Ingke Roeloffs, die ihn noch erlebte, wußte zu berichten, daß er im hohen Alter, als er mit nachlassender geistiger Kraft zeitweilig etwas verwirrt war, manchmal französisch sprach.
Abgesehen von den Eintragungen im Schulprotokoll sowie den Aufzeichnungen im Journal über Geburt und Entwicklung in den ersten Lebensjahren waren aus der Kindheit und Jugend von Christian Diederich Roeloffs keine schriftlichen Angaben auffindbar.

Glück und Unglück in drei Ehen mit ... Ingke Ocken

Im Alter von gut 23 Jahren ehelichte Christian D. Roeloffs die am 2. März 1804 geborene Ingke Ocken (Olufs) aus Oldsum. Die „Copulation" fand am 29. Oktober 1824 in der St. Laurentii-Kirche statt, nachdem der Prediger an den drei vorhergehenden Sonntagen die beabsichtigte Eheschließung von der Kanzel „proclamiert" hatte. Als Trauzeugen traten Diedrich Roeloffs, der Vater des Bräutigams, und Jacob O. Ocken, ein Bruder der Braut, auf.
Nach einem Schreiben von Diedrich Roeloffs war das junge Paar schon am 4. August 1823 verlobt. In einem Brief vom gleichen Tage mußte Christian Diederich aus traurigem Anlaß seinen Nachbarn Peter Behlendorf, der sich in Hamburg aufhielt, bitten, die Schulden zu regulieren, die der Vater seiner Braut dort hinterlassen hatte. Oluf Ocken (geb. 1761) war nämlich am 17. Juli 1823 als Commandeur des hamburgischen Walfängers „Maria" auf der Rückreise von Grönland gestorben.
Oluf Ocken war schon kurz nach der Anfang März erfolgten Ausreise seines Schiffes erkrankt. Das Kommando übernahm sein Steuermann Roluf Rolufs (1792–1827) von Toftum. Auf dem Schiff befanden sich auch seine beiden Neffen, Peter Behlendorf (1786–1825) als Speckschneider und der Bootsmann Erk Rörden (1788–1852), beide wohnhaft in Süderende Nr. 238 (heute Heinrich Jensen). Peter B. hatte seinen Onkel während des fast viermonatigen Krankenlagers „bedient" (gepflegt); das besagt ein Brief von Diedrich Roeloffs. Danach hatte Oluf Ocken kurz vor seinem Tode sein Rechnungsbuch seinem Neffen übergeben und ihm „mit völliger Geistesgegenwart aufgegeben", in Hamburg alle unbezahlten Rechnungen zu berichtigen. Dies in Hamburg zu erledigen, bereitete Peter B. jedoch Schwierigkeiten, da ihm entsprechendes Geld fehlte. Er bekam daher eine Vollmacht zugesandt, sich im Namen von Diedrich Roeloffs Geld zu leihen, und zwar entweder von dem sich in Hamburg aufhaltenden Kapitän Volkert Lorentzen aus Utersum oder von dem Handelshaus Möller & Co. in Altona[2].
Während Peter B. also an Bord der „Maria" blieb, mit nach Hamburg segelte und dort alles zur Zufriedenheit regelte, übergab die Besatzung den mit Eis belegten Leichnam ihres Commandeurs einem Blankeneser Fischer auf der Nordsee, der ihn nach Wyk brachte. Erk Rörden begleitete ihn. Die sterbliche Hülle fand auf dem St. Laurentii-Kirchhof ihre letzte Ruhestätte.
Oluf Ocken wohnte in Oldsum Nr. 34 (heute Richard Wögens), das im Jahre 1818 zusammen mit den zwei benachbarten Häusern (Haus Nr. 35, heute Anke Flor, und Nr. 33, das seinerzeit nördlich von Nr. 34 stand) durch Feuer eingeäschert und wieder aufgebaut wurde. Angeblich soll Brandstiftung vorgelegen haben. Meine Mutter berichtete hierüber, daß der Brandstifter – leider ist mir der Name entfallen – die Tat auf dem Sterbebett bekannt hat.

---

1 Petersen, als Sohn des Commandeurs Jung Sönck Peters in Klintum geboren, war von 1798–1807 Diakon zu St. Nicolai, danach bis 1843 Pastor zu St. Laurentii.

2 V. Lorentzen (1780–1855) war seinerzeit Kapitän eines Westindienfahrers. Er versorgte Diedrich Roeloffs mehrfach mit Kaffee, den er auf eigene Rechnung in Havanna eingekauft hatte. Damit beglich er Geldbeträge, die seine Frau, seine Mutter und sein Bruder Diedrich Roeloffs schuldeten. Mit dem Handelshaus Möller & Co. pflegte D. Roeloffs über viele Jahre enge geschäftliche Beziehungen.

50 Jahre lang, seit seinem 12. Lebensjahr, hatte sich Oluf Ocken der Seefahrt gewidmet. U. a. fuhr er auf hamburgischen Grönlandfahrern von 1787 bis 1792 als Harpunier, von 1793 bis 1800 als Speckschneider sowie 1807 und 1809 als Steuermann mit dem Commandeur Ocke Bohn (1765–1850), Klintum, auf der „Börsenhalle“, die er dann 1810 übernahm.
Als Commandeur befehligte Oluf Ocken folgende hamburgische Walfangschiffe:

Jahr	Funktion	Schiff
1767	Matrose	De Jonge Gertruy
1771–73	Steuermann	De Sara Galley
1776	Steuermann	De Frau Elisabeth
1777/78	Steuermann	De Heinrich und Jacob
1779/80	Steuermann	De Morgenstern
1784/85	Steuermann	De Witte Falck

Zeitweilig führte er als Kapitän auch Handelsfahrer, u. a. 1815 das hamburgische Schiff „De Nicolaus“. Er gehörte übrigens zu den wenigen Föhringern, denen es gelang, während der Kontinentalsperre nicht nur eine Heuer, sondern sogar eine leitende Funktion auf einem Schiff zu erhalten.
Nach den Mannschaftslisten fuhren Oluf Ockens Söhne Jacob und Ocke mehrere Jahre mit ihrem Vater, Jacob 1815, 1817, 1819 und 1820 als Steuermann. Ebenfalls als Steuermann dienten bei ihm 1821 Peter Behlendorf und 1822 sein Schwiegersohn Nickels Jan Braren (1790–1825)[3]. Dabei fällt auf, daß es der jeweilige Steuermann zumeist nur ein Jahr lang bei Oluf Ocken aushielt. Das verwundert nicht, denn er soll eine sehr eigenwillige Persönlichkeit gewesen sein. Das kommt auch in dem Porträt von Oluf Braren zum Ausdruck. Sein Antlitz zeigt wenig freundliche Züge. Er gehörte wohl zu den gefürchteten Schiffsführern von den „Gewürzinseln“, wie hamburgische Matrosen die Nordfriesischen Inseln während der Segelschiffsära bezeichneten.
Das Porträt von Oluf Ocken befindet sich im Stammhaus der Familie Roeloffs (Abb. 49). Sein Schicksal, fern der Heimat zu sterben, erlitten mehrere Angehörige dieser Föhringer Seefahrerfamilie. Vor ihm war schon 1777 sein ältester Bruder Erck als Seemann mit 22 Jahren in Amsterdam gestorben, danach im Jahre 1805 sein Schwager Magnus Rickmers als Steuermann mit 33 Jahren auf der Rückreise von St. Thomas (Westindien) und schließlich sein jüngerer Bruder Jacob im Jahre 1822 – als Kapitän der „Hvalfisken“ – mit 47 Jahren auf Grönland, wo er auch begraben ist. Von den Kindern dieses Jacob Ocken verunglückte 1839 der jüngste Sohn Riewert, eben erst 19 Jahre alt, auf der Reise nach Grönland. Und 1851 starb der älteste Sohn Jap in Rotterdam am Ostindischen Fieber.
Von den sechs Ocken-Geschwistern, die das Erwachsenenalter erreichten, fanden somit drei den Tod auf See, dazu noch ein Schwager. Wenn man weiter bedenkt, daß eine Schwester namens Thur im jugendlichen Alter von 15 Jahren und die Mutter schon im Jahre 1775 mit 42 Jahren nach der Geburt des jüngsten Sohnes Jacob starb, und die sechs Kinder hinterließ, so wird das Ausmaß von Leid und Schmerz in dieser Familie, verbunden mit Not und Entbehrung für die Hinterbliebenen, vollends deutlich.
Damit ist das Schicksal dieser Föhringer Familie aber erst unvollkommen aufgezeichnet. Der 1823 verstorbene Oluf Ocken hatte mit seiner Frau Mattje Jepken sieben Kinder, wovon drei im frühen Kindesalter starben. Von den anderen vier starb Ock 1820 im Alter von 25 Jahren an der Schwindsucht. Jacob, der älteste Sohn, verunglückte 1825 im Alter von 33 Jahren auf der Reise von Hamburg nach Gibraltar. Ein Jahr zuvor hatte er zusammen mit dem Kapitän Volkert Rickmers vor Tetenbüllspieker Schiffbruch erlitten. Mattje Jepken, die Mutter, starb im Juli 1825. Mit Jacob zusammen kam auf der Reise nach Gibraltar auch sein Schwager, der oben erwähnte Nickels Jan Braren aus Oldsum um; er war mit Elke Ocken verheiratet und wurde nur 35 Jahre alt. Hierzu schrieb Diedrich Roeloffs am 16. Januar 1826 an A. Gerdtzen, Hamburg:

„Wir sind wegen der Schwäger meines Sohnes in Besorgnis. Ein Schwager, Capitän N. J. Braren, führt für den Herrn Hermann Timm in Hamburg ein neues Schiff namens „Matthilde“. Es ging den 2. October 1825 von Kiel aus und war zuerst nach Gibraltar bestimmt. Vorigen Herbst meldete die Börsenhall-Liste, daß am 23. October bei Boulogne ein Schiff mit dem Namen „Matthilde“ ohne Mannschaft angetrieben sey. Wir fürchteten deswegen, daß es Brarens Schiff seyn möchte. Wir erhielten aber gleich darauf bestimmte Nachricht, daß es eine Brigg, von Pillau kommend und nach England bestimmt, sey. Jetzt aber hat der Bruder

3 N. J. Braren führte 1824 als Kapitän das hamburgische Schiff „De Hoffnung“ u. a. von Hamburg nach London und zurück sowie von Hamburg nach Plymouth. Als Matrose befand sich auch sein Bruder Hinrich J. Braren an Bord.

Abb. 49: Oluf Ocken (1761–1823) um 1820

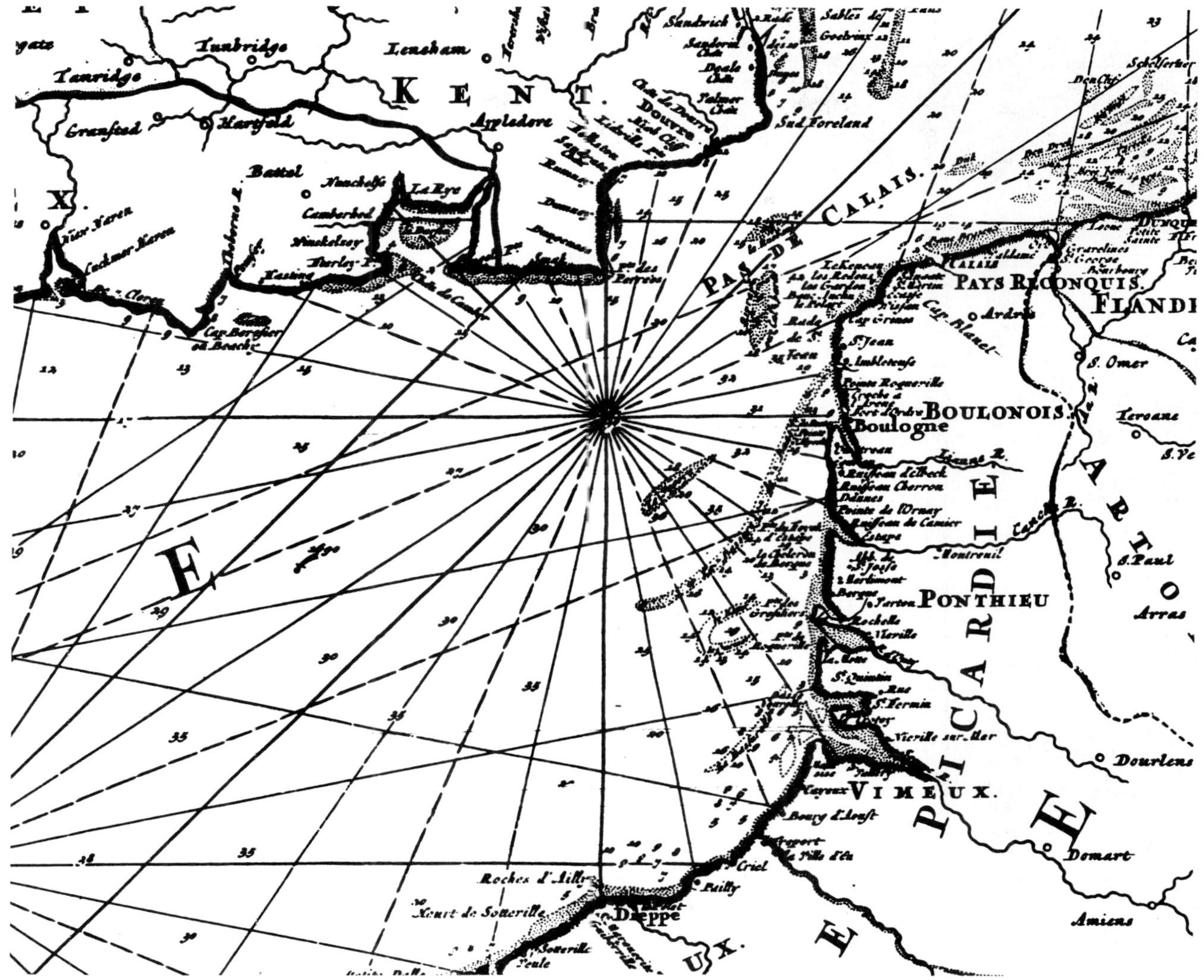

Abb. 50: Die Untiefen vor Boulogne zeigt diese alte Seekarte von 1692. Dort strandete 1825 die hamburgische „Matthilde", die gesamte Mannschaft kam dabei um – auch Kapitän N. J. Braren und sein Schwager Jacob Ocken, beide aus Oldsum

Brar J. Brarens aus Hamburg geschrieben, als ob der Herr Timm Nachricht habe, daß das erwähnte Schiff seinem Schiff sehr ähnlich sey.
Wollen Sie deswegen bitte die Güte haben, und den Herrn Timm fragen, welche Nachricht er darüber hätte, ob sie bestimmt seyen, und mir solches umgehend melden."

Die in den Familien Ocken und Braren herrschende Ungewißheit fand durch die bald eintreffende Antwort aus Hamburg ihr Ende. Sie brachte ihnen die schreckliche Gewißheit, daß mit einer Heimkehr nicht mehr zu rechnen sei. Nähere Einzelheiten über das Schiffsunglück erfuhren die Angehörigen nicht. Vermutlich hatte die Besatzung das sinkende Schiff verlassen, um in einem Ruderboot die Küste zu erreichen – was offensichtlich fehlschlug (Abb. 50).

Diese tragische Unglückskette innerhalb einer Familie, die in zwei Generationen acht Angehörige durch den Tod auf See verlor, zeigt mit aller Deutlichkeit, welchen Gefahren Seefahrer damals ausgesetzt waren. Wer davon weiß, wird verstehen, daß das Streben der Föhringer, für sich und ihre Nachkommen auf dem sicheren Land eine Existenzgrundlage zu schaffen, wohlbegründet war. Es bestand wirklich kein Anlaß, die Seefahrt als eine romantische Angelegenheit im Sinne von „Seefahrt ist Not" anzusehen.

Abb. 51: Eine Föhringerin, vermutlich Ingke Roeloffs geb. Ocken, am ersten Kirchgang nach ihrer Trauung. Aus diesem Anlaß trug die junge Ehefrau als Kopfbedeckung nur eine Haube (fö. Hüüw); sie ging „bluathüüwet" in den Gottesdienst. Im Unterschied zu Kerrin Roeloffs (Abb. 46) zeigt sie sich mit einer dreireihigen Brustkette. Ihre zwölf Silberknöpfe sind in drei Reihen einseitig angeordnet

Im Gegenteil: Die Föhringer waren gezwungen, ihren Broterwerb auf See zu suchen, weil es in der Heimat keine beruflichen Alternativen gab. Die kleine Insel konnte die relativ zahlreichen Bewohner eben nicht ernähren.

Wenden wir uns wieder der Ehefrau von Christian D. Roeloffs zu:

Bislang gingen die Nachkommen davon aus, daß es ein Bild der Ingke Ocken nicht gäbe. Neuere Forschungen von Catharina Lüden rechtfertigen jedoch die Annahme, daß doch eines vorhanden ist. Und zwar dürfte nach ihrer Auffassung das im Nationalmuseum in Kopenhagen befindliche Porträt, das N. P. Matthiesen[4] im Jahre 1825 gemalt hat und eine junge Föhringerin am ersten Kirchgang nach ihrer Trauung darstellt, Ingke Roeloffs geb. Ocken sein (Abb. 51). C. Lüden kommt zu dieser Schlußfolgerung, weil die junge Frau einen Dannebrogorden in der Hand trägt. Und Ingke O. sei die einzige Föhringerin, die sich um 1825 (genau am 29. Oktober 1824) mit einem Dannebrogsmann verheiratet habe. Daß ihr Ehemann Christian D. Roeloffs erst 1851 den Orden verliehen bekam, sei eine zusätzliche Stütze für die Annahme, da nach einhelliger Auffassung das Porträt erst später insoweit ergänzt worden sei. Der auf dem Gemälde angebrachte Hinweis, daß das Bild eine Catharina Als zeige, sei auch deswegen nicht haltbar, weil es eine Person dieses Namens auf Föhr nie gegeben habe.

Die Argumentation von C. Lüden kann durch folgende Hinweise ergänzt werden:

1. Nach Lorenz Braren befand sich früher ein Bild im Hause Roeloffs, gemalt von N. P. Matthiesen, das Kühe in natürlicher Größe darstellte.
2. Nach E. Schlee soll N. P. Matthiesen auch das Porträt von Kerrin Roeloffs gefertigt haben.
3. Nach dem Briefbuch erhielt N. P. Matthiesen im Jahre 1819 von Diedrich Roeloffs 55 Mark C zur Finanzierung seiner Ausbildung bei Tischbein.

Nach alledem bestanden Verbindungen zwischen der Familie Roeloffs und N. P. Matthiesen, die die Auffassung von C. Lüden weiter untermauern. Eine eindeutige Klärung fehlt jedoch. Möglicherweise hellt erst ein Zufall das Dunkel auf, das dieses kulturhistorisch wertvolle Gemälde noch umhüllt.

Ingke Roeloffs geb. Ocken schenkte nach fünfzehnmonatiger Ehe, genau am 25. Geburtstag ihres Mannes, einem gesunden Knaben das Leben. Er erhielt den Namen Erk Diederich. Voller Freude schrieb der Vater seinem ehemaligen Lehrer Jensen einen Brief, der auch wegen seiner Ausdrucksweise hier abgedruckt zu werden verdient:

„Lieber Jensen,
die Zeiten wechseln, auch unsere Schicksale, frohe und traurige begegnen uns auf unserer Laufbahn im steten Wechsel. Glücklich ist der, welcher wahre edle Freuden hier öfters genießt, dem Gott zu innigem Dank gegen ihn, dem höchsten Freudengeber, den dringendsten Anlaß gibt. Ja, lieber Jensen, solche edle Freuden sind wir Menschen würdig. Auch mir ist dieses Glück zu Theil geworden. Meine Frau ist verwichenen Monat glücklich von einem Knaben entbunden worden. Mutter und Kind befinden sich im erwünschten Wohlseyn. Ich eile, um Dir die für uns so frohe Begebenheit zu melden, indem ich von dem innigen Antheil, den Du und Deine Frau an meinem und der meinigen Schicksal nimmst, überzeugt bin.

Dein Christian D. Roeloffs"

Die von dem glücklichen Vater in seinem Brief gewählte Formulierung, daß „frohe und traurige Schicksale uns im steten Wechsel begegnen", begann zwei Jahre später harte Wirklichkeit zu werden. Und dabei hat es fast den Anschein, daß Ingke Ocken das von Trauer und Leid gekennzeichnete Schicksal der Ocken-Familie in das Roeloffs-Haus in Süderende mit einbrachte. Eine nur neun Jahre währende Ehe mit Christian Roeloffs war ihr vergönnt. Ihr ältester Sohn Erk Diederich starb 1828, sechs Wochen vor der Geburt des zweiten Sohnes. Er litt an einer Brustkrankheit – wahrscheinlich Diphterie, der damals viele Kinder zum Opfer fielen. Ihren zweiten, am 20. Mai geborenen Sohn nannten die Eheleute ebenfalls Erk Diederich. Als einziger der vier Söhne erreichte er das Erwachsenenalter. Drei Jahre danach, am 6. Juni 1831, wurde ihnen ein weiterer Sohn geschenkt, der nach seinem verstorbenen Großvater Oluf Ocken den Namen Oluf Ocke erhielt. Dieser Sohn starb am 23. Mai 1833, kurz vor seinem zweiten Geburtstag.

Am 14. Dezember 1833, nachts um 2 Uhr, erschien Gevatter Tod erneut im Hause Roeloffs. Ingke Roeloffs starb plötzlich, nachdem sie $2^1/_2$ Stunden zuvor einen gesunden Knaben geboren hatte. Dieser, nach seiner Mutter Ingwer Ocke genannt, folgte aber schon am 17. Januar 1834, eben fünf Wochen alt, sei-

4 Nahmen P. Matthiesen (1799–1870), geboren in Hedehusum, legte 1830 sein Lehrer-Examen in Tondern ab. Danach war er Lehrer in Tangstedtheide und Lütjensee. M. war ein Schüler Oluf Brarens und Tischbeins in Eutin.

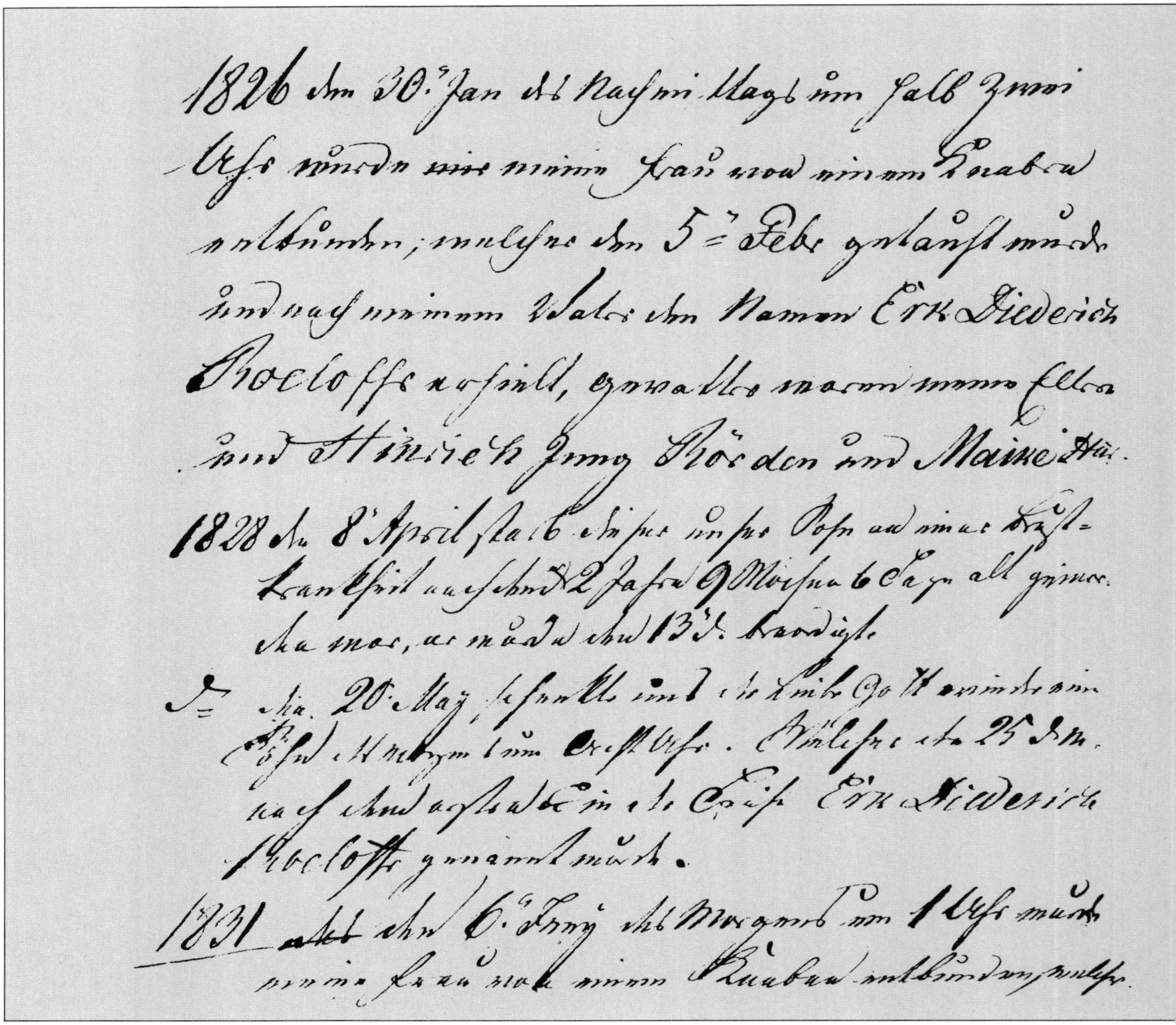

Abb. 52 Freudige und traurige Ereignisse vermittelt das alte Journal aus der ersten Ehe von Christian D. Roeloffs

ner Mutter ins Grab. Und als einen Monat später, am 16. Februar, der alte Vater und Großvater Diedrich Roeloffs starb, schloß sich der unheilvolle Todeskreis. All diese frohen und traurigen Ereignisse trug Christian D. Roeloffs in das alte Journal seines Vaters ein (Abb. 52).

1826 den 30. Jan. des Nachmittags um halb zwei Uhr wurde meine Frau von einem Knaben entbunden, welcher den 5. Febr. getauft wurde und nach meinem Vater den Namen Erk Diederich Roeloffs erhielt, Gevatter waren meine Eltern und Hinrich Jung Rörden und Maike Hinr.

1828 d. 8 April starb dieser unser Sohn an einer Brustkrankheit nachdem er 2 Jahre 9 Wochen 6 Tage alt geworden war, er wurde den 13. beerdigt.

Den 20. May schenkte uns der Liebe Gott wieder einen Sohn des morgens um acht Uhr. Welcher den 25. d. M. nach dem ersteren in der Taufe Erk Diederich Roeloffs genannt wurde.

1831 den 6. Juny des Morgens um 1 Uhr wurde meine Frau von einem Knaben entbunden, welcher den 19. Juny in der Taufe den Namen Oluf Ocke Roeloffs erhielt. Seine Gevattern waren Jan Cornelis Brarens und Elke N. J. Brarens und Jung Rörd Lorenzen.

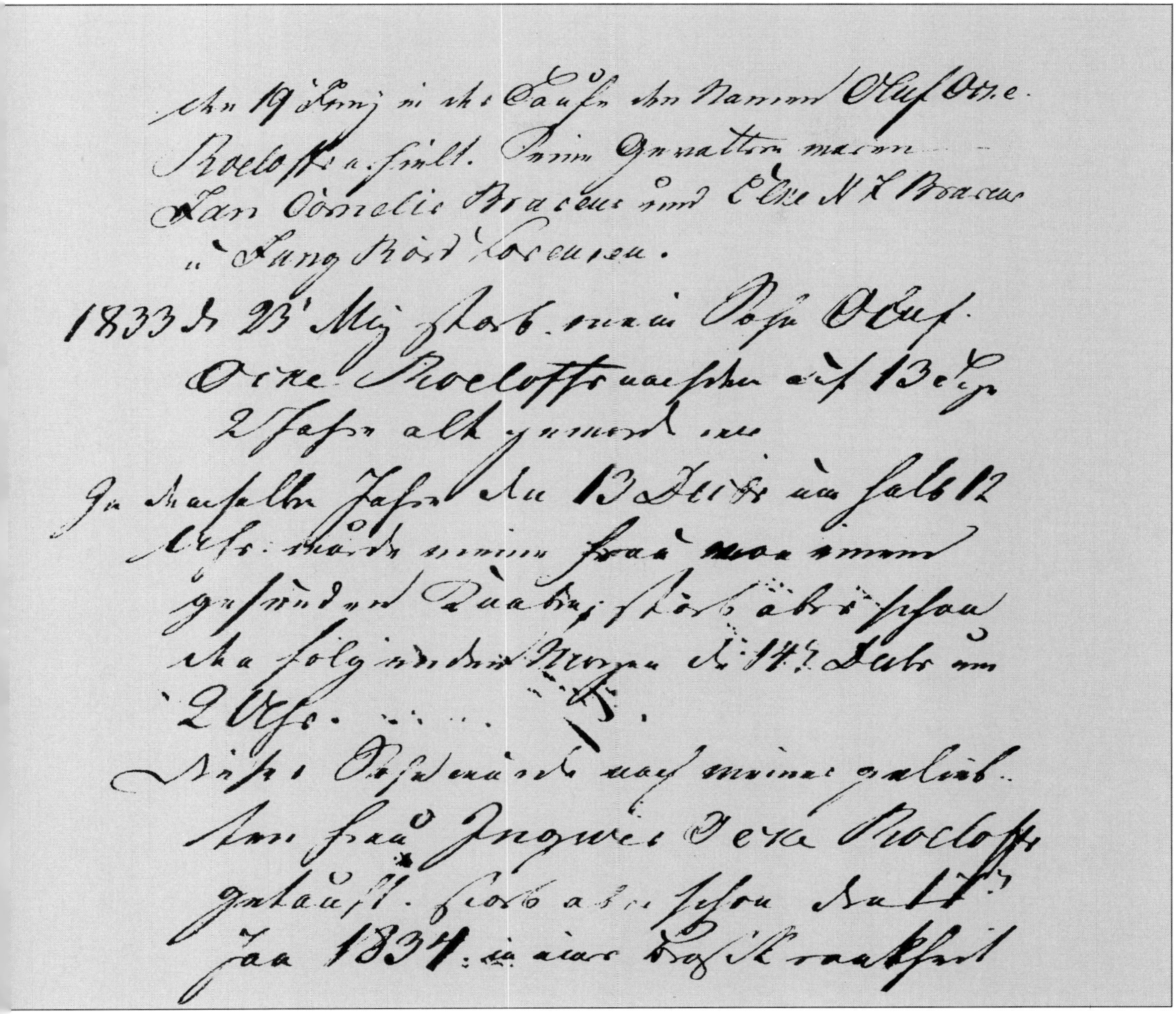

1833 den 23. May starb mein Sohn Oluf Ocke Roeloffs nachdem (er) auf 13 Tage 2 Jahre alt geworden war.
In demselben Jahre den 13. Decbr. um halb 12 Uhr (abends) wurde meine Frau von einem gesunden Knaben (entbunden), (sie) starb aber schon den folgenden Morgen den 14. Decbr. um 2 Uhr.
Dieser Sohn wurde nach meiner geliebten Frau Ingwer Ocke Roeloffs getauft, starb aber schon den 17. Jan. 1834 an einer Brustkrankheit.

Ingke Roeloffs wurde am 18. Dezember 1833 beerdigt. Die Inschrift auf dem Grabmal (Abb. 53) am nördlichen Rande des St. Laurentii-Kirchhofes zeugt von einer harmonischen Ehe. Sie lautet:

Dem Andenken
meiner Gattin
Ingke Roeloffs geb. Ocken
aus Süderende

Sie ist 1804, den 2. Mertz in Oldsum geboren, 1824, den 29. Octbr., vereinigte sie sich mit mir im Ehestande. Unsere Ehe wurde mit 4 Söhnen gesegnet, wovon aber 2 der Mutter im Tode vorangingen. Nur 9 Jahre war mir das Glück, an ihrer Seite im Ehestande zu leben, indem sie 1833, den 14. Decbr. nach glücklicher Entbindung von einem Sohne durch einen

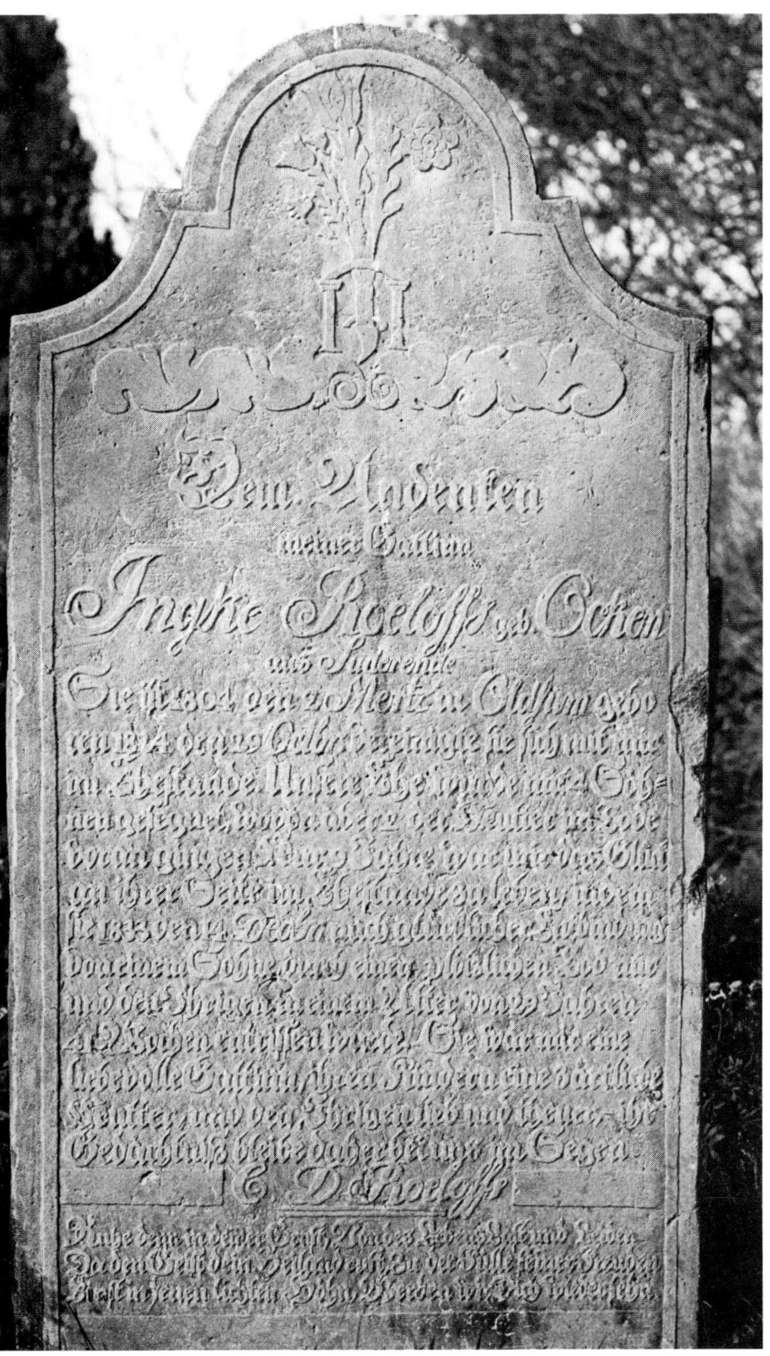

Abb. 53: Grabdenkmal der ersten Ehefrau von Christian Roeloffs, Kirchhof St. Laurentii. Die Blumen im Giebel des Steines sind ein Sinnbild von Leben und Tod innerhalb der Familie: Es symbolisieren die große geknickte Blume die verstorbene Ehefrau, die drei kleinen die nicht mehr lebenden Kinder, wobei die Größe der Blütenköpfe ihr unterschiedliches Sterbealter darstellt. Die aufrecht stehenden Blumen zeigen, daß der Ehemann und ein Kind am Leben sind

plötzlichen Tode uns und den Ihrigen in einem Alter von 29 Jahren 41 Wochen entrissen wurde. Sie war mir eine liebevolle Gattin, ihren Kindern eine zärtliche Mutter, und den Ihrigen lieb und theuer, ihr Gedächtnis bleibe daher bei uns im Segen

C. D. Roeloffs

Ruhe denn in deiner Gruft, von des Lebens Last und Leiden
Da den Geist dein Heiland ruft, in der Fülle seiner Freuden
Einst in seinen lichten Höhen werden wir Dich wiedersehen

Die Rückseite des Grabsteines, die im oberen Teil einen Engel zeigt, gibt das Schicksal des letzten Kindes wieder:

Neben seiner Mutter ruhen die Gebeine ihres Sohnes
Ingwer Ocke Roeloffs
er folgte ihr schon 1834 den 17. Jan. in einem Alter von nur 5 Wochen im Tode nach.

Für den Fall einer erneuten Eheschließung war Christian D. Roeloffs nach dem seinerzeit geltenden Recht gehalten, sein Vermögen und das seiner verstorbenen Frau mit seinem Sohn Erk Diederich zu teilen. Hierzu entschied er sich 1836, gut zwei Jahre nach dem Tode seiner ersten Frau. Erk war mittlerweile 8 Jahre alt. Die zwanzigseitige Teilungsverhandlung über die Erbauseinandersetzung ist noch im Familiennachlaß erhalten. Sie wurde am 14. September 1836 in Anwesenheit von Früd Braren, Jung Rörd Lorentzen und Hinrich Jung Rörden vollzogen[5]. Dabei gab Christian D. Roeloffs folgendes Vermögen an:

Häuser	1.200 Mark C
Ländereien (23,3 Demat)	3.700 Mark C
ausstehende Kapitalien	11.037 Mark C
	15.937 Mark C.

Hiervon erhielt sein Sohn Erk Diederich die Hälfte, und zwar:

ausstehende Kapitalien	6.878,50 Mark C
8,4 Demat Land	1.090,– Mark C.

Die rd. 8,4 Demat wurden im einzelnen wie folgt bewertet:

126 1/8 Ruthen auf „Foolkert“	250 Mark C
220 Ruthen auf „Taarepseekreem“	540 Mark C
6 Demat u. 88 Ruthen in „Spoongweerem“	300 Mark C.

5 Früd Braren (1788–1875), als Schwiegersohn von Früd Peters ein Nachbar von Christian Diederich Roeloffs; Jung Rörd Lorentzen (1770–1850), Onkel und angehender Schwiegervater von Christian Diederich Roeloffs; Hinrich Jung Rörden (1799–1876), seit 1822 Ehemann von Maike Braren, die in erster Ehe mit Ock Oluf Okken (1795–1820), einem Bruder von Ingke Ocken, verheiratet war.

In der Teilungsverhandlung verpflichtete sich der Vater, die 6.878,50 Mark C auf Verlangen an den als Vormund eingesetzten Hinrich Jung Rörden auszuzahlen. Außerdem mußte Christian Diederich versprechen sowie durch seine Unterschrift sich verpflichten, „für die Zinsen und Revenuen den Sohn mit allen seinen Bedürfnissen zu versehen, sowie ihm auch eine anständige Erziehung bis an sein 18. Jahr zu geben".

Nach dem Inhalt dieser Teilungsverhandlung verfügten Christian Diederich Roeloffs und Ingke Ocken schon in jungen Jahren mit 15 937 Mark C über ein für damalige Verhältnisse beachtliches Vermögen. Um 1830 hätten sie für diesen Betrag rd. 300 Demat Marschland erwerben können. Dazu sei noch einmal darauf hingewiesen, daß in dieser Zeit wegen der schon geschilderten besonderen Gegebenheiten auf Föhr das Marschland einen außerordentlich geringen Wert besaß. Das weist auch diese Teilungsverhandlung aus. Die mehr als fünfmal so große Marschfenne „Spoongweerem" wurde nur gut halb so hoch eingeschätzt wie „Taarepseekrem" („Eemelke"), gutes, nicht deichpflichtiges Ackerland neben der jetzigen Oldsumer Mühle. Dabei gehörte „Spoongweerem" zu den besten Lagen der Toftumer Marsch. Gutes, nicht deichpflichtiges Ackerland hatte somit fast den zehnfachen Wert guten Marschlandes, das bekanntlich mit jährlichen Deichabgaben belastet war.

Die rd. 8,4 Demat, die der achtjährige Erk Diederich als Erbteil erhielt, hatte seine verstorbene Mutter 1823 nach dem Tode ihres Vaters Oluf Ocken geerbt. Dem damaligen Recht entsprechend stand aber das Grundeigentum im Erdbuch nicht für Ingke geb. Okken, sondern für Christian D. Roeloffs eingetragen[6]. Von den weiteren 14,9 Demat hatte Christian D. rd. 9,6 Demat, sicherlich mit Hilfe seines Vaters, gekauft. 5,3 Demat in „Wol" hatte ihm – wie bereits erläutert – sein Vater schon 1823 geschenkt. Bei den in der Teilungsverhandlung genannten Häusern handelte es sich um die Grundstücke

Nr. 232 und 235	in Süderende,
Nr. 145	in Klintum und
Nr. 198	in Toftum,

die er ebenfalls mit dem Geld seines Vaters gekauft haben dürfte.

Das relativ hohe Geldvermögen innerhalb der Erbmasse ist mit größter Wahrscheinlichkeit darauf zurückzuführen, daß Diedrich Roeloffs schon zu Lebzeiten einen Teil seiner ausstehenden Kapitalien auf seinen Sohn übertragen hatte. Als Motiv kommt eine Einsparung von Steuern und Abgaben nicht in Betracht, denn zu der Zeit blieb Geldkapital bei der Steuerfestsetzung unberücksichtigt[7]. Möglicherweise wollte sich Diedrich Roeloffs mit der Kapitalübertragung auf seinen Sohn dem Ärger mit den Schuldnern entziehen, die vielfach nicht zahlen konnten. Ausgeschlossen ist, daß Christian D. in dieser wirtschaftlich schwierigen Zeit schon 11 037 Mark C durch eigene Tätigkeit erarbeitet hatte; er war beim Tode seiner Frau erst 32 Jahre alt.

Aus der Familie des 1823 verstorbenen Oluf Ocken stammte dieses Geld jedenfalls nicht. Nach der Teilungsakte umfaßte der Nachlaß neben Haus und rd. 22 Demat Land sowie etwas Vieh (3 Kühe, 3 Quien, 1 Kalb, 2 Schafe, 1 Lamm, 1 Schwein), und knapp 1000 Mark C Forderungen, denen 1367 Mark C Schulden, davon 472 Mark C bei Diedrich Roeloffs, gegenüberstanden. Ingke Ocken erhielt als Tochter daher außer den rd. 8,4 Demat Land nur 1 Quie, 1 Kalb und 1 Schaf sowie Möbel im Werte von 50 Mark C. Aber auch die Schulden, die bei ihrem Schwiegervater bestanden, mußte sie übernehmen, die allerdings wegen einer anderen Forderung von 250 Mark C, die sie bei der Erbteilung ebenfalls erhielt, nicht zu Buche schlugen.

Die Warenhandlung, das ist im Briefbuch aufgezeichnet, übernahm Christian Diederich erst nach dem Todes seines Vaters, also nicht zu Lebzeiten seiner Ehefrau. Daher hatte sein Sohn Erk Diederich bei der Erbteilung hinsichtlich des Wertes der Waren keine Ansprüche. Bemerkenswert ist aber noch, daß in der Teilungsverhandlung Christian Diederich auf das nach den gesetzlichen Vorschriften ihm zustehende „Bruderlos" renuncierte, d. h. verzichtete. Nach dänischem Recht, das seiner Zeit in Erbrechtsangelegenheiten auf Westerlandföhr galt, stand dem Ehegatten zunächst einmal die Hälfte des gemeinschaftlichen Vermögens zu. Darüber hinaus konnte er von der an-

6 Diese Regelung war konsequent, denn nach dänischem Recht unterstanden dem Ehemann Verwaltung und Nutznießung des Vermögens seiner Frau. Er war ihr ehelicher Vormund und konnte über ihr Vermögen frei verfügen, so lange sie lebte.

7 Die in heimatkundlichen Veröffentlichungen insoweit anders lautenden Aussagen sind nicht zutreffend.

deren Hälfte ein „Bruderlos“ beanspruchen. Dabei war ein Bruderlos doppelt so groß wie ein Schwesterlos. In diesem Falle kam ein Schwesterlos jedoch nicht in Betracht, da nur ein männlicher Nachkomme vorhanden war, dem ebenfalls ein Bruderlos zukam. Bei Einhaltung der gesetzlichen Bestimmungen hätte in dem vorliegenden Falle der Vater, Christian Diederich, drei Viertel und der Sohn, Erk Diederich, ein Viertel erhalten. Weil der Vater aber auf sein „Bruderlos“ verzichtete, erhielt jeder die Hälfte der Erbmasse.

Diese Teilungsverhandlung war übrigens nicht ganz billig. Allein für das „Stempelpapier“, auf dem der Vertrag beurkundet wurde, mußte Christian D. Roeloffs 135 Mark C an den Birkvogt zahlen. Hinzu kamen 51 Mark C Gebühren für die Ernennung des Vormundes. Für 186 Mark C hätte er 3 Demat Marschland kaufen können. Andererseits drängte die Erbauseinandersetzung, da er zwei Tage später erneut heiraten wollte.

Von den vier Söhnen aus der ersten Ehe erreichte – wie bereits ausgeführt – nur der am 20. Mai 1828 geborene Erk Diederich Roeloffs das Erwachsenenalter. Aus seiner Kinder- und Jugendzeit ist bekannt, daß er von 1834 bis 1839 die Volksschule in Oldsum besuchte. Als er am 1. April 1839 die Schule verließ, um zusammen mit anderen Kindern in der neu eingerichteten Privatschule seines Vaters unterrichtet zu werden, wurden seine Leistungen mit „gut bis ziemlich gut“ bewertet. Erk lag damit eben über dem Durchschnitt. In der Privatschule erhielt er jedoch eine gute Bildung vermittelt, die ihm zeitlebens zustatten kam. Am 3. März 1844 wurde er aus der Privatschule entlassen. In der seiner Konfirmation vorausgehenden Prüfung (fö. Preewin) wurde ihm in „Erkenntnis und Aufführung“ die Note „vorzüglich“ zuerkannt.

Nach dem Schulbesuch widmete Erk seine Arbeitskraft in erster Linie der Landwirtschaft, während sein Vater den Warenhandel und die damit verbundenen Geschäfte besorgte. Lt. „Geschlechterreihen St. Laurentii“ galt Erk als ein angesehener Mann. Er hat sich aber insoweit nicht mit seinem Vater messen können. Auch scheint er mindestens bis zu seinem 50. Lebensjahr im Schatten der Persönlichkeit seines alten Herrn gestanden zu haben, und zwar sowohl in der Öffentlichkeit als auch innerhalb der Familie. So löste er im Westerlandföhrer Repräsentantenkollegium und als Deichrichter seinen Vater erst ab, als dieser bereits 74 Jahre alt war. Bis dahin ging Christian D. wohl davon aus, er könne diese Ämter besser ausfüllen als sein „junger“ Sohn mit immerhin 47 Jahren. Erk hatte bei weitem nicht den Einfluß auf Westerlandföhr wie sein Vater.

Überliefert ist, daß Erk Diederich Roeloffs Geselligkeit liebte, wobei er dem Teepunsch gerne und reichlich zusprach. So soll er einmal eine Vogelscheuche, die auf einem Getreidefeld bei „Sütjer-Stich“ stand, in aller Ernsthaftigkeit mit „Guten Tag, Herr Pastor“ gegrüßt haben. Gleichwohl war er ein erfolgreicher Landwirt. Zu den 8,4 Demat, die er schon mit acht Jahren nach dem Tod seiner Mutter geerbt hatte, konnte er weitere Ländereien von rd. 32 Demat hinzuerwerben. Dazu kamen Haus und Hof mit zusammen 72 Demat von seinem Vater. Mit rd. 112 Demat hatte er die größte Bauernstelle in Süderende, als er 1890 die Landwirtschaft seinen Söhnen überließ.

Erk Diederich Roeloffs ehelichte am 2. Februar 1855 die um fast drei Jahre ältere Keike Braren, Tochter seiner Stiefmutter Antje[8]. Die ihnen 1856 und 1857 geborenen Töchter Ingke und Anna starben im Kindesalter an „Bräune“, wie die Diphterie damals genannt wurde. Beide wurden vier Jahre alt.

Die dritte, am 14. Juni 1860 geborene Tochter erhielt, wie auf Föhr seinerzeit üblich, nach ihrer im gleichen Jahr verstorbenen Schwester den Namen Ingke.

Ingke, sehr begabt, wußte dank ihres guten Gedächtnisses trefflich zu erzählen. Ich bedaure nur, daß ich nicht mehr Zeit aufgewendet habe, Wissenswertes aus alten Zeiten (fö. ualeng Tidjen) von ihr zu erfahren. Ingke, in jungen Jahren verlobt mit Sönk Knuten (Sohn des damaligen Postmeisters von Amrum), der aber um 1885 an Tuberkulose starb, wurde ob ihrer großen stattlichen Erscheinung allgemein „Grat Ingke“ genannt. Sie war eine resolute Persönlichkeit. Den neun Kindern ihres Bruders Christian, dessen erste und zweite Ehefrau in jungen Jahren starben, war sie eine Art Ersatzmutter. In Kochen, Nähen und sonstigen Handarbeiten bis ins hohe Alter hinein eine Meisterin, starb Ingke hochbetagt am 17. Januar 1958, knapp 98 Jahre alt.

Das vierte Kind Christian Diedrich ist am 30. Juli 1862 geboren. Er übernahm um 1890 den größeren Teil des Stammhofes Roeloffs zunächst pachtweise.

8 Antje geb. Ketels, verw. Braren, wurde 1846 die dritte Ehefrau von Christian Diederich Roeloffs.

Als tüchtiger Landwirt konnte er ein beträchtliches Kapitalvermögen erwirtschaften. Über 100 000 Mark verlor er in der Inflation 1923. Onkel Krischan konnte interessant erzählen, weil er sich vortrefflich an Details erinnerte. In erster Ehe war er mit Christine Marie Winterhoff aus Oldsum verheiratet. Die Kinder aus der am 6. November 1889 geschlossenen Ehe, Inge Friederike und Erk Diedrich, wanderten in jungen Jahren in die USA aus. Deren Abkömmlinge leben alle dort.

Christine geb. Winterhoff starb nach der Geburt von Erk Diedrich am 1. Dezember 1894 im Wochenbett, eben 26 Jahre alt. Christian ging am 6. November 1896 eine zweite Ehe ein mit CLARA HENRIETTE JACOBS, Süderende. Sie gebar ihm neun Kinder, von denen sieben das Erwachsenenalter erreichten. Eine unheilbare Tuberkulose führte am 17. März 1914 zu ihrem Tode. Christian erreichte mit 82 Jahren ein hohes Alter. Er starb nach 30jährigem Witwenstand am 18. August 1944 an Krebs. Nach ihm übernahm sein am 28. Oktober 1902 geborener Sohn JACOB WILHELM die Roeloffs-Stammstelle. Er lebt dort zusammen mit seinem Sohn CHRISTIAN und Enkel JÜRGEN und deren Familien, die den landwirtschaftlichen Betrieb bewirtschafteten. Die meisten Nachkommen aus der zweiten Ehe leben auf Föhr und in den USA.

BRAR CORNELIUS ROELOFFS, als fünftes Kind am 3. März 1865 geboren, ergriff wie sein Bruder den Beruf des Landwirts. Ihm wurde 1890 etwa 300 m südlich der Stammstelle von seinem Schwiegervater Johann E. Ketels der „Heidehof“ errichtet, in den er nach seiner Heirat mit JOHANNA EMILIE KETELS einzog. Die Hochzeit fand am 24. Oktober 1890 auf dem Heidehof statt. Von den 14 Kindern starben zwei im ersten Lebensjahr. CARL CHRISTIAN fiel im Alter von 20 Jahren als Kriegsfreiwilliger im ersten Weltkrieg. Brar Roeloffs, als Landwirt fortschrittlich und erfolgreich, vergrößerte den Heidehof erheblich. Er kaufte Ländereien, die er zum überwiegenden Teil kultivierte. Wegen seiner geistigen Regsamkeit und seines bestimmten Auftretens – verbunden mit einer soliden Lebensführung – genoß er auf Föhr großes Vertrauen und hohes Ansehen. Er bekleidete viele Ehrenämter. So war er u. a. Amtsvorsteher, Deichgraf und Gemeindevorsteher sowie Vorsitzender der Spar- und Darlehnskasse, des Landwirschaftlichen Vereins und des Shorthorn-Zuchtverbandes. Über die gewissenhafte Erfüllung seiner zahlreichen Ehrenämter hinaus war er von einer menschlich erwärmenden, herzlichen Hilfsbereitschaft. Er starb als eine allseits geachtete Persönlichkeit am 7. August 1933 an Muskelschwund, gut 68 Jahre alt. Seine Frau Johanna überlebte ihn fast 18 Jahre. Als sie nach längerer Schwäche am 4. Juni 1951 die Augen schloß, trauerten 10 Kinder, 39 Enkel und 11 Urenkel.

Als sechstes Kind wurde ANNA CHRISTINE ROELOFFS am 1. Juni 1868 geboren. Unverheiratet wie ihre Schwester Ingke, blieb sie zeitlebens auf dem Stammhof Roeloffs als eine unermüdlich mitarbeitende Familienarbeitskraft. Am 26. September 1957, 89 Jahre alt, ist sie gestorben.

Schließlich bleibt noch der weitere Lebenslauf von Erk Diederich Roeloffs und Keike geb. Braren nachzutragen. Erk Diederich erlag am 4. April 1910, fast 82 Jahre alt, einem Herzschlag. Seine Frau starb am 22. März 1926 im 101. Lebensjahr. Während ihrer letzten zehn Lebensjahre war sie blind.

... mit Matje Lorentzen

Christian Diederich Roeloffs ging am 16. September 1836 mit seiner am 24. November 1812 geborenen Cousine Matje Lorentzen (Jung Rörden) seine zweite Ehe ein. Sie wurden nicht, wie sonst üblich, in der Kirche, sondern zu Hause kopuliert, nachdem ihnen hierfür lt. Kirchenbuch am 5. 9. 1836 eine Königliche Konzession erteilt worden war. Als Trauzeugen traten auf Ketel Olufs, ein Onkel von Christian Diederich, und Jung Rörd Lorentzen, der Vater der Braut. Für den Antrag auf Bewilligung der Haustrauung mögen zwei Gründe angeführt worden sein. Einmal war die Braut schwanger, zum anderen war Christian Diederich Witwer.

Matje war eine Tochter der Eheleute Jung Rörd Lorentzen (1771–1850) und Ing Ercken (1773–1849). J. R. Lorentzen war ein Bruder der Ehefrau von Diedrich Roeloffs. Er fuhr in jungen Jahren zur See. Von 1793 bis 1799 ist er unter dem Namen Riewert Lorenzen als Harpunier in den Mannschaftslisten der hamburgischen Grönlandfahrer „De Hoopende Landmann“ und „De Maria“ aufgeführt[9]. 1801 hatte er die

9 „De Hoopende Landmann“, 1757 als Fleutschiff mit 150 Commerzlasten in Zaandam/Holland gebaut, fuhr von 1767–1795 von Hamburg aus nach Grönland.

Funktion eines Steuermannes. Als Seefahrer wohnte er in Klintum Nr. 138, als Landmann (nach 1805) in Süderende Nr. 259 (heute: Gertrud Faltings), das er von Diedrich Roeloffs erworben hatte.

Vor ihrer Eheschließung diente Matje Lorentzen als Magd bei Christian Diederich Roeloffs. Das geht aus der Volkszählungsliste von 1834 hervor. Auch sie mußte – wie Ingke Ocken, die erste Frau von Christian Diederich – als junges Mädchen die Tragik der damaligen Seefahrt innerhalb ihrer Familie erleben. Ihr Bruder Diedrich Riewert verunglückte im November 1817 im Alter von nur 13 Jahren auf einem Walfänger bei Ferroe (wahrscheinlich Faroer-Inseln). Dort ging das Schiff, von dem Commandeur Boh Ercken aus Klintum geführt, mit der gesamten Mannschaft unter[10].

Ein weiterer Bruder von Matje Lorentzen, Jürgen Lorentzen, der sich auch Jürgen Riewerts nannte, starb als Matrose im Alter von nur 18 Jahren ebenfalls fern der Heimat. Der in den „Geschlechterreihen St. Laurentii" als Todestag vermerkte 9. Januar 1832 ist allerdings unrichtig. Schon am 16. Oktober 1827 schrieb Christian D. Roeloffs an das Handelshaus Lorenzen und Görrissen in Flensburg:

„Ein naher Anverwandter (Vetter) von mir, Jürgen Riewerts, ist auf dem Schiffe „Formika" des Capt. Jürgensen in St. Thomas (Westindien) gestorben. Das Schiff ist jetzt in Flensburg angekommen. Dürfte ich Sie daher bitten, die Effecten und das wenige zugutehabende Geld des Verstorbenen in Empfang zu nehmen. Ich hoffe, Sie werden es erhalten können, ohne erst eine gerichtliche Vollmacht von den Eltern des Verstorbenen zu benöthigen, da sie sich selbst in so bedrängten Umständen befinden und ihnen jeder Kostenaufwand, sei er noch so gering, beschwerlich fällt."

Offensichtlich hatte der Verstorbene aber keine geldlichen Ansprüche hinterlassen, denn einen Monat später schreibt Christian Diederich erneut:

„Für Ihre Bemühungen in Hinsicht des verstorbenen Jürgen Riewerts danke ich Ihnen herzlich und bitte der Eltern wegen den Reedern und Capitain des Schiffes zu danken, daß sie ihnen (den Eltern) nichts von den Schulden desselben zur Last legen und seine Kleider ihnen besorgt, die sie schon erhalten haben."

10 Boh Ercken zeichnete sich nach 1807 während des dänisch-englischen Krieges als Blockadebrecher aus. Ihm soll es als einzigem gelungen sein, die englischen Kriegsschiffe zu überlisten, die, vor der norwegischen Küste liegend, versuchten, die dänischen Walfänger aufzubringen.

Wiederum hatte das Schicksal eines föhringischen Seefahrers Christian Diederich veranlaßt, zur Feder zu greifen. Er setzte damit zugleich die Bereitwilligkeit seines Vaters fort, sich einzusetzen für die Armen und Bedrängten unserer kleinen Heimatgemeinde, die selbst nicht in der Lage waren, ihre Angelegenheiten zu erledigen. Sein Briefbuch gibt insoweit mancherlei Hinweise.

Die zweite Ehe wurde mit vier lebenden Kindern, drei Töchter und einem Sohn gesegnet. Eine Tochter starb im Alter von zwei Jahren. Diese familiären Ereignisse zeichnete Christian D. Roeloffs ebenfalls im Journal seines Vaters auf (Abb. 54):

1837 Den 10. Jan. wurde meine Frau von einem Knaben entbunden, des Nachts um halb ein Uhr, welcher den 5. Febr. in der Taufe den Namen Ingwer Ocke Roeloffs, nach meiner seligen Frau Ingke, erhielt. Seine Gevattern waren Brar Jan Braren und Frau und Jung Rörd Lorenzen, an dessen Stelle Lor. K. Olufs Gevatter stand.

1838 3. Octbr. des morgens um 5 Uhr wurde meine Frau von einem Mädchen glücklich entbunden, welches den 14. Octbr. in der Taufe den Namen Keike Roeloffs nach meiner seligen Mutter erhielt. Seine Gevattern waren Ketel Olufs und Frau und Ingke Jung Rörden.

1840 den 22. May des Morgens um 4 Uhr wurde meine Frau von einem gesunden Mädchen entbunden, welches den 14. Juny getauft wurde und nach meiner Schwiegermutter (den Namen) Ingke Roeloffs erhielt. Gevatter waren Jung Rörd Lorenzen und Ing und Matje Brarens.

1841 Den 18. Juny wurde unsere geliebte Tochter Keike Roeloffs uns durch den Tod entnommen, nachdem sie 12 Tage krank gewesen war, in einem Alter von 2 Jahr 36 Wochen 6 Tage.

1842 den 8. May des morgens um halb 5 Uhr wurde meine liebe Frau von einem gesunden Mädchen glücklich entbunden, welche nach ihrer verstorbenen Schwester Keike Roeloffs genannt und den 30. May getauft wurde. Gevattern waren dieselben wie bei ihrer verstorbenen Schwester.

Aber auch in seiner zweiten Ehe mußte Christian Diederich Roeloffs „die Mühseligkeiten und Trübsale dieser armen Erde reichlich kennenlernen" (vergl. Ansprache von Pastor Caspers bei der Trauerfeier für ihn am 12. 4. 1885). Nach gut siebenjähriger Ehe starb Matje am 13. Januar 1844 – wie die erste Ehefrau nach der Geburt eines Kindes (Abb. 55):

1844 den 5. Jan. wurde meine Liebe Frau von einem todten Mädchen entbunden und d. 13. Jan. des Morgens um halb 3 Uhr starb meine geliebte Frau in einem Alter von 32 Jahren, nachdem sie durch starke Blutungen vor der Geburt von Anfang Decbr an schon sehr entkräftet war, zu dem sich nach der Geburt starkes Fieber gesellte, das einen nervösen Charakter annahm.

◁ *Abb. 54: Das alte Journal berichtet auch über Freude und Leid in der zweiten Ehe von Christian D. Roeloffs*

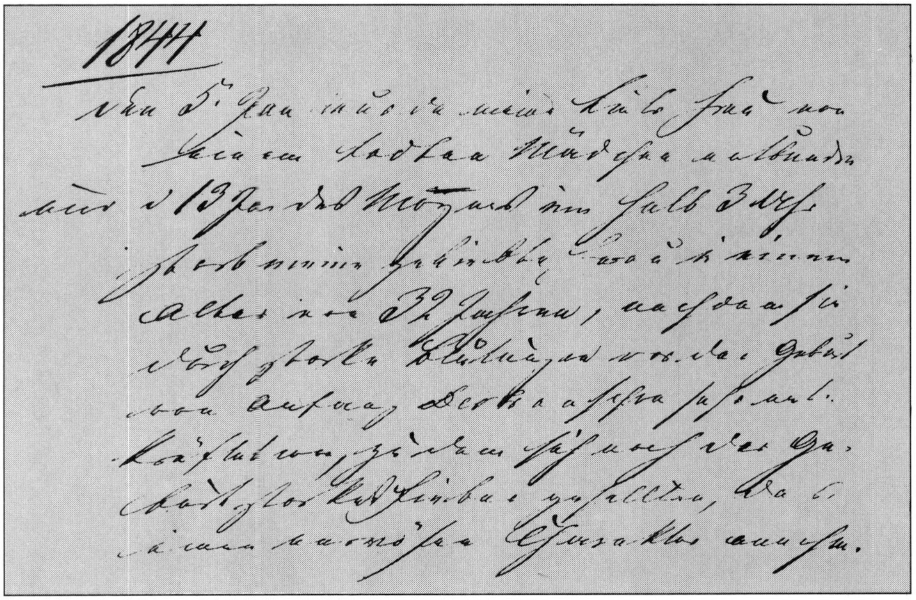

Abb. 55: Matje Roeloffs geb. Lorentzen ist gestorben

Abb. 56: Grabdenkmal der zweiten Ehefrau von Christian D. Roeloffs, Kirchhof St. Laurentii

Die Eintragung im Journal belegt in wenigen dürren Worten eindringlich, welchen Gefährdungen Frauen im Zusammenhang mit einer Geburt seinerzeit ausgesetzt waren. Die ärztliche Kunst war insoweit noch nicht entwickelt.

Matje wurde zusammen mit ihrem totgeborenen Kind am 18. Januar 1844 neben der ersten Ehefrau von Christian Diederich Roeloffs auf dem St. Laurentii-Kirchhof bestattet. Der Grabstein (Abb. 56), im oberen Teil von einem Schmetterling, unten durch ein Kreuz, einen Anker und einen Bienenkorb geziert, trägt folgende Inschrift:

Matje Roeloffs.
Geb. in Süderende d. 24. Nov. 1812.
Verehelicht den 16. Septbr. 1836.
Gestorben den 13. Jan. 1844.
Sie that nur Liebes;
kein Leides ihr Lebenlang.

Auf der Rückseite des Grabmals ist folgendes zu lesen:

Von den 5 Kindern ruht eins in den Armen, das zweite, Keike, geboren den 3. Octbr. 1838, gestorben den 18. Juni 1841, neben ihr.

Wie nach dem Tode seiner ersten Ehefrau war Christian Diederich Roeloffs auch nach Matjes Tod gehalten, mit den Kindern aus zweiter Ehe zu „schiften und zu teilen". In der Teilungsakte vom 28. September 1846 gab er folgendes Vermögen an:

	Mark C
Häuser und 1/6 Anteil an der Oldsumer Mühle	4.250
Ländereien (rd. 100 Demat)	6.610
ausstehenden Kapitalien	14.000
Gold und Silber	418
Möbel und Effekten	400
Warenlager	1.200
	26.878
	oder 14.335 Rbtr

Hiervon wurde das mütterliche Erbteil (Geldkapital) des Sohnes aus 1. Ehe abgesetzt, so daß die Teilungsmasse 20 000 Mark C oder 10 667 Rbtr betrug.

Zum Inhalt der Teilungsakte ist zu bemerken, daß man bei der Ermittlung des Vermögens anläßlich dieser Erbteilung offensichtlich recht großzügig vorgegangen ist. Zweifellos wurde das Warenlager mit 1200 Mark C erheblich unterbewertet. Tatsächlich dürfte es wesentlich mehr wert gewesen sein. Bereits 1800 bilanzierte Diedrich Roeloffs sein Warenlager mit 16 867 Mark C. In einer späteren Bilanz im Jahre 1858 sind 20 719 Mark C angegeben. Jedenfalls gibt es in dem Nachlaß von Christian D. Roeloffs keine Hinweise, daß der Wert seines Warenlagers 1846 nur 1200 Mark C betrug, zumal sich die wirtschaftlichen Verhältnisse nach 1830 grundlegend verbessert hatten. Anzunehmen ist, daß man sich bei Erbteilungen mehr an die Grundsätze der Steuereinschätzung anlehnte, in der Christian Diederich beispielsweise 1845 den Wert seiner Waren mit nur 400 Mark C angab.

Meine Vermutung, daß Christian Diederich bei der Erbteilung im Jahre 1846 auch seine Ländereien zu niedrig bewertete, wird erhärtet durch einen Vergleich mit der Einschätzung der Brarenschen Ländereien in Oldsum, die im gleichen Jahre stattfand, und auf die im einzelnen später einzugehen ist. Während die rd. 100 Demat in Süderende mit 6610 Mark C oder rd. 66 Mark C je Demat bewertet wurden, schätzte man die 47 Demat des verstorbenen Brar Braren (1797–1840) auf 4800 Rbtr, die 9000 Mark C entsprachen oder 191 Mark C je Demat. Dabei mag die Qualität der Braren-Ländereien etwas besser gewesen sein, weil es sich vornehmlich um Marschland handelte. Dennoch dürfte ein derart großer Wertunterschied tatsächlich nicht vorgelegen haben.

Wenngleich meine Vermutung über die nicht zutreffende Vermögensschätzung bei der Erbteilung gesichert sein dürfte, so möchte ich dennoch nicht den Anschein erwecken, in diesem speziellen Falle seien die unmündigen Kinder von Christian Diederich Roeloffs benachteiligt worden. Keineswegs! In späteren Jahren haben sie in vielfältiger Weise die Fürsorge ihres Vaters erfahren dürfen.

Das Vermögen wurde gemäß Teilungsverhandlung wie folgt aufgeteilt:

	Mark C
Christian Diederich Roeloffs, welcher auf Bruderlos renunciert	10.000
Ingwert Ocke Roeloffs – neun Jahre alt – ein Bruderlos	5.000
Ingke Roeloffs – sechs Jahre alt – ein Schwesterlos	2.500
Keike Roeloffs – vier Jahre alt – ein Schwesterlos	2.500

Wie bei der Erbteilung nach seiner ersten Ehefrau, verzichtete Christian D. Roeloffs auch diesmal auf das ihm zustehende Bruderlos. Die Kosten der Teilungsverhandlung einschließlich des Stempelpapiers beliefen sich auf 115 Rbtr und 16 Sch oder rd. 216 Mark C – ein Betrag, der gereicht hätte, 1 Demat Marschland zu kaufen. Seit der vorletzten Erbteilung 1836 waren die Landpreise erheblich gestiegen.

Beim Tode ihrer Mutter im Jahre 1844 waren Ingwert Ocke sieben, Ingke drei und Keike knapp zwei Jahre alt. Zum Vormund wurde vom Birkvogt Dahl Nielsen der Kapitän Ketel Olufs aus Klintum, ein Onkel von Christian Diederich Roeloffs, bestimmt.

Der am 10. Januar 1837 geborene Ingwert Ocke Roeloffs besuchte von Ostern 1843 bis zum Herbst 1846 die Privatschule seines Vaters, danach – wegen der Einstellung des privaten Schulbetriebs – bis 1852 die Volksschule in Oldsum. Er zeichnete sich durch überragende Leistungen aus. Bei seinem Abgang wurde er in allen Fächern mit „sehr gut" oder „vorzüglich" beurteilt. Hinsichtlich seiner Intelligenz scheint er seinem älteren Bruder Erk überlegen gewesen zu sein. Die Konfirmandenprüfung schloß er 1852, wie sein gleichaltriger Stiefbruder Brar C. Braren (1836–1915), mit der Note „vorzüglich" ab.

Ingwert trat in die Fußstapfen seines Vaters und wählte den Kaufmannsberuf. Er lernte in Flensburg und machte sich alsbald selbständig. Um 1864 soll er Inhaber der Firma Evers u. Co. gewesen sein, die er allerdings alsbald wieder aufgeben mußte.

Auf der Rückseite der Teilungsverhandlung von 1846 bestätigte Ingwert Ocke übrigens am 5. März 1860, daß er sein mütterliches Erbteil von 5000 Mark C ausgezahlt bekommen habe. Er war zu der Zeit eben 23 Jahre alt. Ich nehme an, daß er diesen Betrag als Startkapital für geschäftliche Zwecke erhielt.

Etwa ab 1867 soll Ingwert Ocke zusammen mit seinem Stiefbruder Hark Cornelius Braren ein Handelsgeschäft betrieben haben. Näheres konnte ich hierüber zwar nicht erfahren, aber die Bilanzen von Christian Diederich bestätigen das. Darin erscheinen Ingwert und Hark im Jahre 1867 zum ersten Male mit einer gemeinsamen Schuld von 2487 Rbtr, die sich bis Ende 1870 auf 3854 Rbtr erhöht. Im darauffolgenden Jahr sind sie als gemeinsame Schuldner nicht mehr aufgeführt. So ist anzunehmen, daß Ingwert Ocke Roeloffs und Hark Braren sich etwa im Jahre 1871 geschäftlich getrennt haben. Nach Ingke Roeloffs hat das gemeinschaftlich betriebene Geschäft nicht floriert.

Es ist zweifelsfrei, daß Ingwert O. Roeloffs sich im Jahre 1871 als Kaufmann in Flensburg betätigte; am 22. Juli ließ er dort seine Zustimmung zum Überlassungsvertrag seines Vaters beurkunden. Er stand nach einer Reisebeschreibung des Husumer Lehrers Brar Braren im Sommer 1876 als Geschäftsführer einer Brauerei in Flensburg-Duborg vor. Später machte er sich wieder selbständig und betrieb als Kaufmann und Makler vor allem den Handel mit Rum. Noch heute trägt eine Firma in Flensburg seinen Namen.

Aus den Aufzeichnungen von Christian D. Roeloffs

geht hervor, daß er seinen Sohn Ingwert Ocke auch weiterhin finanziell unterstützte. So erscheint dieser in den Bilanzen seines Vaters von 1885 bis 1890 stets als Schuldner mit 2000 Mark. Darüber hinaus wird er aber noch weitere Geldzuwendungen erhalten haben, da er 1871 bei der Aufteilung der Ländereien seines Vaters – wobei er unberücksichtigt blieb – erklärte, er sei anderweitig abgefunden worden.

Ingwert Ocke Roeloffs heiratete 1859 die am 21. 8. 1838 geborene Ida Thiede, die im Juli 1868 verstarb. Danach ehelichte er Mathilde Gosch, die 1913, 80 Jahre alt, in Flensburg starb. Er selbst verschied schon am 17. April 1889 im Alter von nur 52 Jahren. Von seinen Nachkommen trägt niemand mehr den Namen Roeloffs. Eine Enkelin, Gertrud Hoffmann geb. Roeloffs, starb 1981 im 95. Lebensjahr in Prasdorf/Probstei.

Die am 22. Mai 1840 geborene Tochter INGKE ROELOFFS besuchte im Jahre 1846 nur ein halbes Jahr die Privatschule ihres Vaters, danach bis 1855 die Volksschule in Oldsum. Sie verließ die Schule mit guten und sehr guten Noten. Wie damals üblich, blieb sie nach der Schulentlassung im Elternhaus und half in Haus und Hof. Am 23. Februar 1866 heiratete sie den Landmann Friedrich H. Arfsten (1842–1890) in Süderende, Sohn des Kapitäns Jacob Hayen (1802–1881) aus Süderende, der sich später Hinrichsen nannte. Friedrich, im Haus Nr. 241 geboren (später Früd Braren/Peter Engelbrechtsen), wurde adoptiert von Oluf Arfsten (1805–1886). Er nannte sich daraufhin Friedrich Hinrich Arfsten. Friedrich und Ingke geb. Roeloffs wohnten im Hause Nr. 256 in Süderende (später Lorenz Braren/Christian Braren).

Das Erbteil ihrer Mutter in Höhe von 2500 Mark C bekam Ingke nach ihrer Hochzeit ausgezahlt. Für Landkäufe und den Bau einer größeren Scheune erhielt sie von ihrem Vater weitere Geldmittel, die jeweils in den Jahresbilanzen ausgewiesen sind. 1875 schuldete sie ihm 4560 Mark; hiervon waren 3960 Mark mit 4 % zu verzinsen. Ab 1879 (nach ihrem Tode) wurden keine Zinsen mehr erhoben. Bis 1891 konnte ihr Ehemann Friedrich Arfsten die Schulden auf 2600 Mark zurückführen, die dann bei der Teilung des Kapitalvermögens nach Christian D. Roeloffs verrechnet wurden.

Friedrich Hinrich Arfsten und seine Frau Ingke hatten 1875 zusammen mit dem im gleichen Hause noch lebenden Vater Oluf Danklef Arfsten mit rd. 75 Demat Land die zweitgrößte Bauernstelle in Süderende; in dem Jahr versteuerten sie zusammen ein Vermögen im Werte von 24,21 Pfund Englisch. Von den 75 Demat entfielen 31 Demat auf Ländereien, die Ingke im Jahre 1871 von ihrem Vater Christian D. Roeloffs erhalten hatte. Die Bauernstelle wurde allerdings später geteilt.

Den Eheleuten Friedrich und Ingke Arfsten wurden von 1867 bis 1877 fünf Kinder geboren, von denen nur zwei Söhne, OLUF DANKLEF ARFSTEN und JACOB CARL ARFSTEN, Abkömmlinge hatten. Beide erreichten kein hohes Alter.

Der 1871 geborene Oluf starb nach vierjähriger Ehe mit Anna Hansen im Jahre 1899. Er hinterließ zwei Kinder: Reinhard Arfsten und Inna Arfsten, die kinderlos blieben.

Jacob Carl Arfsten, 1874 geboren, mit Clara Jürgens seit 1898 verheiratet, war Landmann in Klintum. Er starb im Alter von 42 Jahren. Eine größere Zahl von Nachkommen lebt auf Föhr und in den USA.

Ingke Arfsten geb. Roeloffs starb 1878 im Alter von kaum 38 Jahren an Tuberkulose – fünf Monate nach der Geburt eines Sohnes. Der Witwer Friedrich Arfsten heiratete 1885 zum zweiten Male, und zwar Elena Jepsen geb. Matzen aus Oldsum. Elena hatte ihren ersten Ehemann, den Kapitän Jürgen Jepsen in Oldsum, nach knapp fünfjähriger kinderloser Ehe verloren. Er starb auf der Reise von Antwerpen nach Valparaiso. Auch mit Friedrich Arfsten konnte sie nur fünf Jahre zusammensein. Er starb am 24. Oktober 1890, genau am Tage der Eheschließung seines Neffen Brar Cornelius Roeloffs. Friedrich Arfsten und Elena hatten zwei Kinder: Jürgen Arfsten, mit Christina Faltings aus Utersum verheiratet, und Ingke Arfsten, deren Ehemann Cornelius Riewerts war.

Elena Arfsten verwitwete Jepsen geb. Matzen schloß noch eine dritte Ehe mit Simon Wilhelm Wögens, den sie ebenfalls überlebte. Die in dieser Ehe geborene Tochter Frieda Wögens war mit Johannes Jensen, Süderende, verheiratet.

Die am 8. Mai 1842 geborene KEIKE ROELOFFS war bis zum 10. Lebensjahr kränklich. Sie besuchte bis dahin kaum die Schule. Dennoch wurden am 1. 10. 1855 ihre Leistungen recht gut beurteilt. Hinsichtlich ihres Schulwissens konnte sie sich aber nicht mit ihren Geschwistern Ingwert und Ingke messen. Sie soll allerdings im Gegensatz zu ihrer sommersprossigen Schwester Ingke von ausgesprochener Schönheit ge-

Abb. 57: Föhrer Braut, vermutlich Krassen Braren geb. Peters (1785–1871) aus Süderende, die 1808 Früd Braren (1788–1875) ehelichte

wesen sein. Als junges Mädchen war sie die Tanzpartnerin des dänischen Königs, der 1860 anläßlich eines Besuchs auf der Insel Föhr an einem Festball in Nieblum teilnahm. Mit knapp 21 Jahren heiratete sie am 13. Februar 1863 den Landmann Erich Peters (1839 bis 1924), Erich Lien Hayen genannt, aus Utersum. Der Kapitän Ernst Ketels (1859–1949) wußte sich zu erinnern, wie Keike – und später auch die vorerwähnte Ingke – mit dem Spinnrad in der Hand, oben auf dem mit Hausrat und Betten hochgestapelten Brautwagen, ihr Elternhaus in Süderende verlassen haben. Entsprechend dem damaligen Brauch folgten zwei junge Männer (fö. Bilupers) an der Seite des Wagens der flotten Gangart der angetriebenen Pferde, wobei von allen Seiten Salut geschossen wurde.

Ebenfalls nach damaligem Brauch wurde die Hochzeit der beiden Roeloffs-Töchter im Hause der Brauteltern in Süderende gefeiert. Die föhringische Bezeichnung für Hochzeit ist „Bradlep“ und heißt soviel wie „Brautlauf“. Vor 120 Jahren nahmen am Hochzeitsfest in der Regel nur die nächsten Verwandten teil. Hochzeitsgeschenke waren nicht üblich; damit begann man in St. Laurentii erst um 1885. Einen vorhergehenden Polterabend kannte man nicht[11]. Die Braut wurde an ihrem Ehrentage mit einer farbenprächtigen Brautkrone geschmückt (Abb. 57). An der Seite ihres Bräutigams schritt sie dem Hochzeitszuge zur Kirche voran. Ihnen folgten die zur Hochzeit eingeladenen Kinder, sodann paarweise die Verwandten und am Schluß des Zuges die Brauteltern. Bei der kirchlichen Trauung fand ein Wechsel der Ringe nicht statt. Auf dem Hochzeitsfest wurde den Gästen abends ein besonderes Getränk gereicht: „Skeelks“, ein Gemisch aus heißem Wasser, Sirup und Branntwein, in das harte Kringel gebrockt wurden. In einer großen Schüssel wurde dieses „Getränk“ von einem Gast zum anderen gereicht. Jeder nahm davon einen Löffel voll. In gleicher Weise wurden die nicht eingeladenen Dorfbewohner bewirtet, die – wie es vor einigen Jahrzehnten durchaus noch üblich war – draußen als Zuschauer an den durch Gardinen nicht verhängten Fenstern dem Ablauf des Festes mit Interesse folgten. Dieses für Föhr typische Getränk wurde übrigens auch aus anderen Anlässen geboten, wie z. B. beim Rapsdreschen. Im Hochzeitshaus selbst wurde nicht getanzt, was wegen der beengten Räumlichkeiten in den kleinen Friesenhäusern auch gar nicht möglich war. Jedoch war es üblich, am Hochzeitstage in einem öffentlichen Lokal ein Tanzvergnügen zu veranstalten, um der Hochzeitsgesellschaft für einige Stunden Gelegenheit zum Tanzen zu geben.

Erich Peters und seine Frau Keike bewirtschafteten in Utersum Nr. 34 (um 1980: Günter Plath) eine mittlere Landstelle. Erich betrieb aber seine Landwirtschaft wohl nicht mit überragendem Erfolg. Jedenfalls erscheint er fortlaufend als Schuldner in den Bilanzen seines Schwiegervaters, auch noch nach dem Tode seiner Frau. Seine Kinder mußten sich 1890 bei der Aufteilung des Kapitalvermögens ihres Großvaters Christian D. Roeloffs den Schuldbetrag ihres Vaters von 6326 Mark auf ihr Erbteil von 10 200 Mark anrechnen lassen. Dabei hatte ihre Mutter kurz nach ihrer Heirat schon 2500 Mark C (3000 Mark) erhalten, die ihr aufgrund der Teilungsakte vom 28. 9. 1846 zustanden. Hinsichtlich geldlicher Zuwendungen wurde Keike Roeloffs übrigens zuvorkommend bedacht. Sie brauchte, im Gegensatz zu ihren Geschwistern, ihrem Vater keine Zinsen zu zahlen. Dafür erhielt sie dann allerdings im Jahre 1871 bei der Aufteilung der Ländereien ihres Vaters nur 17,1 Demat, während ihre Schwester Ingke, wie bereits erwähnt, 31 Demat bekam.

Erich Peters und Keike Roeloffs konnte nur eine neun Jahre währende Ehe führen, in der ihnen fünf Kinder geboren wurden. An den Folgen der Entbindung ihres sechsten, toten Kindes starb Keike im Jahre 1872, knapp 30 Jahre alt.

Ihr ältester Sohn, der 1863 geborene WILHELM PETERS, Zimmermann und Landmann in Oldsum Nr. 35, war in erster Ehe mit Richardine Matzen verheiratet; keine Nachkommen. Aus der zweiten Ehe mit Ingke Schmidt lebt heute eine größere Zahl, vor allem auf Föhr, aber auch in den USA. Wilhelm Peters starb 1946 an Altersschwäche.

Die 1864 geborene MATJE PETERS ehelichte 1887 den Landwirt Ocke Elfried Hinrichsen (1863–1947) aus Utersum. Ihre Kinder, Enkel und Urenkel sind zum überwiegenden Teil auf Föhr sowie in den USA wohnhaft. Matje starb 1958.

LOUISE CAROLINE PETERS, geboren 1867, heiratete 1895 Georg Korsemann, der etwa bis 1908 in Hesbüll

11 Ein Polterabend fand in Süderende erstmalig im Jahre 1936 statt anläßlich der Hochzeit von Caroline Hansen und Hans Diedrichs.

und in Westerhever/Eiderstedt, danach bis 1914 in Jeising-Hostrup und später in Rapstedt in Nordschleswig Lehrer war. Eine große Zahl von Nachkommen lebt in Nordschleswig. Louise Korsemann starb 1939 in Rapstedt.

Das vierte Kind, die 1869 geborene Tochter CHRISTINE AMALIE PETERS, vermählte sich 1889 mit dem Landmann Ferdinand Faltings, ein Glied der großen Oldsumer Faltings-Familie, die zahlreiche Commandeure und Kapitäne hervorgebracht hat. Sie wohnten in Oldsum Nr. 65 (heute ebenfalls Ferdinand Faltings). Christine Faltings geb. Peters starb 1908 – wie ihre Mutter und Großmutter – im Wochenbett. Sie wurde nur eben 40 Jahre alt. Christine hinterließ zehn Kinder, das älteste achtzehnjährig. Wenn man bedenkt, daß nur sieben Jahre später, 1916, eine Lungenentzündung auch dem Vater Ferdinand Faltings den Tod brachte, so kann man ermessen, daß die Kinder großen Schmerz und Trauer erlebten und elterliche Fürsorge entbehrten. Gleichwohl haben sie sich dadurch nicht aus der Bahn werfen lassen. Eine überaus große Zahl von Nachkommen, wiederum vor allem auf Föhr und in den USA, zeugt von der Lebenskraft dieser föhringischen Familie.

Erich Wilhelm Peters ging 1873 eine zweite Ehe ein mit Caroline Amalia Rörden (1849–1942). Von den sieben Kindern aus dieser Ehe erreichten fünf das Erwachsenenalter.

... mit Antje Braren

Eine den vier unmündigen Kindern fehlende Mutter sowie eine zur Bewältigung der Aufgaben im Haushalt unentbehrliche Hausfrau mögen in erster Linie den 45jährigen Witwer Christian Diederich Roeloffs bewogen haben, sich erneut nach einer Ehefrau umzusehen. Seine Wahl fiel auf die Witwe Antje Braren geb. Ketels, mit der er sich am 27. November 1846 verheiratete. Für die „Hauskopulation“ bedurfte es lt. Kirchenbuch wiederum einer königlichen Konzession. Sie wurde am 24. 11. 1846 erteilt.

Bemerkenswert ist, daß am 27. November *sieben* weitere Paare in der Kirche St. Laurentii getraut wurden. Demnach lebte um 1846 der alte, aus der Seefahrerzeit stammende Brauch noch fort, daß sich mehrere Brautpaare im Herbst gemeinsam trauen ließen.

In Toftum auf Föhr am 19. Juli 1804 geboren, entstammte Antje Ketels einer alteingesessenen föhringischen Seefahrerfamilie. Diese hier kurz zu streifen, erscheint angebracht, um nochmals einige Details aus der damaligen Seefahrerzeit zu schildern. Antjes Vater, Ketel Harken (1761–1843), war von seinem 12. bis zu seinem 63. Lebensjahr Seefahrer. Er fuhr während dieser Zeit ausschließlich auf Walfängern ins Nordmeer, zumeist auf hamburgischen Schiffen. In der Fremde nannte er sich Cornelis Hendricks. Unter diesem Namen ist er in den Mannschaftslisten verzeichnet. Mit der Wahl dieses Vornamens, der holländischen Ursprungs ist, begründete er für eine große Zahl von Nachkommen deren Namensgebung. In den Familien Ketels, Braren, Roeloffs u. a. tragen auch heute noch viele den Namen Cornelius; er geht auf Ketel Harken zurück.

Schon 1787, mit 26 Jahren, übte Ketel Harken die Funktion eines Steuermannes aus, mußte sich danach aber von 1792–1794 mit der Stellung eines Harpuniers bzw. Speckschneiders auf dem hamburgischen Schiff „De Elbe“ begnügen, weil es an ausreichenden Steuermann-Stellen fehlte[12]. Im Jahre 1795 hatte Ketel Harken dann das Glück, auf der „De Elbe“ dem Oldsumer Hinrich Flor (1752–1811) nachfolgen zu können, der den Walfänger seit 1788 nach Grönland gesteuert hatte. Es schien, als wäre mit dem neuen Steuermann ein Glücksbringer auf das Schiff gekommen. Gleich im ersten Jahr konnte die Besatzung 14 Wale erlegen. Auch in den folgenden Jahren erreichten sie gute Fangergebnisse. Von 1795 bis 1801 waren es 64 Wale und 2762 Robben. Davon brachte das Jahr 1798 den größten Erfolg: 19 Wale und 253 Robben. Schon am 5. Februar hatte das Schiff Hamburg verlassen. Und bereits am 21. Juli kehrte es mit voller Ladung heim. Auch dieses Ausreisedatum belegt, daß die Föhringer Seefahrer nicht erst am Tag des Biike-Brennens ihre Insel verließen.

Bis 1807 blieb Ketel Harken Steuermann auf diesem Walfänger, der allerdings 1804 und 1805 wegen der Elbblockade durch die Engländer von Tönning auslaufen mußte. Dann aber brachte die Kontinentalsperre die Grönlandfahrt vollends zum Erliegen. Ketel Harken fand keine Heuer, bis der Reeder Johann P. Schröder aus Glückstadt, der die „De Elbe“ inzwischen gekauft hatte, ihm 1815 das Kommando dieses

---

12 Von 1788–1807 befehligte der Commandeur Luer-Petersen, Altona, die „De Elbe“, 124 Commerzlasten, 48–49 Mann Besatzung.

Schiffes übertrug. Ketel Harken befehligte diesen Grönlandfahrer bis 1820. Danach führte er, 1822 und 1823, den Glückstädter Walfänger „Neuenkirchen“. Den Schiffsuntergang, den Ketel Harken 1821 vor Island erlebte, habe ich bereits in dem Abschnitt „Schiffsunglücke“ behandelt. Zwei weitere Begebenheiten verdienen aber erwähnt zu werden, weil sie zur Wertung der damaligen Verhältnisse beitragen:

Während seiner „heuerlosen“ Zeit, von 1808–1814, herrschte im Hause von Ketel Harken Schmalhans als Küchenmeister. Ersparnisse fehlten. Die Familie mußte sich von den Erträgen der sehr bescheidenen Landstelle, die lt. Erdbuch nur gut 2 Demat umfaßte, ernähren[13]. Die knapp bemessenen Mahlzeiten vermochten den Hunger der Eltern und der sieben Kinder nur selten zu stillen. Diese schlimme Zeit blieb innerhalb der Familie unvergessen. Der Nahrungsmangel führte so weit, daß die Mutter, Krassen geb. Erken (1774–1856), ihren jüngsten Sohn Årfst (1808–1884) noch stillte, als er schon die Schule besuchte.

1815, als Ketel Harken als Commandeur den Walfänger „De Elbe“ übernehmen sollte, war das Schiff als Folge der langen Liegezeit undicht geworden. Mangels Kapital konnte der Reeder nur eine Seite kalfatern lassen. Er entschloß sich für die Backbordseite, die den westlichen Frühjahrsstürmen stärker ausgesetzt war, denn auf der Heimreise von Grönland, im Sommer, war die Gefahr geringer. Notfalls konnte ein Nothafen in Norwegen angelaufen werden. Trotz des beachtlichen Risikos schlug Ketel Harken die ihm angebotene Stelle nicht aus. Die Fahrt gelang. Das Fangergebnis erlaubte es, im nächsten Jahr auch die Steuerbordseite instandzusetzen.

Die Familie Ketel Harken lebte zunächst in Toftum in einer kleinen Kate, die auf einem Grundstück von nur 250 m^2 südwestlich des Wohnhauses, das 1980 Ernst Ph. Rolufs gehörte, stand[14]. Dort ist Antje Ketels geboren und aufgewachsen. Ihre Eltern zogen später in das Haus Nr. 189. Es ist vermutlich von Hark Ketels (1729–1797), dem Vater Ketel Harkens, im Jahre 1755 erbaut worden[15].

Antje Ketels war in erster Ehe von 1824 bis 1840 mit dem Schmied und Landmann Brar Braren (1797–1840) aus Oldsum verheiratet. Sie wohnten im Haus Nr. 46 (heute Jan Nickelsen), das Wohnung und Schmiede unter einem Dach vereinigte. Westlich des Hausflurs war die Werkstatt eingerichtet. Brar Braren starb bereits im Alter von 42 Jahren. Er hinterließ seine Witwe und sechs Kinder, wovon das jüngste im ersten Lebensjahr, alsbald nach dem Tode des Vaters starb. Antje vermietete die Schmiede an ihren Neffen Brar Lorenz Braren (1816–1908). Mit ihm schloß sie am 1. 12. 1840 einen Kontrakt, wonach er jährlich 64 Rbtr und 64 Sch zu zahlen hatte. Davon konnte er allerdings 8 Rbtr durch Schmiedearbeiten ableisten. Die Landwirtschaft dagegen führte sie zunächst mit Hilfe eines Knechtes weiter. Ihr Schwiegervater, der ebenfalls Brar Braren (1758–1849) hieß, unterstützte sie dabei. Andererseits trug er mit seinem unfreundlichen Verhalten dazu bei, daß Antje sich 1846 im Alter von 42 Jahren erneut verheiratete. Immerhin war der Schwiegervater zu der Zeit 88 Jahre alt.

Christian D. Roeloffs soll zunächst gezögert haben, sich für Antje zu entscheiden. Sie soll ihn schließlich ultimativ dazu aufgefordert haben; andernfalls wolle sie den Schmiedegesellen ihres Neffen heiraten. Die bevorstehende Eheschließung setzte jedoch eine Erbteilung des Vermögens nach dem 1840 verstorbenen Brar Braren voraus. In der noch erhaltenen Teilungsakte vom 3. Oktober 1846 gab Antje Braren an, daß die Erbmasse nur aus Ländereien bestehe mit einem Wert von 4800 Rbtr oder 9000 Mark C. Da sie stets bei ihrem Schwiegervater gewohnt habe, besitze sie keine Mobilien und Wertpapiere. Ihre Angaben wurden bestätigt von den bei der Teilungshandlung anwesenden Erk Ketels (1797–1868), Rörd Matzen (1788–1871), Früd Braren (1788–1877), Hinrich Jung Rörden (1799–1876), Brar Lorenz Braren (1816–1908) und Arfst Ketels (1808–1884). Sie traten als Vormund bzw. Kurator auf.

Von diesem Vermögen erhielten:

	Rbtr	Sch
Die Witwe Antje Braren, welche auf Bruderlos renuncierte, die halbe Masse mit	2.400	–
Die Kinder		
Keike Braren, 21 Jahre alt, ein Schwesterlos	266	64
Jürgen Braren, 19 Jahre alt, ein Bruderlos	533	32
Lorenz Braren, 18 Jahre alt, ein Bruderlos	533	32
Hark Braren, 15 Jahre alt, ein Bruderlos	533	32
Brar Braren, 10 Jahre alt, ein Bruderlos	533	32

In der Teilungsverhandlung versprach Antje, ihren Kindern eine „verständige“ Erziehung zu geben und sie mit allen ihren Bedürfnissen zu versehen, und

13 Ketel Harken konnte nach 1815 seine Landstelle auf 12 Demat vergrößern.

14 Das Haus Nr. 192 bewohnte zuletzt Joachim (Juchum) Hinrichsen (1846–1930). Es wurde abgebrochen.

15 Auf dem Grundstück Nr. 189 wurde um 1900 ein Neubau errichtet, der heute von der Familie H. Jappen bewohnt wird.

Abb. 58 u. 59: Siegel des Commandeurs Erk Ketels und des Landmannes Rörd Matzen

zwar den Söhnen bis zum 18. Lebensjahr, bzw. bis die Tochter durch Heirat versorgt sein werde. Die Kinder Jürgen und Lorenz waren bereits mündig. Sie konnten ihr Erbteil verlangen. Für die unmündigen Kinder Keike, Hark und Brar trat Arfst Ketels, Antjes Bruder, als Vormund auf. Ihm gegenüber verpflichtete sich Antje, auf Verlangen das Erbkapital auszuzahlen. Bemerkenswert ist, daß die Tochter Keike, obwohl 21 Jahre alt, seinerzeit als nicht mündig galt, wohl dagegen die beiden Söhne im Alter von 18 bzw. 19 Jahren. Das war auf dänischem Recht begründet, das weiblichen Personen nur eine stark eingeschränkte Rechtsfähigkeit zubilligte.
Die in der Teilungsakte genannten Ländereien mit einem Wert von 9000 Mark C umfaßten ein Areal von rd. 46,7 Demat sowie ein Achtel Anteil an der Borgsumer Vogelkoje. Abgesehen von zwei kleinen Flächen in Größe von etwas mehr als 1 Demat, bestanden die Ländereien nur aus Marschfennen.
Sowohl bei dieser als auch bei den beiden vorher behandelten Erbauseinandersetzungen standen angesehene Persönlichkeiten aus Oldsum, Klintum, Toftum und Süderende den Erben zur Seite. Ihre Unterschrift bekräftigten sie jeweils mit dem Abdruck ihres Siegels. Die Abdrucke sind auf der Teilungsakte relativ gut erhalten. Zwei geben neben den Initialen des Namens einen Hinweis auf das Berufsbild des Siegelträgers (Abb. 58, 59).
Mit einem Wal in seinem Siegel dokumentierte Erk Ketels, Klintum, ein Bruder von Antje Braren, seine Stellung als Grönland-Commandeur. Er führte von 1834 bis 1849 den Glückstädter Robben- und Walfänger „Der kleine Heinrich".
Sense und Harke, hinter dem bekränzten Altar nur schwach erkennbar, weisen darauf hin, daß Rörd Matzen aus Oldsum ein Landmann ist. Mit dem auf dem Altar liegenden Füllhorn wollte er wohl seinem Wunsche Ausdruck geben, stets eine reiche Ernte einzubringen.
Angesichts der komplizierten Vermögensverhältnisse sowohl bei Christian Diederich Roeloffs, der aus zwei vorangegangenen Erbteilungen Verbindlichkeiten gegenüber seinen vier Kindern zu erfüllen hatte, als auch bei Antje Braren mit ihren Verpflichtungen gegenüber ihren fünf KIndern, mußte eine Eheschließung wohlüberlegt sein. Christian Diederich glaubte, die Risiken am ehesten durch Abschluß eines Ehevertrages ausschließen zu können. Eine von Verantwortungsbewußtsein gegenüber seinen Kindern, zukünftigen Stiefkindern und Ehefrau geprägte Entscheidung! Sie zeugt zugleich von kaufmännischem Denken dieses weitsichtigen Mannes. Ein Ehevertrag

dürfte zur damaligen Zeit auf unserer Insel sicher ein einmaliger Vorgang gewesen sein. Er ist in deutscher und dänischer Sprache gefaßt. Wegen der Einmaligkeit dieses „Ehecontractes“ wird die deutsche Fassung nachstehend wiedergegeben:

Da wir Unterzeichneten, ich der Witwer Christian Diederich Roeloffs und ich die Witwe Antje Braren in Oldsum auf Westerlandföhr beschlossen haben, miteinander in den Ehestand einzutreten, so sind wir gegenseitig einig geworden, einen Ehecontract und eine testamentarische Disposition zu errichten, um durch selbige das Erbrecht nicht allein für unsere zusammengebrachten Kinder sondern auch für die Kinder, mit denen wir noch gesegnet sein könnten, zu bestimmen; sowie ferner zu bezeichnen, wie mit dem verschiedenen Eigentum, welches wir zusammenbringen, samt dem, welches wir nach unserer Vereinigung erwerben möchten, verhalten werden soll, wenn es dem Allmächtigen gefällt, durch den Tod das zwischen uns geknüpfte Band zu lösen. Wir haben daher folgende Bestimmungen verabredet und festgesetzt:

1.

Soll keine Gütergemeinschaft zwischen uns stattfinden, denn sowohl was jeder von uns in die Masse einbringt so wie auch was während unserer Ehe einem jeden von uns entweder durch Erbschaft nach den Gesetzen, Testament oder Gabe zufallen möchte, bleibt eines Jeden besonderes Eigentum.

2.

Mein, Antje Brarens Eigentum, zu der Zeit ich in den Ehestand eintrete, findet man auf einem angehefteten Verzeichnis aufgeführt; wogegen alles, was nach meiner Vereinigung mit meinem künftigen Mann sonst in der Erbmasse wird vorgefunden werden, und mir nicht durch Erbschaft, Testament oder Gabe allein zufallen, ist einzig und allein sein, Christian Diederich Roeloffs Eigentum.

3.

Obgleich es solchergestalt, zu Folge unseres gegenwärtigen Ehecontractes unser Wille ist, daß in Hinsicht zum Vermögen keine Gemeinschaft in unserer Lebzeit stattfinden soll, so haben wir doch aus gegenseitiger Fürsorge füreinander, mit freiem Willen und völliger Überlegung beschlossen, folgende testamentarische Disposition zu machen, auf welche so wie auf diesen Ehecontract im ganzen, wir Seine Königliche Majestät Allerhöchste Confirmation erwarten dürfen:

a)

Im Fall, daß mein künftiger Mann Christian Diederich Roeloffs mich, Antje Braren, überleben sollte, da soll er bei meinem Tode pflichtig sein, nicht allein an meine Kinder alles das auszulegen, was angeheftetes Verzeichnis benennt, insofern diese Gegenstände zur Stelle (vorhanden) sein möchten, denn mein Mann kann ohne Einschränkung nach Belieben, mit diesen Eigentümern gegen Vergütung der Taxationssumme schalten und walten, sondern er soll fernerhin verpflichtet sein, in barem Gelde eine Summe von 4500 Mark Courant oder 2400 Reichsbanktaler Silbermünze auszuzahlen. Doch soll, falls mein Mann es für gut finden sollte, letztbenannte Summe erst nach seinem Tode ausbezahlt werden, also aus seiner Masse und ohne Zinsen.

b)

Im Fall, daß meine Verlobte, Antje Braren, mich überleben sollte, dann wird folgendes bei der Teilung nach mir wahrzunehmen sein

1.

Erst und zu vorderst werden alle die Schulden, die auf unsere gemeinschaftliche Masse haften, abgetragen, also auch meine gegenwärtigen Kinder vorher ausgelegten materiellen Erbmittel, mit denen ich hinsitze.

2.

Demnächst (danach) wird, ehe zur Teilung geschritten wird, voraus, meinen Kindern, sowohl denen, womit ich gesegnet bin, als auch denen, womit ich in meiner künftigen Ehe gesegnet werden könnte, ein Drittel des Vermögens der ganzen Masse ausgelegt. Und da

3.

meine künftige Frau Antje Braren auf das durch Verordnung vom 21. Mai 1845 (§ 15) dem Ehegatten eines Verstorbenen zugelegte Los renunciert, welche Renunciation sie durch ihres Namens Unterschrift bekräftigt haben will, so wird die übrige ganze Masse, also auch das, was meine Frau eingebracht hat, da die Gemeinschaft, die in Hinsicht zu unserem Vermögen in unserer Lebzeit stattfindet, nun aufhält, in zwei gleiche Teile geteilt, wovon meiner Verlobten der eine Teil und meinen Kindern der andere Teil, als Erbe nach mir ausgelegt werden wird.

Zur Beurkundung, daß wir freiwillig und mit gesunden Sinnen und Bewußtsein gegenwärtigen Ehecontract mit hinzugefügten testamentarischen Dispositionen errichtet, unterschrieben und versiegelt haben wir diese Akte in Gegenwart des Notarius publicus, Herrn Justizrat Nielsen vorgenommen[16].

Westerlandföhr, den 9. Oktober 1846

gez. Christian Diederich Roeloffs gez. Antje Braren

Den Vereinbarungen folgt die Beglaubigung durch den Birkvogt sowie ein Vermögensverzeichnis. Die Größe der hierin angegebenen Flächen ist in „Bonite“ angegeben. Die reale Größe (Quantite) belief sich auf insgesamt 46,7 Demat. Als Zeugen unterschrieben Boy Breckling und Jacob Broder Jacobsen aus Nieblum.

Dieser Ehevertrag enthält Regelungen, die auf den ersten Blick nicht ganz verständlich sind. So sollte für den Fall, daß Antje zuerst sterben würde, Christian

16 Dahl Nielsen war von 1818 bis 1852 Birkvogt von Westerlandföhr und Amrum und von 1850 bis 1852 zugleich Landvogt auf Osterlandföhr.

Diederich gehalten sein, die Ländereien, die Antje mit in die Ehe einbrachte, ihren fünf Kindern zu übertragen. Das ist erklärlich. Aus welchem Grunde aber sollten die Kinder darüber hinaus noch 4500 Mark C erhalten? Vermutlich deswegen, weil Antje neben den 46,7 Demat noch Vermögenswerte in dieser Höhe hatte. Zwar sind in dem o. a. Vermögensverzeichnis „ausstehende Forderungen" von 600 Mark C vermerkt, die in der Teilungsakte vom 3. Oktober 1846 nicht angegeben sind. Worauf aber gründete sich die Differenz von 3900 Mark C? Die Antwort gibt zumindest teilweise das Erdbuch des Langdorfes. Danach besaß Antje Braren außerdem das Hausgrundstück Nr. 46 in Oldsum, das sie nach ihrem verstorbenen Mann geerbt hatte. Und genau das hatte sie in dem bereits genannten Vermögensverzeichnis nicht angegeben. Dieses Grundvermögen wurde bei der Teilungsverhandlung und im Ehevertrag vermutlich verschwiegen, um Gebühren zu sparen. Eine solche „menschliche" Handlungsweise soll auch heute gelegentlich noch vorkommen. Bedenklich ist jedoch, daß die Vormünder dieses Vorgehen billigten. Es bestätigt die in einem vorhergehenden Abschnitt getroffene Feststellung, daß man bei Erbteilungen oftmals recht großzügig verfuhr.

Weiter sollten nach dem Ehevertrag für den Fall, daß Christian Diederich vor Antje sterben würde, aus dem gesamten Vermögen vorab die darauf lastenden Schulden beglichen werden. Diese bestanden zumindest aus den Geldforderungen, die die Kinder aus den vorhergehenden Erbteilungen geltend machen konnten. Zugute hatten:

die Roeloffs-Kinder	
aus erster Ehe	6.879 Mark C
aus zweiter Ehe	10.000 Mark C
die Braren-Kinder	4.500 Mark C.

Sodann sollten die Roeloffs-Kinder ein Drittel der übrigen Erbmasse vorweg erhalten. Die verbleibenden zwei Drittel sollten sie sich mit ihrer Stiefmutter Antje teilen. Mit dieser Regelung hatte Antje eine Vereinbarung erreicht, die wohl eindeutig zu ihren Gunsten zu bewerten ist. Denn ihr gesamtes Vermögen dürfte nicht einmal die Hälfte des Vermögens von Christian Diederich betragen haben, selbst wenn man unterstellt, daß sie neben den 46,7 Demat Land (ohne Gebäude) noch über Vermögen mit einem Wert von 4500 Mark C verfügte. Diese Annahme erscheint plausibel, wenn man sich vergegenwärtigt, daß Christian D. rd. 100 Demat Land und einen respektablen Viehbestand zu Eigentum hatte, während Antje keine „Mobilien" besaß. Außerdem hatten seine Häuser einen erheblichen Wert. Sie sind in seiner Steuereinschätzung von 1845 mit 5950 Mark C, die Ländereien mit 11 174 Mark C bewertet. Die tatsächlichen Verkehrswerte lassen sich aber aus der Steuereinschätzung nicht ableiten. Ein Vergleich ist auch deswegen nicht möglich, weil im gleichen Jahr in der Steuerschätzung der Warenbestand nur mit 400 Mark C angegeben wurde. Der aber dürfte erheblich höher gewesen sein, weist doch die Bilanz beispielsweise aus dem Jahre 1858 für die Waren allein einen Wert von rd. 20 719 Mark C aus – ein Wert, der um 50 % über dem Bilanzwert der Ländereien lag. Er war dreimal so hoch wie der Bilanzwert der Häuser und elfmal so hoch wie der Bilanzwert des Viehbestandes. Da ich davon ausgehe, daß die Vermögensbilanzen des Kaufmanns realistischer sind als eine Steuereinschätzung, dürfte es zweifelsfrei sein, daß der Warenbestand einen wesentlich höheren Anteil am Gesamtvermögen des Christian D. Roeloffs hatte, als in der Steuereinschätzung vermerkt ist. Andererseits ist nicht verständlich, daß gerade der tatsächliche Wert des Warenlagers weder bei den vorangegangenen Erbteilungen noch in dem Ehevertrag in ausreichendem Umfang berücksichtigt wurde. Welche Überlegungen letztlich den zugunsten von Antje getroffenen Vereinbarungen zugrunde gelegen haben, bleibt im Dunkeln. Insgesamt ist jedoch davon auszugehen, daß Christian Diederich in diesem Vertrag die Belange seiner zukünftigen Ehefrau und ihrer fünf Kinder in großzügiger Weise berücksichtigte. Dies hat übrigens später einmal ein Enkel Antjes, der Lehrer Brar Braren in Husum, ausdrücklich bestätigt.

Nach ihrer Eheschließung zog Antje mit ihren beiden jüngsten Söhnen Hark und Brar zu ihrem Mann nach Süderende. Ihre Tochter Keike blieb mit Lorenz im Stammhaus der Braren und führte ihm den Haushalt. Jürgen befand sich zu der Zeit schon in der Lehrerausbildung. Das Hausgrundstück in Oldsum, das Elternhaus, übertrug sie ihrem Sohn Lorenz 1859, fünf Jahre nach seiner Eheschließung.

Zu Antje Brarens Kinder noch einige Anmerkungen: Jürgen Braren (1827–1897) trat gemeinsam mit seinen Brüdern Lorenz und Hark am 1. April 1839 in die neue begründete Privatschule von Christian D. Roeloffs ein, die er bis 1842 besuchte. Zuvor hatte er sechs

Jahre lang die Volksschule in Oldsum absolviert. Nach seiner seminaristischen Ausbildung in Tondern, die er 1850 mit Erfolg abschloß, war er von 1850 bis 1893 Lehrer in Kating/Eiderstedt. Er starb 1897 nach fast 40jährigem Witwenstand in Süderende. Er liegt auf dem St. Laurentii-Kirchhof begraben. Da er keine lebenden Nachkommen hinterließ, wurde sein Vermögen an die Geschwister bzw. deren Kinder verteilt. Auch seine Stiefgeschwister Roeloffs und die Geschwister seiner verstorbenen Frau wurden berücksichtigt. Der Nachlaß belief sich auf 41 528 Mark, ein für damalige Verhältnisse beachtliches Kapitalvermögen. Wenn man berücksichtigt, wie kärglich seinerzeit die Besoldung der Lehrer war, so ist anzunehmen, daß Jürgen Braren zeitlebens ein sehr sparsamer Mann war.

LORENZ BRAREN (1828–1879) schloß 1844 die Privatschule in Süderende mit gutem Erfolg ab. Er wurde Landmann und blieb nach der Eheschließung seiner Mutter in Oldsum Nr. 46 wohnen. Dort betrieb er Landwirtschaft. Er mußte mit 2,1 Demat Eigentum bescheiden anfangen, konnte sich aber im Laufe der Jahre eine existenzfähige Landstelle aufbauen. Als er starb, war er Eigentümer von rd. 43 Demat. Aus dem Erbteil nach seinem Großvater Brar Braren und seiner Mutter stammten 26,1 Demat. Von seinen Schwiegereltern kamen 9,7 Demat hinzu. Gekauft hat Lorenz Braren 7,2 Demat. Im Gegensatz zu den meisten Landeigentümern im Langdorf hat er – abgesehen von einer kleinen Fläche von 178 m^2, die er 1855 an die Schule in Oldsum zur Vergrößerung des Schulplatzes veräußerte – kein einziges Stück Land verkauft oder vertauscht. Er hielt an seinem Eigentum fest.

HARK CORNELIUS BRAREN (1831–1884) besuchte zunächst zwei Jahre lang die Volksschule in Oldsum und ab 1. April 1839 die Privatschule in Süderende. Dort erhielt er bis zu seiner Konfirmation im Jahre 1846 eine gute Schulbildung. Anschließend lernte er Kaufmann und ließ sich in Hamburg nieder. Vermutlich machte er sich im Jahre 1859 selbständig. In dem Jahr erscheint er nämlich erstmalig mit 809 Rbtr als Schuldner in den Bilanzen von Christian D. Roeloffs, während er 1858 noch mit einem Guthaben von 898 Rbtr aufgeführt ist. Schon 1860 betragen seine Schulden 1687 Rbtr und bleiben in dieser Höhe unverändert bis 1880 (ab 1871 ausgewiesen mit dem entsprechenden Betrag in Mark). Danach verminderten sie sich um etwa die Hälfte. Als Hark Braren am 2. April 1884 starb, wurde die Schuld getilgt. Wie bereits erwähnt, betrieb Hark mit seinem Stiefbruder Ingwert Ocke Roeloffs etwa von 1867 bis 1871 ein gemeinsames Geschäft.

BRAR CORNELIUS BRAREN (1836–1915) besuchte ab Ostern 1842 die Privatschule in Süderende und nach deren Auflösung im Oktober 1846 die Volksschule in Oldsum, die er 1852 mit einer ausgezeichneten Beurteilung verließ. Danach blieb er ein Jahr bei seinen Eltern in Süderende und erhielt zusätzlichen Unterricht von dem Lehrer Münster in Oldsum. In den folgenden zwei Jahren vermittelte der in Süderende geborene Olde Rickmers (1819–1905), zu der Zeit Lehrer in Medelby, ihm praktische Kenntnisse für den Lehrerberuf. Das Seminar in Skaarup auf Fünen besuchte er bis 1857. Nach einer kurzen Tätigkeit in Curau bei Lübeck war er zunächst Lehrer in Oldsum und von 1861 bis 1880 in Utersum. Anschließend lehrte er noch ein Jahr in Oldsum, um dann nach Breklum zu gehen. Dort wirkte er bis zu seiner Pensionierung am Predigerseminar.

KEIKE BRAREN (1825–1926) wurde – im Gegensatz zu ihren Brüdern – von ihrem Vater nicht auf die Privatschule geschickt. Sie besuchte von 1832 an die Volksschule, die sie 1841 mit sehr guten Noten abschloß. Von 1846 bis 1853 führte sie ihrem Bruder Lorenz den Haushalt. 1855 heiratete sie ihren Stiefbruder Erk Diederich Roeloffs, mit dem sie 1905 die goldene Hochzeit feiern konnte. Keike starb im 101. Lebensjahr.

An dieser Stelle erscheint es angebracht, die Darstellung der familiären Verhältnisse zu unterbrechen und zunächst die berufliche Tätigkeit von Christian Diederich Roeloffs zu behandeln.

Kaufmann und Geldgeber

Alsbald nach 1800, schon zu Zeiten von Diedrich Roeloffs, hatte der Warenhandel einen Umfang angenommen, daß das relativ kleine rethgedeckte Friesenhaus mit seinen beengten Räumlichkeiten hierfür nicht mehr ausreichte. Er ließ daher um 1820 ein größeres Packhaus bauen, das durch die Überschwemmungen während der Sturmflut 1825 erheblich beschädigt und danach wieder instandgesetzt wurde. Um 1960 ist es abgebrannt. Es stand südlich der alten

Stammstelle. In den letzten acht Jahrzehnten als Scheune benutzt, erinnerte das Gebäude aber immer noch an seine frühere Funktion. Ein weiteres, kleineres Packhaus ist später dazu gebaut worden, das heute noch auf dem Grundstück Roeloffs steht und allgemein als „Paakhüs" bekannt ist, das später zur Unterbringung von Wagen und Gerät diente.

Das um 1820 erbaute Packhaus hatte mehrere verschließbare Räume. Mindestens zwei waren mit Dielenbrettern belegt. Hierin lagerten seinerzeit vor allem Getreide, Kaffee, Flachs, aber auch Sirup. Dagegen wurden die vergleichsweise wertvolleren und empfindlichen Manufakturwaren im Wohnhaus in großen Koffern und auf Regalen gestapelt. Auch Wein und Branntwein, Gewürze, Tee und Zucker wurden höchst ungern im Packhaus verstaut. Sie fanden Platz auf dem Boden des Wohnhauses oder nach 1838 im Keller des „Nei Hüs". Den Kunden angeboten und verkauft wurden die feineren Waren in dem später als Wohnzimmer benutzten Raum, der mit 3½ Fach Länge etwa die halbe Südseite des alten Wohnhauses einnahm. Dort lagen die Stoffe auf einem langen Tisch zur Auswahl. Diese als Laden bezeichnete Stube, gut 20 m^2 groß, würde natürlich unter Zugrundelegung heutiger Maßstäbe als ungeeignet bewertet werden. Damals aber reichten derartige Räumlichkeiten für eine Warenhandlung aus. Die Ansprüche der Kunden waren insoweit gering. Nur das zum Leben notwendigste wurde gekauft. Es bedurfte hierzu nicht des Anschauens oder gar der Werbung.

In der Warenhandlung seines Vaters übernahm CHRISTIAN D. ROELOFFS schon in jungen Jahren Verantwortung. Mit gut 20 Jahren führte er bereits zum überwiegenden Teil den für die damalige Zeit beachtlichen Schriftwechsel seines Vaters. In dem mehrere hundert Seiten umfassenden Briefbuch sind seine und seines Vaters zwischen 1823 und 1834 geschriebenen Briefe alle in vollem Wortlaut aufgezeichnet. Dabei sind die meisten Schreiben wirtschaftlicher Art, gerichtet vor allem an Handelsfirmen und Makler in Hamburg und Husum. Soweit sie zeitdokumentarischen Wert haben, sind sie in den vorhergehenden Abschnitten zumeist schon abgehandelt. Weitere vermitteln einen guten Überblick über die vielseitigen Aktivitäten im Bereich des Warenhandels, die seinerzeit von dem kleinen Dorf auf Westerlandföhr ausgingen. Sie ermöglichen es – auch unter Berücksichtigung des Bilanzbuches – ein Bild von dem damaligen Kaufmann in Süderende zu zeichnen, der neben seiner Warenhandlung auch noch eine Briefsammelstelle führte, die schon sein Vater eingerichtet hatte[17].

Obwohl Christian Diederich formell erst 1834 nach dem Todes seines Vaters die Warenhandlung übernahm, war er doch schon mehr als zehn Jahre vorher der eigentliche „Chef". Dabei stand der Vater mit seinen in vielen Jahren gewonnenen Erfahrungen ihm zur Seite. Christian Diederich war es, der das Sortiment der Warenhandlung erheblich erweiterte. Er begann damit, Manufakturwaren in größerem Umfange zu führen, die später den Hauptanteil im Warenhandel einnahmen. So beauftragte er in einem Schreiben vom 30. August 1830 den Makler H. J. Mack, Hamburg, ihm künftig Manufakturwaren gegen 2 v. H. Provision zu besorgen. Zugleich bat er darum „den Wert derselben auf dem Frachtbrief etwas niedriger anzusetzen, um dadurch Zoll zu sparen", der seinerzeit im Wyker Hafen erhoben wurde. Immerhin trennte damals eine nationale Grenze Hamburg und Föhr. Es waren schwierige Zeiten. Sie wurden für den Warenhandel durch ein folgenreiches Ereignis noch beschwerlicher. Christian Diederich schrieb am 13. Oktober 1831 an den Kaufmann Gerdtzen in Hamburg, dem langjährigen Geschäftsfreund seines Vaters:

„Leider habe ich vor ein paar Tagen per Stafette die traurige Nachricht erhalten, daß die Cholera-Epidemie in Hamburg ausgebrochen ist[18]. Gewiß für Ihre Stadt ein sehr trauriges Schicksal. Der liebe Gott gebe, daß sie ihre tödtende Kraft bald verlieren und keine großen Verheerungen anrichten möge. Auch bei uns wirkt diese Nachricht auf alle Waren; Caffee und Thee steigen fast täglich, indem die hiesigen Handelsleute keinen Vorrath haben. Leider geht es mir ebenso, die 1000 Pfund Caffee[19], die ich noch bei Ihnen lie-

17 Ernst Ketels (1859–1949) berichtet, daß der Postläufer Hinrich Knud Bohn (1817–1898) sich morgens zu Fuß von Oldsum auf den Weg machte, um aus allen Dörfern die abgehenden Briefe nach Wyk zu bringen. Abends kehrte er zurück. Brachte er einen Brief von Bedeutung, erhielt er 4 Schilling. Kam er zufällig zur Essenszeit, wurde er eingeladen. Um 1865 sei die Post nur zweimal wöchentlich gekommen.

18 Durch die am 7. Oktober 1831 ausgebrochene und im Januar 1832 erloschene Asiatische Cholera starben in Hamburg 498 Menschen.

19 Christian Diederich hatte am 29. August Gerdtzen gebeten, „mir 800–1000 Pfund Caffee so wohlfeil wie möglich zu kaufen".

gen habe, wäre ich sehr nöthig, es ist aber kein Weg sie zu erhalten. Man ist hier sehr in Furcht, daß die Krankheit sich zu uns hinschleppen werde, sogar spricht man davon, alle Communicationen mit der ganzen Elbe zu sperren.
Den Flachs kann ich auf keinen Fall erhalten. Sollten Sie die ordinierten 30 Stein[20] eingekauft haben, und Sie können sie wieder loswerden, so verkaufen Sie ihn, wenn ich auch darauf etwas verlieren sollte. Der Caffee kann aber bis zu besseren Zeiten liegen.
Können Sie aber mir nicht einen Weg zeigen, wovon ich Caffee beziehen kann? Ich kann ihn wohl von Flensburg beziehen, aber ich fürchte, daß man dort soviel fordert, wie ich ihn hier verkaufe.
Der liebe Gott bewahre Sie und die lieben Ihrigen vor der Cholera-Krankheit, das wünscht von Herzen
Ihr C. D. Roeloffs"

Daß die 1000 Pfd. Kaffee noch bei Gerdtzen lagerten, hatte Christian Diederich übrigens selber zu vertreten. Hatte er doch das hamburgische Handelshaus erst kurz nach Aufgabe der Bestellung gebeten, mit der Absendung der Ware zu warten, weil er mit einer alsbaldigen Zollsenkung rechne. Im Jahre 1831 kostete der (ungeröstete) Kaffee 5–6 Schilling C, je Pfund. 1 Zentner Roggen brachte etwa 110 Schilling C, die zum Kauf von 20 Pfund Kaffee reichten. Der Kaufwert von Roggen war somit bedeutend höher als heute. Z. Zt. erhält man für 1 Zentner Roggen etwa zwei Pfund (gerösteten) Kaffee. Allerdings schwankten die Kaffeepreise damals stärker als heute. Im Jahre 1832 kostete ein Pfund bereits 9 Schilling C, also über 50 v. H. mehr als ein Jahr zuvor.
Um weiteren, aufgrund der Cholera-Epidemie zu erwartenden Handelshemmnissen zu begegnen, gab Christian Diederich am gleichen Tage in vier Schreiben umfangreiche Bestellungen auf. Vorsorglich bat er die Firma Rehder in Husum, ihm 1000 Pfund Kaffee zuzusenden; bei einem Coldewey in Amsterdam bestellte er 800–900 Pfund und bei Lorenzen und Görrissen in Flensburg 600 Pfund. Die Order in dieser Höhe traf er vermutlich in der Erwartung, daß sie doch nicht voll erfüllt würden. Wahrscheinlich aus dem gleichen Grunde erhöhte er auch in einem Schreiben an Hans Peter Angel in Tondern eine zuvor mit 225 Pfund Tabak aufgegebene Bestellung auf 350 Pfund.
Aus diesen Warenkäufen ist zu schließen, daß vor 150 Jahren der Genuß von Kaffee und Tabak auf unserer Insel recht beträchtlich war. Christian Diederich war selber übrigens ein starker Raucher. Tante Ingke wußte zu berichten, daß er einmal zusammen mit dem Lehrer Olde Hinrich Rickmers[21] an einem Nachmittag ein Pfund Tabak „verpafft" habe. Beide rauchten dabei die lange Pfeife mit einem Pfeifenkopf, der angeblich 50 Gramm Tabak faßte.
Zahlreiche briefliche Anfragen, die Christian Diederich bezüglich der Liefermöglichkeiten von Flachs vor allem an Handelshäuser in Hamburg und Husum richtete, geben einen Hinweis darauf, daß diese zur Herstellung von Leinen gebrauchte Faser vor 150 Jahren auf Föhr in größerem Umfange verarbeitet wurde – allerdings wohl nur für den Eigenbedarf in Heimarbeit. Zumeist kam der Flachs aus dem Ostseeraum, vor allem aus Riga.
Nach dem Ausbruch der Cholera, 1831, sperrte übrigens die Regierung in Kopenhagen die Landesgrenzen. Der Amtmann von Tondern verfügte, daß in seinem Amtsbereich keine Schiffe aus russischen, preußischen und holsteinischen Häfen (außer Kiel) landen dürften. Fremde Handwerksgesellen sollten aufgegriffen und in Gewahrsam genommen werden. Auf Amrum ließ er in Eile zwei Gebäude zur Aufnahme Gestrandeter in der Einsamkeit der Dünen errichten, und bei Leesand, sowie zwischen Sylt und Amrum zwei Wachtschiffe postieren, die das Einlaufen fremder Schiffe verhindern sollten. Glücklicherweise wurde die Gefahr abgewandt. Dann aber kam noch ein dickes Ende: Das Halten der Wachtschiffe hatte 1588 Rbtr und die Errichtung der Quarantäne-Häuser auf Amrum 739 Rbtr gekostet. Der Amtmann von Tondern stellte diese Beträge in die Amtsanlage-Rechnung für Osterlandföhr ein, doch hielt er für recht und billig, daß das Birk Westerlandföhr-Amrum einen Teil dieser Kosten trage. Die Westerländer Gang-

20 Ein heute nicht mehr bekanntes Handelsgewicht, das seinerzeit beim Handel mit Flachs, Wolle und Federn verwendet wurde. Ein Stein Flachs = 9,689 kg.

21 Olde Rickmers (1819–1905), einziger Sohn des Kapitäns Volkert Rickmers, der in Süderende Nr. 243 wohnte (1983 Hanna Roeloffs), legte 1843 in Tondern sein Lehrerexamen ab. Danach war er 1 Jahr Hauslehrer in Loitmark in Schwansen, 1844–1845 Hilfslehrer in Neumünster, 1845–1862 Küster und Lehrer in Medelby, 1862–1864 Organist und Lehrer in Breklum. Von 1864–1891 lehrte er am Seminar in Tondern. Rickmers gab mehrere Lehrbücher heraus: U. a. 1852 Deutsches Lesebuch für schleswigsche Schulen (1869: 6. Auflage!), 1868 Erstes deutsches Lesebuch für Elementarklassen (1873: 3. Auflage). Daneben verfaßte er mehrere Lehrbücher in dänischer Sprache. R. starb in Flensburg.

fersmänner schrieben ihm daraufhin, daß sie sich keineswegs weigerten, zu den Kosten beizutragen, doch bäten sie, daß die Hinzuziehung ihres Birks zu der Osterlandföhrer Amtsrechnung nicht so ausgelegt werde, als sei die Westerharde auch in Zukunft verpflichtet, zu der Amtsanlage des Amtes Tondern zu „konkurrieren". Am Schluß dieses Schreibens vom Okt. 1831 heißt es: „Wir wissen freylich wohl, daß in einem Staate mit gerechter Verwaltung für eine Kommüne so leicht keine Gefahr besteht, daß neue Lasten aufgebürdet werden, aber trotz des besten Willens können Mißgriffe vorkommen. Diese Bemerkung wolle man uns nicht verübeln." Es macht Vergnügen, dieses Schreiben zu lesen. Es ist von Broder Riewerts und Christian D. Roeloffs verfaßt.

So wie es sich damals für einen Kaufmann gehörte, führte Christian D. Roeloffs ein Siegel, das seine Stellung und Tätigkeit zum Ausdruck bringen sollte (Abb. 60). Es zeigt einen Federkiel mit Schreibfolie sowie einen Stab und einen Anker. Mit dem aus einer Folie herausragenden Federkiel wollte er sicher dokumentieren, daß er ein schreibkundiger Mann sei und in Verbindung mit dem Merkurstab darauf hinweisen, daß er die Kunst der kaufmännischen Buchführung beherrsche. Sowohl Dr. Reißmann vom Landesarchiv Schleswig-Holstein, als auch A. Jastrow vom Kreisarchiv Nordfriesland sind der Auffassung, daß der Stab den des Gottes Merkur symbolisiere. Merkur sei bei den Römern der Schirmherr der Kaufleute gewesen. Das Siegelbild bestätige somit die Profession des Siegelträgers. Der Anker könne auf Schifffahrt und Seehandel hinweisen, aber auch Glaube, Geduld und Hoffnung symbolisieren.

Zu den kaufmännischen Aktivitäten von Christian D. Roeloffs gehörte auch der Versand von Wildenten, deren Fang in den Vogelkojen im vorigen Jahrhundert eine gewisse wirtschaftliche Bedeutung hatte. So belieferte er im Auftrage der Interessenten der Borgsumer Vogelkoje um 1831 eine Frau Prall in Husum; sie war auf Föhr unter dem Namen „Anna Krick" bekannt. Bemerkenswert sind die geringen Erlöse, die er damals erzielte. 100 Krickenten kosteten 1831 vor Michaelis (29. September) 5½ Mark C, nach Michaelis 6½ Mark C, also weniger als 1 Zentner Roggen, der zu der Zeit mit 7 Mark C gehandelt wurde. Heute müßte man wohl 10 Zentner Roggen für 100 Krickenten geben. So haben sich die Preisrelationen verändert. Der Michaelistag selbst hatte übrigens für die

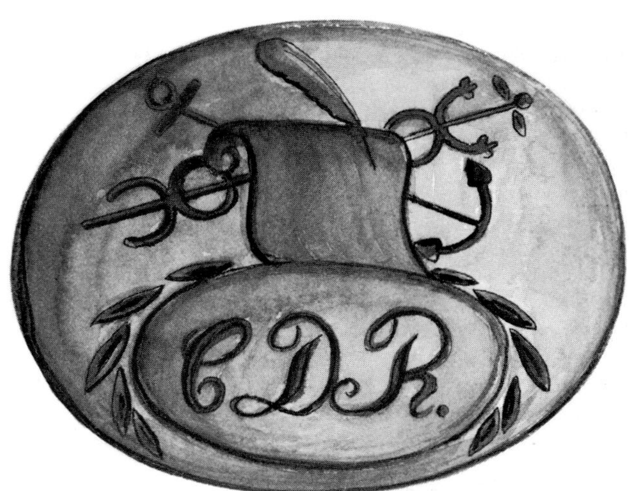

Abb. 60: Siegel des Christian D. Roeloffs

Vogelkojen auf Föhr ehemals eine besondere Bedeutung. Die an diesem Tag gefangenen Enten wurden an die Armen und Bedürftigen verteilt.

Bedauerlicherweise sind die Unterlagen über den Warenhandel, den Christian D. Roeloffs betrieb, nicht vollständig. Das Briefbuch schließt 1834 ab. Aus den darauf folgenden 24 Jahren fehlen aussagekräftige Angaben. Erst ab 1858 (bis 1879) sind weitgehend vollständige Bilanzen über den jeweils zum Jahresschluß ermittelten Warenwert vorhanden, wie auch über die sonstigen Vermögenswerte. So weist die Bilanz zum 31. Dezember 1861 aus:

	Wert in Reichsbankthaler
Caffee (5.460 Pfund)	1.800
Thee	440
Zucker	300
Sirup	500
Flachs	160
Wein, Brandtwein	450
Tabak, Cigarren	400
Reis, Pflaumen	250
Oel, Seife	680
Manufacturwaren	6.900
zuzügl. Verkauf während der Inventur	600
	12.480 oder 23.400 Mark Courant

Bei der Betrachtung der Bilanz fällt als erstes auf, daß in dem Sortiment Roggen und Gerste fehlen, die um

1800 einen wesentlichen Anteil am Warenwert eingenommen hatten. Dies war u. a. eine Auswirkung der Landaufteilung. Sie hatte die Grundlagen für eine Ausdehnung des Kornanbaus auf der Insel geschaffen. Um 1860 war Westerlandföhr auf die Einfuhr von Getreide zur Herstellung von Mehl und Grütze nicht mehr angewiesen. Es hatte daher keinen Platz mehr in einer Warenhandlung. Besonders herausragend in der Bilanz ist der Anteil der Manufacturwaren. Christian Diederich führte eine große Auswahl an Woll- und Baumwollstoffen, aber auch seidene Kopf- und Halstücher. Er verkaufte die meisten Stoffe als sog. Meterware. Sie wurden in großem Umfang für die Föhringer Tracht, die damals fast ausnahmslos von allen Frauen und Mädchen getragen wurde, nachgefragt.

Leider ist in der 1861er Bilanz nur beim Kaffee neben dem Wert auch die Warenmenge angeführt. Den Umfang der sonstigen Waren kann man hieraus aber annähernd ableiten. 54,6 Zentner Kaffee nahmen etwa 15 v. H. des gesamten Warenwertes ein. Aufgrund dieser Relation vermag man die Bedeutung der damaligen Warenhandlung einigermaßen zu beurteilen; sie war beachtlich! Bei der Einschätzung dieses Kaffeevorrats ist allerdings zu berücksichtigen, daß man seinerzeit mit ungeröstetem, grünem Kaffee handelte. Gebrannt wurde er nicht in Röstereien, sondern beim Endverbraucher, der ihn dabei mit Zichorie streckte. Dies um so mehr, wenn das Geld für den Haushalt knapp bemessen war. Daß Christian Diederich auch Zichorie führte, liegt auf der Hand.

Abb. 61: Tonkrug für den Transport und die Vorratshaltung von Sirup (Höhe 0,78 m)

Waren aus Hamburg und Husum wurden seinerzeit mit kleinen Fracht-Segelschiffen direkt nach Wyk transportiert, der Kaffee in Säcken, dagegen Sirup und Öl in Tonkrügen (Abb. 61), Tabak in hölzernen Fässern – ebenso der Branntwein, der nicht literweise, sondern nach Oxhoft, Anker oder Kannen gehandelt wurde. Wein lieferte man wie heute in Flaschen abgefüllt.

Die beachtliche Bedeutung des Warenhandels kann man außerdem durch einen Vergleich der Bilanzwerte ermessen. Dem für 1861 genannten Warenwert von 12 480 Rbtr standen gegenüber die Werte der Ländereien, die Christian D. und sein Sohn Erk Diederich zu Eigentum hatten mit

derich zu Eigentum hatten mit	7.800 Rbtr
der Häuser einschl. Mühlenpart	3.900 Rbtr
des Viehs	1.500 Rbtr
zusammen	13.200 Rbtr

Die Waren waren somit fast ebensoviel wert, wie der ungefähr 165 Demat große landwirtschaftliche Betriebe einschl. Gebäude und Inventar. Ein weiterer Vergleich: Um 1860 kostete 1 Tonne (dz) Roggen 14 Mark C oder $7^1/_2$ Rbtr, eine Kuh etwa 100 Mark C oder $53^1/_3$ Rbtr. Demnach hatten die Waren einen Wert von 1664 Tonnen (dz) Roggen oder 234 Kühen.

Christian Diederich konnte wie sein Vater den Warenhandel nur mit Erfolg betreiben, weil er bereit und in der Lage war, seinen Kunden Kredite einzuräumen. So verzeichnet die Bilanz des Jahres 1861 zinslose Forderungen von insgesamt 9701 Rbtr. Davon entfielen alleine 5254 Rbtr, die eindeutig aus Warenlieferungen stammten, auf 110 Personen. Sie standen bei ihrem Kaufmann in Süderende im Durchschnitt mit 48 Rbtr in der Kreide. Weiter sind unter den zinslosen Forderungen auch Bargeld und nicht spezifizierte Guthaben bei Handelshäusern in Hamburg und Kopenhagen mit insgesamt 1460 Rbtr verzeichnet. Aber es sind auch die beiden Stiefsöhne Hark Braren mit 1687 Rbtr und Lorenz Braren mit 1200 Rbtr zinsfreien Krediten aufgeführt. Und die unter „Dampfschiffgesellschaft" ausgewiesene 100-Rbtr-Aktie gibt schließlich einen Hinweis darauf, daß Christian D. Roeloffs sich an dem Unternehmen beteiligte, das eine Fährlinie zwischen Wyk und Husum betrieb – allerdings mit geringem Erfolg. Im Jahre 1865 mußte er diese Beteiligung zu einem Drittel als „verloren" streichen.

Unter den Forderungen des Jahres 1861 ist im übrigen noch ein kleiner Betrag von 142 Rbtr enthalten, der einer kurzen Erläuterung bedarf. Mit dieser Summe bzw. einem Achtel Anteil war Christian Diederich mindestens seit 1858 an dem Fährschiff „Regina" beteiligt, das er mit anderen Landsleuten angeschafft hatte, um Frachtkosten zu sparen. Hierzu beschloß das Wyker Fleckenskollegium am 26. April 1858:

„daß dem Eingesessenen C. D. Roelofs zu Süderende et. Cons. auf ihren Antrag vom 19ten um Herabsetzung der Hafenabgaben für das von ihnen zwischen Wyck, Dagebüll und Südwesthörn in Fahrt gesetzte Fahrzeug, Ewer „Regina", zu erkennen zu geben sei, eine Ermäßigung der Hafenabgaben für das gen. Schiff eintreten zu lassen, daß demselben (dem Fleckenskollegium) aber ehe und bevor ein Beschluß gefaßt werden könne, der Fahrplan und die von den Antragstellern angenommene Taxe für Beförderung von Personen, Frachtgütern und Vieh vorzulegen".

Leider ist nicht überliefert, wie lange die „Regina" eingesetzt war. Das Betreiben eines Fährschiffes zeigt aber, daß Christian Diederich durch vielseitige kaufmännische Aktivitäten hervortrat.

Neben den zinsfreien Forderungen sind in der Bilanz für 1861 auch zinstragende mit einer Summe von 10 124 Rbtr enthalten. Christian D. Roeloffs hatte somit insgesamt 19 825 Rbtr (37 172 Mark C) ausgeliehen. Hinzu kamen noch Pfandbriefe mit einem Wert von 1140 Rbtr. Für die zinstragenden Forderungen berechnete er 4 % Zinsen. Sie bestanden gegenüber 56 Personen, die im Mittel 181 Rbtr schuldeten. Hiervon sind nachfolgend nur 21 aufgeführt, die mehr als 200 Rbtr schuldeten (siehe nebenstehende Tabelle).

Viele der hier genannten Schuldner hatten natürlich daneben noch zinslose Buchschulden. Einige hatten schon vor 1834 ihr Vermögen – oder das ihrer Eltern – ganz oder teilweise an Diedrich Roeloffs verpfändet. Anders als sein Vater, ließ Christian D. Roeloffs jedoch kleinere Beträge nicht im Schuld- und Pfandprotokoll absichern. Offensichtlich bestand hierzu um 1860 und später wenig Veranlassung, weil die wirtschaftlichen Verhältnisse und damit auch die Zahlungsfähigkeit der Schuldner besser als in früheren Jahrzehnten waren. Diese günstige Entwicklung ist auch an der Zahl der Schuldner erkennbar. Von insgesamt 184 im Jahre 1858 ging sie über 122 in 1867 auf 78 im Jahre 1877 zurück. Hatte Christian D. Roeloffs 1858 noch Forderungen (jeweils ohne Pfandbriefe und ohne die Forderungen an seine Kinder) von 17 203 Rbtr, so waren es 1867 noch 15 654 Rbtr und 1877 nur noch umgerechnet 9044 Rbtr.

Aus dem Bilanzbuch verdient ein kleiner Posten besondere Erwähnung. Über 20 Jahre ist dort Oluf Jung Nickelsen (1795–1871) mit 320 bis 530 Rbtr Schulden aufgeführt. Er war Arbeiter und wohnte in Süderende Nr. 231 (später August Nielsen). Oluf lebte in ärmlichen Verhältnissen und war offensichtlich – ebenso wie seine zweite Ehefrau Maike, die 1879 im Alter von 84 Jahren starb – nicht in der Lage, die Schulden zu tilgen. Erst nach seinem Tode wurde das Geld zurückgezahlt, und zwar überwies sein Sohn Oluf Cornelius, 1832 geboren, am 18. September 1878 aus Australien einen namhaften Betrag an Christian D. Roeloffs, um die Schuld von 1212 Mark (1010 Mark C oder 539 Rbtr) zu bezahlen. Damit konnte auch die

Name	Wohnort	Rbtr	Sch
Nickels Sammen Ww.	Süderende	250	–
Ketel Rörden Ww.	Süderende	226	4
Nickels Nickelsen Ww.	Süderende	226	4
Matz Harken Ww.	Süderende	700	–
Oluf Jung Nickelsen	Süderende	473	2
Nickels Nissen	Süderende	213	2
Pastor Johnsen	Süderende	226	4
Riewert C. Riewerts	Oldsum	320	–
Lorenz Braren	Oldsum	224	–
Anna Holdt	Oldsum	213	2
Niels Jürgens Ww.	Oldsum	213	2
Erk J. Rolufs	Oldsum	500	–
Michel Lauritzen**	Oldsum	563	2
Hark Jappen	Toftum	478*	3
Richard M. Tönissen	Toftum	213	2
Jürgen Volckerts	Toftum	800	–
Andreas Lorenzen	Dunsum	320	–
Daniel Goos Hansen	Nieblum	213	2
Wilhelm Bußmann	Wyk	230	–
Boysen	Wyk	266	4
Wilhelm R. Peters	Amrum	400	–

** 1850 als Knecht bei Christian D. Roeloffs

* Hiervon 305 Rbtr im Jahre 1865 als „verloren" gestrichen

Obligation von 675 Mark C, 1844 ausgestellt und später im Schuld- und Pfandprotokoll eingetragen, gelöscht werden. Oluf Cornelius war in jungen Jahren als Goldgräber nach Australien ausgewandert und ist dort verschollen. Es verdient Anerkennung, daß er die Schulden seines 1871 verstorbenen Vaters tilgte. Hiermit hatte Christian D. Roeloffs nicht mehr gerechnet.

Christian Roeloffs verlieh aber wie sein Vater nicht nur eigenes Kapital, sondern auch Geld, das ihm verschiedene Bewohner der Westerharde anvertraut hatten. Er führte also bankähnliche Geschäfte. 1861 war er 28 Personen 5168 Rbtr schuldig. Daneben schuldete er in dem Jahr seinen Kindern aufgrund der vorgenommenen Erbteilungen nach seiner ersten und zweiten Ehefrau noch 4698 Rbtr – knapp die Hälfte des ursprünglichen Betrages von 10 000 Rbtr. Dieses Schuldverhältnis wandelte sich aber in den folgenden Jahren. Die Kinder erhielten fast alljährlich Teile ihres Erbkapitals ausgezahlt und erschienen bald danach mit namhaften Beträgen als Schuldner ihres Vaters.

Einhergehend mit dem Rückgang ausstehender Forderungen gegenüber den Kunden der Warenhandlung verringerte sich auch der Geldbedarf. Während Christian D. Roeloffs im Jahre 1871 noch 15 Bewohnern des Langdorfes 3065 Rbtr schuldete, waren es Ende 1875 nur noch 253 Rbtr, die er von Rickmer Rörden geborgt hatte und 1879 zurückzahlte. – Bemerkenswert ist, daß er für geliehenes wie für verliehenes Geld gleichermaßen 4 % Zinsen berechnete.

Christian D. Roeloffs hat niemals Geld bei einer Sparkasse aufgenommen. In seinen Bilanzen sind immer nur Privatgläubiger aufgeführt, die in St. Laurentii zu Hause waren. Schuldner hatte er jedoch auch in weiterer Entfernung. Von den 184 Schuldnern der 1858er Bilanz wohnten

in St. Laurentii	125
in St. Johannis	26
in St. Nicolai	13
auf Amrum	11
auf dem Festland und den Halligen	7
in Australien und Antwerpen	2

Bei den Schuldnern handelte es sich zumeist um „kleine Leute“ mit geringen Einkünften. Aber es gab auch solche, die bessergestellt waren, wie z. B. der Birkvogt Trojel in Nieblum, Inspekteur Hammer und Seecontrolleur Keller in Wyk sowie die Witwe des Kammerraths Krebs aus Wyk. Und auch der in St. Laurentii jeweils amtierende Pastor brauchte offensichtlich regelmäßig Kredit. Handelte es sich um kleine Beträge, die zinsfrei blieben, so beruhten sie wohl auf Warenlieferungen. Bei den 500 Rbtr, die der Inspekteur Hammer 1858 zu 4 % Zinsen geliehen hatte, kann man von einem bankähnlichen Kredit ausgehen.

Christian Diederich betrieb wie sein Vater auch weitergehende Geldgeschäfte, indem er Obligationen, Pfandbriefe pp. vermittelte. Dabei war der Umfang des Handels mit Wertpapieren natürlich sehr stark abhängig von den Verdienstmöglichkeiten der Föhringer außerhalb ihrer engeren Heimat. Jedenfalls brachte die Landwirtschaft kaum entsprechende Gewinne, um hiermit Wertpapiere ankaufen zu können. „Die Seefahrt muß es bringen“, wie man damals sagte. Später waren es die zurückkehrenden Auswanderer, die Bargeld auf die Insel brachten. Der Fremdenverkehr jedenfalls spielte auf Föhr-Land im vorigen Jahrhundert keine wesentliche Rolle. Allerdings gab es in Nieblum insoweit bereits erste Ansätze. Und einige weitsichtige Föhringer erkannten offensichtlich ebenfalls schon vor 140 Jahren die Perspektiven, die Urlaub auf dem Bauernhof bzw. Ferien auf dem Lande bieten könnten. So schrieb der Landmann J. Lorenz Hassold aus Midlum am 4. Juli 1845 an den Advokaten Johann C. Storm, dem Vater des bekannten Theodor Storm in Husum:

> „Sollte es sein, daß Sie oder Ihre Familie in der Badezeit auf Föhr kommen, so biete ich Ihnen Wohnung und Bewirthung, so gut wie es einem Landmann möglich ist. Wenn Ihnen das gefällt, sollen während der Zeit zu Ihrer Beförderung immer Pferde und Wagen fertig stehen.“

Ob Storm dieses Angebot seinerzeit annahm, ist leider nicht überliefert. Daß er aber seine Urlaubszeit auch auf Föhr verbrachte, ist bekannt.

Die allgemein steigende Prosperität nach dem Deutsch-Französischen Krieg 1870/71 wirkte sich auch positiv auf den Wertpapierverkauf aus, den Christian Diederich tätigen konnte. So vermittelte er im Jahre 1874 Pfandbriefe, Obligationen u. ä. im Werte von 32 400 Mark, 1875 waren es 46 050 Mark und 1876 noch 24 760 Mark. Nach seiner Buchführung betrug sein Nettoverdienst hierbei in den drei Jahren 470 Mark. Bemerkenswert ist die Internationalität

Abb. 62: Bis etwa 1900 diente der noch mit Holzachsen versehene Wagen (fö. Holten-Waanj) als universales Transportmittel in der Landwirtschaft und für alle sonstigen Produkte

der vermittelten Kapitalanlagen. Neben dänischen Nationalbankaktien waren es schwedische Obligationen, hamburgische Staatsanleihen und Eisenbahn-Obligationen. Den höchsten Anteil nahmen jedoch russische Boden-Credit-Pfandbriefe ein – in Rubelwährung! Ein Rubel galt damals 2,40 Mark. Dagegen hatte 1874 beispielsweise 1 Dollar einen Wert von 4,40 Mark. Das geht aus der Abrechnung über den Ankauf einer 6%igen amerikanischen Obligation zum Kurs von 95 % hervor. Aus welchem Grunde Christian Diederich dieses Geldgeschäft mit Ablauf des Jahres 1876 aufgab, konnte ich nicht feststellen. War es allein sein Alter? Bestand ein Zusammenhang mit dem allmählichen Auslaufen des Warenhandels? Ein Grund mag die sich entwickelnde Konkurrenz gewesen sein, die ihm aus der Gründung der Sparkasse in Nieblum (1868) erwuchs.

In seinem Bilanzbuch hat Christian Diederich für einige Geschäftsjahre auch Umsatz und Verdienst aus dem Warenhandel aufgeführt. Im Jahre 1864 verkaufte er Waren im Wert von 11 790 Rbtr, davon etwa drei Viertel gegen Barzahlung und ein Viertel auf Kredit. Dieser Einnahme stand eine Ausgabe von 10 545 Rbtr für den Ankauf von Waren gegenüber, so daß er rechnerisch einen Überschuß von 1245 Rbtr erzielte. Dabei ist aber zu berücksichtigen, daß sich der Bilanzwert der Waren in dem Jahre um 795 Rbtr verminderte, so daß der tatsächliche Gewinn nur 450 Rbtr betrug. Im Vergleich zum Kapitaleinsatz ein bescheidener Gewinn. Entsprach er doch nur einer Verzinsung des Warenwertes von etwa 4 %.

Laut Bilanzbuch lag der Gewinn in den folgenden Jahren eher noch niedriger denn höher. Dies mag möglicherweise auch Anlaß gewesen sein, den Warenhandel einzuschränken. Der Hauptgrund war aber, daß Christian Diederich für sein Geschäft keinen Nachfolger hatte. Bis ins hohe Alter hinein betrieb er mit seiner Frau Antje den Ein- und Verkauf der Waren. Die Geschäftskorrespondenz führte er alleine. Sein Sohn Erk Diederich hatte keinerlei Neigung für eine kaufmännische Tätigkeit. Der war mit Lust und Liebe Landmann und brauchte sich auf dem für damalige Verhältnisse großen Hof über Mangel an Arbeit im übrigen wohl auch nicht zu beschweren. Er soll manchmal ungehalten darüber gewesen sein, wenn er gerade während der Saatbestellung oder Ernte ein oder zwei Pferdefuhrwerke für das Abholen der Waren vom Wyker Hafen freistellen mußte.

Auch bei bestem Erntewetter duldete sein Vater keinen Aufschub. Nach dessen Auffassung genoß der Warenhandel absoluten Vorrang vor der Landwirtschaft. Sicherlich konnte Erk Diederich es auch hinsichtlich Intelligenz und Geschäftstüchtigkeit mit seinem Vater nicht aufnehmen. Die mittlerweile herangewachsenen Enkel Christian Diederich und Brar Cornelius, 1862 und 1865 geboren, zeigten zudem keine Bereitschaft, den Beruf eines Kaufmannes zu ergreifen. Angeblich soll Brar C. auf Drängen seiner Eltern und Großeltern sich zunächst einer kaufmännischen Tätigkeit zugeneigt haben, so daß diese sich sogar um eine Lehrstelle in Flensburg bemühten. Nach der Schulentlassung entschied er sich jedoch für den Beruf des Landwirts.

Der Warenhandel wurde nach 1875 mehr und mehr zurückgeführt, so daß der Warenwert in der 1879er Bilanz nur noch 2600 Mark betrug. Im Jahre 1880 wurde sodann der Restbestand öffentlich versteigert. Christian D. Roeloffs war mittlerweile 79 Jahre alt. Damit fand die Warenhandlung, die weit über das kleine Süderende hinaus Bedeutung hatte, ihr Ende. Zwei Roeloffs-Generationen hatten sie über 80 Jahre mit Erfolg durch Friedens-, Kriegs- und Krisenjahre hindurchgeführt. Der Grundstock für das Geschäftskapital, den Diedrich Roeloffs ehemals in der Seefahrt erworben hatte, wurde dabei in diesem Zeitraum beträchtlich vermehrt und letztlich in erster Linie dem Bereich der Landwirtschaft zugeführt. Daß hiervon noch heute mehrere Familien profitieren, sollte nicht unerwähnt bleiben.

Nach der Aufgabe des Warenhandels ging natürlich auch der Umfang ausstehender Geldforderungen immer mehr zurück. Der Geldverleih beschränkte sich im wesentlichen auf Kredite, die „kleinen Leuten" für den Ankauf eines Wohnhauses gewährt wurden. Von keinem Schuldner forderte Christian D. Roeloffs mehr als 4 % Zinsen – so wie es schon sein Vater um 1800 getan hatte. Im Jahre 1885, als Christian D. Roeloffs starb, schuldeten ihm – abgesehen von seinen Kindern – noch 39 Personen 20 248 Mark. Bis Ende 1890, dem Todesjahr seiner Frau Antje, verminderte sich die Zahl der Fremdschuldner auf 24, die mit 18 026 Mark im Debet standen, wobei die weitaus meisten Kredite verzinslich gegeben waren. Unter der Rubrik „Buchschulden ohne Zinsen" sind neben einigen unbedeutenden Posten nur Beträge aufgeführt, die die Kinder und Stiefkinder schuldeten.

Landmann in Süderende

Als Diedrich Roeloffs am 16. Februar 1834 starb, hatte der Roeloffs-Hof in Süderende eine Größe von 98,5 Demat. Davon gehörten Christian D. Roeloffs 23,3 Demat, die wie folgt in sein Eigentum gelangt waren:

Schenkung seines Vaters (1823)	5,3 Demat
Kauf mit Hilfe seines Vaters (1822–1834)	9,6 Demat
Erbteil nach seinem Schwiegervater (1823)	8,4 Demat

Das Eigentum seines verstorbenen Vaters, 75,2 Demat, erhielt Christian D. Roeloffs erst 1837, nach dem Tode seiner Mutter. Mit fast 100 Demat hatte der Roeloffs-Hof eine für Föhringer Verhältnisse beachtliche Flächenausstattung. Der relativ hohe Anteil an Slaawenland erlaubte es jedoch nur, auf dem Betrieb höchstens 20 Stück Großvieh zu halten. Daß Christian D. Roeloffs sich – wie sein Vater – in erster Linie als Kaufmann betätigte, sei noch einmal erwähnt. Seine Arbeitskraft widmete er vor allem dem Handel und den damit verbundenen Geschäften, aber auch öffentlichen Ämtern. Die landwirtschaftlichen Arbeiten erledigten ein Knecht und mehrere Dienstmägde. In den Volkszählungslisten als Dienstboten bezeichnet, sind sie nachfolgend aufgeführt (Lebensjahre in Klammern):

1834	Peter Nielsen (29)
	Matje Jung Rörden (23)[22]
	Thesje Riewerts (23)
1840	Jens Nielsen (29)
	Göntje Rickmers (21)
	Thesje Riewerts (29)
1845	Hinrich Friedrichs (26)
	Hanna F. Braren (34)
	Elke Brar Olufs (23)
	Maike Volkert Ketels (18)
1850	Michel Lauritzen (26)
	Anna Tönnies (32)
	Catharina Tajen (19)
1855	Hans P. Schade (28)
	Catharina Tajen (24)
1860	Niels Otto Jensen (32)
	Gardina B. Riewerts (22)

Knecht und Mägde waren ausnahmslos im Hause Roeloffs untergebracht. Ihre Zusammensetzung bestätigt die Überlieferung, daß damals vor allem weib-

22 Im Jahre 1836 wurde Matje die zweite Ehefrau von Christian D. Roeloffs.

liche Kräfte die landwirtschaftlichen Arbeiten verrichteten. Ihnen allein oblag die Versorgung des Viehs einschließlich Melken, sie streuten den Stallmist auf die Felder und brachten Heu und Getreide ein. Sie schnitten das Korn mit der Sichel (Abb. 63 und 64). Lediglich die Schwerarbeit wie Grasmähen mit der Sense, Mistladen und Grabenkleien galt als Männersache – Arbeiten, die man in der Regel Tagelöhnern übertrug.
Mehr als ein Knecht wurde nie beschäftigt. Er arbeitete in erster Linie mit dem Pferdegespann. Neben den landwirtschaftlichen Arbeiten erledigte er auch die Frachtfuhren, die sich aus dem Warenhandel ergaben. Bei den damaligen Verhältnissen brauchte er für eine Fuhre nach Wyk und zurück einen vollen Tag. Ein Knecht verdiente in dem Zeitraum von 1800–1890 durchweg soviel jährlich wie eine Kuh kostete. Den Lohn erhielt er jedoch nicht – wie später üblich – in Monatsraten. Vielmehr bekam er im Laufe des Sommers ein bis zwei geringe Abschläge und dann den größten Teil zu Martini (10. November) ausgezahlt. Eine Magd erhielt nicht einmal halb soviel wie der Knecht. Aber auch Tagelöhner mußten sich mit bescheidenem Lohn begnügen. Während ein Tagelöhner im Jahre 1843 noch zwei Tage für 1 Mark C Lohn arbeiten mußte, erhielt der Arbeiter Nickels Nissen, der im Januar 1880 auf dem Roeloffs-Hof 19 Tage gedroschen hatte, hierfür schon Naturalien im Werte von 19 Mark (umgerechnet rd. 16 Mark C). Als Naturallohn bezog er Pferdebohnen, die ihm mit 8 Mark je Zentner angerechnet wurden. Natürlich lag der Lohn im Winter besonders niedrig, weil ein Arbeiter einerseits froh war, wenn er in dieser Zeit überhaupt etwas verdiente, zum anderen war seine tägliche Arbeitszeit kurz, weil er nur bei Tageslicht arbeitete. Während der anderen Jahreszeiten war der Lohn zwar höher, aber dennoch bescheiden. So verdiente ein Tagelöhner im Sommer 1886 ohne Kost 3,60 Mark (umgerechnet 3 Mark C) pro Tag. Demnach lag der Tagelohn im Sommer mehr als dreimal höher als im Winter. Ein Landwirt, der mit einem Pferdegespann Lohnarbeiten ausführte, erhielt 1886 pro Tag 7,20 Mark, also etwa 1 Zentner Roggen.
Zur Zahl der Dienstboten ist noch zu bemerken, daß sie 1845 deswegen höher lag, weil Christian D. Roeloffs in dem Jahr ohne Ehefrau wirtschaftete. Seine zweite Frau war 1844 gestorben und hatte drei kleine Kinder hinterlassen. Die dritte Ehe ging er 1846 ein.

Abb. 63: Föhringer Frauen bei der Feldarbeit

Danach reichten drei Dienstboten aus, zumal Erk Diederich, der älteste Sohn, inzwischen herangewachsen war. Nachdem auch Erk sich 1855 verheiratet hatte und seine Schwestern Ingke und Keike mitzuhelfen in der Lage waren, genügten zwei Dienstboten: ein Knecht und ein Dienstmädchen. Andererseits hatte der Umfang der landwirtschaftlichen Arbeiten erheblich zugenommen, schon dadurch, daß etwa ab 1850 die Fennen in der Marsch durch vorübergehende Ackernutzung mit Brache und Piepgraben ebenso nachhaltig verbessert wurden wie auch das Grasland in den Slaawen. Mittlerweile war aber auch der Betrieb erheblich gewachsen, was Christian D. Roeloffs veranlaßte, 1858 die Wirtschaftsgebäude durch einen Anbau nach Süden zu erweitern, in dem 4 Pferde sowie Kälber und Jungvieh Platz fanden. Den bisher von den Pferden eingenommenen Stallraum ließ er für Kühe herrichten. Ein weiterer Anbau am großen Packhaus für die Unterbringung von Ochsen und

Abb. 64: Auszug zur Feldarbeit (Gruppe aus einem Festzug). Diese Kleidung trugen viele Föhringer Frauen im 19. Jahrhundert. Um ihre feine, helle Hautfarbe nicht zu gefährden, bedeckten sie Gesicht und Hals mit einem Tuch

Fehrkühen folgte, nachdem sich die in ihrem Kulturzustand verbesserten Marschfennen auch für die Fettgräsung eigneten.
Um die weitere größenmäßige Entwicklung des Roeloffs-Hofes darzustellen, muß zunächst daran erinnert werden, daß Erk D. Roeloffs 1836 bei der Erbteilung nach seiner verstorbenen Mutter Ingke geb. Okken 8,4 Demat Land erhielt. Dadurch verringerte sich das Eigentum seines Vaters auf 90,1 Demat, wenngleich die 8,4 Demat natürlich wirtschaftlich beim Hof blieben. In den folgenden Jahren aber setzte Christian D. Roeleffs die Gepflogenheit seines Vaters fort, Ländereien zu kaufen und zu verkaufen. Von 1836 bis 1864 erwarb er durch Zukauf 42,8 Demat und verkaufte 26,2 Demat. Das ergibt ein Mehr an Eigentum von 16,6, Demat. Dazu kamen 1846 die Ländereien seiner dritten Ehefrau Antje Braren geb. Ketels mit 46,7 Demat, die sich allerdings durch alsbaldigen Verkauf und Übertragung auf Lorenz Braren um 6,8 Demat verminderten, so daß 39,9 Demat verblieben. Christian D. Roeloffs vergrößerte somit nach 1836 durch Kauf und Heirat seinen Hof um 56,5 Demat, so daß er 1871, als er seine Ländereien den Kindern übertrug, 146,6 Demat besaß. Der Roeloffs-Hof insgesamt war zu der Zeit jedoch um einiges größer, denn inzwischen hatte Erk D. Roeloffs 20,4 Demat Eigentum, einschließlich der 8,4 Demat, die er 1836 als Erbteil bekommen hatte. Der landwirtschaftliche Betrieb der beiden Roeloffs umfaßte daher 1871 rd. 167 Demat (rd. 82,3 ha). Er war der seinerzeit größte Hof auf Westerlandföhr. Diese Größe hatte er etwa seit 1850, wobei aufgrund der fortwährenden Zu- und Verkäufe der Umfang der Ländereien von Jahr zu Jahr durchaus um einige Demat schwankte.

Die Frage nach der Herkunft der zugekauften Ländereien kann hier nur allgemein beantwortet werden. Vor allem wirtschaftliche Zwänge veranlaßten die Eigentümer zum Verkauf. Zudem lassen die umfangreichen Zu- und Verkäufe von Ländereien den Eindruck entstehen, Christian D. Roeloffs habe neben dem Warenhandel auch Landhandel betrieben. Sicher ist diese Vermutung nicht ganz unbegründet, denn einige Zukaufsflächen blieben nicht einmal ein Jahr lang in seinem Eigentum. Solche Flächen erwarb er demnach nicht mit dem Ziel, den Hof zu vergrößern. Vielmehr ist davon auszugehen, daß andere Motive Anlaß zum Kauf gegeben haben. So übernahm Christian D. Roeloffs wie sein Vater nicht wenige Flächen von Eigentümern, die ihm Geld schuldeten und nicht in der Lage waren, die jährlichen Zinsen zu zahlen. Aber auch ein preiswertes Angebot schlug er nicht aus. Dazu muß man allerdings wissen, daß in früheren Zeiten eine wesentlich höhere Landmobilität auf unserer Insel herrschte. Ein Blick in die Erdbücher bestätigt das. Grund und Boden wurde durchweg als ein „kapitalistisches" Gut angesehen, und zwar insbesondere von solchen Eigentümern, die ihn verpachteten. Konnten sie für ein Stück Land eine Kaufsumme erzielen, die einen wesentlich höheren Zinsertrag als die Pachtsumme erbrachte, so verkauften sie vielfach. Dabei kam es oftmals vor, daß der Käufer das Kaufgeld über viele Jahre schuldig blieb und hierfür 4 % Zinsen zahlte. Zu dieser „kapitalistischen" Haltung vieler Landeigentümer trug zum einen die auf unserer Insel praktizierte Realteilung bei, aber auch die Tatsache, daß der Wert des Geldes beständiger war. Die im vorigen Jahrhundert auf Westerlandföhr gezahlten Landpreise werden in dem folgenden Abschnitt behandelt.

Aber, mehr noch als landwirtschaftliche Nutzflächen, mußte Christian D. Roeloffs – wie sein Vater – Hausgrundstücke von solchen Schuldnern übernehmen, die nicht in der Lage waren, ihre Zinsen aufzubringen. Zwar bemühte er sich, die zumeist kleinen Katen mit relativ geringem Wert so schnell wie möglich wieder abzustoßen. Das aber war nicht einfach, so daß er sie oftmals über längere Zeit vermieten mußte. In der Regel waren die Katen nur verkäuflich, wenn das Kaufgeld als Hypothek stehenblieb. Erst als sich die wirtschaftlichen Verhältnisse grundlegend besserten, konnte er alle Hausgrundstücke abstoßen. Neben seinen selbstgenutzten Wohn- und Wirtschaftsgebäuden hatte Christian D. Roeloffs über Jahrzehnte stets mehrere Häuser zu Eigentum, und zwar:

Jahr	1835	1840	1845	1850	1855	1860	1865	1870
Zahl der Wohnhäuser	6	4	3	5	6	4	4	1

Dabei handelte es sich um folgende Hausgrundstücke, die er zeitweilig besaß:

Ort	Nr.	heute
Süderende	232	A. Jacobs
	234	abgebrochen (1960 Jul. Braren)
	235	A. Martensen
	237	abgebrannt (um 1900 L. Lassen)
	255	R. Jensen
Oldsum	41	J. Martens
	46	J. Nickelsen
	53	W. Wohld
	56	abgebrannt (um 1950 Chr. Ketelsen)
Klintum	129	(nach 1842 abgebrochen)
Toftum	183	(1960 Heinrich Lorenzen)
	198	N. Nickelsen
	203	Ernst Ph. Rolufs

Einige dieser Wohnhäuser hatte Christian D. Roeloffs bereits von seinem Vater übernommen. Am längsten behielt er das Grundstück Nr. 198 in Toftum, das heute mit dem neuen Kuhstall von Nickels Nickelsen bebaut ist. Schon 1830 kaufte er es von Arfst J. Frödden (1797–1845) für 534 Mark C. Erst 1873 konnte er die Kate an Niels Andresen Ww. verkaufen, nachdem diese Familie 43 Jahre lang Mieter gewesen war. Der Kaufpreis betrug nur 300 Mark C – wahrlich kein lohnendes Geschäft! Auch bei anderen Objekten verlor er Geld. So erwarb er am 30. 1. 1846 in Süderende das Haus Nr. 255 (heute Ruth Jensen) von P. Suhr für 800 Mark C. Im gleichen Jahr verkaufte er es an Arfst Beelendörp für 550 Mark C.

Christian D. Roeloffs trat nicht nur als Käufer oder Verkäufer von Grundstücken auf. Wie sein Vater übte er in gewissem Umfange auch die Funktion eines Maklers aus. In mehreren Fällen baten ihn Auswärtige, ihr Vermögen auf Westerlandföhr bestmöglich zu verwerten. U. a. verkaufte er 1858 im Auftrage des abwesenden Riewert Roluf Arfsten (1815–1868) dessen Wohnhaus in Oldsum Nr. 14 (1930 Christian

Jürgens) für 300 Rbtr an Henning Nielsen. 1860 übernahm er es, das Hausgrundstück Nr. 173 (1930 Knudt Bohn) in Toftum des nach Kanada ausgewanderten Friedrich Roluffs an den Seefahrer Nickels Nanning Wögens zu verkaufen. Der Erlös betrug 396 Rbtr. Zu diesen zwei Fällen ist noch zu bemerken, daß N. Wögens später mit seiner Familie nach Iowa/USA auswanderte. Nachkommen leben dort heute noch[23]. Riewert R. Arfsten dagegen starb 1868 als Kapitän in Buenos Aires an der Cholera.

Zurück zur Landwirtschaft! Wie in allen Föhrer Betrieben, spielte auch auf dem Hof von Christian D. Roeloffs die Rindviehhaltung eine bedeutende Rolle. Er hielt zehn bis zwölf Kühe mit dem entsprechenden Jungvieh, daneben vier Arbeitspferde. Schweine wurden nur für den Eigenbedarf gemästet. 6–8 Mutterschafe lieferten die Schlachtlämmer für die Familie. Sie brachten Abwechslung in die recht einseitige Kost der Sommermonate. Geradezu unentbehrlich waren sie, als nach 1860 die mittlerweile auf dem Festland beruflich tätigen Kinder Ingwert, Jürgen, Hark und Brar mit ihren Familien in den Sommermonaten gerne ihre Eltern in Süderende besuchten. Zeitweilig mußten 15–20 Personen beköstigt werden. „Eine schlimme Zeit für die Lämmer", pflegte Martin Hanjes[24] dann zu sagen.

Nachdem die Fennen in der Marsch nach 1850 grundlegend melioriert worden waren, begann Christian D. Roeloffs auch mit der Fettgräsung, zumal sich die Preise für Fettvieh recht lukrativ entwickelten. Zur Gräsung kaufte er regelmäßig Magervieh, zum Teil auf dem Festland und auf den Halligen. Zu diesem Zweck fuhr er alljährlich mit seinem Sohn Erk zu den Viehmärkten nach Tondern und Langenhorn. Für die Fahrt von Dagebüll dorthin mieteten Vater und Sohn ein Pferdefahrzeug ohne Fuhrmann. Das Bargeld zum Ankauf der Tiere führten sie in einem Leinenbeutel mit.

Auf dem Roeloffs-Hof wurden hauptsächlich Kühe und Quien fettgegräst; Ochsen erreichten in der Föhringer Marsch nicht die erforderliche Schlachtqualität. Die fetten Tiere wurden im Herbst verkauft, nicht selten aber auch einige auf dem Hof geschlachtet und dann in Achteln, Vierteln oder Hälften an Bewohner des Dorfes oder der Nachbardörfer verkauft. Die Nachfrage kam aus Haushalten, die nur eine sehr kleine Landstelle oder gar keine Landwirtschaft besaßen. Ein möglichst junges, aber fettes Rind wurde regelmäßig auch für den eigenen Bedarf geschlachtet. Dem Beispiel seines Vaters folgend, der ihm schon in jungen Jahren eine Fenne übertragen hatte, verfuhr auch Christian D. Roeloffs. Seinem Sohn Erk Diederich überließ er am 1. Februar 1855, einen Tag vor dessen Verehelichung mit Keike Braren, ein Stück Ackerland auf „Taarepseekrem", auch „Eemelke" genannt. Damit rundete er die Fläche eigentumsmäßig ab, die Erk schon mit acht Jahren als Erbteil nach seiner verstorbenen Mutter erhalten hatte. Mit diesem Geschenk wollte der Vater zugleich seinen Dank gegenüber seinem Sohn für dessen bisherige – weitgehend unentgeltliche – Mitarbeit im landwirtschaftlichen Betrieb abstatten. – Übrigens setzte auch Erk D. Roeloffs diesen „Brauch" fort. Seinen Kindern Christian und Brar übertrug er bereits vor 1890 je eine Fenne, als sie noch ledig und nicht selbständig waren. Auch Ingke erhielt 1886 schon eine Fenne zu Eigentum.

Nach der Eheschließung seines Sohnes zog Christian D. Roeloffs sich vollends von körperlichen Arbeiten in der Landwirtschaft zurück. Er widmete sich fast ausschließlich dem Warenhandel und den damit verbundenen Geldgeschäften sowie öffentlichen Aufgaben – Tätigkeiten, die ohnehin mehr seinen Neigungen entsprachen. Zunehmendes Körpergewicht war unvermeidlich. Dennoch blieb er von Krankheiten bis ins hohe Alter hinein verschont. Hierzu mag beigetragen haben, daß er sich gerne im Garten betätigte. Diesen hatte er eigens angelegt, um Erdbeeren, Gurken und andere Gemüsearten zu pflanzen, deren Anbau damals im allgemeinen nicht üblich war. Auch in anderer Weise zeichnete er sich durch Fortschrittlichkeit aus. Er war (um 1860) der erste in Süderende, dessen Stube zu Weihnachten ein Tannenbaum schmückte, der im eigenen Garten gezogen war.

Nach den kriegerischen Auseinandersetzungen im Jahre 1864 endete die Zugehörigkeit Westerlandföhrs zu Dänemark. Obwohl die erbrechtlichen Bestimmungen zunächst in Kraft blieben, betrachtete Christian D. Roeloffs die Entwicklung auch insoweit kritisch, zumal seine Vermögensverhältnisse als Folge von drei Ehen kompliziert waren. Nach längerem

23 1982 besuchte ein Enkel von N. Wögens seine Verwandten auf Föhr.

24 Martin F. Früdden (1835–1923), genannt Martin Hanjes, war viele Jahre Knecht auf dem Roeloffs-Hof.

Abwägen entschloß er sich, schon zu Lebzeiten seine Ländereien den Kindern zu übertragen. Eine Empfehlung seines Stiefsohnes Hark, Kaufmann in Hamburg, der ihn im Sommer 1871 in Süderende besuchte, gab den Ausschlag. Er lud die Kinder und Stiefkinder ein, um sich mit ihnen über die Verteilung der Ländereien zu einigen. Am 3. Juli fuhr er mit neun Angehörigen nach Wyk, um die getroffene Vereinbarung im Amtsgerichts beurkunden zu lassen. Antje, seine Ehefrau, war nicht zugegen, was einen Föhringer nicht verwundert! Sein Verhalten entsprach aber auch dem seinerzeit auf Westerlandföhr geltenden dänischen Recht. Danach konnte die Ehefrau über ihr Vermögen nicht rechtswirksam verfügen. Es unterstand vielmehr der Verwaltung und Nutznießung durch den Mann. Er konnte unter Lebenden über das Vermögen seiner Frau frei verfügen; letztwillige Verfügungen durfte er allerdings hierüber nicht treffen. Auch im übrigen war der Mann der gesetzliche Vertreter seiner Ehefrau. Nach dem Überlassungsvertrag erhielten:

	Größe	
Erk Diederich Roeloffs	Demat	Ruthen
Guard Deelkem, Guardem an Haleekrem	2	70
Köödem	2	7
Brüningeekrem an Baakentaft		46
Koornguard	1	45
Roogkuuch		93
Roogkuuch		133
Hias	3	104
Hias	3	149
Ual Hiasem	3	141
Tesken a Hoofstiiger (Raidslaaw)	11	105
Waasterslaaw an Hias	2	58
Oner Ködem an Waasterslaaw	7	61
Swinhaleg an Meere	7	24
Meere (Raid)		45
Wol	5	56
Weed	5	140
Slööb	4	78
Teskkregem	2	162
Hörshaag	3	137
Aagetanj Ruad	2	26
Wert: 10.500 Thaler	71	60

	Größe	
Ingke Arfsten geb. Roeloffs	Demat	Ruthen
Haleekrem an Huuchtaftem	1	136
Sarkstiig an Koornört		155
Foolkert an Ual Haag	3	54
Ual Haag, Meere an Hias	4	171
Tesken a Hoofstiiger		88
Raidslaaw	3	156
Borigsem Miad (Süüddik)	3	104
Küfem	2	173
Teskkregem	2	162
Köningsidjem	5	7
Ual Hiasem	1	50
Wert: 4.500 Thaler	30	176

	Demat	Ruthen
Keike Peters geb. Roeloffs		
Uaster Baregliin	1	11
Uasterslaaw-Volersik	2	177
Borigsem Miad (Süüddik)	3	104
Teskkregem	1	178
Teewlem	2	76
Bodem	1	164
Wert: 2.600 Thaler	13	170
Lorenz Braren		
Foolkert	1	7
Roogkuuch an Helmuur	3	35
Loongweerem an Ört	4	150
Loongweerem an Heegbereg	1	167
Nei Öögsenem	3	1
Lööglem	4	45
Aagetanj Ruad	2	26
Wert: 2.900 Thaler	20	71
Brar C. Braren		
Uasterslaaw-Volersik	2	177
Teskkregem	3	51
Teskkregem	1	169
Uaster Liichslaaw	1	43
Wert: 1.500 Thaler	9	80

Die Beurkundung des Vertrages und die Umschreibung der Ländereien kostete nur 30½ Thaler Gebühren, ein vergleichsweise geringer Betrag für Grundstücke mit einem Wert von 22 000 Thalern. Die Gebühren beliefen sich auf nicht einmal 1,5‰. Dagegen hatte Christian D. Roeloffs für die Verträge, die er 1836 und 1846 mit seinen Kindern schloß, mehr als 10‰ Gebühren bezahlt. Demnach arbeitete die preußische Justiz wesentlich preiswerter als die dänische.

Christian D. Roeloffs überließ seinen Kindern insgesamt 146 Demat und 17 Ruthen. Die Wohn- und Wirtschaftsgebäude einschließlich „Göntjes Hüs“ und „Ual Skualhüs“ mit einer Grundfläche von rd. 0,5 Demat gab er nicht aus der Hand. Durch testamentarische Verfügung hatte er aber sichergestellt, daß diese nach seinem Tode seinem Sohn Erk zufielen.

Der Verteilung im Jahre 1871 stimmten auch die nicht mit Ländereien berücksichtigten Kinder zu und versicherten, sie seien anderweitig befriedigt und abgefunden. Zugleich erklärten alle Kinder ausdrücklich, daß diese Aufteilung der Länderen bei einer späteren Teilung des sonstigen Vermögens nicht berücksichtigt werden solle. Aber auch die bei der Landverteilung berücksichtigten fünf Kinder bestätigten, sie seien durch die vorstehende Auseinandersetzung bezüglich ihres Erbrechts an den Ländereien ihres Vaters vollständig befriedigt und abgefunden.

Bei der Aufteilung der Ländereien fällt folgendes auf:

1. Erk Roeloffs, seit 1855 mit seiner Stiefschwester Keike Braren verheiratet, erhielt zusammen mit seiner Ehefrau fast die Hälfte der gesamten Ländereien. Daraus wird das besondere Anliegen des Überlassers ersichtlich, den Stammbesitz als eine nachhaltige Existenz der Familie zu erhalten. Diese Absicht hatten übrigens Christian Diederich und Antje bereits in einem (Zusatz-)Testament am 21. Januar 1865 bekräftigt. „Um diese Kinder zu sichern“, sollten sie bei der Erbteilung unter Anrechnung von 2500 Rbtr „Haus und Scheune Nr. 239 nebst Baustelle, Hof und Anschuß, groß in Quantite 80 Ruthen und in Bonite 64 Ruthen, die Süden dem Hause liegende Scheune und das kleine Wagenhaus, sowie ferner alle Mobilien, Bett- und Leinenzeug, Ackergeräthschaften wie Wagen, Pflüge und alle zum Betrieb der Landwirtschaft und Viehfütterung gehörenden Geräthschaften, ausgenommen hiervon jedoch alle Gold- und Silbersachen, nach unserm Tode erben.“ Allerdings ist zu berücksichtigten, daß Erk im Zusammenhang mit dieser Aufteilung aus seinem Eigentum 3,2 Demat auf „Bodem“ seiner Schwester Keike verh. Peters überließ. Dies geschah aus Gründen der Arrondierung, denn Keike erhielt in demselben Tjüüg von ihrem Vater 1,9 Demat. Demnach bekamen Erk und seine Frau tatsächlich 68,1 Demat und Keike 17,1 Demat.
2. Die Töchter aus zweiter Ehe, Ingke und Keike, erhielten Flächen ungleicher Größenordnung und von unterschiedlichem Wert. Selbst unter Berücksichtigung der 3,2 Demat von ihrem Bruder, bekam Keike verh. Peters nur gut halb soviel Land wie ihre Schwester Ingke verh. Arfsten.
3. Lorenz Braren und Brar Cornelius Braren erhielten zusammen nur rd. 29,8 Demat, obwohl ihre Mutter Antje doch per Saldo rd. 39,9 Demat in die Ehe eingebracht hatte. Diese Regelung ist darauf zurückzuführen, daß Antjes Söhne Jürgen und Hark zuvor mit Geld abgefunden worden waren und der Anspruch ihrer Tochter Keike in den auf ihren Ehemann Erk Diederich Roeloffs übertragenen 71,3 Demat Ländereien enthalten ist. Bemerkenswert ist, daß Brar Cornelius Braren 9,4 Demat erhielt. War er doch Lehrer von Beruf, so daß man vermuten könnte, er habe einer Geldabfindung den Vorzug gegeben; dies war offensichtlich nicht der Fall.

Diese auf den ersten Blick nicht ganz verständliche Verteilung der Ländereien wird jedoch begreiflich, wenn man sie im Zusammenhang mit Christian D. Roeloffs' Bilanzen von 1870 und 1871 sieht, in denen die Schulden und Guthaben seiner Kinder vermerkt sind. Danach erscheint Erk D. Roeloffs zum 31. 12. 1871 mit einer Schuld von 2699 Rbtr, obwohl er ein Jahr zuvor bei seinem Vater noch ein Guthaben von 2521 Rbtr hatte. Bei Ingke verh. Arfsten ist es ähnlich. Auch sie ist 1871 mit 2010 Rbtr mehr Schulden belastet. Demgegenüber verminderte sich die Schuld der Tochter Keike Peters um 1168 Rbtr auf 2431 Rbtr. Und schließlich sind 3854 Rbtr, die Hark C. Braren und Ingwer O. Roeloffs 1870 gemeinsam schuldeten, in 1871 nicht mehr aufgeführt. Demnach hat neben der Landverteilung noch ein Geldausgleich stattgefunden. Die Vereinbarung hierüber ist vermutlich deswegen vor dem Amtsgericht nicht protokolliert worden, um Gebühren zu sparen. Aus diesem Grunde kann die gesamte Vermögensauseinandersetzung nicht eindeutig nachvollzogen werden. Es dürfte jedoch zweifelsfrei sein, daß Christian D. Roeloffs bei dieser vorweggenommenen Erbregelung allen berechtigten Ansprüchen seiner Kinder und Stiefkinder in vollem Umfange Rechnung trug. Daß dies wegen der besonderen familiären Verhältnisse und des bestehenden Ehevertrages nicht einfach war, liegt auf der Hand. Die Zustimmung aller Kinder bestätigt jedoch, daß Christian D. Roeloffs eine gerechte Regelung getroffen hatte.

Durch den Überlassungsvertrag wurde die Stammstelle der Familie Roeloffs im Jahre 1871 wesentlich verkleinert. Dem „jungen“ Landwirt Erk D. gelang es jedoch, bis 1890 den Hof wieder auf rd. 112 Demat zu bringen. Hierin sind die auf seine Kinder übertragenden Fennen mit insgesamt 10 Demat enthalten. Der Hof hatte damit eine Größe, die ausreichte für zwei selbständige landwirtschaftliche Betriebe, die Christian Diedrich Roeloffs (1862–1944) und Brar Cornelius Roeloffs (1865–1933), Söhne von Erk D. Roeloffs, im Jahre 1890 begründeten.

Das Haus wird bestellt

Nach seiner dritten Eheschließung ging das ganze Streben von Christian D. Roeloffs im familiären Bereich dahin, seinen ehelichen Kindern und den Stiefkindern jeweils gerecht zu werden. Auch Antje, seine letzte Ehefrau, war ihren wie auch den Kindern ihres Ehemannes gleichermaßen eine gute Mutter. Sie soll eine gutmütige Frau mit einer sehr ausgeglichenen Wesensart gewesen sein. Mit Christian Diederich führte sie eine harmonische Ehe. Andernfalls hätte er wohl nicht nach zwölfjähriger Ehe das folgende Testament verfaßt:

„... Da unsere mündigen Kinder und Stiefkinder damit einverstanden sind, so verfüge ich als Gatte einer sehr sparsamen, häuslichen und in aller Hinsicht verständigen Ehefrau: Daß meine geliebte Ehefrau Antje Roeloffs, sofern sie mich überlebt, nicht gehalten seyn soll, unseren Besitz mit unseren Kindern oder deren Nachkommen zu theilen. Ich erkläre vielmehr, daß sie die ganze Masse ungeteilt und unbeschränkt behält und benutzt, solange sie sich nicht in anderweitige Ehen einläßt. Ich habe dieses Testament mit meinen Kindern und Stiefkindern im Beisein des Notarius publicus unterschrieben.
Süderende, den 2. Dezember 1858
Ingwer Ocke Roeloffs
Hark Cornelius Braren
Jürgen Braren
Erk Diederich Roeloffs
Lorenz Braren
Ingke Roeloffs
Friedrich Knudsen als Beistand
Christian Diederich Roeloffs"

Im weiteren Verlauf ihrer Ehe änderten Christian Diederich und Antje jedoch ihre Vorstellungen über die Vererbung ihres Vermögens und trafen folgende Bestimmung:

„In Erwägung, daß die Bestimmungen in dem zwischen mir und meiner Frau unter dem 9. Oktober 1846 errichteten Ehekontrakt durch die unter dem 2. Dezember 1858 errichtete Akte, wonach meiner Frau das Recht verliehen ist, auf ungeteilten Gütern sitzenzubleiben, wenn ich vor ihr mit dem Tode abgehen sollte, aufgehoben sind und besonders, da meine damals (1846) unmündigen Kinder und Stiefkinder bei Teilung meiner Ländereien (im Jahre 1871) über eine andere Norm als jene Akte verlangt, sich vereinbart haben, finde ich mich veranlaßt, mit Genehmigung meiner Frau einer Teilung gemäß, über die dereinstige Teilung meines jetzigen Vermögens zu bestimmen. Es ist hernach mein Wille, daß

1. Die Bestimmung in unserem Ehekontrakt § 2, wonach meinen Kindern der dritte Anteil unseres Vermögens zugesichert wird, in Kraft bleibt, und hiermit von mir bestätigt wird, daß aber
2. Dasjenige, was von unserem Vermögen nach Abzug jenes dritten Teiles verbleibt, unter unseren Kindern und Stiefkindern zu gleichen Teilen, also in 9 gleiche Erbloose verteilt werden soll.

Zu Urkunde dessen haben wir diese Akte eigenhändig und in Gegenwart zweier Zeugen eigenhändig unterschrieben.
So geschehen zu Süderende den 31. März 1881.
Christian Diederich Roeloffs Antje Roeloffs
Daß die betreffenden bei gesunder Vernunft diese testamentarische Verfügung als ihre völlig Willensmeinung erklärt und eigenhändig unterschrieben haben, bescheinigen wir hiermit eigenhändig
Jürgen Rickmers Hinrich C. Harken"

Mit dieser letztwilligen Verfügung erfuhren die Braren-Kinder gegenüber dem Ehevertrag von 1846 eine leichte Besserstellung. Anstelle der Hälfte sollten sie fünf Neuntel des „Zwei-Drittel-Vermögens" erhalten. Dieses Testament war dann auch bei der Aufteilung des 1890 vorhandenen Vermögens maßgebend.
Erst während der letzten Lebensjahre ließen die geistigen Kräfte Christian Diederichs nach. Er verließ kaum noch sein Haus. Auch sein Stehpult benutzte er immer seltener. Nachdem er zum 31. Dezember 1880 zum letzten Male sein Vermögen bilanziert und am 31. März 1881 die vorerwähnte letztwillige Verfügung getroffen hatte, legte er die Feder aus der Hand. Für mehrere Jahre übernahm seine Frau Antje die Bilanzierung des Vermögens, danach sein Sohn Erk Diederich.

Ostersonntag, am 5. April 1885, schloß Christian Diederich Roeloffs die Augen für immer. Wie damals üblich, überbrachten am darauf folgenden Tage junge Mädchen – in Sonntagstracht – als Leichenbitter die Todesnachricht allen Verwandten, Freunden und Bekannten, die den Mädchen vorher benannt worden waren. Im Heimatdorf wurden alle Bewohner benachrichtigt. Dabei hieß es in diesem Falle: „We skel jam grööte faan Antje an a Jongen: Krischan Diederich as duad“ (wir sollen Euch grüßen von Antje und den Kindern: Christian Diederich ist tot). Darauf wurde geantwortet: „Toonk, gröötem’s weler“ (Danke, erwidert die Grüße, bitte).

Als „Botenlohn“ erhielten die Leichenbitter von den Benachrichtigten in der Regel einen Schilling (fö. Skaleng), um danach deren Grüße der Witwe und den Kindern im Hauses des Toten zu überbringen. Dabei wurden sie an den offenen Sarg gebeten, um den Verstorbenen noch einmal zu sehen. Anschließend wurden sie mit Kaffee und Kuchen bewirtet. Darüber hinaus erhielten sie für ihre Dienste einen bescheidenen Lohn.

Seinerzeit wurde der Tote in der besten Stube, dem Pesel, zunächst auf einem Tisch aufgebahrt und danach in den Sarg gelegt (fö. Kastleien). Die dabei behilflichen Angehörigen und Nachbarn wurden anschließend mit „Skeelks“ bewirtet. Dabei soll es manchmal etwas laut und fröhlich zugegangen sein. An den folgenden Tagen erschienen die weiteren Angehörigen und Nachbarn im Trauerhause, um ihre Teilnahme den engsten Angehörigen zu bekunden und den Verstorbenen zum letzten Male zu sehen. Hierbei wurde an die Besucher die Bitte gerichtet, während der Trauerfeier in der Kirche auf der Trauerbank (fö. Suregbeenk) Platz zu nehmen. Den Besuchern wurde ebenfalls „Skeelks“ oder ein Glas Wein gereicht. Der Sarg wurde in der Regel erst kurz vor der Trauerfeier geschlossen.

Eine besondere Ehre erwies der Familie des Verstorbenen der amtierende Landvogt von Hollesen[25] durch seinen Besuch im Trauerhause. Dabei nahm er den Dannebrogorden, der auf einem schwarzen Kissen den aufgebahrten Toten zierte, an sich und sandte ihn später nach Kopenhagen. Der Besuch des (preußischen) Landvogtes war um so bemerkenswerter, als der Verstorbene nach 1864 seine dänische Gesinnung in der Öffentlichkeit mehrfach und deutlich zum Ausdruck gebracht hatte.

Die eigentliche Trauerfeier wurde früher im oder am Hause des Verstorbenen an dem in der Regel vor der Haupteingangstür aufgestellten Sarg abgehalten. Die nächsten Angehörigen und Nachbarn wohnten der Trauerfeier sitzend oder stehend in der Diele des Hauses oder in den nebenan liegenden Räumlichkeiten bei. Das sonstige Trauergefolge stand draußen in einem weiten Halbrund um den Sarg. So war es auch bei der Parentation für Christian D. Roeloffs.

Der Sarg mit dem Verstorbenen wurde im vorigen Jahrhundert in St. Laurentii nicht zum Kirchhof gefahren, zumal es in der Gemeinde gar keinen Leichenwagen gab. Vielmehr trugen ihn die Nachbarn auf ihren Schultern. In dem Trauerzug zur Kirche herrschte eine bestimmte Ordnung. Voran schritten Pastor und Küster mit sechs bis acht Schulknaben, die auf dem Wege zur Kirche mehrere Trauerlieder sangen. Dann folgten die Träger mit dem Sarg, denen sich als erstes die dem Verstorbenen am nächsten stehenden Angehörigen und dann die übrigen anschlossen.

Vor der offenen Gruft sangen Küster und Knaben „Begrabt den Leib in seiner Gruft, bis ihn des Richters Stimme ruft“. Nach Herablassen des Sarges, Gebeten und einem weiteren Gesang begab sich die Trauergemeinde in die Kirche, wobei die Leidtragenden auf den besonders reservierten Trauerbänken (fö. üüb a Suregbeenk) Platz nahmen. Die Frauen lehnten dabei ihr Haupt auf die Rückenlehne der vor ihnen stehenden Bank. Die Trauernden erhoben sich in späteren Gottesdiensten nicht von den Plätzen, wenn der Pastor den Segen sprach oder das Evangelium las, was sonst üblich war. In dieser Weise verhielten sich die Trauernden meist ein Jahr, manche Witwen zeitlebens.

All dies hat sich gerade während der letzten Jahrzehnte verändert. Aber auch früher hat es durchaus Wandlungen im Ablauf der kirchlichen Bestattung gegeben. So wurden nach dem Kirchenbuch „am 22. Dezember 1762 erstmalig 2 Leichen, Pastor Quedens und Sohn[26], vor dem Begräbnis nicht um die Kirche getragen wie vorher gewöhnlich, sondern gleich durch die Nordertür in die Kirche gebracht. Danach kam die Gewohnheit, die Leichen um die Kirche zu tragen, nach und nach ab.“

Wie seinerzeit durchaus gebräuchlich, wurde Christian D. Roeloffs an einem Sonntag, und zwar am 12. April 1885, beerdigt. Dieser Tag war auch deswegen gewählt worden, um auch den auf dem Festland le-

25 Von 1884 bis 1888 Landvogt auf Osterlandföhr, zugleich Birkvogt von Westerlandföhr und Amrum

26 Philip Quedens (1700–1762), Pastor in St. Laurentii von 1723 bis 1762, gestorben am 30. 11., und Christian Carl Quedens (1728–1762), seit 1756 Adjunkt seines Vaters, gestorben am 9. 12., wurden beide am 22. 12. 1762 beerdigt.

benden Kindern und Enkeln die Teilnahme zu ermöglichen. Pastor Caspers[27] hielt an der Bahre des Verstorbenen folgende Ansprache:

„Es heißt im Brief an die Hebräer Kap. 4 Vers. 9: Darum ist noch eine Ruh' vorhanden dem Volke Gottes. So laßt uns nun Fleiß tun, einzukommen zu dieser Ruhe.

Wer sich müde gearbeitet hat, der empfindet es so recht, was die Ruhe wert ist, ja er sehnt sich wohl nach derselben, und andererseits, wenn sich jemand in unserem Dienst angestrengt hat, so gönnen wir ihm am Abend die Ruhe, ja es wäre unbarmherzig, wenn wir es nicht täten.

Der, welcher hier im Sarge liegt, hat auch die Arbeit eines langen Lebens hinter sich. Er hat die Mühseligkeiten und Trübsale dieser armen Erde reichlich kennengelernt. Müssen wir da nicht bekennen, es ist nur gut, daß auch noch für ihn eine Ruhe vorhanden ist? Müßt Ihr, geliebte Leidtragende, ihm nicht von Herzen diese Ruhe gönnen? Ja gewiß, Ihr könnt nicht verstehen, daß er noch fernerhin die Last des Lebens tragen sollte. Der Entschlafene war von Gott dem Herrn mit reichen Gaben ausgerüstet worden, aber wir dürfen in Wahrheit von ihm sagen, er hat sein Pfund nicht im Schweißtuch vergraben, sondern hat damit gehandelt nach besten Kräften. Ihr, trauernde Kinder und Enkel, wißt es ja am besten, welch' einen treuen Vater Ihr verloren, wie sehr er für Euch gesorgt und gestrebt. Aber dennoch müßt Ihr heute bekennen, es ist nur gut, daß für ihn noch eine Ruh vorhanden, die Gott der Herr seinem Volk aus Gnaden bereitet hat.

Der Entschlafene verwendete seine Gaben und Kräfte nicht nur für sich, sondern stellte sie auch bereitwillig im Dienst seiner Mitmenschen. Er gedachte des paulinischen Wortes: Hat jemand ein Amt, so walte er des Amtes. Und so hat er in den Jahren seiner Kraft viele Ämter verwaltet, treu und gewissenhaft. Er hat zum Segen der ganzen Gemeinde in vielfacher Hinsicht gewirkt, so daß sicherlich noch lange ein dankbares Andenken ihm bewahrt bleibt.

Aber auch der Einzelnen, die seiner Hilfe bedurften, nahm er sich bereitwillig an. Er gedachte an das Wort des Apostels, ein reiner und unbefleckter Gottesdienst vor Gott dem Vater ist der, die Witwen und Waisen in ihrer Trübsal zu besuchen. Deshalb hat er so manchem bedrängten Menschenkinde mit Rat und Tat beigestanden. Er war der Mann des allgemeinen Vertrauens, an dem man sich von allen Seiten um Beistand wandte, und es wird gewiß genug Leute unter uns geben, die mit dankbarem Herzen sich dessen erinnern, was der Verstorbene an ihnen oder an ihrem Hause getan hat.

Dennoch aber erlahmt zuletzt auch die stärkste Kraft, die Geisteskraft. Die Zeit des Wirkens und Schaffens hört auf. Und wir müssen gestehen, ja es ist nur gut, daß durch Gottes Gnade noch eine Ruhe vorhanden ist auch für ihn. O, wie begehrenswert ist nach einem solchen langen Leben für ihn wohl die Ruhe, zumal wenn wir bedenken, was er an trübsalsvollen, schweren Stunden durchgemacht. Erst sah er die Seinen heranwachsen, aber ach wie viele von ihnen hat er vor sich in's Grab sinken sehen. Wie oft hat er am Sarge eines ihm teuren Toten gestanden!

Ja er hat erfahren trotz mancherlei Gnade und Güte, die Gott ihm zuteil werden ließ, daß unser Luther doch nicht so Unrecht hat, wenn er die Erde als ein Jammertal bezeichnet. Wie ist es für den Heimgegangenen gewesen in mancher schweren Stunde. Dessen mögest Du Dich erinnern, Du treue Gefährtin seiner alten Tage, die ihm den Lebensabend verschönert hat. Gedenke der vielen tränenreichen Stunden, die ihr zusammen erlebt und danke jetzt dem barmherzigen Gott, daß er ihn von alledem erlöst und ihn dorthin hat gehen lassen, wo Gott wird abwischen alle Tränen, wo kein Leid und kein Geschrei und kein Schmerz mehr sein wird. Ja, Gott sei gepriesen, daß nach den Trübsalen dieses Lebens für uns Menschen dort oben noch eine Ruh' vorhanden ist. „So laßt uns nun Fleiß tun, einzukommen zu dieser Ruhe", heißt es in unserem Text. Es ist nicht genug, daß wir wissen, es ist noch eine Ruh' vorhanden, nein wir müssen auch danach trachten ihrer teilhaftig zu werden. Solches hatte unser heimgegangener Mitbruder auch erkannt. Er war sich dessen klar bewußt, daß er trotz seines vielen Wirkens für sich und für andere doch keinen Anspruch auf jene selige Ruhe habe, sondern daß die ihm zuteil werden müsse allein aus Gnaden, um Jesu willen. Deshalb hat er es nicht vergessen, die Gnade seines Heilands zu erflehen, weil der allein imstande war, ihm den Weg zu jener himmlischen Ruhe zu bahnen. Woher hatte er diese Erkenntnis und dies Trachten nach dem Einen, was wohl tut? Er hatte es übernommen als das Erbteil eines frommen Vaters, der den Herrn seinen Heiland gekannt und geliebt hatte. Nun, wer im Vertrauen auf Jesu, seinen Heiland, aus dieser Welt scheidet, für den dürfen wir die Zuversicht haben, daß er dort droben der ewigen, seligen Ruhe teilhaftig werde.

Möge denn bei Euch, Ihr Leidtragenden, dieses Erbteil frommer Väter allezeit erhalten bleiben, daß auch Ihr Euch Fleiß tut, einzugehen zur himmlischen Seligkeit, jetzt wo es noch Zeit ist. Möget Ihr es allezeit festhalten und immer klarer erkennen und am eigenen Herzen erfahren, daß wir nur durch die Gnade unseres Heilandes dieses Ziel erreichen können. Amen!"

Die Ansprache von Pastor Caspers beeindruckte die Trauergemeinde außerordentlich. Hatte er es doch verstanden, daß Leben des Verstorbenen in besonders treffender Weise zu würdigen. Dies war dann auch Anlaß für die Angehörigen, den Text der Ansprache von Caspers zu erbitten. Er blieb als ehrendes Andenken an „Krischan Diederich" bis heute in der Familie erhalten.

Eine hervorragende Würdigung erfuhr der Verstorbene noch in einem Nachruf am 16. Mai 1885 im „In-

27 Caspers stammte von Wyk, war von 1878 bis 1886 Pastor in St. Laurentii und starb dort im Alter von nur 37 Jahren.

sel-Boten". Sie stammt aus der Feder des bekannten Heimatforschers Ocke Nerong, zu der Zeit Lehrer in Dollerup/Angeln. Nerong hatte früher sehr viel Wissenswertes über das „alte Föhr" von Christian D. Roeloffs erfahren und in seinen heimatkundlichen Veröffentlichungen verwertet. Er schrieb:

„Am Sonntag, dem 12. April, wurde unter allgemeinster Beteiligung auf dem Westerlandföhrer Kirchhof ein Mann zur Ruhe bestattet, der, wenn er auch sein kleines Geburtsdorf auf unserer abgelegenen Insel niemals verließ und seine Wirksamkeit kaum über Westerlandföhr hinaus erstreckte, es doch verdient, in Ihrer Zeitung ehrend genannt zu werden. Es war der 85jährige Landmann und Kaufmann Christian Diederich Roeloffs aus Süderende, der vom Jahre 1826 an bis zum Jahre 1875, also während eines Zeitraums von 50 Jahren an der Westerlandföhrer Kommunalverwaltung in hervorragendster Weise tätig teilnahm. Er war ununterbrochen Mitglied des Westerlandföhrer Repräsentanten- und Deichkollegiums, und es gibt wohl kein sonstiges Ehrenamt auf Westerlandföhr, welches er nicht wiederholt bekleidet hätte. Sein ungewöhnlicher Einfluß wird am besten und kürzesten dadurch bezeichnet, daß man ihn den „König von Westerlandföhr" nannte, und zwar mit allem Recht, denn das Wort des Roeloffs war auf ganz Westerlandföhr maßgebend. Das ungewöhnliche Vertrauen der Westerlandföhrer verdankte er seinem scharfen, klaren Blick, seiner genauen Kenntnis der Verhältnisse Westerlandföhrs, seiner Liebe zu dieser seiner engen Heimat, seiner langjährigen, unermüdlichen und aufopfernden Tätigkeit. Er war weltklug, gewandt im Schreiben und im Sprechen, und trotz seines einfachen, schlichten Auftretens mit einer gewissen Würde ausgestattet. Er imponierte, ohne es zu wollen, nicht allein durch seine stattliche, achtunggebietende Erscheinung, sondern noch vielmehr durch eine gewisse überlegene Ruhe, die ihm niemals abhanden kam. Im Verkehr mit Höheren und Vorgesetzten blieb er durchaus derselbe, bescheiden, aber mit Selbstbewußtsein trat er vor sie hin und wußte auch bei ihnen sich in Respekt zu setzen und ihre Zuneigung zu gewinnen. Alle vorgesetzten Behörden, die dänischen sowohl wie die deutschen schätzten den alten Roeloffs hoch und legten seiner Ansicht großes Gewicht bei. Die dänische Regierung verlieh ihm zum Zeichen ihrer Anerkennung den Dannebrogsorden.

Nicht hierauf indessen lassen sich seine dänischen Sympathien, an denen er bis zum Tode festhielt, zurückführen; so eitel, so leicht gewonnen war ein Mann vom Schlage des Roeloffs nicht. Seine Vorliebe für Dänemark entsprach zunächst einem echt konservativen Sinn, der alte, liebgewordene Zustände gerne festhält, sie war aber weiter eine Folge der Erwägung, daß Westerlandföhr unter der dänischen Herrschaft weniger zu zahlen und überdies keine Soldaten zu stellen hatte. Auch war die deutsche Sprache auf Westerlandföhr von den Dänen nicht bedacht (beeinträchtigt) worden. Da nun das Wohl Westerlandföhrs das letzte und höchste Ziel aller politischen Wünsche des alten Friesenhäuptlings war, so darf es niemand Wunder nehmen, daß der 1864 eingetretene Wechsel ihm unbehaglich blieb, in seiner offenen Weise machte er aus seiner Gesinnung niemals Hehl, trotzdem fügte er sich mit Resignation und suchte auch unter dem deutschen Regiment seiner engeren Heimat von Nutzen zu sein, bis zum Jahre 1876, wo Altersschwäche ihn bestimmte, aus allen öffentlichen Vertrauensstellungen auszuscheiden. Seitdem lebte er in vollständiger Zurückgezogenheit, verließ kaum das Haus und von irgendwelcher Beteiligung an öffentlichen Dingen war nicht mehr die Rede.

Andere verdiente und tüchtige Männer sind längst an seine Stelle getreten, insofern also reißt der Tod keine Lücken mehr; aber trotzdem bleibt es die Pflicht der Westerlandföhrer, den alten Roeloffs, an dessen Grab sie vor kurzem trauernd standen, in dankbarer Erinnerung festzuhalten und ebenso unermüdlich, ebenso selbstlos für die Interessen der Heimat einzutreten, wie er es tat während einer langen Reihe von Jahren."

Auch nach dem Tode ihres Mannes wohnte Antje weiterhin in Süderende Nr. 239. Mit ihrer Tochter Keike (zugleich Schwiegertochter), ihrem Schwieger- und Stiefsohn Erk Diederich sowie deren vier Kindern lebte sie zusammen. Ein zwischen alt und jung getrennter Haushalt wurde damals schon aus Gründen der Sparsamkeit nicht geführt. Die Verehelichung ihrer Enkelsöhne Christian Diedrich und Brar Cornelius hat sie noch erleben dürfen, bevor sie am 10. November 1890 starb. Sie fand ihre letzte Ruhestätte im nördlichen Teil des St. Laurentii-Kirchhofes, an der Seite ihres zweiten Mannes. Die Inschrift des Grabsteines lautet (Abb. 65)

Denkmal
der christl. Eheleute,
des ehemal. Kaufmannes und Landmannes
Christian Diedrich Roeloffs aus Süderende
(geb. d. 30. Jan. 1801, gest. d. 5. April 1885)
und der Antje, geb. Ketels, verw. Braren (geb. in Toftum d. 19. Juli 1804, gest. d. 10. Nov. 1890).
Ersterer ist auf seinem Lebenswege reichlich gesegnet worden, hat aber auch mit seinen Gütern und Gaben Andern gern gedient, er hat indes auch des Lebens Last und Hitze tragen müssen. 2 Lebensgefährtinnen, mit denen er nur etliche Jahre gepilgert, mit der ersten, Ingke Ocken aus Oldsum, 9, mit der zweiten, Mattje Lorenzen aus Süderende, 8 Jahre, und von seinen 9 Kindern, 4 aus der 1. und 5 aus der 2. Ehe, sind 7 vor ihm ins Grab gesunken, doch war es ihm vergönnt, an der 3. Hausfrau eine langjährige Gehülfin zu finden, von 1846 bis zu seinem Lebensende. Diese hatte ihren ersten Gatten, Brar Braren aus Oldsum, nach 15jährigem Ehestande verloren, und von den 8 Kindern, die sie ihm gebar, hat sie 5 ins Grab sinken sehen.
Röm. 14, 8: Leben wir so Leben wir dem Herrn, sterben wir, so sterben wir dem Herrn, darum wir leben oder sterben, so sind wir des Herrn.

Abb. 65:
Der Grabstein auf dem St. Laurentii-Kirchhof schildert Leben und Wirken von Christian D. Roeloffs

Nach dem Ableben von Christian D. Roeloffs war eine Auseinandersetzung über den Nachlaß unterblieben. Sie erfolgte erst nach dem Tode von Antje. Die Werte wurden am 17. Dezember 1890 mit 64 774,59 Mark ermittelt. Hiervon entfielen auf:

		Wert in Mark	
Wohn- und Wirtschaftsgebäude in Süderende		6.625	
ein Achtel Anteil Borgsumer Vogelkoje		1.000	
ein Sechstel Anteil Oldsumer Mühle		800	
sechs Kirchenstände		250	8.675
19 dänische Staatsobligationen zusammen 10.300 Kronen		11.008	
8 dänische Nationalbankaktien		3.150	
3 norwegische Staatsobligationen		1.224	
1 russischer Bodenkreditpfandbrief über 100 Rubel		326	
Bargeld		1.216	16.924
Forderungen an Familienangehörige			
–Erk Diederich Roeloffs		3.717	
–Ingwert Ocke Roeloffs Ww		2.000	
–Erich W. Peters		6.326	
–Friedrich Arfsten		2.600	
–Lorenz Braren Ww		3.537	
–Ingwert Braren	Söhne von Lorenz Braren Ww	520	
–Brar Cornelius Braren		2.450	21.150
Sonstige Forderungen (Schuldscheine und Obligationen)			
Henning Christians, Süderende		200	
Jens Chr. Jürgens, Süderende		810	
Nickels Nissen, Süderende		400	
Hinrich J. Jacobs, Süderende		408	
Johanna Pauline Petersen, Oldsum		328	
Michael Lauritzen, Oldsum		1.867	
Riewert M. Jürgens, Oldsum		223	
Boy Faltings Ww, Oldsum		175	
Anna Holdt, Oldsum		360	
Ingke Tönissen, Toftum		1.300	
Rosine Rathje, Toftum		400	
Ludwig Peters, Toftum		350	
Peter H. Hansen Ww, Toftum		436	
Erk J. O. Rolufs, Toftum		600	
Riewert C. Riewerts, Dunsum		1.200	
Simon R. Peters, Utersum		650	
Roluf Th. Wögens, Utersum		3.700	
Jens B. Jensen, Witsum		600	
Nanning Jensen, Borgsum		650	
Peter Thöge Hansen, Borgsum		635	
Karsten Rolufs, Nieblum		1.143	
Jacob B. Friedrichs, Nieblum		480	
Niklas Feddersen, Wyk		161	
Wilhelm R. Peters, Amrum		950	18.026
			64.775

Die Erbberechtigten teilten die Masse unter Zugrundelegung des Testaments vom 31. März 1881. Die Nachkommen von Christian D. Roeloffs empfingen als „Voraus" ein Drittel = 21 592 Mark.
Den Restbetrag von 43 183 Mark
erhielten zu gleichen Teilen die neun Kinder bzw. Stiefkinder – soweit sie nicht mehr lebten, deren Nachkommen. Demzufolge bekamen:

		Werte in Mark
1.	Erk Diederich Roeloffs, Süderende	10.196
2.	Magnus Roeloffs, Flensburg	3.399
	Maria Vertens geb. Roeloffs, Flensburg	3.399
	Emma Jürgens geb. Roeloffs, Flensburg	3.399
3.	Line Arfsten, Süderende	3.399
	Oluf D. Arfsten, Süderende	3.399
	Jacob C. Arfsten, Süderende	3.399
4.	Wilhelm Peters, Oldsum	2.549
	Mattje Hinrichsen, Utersum	2.549
	Louise Peters, Utersum	2.549
	Christine Faltings, Oldsum	2.549
5.	Keike Roeloffs geb. Braren, Süderende	4.798
6.	Jürgen Braren, Kating	4.798
7.	Ingwert Braren, Oldsum	2.399
	Brar C. Braren, Lundenberg	2.399
8.	Christian L. Braren, Kiel	1.599
	Wilhelm L. Braren, Pinneberg	1.599
	Heinrich Braren, Pinneberg	1.599
9.	Brar C. Braren, Breklum	4.798

Die Erbmasse wurde sehr differenziert aufgeteilt. Erk Diederich Roeloffs erhielt die Wohn- und Wirtschaftsgebäude (Stammhaus Roeloffs) sowie die sechs Kirchenstände. Mit Brar C. Braren, Breklum, teilte er sich den Interessentenanteil an der Borgsumer Vogelkoje. Den Anteil an der Mühle übernahm Christine Faltings. Die Aufteilung der Forderungen in Form von Schuldscheinen und Obligationen sowie der Wertpapiere erfolgte – soweit möglich – gleichmäßig. Dabei drängten sich die Erben natürlich nicht besonders nach Schuldscheinen. Solche zu nehmen, lehnte Laura Braren, Pinneberg, die ihre Kinder Christian, Wilhelm und Heinrich Braren vertrat, ab. Diese erhielten daher ausschließlich Wertpapiere und Bargeld. Brar C. Braren, Lundenberg, bekam als einziger Erbe per Saldo nichts. Seine Schuld gegenüber dem Nachlaß lag mit 2450 Mark höher als sein Anspruch von 2399 Mark; Brar C. Braren hatte diesen Betrag zinslos zur Finanzierung seiner Lehrerausbildung bekommen.

Aus heutiger Sicht mögen der Nachlaß und die einzelnen Erbanteile nicht sehr hoch erscheinen. Aber

Abb. 66: Christian Diederich Roeloffs (1801–1885)

man sollte die Kaufkraft der Mark im Jahre 1890 nicht unterschätzen. Beispielsweise betrugen die zwei Erblose für Oluf D. und Jacob C. Arfsten zusammen 6798 Mark. Hiermit hätten sie damals den Bau von Wohn- und Wirtschaftsgebäuden für eine 20-ha-Bauernstelle bezahlen können[28].

Von meiner Großmutter Johanna Roeloffs geb. Ketels weiß ich, daß einige Erben bei der Aufteilung des Nachlasses sich erstaunt zeigten und ihrer Enttäuschung Ausdruck gaben. Sie hatten eine größere Erbmasse, vor allem mehr Wertpapiere vermutet. Überrascht waren sie, daß mit 21 150 Mark allein etwa ein Drittel des Nachlasses aus Geldforderungen an die vorgenannten sieben Familienangehörigen bestand, was natürlich zur Folge hatte, daß deren Erbansprüche zum Teil damit verrechnet wurden. Eine gewisse Enttäuschung mag bei einigen Erben auch deswegen vorhanden gewesen sein, weil Christian Diederich sie zu seinen Lebzeiten in gewisser Weise „verwöhnt" hatte. Jederzeit hatten sie bei ihm Geld borgen können, in der Regel zinslos. Dabei hatte verständlicherweise keiner der Erben einen Gesamtüberblick hinsichtlich der Vermögensverhältnisse des späteren Erblassers. Darüber mit allen Kindern zu sprechen, war auf Föhr nicht üblich – zum Teil soll es heute noch so sein. Dennoch wußten die Erben und Nachbarn mit Dankbarkeit anzuerkennen, daß der alte Vater bzw. Großvater zu Lebzeiten alle beim Aufbau ihrer Lebensgrundlage tatkräftig unterstützt hatte:

- Erk D. Roeloffs, Friedrich H. Arfsten, Erich W. Peters und Lorenz Braren bei der Verbesserung und Vergrößerung ihrer Landwirtschaft
- Ingwert O. Roeloffs und Hark C. Braren bei der Schaffung einer kaufmännischen Existenz
- Jürgen Braren, Kating, Brar C. Braren, Breklum, und Brar C. Braren, Lundenberg, später Husum, bei ihrer Ausbildung zum Lehrer.

Mit dieser Erbauseinandersetzung endete die Aera Christian D. Roeloffs, soweit es die materielle Seite anging. Im Bewußtsein der Familie blieb er jedoch noch lange wach. In der Erinnerung seiner Kinder und Enkel lebte er fort. Ein Porträt – von einem unbekannten Maler – ziert noch heute das Wohnzimmer im „Nei Hüs" in Süderende (Abb. 66). Auch ich habe mehr als einmal erlebt, wie seine Enkelin Ingke Roeloffs voller Hochachtung und auch mit einer gewissen Bewunderung von ihrem Großvater erzählte, den sie als eine die ganze Familie überragende und im öffentlichen Leben bestimmende Persönlichkeit über viele Jahre erlebt hatte.

Im Rahmen dieser Aufzeichnung endet die Biographie von Christian D. Roeloffs jedoch noch nicht. Sein Engagement in öffentlichen Angelegenheiten wird in den folgenden Abschnitten behandelt und den jeweiligen Sachbereichen zugeordnet, um es in einem möglichst engen Zusammenhang darzustellen. Damit werden zugleich Wiederholungen vermieden. Diesen Abschnitt abschließend, erscheint der Hinweis angebracht, daß am 1. Januar 1984 immerhin *690* direkte Nachkommen von Christian D. Roeloffs *lebten*, davon *232* in den USA, *6* in Kanada, *1* in Australien. Von den *393*, in der Bundesrepublik Deutschland Wohnhaften hatten *174* auf Föhr ihr Zuhause, und zwar zum weitaus überwiegenden Teil auf Westerlandföhr. Diese Zahlen unterstreichen die Aussage, daß mehr Föhringer in den USA als auf der Insel selbst leben. Geradezu typisch ist, daß sich kaum Nachkommen auf den benachbarten Inseln und Halligen befinden, es sind lediglich drei Personen. Dagegen wohnt eine größere Zahl auf dem schleswig-holsteinischen Festland sowie in Nordschleswig. Nur wenige leben in anderen deutschen Bundesländern, einer in Österreich.

28 1890 wurde der Heidehof errichtet, die Kosten beliefen sich auf 6722 Mark.

Landwirtschaft im 19. Jahrhundert

Nach der Landaufteilung dauerte es geraume Zeit, die neu zugeteilten Grundstücke herzurichten. Verständlich ist, daß die Abgrenzung der einzelnen Flächen auf den wertvolleren Ländereien, dem Ackerland, begann und sich danach in Marsch und Meede fortsetzte. Später erst kamen die Slaawen dran, und zuletzt das Heideland auf der hohen Geest. So geht aus dem Dorfprotokoll von Utersum hervor, daß es um 1825 innerhalb der Heideländereien südlich des Dorfes noch an Wegen fehlte.

Natürlich schritten die Arbeiten nicht überall mit der gleichen Zügigkeit voran. Witwen, ältere oder mittellose Landbesitzer waren zumeist nicht in der Lage, in kurzer Zeit ihre Flächen mit Gräben zu umgrenzen. Im übrigen war es damit allein nicht getan. Mit dem Grabenaushub mußten Senken aufgefüllt werden, um die ödlandartigen Fennen einzuebnen.

Ein hohes Maß an menschlicher und tierischer Arbeitskraft war erforderlich, um die Felder in einen angemessenen Kulturzustand zu bringen. Dies war vielen Landbesitzern nur mit Hilfe von männlichen Tagelöhnern möglich, die es aber vor der Landaufteilung auf Westerlandföhr gar nicht gab. Erst danach, aufgrund des zweifellos sich entwickelnden Bedarfs, etablierte sich dieser Berufsstand in den Dörfern, und zwar zumeist aus Zugewanderten von Jütland, Nordstrand und Pellworm. Sie kamen durchweg als Ledige, waren zunächst einige Jahre als Knecht – ja, so wurden sie bezeichnet – auf einem Hof tätig, um dann ein Föhringer Mädchen zu ehelichen. Fleißig und strebsam, konnten sie oft nach wenigen Jahren schon ein kleines Haus mit etwas Land für ein bis zwei Kühe ihr eigen nennen. Nicht wenige schafften es, sich durch Einheirat auf einer kleinen Landstelle zu integrieren. Das war einfacher als in anderen ländlichen Distrikten Schleswig-Holsteins, weil es auf Föhr keinen eigentlichen, in Jahrhunderten gewachsenen und durch Anerbenrecht geprägten Bauernstand gab, der sich anderen gesellschaftlichen Gruppen verschloß. Die Einstellung der Föhringer war insoweit sehr viel offener, eine Folge der Seefahrt. Zum Schiffsführer konnten auch Kinder aus ärmerem Hause aufsteigen, wenn sie neben körperlicher Leistungskraft über die entsprechenden geistigen und charakterlichen Fähigkeiten verfügten und Führungseigenschaften besaßen.

Dennoch, die Tagelöhner hatten selbst dann nur ein kärgliches Auskommen, wenn ein bis zwei Kühe im Stall die Grundversorgung der Familie gewährleisteten. Wurden sie doch fast ausschließlich zur Erledigung der schwersten Arbeiten herangezogen, wie zum Grabenkleien, Mistladen, Grasmähen (mit der Sense) und Dreschen. Im Gegensatz zum Festland setzten landwirtschaftliche Betriebe auf Föhr ganz selten verheiratete Tagelöhner als ständige Fremdarbeitskräfte ein. Dies galt auch für die größeren Höfe. Ständig beschäftigt wurden fast ausschließlich ledige Knechte und Mägde „mit Familienanschluß“.

Für Föhr ist eigentümlich, daß die Söhne auch von solchen Altföhringern, die kaum Landbesitz hatten, selten Knecht und noch seltener Tagelöhner wurden. Sie zogen es vor, den gefahrvollen Beruf eines Seefahrers zu ergreifen, zumindest in den ersten Jahrzehnten des 19. Jahrhunderts. Etwa ab 1850 nahm die Auswanderung zu, und zwar schon vor der Einverleibung Schleswig-Holsteins in Preußen, wie die Volkszählungslisten zeigen. Zumeist waren es Ledige, die in andere Erdteile zogen, aber auch ganze Familien. Nicht selten kam es vor, daß Eigentümer kleinerer Landstellen auswanderten, Frau und Kinder auf der Insel zurücklassend, um dann nach etlichen Jahren – mit meist bescheidenen Ersparnissen – zurückzukehren.

Eine weitere Eigentümlichkeit verdient festgehalten zu werden, die in Vergessenheit zu geraten droht. Es sind die Hand- und Spanndienste, die früher mit dem Eigentum an Grund und Boden verbunden waren. So wurden die Ausbesserungsarbeiten am Seedeich regelmäßig auf diese Weise ausgeführt. Dabei konnten die Hand- und Spanndienste den Arbeitsablauf in einem landwirtschaftlichen Betrieb stark belasten. Es kam im vorigen Jahrhundert durchaus vor, daß im Frühjahr eine Arbeitskraft mit einem Gespann bis zu vier Wochen für Deicharbeiten freigestellt werden mußte.

Hand- und Spanndienste waren bis vor wenigen Jahrzehnten auf Westerlandföhr üblich, nicht nur am Deich. Auch die Wirtschaftswege in der Gemarkung des Dorfes Süderende wurden bis etwa 1960 alljährlich im Frühjahr durch Hand- und Spanndienste ausgebessert, ja sogar grundlegend instandgesetzt.

Aber wenden wir uns der Landwirtschaft im engeren Sinne zu, wie sie im 19. Jahrhundert von den Föhringern betrieben wurde.

Auf dem Ackerland

Die Landaufteilung hatte innerhalb des Ackerlandes vor allem zu einer Zusammenlegung und besseren Erschließung geführt. Die Bewirtschaftung dieser dorfnahen Flächen dagegen änderte sich zunächst kaum. Allmählich erst setzte eine Intensivierung ein. Das verdeutlicht ein Bericht von Broder Riewerts, Jan Braren und Jürgen Ketelsen, alle in Oldsum wohnhaft, den sie am 10. September 1824 dem Birkvogt in Nieblum erstatteten. Sie beantworteten entsprechende Fragen u. a. wie folgt:

> Es wird immer mehr Land urbar gemacht.
> Der Landbau ist im ganzen fortschreitend.
> Die Landleute erkennen den Nutzen der planmäßigen Einteilung und Betreibung ihrer Ländereien im allgemeinen wohl an.
> Das Sommerpflügen (Brache) wird allgemein betrieben.
> Der Rübsamenanbau (Rapsanbau) wird immer allgemeiner, auch wird mehr Klee zur Heuwindung (Heugewinnung) angebaut.
> Mergel oder künstliche Düngemittel werden nicht angewendet.
> Man legt sich zwar auf die Verbesserung landwirtschaftlicher Geräte, die Verbesserung der Schaf- und Viehrassen wie die Pferdezucht stehen im allgemeinen noch etwas zurück.

Die Antworten betrafen vor allem das Ackerland. Sommerpflügen (fö. Somerpluuge) oder Schwarzbrache hieß, im Laufe des Sommers eine Fläche sechsbis siebenmal zu pflügen, eine Maßnahme, die seinerzeit zur Unkrautbekämpfung unumgänglich war. Noch bis 1900 war es durchaus üblich, alle acht bis zehn Jahre die Ackerstücke in dieser Weise zu bearbeiten. Nach Abschluß der Heuernte wurde der Brachacker insbesondere mit dem Stallmist (fö. Somernjoks) gedüngt, der im Sommer durch das während der Nacht übliche Aufstallen der Kühe angefallen war. Nach 1900 sind, von Ausnahmen abgesehen, nur noch Fennen in der Marsch und in den Slaawen durch Schwarzbrache bearbeitet worden.

Der Bericht an den Birkvogt über den Anbau von Raps und Klee findet übrigens seine Bestätigung im Briefbuch von Diedrich Roeloffs. Nach 1823 bezog er alljährlich 20 bis 30 Pfund Kleesamen vom Festland. Es ist jedoch anzunehmen, daß er dieses Saatgut nicht nur in seinem eigenen Betrieb verwendete, sondern auch an andere verkauft hat. Jedenfalls waren Landwirte, die vor 150 Jahren auf ihrem Ackerland Klee anbauten, sehr fortschrittlich. Dies galt gleichermaßen für den Rapsanbau. Hierzu folgendes: Diedrich Roeloffs teilte am 13. 8. 1824 dem Kaufmann Andresen in Husum mit, daß er seine geerntete „Rabsaat" an einen Chr. Paysen verkauft habe, und zwar zu einem Preis von knapp sieben Mark je Tonne [1]. Dabei wies er darauf hin, daß auch andere Föhringer zu diesem Preis ihren Raps weggeschlagen hätten. Damit ist belegt, daß um diese Zeit eine gewisse Intensivierung der Föhringer Landwirtschaft begonnen hatte, daß die Landaufteilung bereits positive Auswirkungen zeigte.

Der Raps wurde damals mit der Sichel geschnitten, und zwar hauptsächlich von Frauen, die als Tagelöhnerinnen auf Verdienst angewiesen waren. Hierfür bekamen sie einen bescheidenen Lohn. Nach Aufzeichnungen aus unserer Familie erhielt beispielsweise im Jahre 1843 eine Tagelöhnerin für diese schwere Arbeit nur eine halbe Mark C je Tag. Sie mußte 20 Tage arbeiten, um eine Tonne Roggen kaufen zu können. Es soll sogar vorgekommen sein, daß Frauen, ohne einen Pfennig Barlohn hierfür zu erhalten, Raps geschnitten haben, wenn sie nach der Mahd die Stoppeln dieser Ölpflanze zupfen durften. Waren doch diese Ernterückstände seinerzeit als Brennmaterial sehr begehrt. Ebenso wurde auch das Rapsstroh gern zum Heizen verwendet.

---

1 1 Tonne Rapssaat wog rd. 110 kg, 1 Tonne Roggen (rd. 100 kg) kostete 1824 nur 5 Mark C, um 1840 jedoch 14 Mark C.

Abb. 67: Windfege aus dem 19. Jahrhundert zur Kornreinigung

Etwa zehn bis 14 Tage nach dem Schneiden wurden die trockenen Rapsgarben auf einem Erntewagen zum Hof gefahren und auf der Scheunendiele abgeladen. Dabei war der Wagen mit einem großen Tuch ausgelegt, um Körnerverluste zu vermeiden. Auf der Diele war es Aufgabe von Frauen, durch Schlagen mit hölzernen Stöcken die Schoten der Rapsgarben zum Platzen zu bringen. Einen Dreschflegel brauchten sie hierfür nicht, da die Schoten nur einer leichten Berührung bedurften, um die Samenkörner freizugeben. Zunächst entfernten sie das Stroh mit einer Holzgabel. Das Trennen der Körner von der Spreu konnte nur bei passendem Wind vor sich gehen. Um Durchzug zu erreichen, wurden die Ein- und Ausfahrttore der Scheunendiele geöffnet und das Gemisch von Spreu und Samen mit einer hölzernen Schaufel mehrfach hochgeworfen. Der Wind fegte sodann die leichte Spreu zum Scheunentor hinaus, während die Körner auf die Diele zurückfielen. Vor dem Einsacken kam es den Frauen zu, mit Hilfe eines großen Handsiebes den Rapssamen zu reinigen. Um 1850 kam die erste Kornreinigungsmaschine (fö. Rianmaagermaskin), auch Windfege genannt, auf die Insel (Abb. 67). Rapsstroh erhielten die Frauen als Lohn für das „Dreschen", eine im Gegensatz zum Rapsschneiden leichte Arbeit. Der Bitte, beim Rapsdreschen zu helfen, folgten die Frauen nicht alleine des Strohs wegen gern, sondern auch, weil dabei „Skeelks" geschänkt wurde. Je nach der Menge des gereichten Getränkes, einem Gemisch aus Sirup und Branntwein, wurde ein solcher Arbeitstag zu einem nicht alltäglichen Ereignis in dem ansonsten wenig abwechslungsreichen Alltag in einem Föhringer Dorf des vorigen Jahrhunderts.

Raps bauten im allgemeinen nur die größeren Landbesitzer an. Getreide wuchs als vorherrschende Frucht auf dem Ackerland, ohne daß beim Anbau eine regelmäßige Fruchtfolge eingehalten wurde. Es war üblich, nach Sommergerste (fö. Somerbere), möglichst Ende September, Winterroggen (fö. Wonterroog) zu bestellen. Nur in den Tjüügen mit besserer Bodenqualität wurde Weizen (fö. Wiaten) gesät. Wintergerste wurde im 19. Jahrhundert gar nicht angebaut.

Der Roggen war das dominierende Winterkorn (fö. Wonterkurn). Dabei wurde im vorigen Jahrhundert eine außerordentlich winterfeste Landsorte verwendet. Sie unterschied sich von den heutigen Sorten dadurch, daß sie sehr feinhalmig und dennoch standfest war. Die Pflanzen waren nicht höher als 1 m, die Erträge gering. Bauern aus Hedehusum bauten diese Landsorte, „hiesiger Roggen" genannt, noch bis etwa 1920 auf der leichten Geest an.

Den größten Anteil auf dem Ackerland nahm das Sommergetreide (fö. Somerkurn) ein. Daher galt die Frühjahrsbestellung (fö. Woswerk) im vorigen Jahrhundert auf einem landwirtschaftlichen Betrieb als die arbeitsaufwendigste Tätigkeit des Jahres. Dies hatte mehrere Gründe. Zunächst einmal pflügte der Bauer alle mit Sommergetreide zu bestellenden Flächen im Frühjahr mindestens einmal, die Flächen, die mit Stallmist gedüngt wurden, zumeist sogar dreimal. Eine Frühjahrsfurche war schon deswegen notwendig, weil man die für Sommergetreide bestimmten Äcker im Herbst nur einmal halbtief pflügte. Tiefpflügen im Herbst kannten die Föhringer nicht. Hinzu kam, daß das Ackerland vielfach so stark mit Quecken (fö. Kwegen) verunkrautet war, daß es im Frühjahr schon anfing sich zu begrünen. Daher war ein Umpflügen des Ackers im Frühjahr schon zur Bekämpfung dieses lästigen Unkrauts unumgänglich.

Nach ein- bis zweimaligem Pflügen wurde als erste Sommerfrucht der Hafer (fö. Heewer) bestellt. Er folgte meist nach Winterroggen oder nach Umbruch von Kleegras. Dünger erhielt der Hafer nicht. Bis Ende des vorigen Jahrhunderts baute man auch auf

Abb. 68: Stallmist ausbringen – das Ausbreiten oblag den Frauen

dem Ackerland nur Schwarzhafer (fö. Suart-Heewer) an. Um 1900 wurde er durch Weißhafer (fö. Wiitj-Heewer) ersetzt, der zwar anspruchsvoller war, aber höhere Erträge brachte, vor allem wegen seiner besseren Standfestigkeit.
Der Bauer begann die Frühjahrsbestellung im allgemeinen mit dem Ausfahren des Stallmistes (fö. Njokskeeren), sobald die hierfür vorgesehenen Akkerstücke ausreichend abgetrocknet waren. Er düngte in der Regel die für den Anbau von Gerste vorgesehenen Flächen. Als Menge rechnete er 16 bis 18 Fuder je Demat (fö. sekstanj bit aagetanj Lees Njoks üb't Deemels). Je nach Größe des Wagens wurde der Stallmist eines Fuders in acht bis zehn kleineren Haufen abgeladen. Hierzu bediente man sich eines Misthakens (fö. Njokskeeks). Ein Haufen reichte für etwa 30 m². Das Ausbreiten (fö. Njoksbriaden), eine Arbeit der Frauen, geschah schon während des Ausfahrens (Abb. 68), so daß danach der Stallmist sofort flach eingeschält werden konnte, damals noch mit einem einscharigen Pflug. Zweischarige Pflüge kamen erst um 1890 auf, als die Geräte der Firma Sack aus Leipzig Eingang in die Föhringer Landwirtschaft fanden. Die Bauern bearbeiteten den Acker für die Sommergerste, die zumeist nach Hafer folgte, besonders sorgfältig. Sie pflügten nach mehrmaligem Eggen den mit Stallmist bedüngten und bereits einmal flach geschälten Acker für damalige Begriffe „tief", d. h. 15–20 cm. Nach erneuter Bearbeitung mit der Egge wurde um den 20. Mai dann die sechszeilige Gerste breitwürfig mit der Hand gesät und mit einem Holzpflug eingeschält (fö. onerskraabet). Nicht selten erfolgte die Einsaat der Gerste erst Anfang Juni. – Übrigens begann der Anbau der zweizeiligen Sommergerste erst nach 1920. In relativ kurzer Zeit verdrängte sie auf dem guten Ackerland die alte sechszeilige Landsorte. Auf Osterlandföhr jedoch war um 1960 die sechszeilige noch auf vielen Geestäckern zu sehen.
Natürlich wurde das gesamte Getreide breitwürfig mit der Hand gesät. Diese Arbeit, die Erfahrung und Fingerspitzengefühl gleichermaßen erforderte, wurde gerne dem Altbauern überlassen (Abb. 69). Er trug dabei das Saatkorn in einem um die Schultern geschlungenen größeren Leinentuch oder in einem länglich geformten, geflochtenen Weidenkorb, der an einem breiten Leinengurt oder Lederriemen, der über der rechten Schulter getragen wurde, befestigt war. Es hat sehr lange gedauert, bis die Drillmaschine das

Abb. 69: Der Altbauer sät

Handsäen abgelöst hat. Noch um 1960 wurde nach Weideumbruch nicht selten der Hafer breitwürfig mit der Hand gesät.
Die „Pflege" des Sommergetreides bestand darin, im Vorsommer das in vollem Umfang erst beim Blühen erkennbare Unkraut zu jäten. Vor allem mit Senf und Hederich (fö. Krook), teilweise auch mit Saatwucherblume (fö. Morgengüül), war das Ackerland verseucht. Den Frauen oblag es wiederum, diese unangenehme, wenn auch nicht schwere Arbeit auszuführen. Sie nahm viele Tage in Anspruch.
In der Gelbreife wurde das Getreide mit der Sichel (fö. Sakel), in späteren Jahren auch mit der Sense (fö. Sen) geschnitten und die gebundenen Garben (fö. Hooker) in Hocken (fö. Saatingen) aufgestellt (Abb. 70). Alles Arbeiten, die zumeist Frauen verrichteten. Je nach Witterung konnte das Getreide nach 12 bis 14 Tagen eingefahren werden. Im allgemeinen wurde es in den kleinen Friesenhäusern auf dem Boden gelagert. Nur wenige Landbesitzer hatten eine Scheune, die eine „erdlastige" Lagerung ermöglichte.
Um Schäden durch Mäusefraß zu vermeiden, wurde schon im Herbst das Getreide mit dem Flegel gedro-

Abb. 70: Hockenfeld auf Föhr

schen, eine Arbeit, die nicht selten wiederum Frauen übernahmen. Um 1860 kamen jedoch die ersten einfachen Dreschmaschinen (fö. Taaskmaskin) auf, die zwei Pferde über einen Göpel oder ein Pferd mit Hilfe eines „Trampel" antrieben (Abb. 71). Bereits 1858 hat Christian D. Roeloffs in seinem Bilanzbuch Forderungen gegenüber einer Dreschmaschinen-Gemeinschaft vermerkt. Es handelte sich um eine sogen. Stiften-Dreschmaschine. Sie leistete ihre Dienste bis zum Jahre 1904, als die Brüder Roeloffs und F. C. Braren sich eine größere Dreschmaschine anschafften. Der Antrieb erfolgte durch ein Dampflokomobile (fö. Damper) mit einer Leistung von 6 PS.

Nach dem Dreschen wurde das Getreide gereinigt und verkauft, soweit man es für den eigenen Bedarf nicht brauchte.

Die in der Familie Roeloffs vorhandenen Aufzeichnungen über Kornernten reichten nicht aus, um die Entwicklung der Getreideerträge auf Westerlandföhr im 19. Jahrhundert darzustellen. Ein Blick in die Literatur kann jedoch insoweit Hinweise geben, indem Vergleiche angestellt werden. Daraus ergibt sich, daß um 1820 die Bauern auf der schleswigschen Geest das drei- bis fünfache der Aussaat ernteten. 1840 wird für das Gut Bustorf an der Schlei mitgeteilt, daß man dort im Durchschnitt der letzten fünf Jahre folgende Erträge erzielt habe:

Weizen:	7–8fache der Aussaat
Roggen:	10fache der Aussaat
Gerste:	11fache der Aussaat
Hafer:	12fache der Aussaat

Abb 71: Drusch mit Pferde-Trampel und Stiftendrescher

Die durchschnittlichen Erträge mögen auf Westerlandföhr ähnlich gelegen haben. Dabei ist zu berücksichtigen, daß früher eine vergleichsweise geringere Aussaatmenge üblich war. Die Ernte dürfte somit um 1840 im Durchschnitt etwa 10–15 Zentner je Demat (10–15 dz/ha) auf *gutem* Ackerland betragen haben, auf der hohen Geest wesentlich weniger. Mit der zunehmenden Verbesserung der Landeskultur erhöhten sich auch die Getreideerträge, insbesondere nach der Bemergelung des Ackerlandes. Sie schwankten jedoch von Jahr zu Jahr erheblich. Insbesondere in Trockenjahren brachten die Flächen „Üüb a Hias" Mißernten. Nach Erzählungen von Christian D. Roeloffs (1862–1944) waren um 1890 die Bauern auf Westerlandföhr sehr zufrieden, wenn sie auf dem guten Ackerland einen Getreideertrag von 15–20 Zentner je Demat erzielten. Auf den sandigen Böden in der Nähe von Hedehusum brachte der Roggen im Durchschnitt nicht mehr als 5–6 Zentner je Demat. Derartige Ländereien wurden um 1900 mit 50–60 Mark/Demat gehandelt.

Auf dem Slaawen- und Heideland

Die Landaufteilung schuf auch auf dem Slaawen- und Heideland, bis dahin Gräsungsland, die Voraussetzungen für eine individuelle Nutzung des Eigentums. Ein enormer Fortschritt! Dennoch änderte sich die Bewirtschaftung der Flächen in den Slaawen erst langsam. Die Landbesitzer gruben dort über Jahrzehnte noch Heide- und Wiesenplaggen. Grenzgräben legten sie zunächst nur in den tiefer liegenden Slaawen an, aber bei weitem nicht so tief und breit wie in der Marsch. Innerhalb der Fennen versuchten sie die Entwässerung insbesondere durch die Anlage von Grüppen zu verbessern. Sie hoben sie mit dem Spaten 30 cm tief und 30 cm breit in einer Entfernung von 1½ Ruthen (knapp 8 m) parallel zueinander aus. Die Grüppen erfüllten ihre Funktion jedoch nur dann, wenn sie alle zehn bis 20 Jahre erneuert wurden. In dieser Verfassung blieben nicht wenige Fennen bis ins 20. Jahrhundert hinein weitgehend unverändert. Einige Flächen sind sogar erst nach 1950 zum ersten Male gepflügt worden. So wurden in den Slaawen noch in den Jahren 1954/56 mehrere bis dahin nie gepflügte Fennen erstmalig umgebrochen, nachdem die Entwässerung grundlegend verbessert worden war.

Erst nach 1850 begannen die Bauern in größerem Umfange, im Wege einer vorübergehenden Ackernutzung sowie Ansaat von Kulturgräsern die Slaawenfennen in nutzbares Weideland umzuwandeln. Dabei ging es ihnen vor allem auch darum, durch Beetpflügen die Fennen herzurichten, um das Oberflächenwasser besser ableiten zu können. Dennoch vermooste die Grasnarbe der Fennen nach einer Akkernutzung und Neuansaat alsbald wieder, und es siedelten sich u. a. wieder Hauhechel und Kriechweiden an. Dabei erinnere ich mich gut an eine Schilderung des oben genannten Chr. Roeloffs, daß in seiner Jugendzeit innerhalb der Fennen in den Slaawen wilde Bienen noch zahlreich vorhanden gewesen seien. Deren Nester habe man wegen des Honigs gerne ausgenommen. – Vor 1950 haben auch wir beim Mähen auf dem Deichvorland noch Nester wilder Bienen gefunden und aus den Waben den Honig geleckt.

Trotz aller Mühe und Arbeit: Das Weideland in den Slaawen blieb im vorigen Jahrhundert Grünland minderer Qualität. Erst als nach 1900 die Bauern begannen, Mineraldünger – insbesondere Thomasmehl und Kainit – zu streuen, verbesserte sich der Kulturzustand. Und allmählich wurden die Slaawen, nicht zuletzt dank der Entwässerung nach 1950, zu dem leistungsfähigen Grünland, wie es sich heute präsentiert.

In dem bereits genannten Bericht an den Birkvogt aus dem Jahre 1824 ist auch davon die Rede, daß immer mehr Land urbar gemacht werde. Diese Aussage bezog sich sicher in erster Linie auf Heideland in den Slaawen und auf die Fennen in Marsch und Meede, die seinerzeit zum überwiegenden Teil noch ödlandartigen Charakter aufwiesen. Diese Antwort betraf aber auch das Heideland südlich der St. Laurentii-Kirche. Dort bereitete die Urbarmachung weniger Schwierigkeiten, weil das hohe Geestland einer Entwässerung nicht bedurfte. Jedoch ließ die geringe natürliche Bodenfruchtbarkeit dort allenfalls eine Nutzung zu, wie sie vor 1800 auf dem Wungeland geübt wurde, zumal es an Dünger fehlte. Die relativ geringen Mengen an Stallmist blieben dem guten Ackerland in Dorfnähe vorbehalten. Zumindest in den ersten Jahrzehnten nach der Landaufteilung überließ man die Heideländereien nach einer Ackernutzung von zwei bis drei Jahren wiederum für einen längeren Zeitraum der natürlichen Verheidung und Begrasung. Als einzige Getreidearten wuchsen dort Roggen und Schwarzhafer. Einige Bauern begannen um 1820, auch etwas Buchweizen anzubauen.

Wie gering die Ertragskraft des hohen Geestlandes „Üüb a Hias“ früher war, mag eine Schilderung meiner Großmutter Johanna Roeloffs (1867–1951) belegen, an die ich mich gut erinnere. Als junges Mädchen hatte sie die Aufgabe, im Sommer täglich einen Hammel (fö. Weeler) zu „vertüdern“. Dieses zur Hausschlachtung bestimmte junge Schaf benötigte allein zur Sommergräsung eine heideartige Fläche von 0,6 ha auf „Baakhuugem“, wobei die Fruchtbarkeit dieser Fläche um 1880 sicher nicht höher gewesen sein dürfte als vor 1800. Heute würde ein einjähriges Schaf mit einem Zehntel dieser Fläche auskommen. Bemerkenswert ist noch, daß alle an einem Seil „getüderten“ Schafe einschließlich der Mutterschafe auch im heißesten Sommer auf der Heide kein Tränkwasser erhielten und dennoch gut gediehen.

Zu dieser Schilderung ist ergänzend zu bemerken, daß „Baakhuugem“ zu den Tjüügen mit einer vergleichsweise guten Bonität gehört (30 Punkte nach der Reichsbodenschätzung von 1935). Die Verhältnisse in den Tjüügen nördlich Hedehusum (20–22 Punkte) waren wesentlich schlechter. Dort wuchs nach Aussage älterer Bauern früher nicht einmal die Quecke. „Nachdem das Heideland jetzt so fruchtbar ist, daß dort sogar die Quecke wächst, sollte man sie wachsen lassen und nicht durch übermäßige Bodenbearbeitung vernichten“, soll der Altbauer Ocke Hansen aus Borgsum noch um 1920 erklärt haben.

Wegen der mangelhaften Ertragskraft der Flächen

auf der Geest führten niederschlagsarme Jahre regelmäßig zu Mißernten, die heute kaum vorstellbar sind. So erntete mein Großvater Brar C. Roeloffs in dem Trockenjahr 1893 auf einer zwei Demat großen Fläche auf „Roogkuuch" so wenig Heu, daß es nicht viel mehr als den Kasten des Bauernwagens füllte (fö. iam Laag am a Haawen)[2]. Der Kulturzustand der leichten Geestflächen reichte im vorigen Jahrhundert nicht einmal aus, um Kartoffeln anzubauen. Sie wurden daher auf den dorfnahen guten Ackerflächen gepflanzt. Übrigens waren die damaligen Sorten gegen Krankheit weniger anfällig als die heutigen. Ingke Roeloffs berichtete, daß ihr Vater beispielsweise auf „Haleekrem" über 25 Jahre immer auf der gleichen Fläche Kartoffeln mit gutem Erfolg angebaut habe.
Wie in den Slaawen besserten sich auch „Üüb a Hias" die Ertragsverhältnisse erst nach 1900 entscheidend durch den Einfluß der Mineraldüngung. Diese ermöglichte zugleich den erfolgreichen Anbau von Rüben, Kartoffeln, Kleegras und neuerdings Futtermais. Eine überaus wirkungsvolle, heute jedoch fast schon in Vergessenheit geratene Meliorationsmaßnahme verdient in diesem Zusammenhang erwähnt zu werden. Es ist die Düngung des dorfnahen Ackerlandes und der leichteren Geestflächen mit kalkhaltigem Naturmergel, die zu einer Erhöhung des pH-Wertes führte und damit die Bodenstruktur wesentlich verbesserte. Mit der Bemergelung fingen die Landwirte auf Westerlandföhr in der zweiten Hälfte des vorigen Jahrhunderts an.
Gegraben wurde der Mergel auf der Feldmark des Dorfes Süderende. Nur in diesem Teil der Insel finden sich im Untergrund abbauwürdige kalkhaltige Ablagerungen der vorletzten Eiszeit (ca. 200 000 v. Chr.). Noch heute prägt eine große Zahl von Mergelkuhlen die Feldlage am Toftumer Kirchweg (fö. Taftem Hoofstich). Der Mergel wurde während der arbeitsarmen Zeit im Winter gewonnen. Tagelöhner holten ihn mittels Spaten und Schubkarre aus einer Tiefe von bis zu 6 m. 1–1,5 m Boden mußten sie vorher abräumen. Mergelgraben gehörte zu den schwersten Arbeiten überhaupt. Die Tagelöhner benutzten hierfür einen Spezialspaten, dessen konisch geschmiedetes Blatt unten nur etwa 5 cm breit war. Nur mit einem solchen Spaten war es überhaupt möglich, den außerordentlich fest lagernden Mergel zu graben. Den Tagelöhnern wurde die Arbeit noch dadurch erschwert, daß sie das in der Grube sich ansammelnde Grundwasser fortlaufend herausschaffen mußten. Sie benutzten hierfür einen aus Holz gezimmerten Elevator, den sie von Hand bedienten. Eine Pumpe hatten sie nicht. Sie gruben den Mergel im Akkord. Steine und größere Kalkbrocken – als Kreide geeignet – durften sie selber verwerten.
Den aus der Tiefe herausgeholten und neben der Kuhle mietenartig gelagerten Mergel ließ man mindestens einen Sommer lang austrocknen, um ihn besser aufladen und streuen zu können. Ebenfalls im Winter, möglichst bei gelindem Frost, fuhr der Bauer auf 1 Demat 20 bis 30 m^3 Mergel, um ihn dort zu verteilen (1 Haufen je 100 m^2). So blieb er bis zum Frühjahr liegen, damit er durch Frosteinwirkung noch lokkerer wurde. Dennoch war das Ausbreiten keine leichte Arbeit, die aber – wie sollte es wohl anders sein – zumeist den Frauen oblag.
Im Laufe mehrerer Jahrzehnte, bis etwa 1914, wurde auf diese Weise ein großer Teil des dorfnahen Ackerlandes und des hohen Geestlandes auf Westerlandföhr bemergelt. Der Naturdünger verbesserte vor allem die leichteren Geestländereien grundlegend und nachhaltig. Von meinem Großvater ist überliefert, daß nach der Bemergelung die Kornerträge um ein Drittel stiegen. Noch 1950 zeigten Flächen auf der hohen Geest, die 50 Jahre zuvor bemergelt worden waren, in trockenen Jahren weniger Dürreschäden. Allerdings kam es auch vor, daß zuviel Mergel gedüngt wurde. In den Folgejahren litt der Hafer dann unter Manganmangel.
Da sich in anderen Teilen der Insel auch in tieferen Lagen kein Naturmergel findet, haben die Osterlandföhrer Bauern ihre Ländereien damit nicht melioriert. Der Transport dieses „Massengutes" von Süderende dorthin lohnte sich nicht. Schon die Gotinger und Nieblumer Feldmark lagen zu weit entfernt, so daß auch dort eine Bemergelung unterblieb.

In Marsch und Meede

Erst die Herstellung der Abzugsgräben (fö. Rotsluater) und der Grenzgräben schuf die Voraussetzungen, um in Marsch und Meede gut nutzbares Grünland zu schaffen – ein landeskulturelles Werk, mit dem sofort

2 Auf Föhr (Wyk) fielen im Jahre 1893 vom 1. März bis 1. Juli nur 67 mm Niederschlag.

nach der Landaufteilung begonnen wurde, das um 1900 aber noch nicht vollendet war. Und dabei ist erstaunlich, daß sich während des langen Zeitraumes an der Durchführung der Verbesserungsmaßnahmen selbst kaum etwas geändert hat. Sie lief im allgemeinen folgendermaßen ab:

Die bis dahin noch im Urzustand liegenden Fennen wurden im zeitigen Frühjahr mit dem Holzpflug umgebrochen, für Pferde und Pflugknecht gleichermaßen eine Schwerstarbeit. Das Führen eines Holzpfluges, dessen Pflugkörper zwar mit einer eisernen Pflugschar versehen war, während das hölzerne Streichbrett lediglich mit Eisen beschlagen war, erforderte erhebliche Körperkraft. Die Abbildung 72 zeigt einen solchen Pflug, der auf Marschboden eine Anspannung von vier Pferden verlangte – nicht zuletzt deswegen, weil die Tiere bei weitem nicht die Zugkraft von heute besaßen. Sie wurden knapp gehalten. Noch um 1830 wog ein Pferd nicht mehr als 300–400 kg.

Die Pflugarbeit wurde erleichtert und verbessert, als um 1850 die ersten eisernen Karrenpflüge aufkamen, die sog. „Deezbüller"[3], die sich besonders gut für den Umbruch von Grasland eigneten. Dennoch hatten diese Pflüge bei weitem nicht den ruhigen Gang wie die nach 1890 auch auf Föhr gebräuchlichen Karrenpflüge, welche vielen als Sackpflüge (hergestellt von der Firma Sack in Leipzig) bekannt sind.

Nach dem Umbruch der Grasfenne war das Herrichten des Saatbeetes eine langwierige Angelegenheit. Mit einer schräglaufenden Egge, deren Rahmen aus Holz und deren Zinken aus Eisen bestanden, mußte der stark durchwurzelte Pflugbalken in mehreren Arbeitsgängen zerkleinert werden. Die Arbeitsbreite dieser Egge betrug nur etwa 1 m. Als erste Frucht kam nur Schwarzhafer in Frage. Von Hand gesät und eingeeggt, stellte er an den Kulturzustand des Ackers sehr geringe Ansprüche. Er galt zumindest nach Weideumbruch als eine für damalige Verhältnisse leidlich sichere Frucht. Auch in den folgenden Jahren kam nur Schwarzhafer in Betracht. Dabei war es nicht üblich, eine abgeerntete Marschfenne noch im Herbst zu pflügen. Die Bauern nutzten sie vielmehr im Herbst und Winter als Schafweide. Erst im folgenden Frühjahr wurde sie einmal gepflügt und erneut mit Schwarzhafer bestellt. Fiel nach der Saat kein Regen, konnte es durchaus geschehen, daß auf den tonhaltigen Marschböden der Hafer kaum auflief, weil ihm die notwendige Feuchtigkeit zum Keimen fehlte. Die Folge war dann eine Mißernte.

Nicht selten kam es vor, daß die Tipula-Larve, der „graue Wurm" (fö. Grä Wörem), den Hafer kurz nach dem Keimen stark schädigte. Dagegen war kein Kraut gewachsen. Oftmals entwickelte sich der Bestand so spärlich, daß er nach der Reife nicht gemäht, sondern gezupft wurde. Das ist mir aus Erzählungen meines früheren Nachbarn Heinrich Jensen in guter Erinnerung.

Hafer-, aber auch Weizenschläge wurden im Herbst nicht selten von Wildgänsen heimgesucht. Die auf dem Durchzug nach Süden in unvorstellbar großer Zahl in der Föhringer Marsch rastenden und äsenden Vögel richteten vor allem dann großen Schaden an, wenn wegen später Reife oder schlechten Erntewetters sich die Einbringung des Getreides bis in den Oktober hinein verzögert hatte. Ein Schwarm von Gänsen vermochte die Frucht einer Fenne – auf dem Halm stehend oder gemäht – in wenigen Stunden zu vertilgen. Um den Schaden abzuwenden, mußten Kinder, die hierfür eigens schulfrei erhielten, mit Klappern und Kochtopf-Deckeln die Gänse vertreiben. So hat Ernst Roeloffs (geb. 1902), Süderende, sich als Schulkind hieran noch beteiligt.

Hatte eine Fenne drei bis vier Jahre Hafer getragen, wurde sie gebracht, „somerpluuget", wie wir sagen. Der Sommerbrache voran ging im Spätherbst und Winter das Piepgraben, eine beschwerliche Arbeit, die Tagelöhner im Akkord ausführten. Bemessungsgrundlage für den Akkord waren Ruthen bezüglich der Länge sowie Fuß hinsichtlich der Breite und Tiefe der Piepgräben. Die Tagelöhner erhielten einen bescheidenen Lohn, da sie in dieser Jahreszeit ansonsten kaum Arbeit bekamen. Sie hoben mit dem Spaten – in etwa anderthalb Ruthen (knapp 8 m) Abstand – Piepgräben von jeweils drei Fuß (rd. 0,90 m) Breite und Tiefe aus. Den Aushub verteilten sie seitlich, wobei sie die oberste Schicht in die Mitte des Ackers zwischen den zwei Piepgräben warfen, damit der Mutterboden beim späteren Pflügen nicht in die Piepgräben gelangte. In einigen Fennen sollen sogar bis zu einer Tiefe von neun Fuß (2,70 m) Piepgräben

3 Deezbüller wurden wie die hölzernen Pflüge vom Schmied hergestellt. Sie wurden noch nach 1945 eingesetzt, u. a. von Theodor Rörden, Borgsum.

*Abb 72:
Der mit Eisen beschlagene hölzerne Karrenpflug aus der 1. Hälfte des 19. Jahrhunderts erforderte die Zugkraft von vier Pferden*

ausgehoben worden sein, um mit dem dort vorhandenen kalkhaltigen Blausand (fö. Muschelklei) den schweren Marschboden zu meliorieren. Durch Piepgräben wurden bis zu 1000 m^3 Piepklei über einen Hektar ausgebreitet – eine Schicht von 10 cm Stärke! Der kalkhaltige, teilweise auch sandhaltige Aushub verbesserte vor allem die Struktur der Ackerkrume.
Im Laufe von etwa 100 Jahren wurde fast die gesamte Föhrer Marsch durch Piepgräben melioriert. Diese handarbeitsaufwendige Maßnahme war im wesentlichen bis 1914 abgeschlossen. Vereinzelte Fennen wurden noch zwischen den beiden Weltkriegen gegraben, die letzte 1946 im „Kruugem“ in der Toftumer Marsch. Das Piepgraben verbesserte nicht alle Teile der Marsch gleichermaßen. Der Erfolg blieb dort gering, wo die Marsch sowohl im Ober- als auch im Unterboden einen sehr hohen Tongehalt aufweist. Dagegen wurde eine grundlegende und nachhaltige Verbesserung erzielt, wenn aus erreichbarer Tiefe muschelhaltiger Blausand gefördert werden konnte. Dieser ist aber nur dort vorhanden, wo die Marsch ohnehin von guter Bonität ist, wie in „Teskkregem“, „Haagbergem“ und „Weed“. Unter den Marschfennen aber, die am dringendsten der Meliorierung bedurften, wie beispielsweise in „Kleimeere“, findet sich auch in größerer Tiefe kein Blausand. Den schweren Marschboden durch eine hohe Kalkdüngung zu verbessern, ist auf Föhr erst seit etwa 1880/90 gebräuchlich.
Nach abgeschlossener Frühjahrsbestellung wurden in den im Herbst und Winter gegrabenen Marschfennen als erstes die Piepgräben zugepflügt, wiederum eine Knochenarbeit für Mensch und Pferd. Eine Anspannung von vier Pferden war notwendig, um den Kleiboden in angemessener Tiefe zu pflügen und die Piepgräben zu füllen. Das Pflügen der ersten Furche am Piepgraben (fö. Piepskoot) entlang verlangte vier Arbeitskräfte. Zwei, oftmals Schulknaben, führten die beiden Gespanne, der stärkste Mann den Pflug. Ein weiterer Mann mußte den Karren des Pfluges ständig nach rechts ziehen, damit die Gespanne, in einer leicht abgeknickten Richtung ziehend, das rechte Rad des Pfluges nicht aus dem Piepgraben herauszogen. Die beiden rechts gehenden Pferde konn-

ten nämlich weder in dem tiefen Piepgraben noch in den ersten Furchen am Piepgraben entlang gehen.

Die Landbesitzer nahmen gerne die Möglichkeit wahr, während der Sommerbrache die Grenzgräben einer Fenne zu vertiefen und zu verbreitern, auch um Füllboden für das Einebnen von Senken zu gewinnen. Falls erforderlich, ließen sie auch höher gelegene Teile der Fenne abgraben und den Boden mit Schubkarre oder Wagen in die tiefer gelegenen Flächen fahren. Ab 1870 setzten sie hierfür anstelle der Schubkarre mehr und mehr eine Planierschaufel (fö. Molburd) ein, die von zwei Pferden gezogen wurde. Dieses Gerät, aus Eichenholz hergestellt, ist nichts anderes als eine große Schaufel von etwa 1 m Breite, deren Schneide durch Eisen verstärkt ist. Nur ein wirklich kräftiger Mann war in der Lage, dieses Gerät zu führen. Wenn man bedenkt, daß ein Landwirt nicht selten drei Wochen lang Tag für Tag mit dem „Molburd" arbeitete, um eine Fenne einzuebnen, so gewinnt man eine leidliche Vorstellung von der harten körperlichen Arbeit, die seinerzeit eingesetzt wurde, um die Marsch in den Zustand zu versetzen, wie sie sich heute zeigt.

Eine Brachfenne wurde im Laufe des Sommers insgesamt sechs- bis siebenmal gepflügt und jeweils anschließend geeggt. Erst hierdurch erreichte sie den wünschenswerten Kulturzustand. Zugleich erhielt die Fenne eine für die Oberflächenentwässerung optimale Gestaltung, indem sie in etwa acht Meter breite, durch Grüppen voneinander getrennte Beete geteilt wurde.

Ende August/Anfang September wurde dann auf der Brachfläche Weizen bestellt, in den Marschfennen besserer Qualität gelegentlich auch Raps, der im vorigen Jahrhundert auf unserer Insel, insbesondere aber auf Osterlandföhr, in größerem Umfang angebaut wurde. Im allgemeinen trug die gebrachte Fläche jedoch Weizen, und zwar als abtragende Frucht, weil die Fenne danach für eine Grasnutzung bestimmt war. Überließ man in den ersten Jahrzehnten nach der Landaufteilung die abgeernteten Weizenfennen noch der Selbstberasung, so wurden dann doch zunehmend Kulturgräser und Weißklee im Frühjahr in den Weizenschlag eingesät, um möglichst rasch eine gute Weide oder Wiese zu erhalten.

Von vorübergehender Ackernutzung abgesehen, waren Marsch und Meede wie auch Slaawen „geborenes" Grünland! Der Heugewinnung dienten durchweg Flächen geringerer Bonität. Dünger erhielten sie nicht. Mit dem Schneiden des Grases begann man nach Johanni (24. Juni). Zumeist waren es Tagelöhner, die diese Arbeit mit der Sense ausführten. Das

Abb. 73: Zwei Pferde zogen diesen modernen Schwungpflug, dessen Pflugkörper bereits aus Stahl gefertigt ist

Kehren der Schwaden war Sache der Frauen. Bei sonniger Witterung konnte das Heu schon nach wenigen Tagen in kleine Diemen gesetzt und eine Woche später eingefahren werden. Drei bis vier Diemen gingen auf ein Fuder Heu, das um 1830 nicht mehr als fünf Zentner (250 kg) wog. Je Demat wurden etwa drei bis vier Fuder Heu geerntet. Nach der Heuernte wurden die Mähflächen geweidet. Einen zweiten Schnitt kannte man nicht.

An der Art und Weise der Heugewinnung änderte sich im Laufe des vorigen Jahrhunderts kaum etwas. Als Erk D. Roeloffs als einer der ersten auf Westerlandföhr im Jahre 1882 einen Grasmäher kaufte, fand dies große Beachtung. Viele Neugierige stellten sich ein, um den Einsatz dieser modernen Maschine zu bestaunen. Die Funktion des von zwei Pferden gezogenen Grasmähers befriedigte jedoch nicht. Die Tiere mußten traben, um das Mähwerk in Gang zu halten. Erk gab daher die Maschine zurück. Vorerst blieb die bewährte Sense unentbehrlich.

Das Grasland besserer Qualität diente vorzugsweise zur Gräsung. Soweit es jedoch in Hofnähe lag, wurde es auch bei schlechterem Kulturzustand mit Kühen und Pferden beweidet. Hierfür waren arbeitswirtschaftliche Überlegungen maßgebend. Um 1850, nach Verbesserung der Fennen, rechnete man für eine Kuh in der Marsch etwa 1 Demat, in den Slaawen bis 2 Demat Vorsommerweide. Als Gesamtfutterfläche benötigte sie 2 bis 4 Demat.

In trockenen Sommern wurde das Viehgräsen zu einem Problem. Die Fennen waren lediglich durch Gräben eingezäunt; Stacheldraht gab es nicht. Als Folge ausgetrockneter Gräben und knapper Weide brachen die Tiere aus und richteten Schaden in den Getreidefeldern an. Um großen Schaden zu verhindern, gab es in jedem Dorf „Markmänner", die zweimal täglich das umherstreifende Vieh zusammentrieben und in den bei jedem Dorf vorhandenen Schüttkoben (fö. Skothaag) einsperrten. Der Eigentümer mußte sein Vieh gegen eine Gebühr einlösen. Ihn zu ermitteln, war nicht schwierig. Schafe und Rindvieh trugen seit altersher die Hausmarke des jeweiligen Viehhalters. Durch entsprechende Schnitte in den Ohren waren sie gekennzeichnet. Hieran hat sich übrigens bis heute nichts geändert.

Zu vielen Bauernstellen auf Föhr gehörte im vorigen Jahrhundert ein Reetstück. Die weitaus meisten Reetkulturen wurden aber erst nach der Landaufteilung angelegt. Vorher konnten sie sich nicht halten, weil durchweg auch die im Sommer trockenfallenden Wasserflächen in die Gräsungsländereien einbezogen waren. Reet verträgt keinen ständigen Verbiß. Daher deckte das auf der Insel geerntete Reet nicht den Bedarf[4]. Es mußte – wie heute – eingeführt werden. Allerdings waren vor der Landaufteilung viele Katen mit Roggenstroh gedeckt.

Die Anlage einer Reetkultur geschah in der Weise, das nach dem Abgraben der vergrasten Oberfläche Rhizome (Reetwurzeln) in relativ weitem Abstand in den Boden gesteckt wurden. Voraussetzung für das Gelingen war jedoch, daß das niedrig gelegene Reetstück mindestens vom Spätherbst bis Mitte Mai mit Wasser überschwemmt blieb. Nach wenigen Jahren entwickelte sich auf solchen Flächen ein kräftiger Reetbestand, wenn weidendes Vieh ferngehalten wurde. Dennoch vergrasten insbesondere die im Sommer vollkommen trockenfallenden Reetstücke, so daß sie nach 20 bis 30 Jahren erneut abgegraben werden mußten. Andernfalls brachten sie keinen guten Ertrag.

Das Reet ernteten die Bauern im Spätherbst und Winter, frühestens nach Eintritt des Frostes. Sobald das Eis trug, stießen sie die Reethalme mit Hilfe eines Reetschiebers (fö. Raid-Sküüwer) oberhalb der Eisdecke ab und banden sie mit Strohseilen zusammen. Das war eine angenehme Tätigkeit. In milden Wintern dagegen mußten sie das Reet mit der Sichel oder Sense schneiden – eine beschwerliche und langwierige Arbeit.

Im späten Frühjahr wurde auf der Hofstelle das Reet von Gras, Unkraut u. ä. gesäubert, wiederum eine Sache der Frauen. Wurden hierfür zusätzliche Arbeitskräfte benötigt, waren viele Frauen im Dorfe gerne bereit, ohne Barlohn diese Arbeit (fö. Raid renske) auszuführen. Als Gegenleistung erhielten sie nur den Abfall, den sie als Brennmaterial verwendeten. Sie verrichteten diese Arbeit aber vor allem deswegen gerne, weil – wie beim Rapsdreschen – „Skeelks" geschänkt wurde.

4 Nach dem Kirchenbuch wurde für den Neubau des Pastorats von St. Laurentii im Jahre 1762 ein hoher Geldbetrag für den Zukauf von Reet vom Festland und für die Fracht aufgewendet.

Viehhaltung

Rindvieh- und Schafhaltung bestimmten von jeher die Landwirtschaft auf der Insel Föhr. Im Laufe der Zeit gingen jedoch die Schafbestände zurück und die Haltung von Rindvieh wurde vermehrt, und zwar einhergehend mit der grundlegenden Verbesserung der landeskulturellen Verhältnisse.

Im vorigen Jahrhundert hielten die Föhringer nur Landrassen. Von Viehzucht im heutigen Sinne kann keine Rede sein. Das einfarbig rote und schwarze Rindvieh ähnelte dem Angeler Vieh. Um 1850 rechneten die Kuhhalter auf Westerlandföhr mit einem Butterertrag von 30 kg je Kuh und Jahr. Heute sind es im Durchschnitt gut 200 kg! Über die Milchmengen bestanden keine rechten Vorstellungen, da die Milch kein handelsfähiges Produkt war; es gab noch keine Molkereien. Wenn man berücksichtigt, daß ein Teil der Kuhmilch im Haushalt und als Kälbertrank verwendet wurde und der Fettgehalt unter 3 v. H. lag, so dürfte die jährliche Milchleistung einer Kuh bei etwa 1000 Litern gelegen haben. Jedoch besserte sich der Milchertrag im Laufe der Zeit. Allerdings gaben die um die Jahrhundertwende eingeführten Shorthorns weniger Milch als die Kühe der alten Landrasse. Die Fleischleistung der Tiere war bescheiden, eine fette Kuh wog um 1850 etwa 300 bis 400 kg. Eine Milchkuh soll um 1820 nicht mehr als 300 kg, auf der mageren Geest nur 150 kg gewogen haben.

Die Föhringer Schafe glichen hinsichtlich Aussehen und Gewicht den heutigen Heidschnucken. Sie waren klein, ihre haarartige Wolle von geringerer Qualität. In der Regel warfen sie nur ein Lamm, waren aber außerordentlich anspruchslos. Selbst den heißesten Sommer überstanden sie ohne Trinkwasser. Im Winter erhielten sie als Zusatzfutter allenfalls Unkrautsamen. Die Böcke trugen Hörner. Um 1820 wog ein zweijähriges Schaf nur 30 kg. Es brachte 1,5 kg Wolle. Die Lämmer erreichten zumeist erst mit anderthalb Jahren Schlachtreife.

Die im vorigen Jahrhundert gehaltenen Arbeitspferde unterschieden sich vom späteren Schleswiger Kaltblut dadurch, daß sie kleiner und wesentlich leichter gebaut waren. Die zumeist braunen Pferde galten als sehr ausdauernd. Sie eigneten sich wegen der in der Regel großen Hof-Feld-Entfernungen vorzüglich für die landschaftlichen Betriebe auf Föhr. Sie waren in der Föhrer Landwirtschaft besser zu gebrauchen als das Schleswiger Kaltblut, das im 20. Jahrhundert die bewährte Landrasse nicht zuletzt aufgrund der Einflußnahme der staatlichen Tierzucht verdrängte.

Die Föhrer Landwirte hielten im Winter Rindvieh und Pferde sehr dürftig. Für eine Kuh rechneten sie drei Fuder Heu und etwas Stroh. Arbeitspferde erhielten neben Heu und Stroh auch ungedroschene Hafergarben; um 1880 ging man jedoch dazu über, Häcksel zu schneiden.

Die starke Abhängigkeit des Landmannes vom Witterungsverlauf verdeutlicht eine Aufzeichnung, die sich im Schularchiv Süderende befindet:

„Der Sommer des Jahres 1893 war sehr trocken, in Monaten fiel fast kein Tropfen Regen. Die Ernte war infolgedessen etwas knapp; wenn auch der Kornertrag gut zu nennen war, Heu und Stroh gab es nur wenig. Für manchen Landmann waren es traurige Aussichten, und nur ein Glück war es, daß es fast keinen Winter gab, daß gar Pferde stets draußen liefen und nur nachts auf den Stall kamen. Gegen Frühjahr kam erst recht der Futtermangel zu Tage, und gar mancher holte von der Heide täglich ein Quantum, um das Vieh nicht hungern zu lassen.

Während es im Sommer so trocken war und nicht einmal Gewitter uns Regen brachten, so war der Herbst soviel anders. Gewitterboien traten sehr häufig auf, und zwar nicht ohne Schaden anzurichten. Zunächst brannte das Gewese von P. Dethlefs in Goting nieder. Einige Tage später traf der Blitz in einer Nacht die drei Mühlen in Borgsum, Nieblum und Oevenum und äscherte die ersten beiden ein. Es schien fast, als habe diese Boie, die von einem Wirbelsturm begleitet wurde, es auf die Mühlen abgesehen; denn auch auf dem Festland wurde der Weg des Wetters durch zwei eingeäscherte Mühlen gekennzeichnet. Verluste an Vieh waren auch zu beklagen."

Nach Erzählungen von Christian Roeloffs (1862 bis 1944) verfütterten die Viehhalter erstmalig um 1860 Hafer auch an Rindvieh. Bis dahin meinten sie, diese Spelzenfrucht sei dem Rindvieh nicht bekömmlich. Eine Wende trat insofern ein, als in den Jahren 1857 bis 1859 eine bis dahin nicht gekannte Dürre zu einer starken Verknappung des Winterfutters führte. Die Viehhalter waren daher gezwungen, alle Möglichkeiten auszuschöpfen, das Vieh zu sättigen. Im Jahre 1859 soll es von Februar bis Oktober überhaupt nicht geregnet haben. Das Tränkwasser war so knapp, daß die Föhringer das Brüllen des auf den Halligen durstenden Rindviehs hören konnten. Ernst Ketels berichtet von der frühen Ernte in 1859. Seine Mutter (Vater war auf See) habe schon im Juli den Roggen unter Dach und Fach gehabt. Sie habe bereits am 31.

Abb. 74: Steintröge, möglicherweise ehemals als Sarg verwendet

Juli, einen Tag vor seiner Geburt, Tagelöhner bestellt, um das Dreschen noch vor ihrer Niederkunft zu erledigen.

Beim Melken der Kühe trieben die Kuhhalter wesentlich mehr Aufwand als heute, obwohl die Tiere nur eine geringe Leistung hatten. Nach dem Kalben melkten sie sie bis zu fünfmal täglich. Sie glaubten, die frischmelkenden Kühe würden längere Zwischenmelkzeiten nicht vertragen und nur bei einer solchen Melkintensität eine gute Milchleistung erreichen. Das fünfmalige Melken brachte es mit sich, daß die Frau oder Dienstmagd um 24 Uhr aufstehen mußte, um diese aus heutiger Sicht überflüssige Arbeit zu verrichten. Das Melken war ausschließlich den Frauen vorbehalten. Mein Großvater Brar C. Roeloffs, bis etwa 1920 aktiver Landwirt, konnte beispielsweise überhaupt nicht melken. Im Stall wurden Rindvieh zweimal und Pferde dreimal täglich getränkt. Zumeist erhielten sie ihr Tränkwasser in einem Holzeimer gereicht. Um diese zeitaufwendige Arbeit zu erleichtern, verwendeten einige Landwirte aus Sandstein geschlagene Steintröge. Vor 1800 gab es aber schon Steintröge aus Granit. So ist schon in dem Schilling-Englisch-Buch für Osterlandföhr aus dem Jahre 1637 eine Bestimmung über die steuerliche Bewertung von Steintrögen (ndt. Steennost) enthalten.

Der Steintrog diente als Sammelbecken für das mit einer Holzpumpe aus dem durchweg 3 m bis 5 m tiefen Schachtbrunnen geschöpfte Wasser. Anfang des 19. Jahrhunderts hatten viele Landwirte noch keine Pumpe. Wie bereits erwähnt, stand westlich des Hauses von Ock Beelendörp (heute Heinrich Jensen) um 1820 noch ein Ziehbrunnen, der zur Wasserversorgung von Mensch und Vieh diente.

Der Steintrog diente auch als Tränke. Zweimal täglich wurde das Vieh losgebunden, um zum Trog gehen zu können und zu trinken. Hieran gewöhnte sich das Vieh schnell, so daß es ohne weiteres Zutun zum eigenen Stand zurückkehrte. Diese Tränkeinrichtungen wurden nach 1900 für das Rindvieh durch sog. Selbsttränken abgelöst; eine reichte für jeweils zwei Kopf Rindvieh. In den Pferdeställen dagegen hielt man an der althergebrachten Weise fest, bis die um 1954 auch in die Insellandwirtschaft Eingang findende Technisierung die Zugtiere verdrängte. Allerdings kann ich mich erinnern, daß auf dem Hofe von Heinrich Jensen in Süderende auch noch nach 1945 das gesamte Rindvieh – wie früher üblich – sich das Tränkwasser zweimal täglich am Steintrog holte.

Steintröge schmücken heute vielfach als Blumenbehälter Hof und Garten. Dabei werden sie nicht selten auch als Steinsärge bezeichnet. Das dürfte zutreffend sein, wenn sie, wie die im Friesenmuseum stehenden Stücke, beispielsweise mit einem eingemeißelten Kreuz verziert sind und ein sargähnliches Aussehen haben. Ob diese Särge allerdings jemals für Begräbnisse auf Föhr verwendet worden sind, erscheint fraglich. Denn wären sie tatsächlich hierfür benutzt worden, müßten solche Stücke wohl gelegentlich auf den Föhrer Kirchhöfen beim Ausheben eines Grabes zum Vorschein kommen, was bislang aber nicht belegt ist. Anzunehmen ist, daß diese Särge in einer Zeit importiert wurden, als man den Zement für die Herstellung wasserdichter Tränkbehälter noch nicht kannte. Daß die rechteckig gehauenen und nicht mit Verzierungen versehenen Tröge niemals für eine Leichenbestattung verwendet worden sind, ist durch Erzählungen alter Föhringer belegt. Danach bezogen Landwirte entsprechende Stücke um 1850 aus dem Elbsandsteingebirge.

Verwertung der Erzeugnisse und Preisverhältnisse

Die durchweg sehr sparsamen Föhrer Bauern verwendeten im vorigen Jahrhundert nur ungern verkaufsfähige pflanzliche Produkte als Viehfutter. Andererseits stieg, als Folge der landeskulturellen Verbesserung nach der Landaufteilung, die Produktion landwirtschaftlicher Erzeugnisse erheblich an. Im Jahre 1853 konnten sie zum Beispiel 110 Tonnen Roggen, 3120 Tonnen Gerste, 7360 Tonnen Hafer, 650 Tonnen Buchweizen, 2050 Tonnen Kartoffeln, 1080 Tonnen Raps und 160 Stück Rindvieh von ihrer Insel ausführen. Das ist beachtlich, wenn man bedenkt, daß vor der Landaufteilung alljährlich landwirtschaftliche Produkte in größerer Menge eingeführt werden mußten.

Das im eigenen Betrieb gewonnene Getreide bildete die Grundlage für die Versorgung der Familie. Das Korn ließ man entsprechend dem Bedarf in zeitlichen Abständen mahlen. Roggenmehl wurde aber nicht nur zum Brotbacken, sondern wie Gerstenmehl und -grütze auch zur Herstellung von Mehlspeisen verwendet. „Roogmeelbrei an Beregroot" kamen in den meisten Familien täglich auf den Tisch.

Die tierischen Produkte wurden völlig anders als heute verwertet. Man bedenke, daß erst um 1889 die Meiereien errichtet wurden. Seitdem gibt es eine zentrale Verwertung der Milch. Bis dahin war es Sache des einzelnen Kuhhalters, seine Milch in geeigneter Weise zu verwerten. Das war vor allem für kleinere Betriebe mit nur ein bis zwei Kühen ein Problem. Denn bei den relativ geringen Leistungen der Milchkühe, vor allem im Winter, wurde nicht genug Rahm gewonnen, um Butter herzustellen. Die Kleinkuhhalter schlossen sich daher zu Milchvereinen zusammen. Sie sammelten den Rahm gemeinsam und das Buttern – von Hand in einem Holzfaß – ging reihum; täglich wechselte die „Zuständigkeit". Ingke Roeloffs berichtete, daß es vor allem während der kalten Jahreszeit Schwierigkeiten bereitete, die Milch zu entrahmen. Bekanntlich setzt sich der Rahm bei sehr niedriger Temperatur nicht ab. Damals wußten die Kuhhalter sich zu helfen, indem sie die frisch gemolkene Milch in die Wohnstube stellten, dem einzig geheizten Zimmer des Hauses. Dort waren an den Deckenbalken Regale angebracht, auf denen die Milch in flachen Steingutschüsseln so lange blieb, bis der Rahm sich abgesetzt hatte und abgeschöpft werden konnte. Ein für heutige Begriffe wenig hygienisches Verfahren! Das Buttern war wiederum Aufgabe der Frauen. Die entrahmte Milch erhielten Kälber und Schweine, oder sie wurde im Haushalt verwendet.

Die meisten Landwirte auf Föhr erzeugten Anfang des vorigen Jahrhunderts kaum mehr als der Haushalt benötigte, der allerdings zumeist eine große Zahl von Familienmitgliedern aufwies. Aufgrund der Verbesserung der Ländereien nach der Landaufteilung produzierten sie zunehmend über den Eigenbedarf hinaus. Nun konnten sie neben pflanzlichen Erzeugnissen auch Veredelungsprodukte verkaufen. Wenngleich die verkauften Mengen nach heutigen Maßstäben sehr bescheiden waren und auch der absolute Preis wenig aussagt, so sind vor allem Preisentwicklungen und preisvergleichende Betrachtungen interessant. Um 1805 kostete eine Kuh mit etwa 60 Mark C nicht mehr als drei Tonnen (dz) Roggen. 50 Jahre später bezahlte man für eine Kuh ebensoviel wie für acht Tonnen Roggen, nämlich 100 Mark C. Um 1885 mußte ein Landwirt auf Westerlandföhr 17 Tonnen Roggen hergeben, um eine Kuh kaufen zu können; sie kostete 200 Mark. 1983 hatte eine Kuh etwa einen Wert von rd. 50 Tonnen Roggen, nämlich 2200 DM. Dabei ist natürlich zu berücksichtigen, daß heute eine Kuh das doppelte Gewicht im Vergleich zum Jahre 1800 hat. Auch die Milchleistung ist heute weitaus

Abb. 75: Dieses Faß (fö. Saaren) zur Herstellung von Butter zeugt zugleich von handwerklichem Geschick

Übersicht 30: Landwirtschaftliche Preise auf Westerlandföhr im 19. Jh. umgerechnet in Mark Courant (abgerundet)
– Punktzahl der späteren Reichsbodenschätzung von 1935 in Klammern –

Jahr	1 Demat gutes Marschland (50–60)	1 Demat gutes Ackerland (45–55)	1 Demat minderes Ackerland (35–40)	1 Demat Heideland (28–32)	1 Tonne Roggen	1 Kuh
1805	220	680	–	–	20	60
1815	145	–	240	–	20	60
1820	115	–	–	–	13	50
1825	40	510	–	–	5	35
1830	60	680	200	45	14	60
1835	75	760	–	–	–	–
1840	100	810	–	60	10	80
1845	120	900	300	–	10	80
1850	120	–	400	150	11	80
1855	120	910	–	–	13	100
1860	360	1300	–	80	14	100
1865	380	–	–	225	13	130
1870	530	1000	470	160	14	140
1875	–	1150	–	135	15	165
1880	700	950	500	135	17	170
1885	–	–	–	–	12	200

höher. Aber auch die Qualität des Roggens, insbesondere die Reinheit, hat sich seit 1800 wesentlich verbessert. Zweifelsfrei ist, daß sich die landwirtschaftlichen Preise eindeutig zugunsten tierischer Produkte entwickelt haben.

Ein weiteres: Im Jahre 1818 erhielt ein Kuhhalter auf Föhr für 1 Pfund (500 g) Butter 6 bis 8 Schilling. Der Preis sank um 1820 zwar auf 5 Schilling, stieg aber 1830 wieder auf die Höhe von 1818[5]. Während dieses Zeitraumes kostete 1 Pfund Butter etwas mehr als 2 Pfund Rindfleisch. Dieses Verhältnis ist heute anders. Rindfleisch kostet z. Z. etwa doppelt so viel wie Butter. Auch im Vergleich zu Getreide haben sich die Relationen verändert. Um 1840 kostete 1 Tonne Roggen (100 kg) so viel wie 10 kg Butter. 1885 belief sich die Relation von 1 Tonne Roggen zu einem Kilo Butter wie 1:4. Heute dürfte das Verhältnis 1:5 sein. Auch hieraus wird deutlich, daß sich die Kaufkraft von Getreide im Vergleich zu tierischen Erzeugnissen verschlechtert hat.

Nicht nur im Verhältnis zu tierischen Produkten hat sich die Kaufkraft von Getreide vermindert. Erk. D. Roeloffs zahlte 1885 für 10 dz (1000 kg) Steinkohlen ganze 22 Mark. Diesen Betrag erhielt er im gleichen Jahr auch für 1,5 dz Roggen. 1983 kosteten 10 dz Steinkohle rd. 550 DM. Um diesen Betrag bezahlen zu können, müßte ein Landwirt 12 dz Roggen verkaufen.

Die seit mindestens 180 Jahren ständig sinkende Kaufkraft von Getreide ist in erster Linie darauf zurückzuführen, daß eine Arbeitskraft mit Hilfe der Technik ungleich mehr Getreide erzeugen kann als früher, auch deswegen, weil die Getreideerträge je Flächeneinheit fortlaufend gestiegen sind, vor allem in den letzten Jahrzehnten. Gleichwohl darf hier an dieser Stelle die allgemeine Feststellung erlaubt sein, daß die Preisrelation von landwirtschaftlichen Erzeugnissen zu industriell-gewerblichen Gütern, vor allem aber zu Dienstleistungen, mehr und mehr unstimmig geworden ist. Der Landwirt bekommt seine Bemühungen um Rationalisierung und Technisierung nicht genügend honoriert.

Die landwirtschaftlichen Preise folgten im 19. Jahrhundert auch auf Föhr einer etwa den jeweiligen wirtschaftlichen Verhältnissen entsprechenden Entwicklung. Das gilt vor allem für die Landpreise, die

5 16 Schilling = 1 Mark Courant

nachstehend genannt werden. Sie stammen aus Kaufbriefen, die sich im Familienbesitz befinden. Die darin vereinbarten Preise sind zusammen mit denen für landwirtschaftliche Produkte – soweit hierüber Aufzeichnungen meiner Vorfahren vorhanden sind – in der Übersicht 30 aufgeführt. Die Landpreise beziehen sich ausschließlich auf die Feldmark des ehemaligen Langdorfes.

Auffallend ist, daß die Roggenpreise Anfang des 19. Jahrhunderts sehr hoch lagen, um dann 1825 auf ein Viertel des bisherigen Standes zu fallen. Sie erholten sich jedoch wieder, erreichten aber bis 1885 nicht wieder die Höhe von 1805–1810. Auch die Preise für Kühe fielen stark ab, aber weniger als beim Roggen. Nach Überwindung der Agrarkrise um 1830 stiegen die Viehpreise langsam aber stetig an. Die Kaufpreise für Heideland zeigen keine stetige Entwicklung. Das ist verständlich, weil der Kulturstand der Flächen seinerzeit große Unterschiede aufwies. Bemerkenswert ist, daß gutes Ackerland über alle Jahrzehnte zu relativ hohen Kaufpreisen gehandelt wurde. Es war ertragssicher und frei von Deichlasten. Anders das Marschland! Die hierfür insgesamt zu zahlenden Steuern und Abgaben lagen nach den Sturmfluten 1825 höher als die zu erzielende Pacht. Es brachte somit den nicht wirtschaftenden Eigentümern keinen Ertrag. Einige verkauften daher ihr deichpflichtiges Land „för an Piep Tobak", wie man damals sagte. Den niedrigsten mir bekannten Kaufpreis für eine Marschfenne auf Westerlandföhr entnahm ich einem Kaufbrief von Rörd Matzen. Er zahlte 1826 für eine 2,3 Demat große Fenne in Kleihörn – gute Marsch! – nur 50 Mark C. Das Mißverhältnis von Kosten und Ertrag führte dazu, daß um 1830 wesentlich mehr Marschland als gutes Ackerland seinen Eigentümer wechselte. Das bestätigte ein Blick in die Erdbücher. Daß die Preise für Marschland um 1830 außerordentlich niedrig lagen, mögen die Kaufsachen aus dem Schuld- und Pfandprotokoll für Westerlandföhr und Amrum verdeutlichen, die in der Übersicht 31 aufgeführt sind. Soweit die in Kaufbriefen genannten Preise mit einem Vorbehalt zu beurteilen sind, habe ich sie nicht berücksichtigt, denn einige Kaufpreise scheinen nach unten manipuliert worden zu sein, um Beurkundungsgebühren zu sparen. Auch heute soll das gelegentlich vorkommen. Nur so ist es zu erklären, daß beispielsweise Ock Peters, Oldsum, am 23. 10. 1827 eine 3,3-Demat-Fenne in „Teskkregem" für 11 Mark C 4 Sch an Rörd Matzen verkaufte, aber am gleichen Tage von Früd Faltings für eine 3,8 Demat große Fenne in „Büütjen Stianwaal" 543 Mark C 12 Sch erhielt. Der Preisunterschied ist derart groß, daß in dem Vertrag mit Rörd Matzen der wahre Preis wohl nicht protokolliert worden ist, zumal er drei Jahre später diese Fenne für 178 Mark C an Brar Braren jun. verkaufte.

Die Übersichten 30 und 31 zeigen, daß nach 1823 die Kaufpreise für Marschland völlig zusammenbrachen. Sie erholten sich nur langsam – ein Beweis, daß Marschland nicht sehr hoch im Kurs stand. Sie stiegen dann aber stetig an. Allerdings ist davon auszugehen, daß die aufgeführten Marschfennen noch nicht kultiviert waren, soweit sie vor 1860 ihren Eigentümer wechselten. Lediglich die sich aus dem allgemeinen Preisrahmen abhebenden werden schon hergerichtet gewesen sein. Insoweit sind die Preise im Einzelfall nur bedingt vergleichbar. Hinzu kommt, daß auch die Bodenqualität der einzelnen Fennen zum Teil recht unterschiedlich ist. Gleichwohl sind die in den Übersichten genannten Preise signifikant für die Verhältnisse im 19. Jahrhundert auf Westerlandföhr. Am Rande sei vermerkt, daß der Preisverfall für Marschland auf Osterlandföhr weitaus stärker war. Dort gaben nach 1825 einige Eingesessene ihr Eigentum hieran auf, weil sie die darauf ruhenden Lasten nicht tragen konnten. Die Landschaft Osterlandföhr mußte die als „herrenlos" erklärten Ländereien übernehmen und verpachten. Der Pachterlös reichte jedoch nicht, um die Steuern und Abgaben daraus zu bezahlen. Es ist daher verständlich, daß man alles daransetzte, dieses Land wieder los zu werden.

Nach einer amtlichen Aufzeichnung aus dem Hebungsregister bot am 29. März 1837 die Landschaft Osterlandföhr insgesamt 49,3 Demat herrenlose Ländereien auf einer öffentlichen Versteigerung an. Von den 42 Landstücken fanden nur acht mit einer Größe von zusammen 13,3 Demat einen Käufer. Sie zahlten hierfür 40 Mark C und 7 Sch, also rd. 3 Mark C je Demat. Einige Flächen kosteten nur 1 Schilling, d. h. nicht mehr als eine Anerkennungsgebühr. Nur 1 Schilling zahlte auch Hans Hansen aus Midlum für eine 2,5 Demat große Marschfenne in der Nähe von Ackerum. Zuvor war die Fenne für 20 Mark C (320 Schilling) jährlich verpachtet. Die jährliche Pacht lag somit weitaus höher als der erzielte Kaufpreis. Es ist kaum zu glauben! Mit 1 Pfund Roggen, das damals

Übersicht 31: Preise verkaufter Fennen in der Oldsumer und Toftumer Marsch

Jahr	Tjüüg	Größe Demat	Größe Ruthen	Verkäufer	Käufer	Preis in Mark C insges.	Preis in Mark C je Demat
1815	Küfem	3	153	Diedrich Roeloffs	Früd Peters	561	146
1821	Bobsleeting	3	36	Nickels Jürgensen	Rörd Matzen	368	115
1823	Büütjen Stianwaal	1	59	Diedrich Roeloffs	Sönk Knudten	184	138
1824	Haagbergem	1	137	Kerrin Jung Sönken	Rörd Matzen	90	51
1826	Bobsleeting	1	155	Rörd Matzen	Ocke H. Flor	80	43
1826	Küfem	2	56	Rörd Matzen	Danklef Lorenzen	184	80
1826	Kleihörn	2	51	Johann Michels	Rörd Matzen	50	22
1826	Öögsenem	1	57	Friedrich H. Braren	Rörd Matzen	59	45
1827	Büütjen Stianwaal	3	146	Ock Peters	Früd Faltings	544	143
1827	Teskkregem	3	57	Rörd Matzen	Brar Braren	178	54
1830	Teskkregem	1	170	Knud Bohn	Rörd Matzen	120	62
1830	Röhörn	3	18	Jürgen Nickelsen	Rörd Matzen	180	58
1830	Bobsleeting	3	23	Ingke O. Bohn	Brar Braren jun.	80	26
1831	Kleihörn	2	32	Wögen Arfsten Ww.	Brar Braren jun.	321	148
1832	Weed	5	140	Fröd Rörden	Christian D. Roeloffs	338	58
1833	Kleihörn	3	143	Rickmer Arfsten	Rörd Matzen	371	98
1834	Bobsleeting	2	151	Diedrich Roeloffs Ww.	Oluf Ketels	300	105
1834	Nei Öögsenem	3	1	Lorenz Erken	Brar Braren sen.	360	120
1835	Lööglem	4	45	Boh Knudten Ww.	Brar Braren jun.	178	42
1835	Küfem	1	56	Jan Braren	Nickels Nickelsen }	502	196
1835	Haagbergem	1	45	Jan Braren	Nickels Nickelsen }		
1835	Bobsleeting	3	100	Jan Braren	Johann G. Tschech	450	127
1835	Öögsenkreg	3	164	Jan Braren	Hinrich Jung Rörden	416	107
1835	Loongweerem	2	71	Jan Braren	Lorenz K. Olufs	281	117
1838	Küfem	4	66	Keike Harcken	Rörd Matzen	330	76
1839	Kleihörn	2	155	Wögen Wögens	Rörd Matzen	375	131
1842	Teskkregem	1	178	Johann G. Tschech	Christian D. Roeloffs	350	176
1847	Lööglem	3	15	Jürgen Jürgens	Brar R. Matzen	375	122
1854	Bobsleeting	3	23	Christian D. Roeloffs	Hinrich Jung Rörden	300	96
1857	Bi Taftem Heeg	1	99	Hark Jürgens Ww.	Rörd Matzen	188	121
1860	Teskkregem	2	46	Peter Nagel	Brar R. Matzen	1400	619
1863	Röhörn	1	170	Ocke D. Olufs	Brar R. Matzen	750	514
1868	Nei Öögsenem	–	121	Follig Früdden	Rörd Matzen	350	522
1879	Dikweerem	2	60	Keike Bohn	Jens Nielsen	1500	644
1879	Lööglem	3	140	Peter G. Ketelsen	Tönis Rickmers	2834	746

etwa 1 Schilling kostete, konnte man eine 2,5-Demat-Fenne kaufen, die heute 30 000 DM wert ist.
Zu erwähnen ist noch, daß bei dieser Versteigerung für die Landvogtei von Osterlandföhr Auslagen und Gebühren von 24 Mark C entstanden, so daß der Nettoerlös nur gut 16 Mark C für 13,3 Demat betrug.

Es waren für den Landmann wahrlich schwere Zeiten. Sie besserten sich zwar bald. Von „Goldenen Zeiten" kann aber während des ganzen 19. Jahrhunderts keine Rede sein. Erst nach der Jahrhundertwende begannen für den Landwirt gute Verhältnisse, die aber der Kriegsausbruch 1914 abrupt beendete.

Das Deichwesen auf Westerlandföhr

Im Leben der Föhringer hatten Deichbau und Deichunterhaltung sowie die Organisation des Deichwesens über viele Jahrhunderte eine herausragende Bedeutung. Dies um so mehr, als die Verantwortung hierfür und die damit zusammenhängenden Deichlasten in führerer Zeit allein den Inselbewohnern oblag.

Zuverlässige Quellen über die Bedeichung der Föhrer Marsch, die knapp 60 v. H. der rd. 8200 ha großen Insel einnimmt, gibt es nicht. Es wird angenommen, daß der erste Deich, der die gesamte Marsch zur Seeseite hin umfaßte, um 1492 fertiggestellt war. Angeblich soll 100 Jahre daran gearbeitet worden sein. Dieser Deich hatte zunächst nur die Abmessungen eines Sommerdeiches. An vielen Stellen war er – bis etwa 1793 – nicht höher als 2,50 m über Gelände. Allerdings ist zu berücksichtigen, daß die früheren Sturmflutwasserstände wesentlich niedriger waren als die heutigen.

Es dürften keine Zweifel bestehen, daß die Föhrer Marsch über einen längeren Zeitraum mindestens die heutige Ausdehnung hatte, bevor ein Deich sie vor Überflutungen mit Salzwasser schützte. Sie wurde – im Unterschied zur Insel Strand, die früher weit über 20 000 ha umfaßte – relativ spät bedeicht. Der Hauptgrund ist darin zu sehen, daß die Föhringer stets in der Lage waren, ihre Wohnstätten auf der flutsicheren Geest zu errichten. Das konnten die Bewohner der Insel Strand nicht. Zudem waren die Föhringer weniger auf den Kornanbau in der Marsch angewiesen. Sie verfügten über entsprechende Geestflächen, die sich auch ohne Deichschutz für den Ackerbau eigneten. Hinzu kam noch, daß die Föhringer von altersher ihren Erwerb vornehmlich in der Seefahrt suchten, wenngleich die Bedeutung der Landwirtschaft nicht unterschätzt werden sollte.

Die Sturmfluten nahmen in der Erinnerung der alten Föhringer, in ihren Erzählungen und Darstellungen, einen breiten Raum ein. Dies ist verständlich, wenn man das Ausmaß der dadurch verursachten persönlichen und materiellen Schäden betrachtet. Zu den wenigen Föhringern, die Einzelheiten der von ihnen erlebten Naturereignisse aufzeichneten, gehören der bereits erwähnte Ketel Früdden, vor allem aber auch Christian D. Roeloffs. Dessen Aufzeichnungen werden im folgenden Abschnitt auch dann wiedergegeben, wenn dabei Wiederholungen vorkommen. Die ungekürzte Wiedergabe erscheint unerläßlich, um ein umfassendes Bild der Sturmflutschäden und der damit zusammenhängenden Probleme zu vermitteln.

Deich und Sturmfluten vor 1825

Von etwaigen Auswirkungen der verheerenden Sturmflut des Jahres 1362 (Untergang Rungholts) ist bezüglich Westerlandföhr nichts bekannt. Daß diese Flut Föhr und Sylt auseinandergerissen habe, dürfte eine Fabel sein. Auch Amrum und Föhr dürften damals schon getrennt gewesen sein. Andernsfalls hätten die auf Amrum nachweislich schon um 1230 vorhandenen Kaninchen sich auch auf Föhr ausgebreitet.

Über die Flut von 1634 (Untergang von Alt-Nordstrand und damit Trennung von Nordstrand und Pellworm) gibt es lediglich den Hinweis in der bereits behandelten Aufzeichnung von Ketel Früdden aus den Jahren 1717–1720. Danach lag 1634 der höchste Wasserstand um 1 Fuß (0,30 m) niedriger als 1717. Im übrigen gilt ganz allgemein für alle Sturmfluten, daß sie auf Föhr, aufgrund der Lage und Beschaffenheit der Insel, zumeist weniger Schaden verursachten als auf den Marschinseln Nordstrand und Pellworm sowie den Halligen. Einerseits liegt Föhr im Schutz der Düneninseln Sylt und Amrum, andererseits ist etwa ein Drittel der Insel flutsichere Geest.

Nach Ketel Früdden wurde die Insel Föhr Anfang des 18. Jahrhunderts in einem Zeitraum von nur drei Jahren viermal von Sturmfluten heimgesucht. Sie richteten großen Schaden an Deichen, Häusern und Schiffen an. Wenn man bedenkt, daß nur wenige Jahre zuvor, 1713, die Schweden die Westerlandföhrer um 3000 Reichsthaler erpreßt hatten, so kann man ermessen, daß die Wiederherstellung der Deichstrecken eine harte Belastung darstellte. Das konnten die Inselbewohner sicherlich nur verkraften, weil ihnen der Walfang relativ gute Verdienstmöglichkeiten gab. Ansonsten liegen über die Sturmfluten in den Jahren 1717–1720 nur spärliche Nachrichten vor. Überliefert ist, daß als Folge von Grundbrüchen der Deich im Norden der Westerlandföhrer Marsch wegen der entstandenen Wehlen an mehreren Stellen nach binnen versetzt werden mußte, und zwar vor dem jetzigen „Haagbergem" sowie westlich und östlich der Auffahrt „Sörenswai". Bis vor 20 Jahren waren Teile der alten seinerzeit aufgegebenen Deichanlagen als Stummeldeiche in der Örtlichkeit noch erkennbar. So wurde der Stummeldeich vor „Haagbergem" erst 1962/63 im Zuge der Deichverstärkung abgetragen (Abb. 33).

Eine Besonderheit verdient hier erwähnt zu werden: der Steindeich an der Westseite der Insel. Nach den bisherigen Veröffentlichungen sollen die Koogsinteressenten erst nach 1720 damit begonnen haben, vor der Utersumer und Dunsumer Feldmark den Deichfuß an der Seeseite mit einer Steinlage zu befestigen. Tatsächlich geschah dies schon mindestens 100 Jahre früher. Das geht aus einem Schreiben vom 11. Juni 1675 hervor, das ich als Abschrift in einem alten Koogsrechnungsbuch von 1766 fand. Hierin warf Nicolaus Tych, der Beauftragte des Grafen Schack, den „Unterthanen von Westerland-Föhrde" vor, daß sie bei der „Verfestigung ihres Seedeiches sich so nachlässig bezeigen". Er befahl ihnen daher, nachdem sie zwei vorhergehende Aufforderungen nicht beachtet hatten, unter Androhung von 20 Rtr Strafe, daß sie „große Feldsteine auf die Deiche aufbringen sollten", und zwar so, wie ihre Voreltern es getan hatten. Demnach haben die Westerlandföhrer den Steindeich in einem Zeitraum von zwei Generationen vor 1675, also schon um 1600, angelegt. Sie waren an der Westküste Schleswig-Holsteins die ersten, die den Deichfuß mit Feldsteinen belegten. Möglicherweise haben sie als Seefahrer diese Bauweise von Holland, dem Land der klassischen Deichbaukunst, kennengelernt und dann auf Föhr angewandt. Die Packlage unter den Feldsteinen bestand aus Seetang und Seegras. Eine weitere Besonderheit stellte der vor 1800 geschaffene Tangdeich im Westen der Insel dar, der bis 1825 recht und schlecht seine Funktion erfüllte. Es handelte sich um eine 982 m lange Deichstrecke, die den nördlichen Teil der Dunsumer Marsch schützte. Der untere Teil des Deichkörpers bis zu einer Höhe von 8 bis 14 Fuß (2,40–4,20 m) bestand aus dem natürlich abgelagerten Kieswall. Dessen Fuß hatten die Westerlandföhrer, wie den Steindeich, zur Seeseite hin – an seiner exponierten Stelle – mit großen Feldsteinen belegt (Abb. 33). Die Deichkappe dagegen hatten sie in einer Breite und Höhe von ca. 4 Fuß (1,20 m) allein aus Seetang und Seegras ausgeführt. Eine ähnliche Bauweise wies auch die südliche Deichstrecke auf, die sich an die höhere Geest bei Utersum anschloß.

Die Tangdeiche veranlaßten den Deichinspektor Salchow im Jahre 1808 zu der Bemerkung, daß sie „ohne Kunst und Methode aufgeführt" seien. Es handele sich um die „höchste Merkwürdigkeit, die dem, der das Studium des Deichwesens verfolgt, begegnen kann, sie ist das Nonplusultra alles dessen, was bei dem Deichbau auffallend ist." Die Tangdeiche sollen während der Sturmfluten 1791–1795 ihre Vorzüglichkeit unter Beweis gestellt haben. Am 26. Januar 1794 brach der Osterlandföhrer Erddeich an mehreren Stellen, hingegen nahm der Deich von Westerlandföhr kaum Schaden. Andererseits ist aber auch überliefert, daß sich der Westerlandföhrer Deich insgesamt in einer kläglichen Verfassung befand. Er brach in den Jahren 1792 und 1793 an vier Stellen, und zwar „för Dunsem", „bi a Skolbocht", „bi Sörenswai" und „för Lööglem". Hierüber hat Christian D. Roeloffs aufgezeichnet:

> „Von einer Überschwemmung im Jahre 1792 weiß ich nur, was meine Eltern mir erzählt haben. Das Interessanteste dabei möchte das sein, daß der Deich gebrochen war und der ruinierte Deich größtenteils von den Frauen gemacht wurde. Pferde waren damals wenige. Die Erde wurde vom Haff (Watt) mit Schubkarren angebracht. Die Männer waren im Sommer größtenteils zur See. Folglich mußten alle jungen Frauenzimmer die Arbeit verrichten, welche sie auch im folgenden Sommer zustande brachten."

Diese kurze, aber eindrucksvolle Schilderung bestätigt erneut, daß während der Seefahrerzeit die Hauptlast der Arbeiten auf den Schultern der Frauen ruhte. Steindeich und Tangdeich erforderten fortlaufend hohe Aufwendungen. Weil die Steine nicht verkeilt waren, mußten sie nach Sturmfluten ständig neu verlegt werden. Die Koogsinteressenten lieferten in dem

Zeitraum von 1823 bis 1833 insgesamt 12 975 Fuder große Feldsteine zur Verbesserung des Steindeichs. Allein in den Jahren 1822, 1823 und 1824 sammelten sie 3984 Fuder Seetang und Seegras für die Unterhaltung des Deiches. Geradezu erstaunlich ist aus heutiger Sicht, daß sie hiervon jährlich bis zu 1500 Fuder gewinnen konnten. Seinerzeit muß es im Wattenmeer weite, mit diesen Algen bewachsene Flächen gegeben haben, die die Herbststürme am Deichfuß oder auf dem Sandwall ablagerten. Wenn ich bedenke, wie wenig Seetang heute angespült wird, so müssen sich die ökologischen Verhältnisse im Wattenmeer seit 150 Jahren stark verändert haben. Heute dürfte es schon schwierig sein, auch nur ein Fuder Tang vom Flutsaum zu bergen.

Der immerwährende Bedarf an großen Feldsteinen veranlaßte die Deichinteressenten, die auf der Westerlandföhrer Geest früher zahlreichen Hünengräber abzutragen, so u. a. auch die Riesengräber östlich der St. Laurentii-Kirche; die letzten Überreste hiervon hat – leider – mein Großvater Brar C. Roeloffs vor gut 60 Jahren entfernt. Bei der Kultivierung dieser von der Gemeinde Süderende erworbenen Heidefläche konnte er so viele Feldsteine „gewinnen" und an den Westerlandföhrer Koog verkaufen, daß er mit dem Erlös fast den gesamten Kaufpreis für das Land begleichen konnte.

In welch unzureichender Verfassung der Föhrer Seedeich sich im übrigen um 1800 befand, ist gleichfalls aus dem bereits erwähnten Bericht von Salchow zu entnehmen. Danach waren die Föhrer Deiche „schlecht construirt, schlecht bekleidet und ohne Sachkenntnis unterhalten". Ihr Anblick erinnere an die Urbilder der alten cimbrischen und chaucischen Bedeichungsart. Die Ursachen, so Salchow,

„für diese Rückständigkeit im Deichwesen bei einem Volke, das wegen der Aufklärung seiner Individuen so ausgezeichnet ist, ergeben sich aus dem Berufsleben der Bewohner. Tatsächlich ist den Frauen die Pflege des Bodens, die Pflege des Deichs ausschließlich anvertraut, weil die Männer nur das Land bewohnen, aber nicht dafür leben. Wenn sie von ihren Seereisen zurückkommen, um hier einen kurzen Augenblick auszuruhen und dann wieder in die Gefahren des Lebens zurückeilen oder nach überstandenem Kampf mit den Elementen die Ruhe ihres Alters vor sich sehen, kümmern sie sich nicht um die Landwirtschaft. Noch weniger beteiligen sie sich an den Deicharbeiten, die ihnen den Ackerbau sichern sollen. Daraus folgt ein Zurückstehen sowohl der Kultur des Bodens als der Behandlung, die das Deichwesen verlangt hat.

Auf diese Weise bleibt es den Frauen überlassen, mechanisch und nach der Weise der Mütter und Altermütter das Land anzubauen und den Deich zu warten. Hinzu kommt, daß die starke Bevölkerungszunahme eine unverhältnismäßige Zerstückelung des Landes, eine Einteilung des Deichs in zahllose Pfänder, manche kaum einen Fuß lang, veranlaßt hat. Dadurch vergrößerten sich die Mißstände, der Deich verlor mehr und mehr an Ansehen und Kraft, die Unterhaltung ward unterbrochen, mißlicher und kostspieliger."

Inwieweit der Bericht von Salchow aus dem Jahre 1808 in allen Einzelheiten zutreffend ist, kann aus der heutigen Sicht nicht beurteilt werden. Offensichtlich war das neue Deichregulativ von 1805 noch nicht verwirklicht. Das Studium anderer einschlägiger Quellen scheint jedoch die Ausführungen im wesentlichen zu bestätigen. Die damaligen Deiche hatten bei weitem nicht die Abmessungen der heutigen. So lag die Krone des nördlichen Westerlandföhrer Erddeiches im Jahre 1794 immer noch nur 2,50 m über Geländehöhe; das sind etwa +4,00 m NN. Wir würden ihn heute eher als einen Wall, allenfalls als einen Sommerdeich bezeichnen. Zum Vergleich: Die Landesschutzdeiche, die seit 1960 verstärkt worden sind, erreichen eine Höhe bis zu +8,00 m NN. Überliefert ist, daß es um 1800 ohne Schwierigkeiten möglich war, mit dem Pferdefuhrwerk den Westerlandföhrer Norderdeich zu überqueren, ohne eine Auffahrt zu benutzen. Wir müssen daher davon ausgehen, daß die Jahrhundertsturmflut 1825 auf einen Föhrer Seedeich traf, der sich – zumindest nach heutigen Vorstellungen – in einem unbefriedigenden, nach dem Bericht von Salchow sogar desolaten Zustand befand.

Der folgenschweren Sturmflut waren zwei im November 1824 vorangegangen, die bereits beträchtlichen Schaden am Föhrer Deich anrichteten. Insbesondere der Deich im Westen der Insel hatte sehr gelitten, so daß er dem Durchbruch nahe war. So riß am 3. November 1824 ein starker Sturm, verbunden mit hohem Wasser, große Löcher in die Deichböschung. Eine abermalige Flut am 15. November führte auf größeren Strecken zu Kammstürzen. Über den Deich fließendes Salzwasser überflutete Teile der Marsch. „Der liebe Gott bewahre uns vor weiteren Stürmen", schreibt Christian D. Roeloffs am 21. 11. 1824 an den Kapitän Rickmers, „denn erleben wir noch einmal ein so hohes Wasser, ist der Deich weg!" Dem gleichen Brief ist zu entnehmen, daß in der Sturmflut am 15. November 1824 zwei Schiffe vor Hedehusum gestrandet waren, und zwar eine nordische Brigg, von

Lissabon kommend nach Norwegen bestimmt und mit Salz beladen. Das zweite Schiff, eine kleine Tjalk, auf der Reise von England nach Emden, wo es auch beheimatet war, hatte Ballast geladen. Beide Schiffe – offensichtlich durch den Sturm vom 3. November beschädigt – hatten bereits zehn Tage lang zwecks Reparatur unter Amrum-Odde vor Anker gelegen, als der nachfolgende Sturm sie am südlichen Strand vor Föhr auf das hohe Watt setzte. Nach dem o. a. Brief erklärten die Föhrer die mit Salz beladene Brigg zu einem Strandfall und nahmen dem Kapitän das Kommando, weil er mit seiner Besatzung das Schiff verlassen hatte. Sie ließen die Ladung löschen und mit Pferdewagen an Land bringen. Wie die Angelegenheit wohl ausgelaufen ist? Die Protokolle der Birkvogtei könnten hierüber Auskunft geben.
Nach seiner Aufzeichnung des früheren Kapitäns Broder Riewerts, Deichrichter von 1822 bis 1831, zog im November 1824 ein in der Sturmflut über den Deichkörper gespülter Schiffsmast, der eine Länge von ca. 70 Fuß und 9 Fuß Umfang gehabt haben soll, den Westerländer Haffdeich stark in Mitleidenschaft. Mit welchem Einsatz die Bevölkerung seinerzeit Deichschäden beseitigte, zeigt Riewerts ebenfalls auf: „Im November 1824 haben 12 Tage lang 235 Personen am Deich gearbeitet." Der wiederhergerichtete Seedeich wurde drei Monate später einer erneuten, noch weitaus schwereren Belastung ausgesetzt.

Die große Februarflut 1825

Die Sturmflut mit den wohl größten Auswirkungen auf unsere Insel erlebten die Föhringer in der Nacht vom 3. auf den 4. Februar 1825. Die dabei angerichteten Schäden und deren Beseitigung sind durch mehrere Schreiben und Berichte überliefert, die Christian D. Roeloffs verfaßt, oder an deren Formulierung er mitgewirkt hat. Vor ihrer nachfolgenden Wiedergabe muß aber erwähnt werden, daß 1825 der Deichrichter Broder Riewerts aus Oldsum eindeutig als die in Westerlandföhrer Deichangelegenheiten führende Persönlichkeit galt. Er traf sogleich nach der katastrophalen Sturmflutnacht die notwendigen Entscheidungen. Als erstes forderte er die „Rottmänner" auf, zur Unterstützung der Deichrichter „acht Gehülfen zu erwählen, damit diese uns zur Entwerfung eines in Hinsicht der Instandsetzung unseres Deiches betreffenden Plan unterstützen und berathen helfen". Eine dieser gewählten Persönlichkeiten war Christian D. Roeloffs, mit eben 24 Jahren der jüngste. Bereits am 12. Februar 1825 versammelten sie sich mit den Deichrichtern im Hause von Broder Riewerts, um „von der traurigen Lage unseres Landes und Deich" zu berichten. Sie schrieben an den Stiftsamtmann Castenskiold in Ripen:

„. . . Durch die Stürme vom 3. und 15. November vorigen Jahres erhielt unser Deich schon freilich vielen Schaden, doch blieb er immer in einem solchen Stande, daß unser Land von keiner Überschwemmung litt. Auch thaten die nachherigen öfteren Stürme keinen Schaden. Am 4. dieses Monats aber stieg das Wasser zu einer so außerordentlichen Höhe, wie es seit reichlich 100 Jahren hier nicht erlebt war. Es ging weit über die Höhe unserer Deiche und das ganze Land rollte in der Zeit von 1 Stunde ganz voll Wasser.
Unübersehbar ist der Schaden, den diese schreckliche Fluth uns verursacht hat. Von 20 bis 30 Wohnhäusern sind die Mauern durch Gewalt der Wellen niedergerissen und folglich unbewohnbar, haben zwei Menschen ihr Leben darin verloren und verschiedenes Hornvieh sowie die meisten Schafe sind ertrunken. Überdies ist unsere Winterfrucht größtenteils vernichtet. Mit bangen Sorgen sehen wir dem kommenden Sommer entgegen, und traurig werden die Folgen sein. Unser Vieh werden wir nicht weiden, oder doch wenigstens nur eine ganz schlechte Weide geben können. An Heuerndte darf in den mehrsten Stellen vielleicht gar nicht gedacht werden, und Stroh wird auch nur spärlich wachsen; also auch im künftigen Winter wird unser Vieh uns keinen Vorteil bringen, wenn wir nur unseren ganzen Beschlag (Viehbestand) am Leben erhalten können. An Kornausfuhr darf vielleicht gar nicht gedacht, und es wird wohl nicht mehr geerndtet werden, als höchstens zum eigenen Bedarf. Dies sind die traurigen Folgen, vor deren Verwirklichung wir begründete Furcht hegen, und die unser kleines Land in Elend und Not stürzen würden.
Zu diesem uns betroffenen Unglück kommt noch der Schaden unseres Deiches. Der ganze Westerdeich ist größtenteils weggeschwemmt, und im Norderdeich sind verschiedene Durchbrüche. Die Instandsetzung desselben wird für uns eine schwere Last werden, und ohne bedeutende Schulden zu machen, dieselbe für uns nicht möglich sein. Doch haben sich die gesamten Interessenten desselben mit den Deichrichtern vereinigt, alle ihre Kräfte anzustrengen, um mit allen uns zu Gebote stehenden Mitteln den Deich wieder herzustellen. Wir hoffen, es wird uns gelingen, denselben zu einer solchen Höhe zu bringen, daß er von vielen Sachverständigen für gut erkannt werden muß, inwieweit dies aber unsere Kräfte übersteigen wird, steht in Frage. Gerne flehten wir jetzt schon unseren allergnädigsten König um Hülfe und Unterstützung an, fürchteten wir uns nicht vor der Oberaufsicht eines Deichinspektors und dessen Besoldung. Denn eine unvermeidliche Folge desselben würde der Ruin unseres Landes sein, und unser deichpflichtig Land würde ganz außer Werth kommen.

Wenn wir die Lage und den Werth unseres deichpflichtigen Landes etwas näher auseinandersetzen, werden Ew. Hoch- und Wohlgeboren es sehen, daß wir unmöglich größere Lasten, wie die Besoldung eines Deichinspektors mit sich führt, tragen können. Unser Koog enthält im ganzen nur 1993 bonitierte Demat, die zu dem Deich konkurrieren, und jedes bonitierte Demat dieses Landes konnte früher bei Verhäuerungen nicht mehr als 8 Mark Courant Heuer (Pacht) tragen. Ziehen wir nun die ordinären Lasten und Abgaben und die jährliche Unterhaltung des Deiches davon ab, so liegt augenscheinlich am Tage, daß durch die Oberaufsicht eines Deichinspektors und den damit verbundenen Kosten nicht allein die Verarmung des Landmanns die traurige Folge sein würde, sondern das Land würde auch nicht mehr im Stande sein, Kontribution, Landsteuer, Bankzinsen pp. zu leisten, noch viel weniger den Deich so zu unterhalten, wie wir es vorhin getan haben.

Wir hegen das volle Vertrauen zu Ew. Hoch- und Wohlgeboren, daß Hochderselben uns mit Rat und Fürsprache uns in unserer jetzigen bedrängten Lage unterstützen werden, und flehen Ew. Hoch- und Wohlgeboren darum untertänigst an. Sogleich bitten wir, wenn Ew. Hoch- und Wohlgeboren es für gut finden, unseren allergnädigsten König von unserer traurigen Lage in Kenntnis zu setzen.

Westerlandföhr, den 14. Februar 1825

untertänigst

Broder Riewerts	Oluf Wögen Peters
Rörd Matzen	Jürgen Ketelsen
Wögen Wögens	Jap Jappen
Rickmer Arfsten	Boh Ketels
Volkert Arfsten	Tücke Wögens
Peter Paulsen	Jung Hans Namens
Christian Diederich Roeloffs	Detlev Jacobs

Dieser Bericht zeigt, daß die führenden Köpfe des Birks durchaus fähig waren, die Interessen der Landschaft Westerlandföhr gegenüber der Obrigkeit zu vertreten. Dabei ist besonders bemerkenswert, daß sie es zunächst vermieden, den König direkt um Unterstützung zu bitten, weil sie sich vor der Oberaufsicht eines Deichinspektors und dessen Besoldung fürchteten. Angesichts solcher Haltung wird deutlich, wie sich das Verhältnis zwischen Bürger und Staat seither gewandelt hat.

Von sich aus erließ die Regierung lediglich 521 Rbtr (von 962 Rbtr) Landsteuer für das Jahr 1825 und 1432 Rbtr (von 2720 Rbtr) Kontribution in 1826. Zwei 1826 an den König gerichtete Bittschriften auf Gewährung von Beihilfen zur Wiederherstellung und Verbesserung des Seedeiches wurden abschlägig beschieden, so daß die Bewohner auf sich selbst angewiesen blieben. Die Bevölkerung im Königreich Dänemark brachte dagegen in einer Welle des Mitgefühls erhebliche Geld- und Sachspenden zugunsten der in Not geratenen Bevölkerung an der Nordsee auf. 1800 Rbtr erhielt eine auf Föhr gebildete Kommission von Kopenhagen zugewiesen. Indes, über die Verteilung dieser Mittel beklagt sich Christian D. Roeloffs bitter in einem Brief an den Kaufmann Andresen in Husum:

„Die Kommission, aus Pastor Asmussen (Wyk), Wögen Gonnen und Steffen Agis bestehend, verteilt hier im Westerland die Gaben so verschieden und zeigt soviel Mißtrauen, als ob sie Herr und nicht Verwalter des Geldes wäre. Von 24 Familien, die ihr Haus verloren haben, erhielten nur 16 etwas. Von diesen 16 wiederum erhielt nur einer, der neben seinem Haus Vieh und Mobilien verloren hatte, 24 Mark C. Die anderen weniger, bis zu 2 Mark C, und ohne Verhältnis zu ihrer Lage, so daß ich nicht wissen kann, nach welcher Regel die Aufteilung geschehen ist. Ich muß annehmen, daß die Herren nur aus Gnade verteilt haben. Ich, Broder Riewerts und ein paar andere haben eine authentische Liste über die Notleidenden aufgenommen und sie dem Herrn Dr. Brandes gegeben. Wäre es der Kommission darum zu tun gewesen, eine richtige Verteilung zu machen, so hätten sie einen von uns oder uns alle dazurufen können, und wir würden ihnen die Lage eines Jeden, wie sie war, geschildert haben. Aber nein, alles machten sie nur unter sich ab. 1800 Rbtr sind von Kopenhagen an die Kommission eingegangen und nach dem Westerlande sind keine 300 Rbtr gekommen, das übrige ist unter die Halligleute verteilt. So wurden die Gaben, welche edle Menschenfreunde gegeben, eine Ursache der Parteilichkeit und des Mißvergnügens. Unser kleines Westerland ist schrecklich mitgenommen."

Über weitere Einzelheiten der Sturmflut und deren Auswirkungen schrieb Christian D. Roeloffs im Herbst 1825 in das Journal seines Vaters:

„In der Nacht zwischen dem 3. und 4. Februar erlebten wir hier eine schreckliche hohe Wasserflut. Um halb zwei Uhr wurden wir in der Nacht durch das Wasser geweckt. Um halb drei Uhr war das Wasser in unserer Stube auf zwei Fuß und in unserem Laden auf $2^1/_2$ Fuß gestiegen. So blieb es bis vier Uhr stehen. Da nun die Ebbe eintrat und der Sturm sich gelegt hatte, fiel es, so daß unser Haus um halb sechs wieder trocken war. In unserem Packhaus waren alle Mauern ausgeschlagen und im Stalle zwei Mauern niedergefallen. 3 Kälber und 3 Schafe waren im Wasser ertrunken. In Süderende waren sieben Wohnungen die Mauern eingeschlagen und so ruiniert, daß sie nicht mehr bewohnbar waren.

Der ganze Haffdeich von Uetersum bis ein Stück Norden von Dunsum, eine Strecke von 806 Ruthen (etwa 4,0 km) ist ganz weggespült, bei Dunsum ist ein großer Durchbruch von 5–8 Ruthen Breite und 24 Fuß Tiefe[1]. Bei dem alten Tangdeich war ein Durchbruch, aber nicht so tief und groß.

1 1 Ruthe = 5,008 m
1 Fuß = 0,313 m

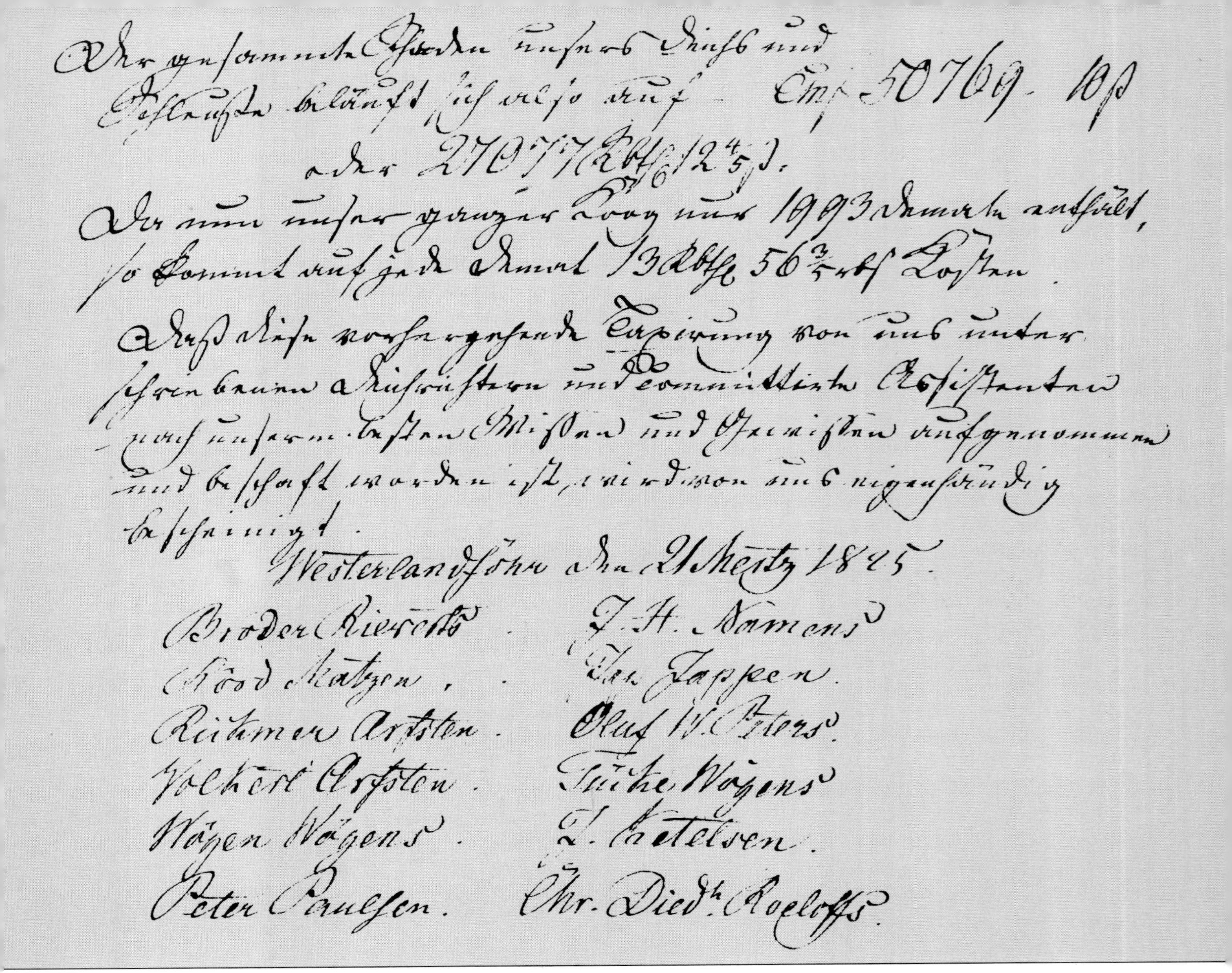

Der gesammte Schaden unseres Deichs und Schleusen beläuft sich also auf Crt. 50769 – 10 ß

oder 27077 Rbth 12 4/5 ß.

Da nun unser ganzer Koog nur 1993 Demath enthält, so kommt auf jedes Demat 13 Rbth 56 3/5 Rbs Kosten.

Daß diese vorhergehende Taxirung von uns unterschriebenen Deichrichtern und committirte Assistenten nach unserem besten Wissen und Gewissen aufgenommen und beschafft worden ist, wird von uns eigenhändig bescheinigt.

Westerlandföhr den 21. Mertz 1825.

Broder Riewerts. J. H. Namens

Nöod Matzen. Jens Jappen.

Rickmer Arfsten. Oluf W. Peters.

Volkert Arfsten. Tücke Wögens

Wögen Wögens. L. Ketelsen.

Peter Paulsen. Chr. Diedr. Roeloffs.

Abb. 76: Schätzung des Deichrichters Broder Riewerts über die Sturmflutschäden vom 4. Febraur 1825

Auch im Erddeich waren verschiedene Durchbrüche und Kammstürzungen. Diese Wasserflut hat von Holland bis zu uns ungeheuren Schaden an Deichen, Wohnungen usw. verursacht, und viele Menschen sind dabei ums Leben gekommen. Hier auf Westerlandföhr ertranken zwei Menschen, einer in Toftum, einer in Klintum. Am 22. Februar wurde mit der Wiederherstellung des Deiches begonnen, und am 21. September war er mit Soden belegt. Diese ganze Zeit ist ununterbrochen daran gearbeitet worden. Der ganze Deich kommt nach ungefährem Überschlag zwischen 40 und 50 000 Mark Courant zu stehen."

Interessant ist noch eine Anmerkung zu dem bereits erwähnten Tangdeich, die im Kirchenbuch von St. Laurentii als „Aufzeichnung des Augenzeugen C. D. Roeloffs" nachzulesen ist. Sie lautet:

„Eine Strecke des Westerdeiches (die Deichkappe), am Ende desselben, war von unsern Vorfahren aus Seetang zur Mannshöhe aufgeführt. Dies der sogenannte Tangdeich. Bei gewöhnlichen Stürmen hielt sich derselbe gut. Allein bei der Überschwemmung vom 3./4. Februar war die Wassermasse so groß, daß dieselbe den ganzen Deich (die Deichkappe) aufhob und wegschwemmte; ein Stück desselben fand sich in der Oevenumer Marsch."

Nach der Schätzung von Broder Riewerts beliefen sich die Schäden am Deich auf 50 769 Mark C und 10

Sch (Abb. 76). Davon entfielen auf den 792 Ruthen langen Steindeich im Westen allein 46 830 Mark C. Dagegen sollte die Herrichtung des Erddeiches im Norden, der eine Länge von 1035 Ruthen hatte, nur 3940 Mark C kosten. Tatsächlich betrugen die Aufwendungen rd. 54 000 Mark C. Hinzu kamen noch Schäden an Häusern sowie Verluste an Vieh und Mobilar, allein auf Westerlandföhr von rd. 40 000 Mark C. Auf der gesamten Insel ertranken 12 Kühe, 1 Jungrind, 2374 Schafe und 1 Schwein. (Auf den Halligen ertranken 174 Kühe, 2270 Schafe und 3 Pferde.) Darüber hinaus hatte die Flut beträchtliches Unheil in Feld und Flur angerichtet. Sie hatte auf den überschwemmten Flächen das Wintergetreide gänzlich vernichtet.

Die Arbeiten zur Wiederherstellung des Deiches ruhten vor allem auf den Schultern der Eigentümer deichpflichtiger Ländereien. Aber auch die „landlosen" Eingesessenen mußten dazu beitragen, die Schäden zu beseitigen. Insoweit bestimmte das Regulativ von 1805:

„Die Nothülfe wird von den gesammten Birks-Einwohnern, sie mögen deichpflichtiges Land besitzen oder nicht wie bisher ohne desfällige Vergütung geleistet. Die Nothülfe erstreckt sich jedoch nur auf die Wiederherstellung des Grund und Bodens, worauf der von der Flut weggerissene Deich geruht hat, sowie auf die Auffüllung der Wehlen und die Instandsetzung des Weges (hinterm Deich).
Die Errichtung des zerstörten Deiches geschieht dagegen auf Kosten des ganzen Kooges. Die Besodung und die Befestigung der Steine aber ist von den jeweiligen (zur Unterhaltung verpflichteten) Loosinhabern (Rotten) gehörig zu beschaffen."

Die Deichrichter interpretierten den Nothilfe-Paragraphen dahin, daß er – wie seit altersher – auch für die Birksbewohner galt, denen der Deich keinen Schutz bot. Die Verpflichtung, daß während der ersten Wochen nach der Sturmflut jedes Haus auf Westerlandföhr eine tüchtige Person mit Spaten oder Schubkarre zu stellen hatte, galt daher auch für die Dörfer Nieblum, Witsum und Hedehusum.

Über einen Zeitraum von sieben Monaten, Tag für Tag, vollbrachten die Westerlandföhrer ein Maß an Arbeitsleistungen, das aus heutiger Sicht kaum vorstellbar ist. Es gab keine Maschinen. Jeder Kubikmeter Boden mußte mit Spaten und Schaufel, mit der Karre oder dem pferdebespannten Wagen bewegt werden. Dies alles erforderte den Einsatz der gesamten Bevölkerung. Und doch bewirkten trotz der persönlichen und finanziellen Belastungen die gemeinsamen Anstrengungen zur Wiederherstellung des zerstörten Seedeiches eines: Der Gemeinschaftssinn, der während und nach der Landaufteilung zum Teil verlorengegangen war, erfuhr eine erfreuliche Stärkung. Befriedigung und ein gewisser Stolz erfüllten die Westerlandföhrer, als sie im September 1825 das Werk vollbracht hatten und Broder Riewerts mit seinen Deichrichtern und Assistenten dem Birkvogt die Fertigstellung des „neuen" Deiches melden konnte. Um so mehr traf es sie alle, als am 31. Oktober und am 27. November 1825 zwei Sturmfluten erneut den erst im Laufe des Sommers wiederhergestellten Deich zerstörten.

Die Novemberflut durchbrach den Steindeich an zwei Stellen auf einer Länge von 60 und 150 Metern, riß nördlich Dunsum drei große Löcher in die Berme und beschädigte auch den Erddeich im Norden sehr stark. Sie überschwemmte Marsch und Meede mit Salzwasser.

Der im Sommer 1825 neu aufgeführte Westerlandföhrer Deich hatte nach einer Aufzeichnung von Christian D. Roeloffs, die abschriftlich im Kirchenbuch von St. Laurentii nachzulesen ist, der Novemberflut 1825 auch deswegen nicht standgehalten,

„weil die Soden (fö. Suaden) oder Rasenstücke, womit er belegt worden war, zu leicht gegraben waren. Sie wurden daher weggespült und somit die Erde des Deiches auch. Die Vorsteher (Deichrichter) unseres Deichwesens überzeugten sich, daß eine Belegung des Deiches (alleine) mit Soden denselben nicht schützen könne. Sie ordneten daher an, daß die Brust (Berme) des Deiches mit einer 1½füßigen Kleilage belegt werden solle, welches im folgenden Jahre (1826) geschah". Weiter heißt es: „Bisher war der Fahrweg unter dem Deiche (binnendeichs) 4–5 Fuß unter der Höhe der Deichkappe gewesen; sie (die Deichrichter) fanden, daß der Deich im Ganzen keine Stütze von innen hatte und beschlossen, daß der Fahrweg bis zu 2 Fuß über die Kappe (Kuppe) des Deiches erhöht werden solle. Dies ist geschehen."

Weiter lesen wir in einem Brief, den Christian D. Roeloffs im Auftrage seines Vaters an den Lehrer Brar Jung Eck Ariansen[2] in Cromhörn/Eiderstedt schrieb:

„Die Sturmflut vom 27. November (1825) hat unseren Deich zum zweiten Male zerstört, die ganze Marsch und Meede ist mit Salzwasser überschwemmt gewesen, und wahrschein-

2 B. J. E. Ariansen stammte aus dem Hause Nr. 48 (heute: W. Schau). Dessen Lehrerausbildung hatte Diedrich Roeloffs finanziert.

lich sind die Hoffnungen des Landmanns auf eine reichere Ernte ganz dahin. Voriges Jahr (1825) erhielten wir wieder mit großen Kosten einen Deich. Wir können sicher rechnen, daß derselbe uns 54 000 Mark Courant kommt. Jetzt aber sehen wir keine Möglichkeit, den Deich wieder mit unserer Hilfe instandzusetzen. Freilich ist der Deich noch nicht so ruiniert wie nach der Februarflut, aber die Kräfte sind schwächer und die Materialien, gute Füllerde und Soden, fehlen uns gänzlich. Voriges Jahr mußten wir auch Land einkaufen[3], um Soden zu gewinnen, aber damals hatten wir Kredit auf den Koog. Es sind 8800 Mark C Kredit aufgenommen worden[4]. Jetzt aber schießt uns kein vermögender Mann einen Schilling mehr auf den Koog vor, und der Landmann hat selbst kein Geld. Wo sollte er es auch her haben. Die Haferernte, die einzige Frucht, die dem Landmann das bare Geld geben muß, ist gänzlich mißraten. Viele haben kein Saatkorn geborgen und dazu müssen die meisten hier Roggen selbst kaufen. Unsere einzige Hoffnung ruht allein auf unserem allergnädigsten König, daß er zur Instandsetzung des Deiches uns einen Zuschuß geben möge. Davon hängt einzig und allein ab, ob wir wieder einen Deich erhalten oder nicht. Selbst können wir es nicht. Unsere Marsch und Meede ist jetzt außer allem Wert. Es sind jetzt bereits ein paar Einwohner, die ihre Fennen bloß für die Deichlasten und sonstigen Abgaben ausgeboten haben."

Und einem weiteren Brief von Christian D. Roeloffs vom 19. Januar 1826 entnehmen wir, daß auf der Insel Verzagtheit herrschte:

„Auch diesen Winter sind unsere Fluren von der Nordsee bewässert worden. Unser armes Föhr wird zu Grunde gerichtet. Unübersehbar sind die Folgen, die dieses Unglück mit sich führt und nur Gott weiß, ob es nicht mit unserem gänzlichen Ruin endigen wird."

Die zur Wiederherstellung des Deiches durchgeführten Arbeiten sowie die Kosten für Materialien hat Broder Riewerts seinerzeit in einem Tagebuch festgehalten, das leider verlorengegangen ist. Angeblich soll es im Zusammenhang mit einem Prozeß einem Anwalt übergeben worden sein, der es nicht zurückgegeben hat. Ein Auszug aus diesem Tagebuch befindet sich jedoch im Landesarchiv Schleswig-Holstein. Danach wurde der am 31. Oktober entstandene Schaden in der Zeit vom 5. bis 20. November behoben. U. a. wurden 590 Fuder Feldsteine eingebaut. Die nach der Novemberflut eingeleiteten Maßnahmen sind detailliert beschrieben. Vom 5. bis zum 31. Dezember 1825 registrierte Riewerts 3010 Personen-Arbeitstage, die er mit 8 Schilling pro Tag veranschlagte. „In den obenangeführten Arbeitstagen ist von 10 Uhr vormittags bis 2 Uhr nachmittags gearbeitet worden, und mit der größten Willigkeit, und zu unserer Zufriedenheit". Unterschrieben ist der Auszug von den sechs Deichrichtern und ihren acht Assistenten.

Dieser Tagebuchauszug ist Bestandteil einer neunseitigen Stellungnahme an den Birkvogt Nielsen. Hierin weisen die Deichrichter Vorwürfe nachdrücklich zurück, sie hätten die Notarbeiten nicht zügig durchgeführt. Entsprechende Behauptungen hatte der Deichvogt Jensen aus Deezbüll aufgestellt, den der Amtmann von Tondern am 4. Dezember nach Föhr entsandt hatte, um dort nach dem Rechten zu sehen. Das aber ließen die Westerländer sich nicht gefallen. Sie verweigerten Jensen die Aufmessung der Schäden, weil „uns nie ein Befehl höheren Orts vorgezeigt wurde, den Amtmann in Tondern als unsern Oberdeichgraf anzuerkennen". Sie bezichtigten Jensen, Unwahrheiten berichtet zu haben. Alles in allem: eine souveräne, ausgewogene Stellungnahme, gut formuliert, klar in der Aussage. Ja, die Deichrichter, an der Spitze Broder Riewerts, verstanden es, eindeutig und sachlich ihren Standpunkt zu vertreten. Eines aber mußten sie zugeben: Die Bewohner von Hedehusum und Witsum hatten sich anfangs geweigert, Nothilfe zu leisten. Erst als der Birkvogt ihnen Strafe androhte, „sie in Brüche versetzte", folgten sie der Aufforderung, sich an der Wiederherstellung des Deiches zu beteiligen, so wie es das Deichregulativ von 1805 bestimmte.

Die Sanierung des erneut zerstörten Deiches, seine Erhöhung sowie das Abdecken mit Kleiboden und Soden verursachten wiederum hohe Aufwendungen. Allein die baren Kosten betrugen 25 424 Mark C; hinzu kamen Hand- und Spanndienste der Landeigentümer, die mit 14 150 Mark C bewertet wurden. Davon entfielen 1791 Mark C als „unbare Leistung" auf die Lieferung von 1194 Fuder Feldsteine. Zur Finanzierung der baren Aufwendungen nahm der Koog 1826 einen weiteren Kredit von 12 000 Mark C auf, weil die Eigentümer der deichpflichtigen Ländereien eine entsprechende Umlage von knapp 13 Mark C je

3 Auf der Feldmark der Dörfer Utersum und Dunsum wurden aus Mangel an Spätland gut 14 Demat zum Kaufpreis von 1727 Mark C erworben.

4 Tatsächlich waren es 9000 Mark C. Die Geldgeber – alle wohnhaft in Oldsum – waren Broder Riewerts mit 6200, Früd Faltings mit 2200 und Jan Braren mit 600 Mark C. Im Herbst 1826 lieh der Koog weitere 12 000 Mark C. Für sämtliche Kredite betrug der Zinssatz 4 %.

bon. Demat nicht aufbringen konnten, zumal die Westerlandföhrer daneben noch jährlich 2470 Mark C Zinsen und Tilgung für das Landaufteilungsdarlehen an die Königliche Creditkasse zu zahlen hatten. Hinzu kamen für die Landeigentümer noch die „Vermögensabgabe" infolge des Staatsbankrotts 1813 sowie die allgemeinen Steuern und Lasten.

Trotz der Kreditaufnahme betrug 1826 die bare Umlage 6 Mark C und 12 Sch je bon. Demat. Für damalige Verhältnisse war das ein hoher Betrag, wenn man erfährt, daß das Pastorat damals eine 6 Demat große Marschfenne mit 4,7 Demat Bonite in „Haagbergem" für 30 Mark C verpachtete. Demnach entsprach die Deichlast der Jahrespacht. Ein weiterer Vergleich: Ein Landmann erzielte damals beim Verkauf einer Kuh nur 24 bis 30 Mark C. Die Deichumlage 1826 würde somit einer Abgabe von ca. 500 DM je Demat entsprechen, wollte man die Wertverhältnisse des Jahres 1983 zugrunde legen.

„Die Deichlasten drückten den Landmann sehr", wie Christian D. Roeloffs später schreibt, „aber nicht allein dies, sondern ebensosehr war der Mißwuchs der beiden Jahre (1825 und 1826) durch die Überschwemmung mit Salzwasser drückend. Das Vieh mußte bis aufs Nothwendigste zu einem Spottpreis verkauft werden, und es gingen einige Jahre hin, ehe der kleine und unvermögende Landwirt seinen vollen Beschlag an Vieh hatte."

Es verwundert daher überhaupt nicht, daß die Kaufwerte deichpflichtiger Ländereien rapide absanken. Daß einige Landeigner ihre Fennen für die Übernahme der Deichlasten und sonstigen Abgaben nicht nur anboten, wie Christian D. Roeloffs schrieb, sondern sogar aufgaben, ist bereits in dem Abschnitt über Preisverhältnisse dargelegt.

In vielen heimatkundlichen Veröffentlichungen wird berichtet, die Flut habe die Föhringer Marsch zum letzten Male am 4. Februar 1825 überschwemmt. Das ist unzutreffend, wie das Tagebuch von Broder Riewerts und die Berichte von Christian D. Roeloffs zeigen. Darüber hinaus ist eindeutig belegt, daß die Nordsee die Föhrer Marsch nicht nur im November 1825, sondern erneut im Jahre 1833, wiederum im November, teilweise überflutete. Wester- und Osterlandföhr waren erst im Frühjahr 1834 gänzlich vom Salzwasser befreit.

Damit endete eine Serie fortlaufender Überschwemmungen der Föhringer Marsch. Nach 1825 erfuhr der

Abb. 77: Flutmarke vom 4. Februar 1825, Erinnerung und Mahnung zugleich. Um 1960 von dem abgebrochenen Haus Nr. 115 versetzt in einen Pfosten des Gartenzaunes, der das Grundstück der Fam. Klein, Oldsum, umschließt

Seedeich auf Westerlandföhr die ihm gebührende Förderung. Für die Wiederherstellung und Verbesserung setzten sich seinerzeit die führenden Persönlichkeiten von Westerlandföhr mit allem Nachdruck ein, an der Spitze der mehrfach genannte Broder Riewerts von Oldsum. In die Außenmauer seines Hauses in Oldsum Nr. 115 ließ er einen Stein einsetzen, der die Fluthöhe vom 4. Februar 1825 anzeigte (Abb. 77). Ob R. damit seine Landsleute mahnen wollte, daß ein unzureichend unterhaltener Seedeich zu erneuten Überflutungen und großen Schäden führen würde?

Dem Einfluß von Broder Riewerts dürfte es zu verdanken sein, daß sich die Deichrichter mit dem königlichen Deichinspektor Krebs arrangierten. Die

Westerlandföhrer fanden sich zunächst nur schwer damit ab, von 1825 ab im Deichwesen dem Schleswigschen Amt Tondern unterstellt zu sein, zumal die Deichrichter – wie bereits erwähnt – im gleichen Jahr ein Gesuch eingereicht hatten, das Birk Westerlandföhr möge nach wie vor in Deichangelegenheiten zum Königlichen Amte Ripen gehören.
Broder Riewerts, wohl ohne schulische Kenntnisse im Ingenieurwesen, setzte sich übrigens auch gegenüber der staatlichen Deichinspektion durch. Den Plänen des Deichinspektors Krebs zur Erhöhung des Seedeiches setzte er eigene entgegen mit dem Ergebnis, daß seine akzeptiert und durchgeführt wurden. Auf seine Anregung wurde seinerzeit der Seedeich vor Utersum nach Süden hin verlängert, um bei Sturmfluten das Überströmen der Geest durch Salzwasser zu verhindern. Als Dank für seine Verdienste um das Westerlandföhrer Deichwesen erhielt Broder Riewerts am 13. Juli 1830 den Dannebrogorden. Von Teilen der Bevölkerung, den Unwissenden, den Unverständigen und den Besserwissenden, die es damals auf Föhr wie auch anderswo gab, empfing Broder Riewerts jedoch keinen Dank. Im Gegenteil. Bis an sein Lebensende hielten sie ihm vor, er habe ihnen zu hohe Deichlasten aufgebürdet. So trugen denn bei seiner Beerdigung im Jahre 1854 – so ist es überliefert – viele Frauen keine Trauerkleidung. Damit wollten sie ihre „Nichtteilnahme" an der Trauer um den Verstorbenen öffentlich bekunden. Ein für damalige Verhältnisse ungewöhnlicher Vorgang! Ein prächtiges Grabdenkmal auf dem Kirchhof von St. Laurentii erinnert an das Leben und Wirken des Broder Riewerts (Abb. 94).

Deichverfassung vor der Landaufteilung

Die hierüber erschienenen Veröffentlichungen sind durchweg unvollständig, teilweise sogar unrichtig, so daß eine Behandlung im Rahmen dieser Aufzeichnung angezeigt erscheint, zumal die vor 1805 hinsichtlich der Unterhaltung des Deiches bestehenden Regelungen offensichtlich auf dem Festlande und auch auf den anderen Inseln keine Parallelität besaßen. Insoweit war die Verfassung des Deichwesens auf Westerlandföhr einzigartig.
Die Westerlandföhrer hatten vor 1805 die Unterhaltung ihres Haffdeiches, so wurde der Seedeich damals genannt, in einer besonderen Weise geregelt. Sie hatten seit altersher den insgesamt rd. 9 km langen Deich in zwei Hauptstrecken, den Stein- und Tangdeich mit knapp 4 km sowie den Erddeich mit gut 5 km unterteilt, weil der Grad der Gefährdung und damit auch der Umfang der Unterhaltung ungleich war (Abb. 33). So war der sandige Deich im Westen, dessen Kappe – wie erwähnt – streckenweise aus Seetang bestand, den Sturmfluten wesentlich stärker ausgesetzt als der kleihaltige Erddeich im Norden, der zudem fast auf der ganzen Länge Schutz durch hohes Vorland hatte.
Ebenfalls seit altersher hatten die Westerländer die beiden Hauptstrecken in Bauer- und Dorfsdeiche unterteilt. Deren genaue Lage ist leider nicht mehr feststellbar. Auf die zwei Bauerdeiche (fö. Büürdik) entfielen etwa ein Drittel des Steindeiches und vier Fünftel des Erddeiches. Diese zwei Bauerdeichstrecken mußten alle Dorfbewohner, soweit sie ein Haus und die sog. Bauergerechtigkeit besaßen, ungeachtet ihrer Interessentenanteile, nachbarsgleich unterhalten. Als Ausgleich für diese Verpflichtung durften auch diejenigen, die keine Anteile am Gräsungs- oder Meedeland besaßen, in bestimmten Teilen der Feldmark zu Feuerungszwecken Heidekraut schlagen und Soden stechen sowie gegen ein geringes Entgelt Vieh auf das Gräsungsland treiben. Daneben wurden sie bei der Aufteilung des Düngers berücksichtigt, der auf dem Grasland gesammelt und getrocknet wurde, um ebenfalls als Brennmaterial verwendet zu werden. Diesen getrockneten Dung bezeichneten die Föhringer als „Sjaasen". Demzufolge nannten sie die Bauerdeiche auch „Sjaasendeiche".
Die beiden Bauerdeichstrecken waren wiederum aufgeteilt in jeweils fünf Abschnitte, die den fünf Dorfschaften Goting, Borgsum, Utersum, Dunsum sowie Süderende/Oldsum/Klintum/Toftum zur Unterhaltung zugewiesen waren. Die Länge der einzelnen Abschnitte bestimmte sich nach der Häuserzahl in den einzelnen Dörfern. Sie belief sich um 1800 auf 480, so daß auf ein Haus 3 m Steindeich- und 9 m Erddeichstrecke kamen.
Obwohl nur ein Drittel des Steindeiches als Bauerdeich galt, mußten die Inhaber der Bauergerechtigkeit, d. h. im wesentlichen alle Hauseigentümer, für die „Anschaffung und Beibringung der Feldsteine zur Verstärkung des *gesamten* Steindeiches", also auch der Dorfdeichstrecke, aufkommen. „Jeder Hausbesit-

zer, er sey ein kleiner oder großer Feldinteressent, muß jährlich 1 Fuder Steine zur Unterhaltung des See-Teiches beybringen", schreiben die Borgsumer Bewohner im Jahre 1792. Diese Regelung bedeutete eine wesentliche Entlastung der größeren Landbesitzer. Sie ist andererseits ein Ausdruck der Solidarität aller Bewohner des Westerlandes in dieser lebenswichtigen Angelegenheit.

Die beiden Dorfsdeiche (fö. Taarepsdik), auch als Privatdeiche bezeichnet, umfaßten knapp zwei Drittel des Steindeiches und ein Fünftel des Erddeiches. Sie gliederten sich wie die Bauerdeiche in jeweils fünf Abschnitte, wobei auf jede der genannten Dorfschaften ein Abschnitt entfiel. Dessen Länge bestimmte sich, unabhängig von der Zahl der Häuser, nach der deichpflichtigen Dematzahl, die sich für jede Dorfschaft aus dem Umfang der Interessentenanteile am Gräsungs- und Meedeland errechnete, welche die Bewohner der Dorfschaft besaßen. Ihr Eigentum im Akker- und Wungeland blieb hierbei unberücksichtigt, obwohl zumindest ein Teil des Ackerlandes auch des Deichschutzes bedurfte.

Die deichpflichtige Dematzahl war eine errechnete Größe. Sie entsprach keiner realen Fläche. In den deichpflichtigen Feldmarken Westerlandföhrs kamen auf 4 Lästal Meedeland 1 Demat deichpflichtiges Land – obwohl von Dorfschaft zu Dorfschaft, ja, von Schlag zu Schlag, 1 Lästal einer real unterschiedlichen Flächengröße entsprach. Die Abweichungen waren aber so unbedeutend, daß man hierüber hinwegsah.

Hinsichtlich der Gräsungslandanteile wendeten die Westerländer einen solchen vereinfachten Schlüssel nicht an, da Bältringe weder nach Quantität noch Bonität von Dorfschaft zu Dorfschaft vergleichbar waren. So wies das Gräsungsland in der Langdorfer und Dunsumer Marsch eine höhere und in der Utersumer Feldmark eine geringere Qualität auf. In Borgsum/Witsum war die geringe Güte des Marschlandes einerseits und die hohe Lage der Witsumer Heidegräsung andererseits entscheidend für den Schlüssel. Einer Eingabe der Gräsungsinteressenten der Dorfschaft Süderende aus dem Jahre 1803 ist zu entnehmen, daß im Langdorf und in Dunsum auf fünf, in Utersum und Goting auf neun sowie in Borgsum/Witsum auf zwölf Bältringe ein Demat deichpflichtiges Land gerechnet wurde. Das Gräsungsland in Nieblum-Westerteil und Hedehusum unterlag keiner Deichpflicht, weil es ausnahmslos auf der Geest lag und damit keines Hochwasserschutzes bedurfte. Mit Sicherheit haben die Westerlandföhrer Deichinteressenten den Schlüssel über den Umfang der Deichpflichtigkeit der Interessenanteile lange vor der Landaufteilung festgelegt. Jedenfalls waren die Süderender nicht in der Lage, in einer Eingabe von 1803 den Zeitpunkt dieser Vereinbarung anzugeben. Ihren Einlassungen zufolge hatten „unsere guten Vorfahren" diese Festlegung vor unvordenklichen Zeiten getroffen. Nach den Westerlandföhrer Deichakten waren vor 1805 die beiden Dorfdeiche wie folgt aufgeteilt (Übersicht 32):

Übersicht 32: Anteile der Dorfschaften an den Westerlandföhrer Dorfsdeichen vor 1805

Dorfschaft	Bältringe/Lästal	Schlüssel	deichpfl. Demat		Anteil am Deich in v. H.
Langdorf	1967	5	393	1062	62,3
einschl. Süderende	2677*	4	669		
Dunsum	198	5	40	144	8,5
	417	4	104		
Utersum	329	9	36	36	2,1
	–	–	–		
Borgsum/	1489	12	124	338	19,9
Witsum	857	4	214		
Goting	464	9	52	123	7,2
	284	4	71		
				1703	100

* Diese Zahl liegt um 29 Lästal geringer als die bei der Landaufteilung ermittelte. Vermutlich waren die 29 Lästal nicht deichpflichtig.

Demnach entfielen auf die Interessenten des Langdorfes fast zwei Drittel der beiden Dorfsdeiche. Eine Besonderheit ist jedoch, daß die Interessenten einer Dorfschaft die Unterhaltung ihrer Deichstrecken nicht in gemeinschaftlicher Arbeit durchführten. Vielmehr bekam jeder Interessent innerhalb des Abschnitts seiner Dorfschaft ein bestimmtes Stück entsprechend seiner Interessentenanteile zugemessen. Dabei kam es vor, daß kleinere Landbesitzer nur eine Deichstrecke von einem halben Fuß (ca. 0,15 m) erhielten. Es ist verständlich, daß es bei dieser Zersplitterung an einer ordnungsgemäßen Unterhaltung, zumindest der Dorfsdeiche, fehlte. Insoweit waren die Verhältnisse hinsichtlich der Bauerdeiche besser; denn die mit der Bauergerechtigkeit versehenen Bewohner unterhielten die ihrer Dorfschaft zugemessenen zwei Bauerdeichstrecken gemeinschaftlich.

Die für die Gräsungs- und Meedelandinteressenten maßgebliche deichpflichtige Dematzahl erhöhte sich übrigens fortlaufend. Betrug sie im Jahre 1766 erst 1640 Demat und 1783 noch 1655, so belief sie sich um 1800 schon auf 1703 Demat. Diese Erhöhung war vermutlich eine Folge der Umwandlung von Gräsungs- in Meedeland, das bei gleicher realer Fläche bis zu viermal höhere Deichlasten zu tragen hatte. Ackerland unterlag nicht der Abgabepflicht. Die deichpflichtige Dematzahl hatte sich 1754 dadurch erhöht, daß die Erben nach dem Landvogt Matthiesen den bis dahin „deichfreien“ Michelskoog (später ein Teil von „Spoongweerem“) an zwei Toftumer Bauern verkauften mit der Folge, daß hierfür künftig Deichabgaben zu zahlen waren.

Aus alledem wird deutlich, daß die Deichunterhaltung sehr eigentümlichen Regelungen unterlag. Von den Dorfsdeichen hatte jeder Deichinteressent den ihm zugeteilten Abschnitt zu unterhalten. Auf den Bauerdeichen arbeitete er in Gemeinschaft mit den anderen Feldinteressenten und den „landlosen“ Hauseigentümern – eine Ordnung, die nur aufgrund der besonderen Erwerbs- und Eigentumsstruktur zu verstehen ist, die damals in den Inseldörfern herrschte. Sie ist Ausdruck eines ausgeprägten Genossenschaftsprinzips, das sich in Notfällen noch deutlicher präsentierte. „Zur Zeit der Noth werden alle Eingesessenen sämtlicher Dörfer zur Hülfe gerufen, die Deichbrüche mögen geschehen, wo sie wollen“. Das schreibt der Land- und Birkvogt Matthiesen am Schluß seines Vermerks über die Notwendigkeit der Landaufteilung auf Westerlandföhr am 27. Juni 1794.

Bis 1805 bestand das Kollegium (fö. Dikhiasing) des Westerlandföhrer Kooges aus 11 Deichrichtern. Nach dem ältesten Koogsrechnungsbuch, das sich im Inselarchiv befindet, handelte es sich 1766 um folgende Personen:

Boh Ketelsen, Toftum
Jürgen Nahmens, Dunsum
Sönck Peters, Oldsum
Erck Oldis, Utersum
Paul Johnen, Witsum
Ketel Arfsten, Klintum
Früd Rörden, Toftum
Oluf (Ocke) Jürgens, Oldsum
Jung Rörd Früdden, Toftum
Tücke Lorentzen, vermutl. Goting
Jung Rörd J. Arfsten, vermutl. Borgsum

Einer der Deichrichter führte die Deichkasse, wofür er 2 Mark C jährlich vergütet bekam. Ein bescheidenes Salär! Jedoch hatte er große Geldsummen nicht zu verwalten. In dem Zeitraum von 1766 bis 1805 beliefen sich die von allen Interessenten aufzubringenden Deichlasten insgesamt immer nur zwischen 200 und 400 Mark C. Sie zahlten auch nach den schweren Sturmflutschäden 1792–1794 keine höheren Jahresbeiträge, im Mittel 2 bis 3 Schilling je deichpflichtiges Demat. Sparsamkeit war oberstes Gebot. Fast alle Arbeiten zur Deichunterhaltung leisteten die Westerlandföhrer durch Hand- und Spanndienste, so daß bare Ausgaben hierfür nicht anfielen. Im Gegensatz dazu fallen in dem alten Koogsrechnungsbuch jedoch die Aufwendungen für die Bewirtung des Deichkollegiums anläßlich von Deichbesichtigungen auf. Dazu kamen noch die Diäten von 12 Schilling für jeden an der jährlich dreimal stattfindenden Deichschau teilnehmenden Deichrichter. 6 Mark C erhielt jedesmal der Birkvogt, der zweimal im Jahr an der Deichschau teilnahm. Die Ausgaben für einen solchen Tag betrugen daher bis zu 50 Mark C, so daß die mir in Erinnerung gebliebene Aussage eines alten Föhringers, den Koog koste eine Deichschau mehr als ein Nordwest-Sturm, der Realität wohl sehr nahe kam.

Das Amt eines Deichrichters bekleideten zumeist ehemalige Seefahrer mit mehr als 50 Lebensjahren, die sich als Schiffsführer ein gutes Ansehen erworben hatten. Schied einer aus, wählte das Kollegium selbst einen Ersatzmann. Die Deichinteressenten wurden nicht gefragt.

Die ehrenamtlichen Deichrichter bildeten ein echtes Kollegium – ohne einen Vorsitzenden. Dennoch dürfte anzunehmen sein, daß ein Deichrichter als „Erster unter Gleichen" fungierte, um als Sprecher der Deichrichter die Interessen des Kooges gegenüber Dritten zu vertreten. Er wird zudem die Deichkasse und das Koogsrechnungsbuch geführt haben. Die Aufsicht in Deichangelegenheiten oblag der königl. Deichgrafschaft in Nieblum, die der jeweilige Birkvogt repräsentierte.

Deichverfassung nach 1805

Das Regulativ über die Landaufteilung vom 11. August 1800 bestimmte, daß die „Art der Theilnahme an der künftigen Unterhaltung des Deiches" in einem noch zu erlassenden Deichregulativ geregelt werden solle, daß weiter „zur billigen Erleichterung der mit keinem Landbesitz versehenen Eingesessenen, die bisherigen Bauerdeiche nach vollzogener Landvertheilung wegfallen werden". Entsprechend diesem Auftrag begann der bereits mehrfach genannte Landmesser Feddersen, mittlerweile zum Landinspektor avanciert, unter Beteiligung der Feldassistenten Diedrich Roeloffs und Nahmen Rickmers im Jahre 1803 ein Deichregulativ zu erarbeiten. Die Vorbereitungen für das neue Regulativ kosteten mehr Zeit und Mühe als zunächst angenommen. Viel Widerstand mußte überwunden werden. So führte die vorgeschlagene Abgrenzung der deichpflichtigen Ländereien zu erheblichen Spannungen zwischen den Landeigentümern des Langdorfes. Die Eingesessenen von Süderende wehrten sich gegen einen Beschluß der Oldsumer, Klintumer und Toftumer, daß das gesamte ehemalige Bältringsland, also auch das Heideland in den Slaawen und südlich der Kirche, künftig zu den Deichlasten beitragen sollte. Die Süderender beriefen sich dabei auf eine Vereinbarung, die sie im Zuge der Landaufteilung mit den anderen Langdorf-Interessenten getroffen hatten. Hierin hatten sie auf ihre Abfindungsansprüche in der Marschgräsung unter der Bedingung verzichtet, daß in den Slaawen künftig nur das „grüne" Land, nicht das Heideland, deichpflichtig sei. Sie richteten daher am 17. Dezember 1803 eine sechsseitige Eingabe an den Birkvogt in Nieblum, die unterschrieben ist von Diedrich Roeloffs, Friedrich Petersen (Früd Peters), Oluf Hansen, Nickels Johnen, Hark Nickelsen und Rickmer Braren. Die Freistellung des Heidelandes von Deichlasten begründeten sie damit, daß es von schlechter Qualität sei, daß eine Kuh in den Slaawen mindestens zwei Demat Sommerweidefläche brauche, in der Marsch dagegen nur ein Demat. „Dies sind Erfahrungen, die der größte Feind gestehen muß". Sie bezeichneten den Beschluß der Interessenten von Oldsum/Klintum/Toftum als einen „thörigten Einfall" und wiesen darauf hin, daß „unsere guten Vorfahren bei weitem nicht so widersinnig gehandelt, wenigstens haben sie niemals darnach gestrebt, Land von schlechter Bonite (Güte), wie die vielen Sand- und Heidegegenden, in einer Klasse mit dem besten Marschlande zu setzen".

Ein leichtes Schmunzeln löst das Studium dieser Eingabe aus, wenn man weiter liest, daß dieser Beschluß „schnurstracks gegen das wahre Interesse der Koogs-Commüne" verstoße, „daß die guten Vorfahren nicht danach gestrebt, ihr eigenes Unglück zu befördern". Sie hätten vielmehr auf die Zukunft Rücksicht genommen und das Wohl ihrer Nachkommenschaft beäuget. Sie hätten stets so gehandelt, damit das Sprichwort „die Väter haben Härlinge (Heringe) gegessen und den Kindern sind die Zähne stumpf geworden" nicht durch ihr Verschulden einträfe. Damit wollten die Süderender wohl zum Ausdruck bringen, daß ihre Väter niemals zu Lasten ihrer Kinder Entscheidungen getroffen hätten. Zugleich wird dadurch deutlich, daß Heringe früher zu den hochwertigen Nahrungsmitteln gehörten.

Die Süderender zogen alle Register. Das Slaawenland läge so niedrig, daß es als Pflugland nicht geeignet sei. Der Boden sei teilweise so sandig, daß die Grabenböschungen nicht halten würden. Die Fennen könnten deshalb durch Gräben dauerhaft nicht eingefriedigt werden. Man werde daher das Vieh künftig tüdern müssen, was man in der Marsch nicht brauche. Tatsächlich ging es den Süderendern natürlich darum, ihre Interessen durchzusetzen. Sie wollten für ihr Land in den Slaawen keine oder nur geringe Deichlasten zahlen. Und dabei hatten sie insoweit Erfolg, als der Birkvogt einen Kompromiß vorschlug, der später die Billigung der Deichrichter fand. Danach wurden alle Flächen in den Slaawen, die bei der Landaufteilung mit weniger als acht Punkten bonitiert worden waren, von der Deichpflichtigkeit ausgenommen. Das waren im wesentlichen das Heideland, aber auch die Gewässer in „Meere“. Außerdem wurde festgelegt, die höher gelegenen Heideflächen südlich der Kirche von Deichabgaben zu befreien. Deren Einbeziehung hatten die Oldsumer gefordert, weil die Heideflächen vor der Landaufteilung zum Gräsungsland des Langdorfes gehörten und früher bei der Errechnung der deichpflichtigen Dematzahl berücksichtigt worden seien. Dieses Verlangen war nun wirklich unbillig, da diese Ländereien weder einen Hochwasserschutz noch eine Entwässerung brauchten. Hinsichtlich der Slaawen muß man allerdings aus heutiger Sicht eine andere Auffassung einnehmen. Nun, die Süderender erreichten eine Regelung zu ihren Gunsten, die immerhin ca. 150 Jahre Bestand hatte. Erst mit der Zusammenlegung der beiden Föhrer Marschköge im Jahre 1950 zum Deich- und Sielverband Föhr wurde bestimmt, daß alle Flächen auf Föhr bis zu einer Höhenlage von +2,50 m NN deichpflichtig seien. Und damit war es vorbei mit der Ausnahmeregelung zugunsten der Slaawen.

Ende des Jahres 1804 war der Entwurf des Deichregulativs endlich aufgestellt. Um ihn zu beraten, lud der Birkvogt Hildebrandt zum 12. Dezember zu sich nach Nieblum die elf amtierenden Deichrichter

Ock Johannen, Oldsum
Peter Hinrichsen, Oldsum
Harck Jürgens, Klintum
Lorentz Früdden, Toftum
Rörd Jensen, Toftum
Boh Olufs, Dunsum
Knudt Bohn, Utersum
Rörd Peters, Hedehusum
Jung H. Nahmens, Witsum
Wögen Rörden, Borgsum
Nahmen Tückis, Goting

„Der geschehenen Ansage ungeachtet“, wie es im Protokoll heißt, waren die fünf Deichrichter von Oldsum, Klintum und Toftum jedoch nicht erschienen. Mit ihrer Weigerung, an der Neufassung des Regulativs mitzuwirken, wollten sie ihre Ablehnung gegenüber der Haltung des Birkvogts zum Ausdruck bringen, der wegen der Deichpflichtigkeit der Slaawen zugunsten der Süderender Interessenten bereits eine Vorentscheidung getroffen hatte. Gleichwohl wurde das Regulativ abschließend beraten. Bis zur Verkündung besannen sich jedoch vier der fünf Deichrichter aus dem Langdorf; sie stimmten zu. „Der Deichrichter Lorentz Früdden aus Toftum aber verweigerte die Mitunterschrift aus dem Grunde, weil er glaubte, daß der Koog durch Anstellung eines eigenen Deichvogtes und damit verbundener Salarierung (Bezahlung) nicht beschwert werden könne“, schrieb der Birkschreiber Heims ins Protokoll.

Der Birkvogt erließ das Deichregulativ am 31. Januar 1805. Es erhielt jedoch nicht die Genehmigung der Rentekammer in Kopenhagen, weil die dortigen Beamten verschiedene Regelungen für änderungsbedürftig hielten. Ungeachtet dessen blieben aber die Westerlandföhrer bei der von ihnen verabschiedeten Fassung, und zwar bis 1950. Wegen der fehlenden Genehmigung ist dieses Regulativ nie in gedruckter Form veröffentlicht worden.

Das Regulativ enthielt nicht nur den Kompromißvorschlag des Birkvogts bezüglich der Slaawen. Es grenzte auch sonst die deichpflichtigen Ländereien genau ab. Zudem entband es die landlosen Dorfbewohner von der Pflicht zur Unterhaltung des Seedeiches. Sie oblag künftig nur noch den Eigentümern deichpflichtiger Ländereien, die 39 Rotten bildeten[5]. Jede Rotte erhielt drei Deichstrecken zur Unterhaltung zugewiesen.

Nach dem ältesten Koogsrechnungsbuch bewirkte das Regulativ von 1805 eine völlige Veränderung des Deichkollegiums. Bis auf Jung Hans Nahmens von Witsum gaben alle Deichrichter ihr Amt auf. Neu hinzu traten 1808 Diedrich Roeloffs, Peter Jung Söncken (1764–1834), Oldsum, und Wögen Wögens (1766–1851), Dunsum. Sie bildeten bis 1819 den „Vorstand“ des Westerlandföhrer Kooges. Als Salär erhielten sie zusammen 50 Mark C. Davon erhielt Diedrich Roeloffs als Erster Deichrichter, da er die Koogskasse führte, 17 Mark C. Die anderen bekamen je 11 Mark C.

Während dieser Zeit blieb Föhr von Sturmfluten verschont. Daher erforderte die Unterhaltung des Deiches keine besonders hohen Ausgaben. Allerdings

5 Nach einer Aufzeichnung von Christian D. Roeloffs betrug im Jahre 1832 die Zahl der Rotten 45. Von 1900–1950 waren es 42.

leiteten die Deichrichter 1815 eine Verstärkung des Westerdeiches ein, die im wesentlichen die Interessenten durch Hand- und Spanndienste ausführten. Zur Finanzierung der außergewöhnlichen Aufwendungen lieh Peter Jung Söncken dem Verband 1095 Mark C zu 4 % Zinsen. Diese „Obligation" übernahm 1816 Diedrich Roeloffs und nach ihm im Jahre 1819 sein Nachbar Volkert Rickmers (1796–1829), Süderende.

Im Jahre 1820 löste Rickmers Arfsten (1761–1828) aus Toftum Diedrich Roeloffs ab. Und 1822 trat auch der bereits mehrfach genannte Riewerts in das Deichkollegium ein, in dem er schon nach einem Jahr die Rolle des Ersten Deichrichters einnahm. Ihm folgte 1831 Jürgen Ketelsen (1772–1839) aus Oldsum. Und von 1835 bis 1874 bekleidete Christian D. Roeloffs dieses Amt.

Das neue Deichregulativ vereinfachte die bis dahin sehr komplizierte Verfassung des Deichwesens grundlegend. Es schuf die Voraussetzungen für eine wesentlich verbesserte Deichunterhaltung. Die 1805 getroffene Bestimmung, wonach die bei der Landaufteilung vorgenommene Bonitierung Bemessungsgrundlage für die Deichlast der Ländereien sein sollte, blieb lange unverändert. Von 1878 ab galt jedoch der „Grundsteuer-Reinertrag" als Maßstab für die Zahlungen an den Deichverband, nachdem er im Rahmen einer Neumessung aller Flächen und als Folge einer besonderen Bodenschätzung für jedes Grundstück in Thalern festgelegt worden war. Erst 1950 bestimmte eine neue Satzung, daß die Deich- (und Entwässerungs-)lasten für die gesamten Verbandsflächen auf Föhr unabhängig von ihrer Qualität entsprechend der realen Größe aufzubringen seien.

Aufgrund des Regulativs von 1805 umfaßten die deichpflichtigen Ländereien auf Westerlandföhr real 2800 Demat (1992 Demat Bonite). Sie bildeten bis 1878 die Grundlage für die Hebung der Deichlasten. Danach waren es 6364 Thaler, die Roluf T. Wögens, Utersum, als Grundsteuer-Reinertrag für die neu festgelegten deichpflichtigen Ländereien von 1381 ha protokollierte[6].

Seit dem Jahre 1971 brauchen in Schleswig-Holstein die Eigentümer deichpflichtiger Ländereien keine besonderen Abgaben mehr für die Unterhaltung der Seedeiche zu leisten. Ein Landesgesetz überführte die Landesschutzdeiche in das Eigentum des Landes Schleswig-Holstein, das damit zugleich zur Unterhaltung verpflichtet ist. Dieses Gesetz bereitete auch der in vielen Jahrhunderten gewachsenen Verfassung des Deichwesens der Insel Föhr ein Ende. Erst die Zukunft wird zeigen, ob es richtig war, die zweifellos bewährte Selbstverwaltung durch eine staatliche Verwaltung abzulösen.

Besondere Begebenheiten

Eine spezielle Angelegenheit des Föhrer Deich- und Entwässerungswesens verdient in diesem Zusammenhang festgehalten zu werden. Sie gibt nicht nur ein Bild über das Verhältnis der Westerlandföhrer zu den Osterlandföhrern wieder, sondern macht auch deutlich, daß die verantwortlichen Deichrichter auf unserer Insel die Feder zu führen wußten. Es handelt sich um eine Auseinandersetzung, die über viele Jahre die Gemüter bewegte. Was trug sich zu?

Bei der Regulierung der Entwässerung anläßlich der Landaufteilung auf Westerlandföhr war nach 1803 ein Sielzug durch die Osterlandföhrer Marsch gegraben worden, der auch Niederschlagswasser von Westerlandföhr abführen sollte. Dabei hatten sich die Westerlandföhrer beteiligen müssen und bis zum Jahre 1822 auch zur Unterhaltung jährlich beigetragen. Als nun in dem Jahre zwei Lahnungen an der Osterlandföhrer Schleuse außerhalb des Deiches angelegt werden mußten, um das zügige Abfließen des Wassers zu sichern, weigerten sich die Westerlandföhrer Deichrichter, sich an den Kosten von 320 Rbtr zu beteiligen. Auf ein Schreiben der Osterlandföhrer Deichrichter Philip Hassold, V. Boysen und Peter Eschels vom 8. September 1823 reagierten sie mit ungewöhnlich polemischer Schärfe. Offensichtlich unter der Federführung von Broder Riewerts gaben sie am 15. Oktober 1823 folgende Stellungnahme an den Birkvogt ab:

„Euer Hoch- und Wohlgeboren haben die Gunst gehabt, uns mit einer Vorstellung der Osterlandföhrer Deichofficialen bekannt zu machen. Wir haben dabey wiederum einen traurigen Beweis von dem unruhigen Geiste, welcher diese

6 Im Laufe der Zeit verringerten sich die deichpflichtigen Ländereien. Nach einer Notiz meines Vaters, Christian D. Roeloffs, trugen im Jahre 1946 nur noch Flächen mit einem Wert von 6288,86 Thaler-Grundsteuer-Reinertrag die Deichlasten.

unsere Amtsbrüder beherrscht, erhalten, und wir fühlen uns veranlaßt, Gott anzurufen, daß dieser Geist nicht aufs dritte und vierte Glied möge verpflanzet werden.
... sie vermeinen (offenbar), daß der Westlandföhrer Koog dem Osterlandföhrer untergeordnet ist. Doch da wir nur eigentlich diese Schwachen bedauern können: so werden wir nicht alles schiefe und unrichtige in ihrer Vorstellung anzeigen...., daß überhaupt die wehrten Osterlandföhrer Deichrichter sich erdreistet haben, dieser Resolution Worte beizulegen, welche gar nicht darin zu finden sind, hat uns natürlicherweise nicht so viel verwundert, weil sie mehrere Mahle nicht allein gezeigt, sondern bewiesen haben: daß Veränderungen, Verdrehungen und unrichtige Zusätze die Seele ihres ganzen Lebens ausmachet."

Aus welchen Gründen die Osterlandföhrer Deichrichter sich erst sieben Jahre später an die Oberdeichgrafschaft in Tondern wandten, um Zahlungen des Westerlandföhrer Kooges zu bewirken, geht aus den Unterlagen nicht hervor. Daß sie das Verhalten ihrer „Amtsbrüder" auch wegen ihrer unsachlichen Ausführungen nicht billigten, ist verständlich. Leider hatte aber die Königlich Schleswig-Holsteinische Landcommission in ihrer Resolution von 1808 die Unterhaltung des Sielzuges formell nicht geregelt, so daß die Osterlandföhrer einen schweren Stand hatten, ihre Forderung durchzusetzen.

In drei weiteren, insgesamt 18 Seiten umfassenden Stellungnahmen haben die Westerlandföhrer Deichrichter 1831/32 und 1834 ihre Auffassung zu dieser Angelegenheit dargelegt. Sie sind unterschrieben von Christian D. Roeloffs, Jürgen Ketelsen, Rickmer Danklefs und Rörd Matzen, die von 1831 auch durch Broder Riewerts. Nachdem sie bei ihrem eigenen Birkvogt nicht genügend Rückhalt fanden, schalteten sie den Advokaten Johann Casimir Storm ein, den Vater des bekannten Theodor Storm. Um Storm mit den nötigen Argumenten zu versehen, entsandten sie 1832 Christian D. Roeloffs nach Husum. Das geht aus der Koogsrechnung hervor, die hierfür eine Ausgabe von 18 Mark C 10 Sch mit dem entsprechenden Vermerk enthält. Dieser Sonderauftrag macht deutlich, daß die Deichrichter aus ihrer Mitte den mit 31 Lebensjahren jüngsten großes Vertrauen entgegenbrachten. Wegen des Honorars führte Christian D. Roeloffs übrigens einen Schriftwechsel mit dem Advokaten Storm. Das geht aus seinem Briefbuch hervor.

Mit Hilfe von Storm gelang es schließlich 1836, eine Entscheidung der Königl. Rentekammer in Kopenhagen zugunsten des Westerlandföhrer Kooges zu erhalten. Die Rentekammer bewilligte die Trennung der bis dahin bestehenden gemeinsamen Entwässerung, bestimmte aber für die Dorfschaften Goting, Borgsum und Witsum, deren Entwässerung müsse mit Osterlandföhr verbunden bleiben. Damit fand zwar eine 13 Jahre währende Auseinandersetzung ihr Ende. Das Klima zwischen den beiden Landschaften blieb aber gespannt. Es bedurfte noch eines Zeitraumes von mehr als 100 Jahren, bis sich die beiden Köge 1950 zum Deich- und Sielverband Föhr vereinigten.

Und schließlich soll eine Begebenheit noch erwähnt werden, die sowohl das Deichwesen als auch das „alte" Süderende betrifft. Am 15. Oktober 1881 hatte eine schwere Sturmflut den Steindeich im Westen der Insel erheblich in Mitleidenschaft gezogen. Für die Wiederherstellung mangelte es an geeignetem Steinmaterial. Die Deichrichter wandten sich daher an den Kirchenvorstand von St. Laurentii mit dem Ersuchen, die großen Feldsteine im Kirchhofswall an den Koog zu verkaufen. Der Kirchenvorstand stimmte zu. Er ließ in den Jahren 1882 und 1883 den Kirchhofswall im Süden, Westen und Osten niederreißen und mit kleineren Steinen neu aufführen. Diese Aktion brachte nach dem Kirchenbuch einen Überschuß von 250 Mark. Demnach wurden 100 Fuder große Feldsteine aus dem Kirchhofswall entfernt, denn der Koog zahlte damals 2,50 Mark für 1 Fuder. Im Jahre 1883 ließ der Kirchenvorstand übrigens auch den Steinwall (fö. Stiandik) am Pastoratsgarten im Dorf Süderende instandsetzen, wobei er dann auch die großen Steine an den Koog verkaufte.

Die Wälle am Kirchhof und Pastorat präsentieren sich heute noch etwa so, wie sie in den Jahren 1882 und 1883 errichtet worden sind. Der Steinwall am Pastorat ist eines der prägenden Elemente des kleinen Friesendorfes Süderende. In seiner Höhe hat er Seltenheitswert. Der Wall wäre noch eindrucksvoller, wenn die großen Feldsteine nicht entfernt worden wären (Abb. 78). Das gilt gleichermaßen für den Kirchhofswall.

Deichgrafen und Deichrichter

Das Amt des Deichgrafen von Westerlandföhr führte seit jeher der Birkvogt in Nieblum. Urkundlich nachgewiesen ist das seit 1776. Nach 1866, bis zur Einführung der Ämterverfassung (1889), übernahm der für

Abb. 78: Das frühere Pastorat (1762 errichtet) mit dem mächtigen Steinwall prägt das „alte" Süderende

Oster- und Westerlandföhr zuständige preußische Landvogt diese Funktion. Im Jahre 1872, sechs Jahre nach der Übernahme der „Königlichen Deichgrafschaft" – so die amtliche Bezeichnung – hielt es der Landvogt Forchhammer in Wyk für angezeigt, sich einen Überblick über die Entwicklung und den Stand des Deichwesens auf Westerlandföhr zu verschaffen. Was lag näher, als den mittlerweile 71 Jahre alten Christian D. Roeloffs in Süderende um einen Bericht zu bitten, den er als hervorragender Kenner dieses für die kleine Insel so wichtigen Bereichs kennengelernt hatte. Dieser berichtete:

„An die Königliche Landvogtei in Wyk!
In Veranlassung des von der hochverehrlichen Landvogtei mir erteilten Auftrages, Hochderselben nähere Aufklärung über die Einrichtung unseres Deichwesens mitzuteilen, erlaube ich mir, das Regulativ vom 31. Januar 1805 und die bei jeder Deichvermessung entworfenen genehmigten Statuten zur näheren Einsicht darzulegen.
Nach wiederholten Verhandlungen der Deichrichter und der Vorsteher bei der Landverteilung kam das beifolgende Regulativ über das Deichwesen zustande, wonach dasselbe damals verwaltet wurde. Im Laufe der Zeit und besonders seit der Ruinierung des Deichs durch die Überschwemmungen im Jahre 1825 traten darin verschiedene Veränderungen ein.

Die Bestimmungen über die Deichpflichtigkeit der Ländereien bestehen noch in Kraft, ebenso wird die Einteilung der Deiche in Loose, und die Bestimmung der allgemeinen Deichordnung, wonach das Loos nicht unter 5 Ruthen lang sein durfte, noch beachtet, dagegen sind die Abteilungen des Deichs und die Bonitierung desselben gänzlich hinfällig geworden.

Die Anstellung eines Deichvogten ist dahin geändert, daß ein Deichrichter die Rechnungen und die Kasse führt und die Berichte an den Deichgrafen abstattet, wofür ihm eine jährliche Entschädigung von 6 Mark C zugestanden ist.

Durch die zweimaligen Sturmfluten im Jahre 1825 im Februar und November und gänzlichen Ruinierung des Deichs trat eine große Veränderung in unserem Deichwesen ein, teils in der Oberaufsicht des Deiches, hauptsächlich aber in der Lage des Westerdeiches und dessen Unterhaltung. Bis zum Jahre 1825 war die Aufsicht des Deichs dem jedesmaligen Birkvogten als Deichgrafen und den Deichrichtern überlassen. Veranlaßt durch die großen Deichschäden und nach Anordnung der Regierung ward unser Koog damals der Oberaufsicht des Amtmannes in Tondern und des Deichinspektors im Schleswigschen Deichbande untergeordnet. Der Westerdeich wurde gänzlich umgestaltet, die Dossierung des Deichs wurde verlängert, und mit einer 1½ Fuß dicken Kleilage versehen, der Deichkörper selbst mit einer 15 Fuß breiten Deichkappe bis zu 15–16 Fuß über ordinäre Fluthöhe erhöht. Durch diese Veränderung erhielt der Westerdeich eine gleichmäßige Dossierung und Stärke, weswegen die Abteilungen in § 10 und 12 des Deichregulativs von selbst hinfällig wurden.

Nach der jetzigen Einrichtung haftet die Verwaltung des Deichwesens aus dem jedesmaligen Birkvogten als Deichgrafen und 6 Deichrichtern, die letzteren werden von den Rottmännern erwählt. Der Deich wird in 39 Loose, Rotten genannt, eingeteilt und so viele Interessenten in einer Rotte vereinigt, daß jede wenigstens 40 Demat (Bonite) verhält, damit dieselbe in jeder Abteilung nicht unter 5 Ruthen lang wird. Der Rotte wird ein Rottmann vorgesetzt, welcher mit seinen Interessenten alle Arbeiten am Deich nach Anordnung der Deichrichter und dem Regulativ gemäß auszuführen hat. Jedes 7te Jahr wird der Deich umgemessen und zu dem Behuf die Rottmänner in den verschiedenen Dörfern von den Deichrichtern erwählt, wobei darauf hingesehen wird, daß wie schon erwähnt, ihm in jeder soviel Interessenten beigegeben werden, daß sie wenigstens 40 Demat erhält und wenigsten ein bis zwei Paar Pferd und Wagen in derselben kommen. Der Westerdeich und früher auch der Norderdeich wird in 3 Abteilungen eingeteilt, worin jeder Rottmann ein Loos erhält, diese Loose werden von den Rottmännern durchs Loos gezogen, ehe indes zur Verloosung geschritten, werden den Rottmännern die Statuten zu ihrer Genehmigung vorgelegt, wonach dieselben für die nächsten 7 Jahre sich zu richten haben.

Außer dem Regulativ von 1805 lege ich die Statuten von der letzten Verloosung vom Jahre 1870 bei, woraus die hochverehrliche Landvogtei das Nähere ersehen werden.

Süderende, den 27. August 1872

Chr. D. Roeloffs

Dieses Schreiben bestätigt, daß die Bestimmung im Regulativ von 1805, einen „hauptamtlichen" Deichvogt anzustellen, nicht befolgt wurde. Das ist ebenfalls aus den Deichprotokollen zu schließen, die sich im Inselarchiv befinden. Nach 1808 haben jeweils höchstens sechs Deichrichter die Protokolle unterschrieben. Von einem Deichvogt ist hierin nie die Rede. Und dennoch dürfte das Amt des „Ersten Deichrichters", der die Koogsrechnung führte und die Berichte an den Deichgrafen abstattete, dem eines Deichvogts entsprochen haben. Diese Annahme wird auch bestätigt durch eine Eintragung im „Protokol Dannebrogsmaend", in dem Christian D. Roeloffs als „Digefoged" (Deichvogt) aufgeführt ist. In den Deichakten ist er erstmalig im Jahre 1831 als Deichrichter verzeichnet. Seiner Bestellung durch den Birkvogt waren offensichtlich Auseinandersetzungen innerhalb des Deichkollegiums vorangegangen. Die Deichrichter Broder Riewerts, Volkert Arfsten, Rörd Bohn und Jung Rörd Nickelsen schieden aus. Jürgen Ketelsen, Rörd Matzen und Rickmer Danklefs dagegen behielten ihr Amt. Auffallend ist, daß es entgegen den Bestimmungen im Deichregulativ über einen sehr langen Zeitraum bei vier Deichrichtern blieb – was übrigens auch für den Zeitraum von 1808 bis 1822 der Fall war. Nach 1831 erscheinen erst im Jahre 1858 wieder die Namen von sechs Deichrichtern im Protokoll. Besonders bemerkenswert ist, daß mindestens von 1831 bis 1861 alle Deichrichter des Westerlandföhrer Kooges aus dem Langdorf einschließlich Süderende und Borgsum stammten. Interessenten aus Dunsum, Utersum, Hedehusum, Witsum, Goting und Nieblum wurden in diesem Zeitraum in das Deichkollegium nicht berufen. Das änderte sich grundlegend erst nach 1861, als die Rottmänner die Deichrichter wählten. Seitdem sind auch die „Boowentaarpen" entsprechend vertreten.

Die Bestimmung in dem Deichregulativ von 1805, wonach der Birkvogt die Deichrichter ohne vorhergehende Wahl ernannte, fand im Laufe der Zeit nicht mehr die Billigung der Koogsinteressenten. Daraufhin fertigte Christian D. Roeloffs 1832 auf Veranlassung des Birkvogtes zwei umfängliche Stellungnahmen. Er regte an, dem Birkvogt nur ein Vorschlagsrecht für drei zu wählende Personen einzuräumen, die Wahl aber den Rottmännern zu übertragen. Offensichtlich fiel dieser gut begründete Vorschlag zunächst nicht auf fruchtbaren Boden. Denn es vergingen bis zu seiner Realisierung fast 30 Jahre. Und weitere 30 Jahre dauerte es, ehe der „Demokratisierungsprozeß" einen weiteren Schritt vorankam: Nach 1890 wurden die Deichrichter von den Deichinteressenten ihres Distrikts gewählt.

Christian D. Roeloffs führte 40 Jahre die Protokolle des Deichkollegiums. Die regelmäßigen Berichte über Sturmfluten, Deichschäden und -ausbesserungen während dieses Zeitraums stammen aus seiner Feder. Über 33 Jahre war er zugleich Koogsrechnungsführer. Nachweislich hat kein anderer Westerländer als Christian D. Roeloffs das Deichkollegium 40 Jahre lag geführt. In dieser Funktion arbeitete er bis 1866 mit dem (dänischen) Birkvogt in Nieblum

Deichgrafen und Amtsvorsteher von Westerlandföhr

Roluf Th. Wögens — *Johannes Früdden* — *Brar C. Roeloffs*

eng zusammen. Zum (preußischen) Land- und Birkvogt – nach 1866 – hatte er ein eher distanziertes Verhältnis.

Als „Deichvogt" nach Christian D. Roeloffs folgte 1874 Roluf Th. Wögens (1843–1909), Utersum, von 1889 bis 1909 kommissarischer Deichgraf (und Amtsvorsteher). Wögens machte sich in hervorragender Weise um den Westerlandföhrer Koog verdient. In den Jahren 1898 bis 1902 ließ er den Seedeich verstärken und erhöhen, vor allem aber die Steindecke im Westen neu verlegen. Wögens erreichte zur Finanzierung der Gesamtkosten, die sich auf rd. 440 000 Mark beliefen, die Bewilligung eines Staatszuschusses von 176 000 Mark und eines Darlehens von 264 000 Mark zu 3 % Zinsen. Das war in dem damaligen Preußen, das sich durch äußerste Sparsamkeit im öffentlichen Bereich auszeichnete, eine ungewöhnlich günstige Förderung, die den besonderen Belangen einer Insellage Rechnung trug.

Als Deichgraf folgten Johannes Früdden (1851–1919), Oldsum, von 1909 bis 1918, und Brar C. Roeloffs (1865–1933), Süderende, bis 1933. Beide waren zugleich Amtsvorsteher. Danach, bis zur Auflösung des Westerlandföhrer Marschkooges im Jahre 1950, stand Christian D. Roeloffs jun., Süderende, dem Koog als Deichgraf vor.

Schulwesen in St. Laurentii

Die Schulverhältnisse auf Föhr waren in früheren Zeiten sehr dürftig, im Vergleich zu manchen anderen ländlichen Gegenden im Herzogtum Schleswig jedoch relativ gut. Offensichtlich hatten die seefahrenden Föhringer frühzeitig die Notwendigkeit erkannt, namentlich die Knaben in den wichtigsten Unterrichtsfächern unterweisen zu lassen. Besonders die Osterlandföhrer waren insoweit fortschrittlich. Bereits im Jahre 1672 errichteten die Bauerschaften von Oevenum, Midlum und Alkersum eine „Dörfergemeinschaftsschule" in der Nähe der Alkersumer Mühle. Nieblum, Goting, Borgsum und Witsum unterhielten um diese Zeit ebenfalls eine gemeinsame Schule. In beiden Schulen unterrichteten zwei „hauptamtliche" Kräfte, die zugleich das Amt des Organisten bzw. Küsters in St. Johannis ausübten. Allerdings hatten beide Einrichtungen nicht lange Bestand. Sie wurden wieder aufgelöst und durch dorfeigene Schulen ersetzt. Im Jahre 1723 hatte jedes Dorf in der St. Johannis-Gemeinde ein eigenes Schulhaus! Das war für die damalige Zeit ungewöhnlich und ist nur zu erklären durch die Einnahmen aus der Grönlandfahrt, die es vielen Eltern ermöglichten, ihren Kindern eine gute Ausbildung zukommen zu lassen. Besser als in den allgemeinen Schulen war es auf Föhr mit dem Unterricht in Navigation bestellt. So vermittelte Richardus Petri (1597–1678), von 1620 bis 1678 Hauptpastor in St. Laurentii, vielen Seefahrern nautische Kenntnisse, so daß sie zu Schiffsführern aufsteigen konnten. Er erteilte den Unterricht unentgeltlich, verlangte aber von den Schülern, das Gelernte weiterzugeben. Auch nach ihm unterrichteten Pastoren die seefahrende Jugend, u. a. L. Wedel (1664–1723), von 1689 bis 1723 Prediger in St. Laurentii. Später waren es vor allem Commandeure und Kapitäne, die sich während der Wintermonate als Navigationslehrer betätigten. Sie gaben den Unterricht zumeist abends in ihrer eigenen Wohnung; hierfür erhielten sie ein bescheidenes Entgelt. Jeder Seefahrer zahlte 1 Schilling täglich.

Alle Navigationslehrer waren Autodidakten, auch Hinrich Brarens (1751–1826) aus Oldsum, einer der bedeutendsten der damaligen Zeit. Er zog 1795 zunächst nach Wyk und später als Lotseninspektor nach Tönning. Insgesamt 3500 Seefahrer soll er unterrichtet bzw. examiniert haben. Er schrieb zwei navigationswissenschaftliche Lehrbücher, die ersten, die in deutscher Sprache erschienen. Eine hohe Leistung, wenn man bedenkt, daß er sich die hierfür erforderlichen Kenntnisse ohne den Besuch einer wissenschaftlichen Lehranstalt angeeignet hatte. Mit Brarens konnten sich die Navigationslehrer Arfst Nickelsen (1732–1804) aus Toftum sowie Ketel Rörden (1775–1852) und dessen Sohn Rörd Rörden (1807 bis 1861) aus Süderende allerdings nicht messen. Und dennoch trugen auch sie wesentlich zu dem guten Ruf der Föhringer Seefahrer bei, den diese in Seefahrerkreisen genossen. Über die Tätigkeit dieser Lehrer ist relativ wenig überliefert. Daß sie den Navigationsunterricht nicht als ihren Haupterwerb ansahen, wird aus den Volkszählungslisten deutlich: von den fünf Genannten sind lediglich Arfst Nickelsen 1787 als Schulhalter und Rörd Rörden 1860 als Navigationslehrer verzeichnet. Alle betrieben ihre Schule privat, unterlagen keinerlei Schulaufsicht, so daß hierüber in amtlichen Unterlagen nichts aufgezeichnet ist.

Dagegen gewähren die in der Dörfergemeinschaftsschule Föhr-West in Süderende vorhandenen Unterlagen sowie die Aufzeichnungen in den Kirchenbüchern einen relativ guten Überblick über das allgemeine Schulwesen in St. Laurentii im 18. und 19. Jahrhundert. Darüber hinaus geben sie wertvolle Hinweise zu den wirtschaftlichen und sozialen Verhältnissen der damaligen Zeit. Hinzu kommt, daß – wie sollte es anders sein – die durch die Schule vermittelte Bildung natürlich auch Einfluß auf die Entwicklungsperiode „Von der Seefahrt zur Landwirtschaft" gehabt hat. All dies verlangt, das Schulwesen im Rahmen dieser Aufzeichnung zu behandeln. Dies um so mehr, weil sowohl Diedrich Roeloffs als auch Christian D. Roe-

loffs bei der Gestaltung des Schulwesens in den St. Laurentii-Gemeinden nicht unwesentlich mitgewirkt haben. So wurde Diedrich Roeloffs im Jahre 1809 vom Birkvogt in Nieblum sowie dem Pastor von St. Laurentii zum Mitglied der Schulkommission ernannt. Er war damit der erste Schulvorsteher für den Schuldistrikt Oldsum und Süderende, d. h. während der entscheidenden Phase, als 1809 die Schulverhältnisse in St. Laurentii grundlegend geordnet und verbessert wurden. Bis 1818 bekleidete Diedrich Roeloffs dieses Amt und von 1815 bis 1818 zugleich das des Schulpatrons.
Christian D. Roeloffs konnte ebenfalls als Schulpatron von 1844 bis 1853 die schulischen Angelegenheiten wesentlich mitgestalten. Nicht zuletzt durch die Einrichtung einer eigenen Privatschule im Jahre 1839 weckte er bei vielen Eltern und der Schulkommission Verständnis und Einsicht für eine bessere Ausstattung der öffentlichen Schule, vor allem mit qualifizierten Lehrkräften.

Organisation und Finanzierung

Eine für das Schulwesen eigenständige Institution gab es vor 1800 in St. Laurentii nicht. Die Verantwortung trug die einzelne Bauerschaft insoweit, als sie für ein geeignetes Schulhaus oder einen entsprechenden Schulraum zu sorgen hatte. Ansonsten waren die Schulen in den Dörfern von St. Laurentii „privatwirtschaftlich" ausgerichtet. Die Lehrer – sie wurden Schulhalter genannt – bekamen kein festes Salär aus einer allgemeinen Kasse, auch nicht von der Kirchengemeinde. Vielmehr bestand ihre Bezahlung darin, daß sie für die Unterrichtung der Kinder Schulgeld erhielten, das zum Teil aus Naturalien bestand. Das Schulgeld zahlten die Eltern, soweit sie hierzu in der Lage waren. Für den Unterricht von Kindern unvermögender, armer Eltern erhielten die Schulhalter einen geringen Geldbetrag aus der Armenkasse der Kirchengemeinde, wobei sie gegenüber den Kirchenjuraten Rechnung ablegen mußten über die Zahl der Unterrichtstage. Um 1765 bekamen sie je Armenkind 1 bis 2 Mark C im Jahr.
Die Zahl der Armenkinder ist in den Kirchenbüchern nicht angegeben, wohl aber der Gesamtbetrag an Armengeld, der auf die Schulhalter entfiel. Von 1800 bis 1808 waren es jährlich gut 50 Mark C, vor 1800 wesentlich weniger. Einmal lag die Zahl der Armen vor 1800 niedriger, weil die Seefahrt noch florierte. Aber auch die Zahl der Schulkinder dürfte geringer gewesen sein, weil die meisten Knaben schon mit 12 Jahren, zum Teil sogar – wie Diedrich Roeloffs – mit zehn Jahren ins Erwerbsleben (Seefahrt) eintreten mußten. Zwar stand der nur im Sommer betriebene Walfang einem Schulbesuch im Winter nicht entgegen. Um 1790 überwog aber der Dienst auf Kauffahr-

Abb. 79: Armenblock der St. Laurentii-Kirche (Höhe 0,75 m)

teischiffen schon eindeutig, so daß die Seefahrt viele auch in den Wintermonaten vom Schulbesuch abhielt. Hinzu kam, daß die seefahrenden Knaben vor allem Rechnen einschließlich Nautik lernen wollten. Erfuhren sie doch bald, daß Kenntnisse in diesem Bereich besonders wichtig waren, wenn sie weiterkommen wollten. Es ist daher verständlich, daß sie lieber zum Navigationslehrer gingen als zum Schulhalter, der mehr in den allgemeinen Fächern unterrichtete.

Die Armenkasse wurde übrigens im wesentlichen aus einer großen Zahl kleinster Spenden gespeist, die während des Gottesdienstes in den Klingelbeutel gesteckt wurden. Ein weiterer Betrag kam durch die Kollekte auf, die während der „Erntepredigt"[1] zugunsten armer Schulkinder stattfand. Außerdem wurden die Spenden, die Kirchenbesucher in den „Armenblock" steckten, der Armenkasse zugeführt (Abb. 79). Nicht selten gaben einzelne einen Geldbetrag für die Armen, wenn sie glaubten, einen günstigen Kaufvertrag abgeschlossen zu haben. Und schließlich – nach 1826 – mußte jeder Hauswirt eine bestimmte Summe, die die Juraten unter Hinzuziehung einiger Persönlichkeiten in Gegenwart des Predigers festsetzten, an die Armenkasse zahlen. Allerdings wurde um diese Zeit Schulgeld nicht mehr bezahlt, auch nicht aus der Armenkasse.

Die Schulverhältnisse ist St. Laurentii verbesserten sich Anfang des 19. Jahrhunderts erheblich. Das „Regulativ über die Landaufteilung für Westerlandföhr ... vom 11. 8. 1800" bestimmte:

„Zur dringenden Versorgung der Schulstellen, soll auf dem Felde eines jeden mit einer Schule versehenen Dorfes, und möglichst nahe bey demselben, soviel Land als zu 2 Kühen etwa erforderlich ist, abgelegt werden."

Die drei Schulen in St. Laurentii erhielten je 4 Demat und 84 Ruthen Bonite, die Oldsumer zusätzlich 20 Ruthen auf „Hörntaft" zur Küsterbedienung. Wegen der unterschiedlichen Bodenverhältnisse wurden die Schulstellen wie folgt ausgestattet:

Oldsum	7,4	Demat Quantite, davon	2,7	Demat Heidel.
Toftum	6,8	Demat Quantite, davon	2,4	Demat Heidel.
Utersum	9,2	Demat Quantite, davon	4,2	Demat Heidel.
	23,4	Demat Quantite, davon	9,3	Demat Heidel.

Dieses Schulland, das die Lehrer zur Nutzung erhielten, mußten die Feldinteressenten unentgeltlich aufbringen, womit zugleich die herkömmliche Verantwortung der Bauerschaft für das Schulwesen zum Ausdruck kam. Über viele Jahrzehnte wurde dieses Schulland dann auch von den Bauern des jeweiligen Schuldistrikts bearbeitet, und zwar ohne Bezahlung[2]. Mit der Ausweisung von Land für nur drei Schulstellen wurden außerdem die ersten Bestrebungen sichtbar, die vorhandenen Dorfschulen auf die drei Dörfer mit den größten Einwohnerzahlen zu konzentrieren. Denn um 1800 besaßen auch noch Klintum, Dunsum und Hedehusum jeweils ein eigenes Schulhaus.

Grundlegend neu geordnet wurde das Schulwesen jedoch erst nach der Landaufteilung. Eine Königliche Anordnung vom 12. August 1803 bestimmte, das Diakonat der St. Laurentii-Gemeinde bei eintretender Vakanz nicht wieder zu besetzen und aus dem Vermögen einen *Schulfonds* zur Verbesserung des Schulwesens zu bilden. Eine weitsichtige Entscheidung! Erhielten doch damit die Schulen in St. Laurentii eine gute materielle Grundausstattung. Immerhin gehörten zum Diakonat neben dem 1755 errichteten Gebäude[3] 69,3 Demat Land und 3 Demat Spätland in der Feldmark des Langdorfes, 1,1 Demat in Utersum und 3,8 Demat in Dunsum, insgesamt 77,2 Demat. Zusammen mit dem bereits genannten Schulland waren es 100,6 Demat. Schon im Jahre 1805 wurde die Diakonatsstelle mit dem Weggang des Diakons Hans Chr. Clausen[4] frei. Daraufhin erließ im Jahre 1809 die Ripener Schuldirection in Mögeltondern eigens ein Schulregulativ für die St. Laurentii-Gemeinde. Sie bestimmte im wesentlichen:

1. Es werden drei Schuldistrikte gebildet für
   - Oldsum und Süderende
   - Toftum und Klintum
   - Utersum, Hedehusum, Groß- und Kleindunsum.
2. Die drei Distrikte werden von *einer* Schulkommission gemeinsam verwaltet und beaufsichtigt. Sie besteht aus dem Pastor von St. Laurentii und dem Birkvogt in Nieblum sowie drei Schulvorstehern – jeweils einer aus je-

1 Die „Erntepredigt", heute Erntedank-Gottesdienst, wurde „Allerheiligen" (1. November) abgehalten.

2 Nach B. C. Braren bearbeiteten um 1875 das Oldsumer Schulland Lorenz Braren, Erk D. Roeloffs und Friedrich Arfsten.

3 Die Baukosten für das 1755 nach einem Brand errichtete Diakonatsgebäude betrugen 2412 Mark C. Heute ist dieses Gebäude in Süderende „Die Scheune".

4 H. C. Clausen aus Kopenhagen, von 1800 bis 1805 Diakon in St. Laurentii, ging nach Fanö.

dem Distrikt[5]. Die Schulvorsteher werden vom Pastor und Birkvogt ernannt, nicht von der Gemeinde gewählt. Die Schulkasse führt der Pastor.

3. Der Schulkommission obliegt die nähere Aufsicht über die Schulen. Sie hat das Recht, für die Neubesetzung einer Schulstelle dem Propsten in Mögeltondern drei Lehrer vorzuschlagen. Der Propst ist Mitglied der Schuldirektion, der außerdem der Amtmann sowie der Bischof von Ripen angehören; sie führt die allgemeine Schulaufsicht und entscheidet über die Einstellung der Lehrer.
4. Schulgeld wird nicht mehr erhoben. Mit den Einnahmen aus dem Schulfonds, die in die Schulkasse fließen, werden die Lehrer bezahlt und die Schulhäuser und Lehrerwohnungen unterhalten. Ggf. werden zusätzliche Schulbeiträge von allen Einwohnern der St. Laurentii-Gemeinde erhoben, und zwar nach Maßgabe des Vermögens und nicht nach der Zahl der Kinder.

Damit trat eine entscheidende Verbesserung des Schulwesens ein. Das Regulativ änderte sich jedoch im Laufe des 19. Jahrhunderts mehrfach. Bereits 1815 wurde durch eine allgemeine Königliche Anordnung die Schulkommission um ein weiteres Mitglied, den Schulpatron, erweitert. Dieser führte an Stelle des Pastors die Schulkasse. Nach 1840 wurden die Mitglieder der Schulkommission nicht mehr bestimmt, sondern von den Schulinteressenten gewählt. Andererseits scheint der Birkvogt aus der Schulkommission alsbald ausgeschieden zu sein. Jedenfalls geben die Schulprotokolle nur in den ersten Jahren nach 1809 Hinweise auf seine Teilnahme.

1855 wurde Kleindunsum, dem Wunsche seiner Einwohner entsprechend, dem Schuldistrikt Oldsum-Süderende einverleibt, 1897 Toftum und Klintum mit Oldsum-Süderende vereinigt. Elf Jahre danach, 1908, wurde die 99 Jahre bestehende Schulgemeinde St. Laurentii aufgelöst und die Schulverbände Utersum und Oldsum gegründet. Wegen Meinungsverschiedenheiten über die Aufteilung des Vermögens mußte die Königliche Regierung in Schleswig eingeschaltet werden. Sie entschied, Oldsum solle 71 v. H. und Utersum 29 v. H. des Grund- und Kapitalvermögens erhalten.

Dank der weitsichtigen Entscheidung von 1803 standen sich die Schulen in St. Laurentii finanziell relativ gut. Erst 1888 zahlte der Staat erstmalig einen Zuschuß zur Lehrerbesoldung, und zwar 1800 Mark jährlich. So vermerkte dann auch der Hauptlehrer Petersen etwa um 1890 in der Schulchronik Oldsum:

„Die hiesige Schulgemeinde ist gewiß mit am besten gestellt von allen Schulgemeinden auf Föhr und jedenfalls auch besser als die große Mehrzahl anderer Gemeinden in unserem Kreise (Tondern)."

Die Schulgemeinde St. Laurentii hat im Laufe der Zeit das Grundvermögen des Schulfonds mehrfach durch Verkäufe vermindert. Bereits am 13. 7. 1805 befahl die Dänische Kanzlei in Kopenhagen, die Diakonatsgebäude mit 1,25 Demat Ackerland auf einer öffentlichen Auktion zu verkaufen. Sie fand, nach vorheriger öffentlicher Bekanntmachung in den Kirchen von Föhr und Amrum, am 27. 11. 1805 statt. Diedrich Roeloffs ersteigerte das „Wohnhaus von 7 Fach mit 3 blinden und 1 offenen Öfen sowie Stall und Scheune von 13 Fach und die 1,25 Demat Land" für 1026 Reichsthaler (3078 Mark C). Den Kauferlös, erweitert um Pachteinnahmen mehrerer Jahre, legte die Schulgemeinde 1809 bei der Grafschaft Schackenburg in Mögeltondern an, insgesamt waren es 1644 Reichsthaler (4932 Mark C), die 4 % Zinsen brachten. Dieses Darlehen wurde 1815 gekündigt und daraufhin in Höhe von 4800 Mark C dem Südermarschkoog bei Husum für 5 %, später 3,5 % Zinsen gewährt. Nach Rückzahlung des Darlehens im Jahre 1840 kaufte die Schulgemeinde hierfür Staatsobligationen.

Später gelangte Schulfonds-Land in der Regel nur dann zum Verkauf, wenn außergewöhnliche Aufwendungen beglichen werden mußten. So beschloß die Schulkommission im Jahre 1860, mehrere Landstücke zu verkaufen, um das 1854 errichtete Schulhaus (fö. Ual Skuulhüs) in Oldsum zu finanzieren. Sie hatte zuvor rd. 2000 Rbtr geliehen, um die Baurechnungen bezahlen zu können. 21,3 Demat ließ sie daraufhin auf einer öffentlichen Auktion verkaufen[6]. Mit dem Erlös von 5579 Rbtr zahlte sie das geliehene Geld zurück, den Rest legte sie zinsträchtig an. Dem Schulfonds blieben rd. 54 Demat, die sich in späteren Jahrzehnten durch weitere Verkäufe reduzierten[7].

---

5 Die ersten drei Schulvorsteher waren für Oldsum und Süderende Diedrich Roeloffs, Süderende; für Toftum und Klintum Danklef Jappen, Toftum; für Utersum, Hedehusum und Dunsum Jung Rörd Bohn, Utersum.

6 Davon kaufte Christian D. Roeloffs 1,1 Demat auf „Haleekrem" für 700 Rbtr. Dieses Ackerstück erbte 1871 seine Tochter Ingke Arfsten. – Auf dieser Auktion brachte gutes Ackerland 500–820 Rbtr, eine Fenne in „Raidslaaw" 120 Rbtr, in „Loongweerem" 94 Rbtr je Demat.

7 U. a. erwarb Brar C. Roeloffs im Jahre 1893 in „Raidslaaw" rd. 2,5 Demat und 1905 in „Schepkoolk" 5,5 Demat.

Entsprechend dem Regulativ von 1809 waren die Ausgaben für die Unterhaltung der Schulhäuser, der Lehrerwohnungen und des Schullandes sowie für die Lehrergehälter aus dem Schulfonds und aus Schulbeiträgen aufzubringen. Während der Schulfonds 1840 und 1850 noch rd. 60 v. H. aller Ausgaben tragen konnte, waren es 1860 und 1870 immerhin noch knapp 40 v. H., 1880 dagegen nur noch 30 v. H. Ein ständig steigender Betrag mußte daher als Schulbeitrag von den Einwohnern gehoben werden. Mit 2885 Mark im Jahre 1890 lag er dreimal so hoch wie 1840. Und wäre der Schulgemeinde nicht ab 1888 alljährlich ein Staatszuschuß von 1800 Mark gewährt worden, hätte ein Schulbeitrag in fünffacher Höhe des 1840 gehobenen Betrages eingesammelt werden müssen. Die Aufwendungen stiegen weiter, der Staatszuschuß jedoch nicht. Um im Jahre 1900 die Ausgaben von 7222 Mark begleichen zu können, mußte die Schulgemeinde 4851 Mark Schulbeiträge erheben. Mit der Pacht von 913 Mark für das Schulfondsland konnte sie nur noch 13 v. H. der Ausgaben bestreiten. Da war es schon vorteilhaft, daß sie noch 13 100 Mark Kapitalvermögen hatte – im wesentlichen preußische Staatsobligationen –, das 484 Mark Zinsen brachte. Durch weitere Landverkäufe vermehrte sich das Kapitalvermögen. Es betrug 1908 bei der Auflösung der Schulgemeinde 21 050 Mark.

Insgesamt muß man der Schulkommission bescheinigen, daß sie über alle Zeiten hinweg gut und sparsam gewirtschaftet hat. Eine große Zahl von Protokollen belegt, daß sie ihre Beschlüsse wohlüberlegt und stets unter Anwendung sparsamer Grundsätze traf. Auch zeigen verschiedene Entscheidungen, aus der Sicht der jeweiligen Zeitverhältnisse, große Weitsicht. Da ist an erster Stelle die Vereinigung der Schuldistrikte Oldsum und Toftum im Jahre 1897 zu nennen, die zum Neubau einer Dörfergemeinschaftsschule für fünf Dörfer führte. Die Entscheidung erfolgte, als man andernorts noch zäh an der einklassigen Dorfschule festhielt.

Schulhäuser

In St. Laurentii hatte – zumindest seit 1765 und etwa bis zum Jahre 1800 – mit Ausnahme von Süderende und Kleindunsum jedes Dorf ein eigenes Schulhaus. Süderende deswegen nicht, weil sich die Bauerschaft über die Errichtung eines Gebäudes nicht einigen konnte. Der Unterricht wurde daher in einem hierfür gemieteten Raum erteilt. Vom 12. Lebensjahr ab besuchten die Kinder von Süderende jedoch die Schule in Oldsum. Eine, zumindest für die Knaben, mehr theoretische Regelung; in diesem Alter fuhren sie meist schon zur See.

Die Schulhäuser hatten vor der Landaufteilung ihren Platz auf Grundstücken, die zum Gräsungsland des jeweiligen Dorfes gehörten. Sie standen somit im Eigentum der Bältringsinhaber bzw. der „wirklichen" Bauerschaft, die auch für die Errichtung und Unterhaltung zu sorgen hatten. Die Schulgebäude waren 1800 mehr als dürftig. Ihre Größe betrug nach den Landaufteilungsakten in *Großdunsum* und *Hedehusum* nur jeweils 1 Quadratruthe (rd. 27 m²). Die beiden Schulhäuser können somit allenfalls ein Außenmaß von etwa 5×5 m gehabt haben. Aus heutiger Sicht unvorstellbar! Die weiteren Schulgrundstücke in St. Laurentii hatten folgende Maße:

Utersum	2 Quadratruthen =	53 m²
Oldsum	3 Quadratruthen =	80 m²
Toftum	3 Quadratruthen =	80 m²
Klintum	4 Quadratruthen =	106 m² (einschl. Kohlhof).

Die Größe der darauf gebauten Schulhäuser ist aus den Unterlagen nicht ersichtlich. Anzunehmen ist jedoch, daß es sich in allen Dörfern nur um Katen mit sehr bescheidener Ausstattung handelte.

Das Schulhaus in *Klintum* hatte seinen Standort auf dem Grundstück Nr. 137 (Abb. 14). Bei der Landaufteilung 1802/03 wurde jedoch für diese Dorfschaft kein Schulland ausgewiesen. Es ist daher anzunehmen, daß die Klintumer Kinder seit Anfang 1800 die Schule in Toftum besuchten.

Die Schule in *Toftum* stand um 1800 etwa 50 m südlich des heutigen Dorfes auf einer Fläche, die nach der Landaufteilung für den nach Süden führenden Feldweg verwendet wurde, der als „Rakmers-Stich" bekannt ist (Abb. 14). Sie wurde 1825 wegen Baufälligkeit abgerissen. Im gleichen Jahr ließ die Schulgemeinde ein neues Schulhaus auf einem Grundstück am westlichen Dorfrand errichten, das ihr bei der Landaufteilung vorsorglich zugewiesen worden war[8]. 1877 erfolgte auf Anordnung der Königlichen Regie-

8 Dieses Hausgrundstück gehörte um 1900 der Familie Döhler, heute dem Ehepaar Roland.

rung eine grundlegende Renovierung. Dabei wurde u. a. das Reetdach durch ein flaches Pappdach ersetzt. Die Kosten beliefen sich auf 2165 Mark. Diese Baumaßnahme mußte ausgeführt werden, weil die Eingesessenen sich weigerten, dem Vorschlag der Regierung zu folgen, Toftum und Oldsum zu einem Schulverband zu vereinigen und ein neues dreiklassiges Schulhaus an der Dorfgrenze zwischen Oldsum und Klintum zu errichten. Von 89 Schulinteressenten lehnten 75 ab. Vor allem die Süderender und Dunsumer versagten wegen des dann längeren Schulweges ihre Zustimmung.

In Toftum war nach der Neuordnung des Schulwesens zunächst keine Lehrerwohnung erforderlich, weil der dort von 1805 bis 1839 amtierende Lehrer, Hinrich Jappen (1777–1859), ein eigenes Wohnhaus besaß. Die Schulgemeinde mußte aber 1822 das Hausgrundstück Nr. 165 (später Carl Rathje) kaufen, um den Hilfslehrer Oluf Braren unterzubringen. Das 9½ Fach lange Haus kostete 600 Mark C. Es diente bis 1897 den Toftumer Lehrern als Wohnung. 1877 wurde ein nördlich von Nr. 165 gelegenes unbebautes Grundstück, 520 m² groß, für 195 Mark hinzuerworben, und zwar als Gartenland für den damaligen Lehrer Jacob Ocke Jappen. Als Toftum und Klintum sich im Jahre 1897 mit dem Oldsumer Schuldistrict vereinigten, kamen die Grundstücke mit Schulhaus und Lehrerwohnung ebenso zum Verkauf wie die 6,8 Demat Toftumer Schulland. Der Erlös betrug 8078 Mark. Damit konnten etwa zwei Drittel der Baukosten für die neue Oldsumer Schule beglichen werden.

In *Utersum* hatte vor 1800 das Schulhaus seinen Platz auf dem Grundstück, das bis etwa 1967 der jeweilige Lehrer bewohnte. Im Jahre 1810 entschied die Schulkommission, eine Lehrerwohnung für Oluf Braren, zuvor Lehrer auf Sylt und in Midlum, anzubauen; Baukosten 1030 Mark C. Damit waren Schulraum und Lehrerwohnung unter einem Dach vereinigt. 1828 ließ sie den Schulraum abreißen und auf dem südlichen Teil des Grundstücks ein neues Schulhaus errichten. Wegen unzureichender baulicher Qualität mußte das Gebäude bereits 1881 grundlegend erneuert werden. Heute wird es als Gemeindehaus genutzt.

In *Hedehusum* stand um 1800 das Schulhaus östlich des Weges „Pepertoft" (fö. Pöbertaft), der von der Landstraße nach Süden zu dem Hof führt, den um 1960 Gustav Martensen bewirtschaftete. Bis etwa 1807 wurde dort unterrichtet. Danach als Wohnhaus genutzt, wurde es zwischen 1830 und 1845 abgerissen.

Die Schule in *Dunsum* finden wir um 1800 östlich der Dorfstraße von Großdunsum, etwa auf der Höhe des Wohnhauses, das noch vor einigen Jahrzehnten der Familie Danklef Daniels gehörte. Lt. Volkszählung 1801 hielt Sam Hayen (1742–1823) dort „Schule des Winters". Die Schule sollte nach der Neuordnung des Schulwesens (1809) als Nebenschule weitergeführt werden, „worin besonders im Winter die kleinen Kinder bis zum 10. Lebensjahr unterrichtet werden sollen, weil die Wege nach Utersum tief und sumpfig sind". Hiervon wurde jedoch kaum Gebrauch gemacht. Nach 1815 jedenfalls besuchten die Dunsumer Kinder auch im Winter die Schule in Utersum.

Die *Oldsumer* Schule stand bis 1824 westlich des Dorfes, und zwar etwa dort, wo vor einigen Jahren die Familie Eugen Burmester ein neues Wohnhaus errichtet hat (Abb. 13). Bei der Landaufteilung 1802/03 wurden jedoch südlich des Dorfes 44 Quadratruthen (1170 m²) Staven- und Küsterland für eine neue Schule ausgelegt. Diesen Standort begründete der Landmesser Feddersen im Jahre 1805 wie folgt:

„Der Schulstaven in Oldsum ist so gelegt, daß die Bewohner der Dorfschaft Oldsum die gleiche Entfernung zur Schule haben wie die Dorfschaft Süderende. Und die gleiche Regelung ist auch für die Dörfer Klintum und Toftum getroffen."

Obwohl der bauliche Zustand der alten Oldsumer Schule höchst unzulänglich war, wurde der Neubau jedoch – wie in Toftum und Utersum – nicht mit dem nötigen Nachdruck betrieben. Dies veranlaßte mehrere Eingesessene aus Süderende am 28. Mai 1822 folgendes Beschwerdeschreiben an die Schulkommission zu richten:

„Wir Bewohner in Süderende können bei dem traurigen Zustand, worin sich unsere Schule und der Schulunterricht befinden, nicht länger stillschweigen. Voriges Jahr sind wir mit Vorwissen und Genehmigung des Predigers mit einer Vorstellung um eine Distriktschule bey der Hohen Schuldirection (in Mögeltondern) eingegangen. Obgleich man uns damals Hoffnung machte, unser Gesuch zu unterstützen, arbeitete man derselben bey der Kirchenvisitation entgegen, fügte jedoch das Versprechen hinzu, daß ein Schulhauß für Oldsum und Süderende auf dem bei der Landvertheilung ausgelegten Land erbaut, und daß zwey tüchtige Lehrer beständig gehalten werden sollten: allem Anschein nach wird weder das eine noch das andere diesen Sommer erfüllt werden. Wir bitten daher, die Schulcommission möge sich erklären:

1. Ob sie diesen Sommer ein Schulhauß nach dem Regulativ von 1809 auf dem dazu ausgelegten Land erbauen wird, und
2. ob es veranstaltet wird, daß zwei tüchtige Lehrer für beständig in der Schule gehalten werden, nicht dem Namen nach, wie es bisher geschehen ist, sondern in der That und Wahrheit.
Darauf erbitten wir uns in kurzer Zeit zu antworten, um unsere gerechte Forderung durch Hülfe der höheren Behörde in Erfüllung bringen zu können.

Diedrich Roeloffs Friedrich Petersen (Früd Peters)
Ketel Rörden Jungrörd Nickelsen
Brar Olufs Erck Rörden Jungrörd Lorentzen
Brar H. Braren Harck Nickelsen J. Marcussen."

Etwa parallel zu dieser Beschwerde verliehen mehrere Eltern aus Süderende ihrer Forderung dadurch Nachdruck, daß sie ihre Kinder aus der Oldsumer Schule fernhielten und im Winterhalbjahr 1822/23 in einer „Nebenschule" in Süderende privat unterrichten ließen. Es handelte sich um folgende Schüler (Alter im Klammern):

Cornelius Hinrich Braren (10) Inge Behlendorf (9)
Brar Friedrich Braren (8) Lien E. Arfsten (9)
Matje Lorentzen (11) Keike Lorentzen (8)
Julianna Ketels (10) Maike Brar Olufs (8)

Sowohl das Beschwerdeschreiben als auch die Einrichtung einer „Privatschule" richtete sich nicht nur gegen die Schulkommission, sondern auch gegen den Küster und 1. Lehrer Simon H. Olufs. Daß die Süderender dessen Unterricht für unzureichend hielten, verwundert nicht, war Olufs doch mittlerweile 71 Jahre alt. Olufs dagegen strebte an, bis ans Lebensende zu unterrichten, wie seine Vorgänger es getan hatten. Und er wollte seinem Schwiegersohn L. H. Rickmers, der 1821 sein Lehrerexamen in Tondern abgelegt hatte, die Stelle des 1. Lehrers und Küsters sichern – was ihm dann auch 1823 gelang. Er selber wurde daraufhin mit einer jährlichen Pension von 100 Rtr aus dem Schuldienst entlassen.

Nachdem gut ein Jahr verstrichen war, entschied die Schulkommission, das alte Schulhaus (1824) niederzulegen und auf dem Schulstaven südlich des Dorfes mit zwei Klassenräumen neu aufführen zu lassen. – Wahrscheinlich in schlechter Ausführung, denn schon 1854 mußte das Gebäude durch ein neues an gleicher Stelle mit Baukosten von 1927 Rbtr (rd. 3613 Mark C) ersetzt werden. Dieses Schulhaus, mir noch unter „Ual Skuulhüs" bekannt, wurde bis 1940 genutzt und dann abgerissen (Abb. 80). Die Aufwendungen für den damaligen Neubau entsprachen übrigens einem Wert von nur 36 Kühen (heute rd. 75 000 DM). Und das für ein Schulhaus, in dem bis zu 100 Kinder unterrichtet wurden!

Zur Oldsumer Schule gehörte bis 1845 keine Lehrerwohnung. Denn seit mindestens 1644 bekleidete der 1. Lehrer zugleich das Amt des Küsters von St. Laurentii, der als Eingesessener stets ein eigenes Wohnhaus besaß. Erst nach der Pensionierung von Lorenz

Abb 80: „Ual Skuulhüs" in Oldsum (1854 errichtet, 1940 abgebrochen), im Hintergrund „Nei Skuulhüs" (1897 errichtet)

Abb. 81: Das „neue" Küsterhaus in Oldsum (1845 errichtet)

H. Rickmers, Großvater von „Luunje Hine", im Jahre 1845 wurde das sog. Küsterhaus in Oldsum gebaut. Da auf dem Schulstaven nicht genügend Platz war, erwarb die Schulgemeinde das Nachbargrundstück, 29½ Quadratruthen groß (786 m²), von Ocke D. Olufs (1818–1896) für 205 Mark C. Die Kosten betrugen insgesamt 2640 Mark C. Das Haus steht heute noch. Es ist das südlichste Gebäude im Dorfe Oldsum (Abb. 81).

Die Schulgemeinde St. Laurentii nahm 1896 die Empfehlung der Königlichen Regierung aus dem Jahre 1875 wieder auf. Sie beschloß, die Schule in Toftum aufzulösen und mit der in Oldsum zu vereinigen, um dort ein neues – zusätzliches – Schulhaus zu bauen. Der Bau des „Nei-Skuulhüs" wurde 1897 ausgeführt mit Kosten von 12 400 Mark. Zuvor hatte die Schulgemeinde das Grundstück für die neue Schule angekauft. Sie konnte nach der Grundsteinlegung am 18. Juni das neue Gebäude schon am 6. Oktober einweihen. Niemand nahm daran Anstoß, daß die Schüler die feuchten Klassenräume bezogen. Die Schule, in den Jahren 1926/27 um eine Turnhalle erweitert, diente bis 1967 als Lehranstalt für die Kinder von Oldsum-Klintum, Toftum, Süderende und Kleindunsum. Seitdem haben sich die Schulverhältnisse wesentlich geändert. Nach der Fertigstellung der Dörfergemeinschaftsschule in der Nähe der Süderender Kirche im Jahre 1967 wurden die Schulgebäude einschl. Küsterhaus und Turnhalle in Oldsum verkauft.

Lehrer

Die Lehrer bekamen vor 1800 für ihre Tätigkeit ein dürftiges Entgelt. Bis 1809 standen sie weder mit der Kirchengemeinde noch mit der Bauerschaft in einem festen Dienstverhältnis. Sie waren lediglich durch eine mündlich mit den Eltern abgeschlossene Vereinbarung über ein halbes oder ganzes Jahr gebunden, deren Kinder gegen eine entsprechend festgelegte Leistung zu unterrichten. Gefiel den Eltern der Lehrer nicht, oder erhielten sie von einer anderen Person ein günstigeres Angebot, so lösten sie sich von ihm und schickten ihre Kinder zu dem anderen, der sich dann als Lehrer betätigte. So geschah es denn auch, daß ein Lehrer nicht nur im Schulhaus, sondern auch im eigenen Haus unterrichtet. Der Unterrichtende „hielt sich eine Schule". Er wurde daher vor 1800 nicht mit Lehrer, sondern als Schulhalter bezeichnet. Durchweg stand es mit der Qualifikation dieser Schulhalter nicht zum besten. Ihnen fehlte eine ordentliche Ausbildung. Einige eigneten sich ihr Wissen und Können dadurch an, daß sie zunächst als Schulgehilfe bei einem erfahrenen Lehrer dienten. Sobald sie annahmen unterrichten zu können, machten sie sich als Schulhalter „selbständig". Nicht wenige aber gaben Unterricht, ohne vorher die notwendige Erfahrung gesammelt zu haben. Erst nach 1800 traten in St. Laurentii Lehrer in die Schulen ein, die ein Lehrerseminar besucht hatten. Die ersten waren: Lorenz H. Rickmers 1823 in Oldsum (Examen 1821 in Tondern), Christian Jessen 1839 in Toftum (Examen 1836 in Tondern, 1836 Hilfslehrer in Oevenum), Ocke Jappen 1821 in Utersum (Examen 1816 in Tondern, danach Unterlehrer in Oldsum).

Dabei ist zu berücksichtigen, daß nach der Königlichen Anordnung vom 29. Juli 1814 der sich um eine Schulstelle bewerbende Lehrer zwar eine Seminarausbildung nachweisen mußte. Gleichwohl konnten unter bestimmten Voraussetzungen befähigte Personen auch ohne diese Qualifikation angestellt werden. So ordnete die Schuldirektion noch 1844 an, die Stelle des Unterlehrers in Oldsum mit einer seminaristisch ausgebildeten Person zu besetzen. Demnach standen zumindest zeitweilig Lehrkräfte ohne Seminarausbildung dem 1. Lehrer zur Seite.

In St. Laurentii waren vor 1800 die Schulhalter nicht selten Seefahrer, die sich im Sommer der Grönlandfahrt widmeten und daher nur im Winter unterrichteten. Oftmals handelte es sich aber auch um ältere Männer, die die Seefahrt schon aufgegeben hatten; sie hielten auch im Sommer Schule. So wirkte der siebzigjährige Ock Ercken[9] – ehemals Steuermann – im Jahre 1801 als Schulhalter in Süderende. Überhaupt waren die Schulhalter durchweg auf diesen zusätzlichen Erwerb angewiesen. Dagegen betätigten sich Schiffsführer oder Feldinteressenten mit ausreichendem Landbesitz selten als Schulhalter.

Nach einer Aufzeichnung in der Schulchronik von Oldsum erhielt ein Schulhalter um 1672 für jedes Kind, das er unterrichtete, von November bis Neujahr 1 Brot und 1 Licht und von Neujahr bis Petritag (22. Februar) 1 Scheffel Gerste[10] und für jedes rechnende Kind zusätzlich 1 Scheffel Gerste. Für 40 Kinder bekam er demnach neben 40 Broten und 40 Lichtern etwa 60 Scheffel Gerste (ca. 1350 kg). Ein dürftiger Lohn! Im Jahre 1739 erließ jedoch König Christian VI. eine Instruktion, um u. a. das Einkommen der Schulhalter zu verbessern. Dennoch reichte es auch danach nicht, um den Lebensunterhalt einer Lehrerfamilie zu bestreiten. Ohne zusätzliche Einkünfte aus Küsterdienst, Landbewirtschaftung oder Seefahrt kam ein Schulhalter auch bei bescheidenen Ansprüchen nicht aus.

Angesichts dieser wahrlich nicht sehr ersprießlichen Schulverhältnisse lehrten viele Schulhalter nur wenige Jahre. Einige versuchten sich sogar nur ein Jahr mit dem Unterrichten. Andere übten diesen Erwerb mit mehrjähriger Unterbrechung aus. Das ist überliefert, aber auch aus den Kirchenbüchern von St. Laurentii ersichtlich. Dort sind von 1762 bis 1806 alle Schulhalter aufgeführt, die aus der Armenkasse eine bescheidene Unterstützung für die Unterrichtung sog. „Armenkinder" erhielten. Aus der vorhergehenden Zeit sind nur die Küster bekannt, die stets zugleich Schule hielten.

Aufgrund dieser Umstände überrascht es nicht, daß in 47 Jahren, von 1762 bis 1808, sich in den St. Laurentii-Dörfern neben dem jeweiligen Küster nachweislich 78 Männer als Schulhalter betätigten. Über eine längere Zeitspanne waren es die in der Übersicht 33 aufgeführten Schulhalter.

Die Übersicht 33 unterstreicht die Aussage, daß die Schulhalter zuvor oder zugleich Seefahrer waren, bis ins hohe Alter hinein unterrichteten, und zwar mit Unterbrechungen.

Über einen langen Zeitraum lehrten die jeweiligen Küster von St. Laurentii, die mindestens von 1613 bis 1809 neben ihrem Kirchenamte stets als Schulhalter in Oldsum und danach als 1. Lehrer dort unterrichteten. Nach der Schulchronik hieß der erste namentlich bekannte Küster und Lehrer Hans Petersen (1590 bis 1684). Er bekleidete von 1613 bis 1675 dieses Amt. Es ist jedoch anzunehmen, daß auch die vor 1613 in St. Laurentii tätigen Küster Unterricht erteilten, da einer den Namen Karsten Schulmeister trug. Näheres ist jedoch nicht bekannt. Auf Hans Petersen folgte bis 1700 sein Sohn Ocke Hansen (1638–1700). Danach übten fünf Angehörige einer alteingesessenen Föhringer Familie 160 Jahre dieses Amt aus, davon 145 Jahre ohne Unterbrechung. Es vererbte sich sozusagen über fünf Generationen:

1700–1758 Hark Jürgens (1676–1758)

1758–1780 Oluf Sönnen (1710–1780), Schwiegersohn und seit 1740 Adjunkt von Hark Jürgens

1780–1823 Simon Hinrich Olufs (1751–1837), Sohn von Oluf Sönnen

1823–1845 Lorenz Hinrich Rickmers (1798–1869), Schwiegersohn von S. H. Olufs

9 Ock Ercken (1731–1815), wohnhaft in Süderende Nr. 233 (heute Feuerwehrgerätehaus), war der Großvater von Ingke Ocken, der ersten Ehefrau von Christian D. Roeloffs.

10 1 Scheffel Gerste = 1/8 Tonne (etwa 22,5 Pfund).

Übersicht 33: Ausgewählte Schulhalter in St. Laurentii

Dorf	Name des Schulhalters	Lebenszeit	als Schulhalter tätig (Zahl der Unterrichtsjahre)	Bemerkungen
Süderende	Peter Braren	1714–etwa 1786	1763–1786 (24)	1757 Seefahrer, wenig Landbesitz, wohnte in einer Kate von ca. 8 m Länge, wo er auch Schule hielt
Oldsum	Peter Früdden	1733–1807	1762–1806 (25)	1757 Seefahrer, 1787 Steuermann, 1795 Seefahrer, erhielt bei der Landaufteilung 5,5 Demat; arm: Begräbnis der Ehefrau und einer Tochter aus der Armenkasse bezahlt
Toftum	Jürgen Ketels	1732–1808	1790–1805 (13)	1757 Seefahrer, 1787 Schiffskoch, erhielt bei der Landaufteilung 3 Demat
Utersum	Nickels Nickelsen	1739–1820	1796–1808 (12)	N., ein Schwager des Küsters Simon H. Olufs, lebte zunächst in ärmlichen Verhältnissen. Seine Frau Kerrin und seine Schwester Ing mußten daher durch Stricken dazuverdienen. Er konnte aber dann seinen Landbesitz auf ca. 20 Demat vergrößern. In der Seefahrerliste 1757 ist er mit vier Brüdern und seinem Vater als Seefahrer verzeichnet, 1787 Harpunier
Hedehusum	Brar Namens	1741–1805	1765–1801 (13)	1787 und 1801: Matrose, als solcher starb er 1805 in Marseille; arm: Begräbnis seiner Ehefrau bezahlte die Armenkasse
Dunsum	Erck Olufs	1747–1790	1770–1782 (10)	besaß nur ein Haus, kein Land, 1781 und 1787: Matrose

1856–1871 Jacob Cornelius Rickmers (1826–1906), Sohn von L. H. Rickmers.

Diese Küster wohnten – abgesehen von Jacob Rickmers – alle in Süderende, die drei erstgenannten im Hause Nr. 261, das heute E. Riewerts gehört (Abb. 82). Das Haus wurde daher auch als „Küsterrath“ bezeichnet. Es war auf Pastoratsgrund gebaut. Bis 1878 zahlte der Eigentümer hierfür jährlich 10 Schilling Stavenlandabgabe an das Pastorat. Lorenz Rickmers wohnte in Süderende Nr. 257, Jacob Rickmers, ein Bruder des erfolgreichen Kapitäns Jürgen Rickmers (1825–1907), in dem 1845 in Oldsum erbauten Küsterhause. Über den Küster Jacob Rickmers berichtet Ernst Ketels (1859–1949) aus der Zeit um 1870 in seinen Lebenserinnerungen:

„Ein tüchtiger Lehrer der alten Schule, über den aber die Jetztzeit erbarmungslos herfallen würde. Streng, unnahbar gegenüber den Schülern, überhaupt außerhalb der Schule, den Stock nicht und das Tau-Ende (Tampen) nicht schonend. Auch wohl launisch. In der Kirche, damals ohne Orgel, war er Vorsänger vom Chor, vom Buckstuhl aus, der selbstverständlich immer von den großen Knaben besetzt sein mußte. Vor dem Buckstuhl und hinter dem Altar saßen die jüngeren Knaben.

Noch immer nach der dänischen Kirchen-Ordnung (Föhr war mittlerweile preußisch) trat der Küster zu Anfang des Gottesdienstes, zu dem er den Pastor zuvor aus Süderende abgeholt hatte, in den Gang im Chor und verlas: ‚Vater, ich bin in Dein heiliges Haus gekommen, um zu hören . . .‘ In der Liturgie antwortete er dem Pastor singend: ‚Und mit Deinem Geiste‘. Hatte ein Begräbnis stattgefunden, der Pastor singend: ‚Ich weiß das mein Erlöser lebet‘, danach der Küster: ‚Und er wird mich hernach aus der Erde auferwekken‘.

Nach dem Gottesdienst, der mit dem Gesang endete: ‚Unsern Ausgang segne Gott‘, trat der Küster wieder in den Gang, um die Bekanntmachungen (fö. Kuneg Seedler) über Auctionen, eingeschüttete Schafe, Ochsen, Enten (unter Benennung der Marken in Ohren und Schwimmhäuten) zu verlesen[11]. Auch an den Kirchtüren waren einige Bekanntmachungen vom Kirchendiener und ‚Prakervöged‘ angehef-

11 Auch Gesetze, Anordnungen u. ä. verkündete der Küster im Kirchengang, und zwar seit 1824. Zuvor erfolgte die Bekanntmachung von der Kanzel durch den Prediger.

Abb. 82: Das alte Küsterrat in Süderende, vermutlich im 17. Jahrh. errichtet, 1851 grundlegend renoviert

tet. Lokalzeitungen kannte man noch nicht. Man fragte: ‚Wat wiar der Neijs bit Hof‘ oder ‚Ütj bi font‘? Dieses Angeführte waren meiner Ansicht nach *mit* Gründe, auf die die frühere Kirchlichkeit der Gemeinde zurückzuführen ist.

Jacob Rickmers beschenkte uns (in der Schule) regelmäßig am Jahresschluß, als ‚Neiesjiw‘ mit einem kleinen Jul-Kuchen. Der Bäcker F. Winterhoff brachte einige Körbe voll in die Schulstube, und der Lehrer, seine Frau Liesche und ihre Kinder Claudius und Lene legten jedem Schulkind einen Kuchen zu 4 Bankschilling, ein richtiger Jul-Kuchen kostete 6 Schilling, auf seinen Tisch. Ob dieses für das Opfer, was der Küster am Neujahrstag in der Kirche von den Eltern bekam, schon eine Gegenleistung war, weiß ich nicht. Soweit ich erinnere, stand es damit in irgend einer Weise in Verbindung, vielleicht auch nur in den Köpfen und der Auffassung der Kinder.

Dem Pastor wurde am 1. Weihnachtsfeiertag nach der Predigt geopfert. Die Männer in ihren besten Kleidern gingen zuerst, genau nach dem Alter, und dann die Frauen in ihrem Staat, mit weißer Schürze, um den Altar, vor dem der Pastor stand. Je nach Stand und Vermögen legten sie einen Species-Thaler, einen preußischen Thaler, einen dänischen Bank-Thaler, eine dänische Mark oder kleinere Münzen auf den Altar. Dazu sang die Gemeinde Nr. 518 des alten Gesangbuches: ‚Wie getrost und heiter‘. Da keine Orgel da war, glitt die Melodie immer weiter ab, bis der Küster sie wieder in die Höhe brachte. Ein ähnliches Opfer galt dem Küster am Neujahrstag.“

Vor 1809 betätigten sich nur die Küster als „hauptamtliche“ Schulhalter. Auffallend ist, daß sie durchweg bis in hohe Alter unterrichteten: Hans Petersen bis zum 85. und Hark Jürgens bis zum 82. Lebensjahr. Der Küster half aber in erster Linie dem Pastor bei der Verrichtung seiner „ministriellen Aufgaben“ wie Verlobung (vor 1799), Hochzeit und Beerdigung. Er leitete – wie erwähnt – als Vorsänger den Kirchengesang, denn früher hatte St. Laurentii keine Orgel. Darüber hinaus besorgte er die Reinigung der Kirche und das täglich zweimalige Läuten der Kirchenglokke. Deshalb wurde der Küster auch Glöckner (fö. Klooker) genannt.

Über die Bezahlung des Küsters für die Verrichtung seines Kirchenamtes – nicht für seine Tätigkeit als Schulhalter – ist im Kirchenbuch von St. Laurentii für 1747 verzeichnet:

„Das Salarium (Gehalt) ist von altersher 72 Mark Lübsch gewesen, wozu 1737 noch 5 Mark für die Verwaltung der Nummer-Bretter (Anzeigetafeln für die Kirchengesänge) kamen. 1747 kamen weitere 2 Mark dazu, weil der Küster für seine Möbel von der Contribution (Steuer) befreit sein sollte.“

Bis dahin hatte der Küster den Wert seiner Möbel versteuert. Um die Besteuerungsgrundsätze des Birks nicht ändern zu müssen, erhielt er die insoweit zu zahlende Contribution pauschal von der Kirchengemeinde erstattet. Als 1760 die Möbel generell von der Steuer befreit wurden, blieb es dennoch bei den 2 Mark zusätzlich. Weitere 24 Mark bekam er vom Jahre 1775 ab als Erstattung für die eigene Wohnung. Wie sich das Gehalt des Küsters danach entwickelte, war im einzelnen nicht festzustellen. Jedoch erhielt er neben dem Salarium weiterhin Accidentien (Einnahmen über das normale Gehalt hinaus) für die Mitwirkung bei kirchlichen Handlungen. Er bekam außerdem jährlich 1,5 Tonnen Roggen und 6 Tonnen Gerste. Daneben standen ihm bestimmte Naturalleistungen zu. Das geht aus einem Brief hervor, den der Küster Simon H. Olufs aus Anlaß der bevorstehenden Landaufteilung am 26. August 1799 an den Birkvogt in Nieblum richtete. Er schrieb:

„Zur Küsterstelle gehören 2 Ammerland auf Trentüft[12] zu benutzen. Er hat das Recht, eine Kuh zu gräsen und zwischen Süderende und Toftumer Kirchenweg Soden (Flaggen) zu stechen. Für die Bedienung des Altars – für das Anzünden der Wachslichter bei Communionen etc. – erhält er jährlich zwei Fuder Soden oder sogenannte ‚Satjen' von der besten Sorte."

Außerdem hatte der Küster das Recht, auf dem Kirchhof von St. Laurentii Gras zu schneiden. Er erntete dort jährlich etwa drei Fuder Heu. Schon die Tatsache, daß bis 1882 der Wert dieser Berechtigung stets als Teil der Küster- und Lehrereinkünfte besonders aufgeführt ist, zeigt, wie dürftig sich noch vor 100 Jahren die Besoldung im „öffentlichen Dienst" darstellte. Die Nutzung des Kirchhofes wurde um 1880 mit 18 Mark bewertet.

Wie seine Vorgänger betrieb auch Simon H. Olufs neben seinem Küster- und Schulhalteramt noch Landwirtschaft. Er besaß in der Feldmark des Langdorfes folgende Interessentenanteile:

36	Ammerland Ackerland
10 1/2	Lästal Meedeland
13 197/238	Bältring Gräsungsland.

Hierfür erhielt er bei der Landaufteilung 1802/03 rd. 20,2 Demat und 1,3 Demat Spätland, eine Fläche, die für die Haltung von etwa vier Kühen ausreichte. Zusätzlich zu seinem eigenen Land konnte Olufs nach der Landaufteilung noch die 7,4 Demat Schulland nutzen. Das alles reichte für ein relativ gutes Auskommen, zumal er neben seinen Einnahmen aus der „Küsterbedienung" nach 1809 noch ein festes Einkommen als Lehrer – so wurden nunmehr die Schulhalter genannt – bezog. Olufs nutzte seine Einkünfte u. a. für den Zukauf von Ländereien.

Die bereits erwähnte Kgl. Anordnung von 1814 bestimmte für St. Laurentii auch die Bezüge der Lehrer:

1. Der Küster, als Lehrer von Oldsum und Süderende, erhält 100 Reichsthaler (300 Mark C) bar sowie 1 Tonne Roggen und 1 Tonne Gerste, daneben 20 Reichsthaler als Feuerungsgeld für die Schulstube und die eigene Wohnung. Darüber hinaus ist er wegen der großen Kinderzahl gehalten, auf eigene Kosten einen Unterlehrer zu halten.
2. Die Lehrer in Toftum und Utersum bekommen jeweils den gleichen Geldbetrag, aber 3 Tonnen Roggen und 3 Tonnen Gerste.
3. Alle Lehrer erhalten freie Wohnung und genießen freien Gebrauch des Schullandes, das den jeweiligen Schulstellen bei der Landverteilung zugewiesen worden ist[13].

Obwohl erst 1814 geregelt, wurden diese Bezüge schon seit 1809 gezahlt. Bemerkenswert ist dabei, daß der Küster für seine Lehrtätigkeit weniger Getreide als die anderen Lehrer erhielt. Ihm wurden die Einkünfte aus dem kirchlichen Amt zumindest teilweise angerechnet. Zudem fällt auf, daß er den Unterlehrer aus eigener Tasche besolden mußte.

In den ersten Jahrzehnten nach 1809 verbesserten sich die Einkünfte der Lehrer nur geringfügig. 1860 hatte sich das Bargehalt des Küsters noch nicht verändert. Er bekam jedoch gewisse Zulagen und brauchte aus einen Einkünften den Unterlehrer nicht mehr zu bezahlen. Die zwar relativ geringen, aber vielfältigen Einkünfte des Küsters und 1. Lehrers von Oldsum, Jacob Rickmers, betrugen im Durchschnitt der Jahre 1855 bis 1865 jährlich 950 Mark (Übersicht 34).

Dagegen betrugen die Einkünfte der Lehrer in Toftum und Utersum jeweils rd. 700, des 2. Lehrers in Oldsum rd. 550 Mark C.

Im Jahre 1874 erfolgte eine Neuordnung der Lehrerbesoldung. Zu einer wesentlichen Erhöhung der Ge-

---

12 2 Ammerland (Ackerland) auf Trentüft (fö. Trentaft) hatten etwa eine Größe von 800 m². Trentüft lag nördlich, unmittelbar angrenzend am Küsterrath.

13 Nicht zu verwechseln mit dem Schulfondsland (ehem. Diakonatsland)! Die Einnahmen hieraus flossen in die Schulkasse.

Übersicht 34: Jahreseinkünfte des 1. Lehrers und Küsters Jacob Rickmers um 1860

als	Lehrer	Mark C	
	Bargehalt	300	
	Zulage für 70 Schüler à 15 Sch.*	65	
	Feuerungsgeld	94	
	Accidentien**	11	
	1 Tonne Gerste, 1 Tonne Roggen	31	
	Nutzung des Schullandes:		
	3 Demat Marschland	70	
	0,25 Demat Acker- und Gartenland	20	
	3 Demat Heideland	15	606 Mark C
als	Küster		
	Gehalt	80	
	fürs Glockenläuten	20	
	Anteil aus dem Festopfer	60	
	Accidentien für kirchliche Handlungen	50	
	als Kirchspielschreiber (u. a. Ausfertigung der Kirchenrechnung und Protokollführung beim „Steedengripen")	20	
	für die Leitung des Kirchengesanges	19	
	1,5 Tonnen Roggen, 6 Tonnen Gerste	77	
	Benutzung des Kirchhofes zur Heugewinnung	18	344 Mark C
	insgesamt		950 Mark C

* 16 Schilling = 1 Mark C
** Accidentien: Einnahmen über das normale Gehalt hinaus

hälter führte sie jedoch nicht. Auch bei der erneuten – allerdings wiederum nur geringfügigen – Aufbesserung, 1898, blieb es dabei, daß in Oldsum der 1. Lehrer (und Küster) weniger erhielt als der 2. und 3. Lehrer, auch weniger als der Utersumer Lehrer. Er mußte sich seine Einkünfte als Küster – so wie es im Grundsatz 1809 geregelt worden war – zumindest teilweise anrechnen lassen, obwohl er als solcher zusätzliche Leistungen erbrachte. Demnach stand im Vordergrund, dem Lehrer einen angemessenen Lebensunterhalt zu gewährleisten, nicht dagegen, ihm die Leistung zu honorieren.
Das Gehalt eines Lehrers war um 1900 zwar auskömmlich, im Vergleich zu heutigen Verhältnissen aber bescheiden, wenn man es mit landwirtschaftlichen Erzeugerpreisen vergleicht. Im Jahre 1900 konnte ein Lehrer mit 1200 Mark, dem Grundgehalt eines Jahres, 80 Tonnen Roggen kaufen – eine Getreidemenge, für die ein Landwirt 1981 rd. 3500 DM erhielt. Und dies ist etwa der Betrag, den heute ein Lehrer als Monatsgehalt bezieht. So haben sich die Verhältnisse u. a. dank der Technisierung und Rationalisierung der Landwirtschaft zugunsten der dienstleistenden Erwerbspersonen verändert.

Schüler

Über die Zahl der Schulkinder gibt es für St. Laurentii aus der Zeit vor 1815 keine Unterlagen. Erst danach, und zwar bis 1853 lückenlos, sind Schulbesuch und Leistungen der einzelnen Schüler jeweils nach Abschluß des Sommer- und Winterhalbjahres säuberlich von den amtierenden Lehrern in den Schulprotokollen aufgezeichnet und vom Pastor zu St. Laurentii, dem Vorsitzenden der Schulkommission, bestätigt worden. Aus der folgenden Zeit gibt es zwar nur lükkenhafte Aufzeichnungen. Die Zahl der Schulkinder konnte ich jedoch für einen Zeitraum von fast 100 Jahren ermitteln; die Angaben in der Übersicht 35 beziehen sich jeweils auf das Winterhalbjahr.
Die Übersicht 35 zeigt, daß die Zahl der Schulkinder außerordentlich starken Schwankungen unterworfen war. Vermutlich besteht ein gewisser Zusammenhang mit der Wandlung der Erwerbsverhältnisse im Laufe des 19. Jahrhunderts. Insbesondere fällt auf, daß die Zahl der Knaben die der Mädchen zum Teil weitaus übertraf. Hierfür habe ich keine Erklärung.
Nach den Schulprotokollen besserten sich nach 1815 die schulischen Verhältnisse in St. Laurentii allmählich. Obwohl Schulpflicht bestand, fand ein regelmäßiger Schulbesuch aller Kinder jedoch immer noch nicht statt. Es dauerte geraume Zeit, bis alle Eltern von der Notwendigkeit und dem Nutzen einer schulischen Ausbildung auch ihrer Töchter überzeugt warten. So ist es nicht erstaunlich, daß etwa um 1830 viele Mädchen, sobald sie ein Alter von 12 Jahren erreicht hatten, in den Sommermonaten die Schule gar nicht oder nur an wenigen Tagen besuchten. In den Leistungsprotokollen ist dann oftmals die Bemerkung „Dienen" (fö. tiine) eingetragen, d. h. sie arbeiteten als Dienstmagd in einem fremden Haushalt. Verständlich ist, daß vor allem die Kinder unvermögender Eltern mit dieser Begründung in der Schule fehlten.

Übersicht 35: Zahl der Schulkinder in St. Laurentii von 1815/16 bis 1909/10

Schuldistrikt		1815/16	1825/26	1835/36	1845/46	1852/53	1909/1910
Oldsum	Knaben	54	54	67	19	55	–
	Mädchen	46	39	47	34	49	–
	zusammen	100	93	114	53*	104	241
Toftum	Knaben	35	24	36	35	40	–
	Mädchen	37	23	36	24	27	–
	zusammen	72	47	72	59*	67	–
Utersum	Knaben	29	37	17	32	36	–
	Mädchen	28	28	26	25	29	–
	zusammen	57	65	43	57	65	53
St. Laurentii insgesamt	Knaben	118	115	120	86	131	–
	Mädchen	111	90	109	83	105	–
	zusammen	229	205	229	169	236	294

* 1845/46 besuchten weitere 18 Kinder (13 Knaben und 5 Mädchen) die Privatschule in Süderende, davon 17 aus dem Schuldistrikt Oldsum und 1 aus Toftum.

Im Winter versäumten schwächliche oder kranke Kinder nicht selten den Unterricht. Wegen des weiten und damals nicht ausgebauten Schulweges blieben insbesondere die Dunsumer Kinder in den ersten Schuljahren bei schlechtem Wetter dem Unterricht fern. So besuchte meine Ururgroßmutter Sitzele Wögens (1810–1887) aus Dunsum in ihrem ersten Schuljahr die Schule in Utersum insgesamt nur an 16 Tagen. Aber auch als sie heranwuchs, legten die Eltern offensichtlich wenig Wert auf regelmäßige Unterrichtung. Während ihrer gesamten Schulzeit wies Sitzele im jeweiligen Sommerhalbjahr, d. h. vom 1. April bis Ende September, niemals 30 Schultage nach. 1824 waren es sogar nur fünf Tage und im Sommer 1825 besuchte sie die Schule überhaupt nicht. Demnach haben die Eltern, nachdem Sitzele das 14. Lebensjahr erreicht hatte, ihrer Mithilfe in der Landwirtschaft wohl mehr Bedeutung zugemessen als der schulischen Unterweisung. In neun Schuljahren von 1817 bis 1826 besuchte Sitzele die Schule nur an insgesamt 528 Tagen – nach heutigen Maßstäben entspricht dies etwa den Schultagen von gut zwei Unterrichtsjahren! Der geringe und unregelmäßige Schulbesuch meiner Ururgroßmutter ist beispielhaft aufgeführt. In der Oldsumer Schule herrschten aber ähnliche Verhältnisse. Im Sommer 1816 erhielten sieben Mädchen, 12 bis 14 Jahre alt, nicht einen einzigen Tag Unterricht. Zehn Jahre später, 1826, besuchten von den 30 Mädchen, die älter als zehn Jahre waren, zwölf die Schule weniger als zehn Tage. Aber auch von den 32 über zehn Jahre alten Knaben registrierte der Lehrer Rickmers in dem Jahre nur für fünf mehr als 100 Schultage, für zehn Knaben weniger als zehn.

Es fällt auf, daß die jeweils über zehn Jahre alten Knaben und Mädchen von 1815 bis 1820 die Schule regelmäßiger besuchten, als von 1820 bis 1830. Dies ist sicher auf die allgemeine Wirtschaftskrise zurückzuführen, die unsere Heimatinsel in besonderer Weise berührte. Nach 1820 waren eben mehr Eltern auf das Mitverdienen ihrer Kinder angewiesen. Hinzu kam, daß für die darniederliegende Seefahrt nach 1815 zunächst wohl genügend Mannschaft vorhanden war. Erst um 1820 konnten größere Knaben wieder – wie vor 1800 – schon vor der Konfirmation eine Stelle als Schiffsjunge erhalten. Im Sommer 1819 waren es von Oldsum-Süderende

Lorenz Ketel Olufs (14 Jahre)
Jap Jacob Ockesen (13)
Roluf Bohn (13)
Hinrich Namens (13)
Friedrich S. Ketelsen (12)
Richard Hinrichsen (10),

die nicht zur Schule, sondern „zur See gewesen“ sind.

Für den Sommer 1820 ist vermerkt, daß fünf 13 bis 15 Jahre alte Knaben die Schule in Oldsum nicht besuchten, weil sie als Seefahrer nach Grönland oder zur Straat Davis fuhren.
Der mangelhafte Schulbesuch, wie er teilweise praktiziert wurde, stand übrigens weitgehend im Einklang mit der Kgl. Anordnung von 1814. Sie bestimmte, daß „Eltern das Recht haben, ihre Kinder, die über 10 Jahre alt sind, und zur Feldarbeit gebraucht werden, 2 bis 3 Wochen während der Saatzeit im Frühjahr und 3 bis 4 Wochen im Herbst aus der Schule anheim zu halten". Die nicht vom Schulbesuch befreiten Kinder der obersten Klasse, die in der Regel über zehn Jahre alt waren, brauchten vom 1. Juni bis zum Beginn der Kornernte ohnehin nicht unterrichtet zu werden. Während der Kornernte seien vier Wochen Ernteferien zu gewähren. Darüber hinaus kam es vor, daß Kinder von der Schule dispensiert wurden, weil unvermögende einkommensschwache Eltern auf ihren Mitverdienst angewiesen waren. So erzählte mein Vater, daß Kinder der Familie Lassen, Süderende, noch um 1910 während des Sommers als Hütejungen auf den Halligen Dienste leisteten und die Schule in Oldsum nicht besuchten.
Aber auch andere Umstände behinderten den regelmäßigen Schulbesuch. Nicht selten schloß die Schule wegen Influenza (Grippe), Scharlach, Masern u. ä. für eine geraume Zeit. Im Protokoll für Toftum ist vermerkt, das „wegen der Krankheit des verstorbenen Schullehrers Braren[14] vom 5. März bis 4. April 1839 keine Schule gehalten worden ist". Weiter ist dem Schulprotokoll zu entnehmen, daß im Jahre 1854 die Oldsumer Schule am 21. August ihre Pforten schloß, weil das alte Schulhaus abgebrochen werden sollte. Mit der Einweihung der neuen Schule am 5. Dezember begann der Unterricht wieder, übrigens für 113 Kinder in zwei, zusammen 120 m^2 großen Klassenräumen.
Jede Schule in St. Laurentii umfaßte nur zwei Klassen. Die zweite wurde auf föhringisch „Letj Skuul", die erste „Grat-Skuul" genannt. Zeigten die Kinder normale Leistungen, wechselten sie mit zehn Jahren in die erste Klasse. Mäßige Schüler dagegen blieben bis zur Schulentlassung in der zweiten Klasse. Das war aber eine Ausnahme. Andererseits konnten Kinder mit sehr guten Leistungen schon mit neun Jahren in die erste Klasse gelangen, wie z. B. Keike Braren (1825 bis 1926) und ihr Bruder Jürgen Braren (1827–1897).
Zweimal im Jahr (im April und Oktober) fand eine öffentliche Schulprüfung in Gegenwart der Schulkommission statt. Der Pastor als Vorsitzender bestätigte dabei schriftlich die vom Lehrer erteilten Noten. An der Schulprüfung nahmen Eltern und Geschwister der Schüler regelmäßig in großer Zahl teil.
Nicht nur der Schulbesuch lag Anfang des 19. Jahrhunderts im argen. Auch hinsichtlich des Wissens, das die Lehrer vermittelten, darf man heutige Maßstäbe nicht anlegen. Bis etwa 1830 unterrichteten sie die Kinder im ersten Schuljahr – von Ausnahmen abgesehen – nur im Lesen. Mit zunehmendem Alter erst kamen Schreiben, Rechnen und Religion hinzu. Darin erschöpften sich die Fächer. Und zumindest bis 1855 änderte sich daran kaum etwas.
Dem Unterricht für Knaben wurde wesentlich mehr Aufmerksamkeit geschenkt als dem für Mädchen. So unterrichteten Simon H. Olufs in Oldsum und Hinrich Jappen in Toftum im Jahre 1815/16 die Mädchen im Rechnen überhaupt nicht, die Knaben in Toftum nur insoweit, als sie älter als elf Jahre waren. Oluf Braren in Utersum dagegen erteilte vier Mädchen (von 24) Rechenunterricht. Im darauf folgenden Sommer besserten sich auch in Oldsum die Verhältnisse. Bei der Schulprüfung Ende September 1816 konnte der Pastor Richard Simon Petersen schon bei 12 Mädchen (von insgesamt 45) gute bis sehr gute Leistungen im Rechnen feststellen. In Toftum dagegen mußte er noch über mehrere Jahre, insbesondere den Mädchen mäßige Leistungen im Rechnen bescheinigen.
Die mäßigen Leistungen in der Toftumer Schule waren vor allem zurückzuführen auf den damaligen Lehrer Hinrich Jappen (1777–1859), auch Hinrich Japp Hinrichsen genannt. Er wirkte in Toftum von 1805 bis 1839. Wegen seines mangelnden pädagogischen Geschicks traf die Amtsschuldirection in Mögeltondern aufgrund einer Eingabe der Schulkommission von St. Laurentii im Jahre 1819 folgende Anordnung:

„Der Schullehrer Hinrich Jappen, dem die notwendigen Kenntnisse zur Jugendunterrichtung nicht mangeln, der aber, wie die Erfahrung es allen Beykommenden bewiesen hat, es nicht versteht, der ihm anvertrauten Jugend das bei-

14 Oluf Braren starb am 22. März 1839 an Schwindsucht, 52 Jahre alt.

zubringen, was sie wissen soll und was er selbst weiß, muß sich einen Gehülfen halten, der Seminarist ist. Er soll ihm Kost und Logis, Feuerung und Licht und Wäsche geben und auch 100 Mark C jährlich."

Jappen widersetzte sich zunächst dieser Anordnung. Das ist verständlich, wenn man bedenkt, daß er selber nur 300 Mark C Bargehalt bekam und davon nun ein Drittel einem Hilfslehrer abgeben sollte. Er lenkte jedoch ein, als der Lehrer Oluf Braren wegen einer außerehelichen Beziehung – für damalige Verhältnisse für einen Lehrer ein unerhörter Vorgang! – im Jahre 1821 seine Schulstelle in Utersum aufgeben mußte. Jappen bat darum, Oluf Braren anstelle eines Seminaristen einzustellen. Am 17. April 1822 befürwortete die Schulkommission von St. Laurentii den Antrag „mit der Maßgabe, daß die hohe Amtsschuldirection bewilligt". Dies geschah, und Oluf Braren konnte seinen Beruf weiter ausüben, allerdings mit einem sehr bescheidenen Gehalt, so daß er wohl verhungert wäre, wenn seine Familie ihn nicht unterstützt hätte.
Besondere Bedeutung hatte die Schuldisziplin. Nach der Kgl. Anordnung von 1814 konnten für unentschuldigtes Fehlen eines Kindes die Eltern mit einer Geldbuße belegt werden. Sie betrug für den ersten Tag drei Reichsbankschilling und durfte für wiederholte Versäumnisse auf 24 Schilling erhöht werden. Die Schulkommission setzte den Betrag fest. Eltern, die nicht in der Lage waren, eine Geldbuße zu bezahlen, konnten für „das erste Mal (des Fehlens) mit Gefängnis auf Wasser und Brot, und für öftere wiederholte Versehen mit Zwangsarbeit bestraft werden". Diese Strafe konnte allerdings nur der Amtmann in Ripen anordnen.
Auch die Bestrafung ungehorsamer Kinder regelte die Anordnung von 1814. Der Lehrer durfte Kinder unter zehn Jahren mit einer kleinen Rute züchtigen, die größeren mit einem „dünnen Tau ohne Knoten". Es war ihm verboten, den Kindern „Ohrfeigen, Stöße und Schläge mit der Hand zu geben, sie zu kneifen oder Scheltworte gegen sie zu gebrauchen". Eine Schandbank oder einen Schandwinkel durfte er nicht einrichten. Der Lehrer durfte sich keiner „entehrenden Strafen bedienen, welche dazu dienen könnten, des Kindes Ehrgefühl zu quälen und es mehr verhärten als bessern würde". – Ob allerdings diese Regelungen in der Praxis befolgt worden sind, erscheint sehr zweifelhaft.

Privatschule in Süderende

Trotz der seit 1809 relativ guten finanziellen Ausstattung des Schulwesens in St. Laurentii blieb es vorerst dabei, daß auch Lehrer unterichteten, deren Wissen und pädagogisches Können zu wünschen übrig ließ. So ist über die Zustände an der Oldsumer Schule in einem Brief von Christian D. Roeloffs zu lesen, den er am 20. Januar 1825 an seinen Freund Boy Bohn richtete:

„Lieber Freund,
In dem neuen Jahre, zu welchem uns Dein am 1., 2. und 3. Januar 1825 geschriebener Brief so viel Heil und Segen wünschte, sind bereits 20 Tage verflossen. Und noch habe ich die schuldige Pflicht nicht abgetragen, Dir zu demselben zu gratulieren. Der lange Aufschub tut indes der Redlichkeit meines Wunsches keinen Abbruch, mein lieber Freund. Meine Wünsche steigen auch für Dich zu dem Allerhöchsten, daß er dies Jahr Dich und Deine Bemühungen segnen, Dich reich an Tugend und Erkenntnis machen möge, damit Du einst, nach gut vollbrachten Lehrjahren, in Deinem Amt und Stande, Dir zum Heile und zum Heil der Nachkommenschaft, leben und wirken mögest. Dieser Herzenswunsch wird bei mir um noch so viel herzlicher, wenn ich unsere Schulverfassung betrachte; wie werden doch unsere Kinder so ganz der Pfaffen-Intriganz geopfert. Damit ein armer Stümper leben kann, läßt man einen ganzen Distrikt Kinder in Unwissenheit und Rohheit aufwachsen, ein schrecklicher Gedanke. Wenn wir eine bessere Erziehung genossen haben, kann man ja dem lieben Gott, unsern Eltern und Lehrern nicht genug dafür danken.
In unserer Schule geht es den alten Krebsgang, der Schullehrer ist da, um die Salarie (Gehalt) zu heben und zu verzehren, den Eltern kommt es zu, die Kinder zu erziehen und zu unterrichten. Harmens[15] ist hier nicht mehr in der Schule, er will nach Hause. Vorigen Sonnabendnachmittag soll er in Gegenwart von Rickmers[16] zu den Kindern gesagt haben, „Kinder, wenn es bei mir stünde, so wäre am Sonnabendnachmittag keine Schule, was der dazu sagt, weiß ich nicht", auf Rickmers zeigend. Darauf hat er den Hut genommen und ist zu Hause gegangen. Am Montag ging darauf der Prediger mit den übrigen Mitgliedern der Schulcommission in die Schule, und der Prediger soll sich gegen Rickmers gewandt und ihm gesagt haben, das es alles beim alten bliebe. Harmens, der ja wohl wußte, daß es ihm gelte, war gleich zu ihnen hingegangen und hatte, wie man sagt, den Prediger und den anderen Herren ihre Ehrentitel derb vorgehalten. Zuletzt war er außen vor die Schultüre gekommen, und da

15 Harmens war vermutlich Hilfslehrer und nur über einen kurzen Zeitraum an der Oldsumer Schule tätig. Er ist in den „Geschlechterreihen St. Laurentii" nicht aufgeführt.

16 Lorenz Hinrich Rickmers, Küster und 1. Lehrer in Oldsum von 1823 bis 1845.

hat er, höre ich, dem Schulpatron Jan Brarens noch zuletzt eine derbe Ohrfeige gegeben. Er hat daher sein Verdienst bekommen und ist seitdem nicht mehr in der Schule."

Der Empfänger des Briefes weilte 1825 auf dem Lehrerseminar in Tondern, das er 1826 mit dem Examen abschloß. Bohn, geb. 29. 11. 1804 in Goting/Föhr und gestorben 5. 11. 1877 in Itzehoe, war ein Sohn des Kapitäns Arfst Bohn, der im Frühjahr 1824 mit seinem eigenen Schiff mit Mann und Maus bei Gibraltar unterging. Auch der junge Boy Bohn fuhr als Schiffsjunge zunächst zur See, bevor er sich zum Lehrerberuf entschloß. Als Seminarist unterrichtete er in Nieblum und als Lehrer von 1826 bis 1828 in Lauenburg, von 1828 bis 1833 in Ahrensbök und danach bis 1868 in Quickborn. Zwischen den Familien Bohn und Roeloffs bestanden schon vor 1824 freundschaftliche Verbindungen. Während Diedrich Roeloffs sich bemühte, den Verkauf der Waren in Hamburg abzuwickeln, die der tödlich verunglückte Arfst Bohn dort bei einem Makler gelagert hatte, übernahm Christian D. Roeloffs die Vormundschaft über eines der beiden unmündigen Kinder des Arfst Bohn.

Der Brief an Bohn gibt neben der Schilderung über die damaligen Schulverhältnisse erneut einen Hinweis, daß Christian D. Roeloffs mehr als eine gewöhnliche Erziehung zuteil geworden ist. Er zeigt wie viele andere Briefe auch, wie gewandt er formulierte. In dieser Hinsicht verfügte er über eine besondere Begabung, die ihm vor allem in seinen öffentlichen Ämtern sehr zustatten kam. Für mich war es immer wieder ein Vergnügen, seine mehr oder weniger umfänglichen Stellungnahmen in Birks- und Deichangelegenheiten, die ich im Insel- und Landesarchiv fand, zu lesen. Die Befähigung, elegant und prägnant zu formulieren, kann ihm nicht allein in der Schule und auch nicht durch zusätzlichen Unterricht beim Pastor vermittelt worden sein. Vielmehr ist davon auszugehen, daß er sich dieses Geschick auch durch das Lesen guter Literatur aneignete. Sein Briefbuch gibt hierfür mehrere Hinweise. So bezog er regelmäßig Bücher von dem Buchhändler Koch in Schleswig, 1826 beispielsweise „Die Biographie der Hellenen" und „Die griechische Revolution, ihr Ursprung und ihre Fortschritte" sowie „Die evangelische Kirche wird nicht untergehen" und schließlich „Die schleswig-holsteinische Landwirtschaft". 1829 bestellte er die Bücher „Benjamin Franklins Leben" (vier Bände), „Die Lebensbeschreibungen der Waffengefährten Napoleons" sowie die neu erschienenen Bände „Deutsche Klassiker". Als Zeitung hielt er die „Hamburger Börsenhalle", dies schon aus geschäftlichen Gründen. Denn neben dem Tagesgeschehen notierte sie Geld- und Warenkurse. Außerdem unterrichtete sie über sämtliche Ereignisse in der Schiffahrt. Bekannt ist, daß Christian D. Roeloffs eine beachtliche Bibliothek besaß, die auch anderen Interessierten zur Verfügung stand. Leider ist sie nicht erhalten geblieben.

Bei diesem Mann, mit seinem zweifellos überragendem Bildungsstand, verwundert es nicht, daß er die schulischen Verhältnisse besonders kritisch betrachtete. Aber er ließ es nicht allein bei Kritik bewenden: Um seinem Sohn Erk Diederich, 1828 geboren, eine bessere Schulbildung zukommen zu lassen, richtete er im Frühjahr 1839 in seinem Hause eine Privatschule ein, nachdem er zuvor die Genehmigung der Ripener Amtsschuldirection eingeholt hatte. Bestärkt wurde er in seiner Entscheidung, nachdem auch andere Eltern auf Westerlandföhr ein besonderes Interesse an einer besseren Bildung ihrer Kinder bekundet hatten und bereit waren, hierfür ein entsprechendes Schulgeld zu entrichten. Als erster Privatlehrer wurde Jacob Hinrich Jochimsen engagiert, der das Lehrerseminar in Tondern eben abgeschlossen hatte. Am 1. April 1839 begann er in Süderende zu unterrichten.

Um die Voraussetzungen für eine Privatschule zu schaffen, hatte Christian D. Roeloffs sich bereits 1838 entschlossen, sein Wohnhaus für schulische Zwecke zu erweitern. Der Anbau, „Nei Hüs" (neues Haus) genannt, erinnert in seiner Aufteilung noch heute an die ursprüngliche Verwendung (Abb. 83). Von den zwei Räumen links der Diele diente der größere mit vier Fenstern dem Unterricht im Sommer. Die rechts von der Diele liegende Stube, ebenfalls mit vier Fenstern, war heizbar und daher für den Unterricht im Winter eingerichtet. Der Hauslehrer benutzte sie zugleich als Wohnraum. Sie war mit einem Wandbett ausgestattet. Dahinter lag eine kleine Küche für den Lehrer. Sie hatte seinerzeit keine Verbindungstür zum Schul- und Wohnraum.

Mit Erk Diederich Roeloffs verließen zum 1. April 1839 die Schüler Jürgen, Lorenz und Hark Braren, Söhne des Schmieds Brar Braren (1797–1840), Oldsum, sowie Jürgen Roluf Jürgens, der bei seiner Stiefmutter Mattje Rickmers in Süderende Nr. 243 wohnte, die allgemeine Schule in Oldsum, um in die Privat-

Abb. 83: „Nei Hüs" in Süderende, 1838 als „Schulhaus" errichtet

schule in Süderende einzutreten. Ihnen folgten im Herbst 1839 die Nachbarstöchter Tatt Braren und Osina Knudsen, später auch die Söhne von Matz Harken, Süderende, und 1842 Brar C. Braren seinen drei Brüdern. Natürlich wurden auch Ingwert Ocke und Ingke Roeloffs vom sechsten Lebensjahr an in der Privatschule ihres Vaters unterrichtet. Zumindest die fünf erstgenannten Knaben besuchten bis zu ihrer Konfirmation die Privatschule in Süderende.

Bald genoß die Privatschule in Süderende einen guten Ruf, und zwar über den Schuldistrikt hinaus. Als daraufhin noch mehr Eltern ihre Kinder zum Besuch der Schule anmeldeten, ließ Christian D. Roeloffs auf einem kleinen Grundstück von 64 m^2 inmitten des Dorfes ein kleines Schulhaus errichten. Überliefert ist, daß sogar Kinder aus Nieblum diese Schule besuchten; nach Kapitän Ernst Ketels u. a. ein Schüler namens Bohnitz.

Nach Jochimsen unterrichteten noch sechs weitere Hauslehrer (Übersicht 36). Für alle gilt, daß sie nach Abschluß des Lehrerseminars in Tondern ihren Dienst antraten und nur kurz in Süderende blieben. Sobald sie eine Lehrerstelle an einer öffentlichen Schule bekamen, zogen sie fort, was verständlich ist. Mit seinen Hauslehrern blieb Christian D. Roeloffs in freundschaftlicher Verbindung, mit Hansen, Engels, Münster und Cordts auch in geldlicher Hinsicht. Über viele Jahre sind sie als Schuldner in den Bilanzen aufgeführt. Engels, Münster und Cordts bis 1866. Offensichtlich waren sie nicht in der Lage, ihre Schulden zu begleichen, womit einmal mehr bestätigt wird, daß ein Lehrer seinerzeit nur sehr gering besoldet wurde.

Als ein hochqualifizierter Lehrer galt Hans Münster, der die Privatschule 1844 verließ, um in Elmshorn eine Stelle an einer öffentlichen Schule anzutreten.

Übersicht 36: Hauslehrer in der Privatschule in Süderende

Name/Lebenszeit	Herkunft	Examen	spätere Tätigkeiten (z. T. unvollständig)
Jacob H. Jochimsen (1816–1893)	Karby/ Schwansen	1839	Lehrer und Schulinspektor an der deutschen St. Petri-Schule in Kopenhagen von 1843 bis 1886
Asmus Hansen (1817–?)	Ringsberg/ Angeln	1840	Lehrer in Ütersen 1844–1858, Övelgönne 1858–1878
Carl H. Engels (1818–1903)	Hinschenfelde/ Alt Rahlstedt	1841	Lehrer in Blankenese 1841, Neustadt 1841–1843, Bliesdorf 1843–1853, Grönwohld/Trittau 1853–1886
Hans Münster (1816–1871)	Lutzhorn/ Pinneberg	1842	Lehrer in Elmshorn 1844–1845, Oldsum 1845–1856, Westerland/Sylt 1856–1861, Trittau 1861–1871 (zugleich Kantor 1862–1871)
Peter J. Petersen (1818–1874)	Struxdorf/ Angeln	1843	Lehrer in Sonderburg/Alsen 1843–1849, Süderbrarup 1849, Bergenhusen 1851–1853, Struxdorf 1853-1864
Carsten Bruhn (1822–1845)	Flensburg	1844	starb am 5. 1. 1845 in Süderende
Daniel Cordts (1820–1905)	Tetenbüll/ Eiderstedt	1844	Lehrer in Trittau, Plön und Meeschendorf/Fehmarn 1849–1887, gestorben in Rödemis/Husum

Ein Jahr später bewarb er sich um die 1. Lehrerstelle in Oldsum. Sie wurde frei, als der dort amtierende Lorenz Hinrich Rickmers sich vorzeitig (mit 47 Jahren) in den Ruhestand versetzen ließ. Die Pensionierung hatte der Vorsitzende der Schulkommission, Pastor Johnsen[17], mit Nachdruck betrieben, weil er die Qualifikation von Rickmers für nicht ausreichend hielt. Rickmers reagierte schließlich mit einem Gesuch, ihn von seinem Amt zu entbinden, nachdem ihm zuvor „befohlen" worden war, einen seminaristisch gebildeten Hilfslehrer anzustellen.
Münster erhielt die 1. Lehrerstelle aufgrund seiner guten Zeugnisse und weil er „hierselbst zu aller Zufriedenheit einer Privatschule während zwei Jahren vorgestanden hat". Er war ein strenger Lehrer. Den Kindern gestattete er nicht, auf dem Schulhof „fering" zu sprechen. Sie durften sich nur in hochdeutscher Sprache unterhalten. 1856 verließ Münster die Oldsumer Schule. Nach ihm trat der bereits genannte Jacob Rickmers aus Süderende die 1. Lehrerstelle an. Er folgte damit seinen Vorfahren, die über 145 Jahre als Küster und Lehrer in St. Laurentii gewirkt hatten. Nachdem sich unter Münster die Schulverhältnisse in Oldsum grundlegend verbessert hatten, entfiel für Christian D. Roeloffs die Notwendigkeit, eine Privatschule zu betreiben. Er löste sie daher im Herbst 1846 auf. Die Schüler wechselten am 22. Oktober 1846 in die Volksschule Oldsum über. Zuletzt besuchten folgende Schülerinnen und Schüler aus dem Langdorf einschließlich Süderende die Privatschule:

Namen	Lebenszeit
Ocke N. Rickmers	1831–1888
Hinrich C. Harken	1831–1907
Oluf Corn. Nickelsen	1832–nach 1878 verschollen in Australien
Osina Knudsen	1833–1900
Jap Jürgen Jappen	1834–1909
Jan H. Riewerts	1834–1900
Brar C. Braren	1836–1915
Cornelius R. Nickelsen	1836–1909
Hinrich C. Knudsen	1836–1852
Jacob Ockesen	1863–unbek.
Boy D. Bohn	1836–1857
Ingwert O. Roeloffs	1837–1889
Hinrich Rickmers	1839–vor 1857
Ellin Johnsen	1839–1855
Elke H. Hinrichsen	1839–1884
Diedrich Jürgen Braren	1840–1858
Ingke Chr. Knudsen	1840–1918
Ingke Roeloffs	1840–1878

17 Johann Johnsen aus Husum, von 1844 bis 1864 Pastor in St. Laurentii, danach in Munkbrarup/Angeln, starb 1896 in Glücksburg.

Einen ergänzenden Eindruck über die damaligen Verhältnisse auf Föhr, wie auch über die Privatschule in Süderende, vermitteln die Lebenserinnerungen von Brar C. Braren (1836–1915), ein Sohn von Antje Braren geb. Ketels, der dritten Ehefrau von Christian D. Roeloffs. Braren, der zuletzt am Predigerseminar in Breklum unterrichtete, schreibt:

„Mein Großvater mütterlicherseits soll ein frommer Mann gewesen sein, während der Großvater väterlicherseits Rationalist war. Die Veranlassung zu seiner verstandesmäßigen Auffassung des Christentums mag gegeben haben sein ältester Sohn Oluf Braren, welcher Lehrer war, zuerst in Utersum, nachher in Tüftum. Dieser verdankte seine Bildung einzig und allein seinem Privatstudium, denn andere Lehrer als Bücher hat er nie gehabt. Er übertraf nicht nur durch die Leistungen seiner Schule alle anderen Lehrer der Gemeinde, sondern war auch ein geschickter Maler und ein emsiger Naturforscher, so daß er eine bedeutende Sammlung aller möglichen Naturalien bei seinem Tode zurückließ. Wenn ihm die Gelegenheit zum Studium geboten worden wäre, so würde er ohne Zweifel Bedeutendes geleistet haben.

Da die Gebildeten seiner Zeit, mit wenigen Ausnahmen, Rationalisten waren, so kann man's verstehen, daß er (Oluf Braren) durch und durch ein Rationalist geworden war. Ich habe ihn nicht gekannt; er starb (1839) schon ein Jahr vor meinem Vater. Von den älteren Geschwistern und der Mutter habe ich nur gehört, daß er seinem Vater die neue Weisheit oft vorgetragen und an ihm einen gelehrigen Schüler gehabt habe; doch habe er auch den alten Schüler in Zucht genommen, wenn er seinen Verstand noch freier habe schalten lassen und zum vollständigen Atheismus habe fortschreiten wollen. Über die religiöse Stellung meines Vaters habe ich nie etwas erfahren, er ist seinem Vater und Brüdern nicht entgegengetreten, scheint ihnen aber auch nicht Beifall gegeben zu haben, also mag er doch einen gewissen Respekt vor der altherkömmlichen kirchlichen Auffassung gehabt haben. In dem Hause, in welchem ich die ersten zehn Jahre meines Lebens zubrachte, war mein Großvater das Haupt, daher ist's zu verstehen, daß kein Tischgebet gehalten wurde. Aber trotzdem herrschte da ein sehr guter Geist; es herrschte innige Liebe und Einigkeit zwischen der Mutter und den Kindern; auch unter den Geschwistern.

Der damalige Lehrer war ein unwissender Mann; daher hatte mein späterer Stiefvater Christian D. Roeloffs in Süderende eine Privatschule gegründet, in welche auch andere Eltern ihrer Kinder schicken durften.

Mein Vater war ein verständiger Mann, der sich's gern was kosten ließ, damit seine Kinder etwas lernten; er schickte daher sofort die drei ältesten Söhne in die Privatschule und ich folgte nach, als ich das schulpflichtige Alter erreicht hatte. Das war Ostern 1842, da ich am 18. Juli 1836 geboren bin; also hat mein Vater dies nicht mehr erlebt.

Wir hatten es alle leicht beim Lernen, und da die Lehrer der Privatschule nicht in rationalistischer Weise lehrten, da ferner 1843 in Pastor Johnsen ein gläubiger Prediger in die Gemeinde kam und in ganz anderer Weise predigte, als man's früher gehört hatte, kam in religiöser Beziehung ein anderer Geist ins Haus. Meine älteren Geschwister unterhielten sich gern über religiöse Fragen und huldigten entschieden der gläubigen Auffassung.

1846 heiratete meine Mutter den schon erwähnten Roeloffs und ich, damals zehn Jahre alt, zog mit ihr in das Haus in Süderende, das mir eine zweite Heimat wurde. Mein Stiefvater, Kaufmann und Landwirt, überragte an Bildung seine Landsleute, dazu kam, daß er ein wohlhabender Mann und allezeit bereit war, andern mit Rat und Tat beizustehen. Er stand deshalb im höchsten Ansehen, man hat ihn mit Recht „König von Westerlandföhr" genannt. Ich hebe noch immer einen Zeitungsabschnitt auf, der einen Nachruf enthält, welcher kurz nach seinem Tode (1885) erschien. Von seinen Erlebnissen erzählte der Vater uns gern, mir und dem Stiefbruder Ingwert, der mit mir gleichen Alters war.

Als ich nach Süderende kam, war die Privatschule seit Jahresfrist aufgehoben[18], und der bedeutendste Lehrer an derselben war Küster und Lehrer in Oldsum geworden. So wurde ich dann wieder Schüler meines früheren Lehrers Münster. Dieser war ein ungewöhnlich bedeutender Mann, und ich war beseelt von großem Lerneifer. Seine Lieblingsfächer waren Geographie und Naturwissenschaften.

Da ich mich sehr gern mit Büchern beschäftigte, und da mein ältester Bruder Jürgen Lehrer geworden war, so ist's zu verstehen, daß ich auch an nichts anderes dachte. 1852 wurde ich von Pastor Johnsen konfirmiert. Pastor Johnsen hielt mich für seinen besten Konfirmanden und nicht er, sondern sein Kollege Pastor Lieverts in Nieblum stellte es damals meinem Stiefvater vor; er möge mich doch studieren lassen. Dieser meinte aber, das wäre zu kostspielig. Damals war's etwas Unerhörtes auf den Inseln, wenn jemand studieren wollte. Wenn jemand gut lernen konnte, wurde er höchstens Lehrer. Damals war man's nicht gewohnt, für die Kinder viel auszugeben. Die allermeisten Knaben wurden Seeleute und verdienten gleich. Nach meiner Konfirmation blieb ich erst ein Jahr zu Hause, um von Münster vorbereitet zu werden, dann war ich zwei Jahre bei Rickmers in Medelby. Rickmers, der sich über meine Kenntnisse wunderte, meinte, ich müßte studieren, erklärte, mich in den Sprachen unentgeltlich zu unterrichten. Doch ich stieß bei meinem Stiefvater auf Schwierigkeiten und mein Bruder Jürgen hielt auch ab. Den Seminarkurs absolvierte ich in Dänemark, und zwar in Skaarup auf Fünen. 1857 konnte ich in die Heimat zurückkehren, um die zweite Lehrerstelle in Oldsum zu übernehmen. Zuvor war ich noch in Curau bei Lübeck tätig."

Die Privatschule von Christian D. Roeloffs bestand nur gut sieben Jahre (von 1839 bis 1846). In ihr erhielt

18 Die Aussage dürfte unzutreffend sein. Nach dem Schulprotokoll wechselten die Privatschüler erst am 22. Oktober 1846 zur Volksschule über.

eine größere Zahl von Kindern eine gute Schulbildung vermittelt. Davon sind allein drei später Lehrer geworden: Jürgen Braren, Brar C. Braren und Jürgen Roluf Jürgens. Die Unterrichtserfolge in der Privatschule bewirkten seinerzeit viel Verständnis und Einsicht, sowohl bei den Eltern, als auch bei den Mitgliedern der Schulkommission. Sie erkannten, daß qualifizierte Lehrer für die öffentlichen Schulen notwendig seien. Es ist das Verdienst von Christian D. Roeloffs, das „Bildungsbewußtsein" in der Bevölkerung von St. Laurentii gefördert zu haben. Insofern war die Einrichtung der Privatschule eine „rentable Investition". Sie hat übrigens nicht zu Spannungen mit den Schulinteressenten geführt, denn Christian D. Roeloffs wurde 1844 von der Schulgemeinde zum Schulpatron für ganz St. Laurentii gewählt, als er seine Privatschule noch betrieb. Dieses Amt bekleidete er fast zehn Jahre. Im September 1853 kam es jedoch zu erheblichen Unstimmigkeiten in der Schulkommission. Mit Pastor Johnsen gab es Streit über den geplanten Neubau des Schulhauses in Oldsum. Am Ende stellten Christian D. Roeloffs, N. Rickmers und D. Lorenzen ihre Ämter zur Verfügung. Zum neuen Schulpatron wurde Hinrich Ocke Flor, Oldsum, gewählt. Diese Mißhelligkeiten führten jedoch nicht dazu, daß Christian D. Roeloffs sich Schulangelegenheiten gegenüber reserviert verhielt. Im Gegenteil: als 1869 der 2. Lehrer in Oldsum, Jensen, durch freiwillige Beiträge unterstützt werden mußte, zeichnete er den höchsten Betrag im Schuldistrikt, mehr als der Pastor Schmidt und der Schulpatron J. J. Hinrichsen.

Auf der Stammstelle Roeloffs ist in dem eigens für schulische Zwecke gebauten „Nei Hüs" nur wenige Jahre unterrichtet worden. Danach war es über einen Zeitraum von 80 Jahren immer nur zeitweilig oder teilweise bewohnt. Als Unterkunft im Sommer nutzten es die zahlreichen Verwandten vom Festland, wenn sie ihre Ferien auf Föhr verbrachten. Dann erreichte der Roeloffs-Hausstand bis zu 20 Personen. Zeitweise diente es der großen Familie auch als Schlafraum. Vollständig bewohnt ist das „Nei Hüs" erst seit der Eheschließung von Jacob Roeloffs im Jahre 1928.

Auch das kleine Schulhaus in Süderende, „at Skuulhüs bi a Stich", hat nur wenige Jahre seinem eigentlichen Zweck gedient. Nach 1846 wurde es als Lagerraum für Getreide und für die Unterbringung von Maschinen und Geräten verwendet, nachdem die ehemals größeren Fenster zugemauert worden waren – was später noch von innen gut zu erkennen war. Die Holzdiele in dem Gebäude erinnerte bis zum Abbruch im Jahre 1963 an die kurze Schulepisode, die sich Mitte des 19. Jahrhunderts in Süderende zugetragen hat.

Zu den politischen Verhältnissen auf Föhr

Westerlandföhr und Amrum, 500 Jahre dänische Enklave im Herzogtum Schleswig

Aus den ersten Jahrhunderten nach Beginn der Zeitrechnung liegen bisher keine Urkunden oder Chroniken vor, die uns gesicherte Erkenntnisse über die geschichtliche Frühzeit unserer engeren Heimat vermitteln könnten. Es ist zwar nicht auszuschließen, daß die mehrfache Veränderung der deutschen und dänischen Machtbereiche auf der cimbrischen Halbinsel, die in dem Zeitraum von etwa 800 bis 1000 stattfand, auch die Nordfriesischen Inseln betraf. Wir wissen aber nicht, wann Föhr und Amrum erstmalig in eine überregionale politische Körperschaft oder in einem königlichen oder fürstlichen Herrschaftsverband einbezogen wurden. Historisch eindeutig belegt ist, daß die Osterharde (Osterlandföhr) und die Westerharde (Westerlandföhr und Amrum) bereits im Jahre 1231 zum Herrschaftsbereich des dänischen Königs gehörten. In dem Jahr erscheinen beide Harden namentlich im Erdbuch Waldemar II.

150 Jahre später änderte sich die politische „Einheit“ auf unserer Insel. Als Königin Margarete von Dänemark im Jahre 1386 Graf Gerhard VI. von Holstein mit dem Herzogtum Schleswig belehnte, nahm sie Westerlandföhr, Amrum und List auf Sylt hiervon aus. Damit begann die landespolitische Teilung der Insel Föhr. Westerlandföhr und Amrum wurden später dem Amt Ripen unterstellt. Sie gehörten staatsrechtlich unmittelbar zum Königreich Dänemark und blieben nicht, wie Osterlandföhr, mit dem Herzogtum Schleswig verbunden. Zwar war die Westerharde später zeitweilig auch an andere Herrscher verpfändet. Ja, im Jahre 1661 wurde sie sogar an den Grafen Schack auf Mögeltondern erblich verkauft. Sie gelangte aber 1683 durch Kauf wieder in die Hand des dänischen Königs. Hierzu ist anzumerken, daß im Mittelalter, die sich ständig in Geldnot befindenden Fürsten- und Königshäuser es als eine durchaus gebräuchliche und zulässige Maßnahme ansahen, Landschaften (einschl. Bewohner) zu verkaufen oder zu verpfänden.

Eine erneute politische Veränderung drohte der Westerharde – seit 1697 in ein Birk umgewandelt – im Jahre 1719. Den großen Nordischen Krieg hatte Dänemark 1713 zwar als Sieger beendet. Aber die Staatskassen waren leer. Um sie zu füllen und die Wirtschaft zu beleben, die nach den jahrzehntelangen Kriegswirren völlig darniederlag, entschied der dänische König, u. a. die zum Ripener Amt gehörigen Inseln zu verkaufen. Im Frühjahr 1719 ließ er neben Fanoe, Sonderhø, Mandø, Røm und List auf Sylt auch Westerlandföhr und Amrum auf einer öffentlichen Versteigerung anbieten. Ein Zuschlag erfolgte jedoch nicht, da nicht „paa disse Insuler og Eylande saa meget er buden, som de aarlig svare“, wie es in der königlichen Resolution hieß. Es wurde also nicht so viel geboten, wie die Inseln an Steuern entrichteten. Gemeint ist dabei sicher die kapitalisierte Steuersumme, d. h. das 20- bis 25fache der jährlichen Kontribution. Die Westerharde blieb also unverkauft. Zuvor aber hatten ihre Einwohner verlauten lassen, „daß sie lieber wolten mehr, als ihre ordinären Ausgaben (Abgaben) bis dato gewesen, bezahlen, wenn nur ihr Land nicht mögte verkauft werden, sondern seine vorigen Freiheiten behalten“. Das teilt die Rentekammer in Kopenhagen dem Amtmann von Ripen am 3. Oktober 1719 mit. Daraus geht hervor, daß die Bewohner der Westerharde großen Wert darauf legten, vom Königreich Dänemark nicht getrennt zu werden. Sie waren sich ihrer besonderen, ihrer „vorigen Freiheiten“ wie z. B. Freistellung vom Land-Militärdienst und Mühlenzwang bewußt und erklärten sich sogar bereit, die Beibehaltung ihrer Rechte durch eine höhere Kontribution zu bezahlen. Der Amtmann erhielt daher in dem gleichen Schreiben den Auftrag, mit den Westerlandföhrern zu verhandeln, „ob sie nicht an Statt der 1700 Reichsthaler (Rtr), welche das Land jährlich bezahlt, 2000 Rtr geben wollen, wogegen sie nicht, wie schon gemeldt, verkauft werden, sondern ihre vorigen Freiheiten behalten sollen".

Der Ripener Amtmann fand in den Repräsentanten von Westerlandföhr und Amrum keine einfachen Verhandlungspartner. Eine um 300 Rtr höhere Kontribution jährlich zu zahlen, lehnten sie ab. Zusätzliche 100 Rtr boten sie an. Nach gut vier Jahren, am 15. August 1724, erhielten sie von der Rentekammer die Entscheidung des Königs:

„Wir bewilligen allergnädigst aus besonderer Gnade, daß es bei der von den Einwohnern der beiden Inseln, Westerlandföhr und Amrum angebotenen jährlichen Abgabe von 1800 Rtr bleiben kann, wenn sie statt von Beginn dieses Jahres dieselbe Abgabe von 1720 an bezahlen, nämlich daß sie außer den 1700 Rtr, die bis 1723 bezahlt sind, von Beginn des Jahres 1720 bis Ende des Jahres 1723 jährlich noch 100 Rtr bezahlen und so von da an in unsere Kasse 1800 Rtr jährliche Abgabe zahlen."

Demnach mußte die Westerharde 400 Rtr nachentrichten und künftig eine Kontribution von 1800 Rtr (5400 Mark C) jährlich zahlen[1]. Dieser Betrag wurde jedoch 1746 wiederum auf 1700 Rtr ermäßigt, als Folge einer Entscheidung über die Steuerpflichtigkeit von Ländereien, die die Westerländer auf Ostlandföhr besaßen. Hierüber hatten sie sich mit ihren Landsleuten fast 100 Jahre lang heftig gestritten.

Gut 50 Jahre nach dem 1719 beabsichtigten, jedoch nicht vollzogenen Verkauf von Westerlandföhr und Amrum kam es tatsächlich zu einer politischen Veränderung, die aber nicht lange anhielt. Im Zuge der Reformen, die hauptsächlich der Leibarzt und Berater Königs Christian VII., Johann Fr. Struensee, initiierte, wurde am 3. August 1771 eine „Cabinettsordre" erlassen, die das Birk Westerlandföhr und Amrum der Deutschen Kanzlei in Kopenhagen unterstellte. Sie hatte zur Folge, daß die bisherige dänische Enklave nunmehr, wie das herzogliche Osterlandföhr, dem Amt Tondern unterstand. Wie zu erwarten, löste diese Entscheidung bei den Eingesessenen Betroffenheit und Protest aus. Umgehend richteten die Gangfersmänner von Westerlandföhr und Amrum ein Schreiben an den König, wonach sie „von Hertzen wünschten, pro futuro und zu ewigen Zeiten unter der dänischen Jurisdiktion" zu verbleiben. Sie fürchteten, diese Veränderung werde ihnen zum Schaden und Nachteil gereichen, da ihnen die schleswigschen Gesetze und Bestimmungen unbekannt seien. Diese Eingabe scheint Eindruck gemacht zu haben. Jedenfalls wurde eine Untersuchung zugesagt. Ob und inwieweit sie stattfand, konnte ich nicht feststellen. Bekannt ist aber, daß Pastor Kirkerup von St. Laurentii die Westerländer nachdrücklich unterstützte – ebenso wie zehn Jahre später bei der Enrollierung der Seefahrer.

Die getroffene Regelung war sachlich sicher gerechtfertigt, weil sie gleiche Rechtsverhältnisse auf der Insel schuf. Sie stand aber politisch nicht durch. 1773 wurde die „Cabinetsordre" aufgehoben und damit dem Antrag der Gangfersmänner entsprochen. Diese Entscheidung dürfte aber auch eine Folge der neuen nationalen Bewegung in Kopenhagen gewesen sein, die sich nach der Entmachtung und Hinrichtung des Grafen Struensee bildete und den deutschen Einfluß einschränkte. Damit fand das politische Intermezzo schnell sein Ende. In Verwaltungssachen blieb das Birk jedoch beim Amtmann in Tondern. Ihm mußte die jährliche Abrechnung über Steuern und Abgaben zur Prüfung und Genehmigung vorgelegt werden. Später erhielt er auch die Aufsicht in Deich- und Strandsachen. Im übrigen war aber wieder der Amtmann in Ripen zuständig. An dieser verwaltungsrechtlichen Eigentümlichkeit, die aus heutiger Sicht kaum denkbar wäre, änderte auch eine Eingabe von 1778 nichts. Hierin baten die Gangfersmänner Nahmen Tückes und Jens Rörden im Auftrage aller Repräsentanten „das Birk auch in Cameralibus (Verwaltungssachen) wieder Ripen zu unterstellen". Eine gegenteilige Stellungnahme gab der Birkvogt Kirchhoff ab. Er empfahl am 12. März 1779, Westerlandföhr und Amrum unter Tondern zu belassen. Zuvor hatte er schon darum gebeten, „die Sache nicht zu beeilen". Offensichtlich folgte die königl. Verwaltung in Kopenhagen dieser Bitte, denn sie änderte nichts.

Nach diesem kurzen Ausflug in ein bedeutsames und interessantes Gebiet, das zugleich kompliziert ist, bleibt festzustellen, daß Westerlandföhr und Amrum letztendlich – bis 1864! – eine königliche dänische Enklave blieben. Osterlandföhr dagegen gehörte über die Jahrhunderte zum Herzogtum Schleswig, jedoch mittelbar ebenfalls zum Königreich Dänemark, und zwar verstärkten sich die Bindungen 1713, als der

1 Die Königl. Regierung hatte im Jahre 1659 die jährlichen Abgaben von 400 auf 1700 Rtr erhöht, nachdem sie erkannt hatte, daß die Föhringer dank ihrer Einkünfte aus der Grönlandfahrt, zu höheren Steuerleistungen fähig waren.

dänische König die herzoglichen Landesteile okkupierte. Zuvor waren diese Bindungen während der sehr wechselvollen Geschichte des Herzogtums Schleswig – in Abhängigkeit von den jeweiligen Machtverhältnissen – einmal stärker, einmal schwächer.

Bis 1971 lautete übrigens der Titel des Königs von Dänemark auch „Herzog von Schleswig, Holstein und Lauenburg". Erst die jetzt regierende Königin Margarethe II. ließ die Herzogtitel streichen.

Nicht selten hört man, vor 1864 seien Westerlandföhr und Amrum dänisch, Osterlandföhr dagegen deutsch gewesen. Das ist in dieser vereinfachten Aussage nicht richtig: Beide Harden gehörten trotz ihrer landesrechtlichen Verschiedenheit zu Dänemark; Westerlandföhr und Amrum als königlicher, Osterlandföhr als herzoglicher Teil. Wie das Herzogtum Schleswig, unterstanden aber auch beide Harden bis 1864 niemals einer deutschen (staatlichen) Gesamtorganisation. Andererseits ist unbestritten, daß die Föhringer dem deutschen und niemals dem dänischen Kulturkreis angehörten.

Schwierige Rechtsverhältnisse

Aufgrund der politischen Entwicklung auf Westerlandföhr und Amrum waren die gesetzlichen Regelungen für den öffentlichen und privaten Bereich differenziert und für die Bewohner schwer überschaubar. Sie wurden noch verwickelter, als die Königliche Rentekammer 1794 entschied, bei der Landaufteilung auf Westerlandföhr und Amrum nicht die in Dänemark, sondern die für das Herzogtum Schleswig geltenden Einkoppelungsvorschriften anzuwenden, weil es sich um eine Verwaltungsangelegenheit handele. Andererseits hatte Kopenhagen im Jahre 1781 klargestellt, daß in Enrollierungssachen (Musterung von Seeleuten für den Militärdienst auf der dänischen Flotte) die Westerharde dem Amt Ripen unterstellt sei. Eine insoweit vom Amtmann in Tondern erlassene Bekanntmachung sei daher nicht rechtens. Und schließlich übertrug die Königliche Regierung, im Verfolg der bereits erwähnten 1773er Entscheidung, im Jahre 1825 dem Amtmann in Tondern die Aufsicht über das Westerlandföhrer Deichwesen. Allein diese Beispiele zeigen, daß in Verwaltungsangelegenheiten keine allgemeingültigen Regelungen bestanden. Eindeutig war lediglich die Rechtslage im sogenannten Justizbereich. In Prozeß- und Erbangelegenheiten, aber auch im Kirchen- und Schulwesen, galten dänische Gesetze. Hiervon abweichend hatte schleswigsches Kirchen- und Schulrecht Geltung in den Dörfern Witsum, Borgsum, Goting und Nieblum, weil sie zur St. Johannis-Kirche in Nieblum gehörten, die im herzoglichen Osterlandföhr lag. Daneben gab es natürlich für andere Bereiche Gewohnheitsrechte in vielfältiger Ausprägung. Deren Legalität stand außer Zweifel. Sie galten insbesondere auf den Gebieten der Landbewirtschaftung und der Organisation der alten Agrarverfassung, die in vorhergehenden Abschnitten ausführlich beschrieben sind. Richtig ist, daß im Jahre 1683 auch auf Westerlandföhr und Amrum – wie in den anderen Bezirken des Königreiches – das neue dänische Gesetz (Danske Lov), das bis dahin dort geltende jütische Recht (Jyske Lov) ablöste[2]. Gleichwohl ist die allenthalben in der Heimatliteratur vertretene Auffassung, auf Westerlandföhr und Amrum habe früher dänisches Recht gegolten, in dieser allgemeinen Aussage unzutreffend.

Gleichermaßen falsch ist, daß auf Osterlandföhr bis 1864 allgemein jütisches Recht gegolten habe. Das „Jyske Lov" (von 1241) fand dort lediglich Anwendung in Erbsachen. Im übrigen galt neben den altüberlieferten, nicht kodifizierten Gewohnheitsrechten das „Nordstrander Landrecht", welches der regierende Herzog Johann der Ältere († 1580) im Jahre 1572 als eine Weiterentwicklung der „Siebenhardenbeliebung" erlassen hatte. Allerdings bestanden insoweit wiederum einige Einschränkungen, und zwar dergestalt, daß auch nach 1572 die Rechtsprechung für einige Bereiche auf der Grundlage der Siebenhardenbeliebung erfolgte, die bekanntlich 1426 in der St. Nicolai-Kirche in Boldixum verfaßt wurde; sie dürfte zumindest teilweise eine schriftliche Fixierung des alten friesischen Rechtes sein.

Das Nordstrander Landrecht galt im übrigen auch in den Harden der Landschaft Nordstrand, auf Sylt sowie in der Böking- und Wiedingharde. Allerdings herrschten auf Sylt in Erbsachen dieselben Rechtsverhältnisse wie auf Oberlandföhr.

2 Abweichend hiervon blieb in der südlichen Hälfte der Insel Röm, obwohl wie Westerlandföhr und Amrum sowie List auf Sylt königlich, das „Jyske Lov" in Kraft.

Bemerkenswert in diesem Zusammenhang sind Erwägungen der dänischen Regierung aus dem Jahre 1734. Sie ließ, 15 Jahre nach dem beabsichtigten und letztlich nicht erfolgten Verkauf der zum Ripener Amt gehörigen Inseln, die Frage nach einer Vereinheitlichung der dort sehr differenzierten Rechtsverhältnisse prüfen. Für alle Teile der Inseln Sylt, Föhr und Röm sollte das „Danske Lov" eingeführt und gemeinsame Birkvögte angestellt werden. Ripen sollte zur Mittelinstanz erklärt werden. Hierzu berichtete das Obergericht in Gottorf,

„daß die Verschiedenheit der Jurisdiction und des Rechts die Streitigkeiten nicht vermehre. Überhaupt gebe es, wie das obergerichtliche Archiv ausweise, keinen einzigen District im Lande, aus welchem weniger Rechtssachen ans Obergericht gelangten, als von den genannten Inseln."

Das war ein Kompliment für die Insulaner, so daß die Resolution des Königs vom 24. April 1734 denn auch lautete, die bisherigen Jurisdictionen sollten unverändert bleiben.

In dem Dokument von 1734 zog die dänische Regierung auch in Betracht, das Heiraten junger Insulaner zu erschweren. Um die Verarmung der Einwohner zu verhindern und die Leute zum Seeberuf zu ermuntern, sollten die Männer erst nach einigen Jahren Seefahrt eine Heiratserlaubnis erhalten. Auch hierzu gab das Obergericht eine Stellungnahme zugunsten der Westseeinseln ab: Ein solches Verbot sei „der natürlichen Freiheit widerstreitend und höchst bedenklich". Die Einwohner nährten sich bereits vorzugsweise von der Schiffahrt, „und zwar in dem Maaße, daß zur Sommerzeit die meisten Mannspersonen zur See führen, und die Frauensleute die Feldarbeit besorgen müßten". Auch insoweit entschied der König, es sollte keine Veränderung vorgenommen werden.

Fast 500 Jahre trennte eine Landesgrenze Osterland- und Westerlandföhr. Und obwohl in Verwaltungsangelegenheiten immer wieder Mißverständnisse und Zweifelsfragen auftraten, die den Rechtsfrieden und die Rechtssicherheit beeinträchtigten, weigerten sich die Bewohner der Westerharde jahrhundertelang, der Gottorf'schen Verwaltung in Schleswig bzw. dem Amtmann in Tondern unterstellt zu werden. Sie zeigten zwar Einsicht, daß die verzwickten Rechtsverhältnisse oftmals lästig und unbequem seien. Sie fürchteten aber, eine Neuregelung werde ihnen zum Schaden gereichen. Wenngleich sie bei einigen „dänischen" Birkvögten in Nieblum oftmals die nötige Aufgeschlossenheit vermißten, so fanden sie in der Regel bei „ihrem" König in Kopenhagen für ihre besonderen Belange ein offenes Ohr. Sie sahen sich auch mit Steuern, Kontributionen u. ä. weniger belastet als ihre Landsleute auf Osterlandföhr. Andererseits muß in diesem Zusammenhang deutlich gesagt werden: Die „Weesdringen" betrachteten sich vor 1864 niemals als Dänen. Sie bezeichneten sich übrigens auch nicht als Friesen, sondern als Föhringer. Unter Friesen (fö. Fresken) verstanden sie im wesentlichen nur die Bewohner des nordfriesischen Festlandes.

Etwa um 1830 wandelte sich die Auffassung auf Westerlandföhr und Amrum hinsichtlich der unmittelbaren staatsrechtlichen Zugehörigkeit zu Dänemark. Hatten 1771 die Gangfersmänner von Westerlandföhr und Amrum noch beantragt, zu ewigen Zeiten unter der dänischen Jurisdiktion zu verbleiben und 1825 die Deichrichter noch darum gebeten, dem Amt Tondern nicht unterstellt zu werden, so zeigt eine Eingabe, die 39 Gangfersmänner von Westerlandföhr und Amrum am 8. April 1831 an den König von Dänemark richteten, schon eine sehr differenzierte Haltung. Hiermit baten sie Ew. Königliche Majestät,

„daß die Landschaft Westerlandföhr nebst der Insel Amrum ... auch in allen Civil-, Kirchen- und Schul- und übrigen Verhältnissen der Königl. Schleswig-Holstein-Lauenburgischen Kanzlei, mithin ganz der Schleswigschen Jurisdiction und infolgedessen dem Königl. Amtshaus in Tondern untergelegt (unterstellt), und von der dänischen Jurisdiction völlig getrennt werde, daß aber dem Birke die bisher selbständige und von der Landschaft Osterlandföhr separierte Verfassung in allen Beziehungen verbleibe".

In diesem Schreiben, dessen Abschrift – von Christian D. Roeloffs gefertigt – sich im Inselarchiv befindet, sind auf elf Seiten die Gründe für eine Änderung der Verhältnisse eingehend dargelegt. Die Gangfersmänner kritisieren im wesentlichen die verwickelten Rechtsverhältnisse sowie die Schwierigkeiten für die Bewohner, die in dänischer Sprache abgefaßten Bestimmungen zu verstehen. Sie beklagen aber auch, daß dem dänischen Birkvogt Kenntnis fehle über die schleswig-holsteinischen Gesetze und Verordnungen, die geltendes Recht in Verwaltungsangelegenheiten seien.

In der Eingabe von 1831 sind besonders bedeutsam und bemerkenswert die folgenden Ausführungen, die ich hier nur verkürzt wiedergeben kann:

1.

Für die Bewohner des Birks ist die Verbindung mit der dänischen Verfassung in Hinsicht der Administration und Justiz unpassend und mit ihrer Nationalität „unvereinbahrlich“.

2.

Auf Westerlandföhr und Amrum sind die Sitten und Gebräuche, ist das ganze äußere und innere Leben deutsch und ganz verschieden von dem dänischen. Die Bewohner stehen mit den schleswigschen Distrikten in der engsten Berührung, wogegen sie mit den Einwohnern Jütlands fast ohne Verbindung sind.

3.

Die Sprache auf Westerlandföhr und Amrum ist die friesische und deutsche, die dänische wird gar nicht gesprochen und ist nur wenigen verständlich. In den Schulen wird Deutsch gelehrt, in den Kirchen Deutsch gepredigt.

4.

Die in Ripen vorzulegenden Kirchen- und Armenrechnungen werden mit Notaten in dänischer Sprache versehen, die den einheimischen Juraten und Vorstehern unverständlich sind. Noch vor kurzem haben die Einwohner von der „Obergeistlichkeit“ (Bischof und Propst) dänische Reden in der Kirche gehört, ohne sie verstanden zu haben.

5.

Die Bewohner des Birks sind gleicher Abstammung wie die Osterlandföhrer. Sie sind also keine Dänen. Nichts ist sehnlicher als der Wunsch, derselben Verfassung und denselben Gesetzen sich zu erfreuen, welche ihre Landsleute genießen, mit denen sie Sprache, Sitten und Gebräuche gemein haben.

6.

Der bestehenden Ordnung der Dinge bezüglich der Administration und der Justiz mangelt Übereinstimmung und die Einheit, die für das Wohl der Unterthanen wesentliche Erfordernisse sind. Die Verfassung ist nicht dänisch, nicht deutsch, sie ist ein mixtum compositum, ohne festen Grund und Boden.

7.

Zum Wohl eines Staatsbürgers gehört, sich seines Rechtszustandes bewußt zu sein, die Gesetze zu kennen, welche die Richtschnur seines bürgerlichen Lebens sind. Daß dies für die Westerlandföhrer nicht möglich ist, geht aus dem Angeführten zur Genüge hervor.

8.

In der vom König allen Untertanen (Dänemarks) in Aussicht gestellten Repräsentativ-Verfassung und der zu erwartenden Veränderung der bisherigen Landesverfassung liegt ein fernerer Grund, die Verhältnisse auf Westerlandföhr zum Wohl der Bewohner zu verändern.

Eine für sie wichtige Frage sprechen die Gangfersmänner jedoch unmißverständlich an: Ihr Birk solle mit Osterlandföhr nicht vereinigt werden. Diese Communne habe Schulden, Westerlandföhr dagegen nicht. Mit anderen Worten: Sie wollten weiterhin eine selbständige Communne bleiben.

Es macht Vergnügen, diese Eingabe zu lesen. Vermutlich verfaßt von Broder Riewerts, Oldsum, der zu der Zeit als Sprecher des Repräsentantenkollegiums und als Deichrichter auf Westerlandföhr besonders hervortrat, ist sie in einer höflichen, aber sehr bestimmten Art formuliert. Darüber hinaus zeigt sie neben einer nationalen, auch eine liberale und demokratische Grundhaltung sowie ein ausgeprägtes staatsbürgerliches Bewußtsein.

Wir haben Anlaß, den 39 Gangfersmännern wegen ihrer klaren Haltung und ob ihres mutigen Auftretens Anerkennung zu zollen. Denn dieses Schreiben wurde in einer Zeit verfaßt, als Studenten und Bürger, die sich gegen die absolutistische Herrschaft auflehnten, nicht gerade zimperlich angefaßt wurden. Die Eingabe läßt erkennen, daß sich die Gangfersmänner Forderungen zu eigen machten, die damals im politischen Raum eifrig diskutiert wurden. Anzunehmen ist, daß sie sich auch von dem Mut des Syltringers *Uwe Jens Lornsen* leiten ließen, der 1830 seine Flugschrift „Über das Verfassungswerk in Schleswig-Holstein“ veröffentlichte. Verlangte der Inselfriese hierin doch eine schleswig-holsteinische Repräsentativverfassung, eine durchgreifende Reform der Verwaltung, die verwaltungsmäßige Trennung der Herzogtümer von Dänemark sowie die Umwandlung des dänischen Gesamtstaates in einen „Doppelstaat“.

Für die Eingabe, gerade im April 1831, dürften zudem sehr entscheidend gewesen sein die laufenden Beratungen in Kopenhagen über das „Allgemeine Gesetz wegen Anordnung von Provinzialständen“, welches der König dann am 28. Mai 1831 erließ. Dieses Gesetz und die alsbald folgenden führten bekanntlich 1834 zur Einrichtung von vier Ständeversammlungen für Schleswig, Holstein, Jütland und die dänischen Inseln mit der Folge, daß sich Bürger und Bauern stärker am politischen Leben beteiligen konnten. Ebenfalls 1834 wurde eine Verwaltungsreform durchgeführt, die den von den Schleswig-Holsteinern seit langem erhobenen Forderungen auf mehr Eigenständigkeit entgegenkam.

Die Veranlassung zu dem Schreiben vom 8. April 1831 und damit zur veränderten Haltung der Gangfersmänner hinsichtlich der Zugehörigkeit des Birks zur dänischen Jurisdiktion dürfte aber auch das nicht sehr kluge Verhalten des seit 1818 amtierenden Birkvogts Nielsen gegeben haben. Er begann, die Gerichtsprotokolle in dänischer Sprache zu verfassen.

Seine Vorgänger dagegen hatten über Jahrhunderte sich stets der deutschen Sprache bedient. Nielsens Verhalten führte zu einer deutlichen Kritik gegenüber Dänemark, die es bis dahin auf Westerlandföhr und Amrum nicht gegeben hatte.

Diese Eingabe dürfte in Kopenhagen neben einer gewissen Überraschung auch Befremden ausgelöst haben, zumal der erst ein Jahr zuvor vom König ernannte Dannebrogsmann Broder Riewerts als erster seine Unterschrift daruntergesetzt hatte. Dessen in der Eingabe zum Ausdruck kommende pro-deutsche Haltung sowie die Kritik an dem dänischen Birkvogt mag denn auch Nielsen bewogen haben, Broder Riewerts als Deichrichter abzulösen. Die Entscheidung dürfte ihm auch deswegen leicht gefallen sein, weil sie bei den meisten Bewohnern Unterstützung fand. Wie bereits in dem Abschnitt „Deichwesen" dargelegt, hatte sich Broder Riewerts auf Westerlandföhr dadurch unbeliebt gemacht, daß er eine grundlegende Verbesserung des Seedeiches durchsetzte, die zu außerordentlich drückenden Deichlasten führte. Erst nach seinem Tode (1854) fand Riewerts die ihm gebührende Anerkennung. Die unter seiner Leitung geschaffenen Deichanlagen hielten über viele Jahrzehnte den Sturmfluten stand. Erst um die Jahrhundertwende wurden sie durch die Neuverlegung des Steindeiches verbessert.

Nach dem Ausscheiden von Broder Riewerts übernahm Christian D. Roeloffs dessen Funktion im Deich- und Repräsentantenkollegium. Als Sprecher der Gangfersmänner unterschied er sich von seinem Vorgänger dadurch, daß er dänischer gesinnt war. Dies zeigte sich dann auch bei den politischen Auseinandersetzungen nach 1848. Hinsichtlich seiner demokratischen Grundhaltung unterschied der sich jedoch nicht von Broder Riewerts. Das stellte er mit seinen Vorschlägen unter Beweis, die Gangfersmänner von den Birksbewohnern und die Deichrichter von den Rottmännern wählen zu lassen. Hierauf wird an anderer Stelle näher eingegangen.

Nachzutragen bleibt noch, daß ich nicht feststellen konnte, inwieweit sich die Königliche Regierung 1831 mit den Forderungen der Gangfersmänner auseinandergesetzt hat. Sie ist möglicherweise in der bürokratischen Mühle „behandelt und erledigt" worden. Jedenfalls änderte sich auf Westerlandföhr und Amrum bis 1864 insoweit nichts.

Unruhen während der schleswig-holsteinischen Erhebung 1848–1852

Ausgelöst durch die nationalen Strömungen in Europa, deren Ursache u. a. in der französischen Revolution zu suchen sind, ging das Bestreben in Dänemark seit etwa 1846 dahin, das Herzogtum Schleswig aus der Union mit Holstein zu lösen, um es dem Königreich verfassungsmäßig voll anzuschließen. Eine Gegenbewegung von Teilen der schleswig-holsteinischen Bevölkerung führte zu Aufständen und kriegerischen Handlungen in den Jahren 1848/1850, wobei sie Unterstützung fanden bei einigen Mitgliedern des Deutschen Bundes, insbesondere durch Preußen.

Auch die Insel Föhr blieb von der revolutionären Bewegung nicht verschont. In der Nacht vom 18. zum 19. August 1848 nahmen bewaffnete „Patrioten" den Birkvogt in Nieblum fest und entführten ihn. Die Westerlandföhrer Gangfersmänner reagierten hierauf sofort und kamen am 19. August in Nieblum zusammen. Sie wählten fünf aus ihrer Mitte, die vorläufig die Geschäfte des Birkvogts besorgen sollten. Einer davon war Christian D. Roeloffs, der ohnehin schon seit längerem dem Repräsentantenkollegium als Sprecher vorstand. Er war es daher auch, der das nachfolgende Schreiben verfaßte:

„An das
Königliche Stiftsamtshaus
zu Ripen
Die unterzeichneten Repräsentanten Westerland-Föhrs und Amrums finden sich in der traurigen Notwendigkeit, einem Königl. Stiftsamtshause die unterthänige Anzeige zu machen, daß unser Birkvogt, der Justizrath Nielsen, diese Nacht von einigen bewaffneten Leuten arretiert und mit einem Fahrzeug von Nieblum Ufer nach Dagebüll und wahrscheinlich weiter nach Rendsburg abgeführt worden ist. Wir halten es für unsere Pflicht, einem Königl. Stiftsamtshause hiermit in Kenntnis zu setzen, und wie wir uns sogleich erlauben, das schmerzliche Gefühl, welches bei uns sowohl wie bei den Einwohnern Westerland-Föhrs und Amrums durch diese Abführung erregt worden ist, auszusprechen. Wir empfehlen uns und unserem Birk der ferneren Vorsorge des Stiftsamtshauses. Unterthänigst ..."

Es unterschrieben insgesamt 31 (von 40) Gangfersmänner die Eingabe.

Die Schleswig-Holsteinische Provisorische Regierung in Rendsburg ließ den Birkvogt nach zwei Tagen wieder frei. Wilhelm Hartwig Beseler, Mitglied der Regierung, teilte ihm mit, er könne heimreisen. Nielsen, am nächsten Tag wieder auf Föhr, konnte sein Amt fortführen. Er starb 1852.

Die am 26. August 1848 beschlossene siebenmonatige Waffenruhe brachte für Schleswig-Holstein noch kein Ende des Krieges. Im April 1849 kam es erneut zu Auseinandersetzungen. Die Westerlandföhrer befürchteten eine erneute Gefangennahme ihres Birkvogtes. Zu seinem Schutz gingen in den Nachtstunden zehn bis 16 bewaffnete Einwohner in Nieblum Wache. Am 12. April kamen aber 40 dänische Soldaten auf die Insel und lösten die „Heimwehr" ab. Sie lieferten sich sogar ein kleines Scharmützel mit schleswig-holsteinischen Kanonenbooten. Bald nach Abschluß des Berliner Waffenstillstands (10. Juli 1849) verließen sie die Insel.

Die Bemühungen um eine Lösung der Schleswig-Holstein-Frage scheiterten trotz des am 2. Juli 1850 in Berlin abgeschlossenen Friedensvertrages. Es kam erneut zu kriegerischen Handlungen. Mit der Niederlage der schleswig-holsteinischen Armee am 25. Juli 1850 bei Idstedt und weiteren Kämpfen bei Missunde und Friedrichstadt fanden die Auseinandersetzungen im wesentlichen ihr Ende. Dennoch sahen sich die Dänen veranlaßt, im September 1850 Land- und Seemilitär – u. a. eine Batterie Artillerie – nach Föhr zu entsenden. Hierzu schreibt der Kapitän Lorenz F. Jepsen (1802–1891), Oldsum, in seinen Lebenserinnerungen:

„Am 16. September 1850 erhielten wir hier dänische Besetzung mit sechs Kanonenbooten, dem Dampfer „Vilde Aent" und ca. 2–300 Mann Militär. Ich war denselben sehr behilflich, daß sie im Westen von Föhr landen konnten. Als Anerkennung für diese Hilfeleistung statteten mir im Dezember die Offiziere einen Besuch in meinem Hause ab. Am 3. Januar 1851 erhielt ich ein Schreiben von dem Herrn Marineminister von Dockum, in dem er mir mitteilte, daß seine Majestät der König mich, auf seine Veranlassung, zum Dannebrogsmann ernannt und mir am 22. v. Mts. das Dannebrogsmann-Ehrenkreuz verliehen hätte, welches ich auch schon am 12. Februar per Post zugesandt erhielt mit allen Verordnungen und Zusagen.

Da die dänischen Seeleute zweimal in der Woche in Wyck Comödie spielten, wurden meine Frau und ich am 25. Februar von Capitain Lund gebeten, derselben beizuwohnen, worin wir auch einwilligten und sehr freundlich von den Herren aufgenommen wurden."

Nach den Aufzeichnungen von Jepsen ging es im Jahre 1850 bis Mitte Juni auf Föhr wenig friedvoll zu. Er schreibt:

„Da unser Justizrath und Birkvogt Nielsen flüchten mußte, wurden von dem Birk Repräsentanten gewählet: Adis und Hansen (Nieblum), Olufs (Borgsum), Roeloffs und Braren (Süderende) und ich, um in seiner Abwesenheit gewisse Fälle im Birk zu regulieren und zu ordnen."

Dazu gehörte auch, für die Auszahlung der Zinsen zu sorgen, auf die die Inhaber von Staatsobligationen und anderen Wertpapieren Anspruch hatten. Offensichtlich hatten die Westerlandföhrer seit 1848 auf Zahlungen warten müssen. Die Gangfersmänner beauftragten aus ihrer Mitte Lorenz F. Jepsen, Daniel Goos-Hansen, Nieblum, und einen Olufs aus Borgsum, wegen dieser Angelegenheit nach Flensburg zu reisen. Die drei Repräsentanten „waren daselbst drei Tage und brachten alle Zinsen mit, eine Summe von 19 000–20 000 Courant Mark", schreibt Jepsen. Das war ein für damalige Verhältnisse beachtlicher Betrag. Er ist ein Beleg dafür, daß zahlreiche Bewohner Kapitalvermögen besaßen.

Die im September 1850 bei Dunsum gelandeten dänischen Soldaten bezogen in Wyk Quartier. Die Wyker Fleckenvorsteher beschwerten sich hierüber, weil Oster- und Westerlandföhr von Einquartierung verschont blieben. Als das dänische Militär im Jahre 1851 die Insel verließ, glaubte man zumindest auf Westerlandföhr, daß die „rechte Ordnung" wieder einkehre, zumal in der Schleswig-Holstein-Frage die Konferenz der europäischen Großmächte in London eine vorübergehende Lösung brachte. Dänemark mußte sich in dem „Londoner Protokoll" vom 8. Mai 1852 verpflichten, die Anschlußbestrebungen aufzugeben.

Die Besetzung durch Österreicher 1864

Auch in den Jahren nach 1852 versuchten König und Regierung in Kopenhagen, u. a. gedrängt durch national eingestellte Dänen, das Herzogtum Schleswig verfassungsmäßig mit Dänemark zu verschmelzen. Die Realisierung verzögerte sich nicht zuletzt durch den Tod des kinderlosen Königs Friedrich VII. im Jahre 1863. Dadurch brach ein Thronfolgestreit aus. Der Deutsche Bund war nicht bereit, den Prinzen Christian von Sonderburg-Glücksburg, der als Christian IX. den dänischen Thron bestieg, anzuerkennen.

Der Streit weitete sich aus, als der junge König am 18. November 1863, einen Tag nach seiner Thronbesteigung, die neue dänische Verfassung bestätigte, die

Abb. 84: Kapitänleutnant Otto Chr. Hammer, 1864 dänischer Befehlshaber der Westsee-Inseln

u. a. den Anschluß Schleswigs an Dänemark zum Inhalt hatte. Erregt durch diesen Schritt, forderte die öffentliche Meinung in Deutschland vom Deutschen Bund die sofortige Besetzung der Herzogtümer und ihre völlige Trennung von Dänemark, um die Einverleibung eines Herzogtums mit überwiegend deutscher Bevölkerung zu verhindern. Der Deutsche Bund zeigt sich aber gegenüber dieser Forderung zunächst zurückhaltend. Er beschloß vorerst nur die sog. Bundesexekution und forderte Ende 1863 Dänemark auf, Holstein (und Lauenburg) zu räumen. Dänemark lehnte ab. Am 23. Dezember 1863 überschritten sächsische und hannoversche Truppen die Grenze, besetzten Lauenburg und Holstein, während die Österreicher und Preußen sich vorerst zurückhielten. Zu kriegerischen Auseinandersetzungen mit Dänemark kam es aber noch nicht.

Die Lage spitzte sich zu, als Österreich und Preußen am 16. Januar 1864 die Aufhebung der neuen dänischen Verfassung verlangten und damit die Lösung des Herzogstums Schleswig von Dänemark. Es ist verständlich, daß Dänemark diese Forderung zurückwies. Darauf rückten preußische und österreichische Truppen am 1. Februar ins Herzogtum Schleswig ein. Beeindruckend war die Zähigkeit der sich tapfer schlagenden Dänen. Aufgrund ihrer Übermacht errangen die Verbündeten mit ihren Landstreitkräften jedoch bald militärische Erfolge, so daß es im Mai 1864 zu einem Waffenstillstand kam. Die Nordfriesischen Inseln waren zu der Zeit noch in dänischer Hand und bis dahin von kriegerischen Handlungen verschont geblieben.

Die Friedensverhandlungen zogen sich aber hin. Erneut brachen Kämpfe aus. In den Gewässern um Föhr lieferten sich die verfeindeten Seestreitkräfte ein kleineres Scharmützel, das glücklicherweise keine Todesopfer forderte. Die dänischen Einheiten kommandierte der Kapitänleutnant Otto Christian Hammer (Abb. 84). Die österreichischen Schiffe führte Kapitän Kronnowetter. Hammer ergab sich den Österreichern einen Tag vor dem am 19. Juli 1864 erneut verkündeten Waffenstillstand. In der Mannschaft der dänischen Kriegsboote befanden sich auch mehrere Föhringer, die aber zum Teil nach der Gefangennahme sogleich nach Hause entlassen wurden.

Am 17. Juli 1864, zwei Tage vor dem Waffenstillstand, landeten am Strand von Nieblum zwei kleine österreichische Einheiten: 150 steirische Jäger und

100 Matrosen, die sofort die Insel besetzten. Zu kriegerischen Handlungen kam es nicht, weil sich auf der Insel keine dänischen Streitkräfte aufhielten; Hammer war mit seinen Soldaten auf See. Die Österreicher nahmen den Birkvogt von Westerlandföhr und Amrum, Trojel, in Nieblum zunächst fest, ließen ihn jedoch am nächsten Tag wieder frei. Der Landvogt von Osterlandföhr, C. L. Lendrop, entzog sich der Gefangennahme durch Flucht. Über das Geschehen in den ersten Besatzungstagen hat Joachim (Juchum) Hinrichsen (1846–1930) aus Toftum folgendes berichtet:

„Bei seiner Entlassung wurde ihm (Trojel) gesagt, daß Westerlandföhr bis abends acht Uhr 25 Rinder liefern solle (ich glaube, mindestens über 20), 800 Roggenbrote, 200 Pfund Butter, 200 Pfund Zucker und 100 Pfund Tabak, teils nach Wyk, teils nach Nieblum, welche Orte sofort österreichische Einquartierung bekamen. Osterlandföhr brauchte fast nichts zu liefern. Trojel sagte, er werde tun, was er tun könne, aber der Österreicher antwortete: ‚Wenn die Dinge heute um acht Uhr nicht da sind, gehen wir abends selbst, um die Rinder von der Weide zu holen und das andere holen wir aus den Häusern oder Kaufläden. Um fünf möchte ich wissen, ob Sie liefern können oder nicht'.
Trojel rief nun alle Gangfersmänner von Westerlandföhr zusammen, sie sollten um vier Uhr (nachmittags) in Nieblum zusammenkommen. Mein Nachbar Nickels Jungrörd Nickelsen, der damals Gangfersmann war, hat mir davon erzählt. Als der Befehl der Österreicher bekannt wurde, antwortete sofort einer: ‚Fettvieh haben wir ja genug, Brot und Butter auch, aber Tabak und Zucker können wir nicht liefern, denn die Insel ist ja längere Zeit abgeschnitten gewesen von der Umwelt'. Nun wußten sie nicht, was sie antworten sollten. Die Uhr ging auf halb fünf, sie wurde fünf, ohne daß man sich einig wurde, und so kamen 20 Österreicher mit aufgepflanzten Bajonett. Die Gangfersmänner sahen sie durch das Fenster, kriegten Angst und flohen durch die Hintertür. Nur der Kaufmann Christian D. Roeloffs von Süderende blieb drinnen. Er war der wichtigste und bekannteste Mann der Insel und war etwas wie der öffentliche Vertreter von Westerlandföhr, darum kam er immer mit Trojel zusammen und war auch Gerichtsbeisitzer, denn Trojel und einige seiner Nachfolger waren auch Richter. Er war Dannebrogsmann und ausgesprochen dänisch gesinnt. Seine Tochter war damals die Tänzerin Friedrich VII. auf dem Ball in Nieblum, als Jürgen Jensen den König ‚zu Boden' tanzte.
Dieser Mann (Christian D. Roeloffs) also blieb im Haus zurück – was Trojel tat, weiß ich nicht –, ging den Soldaten bis zur Tür entgegen mit den Worten: ‚. . .Was wir haben, können wir euch geben, aber was wir nicht haben, können wir nicht geben.' ‚Was habt ihr nicht?' ‚Tabak und Zucker', antwortete Roeloffs. Auch damit waren die Österreicher zufrieden. Die Gangfersmänner kamen wieder und erhielten Befehl, schnell in ihre Dörfer zu gehen und die Waren einzusammeln. Sie sollten bis acht Uhr in Wyk oder Nieblum abgeliefert werden. Als ich nach Hammers Kapitulation nach Hause kam, fragte ich meine Mutter: ‚Mußtest du auch etwas abliefern?' ‚Ja', sagte sie, ‚vier Pfund Butter'."

Der Bericht, daß der Birkvogt entlassen worden sei, ist nicht zutreffend. Nach dem Thingprotokoll von 1864 hielt Trojel bereits am Dienstag, dem 19. Juli, also zwei Tage nach der Landung der Österreicher, wieder seinen allwöchentlichen Gerichtstag ab. Daß aber Christian D. Roeloffs während der „Besatzungszeit" eine dominierende Rolle auf Westerlandföhr spielte, bestätigen auch die im Inselarchiv befindlichen Unterlagen aus dieser Zeit. Danach führte er in den ersten Monaten nach der Besetzung Föhrs die Geschäfte des Birks, soweit es um die Lieferung von Lebens- und Genußmitteln an die Österreicher ging. Auch die Vergütung an die Bewohner von Westerlandföhr und Amrum für Einquartierung und Gestellung von Gespannen regelte er. Nach seinen Aufzeichnungen requirierten die Österreicher am 18. Juli 1864, einen Tag nach ihrer Landung, allein auf Westerlandföhr neben Waren und Genußmitteln im Wert von 1152 Rbtr und 88 Sch noch 15 fette Rinder, die mit 968 Rbtr bewertet wurden.
Von den gelandeten Österreichern waren am 19. und 20. Juli 1864 zwei Leutnants, zwei Oberjäger und 56 Soldaten in Nieblum untergebracht, der Rest auf Osterlandföhr und in Wyk. Nach dem 20. Juli hatten die Nieblumer 40 Tage lang einen Oberleutnant, einen Oberjäger, zwei Unteroffiziere und 27 Soldaten im Quartier. Das Langdorf und Süderende mußten nach dem 10. September einen Leutnant, einen Oberjäger und 80 Soldaten für vier Wochen und außerdem zwei weitere Offiziere mit ihren Burschen für drei Tage aufnehmen. Die österreichische Leutnant wohnte während dieser Zeit in Süderende im Hause von Christian D. Roeloffs.
Über einige Begebenheiten, die er 1864 als Kind in Süderende erlebte, berichtet Ernst Ketels (1859–1949) u. a.:

„Angesichts der Landung der Österreicher hatte Mutter, was sie an Wert schätzte, wie einige silberne Löffel, ihren Schmuck und ‚Höv-Tjüch' (Kirchgangs-Kleider), in die ‚Kurn-Munnen' (aus Stroh geflochtene Kornkörbe) gebracht (Abb. 85). Diese standen auf dem Boden. Wie es nun dunkel wurde, ward es Muter unheimlich (Vater auf See). Sie entschloß sich, mit uns nach den Großeltern zu gehen. Dabei bemerkte sie, daß auch ich aus Angst vor den Soldaten meine neue Jacke auf dem Boden versteckt hatte.... Am nächsten Morgen gingen wir zu unserem Nachbarn Friedrich Chr. Braren (1843–1921), um das Blut auf seinem Wagen zu sehen. Einige betrunkene Österreicher hatten sich gegenseitig verwundet und erstochen. Einen dieser Erstochenen hatte man auf Friedrichs Wagen gelegt. Wir hatten tags einen Österreicher im Quartier, der nachts bei unserm Nachbarn, dem Capitain Jacob Hayen (1802–1881) schlief, denn einzelne Frauen waren von der Nacht-Einquartierung befreit. Großvater Friedrich Knudsen bekam den Trompeter und einen, der mit einem Beil ausgerüstet war, wohl Pionier. Christian D. Roeloffs mußte von seinen vier Pferden zwei als Reitpferde den Offizieren zur Verfügung stellen. In der großen Stube des Hauses Nr. 254 b, das dem Capitain Jan Jürgen Hinrichsen (1811–1885) gehörte, hielten die österreichischen Offiziere ihre Abschiedsfeier; wir Jungen wurden zum Krämer (C. D. Roeloffs) geschickt, um Wein nachzuholen."

Auch die Insel Amrum blieb von österreichischer Besetzung und Einquartierung nicht verschont. Am 19. und 20. Juli hielten sich dort ein Leutnant und 34 Soldaten auf. Davon blieben sieben Soldaten bis zum 30. Juli. Sodann wurde die kleine Gruppe auf 13 Soldaten verstärkt, die am 29. August die Insel verließen. Die Ansprüche der Österreicher erschöpften sich nicht allein in der Lieferung von Lebens- und Genußmittel sowie in anständiger Unterbringung. Sie verlangten außerdem fortlaufend die Gestellung von Fuhrwerken, um bei Bedarf gefahren zu werden. Die kommandierenden Offiziere, in Wyk untergebracht, forderten anfangs sogar, daß sich die Wagen Tag und Nacht „vorgespannt" (fö. förspend) vor ihrem Quartier bereitzuhalten hatten. Nun, auch das normalisierte sich bald. Das geht aus einer Stellungnahme von Christian D. Roeloffs hervor. Im übrigen muß darauf hingewiesen werden, daß sich die Österreicher alles in allem human verhielten. Die Föhringer wurden menschlich behandelt. Drangsalierungen und Übergriffe dürften nicht vorgekommen sein. Jedenfalls haben Zeitgenossen hierüber nicht berichtet. Im Gegenteil. Ernst Ketels schreibt:

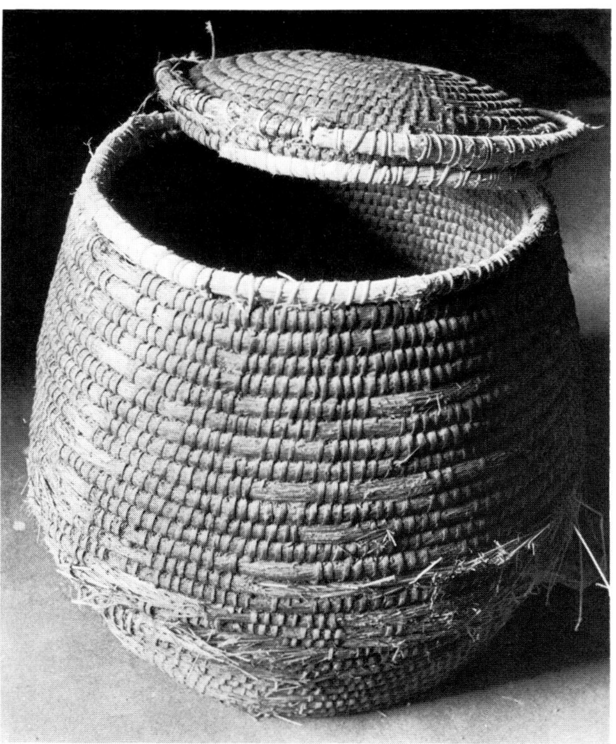

Abb. 85: In einem aus Stroh geflochtenen Korb (fö. Koornmun) für die Lagerung von Getreide versteckte O. Ketels 1864 ihre Wertsachen

„Die Soldaten waren alle sehr nett, und ich erinnere noch, wie die Nachricht in 1866 nach Königsgrätz von dem Tode vieler derselben bekannt wurde, die Trauer im Dorfe. Strohmeyer, Niedermeyer und andere Meyer waren die Namen derselben."

Mit Jubel aber hatten die Westerlandföhrer die Österreicher nicht begrüßt. Im Gegenteil! Sie verhielten sich gegenüber den Besatzern sehr reserviert. Anders als einige Landsleute auf Osterland und in Wyk sprachen und schrieben sie nicht von „Befreiern". Dazu bestand auch kein Anlaß, denn die „Weesdringen" hatten die dänische Herrschaft nie als Joch empfunden, obwohl sie in den letzten Jahrzehnten ihrer Zugehörigkeit zu Dänemark die für das Birk geltenden komplizierten Rechts- und Verwaltungsbestimmungen durchaus nicht so optimal empfunden und insoweit bereits 1831 auf Änderung gedrungen hatten.

Besatzungskosten

Die am 17. Juli 1864 gelandeten Österreicher sicherten sich ihren Lebensunterhalt durch die Beschlagnahme von Waren und sonstigen Gegenständen – wie es seinerzeit üblich war. Über die Kosten der österreichischen Besatzung, die Westerlandföhr und Amrum aufzubringen hatten, befindet sich im Inselarchiv folgende Schlußrechnung:

		Reichs-bank-thaler	Schil-ling
Am 18. Juli requiriert			
2211,75	Pfund Brot	80	60
1566	Pfund geräucherter Speck	326	24
649,25	Pfund Butter	162	30
2,5	Scheffel Erbsen (ca. 70 Pfund)	3	32
1	Scheffel Kartoffeln (ca. 20 Pfd.)	–	24
3,75	Tonnen Gerste (ca. 675 Pfd.)	16	–
4	Tonnen Hafer (ca. 560 Pfund)	9	8
1	Fuder Heu	6	–
4	Draf Stroh (80 Bund)	4	–
5	Stieg Eier (100 Stück)	1	64
343	Pfund frisches Fleisch	57	16
44,25	Pfund Weizenmehl	3	–
28	Pfund Grütze	1	44
18	Pfund Käse	1	48
219	Pfund Reis	19	38
620	Pfund Reis	77	48
956	Pfund Salz	16	68
87	Pfund Tabak	23	54
2	Pfund Tabak	–	64
6	Pfund Roll-(Kau-)Tabak	4	–
3700	Zigarren	42	24
76	Flaschen Wein	22	48
8	Flaschen Aquavit	4	–
2	Flaschen Kirschschnaps	1	64
1	Flasche Kümmel	–	32
148,5	Pott Branntwein (144 Liter)	28	66
3	Häute Sohlleder	150	–
6	Häute Oberleder	85	–
16	Enten	4	–
15	Stück Fettvieh (5694 Pfd. Fleisch)	968	–
Verzehr der Soldaten			
bei B. Breckling		12	64
A. Petersen		8	–
Nach dem 18. Juli (bis 11. September) requiriert			
4800	Pfund Brot	175	–
122,25	Kannen Branntwein (237 Liter)	45	81
25	Flaschen Wein	13	27
250	Pfd.Weizenmehl	16	–
1	Tonne Gerste (ca. 180 Pfd.)	4	38
4	Tonnen Hafer (ca. 560 Pfd.)	9	8
400	Zigarren	13	–
1/2	Fuder Heu	5	–
19	Stück Fettvieh (5176 Pfd. Fleisch)	880	–
		3303	18

Betrachtet man die Lebensmittel, die die Soldaten nach der Landung sogleich requirierten, so steht diese Menge in keiner angemessenen Relation zum Bedarf der auf Westerlandföhr einquartierten Österreicher. Es ist daher anzunehmen, daß die Waren auch von den auf Osterlandföhr und in Wyk untergebrachten Soldaten verbraucht wurden.

Die am ersten Tag beschlagnahmten 15 Rinder wurden in Nieblum abgeliefert und noch am Abend nach Wyk getrieben. Dort sind sie vermutlich während der nächsten Tage geschlachtet und das Fleisch eingesalzen worden. Andernfalls hätten die Österreicher wohl nicht gleich am ersten Tage 956 Pfund Salz verlangt. Schaffleisch zu essen, lehnten sie ab. Die zunächst requirierten Schafe erhielten die Westerländer zurück.

Insgesamt lieferten die Westerlandföhrer 34 Schlachtrinder an die Österreicher. In der Schlußrechnung fällt auf, daß das Fettvieh geschlachtet durchschnittlich nur 320 Pfund wog. Die Tiere mögen im Mittel ein Lebendgewicht von etwa 650 Pfund gehabt haben. Es handelte sich um Kühe und Färsen. Ochsen wurden damals auf Föhr nicht fettgegräst; hierfür reichte die Qualität der Marschweiden nicht aus.

Nach den Aufzeichnungen von Christian D. Roeloffs requirierten die Österreicher nach dem 11. September 1864 keine Waren mehr, obwohl sie sich zumindest im Langdorf und in Süderende bis zum 8. Oktober einquartiert hatten. Die von ihnen verbrauchten Lebens- und Genußmittel nahmen aber einen bedeutenden Umfang ein. Dabei zeigten sich die Österreicher nicht gerade maßvoll. Ob sie in ihrer Heimat jemals so gut und täglich so viel gegessen haben? Die Militärverpflegung war bestimmt nicht so gut und reichlich. Nun, die Österreicher waren die Sieger. Sie konnten es sich erlauben, in dieser Weise aufzutreten. Eine derartige Handlungsweise war übrigens nicht ungewöhnlich. Es war damals üblich, daß sich Kriegstruppen ihre Verpflegung requirierten. Nachschub von Proviant kannte man kaum, da er bei den damaligen Verkehrsverbindungen schwerlich zu bewerkstelligen war.

Eine Rechnung vom 28. Oktober 1865 enthält weiter die Vergütung für Einquartierungen, Fuhren und Botendienste. Danach unterhielten die Österreicher beim Gastwirt Boy Breckling in Nieblum eine Wachstube; ihm wurden hierfür 21 Rbtr vergütet. Ein Roluf Friedrichsen, ebenfalls in Nieblum, erhielt für einen Exerzierplatz 8 Rbtr. Für eine Wachstube und ein Arbeitszimmer, die Lambert Jensen, Oldsum Nr. 56 (später Hinrich Rickmers), zur Verfügung stellen mußte, wurden 19 Rbtr und 81 Sch, für einen Exerzierplatz im gleichen Ort 3 Rbtr als Entschädigung gezahlt. Die Hauswirte im Langdorf und in Süderende bekamen für einen einquartierten Soldaten 2 Rbtr je Woche.

Die Kosten der Einquartierung ohne Warenlieferungen beliefen sich für Westerlandföhr und Amrum auf 1305 Rbtr und 34 Sch. Darüber hinaus entstanden Kosten für Fuhren auf den beiden Inseln sowie für Bootsfahrten nach Amrum und Langeneß von insgesamt 716 Rbtr und 88 Sch. Insgesamt verursachten die Österreicher auf Westerlandföhr und Amrum Aufwendungen von insgesamt 5390 Rbtr und 44 Sch. Dieser Betrag entsprach einem Wert von etwa 100 Stück Fettvieh mit einem durchschnittlichen Schlachtgewicht von 320 Pfund. Rinder dieser Art dürften heute etwa 1300 DM/Stück kosten. Demnach beliefen sich die Kosten der österreichischen Besatzung nach derzeitigen Wertverhältnissen auf rd. 130 000 DM.

Die Besatzungskosten von rd. 5390 Rbtr mußte das Birk zunächst selber aufbringen. Weil es hierzu aber nur zum Teil in der Lage war, erklärten sich sieben vermögende Bewohner von Westerlandföhr bereit, dem Birk entsprechende Vorschüsse zu gewähren:

	Rbtr	Schilling
Johann Gottlieb Tschech Früdden, Klintum	1050	
Christian D. Roeloffs, Süderende	760	
Ingwert D. Lorenzen, Utersum	500	
Rörd Matzen, Oldsum	489	34
Hark Ocken, Toftum	400	
Jacob Hinrichsen, Süderende	213	32
Volkert Fr. Faltings, Oldsum	100	
	3512	66

Darüber hinaus leisteten die Amrumer Gangfersmänner dem Birk gemeinsam einen Vorschuß von 600 Rbtr „für verunglückte Seeleute“. Ob es sich um Zahlungen an Angehörige dieser Seeleute handelte, war leider nicht festzustellen. Über die geleisteten Vorschüsse fertigte Christian D. Roeloffs die entsprechenden Schuldscheine, die Birkvogt Trojel am 16. Oktober 1864 gegenzeichnete. Den Kreditoren wurden 4 % Zinsen zugesichert. Die Tatsache, daß die Schuldscheine den Birksakten beigeheftet sind, läßt vermuten, daß die Kreditoren ihre Vorschüsse später erstattet bekamen. Wann das geschah, ließ sich jedoch nicht ermitteln.

Daß Christian D. Roeloffs während des Aufenthalts der Österreicher auf unserer Insel als Sprecher des Repräsentantenkollegiums von Westerlandföhr und Amrum auftrat, wird weiter bestätigt durch einen Schriftwechsel, den er mit dem (neuen) Landvogt von Osterlandföhr und Gerichtsvogt von Wyk, Forchhammer, im Monat September des Jahres 1864 führte. Danach verhandelte Forchhammer wegen der Aufbringung der Besatzungskosten zunächst mündlich mit Christian D. Roeloffs. Am 5. September 1864 übermittelte er ihm sodann einen Vorschlag der Osterlandföhrer Repräsentanten, wonach u. a. Wester- und Osterlandföhr je zwei Fünftel und Wyk ein Fünftel der Kosten aufbringen sollten. Daraufhin rief Christian D. Roeloffs die Gangfersmänner von Westerlandföhr und Amrum bereits am 7. September zusammen. Sie stimmten zwar grundsätzlich zu, lehnten aber eine sofortige Regulierung ab, „da erwartet werden kann, daß wenigstens ein Teil der entstandenen Kosten ersetzt, und vielleicht eine Repartition (Verteilung) aller Kosten über das ganze Herzogthum Schleswig stattfinden wird“. Das schrieb Christian D. Roeloffs am 8. September 1864 an Forchhammer. Weiter teilte er ihm mit, daß man mit seinem Vorschlag, den Quartierwirten 60 Sch je Woche für die Einquartierung eines Soldaten zu vergüten, generell nicht einverstanden sei. 50 Sch seien ausreichend für die ersten 40 Tage der Besetzung. Erst danach, ab 1. September 1864, sollten 60 Sch gezahlt werden[3]. Hierauf ging Forchhammer nach Beratungen mit den Repräsentanten von Osterlandföhr nicht ein. Einmal mehr wurde deutlich, daß sich das Verhältnis zwischen „Weesdringen“ und „Aasdringen“ nicht durch eine besonders gute Zusammenarbeit auszeichnete. Wegen der Erstattung der Besatzungskosten gab es

3 96 Schilling = 1 Rbtr. Tatsächlich erhielten die Quartierwirte – nach der abschließenden Kriegskostenrechnung – für 1 Soldaten 2 Rbtr (192 Sch) je Woche, also mehr als das Dreifache.

Schwierigkeiten mit der Königlichen Regierung in Kopenhagen, hatte sie doch in zwei Verordnungen Maximalpreise für Waren und Dienstleistungen bestimmt, die zum Teil wesentlich unter den tatsächlichen Kosten lagen. Danach konnten der Westerharde von den rd. 5390 Rbtr Kosten nur rd. 3389 Rbtr vergütet werden. Um aber eine höhere Erstattung zu erhalten, verfaßte Christian D. Roeloffs eine ausführliche Stellungnahme zu der Rechnung der Birkvogtei vom 28. Oktober 1865. Sie wird nachfolgend wiedergegeben, weil er hierin zugleich Einzelheiten über die damaligen Begebenheiten schildert. Sie lautet:

„In der beifolgenden Rechnung über die Kosten der feindlichen Besatzung unseres Birks habe ich eine doppelte Berechnung gemacht, die eine, was es dem Birk wirklich gekostet hat und die andere, was uns, meiner Ansicht nach, zufolge der Verordnungen vom 24. 9. 1849 und 30. Juni 1850 vergütet wird.
Der Preis von 1½ Sch. je Pfund Brot, welcher die Verordnung bestimmt, ist nach Verhältnis des Rockenpreises viel zu niedrig. Derselbe stand hier im Sommer von 7 Rbtr bis 7 Rbtr und 44 Sch. Die Repräsentanten, welche mit der Lieferung beauftragt waren, kauften Rocken zu 7 Rbtr 20 Sch je Tonne. Das Brot kam zumindest auf 3½ Sch je Pfund zu stehen. Deswegen accordierten sie sich mit ein paar Bäkkern, daß sie das Brot zu 3½ Sch je Pfund liefern sollten, worüber ich eine Rechnung des Bäckers Schröder beilege.
Bei Ankunft der Österreicher requirierten sie nicht allein Schlachtvieh, sondern auch frisches Fleisch, welches vom Schlachter zu dem gangbaren Preis von 16 Sch je Pfund gekauft werden mußte. Bei dem übrigen Schlachtvieh kommt die Verordnung vom 30. Juni 1850 in Anwendung, worin es heißt, daß, wenn die Obrigkeit lebendiges Schlachtvieh kauft, der desfällige Concract zu Grunde gelegt werden soll. Als das Commando von der hiesigen Vorsteherschaft ersucht wurde, es zu erlauben, das benötigte Fleisch zu liefern, bestand dasselbe darauf, nur lebendiges Vieh annehmen zu können. Das Vieh wurde daher von dem angestellten Schlachter taxiert, wie schwer es an Fleisch wiegen könne, und hernach gewogen, wenn es geschlachtet war. Der Unterschied war unbedeutend nur zu Gunsten des Letzteren. Das Commando erhielt nicht allein das Fleisch, sondern mit Talg und Haut. Dadurch war es den Vorstehern nicht möglich, das Vieh unter dem Preis von 17 Rbtr zu 100 Pfund zu kaufen. Deswegen scheint es mir, muß der angeführte Passus in der Verordnung vom 30. Juni 1850 in Anwendung kommen, da das Birk noch mehr wie die angeführten 10 870 Pfund Fleisch geliefert hat und außerdem noch Talg und Häute.
Geräucherter Speck wurde damals mit 22 Sch je Pfund bezahlt, indes vom Birk nur zu 20 Sch berechnet.
Die Gerste kostete hier 4 Rbtr 26 Sch bis 4 Rbtr 76 Sch je Tonne und der Weizen 7 Rbtr 44 Sch bis 8 Rbtr je Tonne. Deswegen konnten wir die Grütze und das Mehl nicht billiger anschaffen. Ebenso kostete der Brandtwein damals in Husum und Flensburg 31 bis 32 Sch je Kanne[4], weswegen der angeführte Preis von 36 Sch je Kanne billig war.
Bei der Einquartierung am 18. und 19. Juli wurde die Beköstigung allein von den Einwohnern bestritten. Der commandierende Offizier verlangte nicht allein vollständige Beköstigung, sondern auch ¼ Pott Brandtwein[4] und 10 Cigarren für jeden Mann und für ihn 8 feine Cigarren und eine Boutille Wein für den Offizier pro Tag.
In Nieblum erhielten die Soldaten ½ Pfund Fleisch und etwas Brot geliefert. Die übrige Beköstigung mußten die Einwohner leisten.
Bei der Einquartierung in Langendorf und Süderende erhielten sie nichts weiter als ½ Pfund Fleisch pro Tag. Der angesetzte Preis von 2 Rbtr pro Woche für jeden Mann war daher billig, indem diejenigen Einwohner, welche ihre Quartierleute nicht selbst im Hause haben konnten, 3 Rbtr pro Woche zahlen mußten.
Die Fuhren sind nach dem, wie sie hier bezahlt werden, berechnet. Anfangs verlangte das Commando, daß die Wagen 24 Stunden, hernach 12 Stunden bei Tag und Nacht vorgespannt in Wyk stehen mußten. Wenn nun diese Wagen sich von hier aus zu stellen hatten, so gingen 27–28 Stunden respektive 15–16 Stunden damit hin, ehe dieselben wieder zu Hause waren. Hernach erlaubte das Commando es, daß wir davon befreit wurden und ansagen konnten, wann gefahren werden sollte. Diese Fuhren sind auch danach berechnet, wie lange auf jede Tour gebraucht wurde. Ich habe daher dieselben nach der Zeit angesetzt und sie berechnet nach der in der Verordnung angesetzten Norm von 2 Rbtr pro Tag, welcher freilich einen nicht geringen Unterschied macht, was wir wirklich bezahlt haben."

Nach dem Archivmaterial bezahlte das Birk nur die Lebens- und Genußmittel, die die Österreicher bis zum 11. September 1864 requiriert hatten. Die Kosten für die Einquartierung dagegen sind bis zum 8. Oktober 1864 aufgeführt. Vermutlich verließen die Österreicher zu diesem Zeitpunkt Westerlandföhr. Wahrscheinlich verminderte sich zugleich die Zahl der Besatzungssoldaten auf der Insel. Die letzten Österreicher sollen im November 1864 von Wyk Abschied genommen haben. Eine Reihe von Offizieren wurde zu Ehrenbürgern der Stadt Wyk ernannt.
Die Erstattung der Besatzungskosten durch die Regierung zog sich übrigens über einen langen Zeitraum hin. Nach dem Conventbuch der Gangfersmänner stand im November 1876 die Zahlung eines Betrages von rd. 700 preuß. Thalern noch aus.

4 1 Pott = 0,95 Liter
2 Pott = 1 Kanne

Die dänische Zeit endet

Die kriegerischen Auseinandersetzungen zwischen den Dänen einerseits sowie den Preußen und Österreichern andererseits endeten am 19. Juli 1864 durch den erneuten Abschluß eines Waffenstillstandes. In dem darauf folgenden Friedensvertrag von Wien, am 30. Oktober 1864, mußte der König von Dänemark auf alle Rechte an den Herzogtümern Schleswig, Holstein und Lauenburg zugunsten des Kaisers von Österreich und des Königs von Preußen verzichten. Westerlandföhr, Amrum, List auf Sylt, der südliche Teil der Insel Röm sowie die Lohharde und die Mögeltondernharde wurden in das Herzogtum Schleswig eingegliedert. Die Insel Aerö, acht Kirchspiele am Südufer der Koldinger Förde und ein kleines Gebiet nördlich von Ripen, bis dahin zum Herzogtum Schleswig gehörend, erhielt Dänemark als Ausgleich.

Die gemeinsame Verwaltung der Herzogtümer führte jedoch zu ständigen Reibereien zwischen Preußen und Österreich. Daher vereinbarten sie in dem Vertrag zu Gastein am 14. August 1865, die Oberhoheit über die Herzogtümer durch beide Mächte gemeinsam auszuüben. Österreich übernahm die Verwaltung über Holstein, Preußen über Schleswig. Rendsburg wurde zur Festung des Deutschen Bundes erklärt. Für die Zahlung von 2,5 Millionen Talern an Österreich erhielt der preußische König das Herzogtum Lauenburg. Damit wurde er zugleich Herzog dieser seen- und waldreichen Landschaft.

Die zwischen Österreich und Preußen ausgehandelte Lösung trug den Keim zu weiteren Streitereien in sich, zumal Otto v. Bismarck, seit 1862 preußischer Ministerpräsident, den Frieden nicht gerade um jeden Preis erhalten wollte. Als Österreich gar verlangte, die Schleswig-Holstein-Frage durch den Deutschen Bund zu regeln, benutzte er diese Forderung, den Krieg gegen Österreich zu beginnen. Er endete am 3. Juli 1866 mit der Niederlage der Habsburger und ihrer Verbündeten bei Königsgrätz und dem Friedensschluß von Prag am 23. August 1866.

Allgemein ist nicht bekannt, daß – auf Betreiben Napoleon III. – im Prager Friedensvertrag (Artikel 5) der Kaiser von Österreich seine Rechte an den Herzogtümern Schleswig und Holstein auf den König von Preußen übertrug „mit der Maßgabe, daß die Bevölkerung der nördlichen Distrikte, wenn sie durch freie Abstimmung den Wunsch zu erkennen geben, mit Dänemark vereinigt zu werden, an Dänemark abgetreten werden sollen". Zwar hoben Österreich und Preußen am 13. 4. 1878 durch einen Vertrag diese Vereinbarung auf. Es bleibt aber festzuhalten, daß das Recht auf Volksabstimmung in Nordschleswig nicht erst im Versailler Vertrag vom 28. 6. 1919 geboren wurde.

Das Gesetz über die „Vereinigung der Herzogtümer Schleswig und Holstein mit der preußischen Monarchie" wurde am 24. Dezember 1866 verkündet, nachdem das Preußische Abgeordnetenhaus am 20. Dezember die Annektion beschlossen hatte. Der formelle Anschluß erfolgte durch das „Besitzergreifungspatent", das der preußische König am 12. Januar 1867 erließ. Die preußische Verfassung wurde in Schleswig-Holstein erst zum 1. Oktober 1867 wirksam. Bis dahin bestand ein ausschließliches Verordnungsrecht des preußischen Königs. So wurden durch VO vom 22. September 1867 die beiden Herzogtümer Schleswig und Holstein zur *Provinz Schleswig-Holstein* verbunden. Das dem König von Preußen zunächst gehörende Herzogtum Lauenburg wurde erst am 1. Juli 1876 der Provinz Schleswig-Holstein angeschlossen.

Hatte mit dem Wiener Frieden von 1864 für Westerlandföhr und Amrum die fast 500 Jahre währende unmittelbare Zugehörigkeit zum Königreich Dänemark ihr Ende gefunden, so begann 1866 mit dem Prager Frieden und dem Besitzergreifungspatent von 1867 die preußische Zeit, die 80 Jahre währte. Der Staat Preußen wurde bekanntlich durch Alliierten-Kontrollratsbeschluß am 25. 2. 1947 für aufgelöst erklärt.

Auf Westerlandföhr und Amrum blieb trotz der österreichischen Besatzung und der Eingliederung in das Herzogtum Schleswig sowie in den Staat Preußen vorerst vieles unverändert. Der „dänische" Birkvogt Trojel behielt während der Übergangszeit von 1864 bis 1866 seine Stellung. Die Gerichtsprotokolle verfaßte er weiterhin in dänischer Sprache. Am 27. November 1866 übte er seine letzte Amtshandlung auf dem Birkthing in Nieblum aus. Zum 1. Dezember 1866 wurde er aus dem Staatsdienst mit Pension entlassen. Am gleichen Tage erhielt der bereits 1864 auf Osterlandföhr eingesetzte preußische Landvogt Forchhammer auch die Funktion des Birkvogtes, des Birkrichters und des Birkschreibers von Westerlandföhr und Amrum übertragen. Der Amtmann (später Landrat) von Tondern, Bleicken, ein gebürtiger Syltringer, führte ihn in sein neues Amt ein.

Die preußische Episode beginnt

Der neue preußische Birkvogt Forchhammer hielt zunächst weiterhin an jedem Dienstag „an der gewöhnlichen Dingstätte in Nieblum" seinen Gerichtstag (Birkthing) ab, wobei er die Protokolle natürlich in deutscher Sprache führte. Das Birkgericht aber wurde zum 1. Januar 1868 umgewandelt in ein *Amtsgericht für Föhr und Amrum*, das bis zum 1. Mai 1870 in Nieblum seinen Sitz hatte. Während dieser Zeit unterblieb die nach dänischem Recht vorgeschriebene öffentliche Verlesung von Verträgen, Testamenten usw. Das war aber nicht rechtens. Forchhammer wurde daher angewiesen, dies nachzuholen. Am 10. Mai 1870 ließ er 163 Urkunden verlesen, und zwar vor dem mit Wirkung vom 1. Mai 1870 errichteten *Königl. Amtsgericht Wyk.* Und damit war Nieblum nicht mehr der Sitz der Birkvogtei. Lediglich die Gangfersmänner tagten weiterhin in dem alten Friesendorf an der „gewöhnlichen Dingstätte", nämlich in der Gastwirtschaft, die damals B. Breckling führte (heute: Kaufhaus Hückstädt, s. Abb. 86). Mit der Errichtung des Amtsgerichts wurden auch für Föhr und Amrum Verwaltung und Justiz getrennt, so wie es allenthalben in der „neuen" preußischen Provinz geschah. Nur unterschieden sich die beiden Inseln insofern vom Festland, als die Trennung lediglich funktional erfolgte, nicht personell. Der bis Ende 1889 jeweils amtierende Land- und Birkvogt, dem die Administration auf Osterlandföhr sowie Westerlandföhr und Amrum oblag, war zugleich Amtsrichter. Es blieb aber die verwaltungsmäßige Grenze zwischen dem Föhrer Oster- und Westerland. Aufgelöst wurden das Birk Westerlandföhr und Amrum sowie die Harde Osterlandföhr mit der Einführung der Ämterverfassung im Jahre 1889. Der bisher zu Westerlandföhr gehörende Teil von Nieblum kam zum Amt Osterlandföhr, die Birksländereien wurden verkauft. Amrum und Westerlandföhr bildeten zwei selbständige Amtsbezirke, die, wie auch Osterlandföhr, je einen preußischen Amtsvorsteher erhielten. Diese traten an die Stelle des Land- und Birkvogtes. Das Kollegium der Gangfersmänner löste sich erst 1891 auf.

Die verwaltungs- und gerichtsorganisatorische Entwicklung auf Föhr und Amrum zeigt, daß die Preußen nach 1866 keineswegs in allen Bereichen sofort zu radikalen Änderungen schritten. Im Gegenteil! Sie erwogen sogar, die Nordseeinseln – mit Rücksicht auf die Verkehrsschwierigkeiten – zu einem Landkreis zu vereinigen; der Oberbeamte (Landrat) sollte seinen Sitz in Wyk nehmen. Sie ließen diese Überlegungen jedoch fallen, nachdem sie zu der Überzeugung ge-

Abb. 86: In diesem Hause in Nieblum wurde bis 1867 Birkthing für Westerlandföhr und Amrum abgehalten

langten, daß ein solcher Landkreis keine leistungsfähige Kommune bilden werde.
Die Einteilung der Provinz Schleswig-Holstein in 20 Kreise geschah übrigens durch Verordnung vom 22. September 1867, wobei geschichtliche Besonderheiten berücksichtigt wurden. Dieselbe Verordnung begründet auch die neue Gemeindeverfassung, die den berechtigten Wünschen der Schleswig-Holsteiner nach einem Höchstmaß von Selbstverwaltung weitgehend entsprach.
Während Preußen für Schleswig-Holstein bereits am 13. Oktober 1866, also noch vor der formalen Eingliederung, die allgemeine Wehrpflicht anordnete, die alle früheren Befreiungen vom Militärdienst beseitigte, sowie alsbald nach 1867 sein Strafrecht hier einführte, wurde unsere Heimat hinsichtlich des privaten Rechts erst allmählich voll in den preußischen Staat bzw. das Deutsche Reich integriert. Bis zur Einführung des Bürgerlichen Gesetzbuches im Jahre 1900 galten insoweit auf Westerlandföhr insbesondere das „Danske Lov“ sowie auf Osterlandföhr das „Nordstrander Landrecht“ und das „Jyske Lov“. Das dänische Schulgesetz von 1814 soll auf Westerlandföhr und Amrum noch um 1903 teilweise Geltung gehabt haben. Eine weitere, durchweg nicht bekannte und daher im allgemeinen auch kaum beachtete Rechtsvorschrift blieb auch im 20. Jahrhundert noch jahrzehntelang in Kraft. Für alle Föhringer, die sich vor 1900 verehelicht hatten, blieben bis zu ihrem Tode die bei ihrer Eheschließung geltenden gesetzlichen Bestimmungen gültig, soweit es sich um Angelegenheiten des ehelichen Güterrechts handelte.
Mit der Einführung der Ämterverfassung zum 1. Oktober 1889 erhielten die Amtsvorsteher von Westerlandföhr und Amrum beide ein neues Siegel. Lange zuvor, am 22. 8. 1874, hatten die Gangfersmänner in Nieblum unter Vorsitz von Christian D. Roeloffs beschlossen, das große Siegel der Westerharde, das sich seit 1870 in der St. Johannis-Kirche in Nieblum befand, in der St. Laurentii-Kirche „zur Erinnerung“ aufzubewahren. Das geschah dann auch. Pastor Fries entfernte es aber aus der Kirche und verwahrte es im Pastorat, um es besser vor Diebstahl zu schützen. Sein Nachfolger, Pastor Lucht, nahm bei seinem Umzug nach Karby im Jahre 1907 das Siegel versehentlich mit. Er sandte es aber bald zurück, und es fand wieder seinen Platz in der Kirche.
Der Regierungspräsident in Schleswig erfuhr von dieser Begebenheit und bat daraufhin den Amtsvorsteher R. Th. Wögens, Utersum, das Siegel an das Staatsarchiv in Schleswig abzugeben. Die Gemeindevorsteher von Westerlandföhr und Amrum stimmten mit

Abb. 87: Das alte Siegel der Westerharde - ältester bekannter Abdruck, 8. November 1360

Abb. 88: Königliche Anordnung vom 28. Juni 1808 zur Ernennung der Dannebrogsmänner

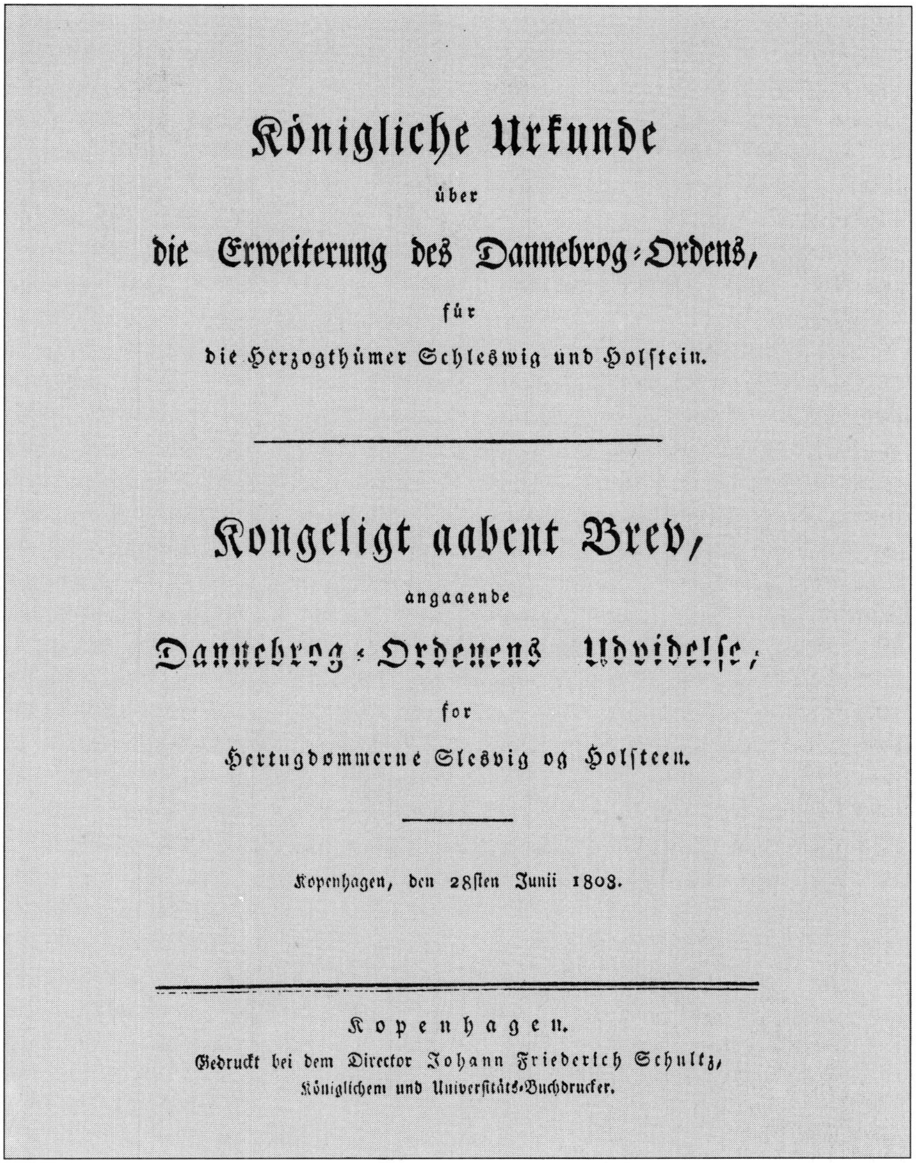

Königliche Urkunde

über

die Erweiterung des Dannebrog-Ordens,

für

die Herzogthümer Schleswig und Holstein.

Kongeligt aabent Brev,

angaaende

Dannebrog-Ordenens Udvidelse,

for

Hertugdømmerne Slesvig og Holsteen.

Kopenhagen, den 28sten Junii 1808.

Kopenhagen.

Gedruckt bei dem Director Johann Friederich Schultz,

Königlichem und Universitäts-Buchdrucker.

Wögens der Übergabe zu. Der Kirchenvorstand unter Pastor Piening hielt das alte Stück jedoch „für sehr wertvoll, da es in den drei Frauen das alte Föhrer Wappen zum Ausdruck bringt". Er bestätigte, daß die Kirche kein Eigentumsrecht geltend machen könne. Dennoch bat er, „daß das Siegel als alte Erinnerung der St. Laurentii-Kirche erhalten bleibt". Der Regierungspräsident entsprach dieser Bitte. Das schöne alte Stück wird seitdem im Pastorat St. Laurentii verwahrt. Es stammt aus der Zeit vor 1360, zeigt jedoch nicht drei Frauen, sondern die Heiligen Laurentius, Johannis und Clemens, deren Namen die drei Kirchen in Süderende, Nieblum und Nebel tragen (Abb. 87). In gleicher Ausführung gab es übrigens auch ein kleines Siegel; dessen Verbleib ist nicht bekannt.

Dannebrogsmänner

Eine bekannte und bedeutende Auszeichnung, die der dänische König noch heute verleiht, ist der Dannebrog-Orden. Vermutlich schon 1219 von König Waldemar II. (1202–1223) gestiftet, erneuerte Christian V. (1670–1690) ihn im Jahre 1671. Der Orden erhielt seine Satzungen 1693. Danach durfte er nur 50 edle Ritter neben dem König und seinen Söhnen umfassen. Friedrich VI. (1808–1839) erweiterte jedoch am 28. Juni 1808, dem Geburtstag Waldemar II., den Kreis der Ordensempfänger auf alle männlichen Personen, unabhängig von Rang und Klasse (Abb. 88).

Der Dannebrog-Orden wird in fünf Stufen verliehen: das Großkommandeurkreuz, das Großkreuz, das Kommandeurkreuz (zwei Klassen), das Ritterkreuz (seit 1952 ebenfalls zwei Klassen) und das Ehrenkreuz. Seit 1951 können auch Frauen mit dem Orden ausgezeichnet werden.

Die höchste Stufe, das Großkommandeurkreuz, blieb fast ausschließlich den Mitgliedern des dänischen Königshauses vorbehalten. Darüber hinaus erhielten diesen Orden bisher nur sieben mit dem König verwandte ausländische Herrscher. Auch die zweite und dritte Stufe verlieh der König selten. Die vierte Stufe dagegen, das Ritterkreuz, vergab er in größerer Zahl, insbesondere an höhere Verwaltungsbeamte und Offiziere. Zwei Föhringer und ein Amringer gehören dazu:

Peter Matthiesen (1767–1830) wurde, als ein Urenkel des „Glücklichen Matthias" und damit aus einer alten Föhringer Familie stammend, in Nieblum geboren. Das Ritterkreuz erhielt er 1813 als Etatsrat in Glückstadt. Danach stieg er auf zum Konferenzrat und Amtmann in Tondern. Dort starb er 1830. Wegen des zugefrorenen Wattenmeeres blieb sein Leichnam jedoch vom 2. Januar bis 2. April in der Deezbüller Kirche aufgebahrt. Erst dann erfolgte die Überführung nach Nieblum, wo er an der Seite seines Vaters Peter Matthiesen sen. beerdigt wurde. Dieser hatte von 1759 bis 1771 als Landvogt von Osterlandföhr und zugleich als Birkvogt von Westerlandföhr und Amrum amtiert[5].

Hieronimus Hildebrandt (1760–1823), wurde in Trittau/Holstein geboren. Ihm wurde das Ritterkreuz im Jahre 1809 verliehen. Wie sein Schwiegervater, der o. a. Peter Matthiesen sen., bekleidete er in Nieblum das Amt eines Land- und Birkvogtes, und zwar von 1799 bis 1817. Dann erhielt er die Stelle eines Amtmannes in Cismar/Holstein, wo er 1823 starb.

Lorenz Fr. Mechlenburg (1799–1875), in Nebel geboren, folgte er als Pastor von St. Clemens seinem Vater und Großvater (Abb. 89). Er war zugleich ein eifriger Förderer der friesischen Sprache und ein fleißiger Chronist. Auf seiner Heimatinsel genoß er hohes Ansehen. Als König Frederik VII. (1848–1863) anläßlich seines Sommerurlaubs in Wyk auf Föhr die Insel Amrum am 28. Juli 1860 besuchte, kehrte er auch im Pastorat in Nebel ein. Nachdem er dort mit seinem Gefolge kräftig dem Wein zugesprochen hatte, ernannte er Mechlenburg „auf der Stelle" zum Ritter des Dannebrog-Ordens. M. starb 1875 in seinem Geburtsort, wo er auch beigesetzt ist.

Mit der fünften Stufe des Dannebrog-Ordens, dem Silbernen Kreuz oder dem Ehrenzeichen der Dannebrogsmänner, zeichnete nach 1808 der jeweils herrschende König stets eine größere Zahl von Persönlichkeiten aus. Diesen Orden erhielten neben Soldaten und Unteroffizieren, vor allem Bürger des Landes: Schiffsführer, Handwerker, Lehrer und andere, die sich durch tatkräftigen Einsatz für die Allgemeinheit verdient gemacht hatten. Letzteres verlangt die Ordenssatzung von 1808. Darin ist auch von Ergebenheit für den König, das Land und die Mitbürger die Rede. Es zeugt von liberaler und demokratischer Grundhaltung, daß Dänemark schon einfache Männer mit einem Orden ehrte, als andere europäische Herrscher derartige Auszeichnungen nur Zivilisten der sogenannten höheren Stände zukommen ließen.

Nach 1808 wurden mehrere Föhringer und Amringer mit dem Silberkreuz ausgezeichnet und damit zum Dannebrogsmann ernannt. Dazu gehörte auch Christian D. Roeloffs. Nach einer Mitteilung von „De Kongelige Ordeners Historiograf", Schloß Amalienborg, Kopenhagen, lautet die Eintragung im Ordensprotokoll 1850–1852:

„Christian Diedrich Roeloffs, Digefoged (Deichvogt) i Süderende paa Vesterland Föhr, Udnaent til Dannebrogsmand

---

5 Peter Matthiesen, ein Enkel des „Glücklichen Matthias" aus Oldsum, war von 1759–1771 Landvogt auf Osterlandföhr und zugleich Birkvogt von Westerlandföhr und Amrum. Wie bereits erwähnt, setzte er die Landaufteilung auf Osterlandföhr durch. 1771 wurde er zum Ersten Bürgermeister von Kopenhagen ernannt, Ende 1772 aber als Folge der Struensee-Affäre verabschiedet. Er starb 1812, 92 Jahre alt, in seinem Geburtsort Nieblum und ist dort begraben. Dessen Bruder und Vater waren vor ihm von 1713–1759 ebenfalls Landvogt auf Osterlandföhr. Der Vater, der ebenfalls Peter Matthiesen hieß, war zugleich von 1713–1742 Landvogt auf Sylt und bis 1752 Gerichtsvogt in Wyk. Ein Enkel des „Glücklichen Matthias", Christian N. Papke, war von 1727–1748 Birkvogt in Nieblum. Nach 1771 „regierten" auf Föhr noch weitere Land- und Birkvögte aus der Familie des „Glücklichen Matthias": Peter Matthiesen (ein Neffe des erstgenannten Peter M.) von 1788–1795 und Hildebrandt (Schwiegersohn des Peter M.) von 1799–1817. Somit war die Landvogtei 83 Jahre in den Händen der Nachkommen des „Glücklichen Matthias". Der Birkvogtei standen sie 68 Jahre vor.

6. Oktober 1851, Doed Dekorationen indkommen 28. August 1885".

Die Begründung für die Verleihung des Ordens könne er jedoch nicht mitteilen, weil das Archiv bei einem Brand des königlichen Schlosses zerstört worden sei.

Überliefert ist, daß Christian D. Roeloffs das Dannebrogskreuz nicht allein für seine Verdienste als Deichvogt erhielt. Es war vor allem sein königstreues Verhalten als Sprecher der Gangfersmänner im Birkskollegium anläßlich der schleswig-holsteinischen Erhebung, das zu dieser Ordensverleihung führte. Seine Ernennung zum Dannebrogsmann empfand er, wie auch seine Familie, als eine besondere Auszeichnung. Der ansonsten schlichte Föhringer war hierauf stolz. Geschmückt mit dem Dannebrogskreuz ließ er sich und seine Frau in Wyk fotografieren. Es sind wohl die ältesten Fotos, die sich überhaupt im Besitz der Familie befinden (Abb. 90 und 91).

Weitere Föhringer und Amringer Dannebrogsmänner:

Hay Peter Johannsen (1771–1821), Alkersum, bekleidete schon mit 18 Jahren die Stellung eines Steuermannes. Während der Kontinentalsperre diente er 1807 als Monatsleutnant auf einem dänischen Kanonenboot, danach befehligte er eine Granatwerferschaluppe. Großen Mut bewies er am 29. Juli 1809, als er eine englische Fregatte daran hinderte, dänische Schiffe zu kapern, die Norwegen mit Getreide versorgen sollten. Hierfür verlieh ihm der König am 28. Januar 1810 das Ehrenzeichen. Der Vater von Hay P. Johannsen, Peter Johannsen (1743–1829), war übrigens in zweiter Ehe mit Mohl Olufs, einer Schwester von Diedrich Roeloffs, verheiratet.

Peter Brodersen (1770–1841), Nebel/Amrum, führte als Kapitän das dänische Handelsschiff „Den Drag". Während des dänisch-englischen Krieges 1807–1814 leitete er auf Amrum die Küstenmiliz. Hierfür wurde er am 28. Januar 1813 mit folgender Begründung zum Dannebrogsmann ernannt: „Er bekjendt for sin Virksomhed og Vigilance. Han har med sin Kystmilits tvunget Fjenden, som havde botttaget en paa Kysten liggende Pram, til at flygte og efterlade sit Bytte".

Peter Jung Peters (1760–1842), Wrixum, diente von 1791 bis 1842 als Lehrer in Wrixum. Zugleich war er Küster und Organist in St. Nicolai. Vor ihm, von 1743–1791, war sein Vater, Jung Peter Jessen aus Borgsum, Lehrer in Wrixum. Schon seit 1780 stand Peter Jung Peters ihm als Hilfskraft zur Seite. Demnach hat er 62 Jahre unterrichtet. Verdienste erwarb er sich vor allem durch seine Berichte über die Insel Föhr in den Provinzialberichten von 1823 bis 1826. Nachdem die Schleswig-Holsteinische Patriotische Gesellschaft ihn bereits 1814 ausgezeichnet hatte, erhielt er am 23. Februar 1839 den Dannebrog-Orden.

Abb. 89: Pastor L. F. Mechlenburg, Ritter des Dannebrogs

Brar Rörden (1773–1854), Oldsum, widmete sich – aus einer alten Seefahrerfamilie stammend[6] – 25 Jahre der Seefahrt. 13 Jahre bekleidete er die Stellung eines Kapitäns, zumeist von Kopenhagen aus fahrend. Dort erhielt er 1803 das Bürgerrecht. Dem Beispiel anderer Föhringer folgend, legte er seinen Geburtsnamen ab und nannte sich *Broder Riewerts*. Er begründete damit den Stammnamen einer großen föhringischen Familie. Zahlreiche Nachkommen tragen noch heute diesen Namen. Nach 1812 betrieb er Landwirtschaft in Oldsum. Als Gangfersmann, von 1815 bis 1845, gehörte er zu den führenden Persönlichkeiten der Westerharde. Leben und Wirken schildert sein Grabdenkmal auf dem Kirchhof von St. Laurentii (Abb. 94). Vor allem aber als Deichrichter erwarb er sich große Verdienste. Die grundlegende Sanierung des Westerlandföhrer Seedeiches nach der Sturmflut vom 4. Februar 1825 ist sein Werk. Hierfür verlieh

6 Broder Riewert's Vater, Rörd Bohn (1744–1824) war mindestens von 1787 bis 1801 Commandeur eines Walfängers.

Abb. 90: Christian D. Roeloffs als Dannebrogsmann nach 1851

Abb. 91: Antje Roeloffs geb. Ketels verw. Braren

ihm der König am 13. Juli 1830 den Dannebrog-Orden. Die Nachricht über diese Entscheidung übermittelte der Amtmann von Tondern mit einem Schreiben vom 23. Juli 1830 dem Oberkriegscommissar (Birkvogt) Nielsen in Nieblum. Zugleich ersuchte er ihn, das Ehrenkreuz in feierlicher Weise an Broder Riewerts zu überreichen (Abb. 93).

VOLKERT QUEDENS (1769–1853), Steenodde, war bis 1800 Schiffer, dann Tonnenleger, Austernkommissar, Strandvogt und Gangfersmann. Er hatte also alle Ämter inne, die seinerzeit auf Amrum von Bedeutung waren. Für seine Verdienste wurde er am 26. August 1842 mit dem Dannebrog-Orden geehrt.

HANS NISSEN (1789–1854), Niebüll, wirkte nach seinem Examen auf dem Lehrerseminar in Tondern 1811 zunächst von 1813 bis 1820 als Lehrer in Leck, danach 34 Jahre als Küster und Lehrer in Nieblum. Er wurde – wie Volkert Quedens – am 26. August 1842 mit dem Dannebrog-Orden ausgezeichnet.

LORENZ FR. JEPSEN (1802–1891), Oldsum, fuhr als Seefahrer vom 14. bis zum 43. Lebensjahr in alle Teile der Erde, davon neun Jahre als Kapitän von Antwerpen (Abb. 92). Wegen Krankheit (vermutlich Malaria), die ihn bis zu seinem 90. Lebensjahr plagte, bedankte er 1845 die Seefahrt und betrieb in Oldsum Nr. 28 eine kleine Landwirtschaft. Als Gangfersmann, Jurat, Schul- und Armenvorsteher genoß er auf Westerlandföhr hohes Ansehen. Der König verlieh ihm am 22. Dezember 1850 den Dannebrog-Orden als Dank für die Hilfe, die er im September 1850 den dänischen Marinesoldaten bei ihrer Landung am Dunsumer Deich geleistet hatte.

FULK ARFSTEN (1805–1888), Süderende, unterrichtete nach dem Besuch des Lehrerseminars in Tondern (Examen 1832)

Abb. 92: Dannebrogsmann L. F. Jepsen (1802–1891)

zunächst ein Jahr als Hauslehrer, danach in Borgsum von 1833 bis 1853 und in Alkersum von 1854 bis 1864. Als Pensionär wohnte er in Nieblum, wo er auch starb. Am 6. Oktober 1862 erhielt er den Dannebrog-Orden.
Gerret Matzen (1821–1899), Süddorf, befehligte einen Zollkreuzer. Als Lotse für die dänische Kriegsflotte in der Seeschlacht bei Helgoland (1864) zeichnete er sich aus. Der König ernannte ihn am 14. Oktober 1864 zum Dannebrogsmann.
Matz Hinrich Riewerts (1844–1903), Oldsum, ein Enkel von Broder Riewerts, kam nach dem frühen Tode seiner Eltern zu seinem Onkel Hinrich Harken (1831–1907) in Süderende. Als Lehrer auf Fünen erhielt er am 10. Mai 1900 den Dannebrog-Orden. Sein Bruder Brar Riewerts (1842–1930) wanderte nach dem Besuch der Volksschule und zweijähriger Tätigkeit in der Landwirtschaft mit 18 Jahren in die USA aus. Dort war er gut $2^1/_2$ Jahre als Kellner tätig. Dann kehrte er zurück, besuchte mit Erfolg das Gymnasium in Flensburg und studierte Theologie. Von 1872 bis 1915 amtierte er als Pastor in Süderau und Neumünster, später als Propst. Er starb in Heide.
Nach Lorenz Braren trug auch *Joachim Hinrichsen* (1846 bis 1930), Toftum, den Dannebrog-Orden. Auf meine Anfrage erwiderte der „Kongelige Ordeners Historiograf", er könne diese Ordensverleihung nicht bestätigen. H. sei in der Ordensliste nicht enthalten.
Lorenz Fr. Jespen erwähnt in seinen Lebenserinnerungen einen Dannebrogsmann Hansen. Vermutlich handelt es sich um *Daniel Goos-Hansen* aus Nieblum.

Nach einer Mitteilung der Königl. Dänischen Botschaft in Bonn erhielten die mit dem Dannebrog-Orden ausgezeichneten Persönlichkeiten grundsätzlich keine Zulagen, Diäten oder Pension. Die Dannebrogsmänner hätten aber eine jährliche Unterstützung von bis zu 200 Reichsthalern beim Ordenskapitel beantragen können. Sie sei auch nach 1864 an Dannebrogsmänner in Schleswig-Holstein weitergezahlt worden.
Ob und inwieweit Föhringer und Amrumer Dannebrogsmänner in den Genuß dieser Rente kamen, konnte ich nicht feststellen.

Gangfersmänner

In den vorhergehenden Abschnitten ist mehrfach von Gangfersmännern die Rede, die das vierzigköpfige Repräsentationskollegium im Birk Westerlandföhr und Amrum bildeten. Nähere Einzelheiten über ihre Funktion hier zu beschreiben, erscheint angezeigt, zumal der Begriff „Gangfer" (fö. Goongfer) und Gangfersmann (fö. Goongfersmaan) eine Eigentümlichkeit meiner Heimat darstellt. Der Begriff ist m. W. einmalig. Er kommt weder in Schleswig-Holstein noch in Skandinavien vor.
Zunächst einmal drängt sich die Frage auf, seit wann Gangfersmänner die Belange unserer Heimat vertreten haben. Werfen wir einen Blick zurück: Im Jahre 1697 wurde die Harde Westerlandföhr und Amrum (Westerharde) in ein Birk umgewandelt und die zwölf Ratmänner ihres Amtes enthoben. Dies geschah auf Veranlassung des Commandeurs Matz Peters von Oldsum, auch „Glücklicher Matthias" genannt, der nach Kopenhagen berichtete, unter den zwölf Repräsentanten sei kein einziger, der ein Urteil fällen könne. An deren Stelle traten 40 Gangfersmänner. Davon kamen regelmäßig sechs von Amrum.

Se. Königl. Majestät haben unterm 13ten d. M. den Deichvogt auf Westerlandföhr, Broder Rickertz in Oldsum mit dem Ehrenzeichen der Dannebrogsmänner allergnädigst zu begnadigen geruht. In dieser Veranlassung werden dem Herrn [illegible] ersucht, die hiebey folgende von der Ordens Kanzlei unter offenem Siegel ausgefertigte, für den genannten Dannebrogsmann bestimmte Expedition, welche das Ehrenzeichen, das Eidesformular, [illegible] u. ein Exemplar von den ihn angehenden Anordnungen enthält, dem Deichvogt Rickertz nach der im §4 der Anordnung für die Dannebrogsmänner vorgeschriebenen feierlichen Weise zu überliefern, auch demnächst das Eidesformular mit den vollen Vor- u. Zunamen des Dannebrogsmannes so wie mit dem Alter u. Aufenthaltsorte versehen an mich zurückzusenden.

Tondern-Amthaus den 23 Juli 1820.

[illegible]

◁ *Abb. 93: Schreiben des Amtmannes von Tondern vom 23. Juli 1830 an den Birkvogt Nielsen über die Ernennung von Broder Riewerts zum Dannebrogsmann*

Neben diesem Steine ruhen die irdischen Überreste der Eheleute Broder Riewerts und Tadt Riewerts aus Oldsum.

Broder Riewerts ist geboren in Oldsum am 3. Oct. 1773. Er verehelichte sich am 3. Aug. 1796 mit Keike Jacobs aus Dunzum, aus welcher Ehe 5 Söhne und 2 Töchter stammten. Nachdem am 6. Febr. 1812 erfolgten Tode dieser ersten Gattinn schloß er am 4. Dec. 1812 ein 2. Ehebündniß mit Ingke Faltings aus Klintum, welches mit 3 Söhnen und 2 Töchtern gesegnet wurde. Auch diese Verbindung löste der Tod am 20. Juni 1819 und er schritt am 20. Aug. 1820 zur 3t. Ehe mit Tadt Erken aus Oldsum, welche die Gefährtinn seiner übrigen Lebenstage wurde. Von seinen 12 Kindern überlebten ihn 1 Sohn und 2 Töchter aus erster und 1 Tochter aus der 2. Ehe. Er sahe 29 Kindeskinder und 10 Urenkel, von denen bei seinem Tode 23 Kindeskinder und 4 Urenkel im Leben waren. Er hat 25 Jahre dem Berufe des Seemanns gelebt und ist 13 Jahre Schiffsführer gewesen. In spätern Jahren ist er für das Wohl seiner Mitbürger unermüdet thätig gewesen als Schulpatron, Repräsentant und Deichrichter und seine Verdienste wurden von seinem Könige durch das Ehrenzeichen des Danebrogs belohnt. Sein langes thätiges Leben beschloß er am 29. Jan. 1854 im Alter von 80 Jahren 3 M. 26 T.

Seine letzte langjährige Gefährtinn Tadt, geb. Erken, geb. in Oldsum am 5. Juli 1779, lebte nach seinem Heimgange im Wittwenstande, bis der Tod sie zur Wiedereinigung mit ihm abrief am 20. Juli 1857 im Alter von 78 Jahren und 15 Tagen.

Ein langer schöner Lebenstag war dir beschieden
Du nutztest ihn zu mancher segensvollen That;
So ruhe unterm Grabeshügel denn in Frieden,
Als einer, der sein Tagwerk treu vollendet hat.
Die Wahrheit zu erkennen, war dein eifrig Streben
Doch birgt sie Erdenpilgern oft ihr Angesicht;

Nun wandelst du in einem höhern Leben,
Und schauest sie in ihrem vollen Licht.
Du mußtest manchen Todesfall beweinen
Eh selber du ins Jenseits gingest ein
Doch da empfingen jubelnd dich die Deinen.
Wir folgen dir, kein Schmerz wird dann mehr sein.

Abb. 94: Leben und Wirken des Broder Riewerts schildert dieses Grabdenkmal auf dem Kirchhof von St. Laurentii

Weiter ist zu fragen, wie das Wort Gangfer zu deuten ist. Eine Betrachtung des seinerzeit bei der Steuerschätzung geübten Verfahrens gibt insoweit einen Hinweis. Nach dem ältesten, gut erhaltenen „Ummärkungsprotokoll für Westerlandföhr und Amrum" aus dem Jahre 1755, das sich im Inselarchiv befindet, wurden vom Birkvogt als erstes 24 Einwohner zu Ummärkungsmännern „erwählet" und vereidigt. Nach dem Regulativ vom 14. August 1750 sollte er „jedesmal 24 der vernünftigsten, ehrlichsten und bemittelsten Einwohner" zu Ummärkungsmännern bestellen. Sie wurden somit nicht von der Bevölkerung gewählt.

Die „erwählten" Ummärkungsmänner verteilten sich auf sechs Gruppen mit jeweils zwei bis fünf Personen. Jede Gruppe war nur für eine der sechs steuerpflichtigen Vermögensarten (Ländereien, Häuser, Vieh, Bettgewand, Gold und Silber, Zinn-, Messing- und Kupfergerät) zuständig. Sie bewerteten diese – von Haus zu Haus gehend – nach einem festgelegten Rahmen in Mark Courant, nach 1855 in Rigsdaler RM und nach 1870 in Thaler oder Mark. Hierfür brauchten sie etwa 14 Tage. Danach traten sie alle erneut in Nieblum zusammen, um die ermittelten Vermögenswerte anzugeben. Fünf der fähigsten Ummärkungsmänner, die Rechensmänner, faßten die Angaben zusammen und errechneten für jede einzelne Familie das steuerliche Vermögen in Pfund Englisch. Anschließend addierten sie die Steuerwerte aller Familien zu einer Gesamtsumme (1755 waren es 2250 Pfund Englisch), die „in 40 Gangfern vertheilet" wurde. Ein Gangfer umfaßte somit eine Gruppe von Steuerpflichtigen, deren Vermögen $^{1}/_{40}$ der gesamten Steuersumme von Westerlandföhr und Amrum ausmachte. 1755 waren es demnach $56^{1}/_{4}$ Pfund Englisch je Gangfer.

Erst nach der Aufteilung der Steuerwerte auf die 40 Gangfer wählten die 24 Ummärkungsmänner 40 Gangfersmänner, für jeden Gangfer einen. In der Regel wählten sie die Person, die das höchste steuerliche Vermögen innerhalb des jeweiligen Gangfers besaß. Der Gangfersmann hob sodann die Kontribution innerhalb seines Gangfers, die er in der Birkvogtei abzuliefern hatte. Zudem mußte er die säumigen Zahler benennen, damit der Birkvogt Zwangsmaßnahmen einleiten konnte. Für die rechtzeitige Benennung der Restanten haftete der Gangfersmann mit seinem Vermögen.

Ein Gangfer könnte somit als ein Steuerbezirk angesehen werden, dessen Vorsteher der Gangfersmann war. Eine gewisse Identität eines Gangfers dürfte mit dem „Steuerpflug" bestehen, der in den zurückliegenden Jahrhunderten im Königreich Dänemark als steuerliche Einheit gebräuchlich war[7].

Die Steuerschätzung, als Ummärkung bezeichnet, geschah in der Regel alle fünf Jahre. Sie sollte zwar nach dem Regulativ von 1750 alle drei Jahre stattfinden. Dieser Vorschrift wurde aber über einen Zeitraum von 120 Jahren nie Folge geleistet.

Die Ummärkungsmänner wählten die Gangfersmänner mit Stimmenmehrheit. Dabei durften diese „Wahlmänner" sich auch selber wählen mit der Folge, daß die meisten Ummärkungsmänner auch Gangfersmänner wurden. Nach ihrer Ernennung leisteten und unterschrieben die Ummärkungsmänner folgenden Eid:

„Nachdem wir unterschriebene Männer zur Bewerkstelligung der gegenwärtig vorzunehmenden Ummärkung auf Westerlandföhr und Amrum erwählt worden, so geloben und schwören wir hiermit bei dem allmächtigen Gott, daß wir dieses Geschäft und die nachherige Wahl der erforderlichen Gangfersmänner gewissenhaft beschaffen und dabei aus keiner Rücksicht auf unser eigenes Interesse oder Freund- oder Feindschaft etwa thun oder unterlassen wollen, so wahr uns Gott hier zeitlich und dort ewig helfen soll."

Und die Gangfersmänner bekräftigten ebenfalls nach ihrer Wahl:

„Nachdem wir Unterschriebene zu Gangfersmännern erwählt worden, so versichern und geloben wir hiermit, daß wir die Pflichten, welche einem Gangfersmann obliegen, nach unserem besten und Gewissen getreulich wahrnehmen wollen, so wahr mir Gott helfe und sein heiliges Wort".

Während die 24 Ummärkungsmänner in den fünf Jahren somit nur etwa 14 Tage lang tätig waren, um die Vermögenswerte zu ermitteln und die Wahl vorzunehmen, übten die 40 Gangfersmänner ihre Funktion während des gesamten Zeitraums aus. Sie bildeten das Repräsentantenkollegium des Birks und nahmen im wesentlichen die Selbstverwaltungsangelegenheiten wahr, soweit die einzelnen Bauerschaften nicht zuständig waren. Dabei gab es allerdings für

7 Für Westerlandföhr und Amrum betrug die Zahl der Steuerpflüge $61^{17}/_{24}$ bzw. 5792 Steuertonnen. Aus dem Jahre 1662 besitze ich einen Hinweis auf eine Steuerleistung von 80 Tonnen Hartkorn.

viele Bereiche keine klare Abgrenzung gegenüber staatlichen Aufgaben, weil die Gesetze und Verordnungen nicht immer eindeutig abgefaßt waren. Andererseits war der rechtsfreie Raum wesentlich größer als heute. Um so mehr konnte sich dieses Gremium entfalten, zumal die meisten Birkvögte sich gerne des Rates der Gangfersmänner bedienten, wenn sie schwierige Fragen unter Berücksichtigung altüberlieferter Grundsätze entscheiden mußten.

Der Birkvogt übte die staatliche Gewalt auf der untersten Ebene aus. In seiner Person waren Rechtspflege und Verwaltung einschließlich Polizei-, Deich- und Strandwesen vereinigt. Als unterste staatliche Steuerbehörde sorgte er dafür, daß das Birk die aufzubringenden Steuern und Abgaben an den König abführte. Darüber hinaus hatte er bestimmte Militärangelegenheiten (Enrollierung) durchzuführen. Er war zumindest in den letzten 100 Jahren der dänischen Herrschaft alleiniger Richter, dem heutigen Amtsrichter vergleichbar. Bei den Verhandlungen mußte er jedoch zwei Dingzeugen als Beisitzer hinzuziehen. Diese relativ starke Stellung besaß der Birkvogt anfangs nicht. In den ersten Jahrzehnten nach der Umwandlung der Harde in ein Birk (1697) hielt er mit acht „Stockmännern" (Laienrichtern) und dem Birkschreiber das Birkgericht ab. Dies änderte sich aber im Laufe der Zeit. Die Rechtsprechung ging mehr und mehr auf den Birkvogt allein über. Vor 1697, als Westerlandföhr und Amrum noch die Hardesverfassung und einen Landvogt hatten, lag die richterliche Gewalt sogar in der Hand eines sogen. „Volksgerichts", das aus einheimischen Rathmännern bestand, wobei der Landvogt – ohne Stimme – lediglich den Vorsitz führte. In dem ältesten Thingprotokoll, 1983 in der Schackenburg bei Tondern entdeckt, ist dann auch unter dem 12. Januar 1669 die Rede von „8 Rathleuten, 8 Dingtügen und 12 Wrögers".

Im Gegensatz zu den späteren Birkvögten hatten die Landvögte auf Westerlandföhr und Amrum kein juristisches Studium absolviert. Sie residierten an ihrem jeweiligen Wohnsitz, nachweislich über viele Jahrzehnte in Oldsum, aber auch in Utersum und zuletzt in Goting. Nieblum wurde erst um 1700 Wohnort und Sitz der jeweiligen Vögte. Dies lag vor allem nach 1749 nahe, als mehrere Mitglieder der Matthiesen-Familie zugleich das Landvogtamt von Osterlandföhr innehatten. Dabei bot Nieblum einmal den Vorzug der „Doppelstaatlichkeit", weil der südliche Teil des Dorfes zu Westerlandföhr und der nördliche Teil zu Osterlandföhr gehörte. Es besaß zudem schon damals einen hohen Wohnwert. Das war über Föhr hinaus bekannt. Es galt als fein, in Nieblum zu wohnen. Daher ließen sich dort bereits im 18. Jahrhundert wohlhabende Commandeure und Kapitäne nieder. Deren Gesellschaft werden die Vögte sich gerne angeschlossen haben.

Das Birk stellte übrigens zu keiner Zeit dem Vogt eine Dienstwohnung oder ein Amtsgebäude. Hierfür mußte er selber sorgen.

Nach 1697, in den ersten Jahrzehnten der „Birkzeit", fand etwa alle 14 Tage ein „Dingsdag" statt, aber nicht an einem bestimmten Wochentag. Später wurde allwöchentlich Birkding (Birkgericht) abgehalten, und zwar regelmäßig am Dienstag, beginnend um 10 Uhr. An der öffentlichen Sitzung konnte jeder Eingesessene teilnehmen. Der Birkvogt führte die Verhandlung. Kauf- und Tauschverträge, Testamente, Verpfändungen u. ä. ließ er laut verlesen, um sie anschließend zu beurkunden. Ursprünglich wurden die Urkunden an drei aufeinander folgenden Thingtagen gelesen, um jedermann Gelegenheit für Einwendungen zu geben. Später begnügte man sich mit einmaliger Lesung.

Der Birkschreiber übertrug den Text der verlesenen Verträge zumeist in das Schuld- und Pfandprotokoll. Dagegen hielt er das Ergebnis von Erbteilungen, die mangels testamentarischer Verfügung allein aufgrund gesetzlicher Bestimmungen vorgenommen werden mußten, im Teilungsprotokoll fest. Den tatsächlichen Ablauf des Thing schrieb er ins Thing- oder später Justizprotokoll. In dem ältesten Justizprotokoll, das sich im Landesarchiv in Apenrade befindet, heißt es regelmäßig:

> „Am Schluß des Dingsdages wurde 3× gebührlich gerufen, ob noch jemand zugegen sei und etwas einzubringen habe. Es erschien aber keiner, also war dieser Dingsdag geschlossen."

Dem Birkvogt zur Seite standen die 40 Gangfersmänner. Sie waren ihm jedoch nicht unterstellt. Er vereidigte sie zwar und übte als Vertreter der staatlichen Gewalt auch die Rechtsaufsicht über dieses Repräsentantenkollegium aus. Er führte jedoch im allgemeinen nicht den Vorsitz in den Versammlungen der Gangfersmänner. Diese Funktion übte einer von ihnen als Sprecher aus, den man um 1850 auch als „Direkteur" bezeichnete.

Das Repräsentantenkollegium galt als eine eigene Rechtsperson. Es übte seine Verantwortung in Birksangelegenheiten in vielfältiger Weise aus. Hiervon zeugen insbesondere Eingaben an den König von Dänemark, als es beispielsweise darum ging, die Vereinigung mit Osterlandföhr zu verhindern oder der Deutschen Kanzlei in Kopenhagen unterstellt zu werden.

In dem damals wohl wichtigsten Bereich der Verwaltung, in Steuerangelegenheiten, war die Zuständigkeit des Repräsentantenkollegiums ziemlich eindeutig. Während die Ummärkungsmänner – wie gesagt – das für die Zahlung der Kontribution maßgebende steuerpflichtige Vermögen feststellten und bewerteten, zeichneten die Gangfersmänner für die Modalitäten verantwortlich. So beschlossen sie beispielsweise im Jahre 1805, Geldkapital überhaupt nicht mehr zu besteuern, obwohl bis dahin nur ein Freibetrag von 80 Mark C galt. Finanzwirksame Beschlüsse konnten sie allerdings nur unter Vorsitz des Birkvogtes und mit Zweidrittelmehrheit fassen. Diese bedurften außerdem der Zustimmung des Stiftsamtmannes von Ripen. Erst wenn diese vorlag, hob jeder Gangfersmann in seinem Bezirk die Kontribution und lieferte sie in der Birkvogtei ab.

Die Ummärkungs- und Gangfersmänner trugen in Steuerangelegenheiten eine große Verantwortung, weil sie die an den König zu zahlende Kontribution (seit 1746 unverändert jährlich 1700 Reichsthaler) auf die Bewohner von Westerlandföhr und Amrum „unterverteilten". Sie bestimmten, wer wieviel unter Zugrundelegung seiner Vermögensumstände zu entrichten hatte. Der Steuerschlüssel basierte somit nicht auf einem königlichen Gesetz oder einer Verordnung. Er wurde vielmehr im einzelnen durch Beschluß der Gangfersmänner festgelegt. Die Obrigkeit verlangte lediglich die jährliche Zahlung von 1700 Rtr. Und hierfür haftete das Birk „in solidum", das heißt der Eine für den Anderen, der Reiche für den Armen.

Diese Solidumsverbindlichkeit galt nicht für neuere Steuern und Abgaben wie Landsteuer, Kopfsteuer, Bankhaft. Hierfür gab es spezielle Gesetze. Sie bestimmten die insoweit zu zahlenden Beträge entsprechend der personellen und vermögensmäßigen Situation des steuerpflichtigen Bürgers. Hierauf hatten die Gangfersmänner somit keinen Einfluß. Sie hoben jedoch auch diese Steuern und Abgaben.

Zu den o. a. *herrschaftlichen* Steuern und Abgaben kamen die sogenannten *Commüne-Abgaben.* Deren Festsetzung, Hebung und Unterverteilung oblagen ebenfalls den Gangfersmännern, soweit es sich nicht um Deichlasten handelte. Aus den Commüne-Abgaben wurden im wesentlichen die Selbstverwaltungsangelegenheiten bezahlt. Hierzu zählten damals Aufwendungen für die Einquartierung von Soldaten und die Küstenmiliz (soweit die Militärverwaltung nicht die Auslagen erstattete) und auch das nach der Landaufteilung an die Kirchen und Prediger zu zahlende Festegeld von 80 Rtr (240 Mark C) jährlich. Aber auch der Landschaftsarzt erhielt aus der Commüne-Kasse ein festes Gehalt (z. B. erhielt im Jahre 1811 ein Doktor Ziegler 66⅔ Rtr oder 200 Mark C). Relativ geringe Zuwendungen erhielten der Birkvogt, der Hebungsbeamte und der Birkschreiber; sie bezogen ihre Einnahmen vor allem aus Gebühren, die sie für beinahe jede amtliche Tätigkeit erhoben. Die mit dem Thing verbundenen sonstigen Unkosten fielen jedoch der Gemeinschaft zur Last. 1811 belief sich die Miete für die Dingstube auf 40 Mark C. Den vier „angenommenen und beeidigten Dingzeugen" wurden in dem Jahr 60 Mark C vergütet. Die mit der jährlich zweimaligen Hebung der Steuern und Abgaben verbundenen Kosten beliefen sich auf 120 Mark C. Und für deren Transport nach Tondern, jeweils im Mai und Oktober, bekam der Hebungsbeamte – nach 1818 der Birkvogt – 100 Mark C. Auch der Landdiener, 1811 hieß er Stich, erhielt einen sehr bescheidenen Lohn aus der Commüne-Kasse. Hinzu kam eine große Zahl von kleineren Einzelposten, die vom Birk bezahlt werden mußten. Durchweg aber erreichten die gesamten baren Commüne-Abgaben nicht die Summe der herrschaftlichen Steuern und Abgaben.

Obwohl insoweit die Deichrichter verantwortlich zeichneten, sind in den Nachweisen der Birkvogtei über die Commüne-Abgaben auch die Deichlasten aufgeführt. Es verwundert daher nicht, daß im Jahre 1825 wegen der hohen Kosten für die Wiederherstellung des Seedeiches die Commüne-Abgaben mit 62 937 Rbtr (davon 17 108 Rbtr bare und 45 829 Rbtr unbare Leistung) fast zehnmal so hoch waren wie die herrschaftlichen Steuern mit 6391 Rbtr.

Um einen Überblick über die Entwicklung der gesamten Steuern und Abgaben zu gewinnen, sollen im folgenden drei „Normaljahre" (1789, 1820, 1844) beispielhaft wiedergegeben werden. Dabei ist erwähnenswert, daß die Kontribution für Westerlandföhr und Amrum von 1746 bis 1864, ja sogar noch etliche Jahre darüber hinaus, in Höhe von 1700 Rtr (nach 1813 = 2720 Rbtr), unverändert blieb. Sie wurde im Laufe der Zeit jedoch ergänzt, und zwar 1762 um eine „Kopfsteuer", die in Dänemark alle Personen über 12 Jahre erfaßte. Sie betrug 1 Rtr (48 Sch) je Kopf und Jahr, wurde 1838 jedoch auf 50 Sch erhöht, weil die Unvermögenden (Armenkassen-Mitglieder, Kätner und Insten), aber auch Lehrer und Hebammen von der Zahlung befreit wurden.

Im Jahre 1789 zahlten die Bewohner von Westerlandföhr und Amrum an herrschaftlichen Steuern und Abgaben (die Commüne-Abgaben waren nicht feststellbar):

	Rtr	umgerechnet Mark C
Kontribution	1700	5100
Kopfsteuer (Westerlandföhr 1750, Amrum 400 Personen über 12 Jahre*	2150	6450
für die Ausstellung von Festebriefen	30	90
für (Borgsumer) Vogelkoje, Rochelfang, sonstige Recognition	20	60
insgesamt	3900	11 700

* Die Volkszählung 1787, durchgeführt von den Pastoren, erfaßte auf Amrum insgesamt 565, in St. Laurentii 1544 Bewohner. In Borgsum, Witsum, Goting und Nieblum-Süd fand die Volkszählung nicht statt, weil der „herzogliche" Pastor von St. Johannis hierfür nicht zuständig war.

Im Laufe der Zeit änderte sich jedoch die Summe der herrschaftlichen Steuern. Insbesondere die Kopfsteuer verminderte sich auf Grund der sinkenden Bevölkerungszahl auf Westerlandföhr und Amrum und wegen der Befreiung bestimmter Personen. Dagegen erhöhten sich die o. a. Belastungen im Jahre 1802 durch eine Landsteuer (4 1/6 ‰ des Schätzwertes der Ländereien), die sich zunächst auf 1036 Rtr (1658 Rbtr) und später auf 644 Rtr (1030 Rbtr) belief. Und schließlich kam 1813 als Folge des dänischen Staatsbankrotts die bereits behandelte Bankhaft, auch Bankzinsen genannt, dazu.

Im Jahre 1820 zahlten Westerlandföhr und Amrum herrschaftliche Steuern und Abgaben:

	Rbtr	Sch	umgerechnet Mark C (gerundet)
Kontribution	2720	–	5100
Landsteuer	1443	10	2706
Kopfsteuer	2007	48	3764
Bankhaftzinsen	1341	33	2515
Fuhrvergütungsabgabe	612	16	1148
sonstige Steuern und Abgaben	330	76	621
insgesamt	8454	87	15 853

Hinzu kamen 6978 Rbtr bare und 11 099 Rbtr unbare Commüne-Abgaben.

Ab 1823 verringerten sich die Zahlungen für herrschaftliche Steuern und Abgaben auf 12 000 bis 13 000 Mark C jährlich. In dieser Höhe blieben sie bis 1840. Lediglich 1826 lagen die herrschaftlichen Steuern wesentlich niedriger, nachdem aufgrund der Sturmflutschäden von 1825 die Königl. Rentekammer in Kopenhagen die Kontribution um 1432 Rbtr (2685 Mark C) ermäßigt hatte. Nach 1840 verminderten sich die Belastungen weiter, weil die Zahlung der Bankhaftzinsen auslief. So entrichteten die Birksbewohner im Jahre 1844:

	Rbtr	Sch	umgerechnet Mark C (gerundet)
Kontribution	2720	–	5100
Landsteuer	1029	48	1930
Kopfsteuer	1288	–	2415
sonstige Steuern und Abgaben	161	90	304
insgesamt	5199	42	9749

Hinzu kamen 6553 Rbtr bare und 2840 Rbtr unbare Commüne-Abgaben.

Bis 1864, dem Ende der dänischen Zeit, änderten sich die herrschaftlichen Steuern und Abgaben kaum. Auch die Preußen gingen nach 1867 hinsichtlich der Änderung von Steuern behutsam vor. Eine Ausnahme bildete 1870/71 eine relativ hohe Kriegssteuer. Dem Conventbuch der Gangfersmänner ist zu entnehmen, daß die mittlerweile reduzierte Kontribution von nunmehr 4590 Mark (entsprechend 3825

Mark C) erstmalig im Jahre 1878 nicht mehr zu zahlen war. Diese Steuer war immerhin über 200 Jahre lang gehoben worden.
Zu den führenden Gangfersmännern im 19. Jahrhundert gehörte zweifellos Christian D. Roeloffs. Er wurde vom Birkvogt Nielsen[8] in Nieblum im Jahre 1826 – entsprechend dem bereits geschilderten Verfahren – mit 23 weiteren Eingesessenen zum Ummärkungsmann (fö. Markmaan) „erwählt", d. h. bestimmt und ernannt. Als 14 Tage später die 24 Ummärkungsmänner 40 Gangfersmänner des Birks wählten, gehörte Christian D. Roeloffs ebenfalls dazu. Er war damit das jüngste Mitglied des Repräsentantenkollegiums von Westerlandföhr und Amrum; für damalige Verhältnisse ein ungewöhnlicher Vorgang, schon mit 25 Lebensjahren in dieses Gremium gewählt zu werden. Das hatte es zumindest nach 1755 (von dem Jahr ab sind entsprechende Protokolle vorhanden) auf Westerlandföhr nicht gegeben.
Von 1826 bis 1875 war Christian D. Roeloffs ununterbrochen Gangfersmann. Nach den Ummärkungsprotokollen bekleidete kein anderer dieses Amt über einen so langen Zeitraum. Mehrere Jahrzehnte war er der Sprecher der Repräsentanten. Als solcher trat er insbesondere 1848 und 1864 hervor. Überliefert ist, daß er großen Einfluß auf den jeweiligen dänischen Birkvogt ausübte. Nach Erzählungen von L. H. Rickmers (Luunje Hine), Süderende, entschied er schwierige Fragen nicht, ohne vorher Christian D. Roeloffs gehört zu haben. Und Lorenz Braren bestätigt das in den „Geschlechterreichen St. Laurentii" mit dem Hinweis, daß er „die rechte Hand der Birkvögte in Nieblum, ein von allen geschätzter Mann, der ungekrönte König der Westerharde (war)". Letztere Bemerkung mag übertrieben sein. Dennoch ist sie als ein Ausdruck einer Volksmeinung zu verstehen, die durchweg den Kern trifft.
Als Gangfermann gehörte Christian D. Roeloffs zu den Persönlichkeiten der Insel, die der dänische König jeweils einlud, wenn er seinen Sommerurlaub auf Föhr verbrachte. Mehrere Male weilte Christian VIII., von 1839–1848 König von Dänemark, auf der Insel. Stets umgeben von einem zahlreichen Hofstaat, trug er wesentlich zur Entwicklung des Seebades Wyk bei. Sein Nachfolger, Frederik VII., der bis 1863 regierte, hielt sich nur einmal, 1860, auf Föhr auf. Seinen Besuch vorangegangen war eine Einladung, die ihm Vertreter der Inselbewohner nach Glücksburg, wo er sich Anfang Juli aufhielt, überbrachten. Die Gruppe, die dorthin reiste, bestand aus dem Landvogt von Osterlandföhr, Lendrop, den Rathmännern von Osterlandföhr, V. Boysen, Wrixum, und P. Lütjen, Övenum, dem Gangfersmann von Westerlandföhr, L. F. Jepsen, Oldsum, sowie einem P. Petersen aus Wyk. Der König gewährte den Föhrern eine Audienz und sagte zu.
Am 18. Juli 1860 traf der König mit Gemahlin und Gefolge in Wyk ein. Junge Mädchen in Sonntagstracht begrüßten ihn mit einer Fülle von Blumen. Ein Festmahl im Speisesaal an der Wyker Badeanstalt schloß sich an. Hieran nahmen alle Gangfersmänner von Westerlandföhr und Amrum, die Rathmänner von Osterlandföhr und die Fleckensdeputierten von Wyk teil. 14 Tage währte der königliche Aufenthalt. Am 25. Juli stattete Sr. Majestät mit seiner Frau den Dörfern der Insel einen Besuch ab. Nach einem ausgiebigen Frühstück am Strand von Utersum besichtigte er die St. Laurentii-Kirche. Anschließend ging die Fahrt über Süderende–Oldsum nach Wyk zurück. Am Dorfeingang von Oldsum, am „Sarkstiig" standen die Lehrer mit den Schulkindern, um die Herrschaften mit Blumen und Gesang zu grüßen. Der König ließ anhalten und dankte, nachdem L. F. Jepsen ihm im Namen der Dorfbewohner ein herzliches Willkommen entboten hatte. Ein neunmaliges Hoch auf Sr. Majestät folgte. Die Wagenkolonne setzte ihre Fahrt fort, aber nicht wie vorgesehen über Klintum und Toftum, sondern an den Mühlen entlang. Hierüber zeigte sich nicht nur die große Schar der Neugierigen enttäuscht, sondern vor allem auch der Toftumer Lehrer mit seinen Schulkindern, die sich ebenfalls zur Begrüßung an der Straße aufgestellt hatten.
Ein herausragendes Ereignis in dem ansonsten nicht sehr abwechlungsreichen Alltag der Inseldörfer schloß den Königsbesuch von 1860 ab. Als Dank für seinen angenehmen Aufenthalt lud der König am Abend vor seiner Abreise alle Repräsentanten von Föhr und Amrum mit ihren Frauen, wie auch die jungen Mädchen, die ihn bei seiner Ankunft mit Blumen begrüßt hatten, zu einem Festball ein. Das Tanzfest fand in vier Gasthöfen statt, weil es auf der Insel keinen Saal gab, der alle Gäste aufnehmen konnte. In

8 J. D. D. Nielsen, Birkvogt von Westerlandföhr und Amrum 1818–1852, zugleich Landvogt von Osterlandföhr 1850–1852.

Nieblum feierten die Westerlandföhrer aus den St. Laurentii-Dörfern bei B. Breckling, die aus den St. Johannis-Dörfern bei A. Petersen. Auch in Nieblum, in Witt's Gasthof, kamen die Osterlandföhrer, soweit sie zu St. Johannis gehörten, zusammen, während die Gäste aus der St. Nicolai-Gemeinde sich im Franzens-Gasthof in Wyk trafen. Der König beehrte alle vier Festbälle mit seinem Besuch. Den Westerländern schenkte er seine besondere Aufmerksamkeit, indem er sie, wie L. F. Jepsen schreibt, als die „echt dänisch Gesinnten“ zuerst besuchte. Eine Stunde nahm er an dem Tanzvergnügen teil. Eine besondere Freude bereitete er Christian D. Roeloffs, der mit seiner Frau Antje und seinen Töchtern Ingke und Keike eingeladen war, indem er ihn besonders begrüßte und mit seiner Tochter Keike tanzte. Hiervon erzählte der alte Dannebrogsmann später gerne seinen Enkeln. Bis ins hohe Alter blieb ihm der Königsball in Nieblum als eine seiner schönsten Erinnerungen im Gedächtnis haften.

In diesem Zusammenhang verdient eine weitere Besonderheit erwähnt zu werden, die Ingke Roeloffs (1860–1958) mir erzählt hat. Der König Christian VIII. haßte das Tabakrauchen. Er duldete in seiner Nähe weder Raucher noch Besucher, die tabakverräucherte Kleidung trugen. Für Christian D. Roeloffs war das wenig angenehm, denn er rauchte sehr stark. Um dennoch am Königsempfang teilnehmen zu können, besaß er besondere Kleidungsstücke, die er nur bei dieser Gelegenheit trug. Um sie von Tabakgeruch freizuhalten, verwahrte er sie in einem separaten Schrank.

Die Wertschätzung, der sich Christian D. Roeloffs erfreute, führte auch dazu, daß die dänischen Birkvögte ihm viele Vormundschaften übertrugen. Eben 23 Jahre alt, wurde er bereits als Vormund für eines der beiden Kinder von Arfst Bohn aus Goting eingesetzt, der – wie erwähnt – Anfang des Jahres 1824 als Kapitän seines eigenen Schiffes bei Gibraltar sein Leben verloren hatte. In den folgenden Jahren fungierte Christian D. Roeloffs in dieser Eigenschaft fortlaufend für unmündige Personen aus der St. Laurentii-Gemeinde. Das geht aus den Schuld- und Pfandprotokollen hervor. Beispielsweise trat er 1840 für Kerrin (Keike) Jung Rörden, 1841 für Ingke Jung Arfsten, 1842 für Matje Olufs, 1843 für Matje Rickmers, 1846 für Göntje Olufs und 1847 für Ingke Nahmens als Vormund auf. Auffallend ist, daß viele weibliche Mündel älter als 21 Jahre waren. Das lag an den damaligen Rechtsverhältnissen. Frauenspersonen galten grundsätzlich als nicht mündig. In vielen Fällen war Christian D. Roeloffs auch als Testamentsvollstrecker tätig. Diese Ehrenämter sind ein Ausdruck des Vertrauens, das der Gangfersmann aus Süderende auf Westerlandföhr genoß. So verwundert es nicht, daß er sogar die Vormundschaft für Margaretha Nielsen, Witwe des 1852 verstorbenen Birkvogts Dahl Nielsen, übertragen bekam.

Christian D. Roeloffs blieb auch nach 1864 Gangfersmann. Es kennzeichnete jedoch seine Haltung, daß er sich nicht – wie beispielsweise viele Wyker und einige Osterlandföhrer Einwohner – sofort den siegreichen Österreichern zuwandte. In seinem Wohnzimmer behielten die Bilder dänischer Könige sowie von der Krönung Christian VIII. ihren Platz. Mit einem Urteil über die neuen Gegebenheiten hielt er sich vorerst zurück. Aber nach Ausbruch des deutsch-französischen Krieges 1870/71 machte er aus seiner politischen Überzeugung – auch öffentlich – keinen Hehl mehr. Er sagte jedem, ob er es hören wollte oder nicht, daß ein Verbleib Westerlandföhrs im Königreich Dänemark besser gewesen sei als ein Anschluß an Preußen bzw. das Deutsche Reich. Wegen dieses Verhaltens wurde er gelegentlich eines Besuches in Wyk von sogenannten Patrioten angepöbelt, ja angespuckt. Welche Enttäuschung mag dieser mittlerweile hochbetagte und ansonsten gelassene Mann, der sich 50 Jahre lang für die Belange der Föhringer eingesetzt hatte, empfunden haben? Jedenfalls trat er unverzüglich den Heimweg in sein kleines Heimatdorf an. Dort angelangt, erklärte er bewegt, er wolle zeitlebens den Ort Wyk nicht mehr sehen. Er mag sein Haupt geschüttelt haben ob der mangelnden Toleranz seiner Mitbürger. Möglicherweise tröstete er sich damit, daß nicht wenige Wyker Repräsentanten, die einen Monat nach der „Befreiung vom dänischen Joch“, dem Kaiser Franz Joseph von Österreich zu seinem Geburtstage ein Danktelegramm sandten und dem Oberbefehlshaber der verbündeten Truppen, Prinz Friedrich Karl von Preußen, bei seinem Besuch in Wyk eine Ehrenpforte errichteten und ihn durch einen Fackelzug ehrten, keine „Altföhringer“, sondern „Zugereiste“ waren.

Im Jahre 1875 wählten die Ummärkungsmänner Christian D. Roeloffs erneut zum Gangfersmann. Er lehnte die Wahl jedoch ab. An seine Stelle trat sein

Sohn Erk Diederich. Damit endete die Mitgliedschaft des mittlerweile 74 Jahre alten Gangfersmannes im Repräsentantenkollegium von Westerlandföhr, in dem er fast 50 Jahre lang wichtige Birksangelegenheiten tatkräftig und verantwortlich mitgestaltet hatte.
1875 fand übrigens letztmalig die nach dem Regulativ von 1750 vorgeschriebene Ernennung der Ummärkungsmänner statt. Und offensichtlich endete zwischen 1875 und 1880 auch das seit Jahrhunderten auf Westerlandföhr und Amrum eigentümliche Verfahren der Steuerfestsetzung, -unterverteilung und -hebung. Diese Funktion übernahm nunmehr weitgehend die preußische Finanzverwaltung. Ummärkungsmänner wurden überflüssig. Das Repräsentantenkollegium blieb jedoch zunächst bestehen. Ausscheidende Mitglieder ersetzten die Gangfersmänner nunmehr selber durch Wahl entsprechender Persönlichkeiten des Birks.
An dieser Stelle sollte nicht unerwähnt bleiben, daß das Verfahren bei der Ernennung der Ummärkungsmänner und Wahl der Gangfersmänner, das bis 1875 angewendet wurde, aus heutiger Sicht undemokratisch war. Allerdings war eine derartige Verfahrensweise damals durchaus üblich; auch die Deichrichter und Schulvorsteher wurden ernannt und nicht vom „Volke" gewählt. Das heißt aber nicht, daß der Wahl- bzw. Ernennungsmodus hinsichtlich der Birksrepräsentanten seinerzeit die Billigung der Gangfersmänner fand. So befinden sich im Inselarchiv zwei Vorschläge, die sich mit diesem Problem befassen. Leider sind sie nicht datiert. Daß sie aber aus der Feder von Christian D. Roeloffs stammen, ist zweifelsfrei. Möglicherweise hat ihn der Birkvogt aufgefordert, entsprechende Empfehlungen zu unterbreiten. Diese Annahme erscheint sogar gerechtfertigt, weil er Roeloffs im Jahre 1832 in ähnlicher Weise bat, Vorschläge für das Verfahren bei der Wahl der Deichrichter zu machen.
Christian D. Roeloffs stellte in dem von ihm entworfenen Regulativ seine demokratische Grundhaltung erneut unter Beweis. So schlug er vor, die 40 Gangfersmänner von den Birkseingesessenen dorfweise wählen zu lassen. Allerdings glaubte er die Wahlberechtigung auf die Hausbesitzer beschränken zu sollen, die ein Vermögen von mehr als 2 Pfund Englisch versteuerten. Zum Gangfersmann sollte nur gewählt werden dürfen, der Steuern für mindestens 3 Pfund Englisch zahlte, 25 Jahre zählte und einen „untadelhaften" Lebenswandel führte. Aus den 40 Gangfersmännern sollten wiederum 20 Repräsentanten gewählt werden. Diese Wahl sollten die Eingesessenen von St. Johannis, St. Laurentii und St. Clemens vornehmen, wobei jede Kirchengemeinde nur mit einer Stimme sprechen durfte.
Weiter schlug Christian D. Roeloffs vor, daß die 40 Gangfersmänner nur über die Repartierung der Steuern und Birkskosten entscheiden sollten. Dagegen sollten alle übrigen Birksangelegenheiten von den 20 Repräsentanten verhandelt werden. Der Birkvogt sollte „pflichtig seyn", bei Berichten in Birksangelegenheiten zuvor ein Gutachten der Repräsentanten einzuholen und es seinem Bericht (an den Amtmann in Ripen oder Tondern) beizufügen. Mit letzterem Vorschlag wollte Roeloffs wohl vor allem die Stellung des Repräsentantenkollegiums stärken und mit der Verminderung der Zahl der Repräsentanten in erster Linie die „Schlagkraft" des Kollegiums verbessern, denn ein Gremium von 20 Männern kommt schneller zu Entscheidungen als eines von 40.
Die auf vier Seiten in 18 Abschnitten zugesammengefaßten Vorschläge stellen eine für damalige Verhältnisse sehr fortschrittliche, aber auch ausgewogene Regelung dar. Sie sind leider nie verwirklicht worden, auch nicht im Zuge der Reformen, die die Preußen nach 1867 durchführten.
Die Aufgaben der Repräsentanten verminderten sich während der „preußischen Zeit" um so mehr, als die Gemeinden eine größere Selbständigkeit erlangten, indem sie auch staatliche Aufgaben übertragen erhielten. Ihr „Budget" belief sich 1880 nur noch auf 2000 Mark (entsprechend 1666 Mark C). Gleichwohl entschieden sie nach 1867 noch in einigen wichtigen Angelegenheiten: 1877 beschlossen sie, von dem Kapitalvermögen des Birks in Höhe von 8101 Mark, einen Betrag von 7577 Mark zur Ablösung der Festegelder zu verwenden. Die restlichen 524 Mark erhielt die Brandgilde. Acht Jahre zuvor hatten sie die vom Landrat in Tondern beabsichtigte Anordnung abgelehnt, in Nieblum nur noch feuersichere Dächer zuzulassen. Eine aus heutiger Sicht weitsichtige Entscheidung. Nieblum könnte heute sicher nicht als schönstes Dorf in Schleswig-Holstein bezeichnet werden, wenn der Landrat sich durchgesetzt hätte. 1884 zeigten die Gangfersmänner ebenfalls Weitblick, indem sie den Bau eines Krankenhauses auf der Insel befürworteten.

Ende der 80er Jahre, als die Amtsbezirke gebildet und der Amtsvorsteher eingesetzt wurde, nahte das Ende des Repräsentantenkollegiums. Es beschloß, die Birksländereien zu verkaufen und den Reinerlös von 2984 Mark entsprechend der Einwohnerzahl zu verteilen. Die feuersichere Geldtruhe erhielt die Brandgilde für Westerlandföhr und Amrum, die sie heute noch besitzt. Am 23. März 1891 tagten die Gangfersmänner zum letzten Male, und zwar nicht in Nieblum, das mittlerweile zu Osterlandföhr gehörte, sondern in Oldsum. Damit löste sich eine Institution auf, die über fast zwei Jahrhunderte die Entwicklung von Westerlandföhr und Amrum wesentlich beeinflußt und vielen begabten Persönlichkeiten Raum zur Entfaltung ihrer Kräfte, zum Wohle der Allgemeinheit, geboten hatte.

Mit der Bildung der beiden Amtsbezirke Westerlandföhr und Amrum am 1. Oktober 1889 endete auch die politische und verwaltungsmäßige Einheit, die den westlichen Teil der Insel Föhr und die Nachbarinsel Amrum nachweislich über 650 Jahre verbunden hatte. Damit fand zugleich auch die Zeit der Gangfersmänner ein Ende.

Nach der abschließenden Bearbeitung des Manuskripts erfuhr ich, daß es das Amt des Gangfersmannes schon gab, bevor der dänische König 1697 die Westerharde in ein Birk umwandelte. Das geht aus den erst 1983 entdeckten Thingprotokollen von Westerlandföhr und Amrum hervor. Hierin ist schon 1659 die Rede von „Gangferslüde". Sie stellten seinerzeit aber nicht die Vertretung der Hardesbewohner dar. Vielmehr erstreckte sich ihre Funktion wohl nur auf die Hebung der königlichen Steuern und Abgaben.

So bat der Landvogt Jap Petersen auf dem Birkthing am 7. April 1663, „dat de gangferslüde schölen idt ehren lüden tho weten dohn, dat se de Schatt (Steuern) binnen dree Dagen thosamen legen". Daß die Gangfersmänner auch den Geldverkehr ihres Bezirks regelten, ist nicht belegt. Die Zahl der Gangfersbezirke betrug allerdings nicht 40 sondern nur 37.

Die eigentliche politische Vertretung der Bewohner der Westerharde, soweit hierfür überhaupt Raum war, lag vor 1697 offensichtlich in der Hand der *Hardes- oder Landesbunden.* Bunde (in den Herzogtümern und in Dänemark: Bonde) heißt nichts anderes als Bauer. Es handelt sich um eine altnordische Bezeichnung für den freien bäuerlichen Grundeigentümer, der in keinerlei grundherrlichem Abhängigkeitsverhältnis stand. Er war Eigentümer eines Bondengutes oder einer Hufe bzw. eines Bohls. Bondengüter durften grundsätzlich nicht aufgeteilt werden. Heute würden wir einen solchen Hof etwa als Vollbauernstelle bezeichnen. Bunden waren daher dasselbe wie Vollhufner oder Bohlsmänner. Sie dürften identisch sein mit den sog. *Lodseignern,* die vor 1800 in einigen Bauerschaften auf Westerlandföhr eine bestimmte Stellung einnahmen, sowie mit den *Vollbuhrn* (Vollbauern), von denen in der bereits genannten Beliebung der Nieblumer Bauern vom 13. Februar 1679 mehrfach die Rede ist.

Demnach scheint Westerlandföhr (und Amrum) ursprünglich eine Bonden- oder Hufenverfassung gehabt zu haben. Die Realerbteilung hat sich vermutlich erst als Folge der Bevölkerungszunahme entwikkelt. Für diese Annahme spricht eine Aussage der Bunden auf dem Thing am 6. Oktober 1663. Danach sei das jüngste Kind allezeit berechtigt gewesen, das ältere (durch eine Geldzahlung) auszulösen, „wenn se befriet (verheiratet) is, vermöge olden landsgebruuk". Eine solche Regelung ist nämlich ein elementares Prinzip des Anerbenrechtes, das für die Realerbteilung nicht gilt.

Die Hardes- oder Landesbunden werden in den ältesten Thingprotokollen auch an anderen Stellen genannt. So verlangten sie am 28. September 1658 vom Landvogt Jap Petersen in Oldsum, er solle ihnen ein Verzeichnis vom Schatt (Steuern), von Einnahmen und Ausgaben vorlegen. Und am 29. Januar 1661 vereinbarten sie auf dem Thing, daß Rördt Olufs (vermutlich aus Oldsum, 1625–1701) und Wagen Jensen (vermutlich aus Utersum, 1620–1677) zusammen mit dem Landvogt in Hardesangelegenheiten nach Kopenhagen reisen sollten. Mit der Bewilligung der anwesenden Bunden befahl der Landvogt am selben Tage, auf Westerlandföhr sämtliche Hunde abzuschaffen. Und auf dem folgenden Thing beschlossen die Hardesbunden, daß sich die „Gangferslüde" am nächsten Tage zu versammeln hätten.

Vollends bestätigt wird die übergeordnete Funktion der Bunden dadurch, daß sie zusammen mit dem Landvogt am 12. Februar 1664 das Schilling-Englisch-Buch, d. h. die Normen für die Vermögensbesteuerung neu faßten. Und schließlich gibt die Dingswinde aus dem Jahre 1614 über den Prozeß gegen die „Hexe" Gundell Knutzen aus Dunsum noch bemerkenswerte Hinweise. Danach spielten neben den zwölf Kirchneffningen und dem Landvogt die Bonden oder Bunden in dem Verfahren eine entscheidende Rolle.

Anzunehmen ist, daß mit der Umwandlung der Harde in ein Birk (1697) die Bunden ihre Funktion als Vertretungskörperschaft verloren. An ihre Stelle traten Gangfersmänner, die damit zugleich eine funktionelle Aufwertung erfuhren, weil sie nunmehr als Repräsentantenkollegium dem Birkvogt zur Seite standen, während sie bisher nur die Steuern gehoben hatten. Zwar führte diese Regelung zu einer institutionellen Vereinfachung, die grundsätzlich positiv zu werten ist. Sie stärkte aber den autoritären Einfluß des Landesherrn, denn auf die Wahl der Gangfersmänner konnte der vom König bestellte Birkvogt einwirken. Der Bunde dagegen erhielt sein „Amt" mit seiner ererbten Bauernstelle verliehen. Andererseits ist zu bedenken, daß diese herkömmlichen Verhältnisse gar zu leicht zu einer Verkrustung der Strukturen führten, weil sie tüchtige Seefahrer, die über wenig Grundeigentum verfügten, von der Mitwirkung in Hardesangelegenheiten ausschlossen. Auch das mag ein Grund dafür gewesen sein, die erbeingesessenen Bunden durch gewählte Gangfersmänner zu ersetzen.

Die bis heute allgemein herrschende Auffassung, die auch ich am Anfang dieses Abschnitts vertreten habe, daß 1697 die 40 Gangfersmänner die 12 Rathmänner ersetzt hätten, dürfte somit nicht mehr aufrecht zu erhalten sein. Vielmehr ist davon auszugehen, daß vor 1697 den Rathmännern nur die Rechtsprechung oblag, daß sie, anders als auf Osterlandföhr, nicht die politischen Rechte der Bewohner von Westerlandföhr und Amrum wahrnahmen.

Die Gesamtzahl der Bunden auf Westerlandföhr und Amrum konnte nicht festgestellt werden. Sie lag über 100, weil anzunehmen ist, daß sie mit den „Vollbuhrn" in Nieblum und den Lodseignern in den anderen Dorfschaften identisch waren. Die Bunden erschienen jedoch niemals als ein geschlossenes Kollegium auf dem Thing. Denn in den Protokollen heißt es regelmäßig: „Bunden, so veele nu tho Dinge synt". Möglicherweise war die (zu) große Zahl der Bunden dann auch ein weiterer (berechtigter) Anlaß, sie durch ein Kollegium von 40 Gangfersmännern zu ersetzen, das danach fast 200 Jahre des Landes Wohlfahrt nach bestem Wissen und Gewissen förderte.

SIEGEL

Abb. 95

Osterharde Föhr (vor 1328)

Westerharde Föhr (vor 1360)

Quellennachweis

Literatur

Abel, W., Agrarkrisen und Agrarkonjunktur, Hamburg 1978

Archiv der Schl.-H.-Lbg. Ges. f. vaterländ. Gesch., Bd. 16, Kiel 1862

Archiv f. Staats- und Kirchengesch. der Herzogt. Schl., Holst. u. Lbg., Bd. 5, Altona 1843

Arfsten, R., Die Mühlen auf Föhr, Flensburg um 1960
– Chronik eines fries. Dorfes, Heide 1968

Arhammer, N., in M. und N. Hansen: Amrum, Geschichte und Gestalt einer Insel, Itzehoe 1964

Baume, P. La, Grabhügel und Burgen auf Amrum und Föhr, Wyk 1963

Behrend, H., Die Aufhebung der Feldgemeinschaften (Quellen und Forschungen zur Gesch. Schl.-Holst., Bd. 46), Neumünster 1964

Brandt, O., Geschichte Schleswig-Holsteins, 5. Aufl., Kiel 1957

Braren, B. und I., Erinnerungen aus unserem Leben, Privatdruck 1947

Braren, J., Die vorgeschichtlichen Altertümer der Insel Föhr, Witsum 1935

Braren, L., Geschlechterreihen St. Laurentii, 2 Bde. (Privatdruck), Weichs 1949

Eschels, J. J., Das abenteuerliche Leben des Jens Jacob Eschels (Nachdruck), Hamburg 1966

Falck, N., Handbuch des Schl.-Holst. Privatrechts, 6 Bde.; Altona 1825, 1831, 1835, 1838, 1840, 1848
– Beiträge zur Geschichte der schl.-holst. Landwirtschaft, Kiel 1847

Falk, F., Die Seefahrer von St. Johannis, Bredstedt 1984

Faltings, V., Die Terminologie der älteren Weidewirtschaft auf den Nordfr. Inseln Föhr und Amrum, Bredstedt 1983
– Was ist ein Gangfersmann? (Nordfr. Jahrb. 1982/83), Bredstedt 1983

Feikes, E., Die geschichtliche Entwicklung der Deichlast in Nordfriesland (Schr. d. Instit. f. Wirtschafts-, Arbeits- und Verkehrsrecht an der Univ. Königsberg, Heft 1), Stuttgart/Berlin 1937

Haff, K., Die alten Feld- und Wiesengemeinschaften der Insel Föhr und ihre Erdbücher (Z. der Savigny-Stiftung für Rechtsgeschichte), Weimar 1927

Hansen, H. J., Von der Schönheit alter Schiffe, Hamburg 1971

Hansen, R. und Jessen, W., Quellen zur Geschichte des Bistums Schleswig, Kiel 1904

Hanssen, G., Agrarhistorische Abhandlungen, 2 Bde., Leipzig 1884
– Nordfries. Distrikte, Schleswig 1835

Heimreich, A., Nordfres. Chronik von 1662, 2 Bde., (hrsg. von Falck 1819), Nachdruck Leer 1982

Hoffmann, A., Die Landestrachten von Nordfriesland (Nachdruck d. Ausg. 1940), Heide 1980

Iversen, J., Die Nothwendigkeiten der Vermagschiftungen mit Land, Apenrade 1830

Jacobsen, J., Landesregierung und städtische Verwaltung in Schl.-Holst. am Ende der dän. und Beginn der preuß. Zeit, dargest. am Beispiel der Stadt Husum (Nordf. Jahrb. 1974), Bredstedt 1974

Jensen, C., Die Nordfriesischen Inseln, Hamburg 1891

Kähler, O., Das Schl.-Holst. Landesrecht, Glückstadt 1922

Ketels, E., Eine Seefahrerfamilie (auszugsweise in „Schl.-Holst. Volksleben“ von E. Schlee), Schleswig 1955

Koops, H., Die Österreicher auf Föhr im Jahre 1864 (in „Der Insel-Bote“, November 1978)

Lampe, J., Tönder Seminarie-Stat (Verz. der Lehrer und Seminaristen des Lehrerseminars Tondern 1788–1963), Tondern 1963

v. Lengerke, A., Die schl.-holst. Landwirtschaft, Berlin 1826

Lorenzen, N., Die Landwirtschaft auf Osterlandföhr vor und nach der Landaufteilung, Jahrb. d. Nordfr. Vereins 1924

Mager, F., Entwicklungsgeschichte der Kulturlandschaft des Herzogtums Schleswig in historischer Zeit, 2 Bde., Breslau 1930, Kiel 1937

Momsen, E., Die allgemeinen Volkszählungen in Schl.-Holst. in dänischer Zeit (1769–1860) in Quellen und Forschungen zur Gesch. Schl.-H., Neumünster 1974

Meiborg, R., Das Bauernhaus im Herzogtum Schleswig und das Leben des schleswigschen Bauernstandes im 16., 17. und 18. Jahrh., Schleswig 1896

Müller F. und Fischer O., Das Wasserwesen an der schl.-holst. Nordseeküste – Föhr, Berlin 1937

Nissen, N., Glück zu! Mühlen in Schleswig-Holstein, Heide 1981

Nerong, O., Das Dorf Wrixum, Dollerup 1898
– Die Insel Föhr, Dollerup 1903

Oesau, W., Schl.-Holst. Grönlandfahrt auf Walfischfang und Robbenschlag vom 17.–19. Jahrh., Glückstadt – Hamburg 1937
– Hamburgs Grönlandfahrt, Glückstadt 1954

Pfeiffer, W., Geschichte des Geldes in Schl.-Holst., Heide 1977

Provinzialberichte / Schl.-Holst. Provinzialberichte / Neue Schl.-Holst. Provinzialberichte, 1791, 1793, 1796, 1798, 1811, 1822, 1823, 1824, 1825, 1826, 1827, 1828

Quedens, G., Inselkirchen, Breklum 1980
- Inseln der Seefahrer, Hamburg 1982

Reichstein, J., Archäologische Denkmalpflege in Schl.-Holst., Beitrag vom 21. 4. 1983

Scharff, A., Schl.-Holst. Geschichte – ein Überblick, Würzburg 1966

Schlee, E., Das alte Föhr in bildlichen Dokumenten, Flensburg 1968

Sering, M., Die Vererbung des ländlichen Grundbesitzes im Königreich Preußen (2. Teil: Erbrecht und Agrarverfassung in Schl.-H.), Berlin 1908

Stat. Landesamt Schl.-Holst., Bevölkerung der Gemeinden in Schl.-Holst. am 31. 12. 1982, Kiel 1983

Urban, W., Die dänische Währungsreform von 1813, Hamburg 1929

Voigt, H., Dokumentation über Nordfriesen auf Hamburger Wal- und Robbenfängern 1757–1839 sowie Altonaer Wal- und Robbenfängern 1788–1835 (nicht veröffentlicht)

v. Warnstedt, F., Die Insel Föhr und das Wilhelminen See-Bad, Schleswig 1824

Waschinski, E., Währung, Preisentwicklung und Kaufkraft des Geldes in Schl.-Holst. von 1226–1864, Neumünster 1952 und 1959

Waschinski, E. u. Böttger, F., Alte schl.-holst. Maße und Gewichte, Neumünster 1952

Wegemann, Zustände Schl.-Holst. nach dem Erdbuche Waldemars 1231 (Z. Ges. f. Schl.-Holst. Gesch., Band 46), Leipzig 1916

Wirtschaftsgesch. Forschungsstelle Hamburg, Zur Geschichte der Sextanten, Hamburg 1962

Zorgdrager, C. G., Alte und neue Grönländische Fischerei und Wallfischfang (Nachdruck der Ausgabe 1723), Kassel 1975

Handschriftliche und andere Quellen

Archiv Dr. F. Paulsen, Alkersum Föhr, Volkszählungslisten St. Laurentii 1787–1860
- Volkszählungsliste Osterlandföhr 1769
- Thingprotokolle W.-Föhr ab 1658 (Kopien)

Friesenmuseum Föhr, Unterlagen über die Landaufteilung auf Westerlandföhr

Gemeindearchiv Utersum Föhr, Dorfprotokolle

Handels- og Soefartsmuseet Kronborg, Helsingoer, Auskünfte Dr. Henningsen 1974

Hassold, J., Briefbuch 1843–1849

Insel-Archiv Föhr, Nrn. 319, 323, 450, 459, 460, 461, 462, 463, 468, 477, 484, 505, 506, 567, 573, 588, 766, 829, 830, 832, 834, 879, 1097, 1106, 1107

Jepsen, L., Lebenserinnungen 1802–1892, unveröff. Handschrift (Abschrift von H. Faltings, Neuenhain/Taunus)

Ketels, E., Lebenserinnungen 1859–1939 (unveröff. Handschrift)

Kirchenbücher von St. Laurentii, mehrere nicht registrierte Bände

Københavns Stadsarkiv, Bürgerprotokollen 1782 und 1790
- Stadtrentmeisterrechnung 1782
- Steuerliste 1794

Kongelige Ordener Historiograf, København , Protokol Dannebrogsmaend

Landesarchiv Schleswig-Holstein, Abt. 25: Nr. 468, 469, 470, 472, 476 und 478
2213, 2236, 2237, 2313
Abt. 161: 40, 60, 61, 62, 64, 65, 74, 77, 81, 82, 117, 118, 128, 234, 1205–1218, 1220–1226, 1227–1229, 1305, 1312, 1354, 1449–1460
Abt. 4005: Nr. 329
Abt. 412: Nr. 48

Landsarkivet Apenrade, Vesterland-För og Amrum, Justitsprotokoller 1732–1822 (8 Bde.),
- Sköde- og panteprotokoller 1687–1826 (11 Bde.),
- Skifteprotokoller 1762–1812 (5 Bde.),
- Auktionsprotokoller 1732–1812 (3 Bde.)

Landsarkivet Sjaelland, København, Skipperlaugets Examinationsprotokol 1774–1793,
- Koebenhavns Skipperlavs Mandtals Rulle 1750–1900

Riksarkivet København, Volkszählungslisten 1769 von St. Laurentii (RtK 352.31)

Roeloffs-Nachlaß, Unterlagen über die Enrollierung der Seefahrer 1781/82
- Journal mit Aufzeichnungen von 1792 bis 1846
- Briefbuch von 1823 bis 1834
- Vermögensbilanzen 1858 bis 1913
- Urkunden über Landerwerb und Erbteilungen von 1798 bis 1890

Schularchiv Süderende, Schulprotokolle von St. Laurentii
- Schulregulativ für die St.-Laurentii Gemeinde vom 5. Mai 1809
- Anordnung für das Volksschulwesen auf dem Lande in Dänemark vom 9. Juli 1814

Staatsarchiv Hamburg, Auskunft über die Choleraepidemie 1831

Westerlandföhrer Marschkoog, Protokolle, 2 Bde.

Verzeichnis der Übersichten

Verzeichnis der Abbildungen

Anhang

Auf der Insel Föhr im 18. und 19. Jahrhundert gebräuchliche Münzen, Maße und Gewichte

MÜNZEN

	Prägung	Mark Lübsch/ Hamb./ Schl.-H. Courant	Schilling (Sch)	Pfennig (Pf)
Schleswigsche und holst. Münzen				
1 „alter" Thaler	1522–1622	–	32	384
1 „neuer" Thaler	1622–1753	3	48	576
1 Gulden (2/3 Thaler)	nur zeitw. vor 1700	2	32	384
1 Speciesthaler	1787–1808	–	60	720
Lübsche u. hamb. Münzen				
1 „alter" Reichsthaler	1537–1622	–	32	384
1 „neuer" Reichsthaler	1622–1776	3	48	576
(nach 1728 Speciesthaler genannt)		–	(60)	(720)
1 Courantthaler	nach 1727	3	48	576
		Mark Dansk	Skilling Dansk	
Dänische Münzen				
1 „alter" Speciedaler	1572–1801	4 später 6	64 später 96	–
1 Krone	1618–1771	3 später 4	48 später 64	–
1 Rigsbankdaler	1813–1851	–	96*)	–
1 Rigsdaler	1854–1872	–	96**)	–
1 „neuer" Speciedaler	1819–1853	–	192*)**)	–

Anstelle des 1813 eingeführten Reichsbanktalers (Rbtr) trat 1854 der neue Reichstaler (Daler R. M. oder Rigsdaler), der sich aber hinsichtlich seines Wertes vom Rbtr nicht unterschied; aus Vereinfachungsgründen erfolgen daher die Angaben in Rbtr. Daneben blieben weiterhin der Speciedaler, der dem Wert von 2 Rbtr entsprach, und der Rbtr im Gebrauch.
Dänische Pfennige gab es nicht.

		Mark	Silbergroschen	Pf. preuß.
Preußische Münzen				
1 Thaler	1823–1871	–	30	360
			neue Groschen	Pf.
Münzen des Deutschen Reiches	nach 1871	1	10	100

*) Rigsbankskilling
**) Skilling RM

	Mark Lübsch (Mark L), Mark Hbg. oder Schl.-Holst. Courant (Mark C)	Wert in Mark, Deutsche Reichsmünze nach 1871 (auch Goldmark gen.)
Umrechnung		
1 Thaler, Reichsthaler, Speciesthaler, Speciedaler	3,75	4,50
1 Courantthaler (Rtr)	3	3,60
1 Rigsbankdaler/Reichsbankthaler (Rbtr), nach 1854 Rigsdaler	1,875	2,25
1 „alte" dän. Krone, Preuß. Thaler	2,50	3,00
1 Mark Courant (Mark C)	1	1,20

LÄNGENMASSE

	Ellen	Fuß	Zoll	Meter
bei der Landaufteilung 1802/03 auf Westerlandföhr (Holst./Hamb. Maß)				
1 Ruthe	9	18	216	5,15835
1 Elle		2	24	0,57315
1 Fuß			12	0,28658
1 Zoll				0,02388
im Deichwesen auf Westerlandföhr (Rheinl. Maß)				
1 Ruthe	8	16	–	5,008
1 Fuß				0,313

FLÄCHENMASSE

vor der Landaufteilung

1 Bältring: von Dorf zu Dorf große Unterschiede
4 Lästal: im Mittel 1 Demat
12 Ammerland: im Langdorf im Mittel 1 Demat

bei der Landaufteilung 1802/03 auf Westerlandföhr*)

	Quadratruthen (Ruthen)	Quadratfuß	Quadratmeter
1 Demat	180	18 000	4789,5433
1 Ruthe		100	26,6086
1 Quadratfuß			0,2661

(In Anlehnung an den allgemeinen Sprachgebrauch werden die Quadratruthen als Ruthen bezeichnet)

bei der Vermessung 1800 auf Westerlandföhr

	Quadratscheffel	Quadratellen	Demat	Quadratmeter
1 Tonne	8	128	1,4046	6727,464
1 Quadratscheffel		16	0,1756	840,938
1 Quadratelle			0,0110	52,558

*) Auf Osterlandföhr sowie in Nieblum und Goting galt das Tondernsche Demat mit 4926,348 m^2 (180 Quadratruthen × 27,368 m^2)

RAUMMASSE UND GEWICHTE

	dän. Pfund	Gramm	Kilogramm
1 Zentner	100	49943	rd. 50
	1	499,43	rd. 0,5

(in Hamburg kamen auf 1 Zentner 112 Pfund. 1 Pfund entsprach 484 Gramm)

		ca. Pfund
1 Tonne mit 8 Schipp	Roggen	200
(rd. 140 Liter	Gerste	180
	Weizen	220
	Hafer	140
	Raps	220
	Erbsen	220
	Kartoffeln	200

1 Oxhoft	= 6 Anker	= 224,4 Liter
	1 Anker	= 37,4 Liter
1 Ahm	= 155 Pott	= 149,75 Liter
	1 Pott	= 0,97 Liter
1 Kanne	= 2 Pott	= 1,94 Liter
1 Gallone		= 4,66 Liter
1 Quardeel	(Tranmaß)	= ca. 400 Pfund
1 Commerzlast	= rd. 2600 kg	

Regulativ für die Vertheilung der Marsch- und Geestländereyen auf Westerlandföhr und Amrum.

Gottorff, den 11ten August, 1800.

Schleswig, gedruckt in der Königl. privil. Serringhausenschen Buchdruckerey.

Regulativ

für die Vertheilung der Marsch- und Geestländereyen auf Westerlandföhr und Amrum.

Gottorff, den 11ten August, 1800.

Schleswig,

gedruckt in der Königl. privil. Serringhausenschen Buchdruckerey.

Nachdem Seine Königliche Majestät allergnädigst geruhet haben, die vor mehrern Jahren schon auf Osterlandföhr vorgenommene Feldvertheilung, auch auf Westerlandföhr und Amrum — so weit selbige dort noch nicht statt gefunden — zu erstrecken; auch dazu eine besondere Commission, bestehend aus den beiden p. t. Beamten daselbst, dem Herrn Land- und Birkvogt Hildebrandt und dem Herrn Hebungsbeamten Petersen, imgleichen aus den beiden Herren Landinspectoren Otte und Paulsen, niederzusetzen: so ist, nach wiederholt angestellter Besichtigung an Ort und Stelle, eine Abänderung sowol der Allerhöchsten Einkoppelungsverordnung vom 26sten Jan. 1770, als auch des für Osterlandföhr erlassenen Regulativs vom 17ten Jun. 1772, für nöthig gehalten worden, und wird daher mittelst allerhöchsten, durch die Königl. Rentekammer der Königl. Schleswig-Holsteinischen Landcommission bekannt gemachten Befehles, den Eingesessenen zu Westerlandföhr und Amrum folgendes Regulativ zur unabweichlichen Richtschnur vorgeschrieben.

Weil die Vertheilung nach Besitz vorgenommen werden soll, mithin vor Anfang derselben genau ausfündig gemacht werden muß, in welchem Verhältnisse jeder einzelne Landbesitzer nach Bältringen, Lästal und Ammerlandes an den Gräsungs- Meeden- und Pflugländereyen bisher Theil genommen hat; so soll zuvörderst, nach Vorhergehung eines öffentlichen Proclama, eine genaue und gehörig zu bescheinigende Angabe des, einem jeden zuständigen Landbesitzes statt finden. Auf gleiche Weise soll, um das Eigenthum an den bisher, nach der dortigen Gewohnheit, dem Creditor zum Gebrauche verpfändeten Ländereyen ausser Zweifel zu setzen, denjenigen, die ihre Ländereyen auf solche Weise verpfändet haben, zur Wiedereinlösung dersel-

Nachdem Seine Königliche Majestät allergnädigst geruhet haben, die vor mehreren Jahren schon auf Osterlandföhr vorgenommene Feldvertheilung, auch auf Westerlandföhr und Amrum – so weit selbige dort noch nicht statt gefunden – zu erstrecken; auch dazu eine besondere Commission, bestehend aus den beiden p. t. Beamten daselbst, dem Herrn Land- und Birkvogt Hildebrandt und dem Herrn Hebungsbeamten Petersen, imgleichen aus den beiden Herren Landinspectoren Otte und Paulsen, niederzusetzen: so ist, nach wiederholt angestellter Besichtigung an Ort und Stelle, eine Abänderung sowol der Allerhöchsten Einkoppelungsverordnung vom 26sten Jan. 1770, als auch des für Osterlandföhr erlassenen Regulativs vom 17ten Jun. 1772, für nöthig gehalten worden, und wird daher mittelst allerhöchsten, durch die königl. Rentekammer der Königl. Schleswig-Holsteinischen Landcommission bekannt gemachten Befehles, den Eingesessenen zu Westerlandföhr und Amrum folgendes Regulativ zur unabweichlichen Richtschnur vorgeschrieben.

Weil die Vertheilung nach Besitz vorgenommen werden soll, mithin vor Anfang derselben genau ausfündig gemacht werden muß, in welchem Verhältnisse jeder einzelne Landbesitzer nach Bältringen, Lästal und Ammerlandes an den Gräsungs- Meeden- und Pflugländereyen bisher Theil genommen hat; so soll zuvörderst, nach Vorhergehung eines öffentlichen Proclama, eine genaue und gehörig zu bescheinigende Angabe des, einem jeden zuständigen Landbesitzes statt finden. Auf gleiche Weise soll, um das Eigenthum an den bisher, nach der dortigen Gewohnheit, dem Creditor zum Gebrauche verpfändeten Ländereyen ausser Zweifel zu setzen, denjenigen, die ihre Ländereyen auf solche Weise verpfändet haben, zur Wiedereinlösung derselben eine gesetzliche Frist vorgeschrieben werden. Sollte eins oder das andere von diesen Stücken bey Erscheinung dieses Regulativs schon geschehen seyn, so hat es, wie es sich von selbst versteht, dabey sein Bewenden.

§. 2.

Um den Eingesessenen auch die, durch die Vertheilung veranlaßten Kosten möglichst zu erleichtern, mag es denselben frey stehen, mit den p. t. Officialen, wie zu seiner Zeit auch auf Osterlandföhr statt gefunden hat, der für diese Arbeit denselben zu entrichtenden Gebühren wegen, eine freywillige Vereinbarung zu treffen. Sollte aber, wider Vermuthen, diese nicht zu Stande gebracht werden können; so haben dieselben zu gewärtigen, daß mit billiger Rücksicht auf das Mühevolle dieses Geschäftes, die den p. t. Officialen dafür zu leistende Vergütung höhern Ortes werde bestimmt werden.

§. 3.

Die Vertheilung selbst wird unter Direction der Allerhöchst dazu ernannten, schon vorhin angezeigten, Commissarien sobald als möglich vorgenommen, und zwar mit Wahrnehmung folgender Puncte:

a) Die Ländereyen werden in Ansehung ihrer ungleichen Güte möglichst gegen einander ausgeglichen. Sollte dieses nicht durch Eintheilung des Landes in gewisse Classen, erreicht werden können; sondern zu dem Ende eine regelmäßige Bonitirung vorgenommen werden müssen: so geschieht selbige durch die erwählten und höchsten Ortes bestätigten Assistenten, Nahmen Rückmers und Diedrich Rohlufs. In denjenigen Dörfern aber, woselbst diese Männer selbst Feld-Interessenten sind, wird in solchen Fällen, wobey es ihr eigenes Interesse betrift, durch Mehrheit der Dorfseingesessenen ein anderer Landverständiger an ihre Stelle ernannt. Sollte, wider Vermuthen, ein solcher

ben eine gesetzliche Frist vorgeschrieben werden. Sollte eins oder das andere von diesen Stücken bey Erscheinung dieses Regulativs schon geschehen seyn, so hat es, wie es sich von selbst versteht, dabey sein Bewenden.

§. 2.

Um den Eingesessenen auch die, durch die Vertheilung veranlaßten Kosten möglichst zu erleichtern, mag es denselben frey stehen, mit den p. t. Officialen, wie zu seiner Zeit auch auf Osterlandföhr statt gefunden hat, der für diese Arbeit denselben zu entrichtenden Gebühren wegen, eine freywillige Vereinbarung zu treffen. Sollte aber, wider Vermuthen, diese nicht zu Stande gebracht werden können; so haben dieselben zu gewärtigen, daß, mit billiger Rücksicht auf das Mühevolle dieses Geschäftes, die den p. t. Officialen dafür zu leistende Vergütung höhern Ortes werde bestimmt werden.

§. 3.

Die Vertheilung selbst wird unter Direction der Allerhöchst dazu ernannten, schon vorhin angezeigten, Commissarien sobald als möglich vorgenommen, und zwar mit Wahrnehmung folgender Puncte:

a) Die Ländereyen werden in Ansehung ihrer ungleichen Güte möglichst gegen einander ausgeglichen. Sollte dieses nicht durch Eintheilung des Landes in gewisse Classen, erreicht werden können; sondern zu dem Ende eine regelmäßige Bonitirung vorgenommen werden müssen: so geschieht selbige durch die erwählten und höchsten Ortes bestätigten Assistenten, Nahmen Rückmers und Diedrich Rohlufs. In denjenigen Dörfern aber, woselbst diese Männer selbst Feld-Interessenten sind, wird in solchen Fällen, wobey es ihr eigenes Interesse betrift, durch Mehrheit der Dorfseingesessenen ein anderer Landverständiger an ihre Stelle ernannt. Sollte, wider Vermuthen, ein solcher durch Stimmenmehrheit der Dorfseingesessenen nicht ausfündig zu machen seyn; so wird derselbe höhern Ortes zu diesem Geschäfte bestellt werden.

b) Das zu den Wegen, Canälen, Sielzügen und zur Wasserlösung überhaupt erforderliche Land, wird zuerst vom Ganzen abgenommen, von dem gesamten Flächenmaaße abgezogen, und der dadurch verursachte Abgang den sämmtlichen Interessenten nach Verhältniß ihrer Demathzahl gekürzt.

c) Sowol das Gräsungs- als Wungeland, so wie die Meeden und das tägliche Land, kömmt jedes für sich allein, und zwar Dorfsweise, unter die sämmtlichen Feldinteressenten zur Vertheilung, und es wird in demselben jedem Interessenten, so viel wie irgend möglich, sein Antheil in der Nähe seiner Wohnung, und in einer Strecke, ausgelegt. Bey den Dörfern Toftum, Klintum, Oldsum, oder dem sogenannten langen Dorfe, welches mit Süderende eine und dieselbe Bauerschaft ausmacht, und ein gemeinschaftliches Feld besitzt, werden die dazu gehörigen Gräsungsländereyen nach Bältringszahl unter die sämmtlichen Landinteressenten vertheilt. In Ansehung der Dörfer Borgsum und Witzum aber, welche eigentlich nur eine Dorfschaft zusammen ausmachen, und die sogenannte Scheerung gemeinschaftlich nach Bältringszahl mit einander vorgenommen, woselbst jedoch die Eingesessenen zu Witzum angeblich ihr Vieh ausschließlich auf dem Gräsungslande dieses Dorfes geweidet haben, ist bey der Vertheilung der gemeinschaftlichen Gräsungs- und Wungeländereyen nach Bältringszahl dergestalt zu verfahren, daß zuvörderst den Witzummer Interessenten, der ihnen nach ihrer Bältringszahl im Ganzen zukommende Antheil auf dem eben bemerkten Gräsungslande neben Witzum ausgelegt, und das Fehlende, nach vorzunehmender Egalisirung oder Bonitirung, bey Verloosung der Borgsummer sämtlichen Gräsungsländereyen der genannten beiden Dörfer ihnen zugetheilt werde. Auf gleiche Weise wird Borgsum bey Witzum entschädigt,

durch Stimmenmehrheit der Dorfseingesessenen nicht ausfündig zu machen seyn; so wird derselbe höhern Ortes zu diesem Geschäfte bestellt werden.

b) Das zu den Wegen, Canälen, Sielzügen und zur Wasserlösung überhaupt erforderliche Land, wird zuerst vom Ganzen abgenommen, von dem gesamten Flächenmaaße abgezogen, und der dadurch verursachte Abgang den sämmtlichen Interessenten nach Verhältniß ihrer Demathzahl gekürzt.

c) Sowol das Gräsungs- als Wungeland, so wie die Meeden und das tägliche Land, kömmt jedes für sich allein, und zwar Dorfsweise, unter die sämmtlichen Feldinteressenten zur Vertheilung, und es wird in demselben jedem Interessenten, so viel wie irgend möglich, sein Antheil in der Nähe seiner Wohnung, und in einer Strecke, ausgelegt. Bey den Dörfern Toftum, Klintum, Oldsum, oder dem sogenannten langen Dorfe, welches mit Süderende eine und dieselbe Bauerschaft ausmacht, und ein gemeinschaftliches Feld besitzt, werden die dazu gehörigen Gräsungsländereyen nach Bältringszahl unter die sämmtlichen Landinteressenten vertheilt. In Ansehung der Dörfer Borgsum und Witzum aber, welche eigentlich nur eine Dorfschaft zusammen ausmachen, und die sogenannte Scheerung gemeinschaftlich nach Bältringszahl mit einander vorgenommen, woselbst jedoch die Eingesessenen zu Witzum angeblich ihr Vieh ausschließlich auf dem Gräsungslande dieses Dorfes geweidet haben, ist bey der Vertheilung der gemeinschaftlichen Gräsungs- und Wungeländereyen nach Bältringszahl dergestalt zu verfahren, daß zuvörderst den Witzummer Interessenten, der ihnen nach ihrer Bältringszahl im Ganzen zukommende Antheil auf dem eben bemerkten Gräsungslande neben Witzum ausgelegt, und das Fehlende, nach vorzunehmender Egalisirung oder Bonitirung, bey Verloosung der Borgsummer sämtlichen Gräsungsländereyen der genannten beiden Dörfer ihnen zugetheilt werde. Auf gleiche Weise wird Borgsum bey Witzum entschädigt, wenn etwa der umgekehrte Fall eintreten sollte. Nicht weniger muß auch auf der Insel Amrum, in Ansehung der daselbst sich befindenden, nur eine Bauerschaft ausmachenden, Dörfer, bey Vertheilung der dazu gehörigen Felder, so viel es irgend thunlich, nach gleichen Grundsätzen verfahren werden.

d) Mit Rücksicht auf die größtentheils geringe Größe des Landbesitzes im Birck-Westerlandföhr und Amrum werden sowohl die Gräsungsländereyen, als die Meeden, in Fennen von 2, 3 und höchstens 5 Demathen abgetheilt, und dieses Maaß nur aus ganz besondern Ursachen überschritten. Die Gränzen dieser Fennen werden genau angedeutet, um darnach die Abgrabung derselben vornehmen zu können.

e) In Ermangelung einer freywilligen Auseinandersetzung, werden die Ländereyen durch das Loos vertheilt, und es wird darüber eine Acte errichtet.

§. 4.

Der Vertheilung wird, so bald als möglich angefangen, und ununterbrochen fortgesetzt. Eben so ist auch die Abgrabung der Fennen ungesäumt von den Feldinteressenten vorzunehmen, und damit bis zur völligen Beendigung fortzufahren.

§. 5.

Wollen die in eine und dieselbe Fenne zusammengelegten Feldinteressenten, nach geschehener Abgrabung, sich wieder von einander trennen; so kann dieses, der Regel nach, nur auf vorhergegangene Vermessung und Bonitirung geschehen.

§. 6.

Die Wasserlösung auf Westerlandföhr und Amrum wird durch die höchsten Ortes zur Feldvertheilung ernannten Commissarien, mit Zuziehung des Deichinspectors Sievers, aufs Neue regulirt und verbessert. Es ist demnach das deshalb Erforderliche ungesäumt vorzunehmen und zur Ausführung zu bringen.

wenn etwa der umgekehrte Fall eintreten sollte. Nicht weniger muß auch auf der Insel Amrum, in Ansehung der daselbst sich befindenden, nur eine Bauerschaft ausmachenden, Dörfer, bey Vertheilung der dazu gehörigen Felder, so viel es irgend thunlich, nach gleichen Grundsätzen verfahren werden.

d) Mit Rücksicht auf die größtentheils geringe Größe des Landbesitzes im Birck-Westerlandföhr und Amrum werden sowol die Gräsungsländereyen, als die Meeden, in Fennen von 2, 3 und höchstens 5 Demathen abgetheilt, und dieses Maaß nur aus ganz besondern Ursachen überschritten. Die Gränzen dieser Fennen werden genau angedeutet, um darnach die Abgrabung derselben vornehmen zu können.

e) In Ermangelung einer freywilligen Auseinandersetzung, werden die Ländereyen durch das Loos vertheilt, und es wird darüber eine Acte errichtet.

§. 4.

Die Vertheilung wird, so bald als möglich angefangen, und ununterbrochen fortgesetzt. Eben so ist auch die Abgrabung der Fennen ungesäumt von den Feldinteressenten vorzunehmen, und damit bis zur völligen Beendigung fortzufahren.

§. 5.

Wollen die in eine und dieselbe Fenne zusammengelegten Feldinteressenten, nach geschehener Abgrabung, sich wieder von einander trennen; so kann dieses, der Regel nach, nur auf vorhergegangene Vermessung und Bonitirung geschehen.

§. 6.

Die Wasserlösung auf Westerlandföhr und Amrum wird durch die höchsten Ortes zur Feldvertheilung ernannten Commissarien, mit Zuziehung des Deichinspectors Sievers, aufs Neue regulirt und verbessert. Es ist demnach das deshalb Erforderliche ungesäumt vorzunehmen und zur Ausführung zu bringen.

Die dadurch veranlaßte Arbeit wird durch öffentliche Verdingung den Mindestfordernden, überlassen. Alle durch diese Operation, so wie durch die künftige Unterhaltung, verursachte Kosten, werden nach Demathzahl über die beykommenden Kogsinteressenten vertheilt. Die Art der Theilnahme an der künftigen Unterhaltung des Deiches, wird zu seiner Zeit durch ein, höchsten Ortes zu erwartendes, Deichsregulativ näher bestimmt werden, und es wird dieserhalben hier im Allgemeinen nur vorläufig festgesetzt, daß, zur billigen Erleichterung der mit keinem Landbesitze versehenen Eingesessenen, die bisherigen sogenannten Bauerndeiche, nach vollzogener Landvertheilung, wegfallen werden. Auch muß zur Herbeyschaffung der zum Deiche erforderlichen Erde oder der Soden, von dem längs demselben gelegenen Gräsungslande und den etwa daranstoßenden Meeden, eine Strecke von 18 Ruthen, und, nach Befinden der Umstände, an einigen Stellen mehr, zu diesem Gebrauche liegen gelassen und von der Vertheilung ausgeschlossen werden. Doch soll, zur billigen Schonung solcher Dörfer, welche mit einem kleinen Antheile von Gräsungsländereyen oder Meeden am Deiche liegen, auch von den Ländereyen entfernter, zum Koege gehörigen Dörfer, ein verhältnißmäßiger Antheil zur Ausbesserung des Deiches hergegeben werden, und auf diese Weise eine Vergütung unter den verschiedenen Dörfern statt finden.

§. 7.

Sogleich nach vollzogener Vertheilung muß die Abgrabung der ausgelegten Wege ungesäumt vorgenommen werden, und zu dem Ende eine öffentliche Verdingung dieser Arbeit geschehen. Die dadurch verursachten Kosten werden von jedem Dorfe nach der Anzahl seiner Demathe abgehalten, und nach eben diesem Maaßstabe unter die einzelnen Interessenten vertheilt. Für diese Kosten haftet aber jede einzelne Dorfschaft im Ganzen, und ein Feldinteressent für den andern; so daß, wie auch auf Osterlandföhr geschehen ist, nöthigenfalls der Vermögende für den Unvermögenden den Vorschuß leisten muß. In diesem Falle haben solche Gläubiger, bis zum wirklichen Abtrage der Schuld, des

Die dadurch veranlaßte Arbeit wird durch öffentliche Verbindung den Mindestfordernden überlassen. Alle durch diese Operation, so wie durch die künftige Unterhaltung, verursachte Kosten, werden nach Demathzahl über die beykommenden Kogsinteressenten vertheilt. Die Art der Theilnahme an der künftigen Unterhaltung des Deiches, wird zu seiner Zeit durch ein, höchsten Ortes zu erwartendes, Deichsregulativ näher bestimmt werden, und es wird dieserhalben hier im Allgemeinen nur vorläufig festgesetzt, daß, zur billigen Erleichterung der mit keinem Landbesitze versehenen Eingesessenen, die bisherigen sogenannten Bauerndeiche, nach vollzogener Landvertheilung, wegfallen werden. Auch muß zur Herbeyschaffung der zum Deiche erforderlichen Erde oder der Soden, von dem längs demselben gelegenen Gräsungslande und den etwa daranstoßenden Meeden, eine Strecke von 18 Ruthen, und, nach Befinden der Umstände, an einigen Stellen mehr, zu diesem Gebrauche liegen gelassen und von der Vertheilung ausgeschlossen werden. Doch soll, zur billigen Schonung solcher Dörfer, welche mit einem kleinen Antheile von Gräsungsländereyen oder Meeden am Deiche liegen, auch von den Ländereyen entfernter, zum Koege gehörigen Dörfer, ein verhältnißmäßiger Antheil zur Ausbesserung des Deiches hergegeben werden, und auf diese Weise eine Vergütung unter den verschiedenen Dörfern statt finden.

§. 7.
Sogleich nach vollzogener Vertheilung muß die Abgrabung der ausgelegten Wege ungesäumt vorgenommen werden, und zu dem Ende eine öffentliche Verdingung dieser Arbeit geschehen. Die dadurch verursachten Kosten werden von jedem Dorfe nach der Zahl seiner Demathe abgehalten, und nach eben diesem Maaßstabe unter die einzelnen Interessenten vertheilt. Für diese Kosten haftet aber jede einzelne Dorfschaft im Ganzen, und ein Feldinteressent für den andern; so daß, wie auch auf Osterlandföhr geschehen ist, nöthigenfalls der Vermögende für den Unvermögenden den Vorschuß leisten muß. In diesem Falle haben solche Gläubiger, bis zum wirklichen Abtrage der Schuld, des

Genusses von 4 von hundert, und, bey etwa entstehenden Concurse, des Vorrechts der mit Pfandverschreibungen auf liegende Gründe Versehenen sich zu erfreuen.

§. 7 [8].

Die p. t. Prediger zu St. Laurenz und auf Amrum erhalten, gleich andern Feldinteressenten, bey Vertheilung der Gras- und Meedeländereyen, das ihnen nach ihrer Bältringszahl und Lästalzahl Gebührende. Der p. t. Hauptprediger zu St. Laurenz aber, welcher bisher ein unbestimmtes Weiderecht auf den Ländereyen der Dörfer Toftum, Klintum, Oldsum und Süderende ausgeübt hat, und dessen Bältringszahl bisher nicht bestimmt gewesen ist, wird, nach Maaßgabe der von ihm und seinen Vorwesern, im Durchschnitte mehrerer Jahre, gehaltenen Viehzahl, nach dem Maaßstabe von 62 Bältringen aus der gemeinschaftlichen Feldmark jener Dorfschaften abgefunden. Auch werden für jeden der p. t. Prediger, der bisher das Recht des Sodenstechens auf der Gemeinheit ausgeübt hat, 2 bis 3 Demath Heidelandes, und gleichfalls 3 Demath zur künftigen Unterhaltung des Kirchenwalles, ausgelegt. Die mit der Vertheilung und Abgrabung verbundenen Kosten werden, nach Inhalt des §. 12. der nähere Einkoppelungsverordnung vom 26sten Jan. 1770. von der Gemeine nach dem Verhältnisse von ⅔, und das letzte Drittheil von dem Prediger abgehalten. Die künftige Unterhaltung dieser Gräben, oder anderweitigen Befriedigung, aber, nachdem selbige gehörig sind in Stand gesetzt worden, haben die Prediger allein, und ohne Zuthun der Gemeine, zu besorgen.

§. 9.

So wie die erste Ablegung der Wege auf gemeinschaftliche Kosten geschieht, sind auch die nach den verschiedenen Schlägen führenden Hauptwege, nicht weniger auch die Nebenwege in den Schlägen, von den sämmtlichen Interessenten eines Dorfes gemeinschaftlich, und nach Demathzahl, anzulegen und zu unterhalten.

Genusses von 4 von hundert, und, bey etwa entstehendem Concurse, des Vorrechts der mit Pfandverschreibungen auf liegende Gründe Versehenen sich zu erfreuen.

§. 7.

Die p. t. Prediger zu St. Laurenz und auf Amrum erhalten, gleich andern Feldinteressenten, bey Vertheilung der Gras- und Meedeländereyen, das ihnen nach ihrer Bältringszahl und Lästalzahl Gebührende. Der p. t. Hauptprediger zu St. Laurenz aber, welcher bisher ein unbestimmtes Weiderecht auf den Ländereyen der Dörfer Toftum, Klintum, Oldsum und Süderende ausgeübt hat, und dessen Bältringszahl bisher nicht bestimmt gewesen ist, wird, nach Maaßgabe der von ihm und seinen Vorwesern, im Durchschnitte mehrerer Jahre, gehaltenen Viehzahl, nach dem Maaßstabe von 62 Bältringen aus der gemeinschaftlichen Feldmark jener Dorfschaften abgefunden. Auch werden für jeden der p. t. Prediger, der bisher das Recht des Sodenstechens auf der Gemeinheit ausgeübt hat, 2 bis 3 Demath Heidelandes, und gleichfalls 3 Demath zur künftigen Unterhaltung des Kirchenwalles, ausgelegt. Die mit der Vertheilung und Abgrabung verbundenen Kosten werden, nach Inhalt des §. 12. der nähere Einkoppelungsverordnung vom 26sten Jan. 1770. von der Gemeine nach dem Verhältnisse von ⅔, und das letzte Drittheil von dem Prediger abgehalten. Die künftige Unterhaltung dieser Gräben, oder anderweitigen Befriedigung, aber, nachdem selbige gehörig sind in Stand gesetzt worden, haben die Prediger allein, und ohne Zuthun der Gemeine, zu besorgen.

§. 9.

So wie die erste Ablegung der Wege auf gemeinschaftliche Kosten geschieht, sind auch die nach den verschiedenen Schlägen führenden Hauptwege, nicht weniger auch die Nebenwege in den Schlägen, von den sämmtlichen Interessenten eines Dorfes gemeinschaftlich, und nach Demathzahl, anzulegen und zu unterhalten.

§. 10.

Nach geschehener Vertheilung hört der bißherige Dorfsgebrauch, nach welchem der ausserhalb dem Dorfe wohnende Feldinteressent seine Weide nicht selbst benutzen darf, sondern mit einer mäßigen Abfindung durch Geld sich begnügen muß, gänzlich auf, und es wird zu dem Ende jedem Landbesitzer uneingeschränkte Freiheit ertheilt, mit dem ihm zugefallenen Lande nach Gefallen zu schalten.

§. 11.

Damit Unvermögende, welche entweder gar kein Land haben, oder nicht so viel als zu einer Kuhweide erforderlich ist, durch die Landvertheilung nicht in Verlegenheit gerathen; so ist bey jedem Dorfe, nach Verhältniß seiner Größe, und der Anzahl seiner Bewohner, die Weide für eine gewisse Anzahl von Kühen dergestallt auszumitteln: daß jede 30 Demathen Gräsungslandes zur Gräsung einer Kuh pflichtig geachtet werden. Wer auf diese Weise die Weide für eine Kuh, oder an deren Statt für 3 Schaafe, zu erhalten wünscht, hat sich vor Beschlagung der Weide bey den Beamten dieserhalben zu melden, der die Statthaftigkeit dieses Gesuches zu beurtheilen hat. Eben derselbe schreibt auch die Ordnung vor, in welcher die Besitzer der Gras- und Meedeländereyen auf diese Weise Vieh auf die Weide zu nehmen haben; imgleichen bestimmt derselbe: ob der Eigenthümer einer solchen Kuh, seinen Vermögensumständen nach, das volle oder das halbe Grasgeld zu erlegen habe. Im letztern Falle wird die andere Hälfte des Weidegeldes demjenigen, der die Weide hergegeben hat, nach Abzug des davon auf ihn fallenden Antheiles, von den übrigen Feldinteressenten nach Demathzahl entrichtet. Zur Versorgung der Unvermögenden mit der unentbehrlichen Feurung, soll bey jedem Dorfe, wenn es von der Commission thunlich befunden wird, ein Stück Heidelandes ausgelegt werden, auf welchem dieselben, nach der ihnen deshalb zu ertheilenden Vorschrift, das Erforderliche sich verschaffen können. Auch soll, wenn es irgend thunlich ist, zum eigenen Verbrauch der Unvermögenden ein Stück Landes zum Leimgraben ausgelegt werden.

§. 10.
Nach geschehener Vertheilung hört der bisherige Dorfsgebrauch, nach welchem der ausserhalb dem Dorfe wohnende Feldinteressent seine Weide nicht selbst benutzen darf, sondern mit einer mäßigen Abfindung durch Geld sich begnügen muß, gänzlich auf, und es wird zu dem Ende jedem Landbesitzer uneingeschränkte Freiheit ertheilt, mit dem ihm zugefallenen Lande nach Gefallen zu schalten.

§. 11.
Damit Unvermögende, welche entweder gar kein Land haben, oder nicht so viel als zu einer Kuhweide erforderlich ist, durch die Landvertheilung nicht in Verlegenheit gerathen; so ist bey jedem Dorfe, nach Verhältnis seiner Größe, und der Anzahl seiner Bewohner, die Weide für eine gewisse Anzahl von Kühen dergestallt auszumitteln: daß jede 30 Demathen Gräsungslandes zur Gräsung einer Kuh pflichtig geachtet werden. Wer auf diese Weise die Weide für eine Kuh, oder an deren Statt für 3 Schaafe, zu erhalten wünscht, hat sich vor Beschlagung der Weide bey den Beamten dieserhalben zu melden, der die Statthaftigkeit dieses Gesuches zu beurtheilen hat. Eben derselbe schreibt auch die Ordnung vor, in welcher die Besitzer der Gras- und Meedeländereyen auf diese Weise Vieh auf die Weide zu nehmen haben; imgleichen bestimmt derselbe: ob der Eigenthümer einer solchen Kuh, seinen Vermögensumständen nach, das volle oder das halbe Grasgeld zu erlegen habe. Im letztern Falle wird die andere Hälfte des Weidegeldes demjenigen, der die Weide hergegeben hat, nach Abzug des davon auf ihn fallenden Antheiles, von den übrigen Feldinteressenten nach Demathzahl entrichtet. Zur Versorgung der Unvermögenden mit der unentbehrlichen Feurung, soll bey jedem Dorfe, wenn es von der Commission thunlich befunden wird, ein Stück Heidelandes ausgelegt werden, auf welchem dieselben, nach der ihnen deshalb zu ertheilenden Vorschrift, das Erforderliche sich verschaffen können. Auch soll, wenn es irgend thunlich ist, zum eigenen Verbrauch der Unvermögenden ein Stück Landes zum Leimgraben ausgelegt werden.

§. 12.

Zur dringenden Versorgung der Schulstellen, soll auch dem Felde eines jeden mit einer Schule versehenen Dorfes, und möglichst nahe bey demselben, so viel Land als zu 2 Kühen etwa erforderlich ist, abgelegt werden.

§. 13.

Damit nicht die, in sehr vielen kleinen Landstücken über das ganze kleine Birk zerstreuten, Königl. Festeländereyen, der in Ansehung derselben herrschenden Ungewißheit und Dunkelheit wegen, ein Hinderniß bey der Vertheilung abgeben mögen; so haben Se. Königl. Majestät, zur Beförderung der guten Sache, allergnädigst Sich bewogen gefunden, den gegenwärtigen Inhabern dieser Streu-Festeländereyen selbige mit der völligen Bonden- und Eigenthumsgerechtsame zu überlassen, und zwar dergestalt, daß die bisher von dem ordentlichen Contributionsanschlage befreyet gewesenen, von uralten Zeiten her aber mit einer jährlichen Abgabe von 80 Rthlr. an die Kirchen und Prediger beschwerten, Streu-Ländereyen, gleich andern eigenthümlichen Birksländereyen, der gewöhnlichen Schätzung und Ummärkung mit zu unterziehen sind; auch dieserhalben, so wie in Ansehung der übrigen Königl. Contribution, die Solidumsverbindlichkeit vom Birke übernommen, und von diesem Zuwachse der Contribution mittelst der vormaligen Streu-Festeländereyen, jährlich die vorhin angeführten 80 Rthlr. den beykommenden Kirchen und Predigern entrichtet, der Ueberschuß aber in die dortige Königl. Casse bezahlt werde.

§. 14.

Obige, auf das Beste des Birkes einzig und allein abzielende Verfügungen sind von den sämmtlichen Beykommenden auf das genaueste und pünctlichste zu befolgen und zur Anwendung zu bringen; wie denn Jeder, der dieser Warnung ungeachtet, der Ausführung der guten Sache auf eine oder die andere

§. 12.

Zur dringenden Versorgung der Schulstellen, soll auf dem Felde eines jeden mit einer Schule versehenen Dorfes, und möglichst nahe bey demselben, so viel Land als zu 2 Kühen etwa erforderlich ist, abgelegt werden.

§. 13.

Damit nicht die, in sehr vielen kleinen Landstücken über das ganze kleine Birk zerstreuten, Königl. Festeländereyen, der in Ansehung derselben herrschenden Ungewißheit und Dunkelheit wegen, ein Hinderniß bey der Vertheilung abgeben mögen; so haben Se. Königl. Majestät, zur Beförderung der guten Sache, allergnädigst Sich bewogen gefunden, den gegenwärtigen Inhabern dieser Streu-Festeländereyen selbige mit der völligen Bonden- und Eigenthumsgerechtsame zu überlassen, und zwar dergestalt, daß die bisher von dem ordentlichen Contributionsanschlage befreyet gewesenen, von uralten Zeiten her aber mit einer jährlichen Abgabe von 80 Rthlr. an die Kirchen und Prediger beschwerten, Streu-Ländereyen, gleich andern eigenthümlichen Birksländereyen, der gewöhnlichen Schätzung und Ummärkung mit zu unterziehen sind; auch dieserhalben, so wie in Ansehung der übrigen Königl. Contribution, die Solidumsverbindlichkeit vom Birke übernommen, und von diesem Zuwachse der Contribution mittelst der vormaligen Streu-Festeländereyen, jährlich die vorhin angeführten 80 Rthlr. den beykommenden Kirchen und Predigern entrichtet, der Ueberschuß aber in die dortige Königl. Casse bezahlt werde.

§. 14.

Obige, auf das Beste des Birkes einzig und allein abzielende Verfügungen sind von den sämmtlichen Beykommenden auf das genaueste und pünctlichste zu befolgen und zur Anwendung zu bringen; wie denn Jeder, der dieser Warnung ungeachtet, der Ausführung der guten Sache auf eine oder die andere

Weise Hindernisse in den Weg zu legen sich erdreistet, eine angemessene und nachdrückliche Ahndung dafür zu gewärtigen hat.

§. 15.

Die bey Ausführung der Vertheilung etwa vorkommenden streitigen Puncte, werden durch die allerhöchsternannten Commissarien, und, nach Beschaffenheit der Umstände, durch eine höhern Ortes zu bewirkende Verfügung, nach Billigkeit abgemacht, und kein ordentlicher Rechtsgang dieserhalben verstattet.

Königl. Schleswig-Holsteinische Land-Commission auf Gottorff, den 11ten August, 1800.

v. Stemann. Hering. Schiern.

Weise Hindernisse in den Weg zu legen sich erdreistet, eine angemessene und nachdrückliche Ahndung dafür zu gewärtigen hat.

§. 15.
Die bey Ausführung der Vertheilung etwa vorkommenden streitigen Puncte, werden durch die allerhöchsternannten Commissarien, und, nach Beschaffenheit der Umstände, durch eine höhern Ortes zu bewirkende Verfügung, nach Billigkeit abgemacht, und kein ordentlicher Rechtsgang dieserhalben verstattet.

Königl. Schleswig-Holsteinische Land-Commission auf Gottorff, den 11ten August, 1800.

v. Stemann. Hering. Schiern.

Ahnenlisten des Christian D. Roeloffs und seiner drei Ehefrauen

Zur Ergänzung des biographischen Teils sind die Vorfahren des Christian Diederich Roeloffs und seiner drei Ehefrauen nachfolgend aufgeführt. Die Angaben sind ein Auszug aus den „Geschlechterreihen St. Laurentii“ von L. Braren; dort sind weitere und zum Teil genauere Lebensdaten und sonstige Einzelheiten verzeichnet. Soweit hiervon abweichende Angaben bei der Auswertung von Primär-Quellen festgestellt wurden, erfolgte eine Berichtigung.

Die „Geschlechterreihen St. Laurentii“ weisen noch einige Personen aus weiter zurückliegenden Generationen aus. Wegen der Unvollständigkeit beschränken sich die Ahnenlisten jedoch auf fünf Generationen vor Christian D. Roeloffs.

Für die in den „Geschlechterreichen ...“ aufgeführten Personen sind vor Juni 1763 die Taufdaten und danach die Geburtsdaten angegeben. Für die vor 1677 geborenen wurde deren Geburtsjahr zumeist aufgrund anderer Kirchenbuch-Eintragungen errechnet. Das gilt zum Teil auch für die vor 1700 erfolgten Eheschließungen. Anstelle des Sterbedatums ist vor 1800 durchweg der Begräbnistag vermerkt. Ist das Todesjahr nicht bekannt, so ist der Hinweis „nach“ (n.) dem jeweiligen Jahr hinzugefügt, in dem die betreffende Person als Tauf- oder Trauzeuge lt. Kirchenbuch aufgetreten ist oder in anderen öffentlichen Büchern wie Schuld- und Pfandprotokoll u. a. aufgeführt wurde. Ergaben die Feststellungen, daß der Tod vor einem bestimmten Jahr eingetreten sein muß, so erfolgt der Hinweis „vor“ (v.).

Name	*	†	⚭
J. Ing Ocken	1645	1714	1670
Ketel Wagens	1640	1713	
Ing Braren	1644	n. 1723	1669
Peter Ocken	1644	1690	
Ing Laverentzen	1640	1715	1662
Boh Ketels	1638	1694	
Tatt Hinrichen	1632	1704	1660
Rordt J. Früdden	1624	1705	
Gunnel Ketels	1645	n. 1723	1670
Arfest Rickmers	1640	1675	
Ing Laverentzen	1640	1715	1662
Boh Ketels	1638	1694	
Jung Elin Ocken	1635	1715	1655
Ketel Olufs	1622	1685	
Tarn J. Arfesten	1625	1698	1650
Arfest J. Arfesten	1620	v. 1678	
Elin Ocken	1650	1736	1669
Johan Flor	1641	1685	
Jung Elin J. Süncken	1630	1693	1655
Jens Peters	1627	1697	
Elin	1620	1702	1645
Erck Jensen	1618	1689	
Elin	1630	1678	1655
Früdde Ketels	1627	1687	
Moihl Wagens	1605	n. 1648	1630
J. Rowert Rowerts	1600	n. 1648	
Thur J. Früdden	1620	1706	1640
Ock Braren	1615	1678	
J. Ing Rorden	1590	n. 1636	1612
Olef Ketels	1585	n. 1636	

Name	*	†	⚭
Ing Bhon geb. Ketels	1672	n. 1735	20. 7. 1709
Gillef Peters	1672	n. 1723	
Kerrin Bhon	1672	n. 1760	17. 1. 1697
J. Früdde Rordten	1668	1741	
Gunnel Arfsten	1672	1757	16. 1. 1698
Lavrentz Bhon	1668	1713	
Marret Ketels	1658	n. 1723	17. 1. 1692
Arfest J. Arfesten	1653	1725	
Marret Flor	1672	1765	23. 11. 1690
Nickels Jensen	1664	1693	
Marret Erichen	1660	n. 1723	22. 11. 1684
Ketel Früdden	1658	n. 1740	
Kerrin	1640	1694	1663
Wagen J. Rorden	1635	1719	
J. Thur Ocken	1640	1718	1668
Rordt Olufs	1625	1701	

Name	*	†	⚭
J. Rordt J. Früdden	6. 7. 1709	5. 2. 1770	23. 11. 1731
Jung Ing Gillefs	27. 4. 1710	21. 8. 1790	
Jürgen Arfesten	29. 10. 1693	1764	12. 1. 1725
Kerrin Larrentzen	24. 10. 1700	24. 10. 1770	
Erich Ketels	27. 11. 1692	n. 1735	21. 11. 1717
An Nickelsen	18. 10. 1693	n. 1755	
Oluf Rordten	1670	n. 1729	20. 11. 1707
Moild Wagens	1676	n. 1743	

Name	*	†	⚭
Larrentz Jürgens	23. 11. 1732	30. 3. 1797	28. 11. 1760
Kerrin J. Rörden	29. 9. 1735	28. 4. 1813	
Jung Oluf Olufs	10. 11. 1711	3. 5. 1778	13. 1. 1745
Marret Ercken	22. 5. 1721	4. 7. 1805	

Name	*	†	⚭
Erck Jung Olufs (Diedrich Roeloffs)	30. 10. 1753	16. 2. 1834	18. 9. 1800
Kerrin Lorentzen	3. 11. 1765	8. 1. 1837	

Christian Diederich Roeloffs
* 30. 1. 1801 † 5. 4. 1885

1. Ehefrau Ingke Ocken
2. Ehefrau Matje Lorentzen
3. Ehefrau Antje Braren geb. Ketels

Elin * 1620 † 1702 Erck Jensen * 1618 † 1689 ⚭ 1645	Marret Erichen * 1660 † n. 1723 Ketel Früdden * 1658 † n. 1740 ⚭ 1684	Elin Ketels * 1687 † n. 1758 Früdde Rordten * 28. 9. 1684 † n. 1758 ⚭ 11. 9. 1712	Marret Früdden * 2. 9. 1726 † 18. 1. 1801 Jibke Rickmers * 29. 9. 1724 † 20. 3. 1803 ⚭ 20. 3. 1748	Mattje Jepken * 25. 6. 1763 † 24. 7. 1825 Oluf Ocken * 27. 10. 1761 † 17. 7. 1823 ⚭ 2. 11. 1787	Ingke Ocken (Olufs) * 2. 3. 1804 † 14. 12. 1833 ⚭ 29. 10. 1824 mit Christian Diederich Roeloffs (erste Ehefrau)
Elin * 1630 † 1678 Früdde Ketels * 1627 † 1687 ⚭ 1655					
verm. Tatt * 1585 † n. 1625 J. Sünck * 1580 † n. 1625 ⚭ 1610	Gunnel J. Süncken * 1610 † 1681 Früdde Wagens * 1605 † 1680 ⚭ 1635				
Lien * 1620 † 1698 Laverentz Jürgens * 1612 † v. 1678 ⚭ 1650	Elin Laverentzen * 1654 † n. 1723 Jipck Girris * 1646 † n. 1723 ⚭ 1679	Thur Jipcken * 12. 11. 1682 † 15. 7. 1764 Rickmer Olufs * 23. 5. 1680 † 7. 3. 1767 ⚭ 5. 3. 1707			
Thur Bhon * 1610 † 1678 Girre Rörden * 1603 † v. 1678 ⚭ 1635					
	Krassen * 1645 † 1710 Oluf Rickmer Bhon * 1645 † 1714 ⚭ 1670				
Thur Wagens * ?? † n. 1692	J. Thur Wagens * 1660 † n. 1727 Ock Rickmers * 1648 † n. 1723 ⚭ 1691	J. Elin Ocken * 2. 7. 1693 † v. 1738 Oluf Bhon * 1. 6. 1690 † n. 1755 ⚭ 25. 11. 1714	Ing Olufs * 5. 7. 1733 † 1. 10. 1775 Ock Ercken * 12. 8. 1731 † 8. 1. 1815 ⚭ 24. 2. 1754		
Thur Ocken * 1620 † 1695 Rickmer Tayen * 1610 † v. 1678 ⚭ 1647					
J. Ing Jürgens * 1610 † 1681 Jap Petersen * 1609 † 1679 ⚭ 1630	Sitzel Japen * 1640 † n. 1723 Bho Hinrichsen * 1635 † 1718 ⚭ 1664				
Marret * 1600 † n. 1635 Hinrich * 1595 † n. 1635 ⚭ 1625					
Marrina * 1636 † 1706 Paulus Flor * 1635 † 1709 ⚭ 1660	Anna Flor * 1662 † n. 1723 Ock Arfesten * 1660 † 1703 ⚭ 23. 11. 1684	Maria Ocken * 24. 10. 1697 † n. 1755 Erich Olufs * 24. 7. 1692 † 4. 5. 1774 ⚭ 19. 9. 1723			
J. Kerrin Feders * 1628 † 1718 Arfest Peters * 1630 † 1701 ⚭ 1654					
Kerrin * 1614 † 1698 Ketel J. Früdden * 1616 † v. 1678 ⚭ 1640	J. Thur Ketels * 1657 † n. 1723 Oluf Erichen * 1661 † 1722 ⚭ 18. 1. 1691				
J. Kerrin J. Laverentzen * 1633 † 1670 Erich Hayen * 1615 † v. 1678 ⚭ 1658					

Tatt Oldes
* 1660 † n. 1723
Ketel Harcken
* 1655 † v. 1689
⚭ 1684

Krassen Arfsten
* 1650 † 1700
Nickels Arfesten
* 1640 † 1712
⚭ 1673

Terr
* 1640 † 1717
Bho Hedderings
* 1635 † 1694
⚭ 1662

Marret Magnussen
* 1634 † 1699
Falting Faltings
* 1630 † n. 1664
⚭ 1658

Sitzel Japen
* 1640 † n. 1723
Bho Hinrichsen
* 1635 † 1718
⚭ 1664

J. Elin Ocken
* 1635 † 1715
Ketel Olufs
* 1622 † 1685
⚭ 1655

Thur Braren
* 1610 † 1677
Ock Gillefs
* 1605 † 1694
⚭ ??

Gunnel Arfesten
* 1608 † 1683
Peter Jürgens
* 1608 † v. 1678
⚭ 1630

J. Ing Ocken
* 1645 † 1714
Ketel Wagens
* 1640 † 1713
⚭ 1670

Ing Braren
* 1644 † n. 1723
Peter Ocken
* 1644 † 1690
⚭ 1669

Ing Laverentzen
* 1640 † 1715
Boh Ketels
* 1638 † 1694
⚭ 1662

Tatt Hinrichen
* 1632 † 1704
Rordt J. Früdden
* 1624 † 1705
⚭ 1660

Gunnel Ketels
* 1645 † n. 1723
Arfest Rickmers
* 1640 † 1675
⚭ 1670

Ing Laverentzen
* 1640 † 1715
Boh Ketels
* 1638 † 1694
⚭ 1662

Jung Elin Ocken
* 1635 † 1715
Ketel Olufs
* 1622 † 1685
⚭ 1655

Tarn J. Arfesten
* 1625 † 1698
Arfest J. Arfesten
* 1620 † v. 1678
⚭ 1650

Gundel Ketelsen
* 1687 † n. 1743
J. Arfest Nickelsen
* 1677 † n. 1743
⚭ 26. 9. 1708

Kerrin Bhon
* 1671 † n. 1723
Rordt Faltings
* 1661 † n. 1723
⚭ 14. 1. 1703

J. Ing Bhon
* 1671 † n. 1732
Oluf Ketels
* 1667 † n. 1734
⚭ 19. 1. 1696

Marret Ocken
* 1640 † 1683
Erck Peters
* 1636 † 1723
⚭ 1665

Ing Bhon geb. Ketels
* 1672 † n. 1735
Gillef Peters
* 1672 † n. 1723
⚭ 20. 7. 1709

Kerrin Bhon
* 1672 † n. 1760
J. Früdde Rordten
* 1668 † 1741
⚭ 17. 1. 1697

Gunnel Arfsten
* 1672 † 1757
Lavrentz Bhon
* 1668 † 1713
⚭ 16. 1. 1698

Marret Ketels
* 1658 † n. 1723
Arfest J. Arfesten
* 1653 † 1725
⚭ 17. 1. 1692

Boh Rörden
* 11. 7. 1713 † 1788
Tatt J. Arfsten
* 25. 8. 1715 † 3. 6. 1798
⚭ 23. 11. 1736

Bho Ercken
* 2. 6. 1695 † n. 1751
Ing Olufs
* 29. 9. 1702 † Anf. 1766
⚭ 24. 2. 1734 (3. Ehe)

J. Rordt J. Früdden
* 6. 7. 1709 † 5. 2. 1770
Jung Ing Gillefs
* 27. 4. 1710 † 21. 8. 1790
⚭ 23. 11. 1731

Jürgen Arfesten
* 29. 10. 1693 † 1764
Kerrin Larrentzen
* 24. 10. 1700 † 24. 10. 1770
⚭ 12. 1. 1725

Erck Bhon
* 9. 12. 1736 † 23. 2. 1821
Matje Bhon
* 14. 10. 1739 † 18. 1. 1822
⚭ 29. 11. 1765

Larrentz Jürgens
* 23. 11. 1732 † 30. 3. 1797
Kerrin Rörden
* 29. 9. 1735 † 28. 4. 1813
⚭ 28. 11. 1760

Jung Rörd Lorentzen
* 30. 11. 1771 † 10. 5. 1850
Ing Ercken
* 13. 10. 1773 † 14. 2. 1849
⚭ 23. 11. 1798

Matje Lorentzen (J. Rörden)
* 24. 11. 1811 † 13. 1. 1844
⚭ 16. 9. 1836
mit Christian Diederich Roeloffs (zweite Ehefrau)

Eltern	⚭	Kinder	⚭
Marret Früdden * 1650 † 1691 J. Rordt Matzen * 1650 † 1719	⚭ 1674	J. Thur J. Rordten * 1675 † n. 1732	⚭ 1700
Ing * 1640 † 1686 Rordt Ketels * 1637 † 1699	⚭ 1665	Ketel Rordten * 1667 † n. 1723	
Gunnel Ketels * 1625 † 1692 Nahmen Jürgens * 1622 † v. 1678	⚭ 1655	Ancke Nahmens * 1664 † n. 1728	⚭ 1694
Ing Früdden * 1620 † 1697 Ketel Jürgens * 1615 † 1692	⚭ 1650	Jürgen Ketels * 1651 † n. 1728	
Marret Ocken * 1640 † 1683 Erck Peters * 1636 † 1723	⚭ 1665	Thur Ercken * 1678 † n. 1736	⚭ 1697
Elin Olufs * 1630 † 1685 Oluff Hinrichsen * 1625 † 1680	⚭ 1655	Oluf Olufs * 1668 † 1741	
Ing Erken * 1645 † n. 1723 J. Jens Laverentzen * 1640 † 1711	⚭ 1670	Krassen Jensen * 1671 † n. 1723	⚭ 1698
Tatt Früdden * 1628 † 1684 Oluf Vulcken * 1630 † v. 1678	⚭ 1655	J. Oluf Olufs * 1662 † n. 1737	
J. Gunnel Olufs * 1640 † 1680 J. Rordt Rickmers * 1640 † 1717	⚭ 1655	J. Gunnel Rördten * 1673 † n. 1740	⚭ 1697
Junger Elin Ocken * 1645 † 1685 Jacob Flor * 1633 † 1672	⚭ 1670	Jacob Flor * 1672 † 1745	
J. Elin Ocken * 1635 † 1715 Ketel Olufs * 1622 † 1685	⚭ 1655	Gunnel Ketels * 1655 † n. 1727	⚭ 1677
Ing Japen * 1630 † 1658 Rordt J. Früdden * 1624 † 1705	⚭ 1654	Jürgen Rorden * 1655 † 1721	
Elin Ocken * 1650 † 1736 Johan Flor * 1641 †1685	⚭ 1669	Marret Flor * 1672 † 1740	⚭ 1698
Ing Laverentzen * 1640 † 1715 Bho Ketels * 1638 † 1694	⚭ 1662	Harck Bhon * 1671 † n. 1739	
J. Elin Ocken * 1635 † 1715 Ketel Olufs * 1622 † 1685	⚭ 1655	Marret Ketels * 1658 † n. 1723	⚭ 1692
Tarn Jung Arfesten * 1625 † 1698 Arfest J. Arfesten * 1620 † v. 1678	⚭ 1650	Arfest J. Arfesten * 1653 † 1725	

- Marret Ketels * 28. 10. 1703 † n. 1774 / Ketel Jürgens * 23. 8. 1696 † n. 1751 — ⚭ 1739
- An Olufs * 10. 8. 1710 † n. 1744 / Oluf J. Olufs * 19. 9. 1706 † n. 1775 — ⚭ 1736
- Elin Flor * 20. 11. 1698 † 1750 / Jap Jürgens * 14. 8. 1692 † 27. 7. 1771 — ⚭ 1723
- Ing Harcken * 17. 10. 1698 † 25. 3. 1778 / Ketel Arfsten * 22. 8. 1697 † 30. 8. 1775 — ⚭ 1724

- Antje Ketels * 21. 6. 1750 † 15. 12. 1831 / Erk Olufs * 26. 11. 1747 † 7. 7. 1790 — ⚭ 14. 1. 1774
- Gundel Jappen * 27. 7. 1732 † 16. 10. 1808 / Hark Ketels * 4. 9. 1729 † 30. 8. 1797 — ⚭ 10. 1. 1755

- Krassen Erken * 15. 11. 1774 † 5. 8. 1856 / Ketel Harken * 3. 9. 1761 † 16. 8. 1843 — ⚭ 6. 11. 1795 (2. Ehe)

Antje Braren geb. Ketels
* 19. 7. 1804 † 10. 11. 1890
⚭ in 1. Ehe mit Brar Braren (1797–1840)
in 2. Ehe 27. 11. 1846 mit Christian Diederich Roeloffs (dritte Ehefrau)